KB267703

근현대불교의 재조명

김 광 식

민족사

2000

근현대불교의 재조명

근현대불교의 재조명

머 리 말

한국 현대불교사의 터전과 무대가 되었던 20세기가 지나가고, 이제 희망찬 21세기가 성큼 다가왔다. 발전과 좌절, 희망과 회한을 거듭했던 20세기의 한국불교사를 이전 조선후기의 정황과 비교하면 괄목할 만한 눈부신 성장을 하였다. 그러나 양적인 성장에 걸맞은 사상, 이념, 정신 등의 질적인 발전이 수반되었는가에 대해서는 회의가 적지 않다. 그러나 그 회의도 20세기 불교라는 커다란 흐름 안에서 용해되리라 본다.

필자는 최근 근·현대불교사에 관심을 갖고 자료수집, 논문집필, 저술작업 등에 부단히 매진해 왔다. 이에 그 성과물을 출간하여 이미 학계 및 불교계에 상재한 바 있다. 본서는 그 출간 이후의 연구 성과물을 정리·보완한 것인데, 그 저서명을 《근현대불교의 재조명》이라 하였다.

지금껏 근대와 현대의 구분은 일반적으로 8·15 해방을 그 기점으로 대별하였다. 불교도 역시 그 구도하에서 불교사의 내용, 성격 등을 구분하여 이해하여 왔다. 그러나 근·현대불교는 20세기 불교사라는 틀 안에서는 동질적인 시각으로 바라볼 수 있다. 이는 조선후기의 산중불교를 극복하기 위한 교단의 건설과 운영, 불교대중화, 불교혁신 등이 거의 유사한 방향에서 진행되어 왔기 때문이다.

물론 세부적인 내용에서는 일정한 차별성을 갖고 있다. 근대불교는 일제 식민지하에서 자주적인 불교발전 자체가 억압받았지만 해방 이후의 현대불교는 그 억압이 해소된 여건에서 비교적 자율적으로 불교발전을 추구해 왔다. 그럼에도 불구하고 현대불교는 그 식민지불교의 유산과 잔영에 제한받은 바가 적지 않으므로 그 성격이나 지향하는 측면에서는 동질적인 성격을 완전 배제하기는 곤란하다.

이 같은 전제하에서 본서의 제목을 '근현대불교의 재조명'이라 하였다. 따라서 현대불교사에 관한 직접적인 연구성과뿐만 아니라 현대불교에 영향을 끼친 근대불교사의 분야도 함께 포함시켰다.

한편 현대불교사를 거시적으로 이해하기 위해서는 근대불교의 탐구는 당연한 순서이기도 하다. 필자가 이러한 구성을 한 의식의 저변에는 현재, 현대적인 관점에서 근대, 즉 일제하의 불교사도 재평가되어야 한다는 입론에서 나온 것이다.

더욱이 본서의 세부 주제인 불교개혁, 교육, 불교와 일본제국주의 등은 근·현대불교사를 일관하였던 내용들이다. 즉 현대불교에 영향을 끼친 중요한 주제였던 것이다. 그리고 본서에 수록된 주제인 20세기 교단의 문제와 불교정화는 현대불교사 이해의 중심대상이다.

그러나 그 중요성에도 불구하고 그에 관한 자료수집과 분석, 개요정리, 성격추출 등에 대한 제반탐구는 지금껏 연구의 황무지로 방치되어 왔다. 일반적으로 불교정화 및 분규 등이 현재 불교계 모순의 근원이라는 이해가 보편화되었지만 실제적으로 그에 대한 정리는 전무한 실정이다.

이 같은 상황에서 필자가 본서에 수록한 그 대상 내용은 이 분야 이해의 폭을 조금이나마 넓혀줄 것이다. 추후 이 주제에 관련된 내용이 더욱 다각적인 측면에서 연구되어 그 개요와 성격에 관한 보다 심층적인 이해가 조속히 이루어지길 기대하는 바이다.

새로운 21세기의 불교사를 창조하기 위해서는 필히 그 이전 20세기 불교사에 대한 정리와 분석은 한시도 늦출 수 없다. 더욱이 1998년과 1999년의 조계종 사태를 되돌아본다면 근·현대불교사의 연구는 절대 절명의 과제라 아니할 수 없다. 이에 본서가 한국불교의 역사와 전통 수립에 다소라도 이바지하면서, 근·현대불교사의 연구와 이해에 하나의 촉매제로 인식되길 바라마지 않는다.

한편 필자가 근·현대불교사 연구에 매진하고 본서를 펴낼 수 있었던 것은 학계 및 불교계 여러분들의 후원과 정성에서 가능하였다. 본서 출간을 즈음하여 각 분야에서 필자를 성원하여 준 그분들께 거듭 고마움을 표하며, 더욱 정진하는 자세로 한눈팔지 않고 학문의 길을 가겠다는 각오를 다져본다.

그리고 본서의 출간을 위하여 정성을 다해 준 민족사의 편집진에게 감사의 마음을 전하며, 본서가 21세기 불교의 진로를 고민할 때 역사의 '거울'로 활용되길 기대한다.

2000년 8월
김 광 식

목 차

제1부

불교계의 현실인식

근대 불교개혁론의 배경과 성격

1. 서 언

근대의 불교계에서는 조선후기 이래 정치·사회적으로 낙후된 불교를 중흥·발전시키려는 목적으로 다양한 불교개혁론이 제기되었다. 이러한 불교개혁론은 당시 불교계의 동향에서 자생된 것이므로 불교개혁론을 이해하기 위해서는 우선 근대불교계의 제반 동향에 대한 사전 점검이 요망된다. 나아가서 불교개혁론과 불교계의 동향 자체도 그 시대적 상황과 무관할 수는 없다. 따라서 근대불교개혁론의 제반 문제 및 성격을 파악하기 위해서는 바로 위에서 지적한 측면에 대한 이해의 토대가 있어야 가능하다.

그러나 이제까지의 근대불교개혁론에 대한 연구는 그 연구성과의 양적인 면에서도 매우 미진하였을 뿐만 아니라, 위에서 지적한 측면을 고려할 경우 연구시각에서도 일정한 한계성을 갖게 된다. 이에 이러한 문제점을 고려하는 가운데 근대불교개혁론을 당시 시대적 상황 및 불교계 동향에 유의하면서 그 역사적 성격을 가늠해 보고자 한다.

근대불교개혁론은 그 개혁론을 제기한 당사자의 처한 입장 및 현실인식, 불교사상, 개혁론의 구조와 내용 그리고 그 개혁론의 배경과 반향 등에 따라 다양한 성격을 띠고 있었다. 결국 그 전체적인 개요와 성격을 파악히기 위해서는 필히 개별적인 개혁론의 세부 검토와 함께 개혁론의 비교 고찰 등이 선행되어야 한다. 따라서 이러한 사전 분석 및 연구를 거쳐 각 개혁론 및 시기별 개혁론에 담겨 있는 불교사상을 추출할 수 있으며,

근대불교개혁 사상이 갖고 있는 특성을 부여할 수 있다.

그러나 이러한 작업이 현재 학계에서는 진지하게 이루어지지도 않았으며, 필자도 이 입장에서는 역시 동일한 고민을 안고 있다. 이에 본 고찰에서 그간 이 시기의 불교계 동향에 관심을 갖고 제반 문제를 검토·정리하며 살펴본 개혁론에 대한 단상들을 분석하되, 구체적인 불교개혁론의 내용은 당시 불교계 동향과 관련하여 몇 부류로 대별하여 살펴보고자 한다. 그리고 그 구체적인 개혁론의 이해는 주로 그 개혁론이 대두된 배경에 초점을 맞추었다. 이는 불교개혁론이 불교계의 모순과 대안을 제시하면서도, 당시 불교계 동향에 강한 영향을 받았기 때문이다. 한편 본 고찰은 필자의 추후 불교개혁론을 본격 연구키 위한 사전 점검의 성격을 갖고 있기에 일정한 한계가 있음을 인정하고자 한다.

2. 자각과 비주체성, 불교개혁의 촉구(1876~1910) ; 한용운

조선후기 이래 불교는 정치, 사회적인 억압에 의해 사상 및 문화의 중심에 있지 못하였으며 사회적인 역할도 기대할 수 없었다. 그런데 불교계의 그러한 현실에 변동을 초래한 것은 결과적으로 개항 및 일제의 한국 침략과정이다. 특히 일본승려의 노력으로 승려의 도성출입금지가 1895년에 해제된 것은 이를 단적으로 예증하는 것이다.

근대 선불교의 중흥조로 일컫는 鏡虛가 부처의 가르침이 끊어지고 慧命을 전하지 못하였다거나, 근세에 이르러 道가 황폐하여 전해지지 않고 있다는 지적은 바로 당시 불교계의 상황을 말해 준다. 이렇듯 불교가 자체 내의 혼미를 거듭할 그 즈음 서구열강이라는 제국주의의 도전과 함께 도래하였던 문명의 이기는 개항 이후의 불교계에 큰 영향과 충격을 주었다. 더욱이 제국주의의 최종 주자였던, 일제의 침략 선발대의 성격을 띠고 물밀듯이 침투한 일본불교의 영향이 심대하였다. 일본불교의 침투목적은 한국인의 정신을 매수하여 일본에 대한 견제 심리의 희석 및 우호성 확보에 있었다.[1]

이 경우 한국인의 문화 및 정신에 큰 영향을 미친 불교가 자연 그 대상이 되었다. 당시 불교계는 그러한 제국주의, 문명, 일본불교 등에 함몰되었으며 불교계 진로에 대한 냉철한 고민 없이 자기 정체성 수호의 방향감각을 상실하였다. 당시 개화파와 깊은 연관하에 활동하였던 이동인, 탁정식 등의 움직임도 주목되지만 그들도 기본적으로는 위의 구도를 극복했다고는 볼 수 없다. 또한 불교연구회, 명진학교의 설립에서 보이는 바와 같이 현실을 직시하였다는 승려들도 대부분 일본불교에 의존하여 불교를 발전시키려고 경쟁까지 하였다. 또한 사찰들도 일본사찰에 관리를 위임하는 관리청원을 한 경우도 상당하였으며, 일본불교에 귀의하거나 일본승려에게 설법을 청하는 경우도 나타났다.

한편 1900년 전후 사회적으로 풍미한 사상은 이른바 사회진화론이다. 약육강식, 경쟁, 우열승패, 적자생존, 자연도태 등으로 요약되는 그 이론이 당시 모든 분야에 미친 파장은 지대하였다. 진화론은 그 자체가 제국주의 이론의 성격을 띠고 있었지만, 당시 지식인들은 이를 현실인식으로 수용하여 구국운동의 일환인 계몽운동의 이론으로 활용하였다. 이에 그 진화론은 당연히 불교계에도 파급되어, 특히 개신교 등이 서구열강의 후원하에 교세를 확대하는 현상에는 경쟁적인 위기의식을 표출하기도 하였다. 또한 일본불교를 선진문명의 대상으로 인식하면서 점차 일본불교에 경도되었는데, 그 이면에는 일본불교로 인해 불교계의 위상이 증대되었다는 인식이 있었다.

그러나 당시 불교인들은 침략의 일환으로써 침투하였던 일본불교의 본질을 인식하지 못하면서 진화론으로 대변되는 문명의 세례를 받았기에 결과적으로 투철한 현실인식이라는 면에서 문제점을 초래하였다. 즉, 급격한 국권의 침탈을 겪고 있는 구한말의 현실에서 일본불교 및 문명에 대한 대

---

1) 《대한매일신보》는 1906년 10월 9일자 〈雜報〉의 「開敎總監來韓」에서 일본의 西本願寺 개교총감의 來韓 목적을 元興寺 復設을 통한 13도 사찰의 관할에 있음을 지적하며, 그 근본 목적은 한국인의 정신을 매수하여 일본 범위 내에 들어오게 하는 것이라고 진단하였다. 주시경도 외래 종교의 선교를 정신적 침략으로 이해하였다. (〈주시경선생전기〉《나라사랑》4)

응이라는 측면에서 스스로 취약성을 노출하였던 것이다. 이는 곧 자각이라는 면에서 부정적 요소를 잉태하였음을 말해 준다. 침략의 성격을 갖고 있었던 일본불교에 대한 우호성과 의존성은 불교계 노선 수립에 자기 정체성 수립과 민족불교 지향이라는 측면에서 혼미를 거듭하였다. 당시 민족운동의 주류는 외세의 침탈에 저항하면서 국권의 수호를 기하였지만, 불교계는 이러한 민족적인 움직임에 합류하지 못하고 오히려 외세(일본)에 우호성을 갖고 그에 연결하여 불교발전을 기하려는 비주체성을 노정하였다. 요컨대 민족에 대한 고민, 민족불교의 지향, 민족운동의 동참과는 이질적인 행태를 보였다.

당시의 불교계 제반 동향을 전해 주는 자료를 보면, 대부분의 승려들은 구한말의 급격한 변동의 본질을 정확히 인식도 못하였을 뿐만 아니라 오히려 제반 변화에 대한 부정적인 인식을 갖고 있었다. 그리고 종교와 제국주의 관계에서도 객관적인 인식을 갖지 못하였다. 이러한 몰시대적인 보수의 입장과 나약한 현실인식이 그 시대 불교계의 대세였다. 한용운의 《조선불교유신론》은 바로 이러한 배경에서 서술되었다. 그 유신론은 1913년에 간행되었지만 그 실제 집필이 완료된 것은 1910년 12월이다. 따라서 이 유신론에서 만해가 지적한 제반 내용에 대한 인식은 1910년 이전의 상황을 반영해 준다.

한용운의 《조선불교유신론》은 불교계가 제반 변동의 실체 및 변동의 내용을 이해하여야 한다는 입장, 즉 냉철한 현실인식을 가져야 한다는 데에서 출발하고 있다. 이는 기본적으로 불교계의 안일한 보수 상황을 개탄하고, 진보적인 유신을 통해 보다 적극적으로 불교계를 발전시키려는 입장이었다. 한편 그 유신론은 서구사상(진화론, 자유주의)의 수용이라는 측면과 함께 일본불교의 영향을 크게 받았음을 지적하지 않을 수 없다.

유신론의 성향은 한용운이 명진학교(보조과) 수학, 일본시찰, 명진측량강습소 설립, 블라디보스톡 왕래, 양계초의 《飮冰室文集》 수용 등을 고려하면 이해할 수 있다. 그런데 한용운도 이 유신론을 서술하기 이전에는 자주적인 민족불교 지향과는 일정한 거리가 있었다는 것을 유의해야 한다. 유신론의 '대명사'로 이해되어 온 승려의 대처의 허용을 위하여 그는 1910년 두 차례나 당시 위정자 및 일제 당국자에게 건의를 하였으며, 원종 종무원의 인가를 받기 위해 일본 조동종측에 협조를 요청하였던(1908) 이회광의 서신에 서명을 하였다.

거듭 말하자면 한용운이 이 유신론에서 당시가 불교유신의 절호의 기회임을 강조하고, 그 유신의 방편은 '파괴'라는 개념까지 활용하였음은 그 시대의 주류는 보수적 불교가 주종을 이루고[2] 있음을 알 수 있다. 이에 급격한 변동이라는 외적 조건을 적극 활용하여 불교발전을 기해야 한다는 목적을 갖고, 불교계 각성을 촉구하는 강한 입장이 유신론을 서술한 한용운의 의도이다.

유신론의 내용에서, 각 방면에서는 유신을 강렬하게 추진하는데도 불구하고 불교계에서는 유신의 소리가 조금도 들리지 않는다거나, 당시 불교의 폐단이 극치에 달했다거나, 혹은 종교간의 경쟁이 치열한데도 불교인들은 수수방관하였다는 현실 인식은 바로 그 시대 불교계 정황을 말해 준다. 이에 한용운은 파괴라는 방편을 활용하여 유신론을 전개하였다. 또한 불교가 유신해야 할 절호의 기회이자, 그러한 시대로 인식하건만 불교계 주류는 그러한 움직임에 근본적으로 합류하지 못하니 그 보수성의 강도를 깨뜨리기 위한 불가피성으로 정치의 힘을 빌 수밖에 없다는(승려의 대처) 인식도 개재되었다. 따라서 한용운의 유신론은 염불당 폐지, 의식의 간소화, 승려의 노동, 사원의 위치 개선, 참선의 활성화 등에서 파격이 나올 수 있었던 것이며 승려의 교육, 포교, 주지 선거, 승려의 단결, 사원의 통할이라는 면에서는 불교의 사회화와 대중화를 강력히 피력하였다.

한편 정치의 의존성은 결국 비주체성을 말하는 것인데, 당시 불교 진보주의자들의 일반적인 속성이 만해에게도 '고육지책'으로 나타나고 있다.

---

2) 한용운은 《조선불교유신론》의 〈승려의 교육〉에서, 승려의 스승이라는 부류들의 현실인식을 生存競爭의 이야기를 들으면 귀머거리가 음악을 듣는 듯, 萬國地圖를 대하면 盲者가 丹靑을 대한다는 비유로 묘사하였다. 또한 老朽 腐敗하고, 頑固 鄙劣한 무리가 百方으로 沮戲하여 因循 不進하다고 본 것도 그와 같은 사정이다.

한용운은 그의 유신론을 '목마름의 불꽃'으로 표현한 것과 같이 불교개혁의 당위성과 절박성을 강조하였지만 역설적으로 당시 불교계 주류는 실질적인 자각 및 개혁을 수용하려는 인식에는 미치지 못하였다는 것을 말한다. 그러나 《조선불교유신론》에 나타난 한용운의 의식은 아직 제국주의의 문명론 및 종교의 본질을 완전 이해하였다고 보기는 어려우며, 자기정체성 수호 및 민족불교 지향이라는 측면에서는 한계를 갖고 있다.

3. 국권상실과 불교개혁의 방법론(1910~1919) ; 권상로, 박한영

경술국치로 대변되는 국권의 상실은 우리 민족사에 큰 시련을 안겨 주었지만, 결과적으로 불교계의 경우에는 오히려 불교의 중흥 및 발전의 계기가 되었다. 국권상실 이전 불교계에 수용되었던 진화론적인 세계관이 더욱 투철하게 자리잡기에 이르렀으며, 일본을 선진문명국으로 여기면서 일본불교를 적극적으로 모방하고 배워야 할 대상으로 삼았던 것이다. 국망과 독립운동에 대한 의식은 나타나지 않았으며, 오히려 국권 강탈자에 의존, 안주하려고만 하였다.

불교계에서는 일제가 한국불교를 행정적으로 긴박하고 편의주의적인 통제를 기하기 위해 제정한 寺刹令 및 寺法을 金科玉尺, 文明兒, 聖恩, 特恩, 外護 등으로 여기는 등 긍정적인 평가가 주류를 이루었다. 이 인식은 지방토호 및 기독교 등에 의한 침탈억제, 학교 및 단체의 설립 유도, 재산보호, 일본불교 모방의 편의성 제공, 승려의 지위 향상, 불교의 사회화 지원 등에서 당시 불교인들이 일면 긍정적인 인식을 하였던 결과이다. 그러나 불교계 일각에서는 일제의 불교정책으로 인해 불교전통이 무너지고 자주권이 박탈되어 간다는 문제점을 가졌던 경우도 있었다.

일부 인사(한용운, 백용성, 박한영, 김종래)에 의해서 민족불교와 불교의 자주화를 지향하는 臨濟宗運動을 주도하였지만 이는 대세가 아니었다. 특히 한용운이 불교의 자주화를 기하려는 목적에서 1914년경 추진한 조선불교회와 불교동맹회가 일제의 외압으로 제재를 당한 것도 당시 사정을 알려 주는 사례이다.

그리하여 불교계에서는 일본시찰, 일본어 교육, 일본불교의 제도 수용 등이 왕성하게 일어나고 있었다. 조선불교선교양종의 창종, 30본산의 연합제규 제정, 중앙 및 지방학림의 개교, 포교당 증설, 일본유학 가시화, 대처의 보편 등이 당시 불교계의 풍조로 전개되었다. 이는 곧 불교계가 불교의 발전 및 중흥을 광범위하게, 구체적으로 추진하였다는 것을 말한다. 그런데 이러한 다각적인 불교의 사업 추진은 결과적으로 일제의 대불교정책의 구도와 동질적인 것이었다는 면에서 중요한 문제점을 안고 있다.

달리 말하자면 불교계가 민족과 종교를 냉철히 구분할 수 있는 안목이 부족하였다는 것이다. 당시 불교계는 일제, 일제의 식민지 정책, 불교정책에 반대하고 저항하지 않았으며, 오히려 정치적인 문제에는 일체 관여하지 않겠다는 입장을 견지하고 있었다.[3] 따라서 민족운동 참여와는 근본적으로 차별성이 있었는데, 민족운동의 동참은 승려 및 신도들의 개별적인 차원에서 접근되었다.[4]

---

3) 1910년대 불교계의 기관지 성격을 띤 잡지(조선불교월보, 해동불보, 조선불교계, 조선불교총보 등)는 政治에 관계가 있거나 時事得失의 관련 내용들은 원고를 받지도 않았으며 게재하지 않는 것이 편집원칙이었다.
한편 海印寺 寺法은 1912년 7월 2일에 인가되었는데, 이 사법은 각 본산 사법의 기준이 되었으며 주요 조항은 해인사 사법을 거의 모방하여 따르고 있었다. 그런데 그 사법의 80조에서는 褫奪度牒의 내용을 규정하고 있는데 그 내용에는 '政治에 關ᄒᆞᆫ 談論을 ᄒᆞ거나 又는 政社에 加入ᄒᆞ여 僧侶의 本分을 失墜ᄒᆞᆫ 者'가 포함되어 있다. 이는 당시 불교계의 정치에 관한 인식을 극단적으로 보여 주는 것이다. 그리고 85조는 勤愼의 懲戒에 처할 내용을 규정하고 있는바, 그 내용에는 '妻子를 寺刹內에 住케 ᄒᆞ거나 女人을 寺中에 止宿케 ᄒᆞᆫ 者'라는 표현도 전한다. 이 내용은 일불불교의 핵심인 승려의 대처를 암묵적으로 동의 및 방관하고 있는 당시 추세를 반영하는 것이다.
4) 예컨대, 1919년 3·1 운동이 일어나자 당시 30본산연합사무소 위원장이던 金龍谷은 불교청년들에게 '今回 政治 問題에 干與'치 말고, 그 '輕擧妄動하는 輩'에 援助를 주어 宗敎人된 本分을 喪失치 말라고 경고하면서, 분교도는 誠心誠意로 當局者의 정책을 '體認'하는 것이 도리라고 진술하였다. (〈警告法侶〉《朝鮮佛敎叢報》16호)

따라서 국권상실 이후의 불교계는 불교의 중흥 및 발전이라는 목표하에 각 방면의 불교의 유신과 개혁이 일제의 후원으로 왕성하게 추진되었다. 이는 곧 불교계의 진보와 보수의 대응이 대결적인 양상에서[5] 점차 개혁적인 진보 중심의 구도로 변화하고 있음을 말해 준다.[6] 불교계 성원 전체가 개혁적인 입장에 동참한 것은 아니었지만 국가권력의 후원하에 운동의 중심은 개혁론에 무게가 실려가고 있었다. 당시 불교도들의 인식과 행동의 근거는 진화, 진보, 경쟁, 유신, 개혁, 개량, 개신, 변혁, 변천, 확장, 발달, 중흥, 진흥, 부흥, 각성, 발전, 포교, 교육, 강학, 홍학포교 등의 개념이었다.

이제 문제는 그 변화와 개혁을 어떻게 할 것인가의 문제였다. 어떠한 이념과 방법을 갖고 어떠한 대상을 개혁할 것인가의 문제였던 것이다. 權相老와 朴漢永의 개혁론은 바로 이러한 배경에서 접근할 수 있다. 이들은 당시 불교계 중심에 있던 인물이었으며, 불교개혁의 입장에서 파생된 교계의 대표적인 기관지와 학교의 책임자였다.

退耕 權相老의 〈朝鮮佛敎改革論〉부터 그 사정을 구체적으로 살펴보겠다. 이 개혁론은 《조선불교월보》3호~18호(1912.4~1913.7)에 연재된 기고물이다. 퇴경은 명진학교의 수학, 원종종무원의 찬집부장, 조선불교월보사 사장 등의 이력에서 그의 개혁 성향을 엿볼 수 있다. 한편 친일 승려의 대명사로 일컫는 이회광에게 구족계를 받았다는 것에서 일본 우호성을 파악할 수 있다. 그러므로 그의 개혁론에서 사찰령에 대한 비판을 찾을 수 없는 것은 당연하다. 그리고 그의 개혁론은 부제를 '朝鮮佛敎進化資料'라 하였는데, 이는 그의 논지가 진화론적인 시각에서 서술되었으며 그의 현실인식의 구조도 진화론과 무관하지 않음을 말해 준다.

---

5) 예컨대 한용운의 《조선불교유신론》이 출간되자, 그에 대한 논란을 '莫大한 讚賞과 無限한 打擊'으로 요약한 것은 그 단적인 예증이다.(《海東佛報》6호, p.90)

6) 이능화는 〈朝鮮佛敎와 四部大衆〉(《朝鮮佛敎界》 2호)에서 당시 비구의 속성을 甲 保守思想者, 乙 改進思想者, 丙 調和思想者, 丁 混俗思想者 등으로 구분하고, 甲乙丙은 노년 및 중년의 비구로 丁은 청년비구로 보았다. 그가 갑을병을 小數로, 정을 多數로 이해하였다는 것은 바로 그러한 정황을 반영하는 것이다.

한편 그는 개혁론에서 경술국치 이전의 개혁의 성과를 조망하는 가운데 그의 입론을 전개하고 있는데 당시 불교계의 개혁이 미진하고 그 방향과 대상에서도 문제점이 적지 않다는 판단을 하였음을 이해할 수 있으며 개혁을 더욱더 철저하게 해야 한다는 강한 의지를 읽을 수 있다.

그의 개혁론의 대강은 개혁의 방법, 개혁의 전례, 개혁의 대상으로 구분할 수 있다. 개혁의 방법에서는 개혁의 필요, 성질, 관계, 이해, 功用, 인물, 시대, 단체의 자치 등으로 구분하였다. 개혁의 전례에서는 석가와 달마를 거론하면서 그들이 당시 불교계에 나타난다 해도 개혁을 할 것이라는 입장을 개진하였다. 개혁의 대상에는 개혁의 心地, 단체, 재단, 感覺心, 교육을 지적하였다. 이러한 그의 개혁론을 일별하건대, 퇴경의 개혁론은 개혁의 방법과 대상에 대한 전개라 하겠다.

石顚 朴漢永은 개혁론과 유관한 저서와 기고문은 없다. 그의 개혁론은 그가 그 시대 불교계의 잡지에 기고한 글 중, 개혁론과 유관한 내용을 재구성 및 분석하여 이해할 수밖에 없다. 그런데 그의 개혁론을 이해하려면 먼저 그의 개혁적인 글이 기고되기 이전의 행적을 살펴볼 필요성이 있다.

석전은 백양사의 김환응에게 법통을 받고 상경하기(1908) 이전에는 전북 구암사 등지에서 개당하여 학인의 제접 및 법회를 통해 종풍을 드날렸다. 그는 일본불교에 의존적인 불교발전과 한국불교의 독자성을 포기한 이회광의 조동종맹약에 반발하여 등장한 임제종운동(1911.1~1912.6)에 한용운, 진진응, 김종래 등과 그 운동의 중심에 있었다. 그러나 그 운동이 일제의 탄압과 비자주적인 불교계의 방관으로 중도에 좌절되자, 그는 1912년 7월 이회광의 과거사는 잊고 불교발전을 위하여 공동으로 노력하자는 제의를 받고 노선의 전환을 단행하였다. 그는 일제가 인정하는 교단에 협조하여 불교발전을 기하겠다는 노선을 택한 것이다.[7] 그 이후 그는

---

7) 圓宗에 반대하던 洪月初(華溪寺)도 원종이 사찰령에 의거 禪敎兩宗으로 변경되고, 일제가 臨濟宗을 칭하지 못하게 하자 이회광을 만나 이전의 반대 운동을 사과하면서 화합하기로 한다. 당시 홍월초의 논리는 法律과 時勢의 인식하에 불교 미래와 법률 범위권에 의한다는 것이다. (「月初師披露會」〈雜報〉《조선불교월보》 7호)

불교계의 간행 잡지에 왕성한 기고활동을 하면서《해동불보》편집 겸 발행인, 불교고등강숙 강사, 중앙학림 강사를 역임하는 등 불교의 발전 및 개혁을 위한 제일선에 서게 된다.

이러한 그의 이력에서 우리는 개혁론의 논조가 자연 교단 및 일본불교 침투에 대한 비판과 일제의 사찰정책에 반하는 것은 나올 수 없음을 알게 된다. 이는 곧 민족과 불교의 자주성을 철저히 고려한 가운데 수립된 논리라고 말하기는 어려운 것으로 보고자 한다.[8] 달리 말하자면 불교발전을 위한 개혁 중심의 입론이다.

석전의 개혁론의 전제는 불교 근본정신의 진면목을 기초로 하고 당시 시대변천과 문명사조의 세례를 유의해야 한다는 인식에서 출발하고 있다. 그는 이러한 전제하에 불교정신을 직시하여 그를 실천하는 미래불교의 지향을 통해 불교의 활성화가 가능하였다고 진단하였다. 그는 우선 불교의 개혁을 기하기 위한 최우선 과제로 불교인의 정신적 자각을 대상화하였다. 불교인이 정신적으로 타락하면 어떠한 개혁도 이루지 못함을 강조하면서, 그 자각자를 양성하기 위한 교육문제에 큰 관심을 기울였다. 특히 청년교육에 역점을 두었던 것은 오히려 당연하다고 하겠다. 그러한 연유로 그는 불교청년을 교육하는 것은 佛法僧의 三寶를 계승·발전시키는 것으로 단정하였다. 그리고 그 교육에 있어서는 전통과 신사상을 조화·응용하는 것으로 이해하였으며 불교가 당 시대에 필요한 것으로 만들기 위함이었다. 이에 그는 불교유신의 사명을 불교가 문명적인 종교로 인식하게 되고, 문명의 세계에서 당당히 겨룰 수 있는 무기로 활용되는 것으로 보았다.

한편, 포교의 문제에 있어서도 그는 그 시대에 적합한가의 여부에 두어 불교의 응용성을 강조하였다. 시대의 변천과 민중의 인지 발달에 의거, 포

---

8) 그는 〈三十本山住持와 第一回內國視察團〉(《해동불보》5호)에서 사찰령이 반포된 후의 전국 사원의 정황을 '可謂一變淨土'라는 표현으로 서술하였으며, 일본을 '海陸文明의 要會地'로, 주지들을 친일화시키려는 일제의 정책을 '當局의 指導가 珍重'하였다고 이해하였다.

교의 내용과 방법을 차별화해야 한다는 당위성을 지적한 것이다. 이에 그는 그 이전 불교가 부패와 퇴보라는 수식을 받게 된 것은 바로 시대성에 능동적으로 그리고 효율적으로 대처하지 못했기 때문이며, 특히 당시 문명의 세파가 거센 그 시대는 더욱 그러하다고 보았다. 따라서 포교를 활성화하기 위해서는 불교교리에 정통하고, 일반 사회과학과 철학의 요체도 적극 수용하여야 한다는 입장을 견지하였다.

그러므로 이와 같은 입장에서 박한영의 불교개혁론은 불교의 현대화라고 볼 수 있다. 한편 박한영이 주장한 교육과 포교의 문제는 동질적인 선상에서 상호 융합된 것임은 당연하다고 하겠으며, 그의 입론은 한국불교 전통의 신뢰라는 토대에서 제기되었다는 것에 의미가 있다.

4. 불교계의 갈등과 대립(1919~1929) ; 이영재, 백용성, 백학명

1919년 거족적인 3 · 1 운동은 불교계에도 큰 영향을 끼쳤다. 그 영향은 우선 불교계의 민족운동 동참 및 민족불교의 추구라는 것으로 구체화되었다. 그 사정을 구체적으로 살펴보면, 일제가 제정 · 시행한 사찰령으로 대변되는 식민지불교의 폐해를 인식하고 고민하면서 그 대안을 내놓기 시작하였다는 것이다. 달리 말하자면 일제의 불교 침투 및 불교정책으로 피폐된 한국 전통불교를 지켜야겠다는 의식이 대두되기 시작하면서, 지난 10년의 개혁 지향적인 노선으로 나타난 제반 모순 및 병폐를 직시하고[9] 그

---

9) 金璧翁은 〈朝鮮佛教杞憂論〉(《불교》32, 1927)에서 그 사정을 다음과 같이 진단하였다.
즉 宗務院으로 聯合所으로 總務院 · 教務院으로, 寺刹令이 나리고 寺法이 制定되고 三十一本山 末寺가 區域되고 臨濟宗에 曹洞宗에 淨土宗에 青年派와 住持派에 南方寺刹과 北方寺刹이며 中央學林이니 明進學校이니 東光學校이며 普成學校이며 佛教專修學校이니 布教師 養成所이니 復興會이니 佛教青年會니 維新會이니 地方學林이니 布教所이니 財團法人이니 土地抵當이니 山林賣却이니 寺刹廢止이니 住持非行이니 住持爭奪戰이니 評議員며 住持大會 等 이것이 維新以來에 지내온 歷史이다. …… 黨派의 佛教와 新舊의 佛教로 是非爭鬪를 事業

것을 개선하려는 노력이 가시화되었다.

예컨대 신식학교 우선 정책으로 인하여 폐지 및 위축되었던 강원이 복구되고, 강원의 학인들이 강원의 개선을 위해 학인대회를 개최하였다. 이러한 배경에서 불교청년들은 그 모순을 개선하면서 개혁을 더욱 추구하는 노력을 기울였으며, 그 모순의 인식에는 동질적이었지만 그 대안의 제시를 전통불교의 수호에서 찾으려는 일단의 움직임도 있었음을 유의해야 한다.

그런데 당시 불교계(교단)의 대세는 기본적으로 이전의 노선을 그대로 유지하려는 보수적인 입장과 식민지불교의 모순을 개선하려는 진보적인 입장으로 대별되었다. 이 양 입장의 차이는 일제의 불교정책(사찰령)을 수용·인정할 것인가의 여부 그리고 교단의 혁신 및 불교의 대중화 추구의 농도에 달려 있었다. 전자의 입장은 재단법인 교무원 주도세력이었으며, 후자의 입장은 총무원 주도세력이었는데 여기에는 불교청년들이(조선불교청년회, 불교유신회) 가세하였다.

일제는 물론 전자를 후원하고 있었다. 그 중 후자의 입장은 당시 민족운동 노선 중 온건한 개량주의(개조론) 구도에 포함시킬 수 있다. 이에 총무원측에서는 정교분리의 명분과 한국불교의 독자적인 운영을 내세우며 사찰령 철폐운동을 추진하기도 하였다.[10]

그러나 이 두 조류는 1924년 5월경에 이르러 교무원으로 통합·합류되었으며, 기본적으로는 전자의 입장이 우세한 분위기였다. 따라서 1925년

視 한다면 마즈막에는 무엇이 잇슬건인가? 나는 斷言한다. 오즉 最後에는 滅亡이라는 것과 奴隷라는 것과 다른 것은 말할 것 업시 朝鮮佛敎가 이러케 하게 될 것을 邇來의 現狀을 보와서 넉넉히 짐작할 수가 잇다.

10) 중앙학림 출신이며, 3·1 운동 및 임시정부에서 활약했던 申尙玩은 당시 그 사정을 다음과 같이 진단하였다. 즉, 교무원측은 新風潮에 중독되고 점차 俗化의 위험이 있는 청년승려들의 의사에 방임하면 불교의 장래가 위험하다는 인식을 하였으며, 총무원측에서는 주지층의 전제로 인하여 불교의 진보가 미약하다고 보아 주지의 배척, 타파를 기하려 한다는 것이었다. 요컨대 교무원측은 승려의 속화를, 총무원측은 주지의 전제를 문제시하였다고 하면서 전자를 老德의 단체로, 후자를 靑年僧侶의 집단으로 이해하였다. 〈朝鮮佛敎當局諸氏에게(中)〉《조선일보》 1923.11.20 참조.

이후에는 일제 식민지불교를 비판하는 경향이 위축되면서, 진보적인 불교청년운동도 간판만 유지하는 상태로 변질되었다.

이러한 기본 흐름과 별개로 일제의 불교정책으로 한국불교의 전통이 근원부터 박탈되었음을 비판하면서 불교의 전통과 종지를 수호하려는 일단의 움직임도 있었다. 이른바 1921년에 창설된 禪學院의 입장이다. 한편, 전통불교 수호라는 면에서는 선학원측과 동질적인 인식을 같이 하면서도 그 대안에서는 상이한 경우도 있었다. 그 대안에는 불교의 대중화 및 사회화를 위해 기존 불교를 과감히 개혁해야 한다는 입장이 바로 그것이다.

그러나 당시 불교계에서는 10년 간의 일제 불교정책과 그에 연결된 개혁 중시의 선회로 말미암아 전통불교가 피폐되었다는 것을 대부분 공감하고 있었다. 곧 불교계의 모순이 그만큼 보편화되었다는 것을 말한다. 그 실례는 주지의 독단과 전횡, 승려의 대처, 사찰 경제의 피폐, 사찰 공동체의 붕괴, 자주성의 상실, 분권화와 통일운동의 부재, 교육제도의 혼란 등이었다. 불교계에서는 이러한 문제를 어떠한 입장에서 이해하고 해결하려고 하는가에 의거하여 보수와 진보로 나누어졌으며, 그에 따라 자기의 당위성을 주장하며 일정한 긴장관계가 유지되었다.

천은사 출신으로서 재일 불교유학생이었던 宗圓 李英宰는 《조선일보》(1922.11~12)에 총 27회의 기고문인 〈朝鮮佛敎革新論〉을 연재하였다. 이 혁신론은 이영재 자신이 유학생(재일조선불교청년회 간부)이었기에 당시 불교청년들의 입장을 반영하고 있었다. 이 혁신론은 우선 사찰령의 부정으로부터 출발하였으며, 사찰령의 핵심인 본말사제도로 인해 교단의 불통일, 교도의 불화합, 주지의 전제와 폭압이 나왔다고 인식하였다. 그리고 당시를 불교개혁의 절호의 기회로 보면서 그 방법으로 사찰령 철폐운동, 말사주지의 단결, 불교도의 단합을 제시하였다. 그 연후 혁신교단의 건설에는 민주공화정의 이념을 수용하여 교헌, 교체, 교단, 교권, 교정, 교구, 기관 등에 관한 대안을 제시하였으며 다양한 혁신사업(포교, 교육, 사회사업 등)을 구체적으로 설명하였다.

이영재의 혁신론은 교단혁명을 통한 불교계의 제도개혁이 주종을 이루

고 있으며 그 구도의 전개에는 민주공화정 및 삼권분립을 활용하였다는
데에 특성이 있다. 그런데 사찰령의 모순과 철폐를 분명히 주장하면서도
승려의 대처와 그 문제점을 전혀 언급하지 않았음에는 당시 불교청년들의
입장이 반영된 것으로 보고자 한다. 그러므로 그의 혁신론은 위에서 살펴
본 진보적인 부류에 포함시킬 수 있으며, 총무원의 입장에 선 것으로 볼
수 있다.

震鍾 白龍城은 출가 이후 4차의 깨달음을 겪은 후, 서울로 올라와
(1911) 불교의 대중화를 주도한 인물이다. 그는 한용운과 함께 중앙에서의
임제종운동의 일선에 있다가, 그 운동이 일제의 탄압을 받아 변질을 겪게
되자 임제종포교당이 명칭 변경된 조선선종포교당의 개교사장, 즉 포교
책임자로 있었다. 3·1 운동 때에는 불교계 대표로서 민족대표 33인에 참
가하여 1년 6개월의 옥고를 치렀으며, 출옥 후부터 입적(1940)할 때까지
지속적으로 불교의 대중화 및 혁신을 위한 활동을 전개하였다. 불교 혁신
론은 그의 저술이나 기고문에서 전하는 내용과 그가 추구한 제반 행적 등
에서 찾을 수 있는데, 大覺敎운동(사상)으로 말할 수 있다.

그의 대각교운동은 일제의 불교 침투 및 불교정책으로 전통불교의 근
본이 무너지고 있다는 인식에서 출발하였으며, 불교의 대중화를 기하기
위한 다양한 활동으로 가시화되었다. 禪律의 겸행에 근거한 선부흥을 시
도하였으며(1925년 ; 망월사의 활구참선만일결사회), 당시 만연되어 가고 있
던 승려의 대처식육을 차단하기 위해 1926년에는 식민지 당국에 대처식
육 금지 建白書를 제출한다. 그는 건백서에서 대처식육의 만연을 전통불
교의 피폐와 불교계 모순의 근원으로 진단하고 그 금지를 역설하면서 일
면으로 그 대안을 제시하기도 하였다. 불교의 대중화를 위해 다양한 방법
을 제시하였으며, 이를 실천하였다는 점에서 주목할 만한 의의를 지닌다.
우선 한문으로 된 불경은 일반 대중들이 접하기조차 어려우므로 三藏譯
會라는 역경 모임을 조직하고 《한글화엄경》 등 다수의 경전을 한글로 펴
냈으며 선사상의 요체를 역시 쉬운 글로 저술하여 펴냈다. 또한 찬불가를
작사·작곡하였다.

한편 그는 전통불교 수호와 불교의 대중화를 추구함과 동시에 불교의 활성화를 위한 다양한 개혁의 논리를 제시하였다. 그 중 유의할 것은 승려의 勞農을 매우 강조하였다는 것이다. 이는 승려와 불교계의 자립을 위한 대책으로 제시한 것인데, 그가 함양의 백운산에 화과원이라는 자급자족 공동체를 직접 경영한 것은 특기할 만한 사실이다. 이 밖에도 그는 교단의 정비, 교육제도의 개혁, 포교의 개선, 공장 건설, 소비조합 실시 등도 주장하였다.

그의 이러한 주장은 세계사조의 급변, 反宗敎運動의 대두 등을 고려하면서 敎政이 급속도로 개신하지 않으면 안 된다는 의식에서 나온 것이다. 이와 같은 백용성의 대각교운동에 나타난 개혁론은 전통불교 수호와 함께 불교의 대중화 및 활성화의 성격임을 알 수 있다. 그리고 그 저변에는 불교의 근본사상을 더욱 새롭게 하려는 의지가 개재되어 있음을 알 수 있는데 이는 대각, 즉 불교 핵심사상 그 자체를 표방하였다는 것에서 단적으로 나타나고 있다. 따라서 백용성의 개혁론은 노선으로는 진보였지만 그 내용에서는 근본불교적인 보수적이고 복고적인 성격의 토대 위에서 혁신의 요소가 가미된 것으로 보고자 한다.

白農 白鶴鳴은 지금껏 학계에서는 개혁론과 관련하여 주목한 경우가 드물었지만, 필자는 그가 주장하고 실천한 것을 개혁론의 범주에 포함시키고자 한다. 백학명(1867~1929)은 주로 백양사와 내장사를 근거로 활동한 인물로, 일제하 대표적인 이론가인 김태흡이 당시 작고한 대표적인 善知識을 거론할 때 경허·수월·혜봉과 함께 그를 포함시킬[11] 정도이다. 그는 禪農一致를 주장하고 실천하였는바, 곧 불교개혁론의 구도에서 이해할 수 있다. 그도 불교개혁론에 관련된 저술이나 기고문은 없으나, 평소 제자들에게 조선불교의 정세를 개탄하고 개신방책을 통론했다는[12] 것과 함께 입적 후《불교》지 71호(1930.5)에 게재된 〈獨살림 法侶에게 勸

---

11) 金素荷, 〈南遊求道禮讚(續)〉《佛敎》65호, p.47, 1929.11.
12) 安舟峰, 〈追慕白鶴鳴先師〉《佛敎》62호, 1929.8.
   柳錦海, 〈內藏寺故鶴鳴禪師靈骨及舍利通牒〉《佛敎》62호, 1929.8.

함〉은 그의 불교개혁의 입장을 단적으로 보여 주므로 그에 근거하여 논지를 전개하겠다.

백농은 그 글에서 당시 승려들이 중이라는 것이 어떤 '물건'인지도 모르고, 불조의 본의도 모르며, 출가 입산한 이후에는 財利의 주선과 憑公營私와 損他利己만 하여 寺敗身亡의 지경에 이르렀음을 개탄하였다. 이에 승려들이 도와 덕을 닦고, 公心과 正道만을 행하면 된다고 강조하면서 이제는 풍조, 해방, 개량, 통속을 멀리하고 불조의 本面目, 사찰의 本淸規, 승려의 本律義로 歸正하면 천하인생이 僧化, 寺化, 法化가 가능하다고 보았다.

이러한 전제에서 그는 다음과 같은 개혁적인 대안을 제시하였다. 첫째, 戒定慧 三學을 근원으로 삼고 이를 탈퇴한 대상은 승려로 인정하지 말자고 하였다. 또 삼학의 장려를 위해 모든 사원을 선원, 강원, 율원으로 변경하며 승려의 명칭도 그에 유관하게 정하자고 하였다. 둘째, 有妻生子者를 四部衆에 명백하게 구분한다. 셋째, 승려의 죄악은 재산으로부터 파생되니 주지의 임무에서 제외하고 인근 사찰 공동사무원을 두고 교대 근무토록 한다. 넷째, 승려의 본분사를 인식하여 斷煩惱, 離生死, 學佛法, 度衆生을 실천하며 이기는 버리고 이타에 힘쓰자. 다섯째, 승려의 부끄러운 행동은 외양으로부터 발생하니 필히 장삼을 입고 출입을 하자.

이러한 백학명의 논리는 일면 개혁론으로 보기에는 취약점이 없지 않으나, 그 논리의 실천성으로 볼 경우에는 무방하다. 이 개혁론은 그 당시 불교계가 불교의 근본으로부터 이탈됨에 대한 우려로서, 불교의 근본과 한국의 전통불교 핵심으로 복귀해야 함을 강조한 것이다. 또한 그가 실천한 半農半禪, 禪農一致의 자체[13]를 불교혁신론의 구현으로 이해하고자 한다.[14]

---

13) 이 내용은 《불교》46·7합호(1928.7)에 姜裕文이 기고한 〈內藏禪院一瞥〉에 내장선원의 규칙에서 찾아볼 수 있다. 이 내용은 백학명 반농반선의 이념을 이해하는 데 도움을 주고 있다.

14) 이러한 사정과 관련하여 金卍態가 《불교》지 60호(1929.6)에 기고한 〈佛敎靑年

5. 통일운동과 불교의 자주화(1929~1945) ; 한용운

일제하 불교계의 근본적인 모순은 불교계의 不統一, 즉 분립화 및 분권화였다. 이는 사찰령에서 나온 31본산체제로 인하여 불교계에는 연락 및 협조 그리고 사업 추진을 위한 기관만 존재하였을 뿐 정상적인 敎政統一 체제를 갖추지 못하였다는 문제였다.[15]

이에 불교계에서는 3·1 운동 직후 사찰령의 모순을 인식하면서부터 그 문제를 해소하기 위해 통일운동을 벌였지만 소기의 성과를 얻지 못하고, 1929년 1월 조선불교선교양종 僧侶大會에서 宗憲을 반포하고 교정통일의 체제를 마련하였다. 당시 그 승려대회에서는 불교계의 헌법인 종헌을 제정하면서, 불교계 최고 의사결정기관인 宗會와 실행기관인 中央敎務院을 수립하였다. 이렇듯 전 조선불교도의 총의에 의해서 불교의 자주적 확립과 전체적 통일을 기하려는 목적에서 종헌이 제정되었다는 것은 불교계의 획기적인 사실이다.[16]

이와 같이 1929년의 승려대회에서 불교계의 통일운동이 획기적으로 가시적인 성과를 낸 것은 외적으로는 신간회 및 민족유일당운동의 등장에서 보이듯 민족운동노선상의 협동전선의 영향, 내적으로는 불교계 기반의 재정비에서 나온 것이다. 그 재정비라 함은 불교청년대회, 학인대회, 포교사대회 등의 개최와 불교전수학교의 설립, 불교청년들의 성장, 자율적인 기관 및 규율의 필요성 인식, 식민지불교의 폐해 및 모순의 파악 등이었다.

이에 1930년대 전반기의 불교계 과제는 종헌의 실행으로 요약할 수 있다. 종헌의 실행은 사찰령 극복의 정신에서 나온 것으로 불교의 자주화

들아 農工業에서 佛을 찾아라〉는 내용을 주목할 수 있다.

15) 김법린은 불교도의 통제의식의 박약과 일제 당국의 정치적 간섭을 그 원인으로 지적하였다. 〈政敎分立에 對해서〉《불교》 100호(1933.10) 참조.

16) 긴상로도 종헌이 반포를 "過去 朝鮮佛敎의 大革命이고 未來 朝鮮佛敎의 新紀元이고 이것이 現下 朝鮮佛敎의 定盤星이다"고 그 의의를 개진하였다. 〈종교계 10년〉의 「불교」《별건곤》 25, 1930.1.

및 통일운동의 지향을 말한다.[17] 그러나 이러한 시대적 과제를 담고 있는 종헌의 실행은 그 초창기부터 무수한 난관에 직면하였으며, 일부세력은 비협조 및 반대운동 등을 전개하기도 하였다. 그 요인은 불교도의 자각 부족과 함께 일제의 사찰령으로 대변되는 일제의 외압이었다. 달리 말하자면 식민지불교의 강제성과 그에 기생하려는 비자주적인 행태였던 것이다. 당시 시대적 배경과 관련하여 등장한 불교개혁론이 한용운이《佛敎》지 88호(1931.10)에 기고한 〈朝鮮佛敎의 改革案〉이다.

한용운은 이 개혁론에서 이전 그의 유신론을 계승하면서도 당시 변화된 불교계 동향에 유의하여 개혁의 당위성, 그리고 대상과 방법을 제시하였다. 그가 개혁론을 기고한 근본목적은 위에서 지적한 종헌실행의 부진을 목격하면서, 개혁의 당위성을 강조했는데 종헌에서 규정한 종회 및 교무원이 명의뿐이고 완전한 권위와 실행에 문제점이 많음을 지적하고 있다.

한편 한용운은 이 개혁론에서 불교개혁의 당위성과 역사적 필연성을 강조하면서, 개혁에 대한 미래지향적인 신뢰를 제시하였는데 이는 불교청년들의 성장과 활동에 큰 기대를 갖고 있었던 바에서 연유한 것이다. 그러나 그는 불교의 개혁은 '危機一髮 百尺竿頭'에 서 있다고 판단하였다. 이것은 내적 조건인 불교계 개혁에 대한 비협조세력의 잔존 및 준동, 외적 조건인 사찰령의 간섭과 반종교운동의 강세라는 이해에서 나온 것이다. 그 개혁안의 세부내용을 보면 통일기관의 설치,[18] 사찰의 폐합, 교도의 생활보장, 경론의 번역, 대중불교의 건설, 선교의 진흥 등이다.

이러한 개혁론은 이전 유신론의 주장을 계승·발전시키면서도 당시 불

---

17) 김법린은 사찰령이 당시 불교발전을 저해하는 최대의 '頭痛'으로 인식하고, 그 단계에서 유일한 항쟁방법을 종헌의 徹底 實行이라고 단언하였다.
金法隣, 〈宗憲의 徹底實行 問題〉《佛敎》101·102합호, 1932.12
18) 통일기관의 방식으로는 총본산과 교무소를 제시하였는데 총본산은 특정 본산 및 사찰을 택하는 것이고, 교무소는 당시 본산제를 그대로 두고 별도의 기관을 두는 것을 말한다. 그 통일기관에서는 각 사찰 주지 임명권, 인재융통권, 전체 사찰 교무지도 등의 권한을 갖고 모든 사찰은 그 통일기관의 명령에 복종하는 방안을 제시하였다.

교계의 정황을 고려하면서 구상된 것으로 보인다. 그런데 이 개혁안은 이전 유신론에 비해 현실관의 변동과 개혁의 대안이 현실성을 갖고 있음에 의미가 있다. 우선 유신론에서 제기하지 않았던 사찰령의 간섭과 아울러 사찰령에 기생하고 있는 주지층 등의 모순을 불교개혁의 걸림돌로 분명히 인식하였다. 요컨대 민족불교 지향이라는 점이 확연하게 부각되었는데, 그가 3·1 운동을 제일선에서 주도한 민족대표였다는 점을 고려하면 일면 당연한 입장이라고 하겠다. 통일기관의 설치문제도 바로 여기에서 직접 연결되고 있다.

한편 이 개혁안에서 흥미로운 것은 그가 유신론에서 강조하였던 승려의 대처문제는 제기하지 않았다는 것이다.[19] 1930년경에 이르러서는 승려의 절반이 대처하였다는 풍조를 고려할 경우, 그가 다시 주장하지 않아도 보편화되었음에서 연유한 것으로 보인다. 그런데 당시 제반 정황 및 자료에 의하면 승려의 대처 문제가 불교계 모순의 근원으로 자리잡았으며, 일면으로는 그 대처가 일본불교의 매개체이자 식민지불교의 대명사로 인식되었던 면을 고려하지 않은 점은 매우 의아스럽다.

다음으로 지적할 것은 반종교운동의 강세를 거론하고 이를 개혁추진의 장애로 인식하였다는 것이다. 이전 유신론에서는 진화론적인 현실관을 갖고 개혁의 당위성을 강조하였지만, 개혁론에서는 당시에 풍미하였던 사회주의·유물주의, 특히 반종교운동에[20] 경계를 하였으며 불교의 대중화를

---

19) 개혁안 중 敎徒의 생활보장의 내용에서 지식계급의 불교청년들이 생활의 길을 얻지 못하여 半僧半俗의 기로에서 방황하는 자가 적지 않다고 보면서 그들의 생활대책을 수립하는 것이 불교홍포에 중요하다고 한 것은 일면 대처자들을 고려한 것이 아닌가 한다. 당시 그 지식 청년들은 상당수가 대처를 하였으며, 그들은 일본유학의 이력과 불교개혁의 노선 등으로 인해 기존 사찰 등지에서 배척을 당하였는데 이들에게 생활보장을 해 주어야 한다는 것은 대처한 청년승려들을 교도로 인식하였음을 반영해 주는 것이다. 따라서 그 불교청년·교도로 지칭된 대상들은 곧 대처승려를 말하는 것이기에 한용운의 대처허용의 논리는 지속된 것으로 볼 수 있나. 또한 그는 1933년에 개혼하여 그의 주장을 실천하였다.

20) 한용운은 《삼천리》지(10-5호, 1938.5)에 〈反宗敎運動의 批判〉이라는 글을 기고

더욱 강조하고 그 대안을 제시함이 주목된다. 그의 불교개혁론의 근본은 '산간에서 가두로, 승려에서 대중으로'라는 슬로건을 내세운 바에서 알 수 있듯이 불교대중화였다.

한용운은 이 개혁안을 당시 불교의 현실에 비추어 '과도기적 개혁안'으로 규정하면서, 개혁안의 실시는 불가능 및 용이한 일이라고 단정할 것은 아니라고 하였다. 다만 불교도의 자각 여하에 달려 있다는 입장을 개진하였다. 그러므로 한용운의 이 개혁안은 당시 불교계의 제반 정황을 충분히 고려하면서 나온 차선책의 과도기안으로 볼 수 있으며 종헌실행의 부진이라는 계기에서 촉발·연유된 것으로 이해할 수 있다. 그리고 개혁안의 주안점은 통일운동의 완성, 불교의 대중화이다.

이후 불교계에서는 자주적인 결정으로 수립한 종헌을 끝내 이행하지 못하고, 1934년에 이르러서는 종헌의 소멸을 가져왔다. 그런데 그 종헌의 부진 가운데에서도 불교계 내에서는 통일기관 수립을 위한 대안을 검토하여 총본산건설운동을 진행하였다.

그 운동은 1935년에 시작되어, 1937년부터는 불교계의 단일기관 수립을 후원하는 일제의 심전개발운동 및 불교정책에 힘입어 본격화되었다.[21] 그러나 이 즈음의 통일운동은 일제의 일정한 후원을 감수하면서 진행되었기에 결과적으로는 일제의 간섭과 조종을 받을 수밖에 없었다. 이는 곧 자주불교를 이루지 못한 산물로서 사찰령에 의거한 자치력의 상실로 나타날 통일기관(조선불교조계종, 태고사)은 곧 불교계의 한계, 즉 의타성과 몰자각성이라고 한용운이 예측한 사정이 1940년대에 이르러 사실로 나타났음을 유의해야 한다.

할 정도로 반종교운동의 득세에 대한 불교의 영향과 대응에 큰 관심을 기울였다.
21) 한용운은 그 당시에도 불교 자치기관 수립을 위한 그의 의견을 《불교》 신2집 (1937.4)에 〈朝鮮佛敎統制案〉이라는 글로 피력하였는데, 그 안에서는 중앙기관제와 총본산안을 제시하여 이전 그의 주장을 강조하였다. 그는 이 글에서 자치와 자멸은 양립할 수 없음을 지적하면서 불교의 자치 통제기관을 속히 수립해야 한다는 입장을 개진하였다.

6. 결 어

이상으로 근대불교개혁론을 불교계 동향에 유의하면서 그 개요를 살펴보았다. 그 내용의 서술은 각 개혁론의 배경과 성격을 중심으로 이해하면서, 개혁론 상호간의 차별성 도출에 유의하였다. 이제 그 개혁론의 개요를 다시 정리하면서 그 개혁론이 갖고 있는 불교사적인 의의를 정리하는 것으로 맺음말에 대하고자 한다.

한용운의 《조선불교유신론》은 1910년 이전의 불교계 상황을 반영한 것으로, 불교계의 자각 부족과 개혁에 접근하지 못한 분위기에 대한 강한 촉구의 내용을 담고 있다. 개항기의 불교계는 서구열강 및 외래 문명의 도전이라는 충격 속에서 냉철한 현실의식의 나약성을 드러냈다. 특히 일본불교의 침투와 함께 등장한 도성출입금지 해제령은 일본에 대한 우호성과 일본불교의 의존을 야기하였다.

또한 불교계는 진화론적인 시각에서 문명, 일본불교, 여타 종교 등을 인식하면서 결과적으로 개혁 추진의 비주체성을 노정하였다. 이러한 시기에 한용운은 당시 보수적인 불교계에 경종을 울리면서, 급격한 시대변화를 직시하고 그 시기를 불교유신의 기회로 활용할 것을 촉구하며 불교계 각 분야에 대한 개혁의 방향을 제시하였다.

권상로와 박한영의 불교개혁론은 기본적으로 개혁의 대상과 방법에 관련되었다고 하겠다. 국권상실, 곧 일본의 식민지로의 변동이 역설적으로 불교의 중흥 및 발전을 기하였다는 인식이 불교계의 주류를 이루고 있었다. 더욱이 문명국, 선진불교로 일본을 인식하였기에 이제 일본불교를 수용하고 배워야 한다는 흐름이 일반적이었다.

이에 권상로는 진화론적인 시각에서 개혁의 방법 등을 구체적으로 지적하면서 개혁이 더욱 추진되어야 함을 강조하였다. 박한영은 개혁의 대상과 방법을 불교현대화에 두었다. 그는 근본불교의 기초하에 시대변천을 유의하여 불교 활성화를 위한 제반 문제를 검토하면서 특히 불교청년의 교육과 포교에 우선을 두어 그의 입론을 전개하였다.

이영재, 백용성, 백학명의 개혁론은 3·1 운동 직후 불교계에 다양하게 등장한 현실인식 및 10년 간의 일제 불교정책의 폐해를 이해하는 토대에서 출발하였다. 교단에서도 이전 10년의 개혁의 성과를 어떻게 인식할 것인가의 내용에 의거하여 보수와 진보 등으로 대별되기도 하였다. 이영재의 불교혁신론은 일제 식민지불교의 모순을 극복하되, 개혁의 추진을 교단혁명 및 불교제도 개혁에 중점을 두어 해결하고자 하였다. 이영재의 개혁론의 바탕에는 삼권분립 및 민주공화정이라는 당시의 정치 사조가 내재하고 있었다.

이에 반해서 백용성은 전통불교의 수호를 선율의 겸행에 두면서 식민지불교를 극복하고자 하였다. 한편 그는 번역과 저술 사업, 선농불교 실천, 대각교 표방을 통한 근본불교의 정신을 강조하면서도 새로운 혁신사업을 제안하였다. 이는 곧 불교정신을 유지하면서도 불교의 대중화, 활성화를 유지하려는 것이었다. 백학명의 개혁론도 근본불교 정신에 기초를 두고 선농일치를 내세워 불교의 활성화를 강조하였다. 그러나 그는 사회사업 등의 개혁에는 치중하지는 않았다.

1929년 승려대회 이후 불교계는 자주적으로 제정한 종헌의 이행이라는 과제에 직면하였다. 그러나 일제의 외압, 불교도들의 자각 부족 등으로 인해 그 종헌은 정상적인 실행을 기하지 못하였다. 그 부진은 곧 불교의 자주화를 지켜내지 못하였다는 사정을 반영하는 것이다. 한용운은 그 현실에 직면하여 불교개혁안을 제시하였다. 종헌 부진이라는 불교계의 변동된 현실하에서 이전 유신론을 계승한 것으로 보이는 그 개혁안은 통일기관 설립을 촉구하면서 불교개혁을 위한 대안의 제시였다.

그러나 그는 개혁의 당위성을 가지면서도, 당시를 위기일발 백척간두로 표현한 것과 같이 개혁에 저해되는 일제 및 비협조적인 대상이 교계 내부에 잔존함을 경계하고 있었다. 이에 그 개혁안의 성취는 곧 불교도의 자각 여부에 달려 있다고 강조한 것은 곧 차선의 개혁 현실책으로 볼 수 있다. 한편 이 개혁안은 사찰령 모순의 확대와 반종교운동 득세라는 상황에서 민족불교의 지향을 분명히 하고 불교의 대중화임을 밝혔다는 데에 의미가 있다.

　지금껏 각 개혁론을 그 시대배경 및 불교계 동향에 유의하여 살펴보았다. 개혁론은 그러한 시대적 배경에 큰 영향을 받았으며, 나아가서는 그 시대적 산물이었다고 하겠다. 그 개혁론에 담겨 있는 불교사상 등은 거의 언급하지 못하였는데, 이 점은 필자의 후일 연구의 주제로 남겨 두고자 한다.

1930년대 불교계의 反宗敎運動 인식

1. 서 언

3 · 1 운동 직후 정치 · 사회 · 문화 등 각 분야에는 社會主義가 유입되었고, 그로 인한 다양한 운동 노선이 등장하였다. 또한 사회주의는 민족운동의 방략과 노선의 일환으로 채택되기도 하였다. 이 같은 변화는 사회 각 분야에 파급되었기에 불교계도 그에 일정한 영향을 받았음을 배제할 수 없다.

그런데 1920년대 중반에 접어들면서 사회주의 파급의 영향으로써 종교를 부정하는 反宗敎運動이 나타났다. 반종교운동의 기원은 칼 마르크스의 공산주의 이론에서도 찾을 수 있지만, 한국의 경우 민족통일전선에서 운동세력을 정비하는 가운데 구체적으로 노출되었다. 사회주의 이론으로 무장한 좌익의 민족운동자들은 종교가 민족운동의 추진에 장애물로 변질될 가능성과 종교에 기반을 둔 단체 · 세력을 민족통일전선에 참여시켜야 할 과제에서 고민하였던 것이다. 이러한 가운데 종교 부인의 논의가 대두되었으며, 종교단체를 민족운동노선에서 배제하기도 하였다.

그런데 당시 불교도들은 사회주의에 우호적인 자세를 견지한 경우도 있었다. 이는 3 · 1 운동 직후의 미세한 움직임이었지만, 불교의 사상 중에서 평등을 지향한 측면을 사회주의와 연관시키려는 의식, 혹은 민족운동선상에 있던 승려가 사회주의계열 운동 단체에 가담한 것과 관련이 있다. 그러나 반종교운동이 종교를 비판하고 나아가서는 기독교 · 천도교 등의 종교단체들과 충돌·대립하는 움직임이 고조되자 불교계는 자연 그에 대한 경계심을 갖기에 이른다.

한편 반종교운동은 민족통일전선이 등장한 1926년경에 이르러서는 일시 소강상태에 있었으나, 신간회가 해소된 1930년대 초반에는 다시 재기하였다. 그 당시 반종교운동은 불교에 대한 비판도 가하기 시작하였다. 이에 중앙불교계에서 활동하였던 韓龍雲, 許永鎬 등은 점차 극심해지고 있는 반종교운동의 실상과 성격을 분석하고 불교계도 그에 적절히 대응할 필요성을 강조하였다. 그들은 반종교운동은 존립할 가치가 없는 것이라고 이해하면서도 현실적으로는 무시할 수는 없었다. 다만 반종교운동에서 비판하고 있는 종교의 부정적인 요소를 제거해야 할 필요성을 절감하고 그를 불교개혁론의 이론적인 기초로 활용했던 것이다.

본 고찰은 바로 이러한 전제에서 반종교운동과 불교와의 상호관계, 반종교운동에 대한 불교도의 인식, 반종교운동의 대응 차원으로서 불교개혁의 내용을 통해 1930년대 불교계에서 나타난 반종교운동에 대한 인식의 개요를 살펴보고자 한다. 이 같은 분석을 통하여 당시 불교계의 현실인식 이해에 새로운 지평을 제시하겠다.

2. 反宗敎運動과 佛敎

3·1 운동 직후 반종교운동에 관련된 움직임은 국외 좌익계열의 민족운동선상에서부터 나타난다. 1921년 5월, 중국 상해에서 창립된 상해파 고려 공산당은 창립선언문에서 종교적 미신을 사회해방의 장애로 규정하고, 종교적 미신으로부터 무산대중을 해방시키기 위한 차원에서 종교 배척운동을 실행할 것을 제시하였다. 다만 그 실행에서는 유화적인 자세를 견지하였다.[1] 그리고 소련의 연해주를 거점으로 활동한 이르크추크의 고려 공산당은 1921년 당대회의 보고무에서 종교단체를 '半宗敎的'인 정치

---

1) 한대희,《식민지시대 사회운동》pp.106~112. 1986.

단체로 규정하였지만, 종교단체를 해방운동의 일시적인 동맹자로 보면서 이념투쟁의 필요성을 촉구하였다. 여기에서는 특히 기독교에 대한 투쟁을 구체적으로 거론하기도 하였다.[2] 이 같은 사회주의계열 민족운동선상에서의 검토는 종교를 배척하면서도 민족해방운동을 위해서는 일시적이나마 우호적인 입장을 견지하는 것이었다. 이러한 논의와 지적은 곧 종교단체를 사회주의 이론상으로는 당연히 배척해야 하지만 현실적으로는 민족해방을 위한 동맹으로 끌어들이려는 방략이라 하겠다.

국외 사회주의계열에서의 이러한 배척과 우호라는 기준은 국내에도 그 영향을 미쳤다. 국내 사회주의자들이 반종교운동을 본격화 한 시기는 1923년경이다.[3] 1923년 3월에 개최된 全朝鮮靑年黨大會에서는 종교의 존재 의의를 부인할 것을 결의하였다.[4] 그런데 그 대회에는 조선불교청년회, 조선불교여자청년회를 비롯한 기독교·천도교 등의 종교단체가 참여하고 있었던 연유에서 기인한 것인지 단언할 수 없어도 그 결정과정에는 치열한 논쟁이 있었다. 종교단체가 참여했음에도 불구하고 치열한 논쟁을 거친 후, 종교의 존재를 부인하였다는 것은 사회주의자들의 반종교에 대한 의식이 공론화되었음을 말해 준다.

청년당 대회 이후 1924년 4월에 개최된 朝鮮靑年總同盟의 임시대회에서도 종교문제와 관련하여 다음과 같은 결의를 하였다. 즉 종교를 계급운동의 완전한 적대세력으로 인정하지는 않지만, 계급적 각성에 방해할 수 있는 폐해가 있기에 종교에 대한 사상투쟁을 전개한다는 것이었다. 그런데 이 대회에는 조선불교청년회·천도교청년유신회 등 종교단체의 가맹

---

2) 林京錫, 《高麗共産黨硏究》 pp.300~304. 성균관대 박사학위논문.

3) 국외에서 반종교운동이 국제적 연대로 본격화 된 시기는 1925년이다. 1925년 소련의 소비에트 동맹에서 戰鬪的無神論者同盟이 결성된 직후 체코슬로바키아에서 국제프롤레타리아 자유사상가 동맹의 제1회 창립대회가 개최되었다. 이 대회에서 칼 마르크스의 이론과 종교는 양립할 수 없음을 전제하여 본격적인 반종교투쟁의 조직 개시를 선언하였다. 이 사정은 玄人이 《비판》 7호(1931.1)에 기고한 〈宗敎批判과 反宗敎運動〉 내용의 참고.

4) 金昌順·金俊燁, 《韓國共産主義運動史》 2, pp.119~130.

자체를 거부한[5] 데에서 단적으로 나타나듯이 청년당대회 때보다 더욱 반
종교운동의 기조가 강화되었음을 느낄 수 있다. 그리고 1925년 4월에 개
최될 예정이었던 全朝鮮民衆運動者大會의 사전 준비된 토의 사항의 내용
에도 역시 반종교 문제가 포함되었다. 이는 제국주의 시대의 기독교의 역
할을 비판하고 반종교운동의 횃불을 일으키자는 것이다.

이처럼 1920년대 전반기 국내 사회주의 운동 단체에서는 반종교에 대
한 의식이 심화되었음을 알 수 있다. 그러나 이 단계에서는 그 운동의 추
진이 ‘선전’ 차원에 머물러 있었는데, 이 같은 반종교운동의 흐름이 더욱
가속화된 것은 1925년 4월 朝鮮共産黨의 창당 이후였다. 조선공산당의 외
곽단체였던 신흥청년동맹은 정기총회에서 종교는 대중의 마취제이므로
배척해야 한다는 전제 아래 1차로 우선 반기독교운동을 전개할 것을 결의
하였다. 사회주의자들이 우선적으로 기독교를 그 대상으로 삼은 것은 기
독교가 자본주의사회를 옹호하고 제국주의의 후원을 받았던 성향이 반영
되었다는 점에서 이해할 수 있다.

이후 사회주의계열의 단체들이 주도하는 반종교, 반기독교에 관련된 논
란이 전국적으로 파급되어 갔다.[6] 나아가서는 각 지역에서 기독교를 둘러
싼 갈등과 충돌사건이 번져 나갔다. 반기독교운동에 대한 당시 사회주의
자들의 인식은 《개벽》 63호(1925.11)호의 특집기사에서[7] 살펴볼 수 있다.

이 같은 반종교운동 구도하에서 전개된 반기독교운동은 1926년 중반에
접어들면서 점차 사라지게 되는데 1925~6년부터 가시화되고 있었던 민
족통일전선의 영향에서 비롯된다. 통일전선, 신간회운동, 민족유일당운동
등으로 대변되는 그 흐름은 기본적으로 일제에 대응하기 위한 총력의 운
동 역량을 결집하는 것이었기에 종교단체도 그 흐름에 견인할 필요성이

---

5) 〈創立된 靑年總同盟〉《조선일보》 1924년 4월 23일.
6) 이준식, 〈일제침략기 기독교 지식인의 대외인식과 반기독교운동〉《역사와 현
   실》 10호, 1993.
7) 그 특집 기사에는 袁成龍이 〈反基督敎運動의 意義〉, 朴憲永의 〈歷史上으로 본
   基督敎의 內面〉, 韓偉健의 〈等閑視할 수가 없다〉, 無名漢의 〈敎會안의 反動勢
   力을 경계하고 싶다〉, 李廷允의 〈反宗敎運動에 대한 觀察〉의 글이 있다.

제기되었을 것임은 쉽게 수긍할 수 있다. 즉 민족해방 전선의 통일을 기하기 위해서는 종교단체도 동맹자로 보아야 한다는 주장과 비타협적인 민족주의 운동과 사회주의 운동이 협동해야 한다는 흐름들은 그 사정을 반영해 준다.

예컨대 함북청년총연맹은 1926년 7월 24일의 집행위원회에서 조선민중의 최대 이익을 위해 통일단결할 필요성을 제기하면서 邪敎는 박멸하되, 기독교·불교·천도교와는 유기적인 연결을 가져야 한다고 결의하였다.[8] 또한 경성청년연합회에서도 1926년 7월에는 조선의 종교청년단체는 지배계급의 대변자 역할을 수행하지 않으며 개량적 이익을 구하지 않고 있다는 판단에 그들과 협동전선을 취해야 한다는 논의를 하였다.[9] 이러한 변동된 정황하에서 天道敎의 잡지인 《新人間》 3호(1926.7)에서 〈反宗敎運動에 對한 나의 生覺〉이라는 특집 주제를 마련한 것도 우리의 관심을 끌고 있다.[10]

그러나 이 협동전선의 구도에서 활동하던 신간회가 스스로 해소되는 1930년대 초반에 반종교운동은 다시 등장하였다. 신간회는 좌·우 합작운동의 구도에서 나왔기에 신간회가 활동을 할 당시에는 좌파의 반종교운동은 일시적으로 소강상태였다. 그러나 신간회 자체가 해소된 직후부터는 좌파의 반종교운동이 다시 가열되었다. 그 당시 사회주의자들의 반종교운동의 주된 타도 대상은 천도교였다. 이는 천도교가 민족개량주의적인 노선을 가고 있다는 인식의 결과였다. 이런 변화 속에서 당시 사회주의자들은 불교에 대해서도 비판을 가하기 시작하였다. 이제 불교계도 반종교운동에 대한 인식과 대응을 해야만 했다.

3·1 운동 직후 불교계에서는 사회주의를 배격하지 않고, 오히려 사회

---

8) 《시대일보》 1926.7.28.

9) 李 江, 〈朝鮮靑年運動의 史的 考察(下)〉 《現代評論》 2권 1호, p.21. 1929.

10) 그 특집 기사에는 홍명희의 〈宗敎排斥보담 迷信打破〉, 김병준의 〈新宗敎 促進運動이다〉, 김혁명의 〈그러케 急先務가 안이다〉, 안재홍의 〈나의 본 二三〉, 국기열의 〈旣成 宗敎破壞는 理勢의 當然〉, 민태원의 〈人間이 完成되기 前에는 拒否치 못할 것이다〉 등이다.

주의 단체와 공동으로 활동하거나 그 단체에 가입하여 활동한 경우도 있었다. 이 같은 움직임은 당시 불교계 전체의 흐름으로 볼 수는 없고, 개인 및 단체의 개별적인 접근이다. 그 중 주요한 실례를 살펴보면 다음과 같다.

1921~2년, 조선불교청년회와 김해불교청년회에서는 사회주의계열의 인사를 초청하여 강연회를 개최하였다.[11] 그리고 님웨일즈의 소설《아리랑》에서 금강산의 붉은 승려로 묘사되었던 金星淑은 봉선사 출신 승려였는데, 그는 3·1 운동 참여와 출옥 이후에는 불교청년운동의 일선에서 활약하면서도 사회주의자 金思國에 영향을 받아 무산자동맹회와 조선노동공제회 등 사회주의 단체에 가담하였다. 그는 북경으로 망명하여 民國大學에서 수학하였으며, 그 이후에는 의열단과 조선민족해방동맹 등 사회주의계열의 독립운동 단체에서 활약하였다.[12]

통도사불교청년회의 회장이었던 李鍾天은 조선불교청년회가 전 조선청년당대회에 참가할 때 그 대표로 참여하였으며, 그 대회가 일제의 압박으로 중도에 무산되자 그 핵심세력과《청년당사》발간의 주요 인사로 활동하였다.[13] 조선불교여자청년회의 회장이었던 禹鳳雲도 청년당대회에 참여하였으며, 사회주의계열의 여성운동단체인 여성동우회의 핵심인물이었다.[14] 한용운은 청년당대회에서 축사를 하였으며,[15] 석가의 경제사상을 유의하면서 불교사회주의에 대하여 저술할 의도가 있다는 의사를 개진하였다.[16] 불교계의 단체 및 인사들의 이 같은 정황은 사회주의를 운동노선 및 독립운동의 차원에서 수용하였던 사정을 말해 준다.[17]

그러나 1930년대 초반에 반종교운동이 다시 일어나면서 불교에 대한

---

11)《동아일보》1921년 4월 30일, 1922년 5월 15일.
12)《혁명가들의 항일회상》1988, 민음사.
13) 金光植, 〈朝鮮佛敎靑年會의 史的 考察〉《韓國佛敎學》19, 1994.
14) 金光植, 〈朝鮮佛敎女子靑年會의 창립과 변천〉《한국근현대사연구》7, 1997.
15)《동아일보》1923년 3월 25일.
16)《삼천리》제4권 11월호, 1931.
17) 김남수, 〈일제시대 불교계 초기 사회주의 운동〉《선우도량》13호, 1998.

비판도 제기될 즈음에서는 새로운 입장 정리가 요청되었다고 하겠다. 이러한 현실에서 불교계 내부에서도 그에 관련된 글이 나오기 시작하였다. 예컨대, 사회주의의 정신을 평등, 자유, 자비로 보면서 그 정신은 불교에 이미 담겨져 있으므로 사회주의를 배우기 이전에 불교를 배워야 한다는 주장도 있었다.[18] 또한 불교도 유물론자들이 '종교는 아편이다'라고 말하는 명제에 무관할 수 없다는 인식도 있었다.[19] 나아가서 근본불교는 私有를 부정하였으나 동양에 전래된 이후의 불교는 근본불교의 사회민주사상을 망각하면서 관료 전제화되어 보수적인 지배자를 옹호한 '반동행위'를 하였다는 분석도 하였다.[20]

이 같은 주장과 분석은 곧 반종교운동의 재기 움직임과 불교는 무관할 수 없다는 현실인식에서 나온 것이라 하겠다. 그러면 그 당시 반종교운동을 주도하였던 인물들의 종교와 불교에 대한 인식을 살펴보자.

반종교운동자들은 종교는 민중에게 유해한 것임을 강조하였다. 이와 관련된 글을 보면 그 내용을 이해할 수 있다.

이 英靈物인 宗敎들은 것흐로는 所謂 安心立命이란 金色看板을 걸고 속으로는 온갖 흉한 手段과 方法으로 무지한 民衆에게 阿片注射를 놋코 잇나니 宗敎의 有史以來로 東西古今의 그만흔 民衆이 놈들에게 精神的 瘋醉를 當함이 무릇 幾何이며 物質的 詐取를 밧음이 무릇 幾何이뇨?[21]

종교는 민중들에게 정신적인 마취와 물질적인 착취를 가한 대상이라는 것이다. 민중을 프롤레타리아 계급으로 설정하고 그들을 운동의 중심기반으로 삼는 사회주의에서 민중에게 고통을 주는 종교는 당연히 배척의 대상이 되었을 것이다. 그들의 이런 반종교 이론은 칼 마르크스의 종교관, 즉 '종교는 민중의 아편'이라는 인식에서 연유한 것인데,[22] 종교는 사회주

---

18) 自　耕, 〈佛敎에서 본 社會主義〉《佛敎》 79호, 1931.1.
19) 銅　牛, 〈唯物論的 宗敎批判〉《佛敎》 79호, 1931.1.
20) 위와 같음.
21) 安炳珠, 〈우리는 웨 宗敎를 反對하는가〉《신계단》 1-5, p.44. 1933.2.
22) 玄　人, 〈「맑쓰」의 宗敎批判論〉《비판》 8, 1931.12.

의에 적대적인 부르주아 계급을 옹호한다고 보았던 것이다.

> 今日 一切의 宗敎 及 宗敎團體는 恒常 勞勤 階級의 ×取와 痲醉를 助長하는 쌕
> 루조아的 反動의 機關으로의 役割을 다하는 것이라는 結論에 到着하는 것이다.[23]

이러한 종교에 대한 이해는 곧 종교의 부정을 말하는 것이므로 자연 그 종교를 반대하는 운동에 나설 수밖에 없는 논리가 대두되는 것이다. 또한 제국주의의 기반을 자본, 과학(군사, 정치, 기계 자본 조직 등), 종교로 구성되었다고 이해하는[24] 경우를 고려하면 사회주의자들은 반종교운동을 매우 중요시하였다. 즉 그들은 반종교운동을 계급투쟁의 일환으로 보았던 것이다.

이 같은 기본 성향을 갖고 있었던 사회주의자들은 당시 한국의 종교를 민족의 최대괴제인 민족해방운동의 장애로 보았다. 이는 종교단체가 일제의 식민통치에 유화적인 민족개량주의 노선을 가고 있다는 이해이다.

> 그러나 이 宗敎的 集團의 組織形態와 活動方向이 無産階級의 階級陣營과 對立的 立場인 民族改良主義로 脫落한 反프로레타리아트的인 것은 이제 呶呶할 바가 아니다. 이것은 勿論 宗敎의 本質的 機能을 發揮하야 ××家 乃至 旣成勢力과 結託하고 勞農階級을 宗敎的 迷妄으로서 結縛한 것임에 틀림업다.[25]

당시 종교단체는 일시적으로 좌익적 민족주의 혹은 노농계급의 동맹체의 성향을 띠었으나, 정치적 경험과 정세를 파악하여 민족개량주의의 노선을 경주하는 정치적 단체로 전락되었다는 이해와[26] 같다는 인식이다.

이렇게 보면 반종교운동의 대상에 해당되지 않는 종교가 없다는 것이 사회주의자들의 인식이다. 따라서 불교도 당연히 그 대상에 포함된다는 것이다.

우선 모든 종교가 반종교운동의 대상이라고 지적한 글을 살펴보겠다.

---

23) 위의 자료, p.33.
24) 金明植, 〈朝鮮宗敎論〉《비판》 12, p.22. 1932.4.
25) 玄 人, 〈宗敎 批判과 反宗敎運動〉《비판》 10, p.97. 1932.2.
26) 위와 같음.

> 「宗敎는 民衆의 阿片이다」고 한 原則으로써 朝鮮의 여러 宗敎를 分析하면
> 反宗敎運動의 銳鋒은 佛敎나 基督敎에로 돌리지 아니할 수 업다. 그들은 民衆을
> 보다 잘 痲醉할 수 잇는 哲學 밋 神學의 豊富한 內容과 歷史的 儀式을 가지고
> 잇는 까닭이다.[27]

불교는 민중을 효과적으로 마취시킬 수 있는 철학, 역사적 기반이 있다
는 것이다. 반종교운동 노선에서 이해되고 있는 당시 불교에 대한 내용을
더 살펴보자.

당시 불교가 조선에 있어서 결코 미약한 세력이 아니며, 당시 사회의
변동도 불교의 발전에 유리하게 작용하고 있다고 보았다. 이는 불교의 大
衆化를 지칭하는 것으로서 포교, 교육, 교도 획득 노력 등 제반 분야에서
괄목할 만한 성장을 보았다는 이해이다. 사회주의자들은 1930년대 전반기
불교를 다음과 같이 요약하였다.

> 그뿐 아니라 全朝鮮 三十一 本山과 一千三百三十二 末寺에는 巨額의 土地
> 財産이 잇서서 李王朝에 賤待반던 『중놈』의 地位를 脫却하야 現在에는 民衆의
> 支配者的 階級에 君臨하고 잇는 것이다.
> 여기에서 佛敎는 敎義로는 姑捨하고 經濟的, 政治的, 社會的으로도 民衆에서
> 超越한 立場에 서지 않으면 않되게 된 것이다. 特히 近年에 朝鮮佛敎中央敎務
> 院平議員會를 契機로 루즈하였던 自體의 組織的 統制를 强打하고, 朝鮮佛敎靑
> 年總同盟 等의 盟員으로 釋迦誕辰日이라고 하는 陰曆 四月八日에 盛大한 記念
> 式과 『釋迦降誕奉祝會』를 擧行하게 되였다.[28]

즉, 불교는 거액의 재산을 가지고 있으며 조선시대의 천대받는 지위를
벗어나 민중의 지배적 계급에 있었다는 것인데, 이는 불교의 地主的 성격
을 말하는 것이다.[29] 이에 불교는 민중보다 우월한 지위에 처해 있었다.

---

27) 위의 김명식 〈朝鮮宗敎論〉과 같음.
28) 朴勝極, 〈佛敎에 對한 唯物論的 考察〉《신조선》 11, p.32. 1935.6.
29) 이와 관련해서 주목할 것은 《동아일보》 1923년 5월 2일 기사, 「佛家의 地主가
    尤甚」의 내용이다. 그는 해인사가 해인사의 토지를 경작한 소작인들에 소작권
    을 강제로 빼앗은 사건을 말한다. 또한 《매일신보》 1930년 1월 22일과 3월 7일
    의 보도 기사, 「威鳳寺 負擔金 捻出로 小作保證金 徵收」「威鳳寺와 全益農場

또한 조직적 통제를 기하고, 석가탄신일을 큰 행사로 개최하는 등 불교의 사회활동이 광범해지고 있다고 평가하였다.

그런데 그 조직적 통제는 불교의 입장에서 보면 1920년초 이래의 불교계 숙원이었던 통일운동의 산물이다. 1929년 1월에 개최된 朝鮮佛敎禪敎 兩宗 僧侶大會에서 자주적인 宗憲을 제정하고, 종헌에서 규정한 宗會와 中央敎務院이 출범하는 등 불교계는 자주와 자립의 노선을 경주하려고 혼신의 노력을 기울이고 있었다.[30] 이 같은 불교계의 통일운동을 반종교운동측에서 비판적으로 바라보고 있었다면 불교계로서는 심각한 문제가 아닐 수 없을 것이다. 여기에서 불교계의 반종교운동에 대한 대응의 기초가 생기는 것이다. 불교계 통일운동의 흐름에 깔려 있는 주제는 '산간에서 도회지로'였는데, 이에 대한 비판이 반종교운동측에서 제기되고 있었다. 그 관련 내용을 살펴보자.

> 最近 佛敎에서 『山間에서 社會로!』한 標語밋헤 漠然한 綱領을 가지고 組織的 進出을 期하는 것으로 보아 彼等 宗敎的 諸 集團의 活動과 方向은 푸로레타리아 의 階級 陣營의 對立的 組織과 方向을 決定하고 잇는 것만은 숨길 수 업는 事實임과 同時에 無産階級과 時間的, 同盟者的 關係를 完全히 끈는 民族改良主義的 路線로 馳落되면서 잇다. 朝鮮에서 三大 宗敎라고 일컷는 佛敎, 基督敎, 天道敎 等 諸 集團은 그 構成 要素의 絶對 多數가 勞動者이요 農民이지만은 그 組織의 基礎와 指導部의 活動 方面이 反無産階級的임에야 더 말할 것이 업는 것이다.[31]

산간에서 사회로라는 강령을 내세운 불교단체는 조선불교청년총동맹이

小作證金徵收收乎」의 내용도 해인사와 유사하다. 그 내용은 중앙교무원의 분담금을 마련키 위한 고육지책으로 위봉사 주지는 위봉사가 경영하던 全州 지역에 산재한 사찰토지의 소작인들에게 소작보증금을 강제로 징수하였다는 것이다. 이에 대하여 농민들은 횡포한 지주행동에 분개하여 일제 당국에 진정서를 제출하는 등 큰 소요가 일어났다.

30) 金光植, 〈朝鮮佛敎禪敎兩宗 僧侶大會의 개최와 성격〉《한국근현대사연구》 3, 1996.

31) 陳榮喆, 〈反宗敎運動의 展望 -反宗敎運動과 天道敎, 基, 佛敎〉《삼천리》 3권 6호, p.12. 1931.6.

었는데,[32] 그 같은 움직임을 민족개량주의 노선으로 보고 있었다. 나아가서 불교계의 구성원은 노동자와 농민이 다수이지만 그 지도부는 反無産階級的이라는 이해이다. 이처럼 반종교운동측에서 일제의 사찰령 철폐의 이전 단계로 설정한 통일운동을 단순히 민족개량주의 노선으로 평가 절하하자 불교계에서는 이에 관련된 자기 정비와 함께 적절한 대응이 요청되었다.

여기에서 불교계의 반종교운동의 인식이 구체적으로 나타날 수 있는 배경을 살필 수 있다. 그리고 불교계로서는 농민운동의 일환으로서 당시 증대되고 있는 소작쟁의도 무시할 수는 없을 것이다. 더욱이 그 소작쟁의에 관련된 농민들이 사찰의 소작인이고, 또한 그 소작인들이 사회주의, 반종교운동 등에 경도되고 있다면 이는 해당 사찰에만 해당되는 것이 아니고 불교계 전체의 과제라 아니할 수 없다. 그런데 불교계로서는 일제에 기생하고 있던 친일적인 승려가 있어 반종교운동의 불교 비판의 논리를 무조건 배격할 처지는 더욱 아니었다. 불교계의 지주 성향은 그 친일 승려에게만 해당되는 것이 아니라 사찰 전체에 해당되는 것이었다. 불교계의 반종교운동에 대한 자기 모순이 있는 것이다. 그럼에도 불구하고 반종교운동에 대응된 인식이 구체적으로 제기되었음은 1930년대 불교계의 현실인식에서는 제외할 수 없는 중요한 단서임이 분명하다.

3. 反宗敎運動의 認識

1) 韓龍雲

3·1 운동 민족대표로 활동한 한용운은 일제하 불교를 대표하는 지성인이었다. 한용운의 반종교운동에 관련된 인식의 편린은 그가 《불교》지 88호(1931.10)에 기고한 〈朝鮮佛敎의 改革案〉에서 찾아볼 수 있다. 한용운은 그 글에서 불교의 개혁안을 제시하기 이전 당시 불교계의 정황을 설

---

32) 金光植, 〈朝鮮佛敎靑年總同盟과 卍黨〉《韓國學報》 80, 1995.

명하면서 반종교운동을 외적인 정세로 거론하였다.

> 外的 情勢로는 特殊事情을 갖인 朝鮮에서 더욱 二重 特殊의 事情 卽 寺刹令의 干涉을 받게 되고 赤色運動者의 反宗教 行爲는 理論으로 行動으로 日復日 濃厚하야 가고 其他 唯物主義 無政府主義, 虛無主義 等等의 모든 潮流가 懷山襄陵, 宗教와 宗教를 壓倒하고도 남을 것같이 보인다.[33]

한용운의 그 개혁안은 1910년대의 《조선불교유신론》을 계승·발전시키고, 1920년대의 민족·사회의 일선에서 활약한 경험과 1930년대 초반 당시 불교계 정황을 종합하여 제시한 불교개혁론이다. 이러한 개혁안의 서두에서 당시 불교의 외적 정세의 하나로 반종교운동을 거론한 것은 그가 반종교운동의 폐해를 심각히 고민하였음을 짐작케 해 준다.

이렇게 반종교운동을 불교에 대한 외적 정세로 인식한 그는 반종교운동이 불교 내부의 문제로 들어왔다고 판단하였다. 한용운은 반종교운동을 광의의 유물주의의 소산으로 보면서 그 문제를 다음과 같이 제시하였다.

> 世界 滔滔 唯物主義에 偏傾하야 人間社會의 모든 일보다 生活의 保障이 第一 先決 問題가 되나니 唯物主義에 對한 理論의 可否는 別 問題로 하고 多數한 人衆이 生活의 保障을 土臺로 하고 同一한 線上에서 唯物主義에 突進하는 것이 事實인 以上[34]

즉, 유물주의에 경도되어 생활의 보장을 가장 중요한 문제로 받아들였다는 것이다. 또 다른 문제로 지적한 것은 佛教 발전의 障害이다. 이 사정을 제시한 한용운의 분석을 보면 다음과 같다.

> 社會는 歷史的 必然의 進展을 高調하고 萬事는 辨證法的 唯物論의 俎上에서 解剖하게 되야 宗教 否認의 理論鬪爭 反宗教運動의 實現 等等이 教의 發展을 障害할 뿐 안이라[35]

---

33) 韓龍雲, 〈朝鮮佛教의 改革案〉《佛教》 88호, p.3. 1931 10
34) 위의 자료, p.6.
35) 위의 자료, p.10.

이렇듯이 종교를 근본적으로 부인하는 유물주의, 반종교운동의 득세는 생활의 보장을 최고로 보는 풍토의 확대화와 불교를 障害하는 본질적인 문제에 이르렀다고 판단하였다. 더욱이 한용운은 반종교운동자들의 행태를

> 佛教의 度濟衆生하는 本義가 안일뿐 안이라 生活線上의 噴火口에서 萬死를 賭하야 一生을 求하는 赤色 프로 大衆의 決死的 反宗教運動을 엇지할 것인가[36]

라고 보았다. 즉 사회주의자들은 반종교운동을 결사적으로 추진하였다는 것이다. 이러한 한용운의 반종교운동에 대한 인식은 불교의 현재뿐만 아니라 미래까지도 근본적인 영향을 미칠 수 있는 대상으로 인식한 산물이라고 하겠다.

여기에서 그는 신간회 해소 직후에 재개된 반종교운동의 제반 정황을 충분히 파악한 것으로 보인다. 1931년의 이 같은 한용운 인식에서 그의 기민한 현실인식을 파악할 수 있다. 한용운은 1932~3년의 불교계 현상을 분석하면서도 반종교운동을 아래와 같이 간략히 설명하였다.

> 近日에 旣成宗教와 反宗教運動은 社會的으로 非常한 問題가 되야 잇다.[37]
>
> 外來思想에 風靡된 反宗教的 傾向이 質로 量으로 日增月加하는 이때에[38]

이 같은 반종교운동에 관련된 이해에서 이전의 그의 반종교운동 인식이 지속되었음을 알 수 있다.

또한 한용운은 반종교운동을 불교가 대처해야 할 중요한 과제로 인식하면서 그 운동의 진원지라 보이는 러시아의 종교문제에 큰 관심을 갖기에 이른다. 이를 보여준 글이 《불교》지 107호에 기고한 〈新露西亞의 宗教運動〉이다. 한용운은 이 기고문에서 1917년 러시아 혁명 이후의 러시아 종교계 정황을 자세히 분석·요약하고 있다. 그는 혁명 이후 일시적으로는

---

36) 위의 자료, p.7.
37) 《佛教》 98호의 한용운의 卷頭言(1932.8).
38) 韓龍雲, 〈敎政硏究會 創立에 對하야〉 《佛教》 106호, p.3. 1933.4.

유물사관과 무신론에 물들은 공산당에 의해서 러시아 正敎會가 큰 타격을 받았으나, 점차 국민적 종교인 러시아 정교회를 박멸할 수 없다는 인식을 한 공산당의 판단에 의해 종교가 생기를 되찾고 있다고 하였다.[39] 나아가서 그는 시련을 겪었던 정교회도 이제는 이상주의, 신비적, 예언적 행태에서 이탈하여 현실주의로 전환하고 있다고 분석하였다. 한용운은 이를 민중본위의 종교개혁의 산물로 보고 민중생활의 내면적 표현으로 정리하였다. 또 종교는 인위적 제도로 좌우하지 못하는 것이며, 그 종교를 인간의 내면 생활의 자연적 표현으로 개념 지은 후 시대와 지역에 따라 변경하는 것은 종교적 본질이 아니고 다만 종교적 외형에 지나지 않다고 단언하였다.[40] 한용운은 러시아의 반종교운동이 곧 실패할 것이라는 확신과 불교가 큰 영향을 받지 않을 것이라는 자부심을 갖고 있었던 것이다.[41]

한용운의 반종교운동에 대한 관심은 그가 《불교》신11집에 기고한 〈共産主義的 反宗敎 理想은 果然 實現될 것인가〉에서도 지속적으로 나타난다. 이 기고문은 앞의 글을 기고한 지 5년 후인 1938년에 서술한 것인데 반종교운동에 대한 그의 관심을 단적으로 보여 준다.

한용운은 서두에서 이론보다는 소련의 실례를 드는 것이 정확하다는 판단에서 혁명 이후의 소련 종교계 변동상으로 공산주의와 반종교의 관계를 설명하였다. 우선 혁명 이전의 러시아 정교회를 중심으로 하는 종교 상황을 요약 정리하였는데 그 정황의 개요를 정권과 교권의 일정한 대립으로 이해하였다. 그런데 혁명이 발발한 이후에는 공산당의 종교 탄압, 즉 반종교운동으로 말미암아 교회가 파괴되는 등 큰 피해를 보았다고 하였다. 이러한 와중에서 소련의 정교회는 보수 혹은 타협이라는 노선상의 대립을 겪으면서 내적 갈등을 겪었다는 것이다. 이런 변동 후 일시적으로 반종교운동이 퇴진하고, 1936년에 제정된 스탈린 헌법에는 신도의 공민권

---

39) 韓龍雲, 〈新露西亞의 宗敎運動〉《佛敎》 107호, p.2. 1933.6.
40) 위의 자료, p.3.
41) 그런데 한용운의 이 기고문에 대하여 사회주의자는 비판적인 반박을 하였다. 〈佛敎徒의 妄斷〉《신계단》 1-10(1933.7) 내용 참조.

과 선거권을 인정하였다고 한다. 그러나 지속적으로 종교선전을 금하였기에 이를 반종교운동의 재연으로 보았다. 한용운은 마르크시즘에서 종교를 압박하는 것에 대해

> 元來 맑시즘은 모든 宗敎와 모든 宗敎團體를 「勞動者의 搾取와 混迷와를 擁護하는 뿔조아 反動機關」이라 인정하얏다.[42]

라고 이해하였다. 또한 그는 스탈린이 반종교문제에 대하여 언급한 개요, 즉 종교는 과학에 반대하는 속성을 지니고 있으며, 과거에 종교는 과학자를 박해하였고, 생존의 필연적인 조건인 노동을 종교는 죄악시하였다는 것도 파악하였다.

따라서 한용운은 당시 소련의 반종교운동의 추진이 주로 종교의 의식과 제도에 대한 毁言과 의식집행에 대한 방해로 나타난다고 보았다. 그러나 이러한 운동이 실제 추진과정에서 적지 않은 문제점이 일어나자, 소련당국은 청소년들에게는 교육을 통하여, 성년자들에게는 권력적 압박으로 반종교운동을 추진하였다는 것이다. 그럼에도 불구하고 소련에는 약 3만의 종교단체와 수백만의 신앙자가 존재할 정도로 그 운동은 실효성을 거두지 못하였다는 것이다. 이렇듯이 소련당국의 반종교운동의 추진에 문제점을 갖게 되자, 외국인의 밀정 혹은 트로츠키와 연계자라는 강요된 명분을 교회인에게 낙인찍는 방법으로 종교탄압을 하고 있다고 이해하였다.

이렇게 소련의 반종교운동의 제반 정황을 정리한 연후에 그 본질을 다음과 같이 요약하였다.

> 이 外에도 種種의 口實로 宗敎를 壓迫하고 있으나 스타린 自身의 말하는 바 「宗敎는 自滅하지 안는다」는 것과 같이 宗敎는 自滅하지 아니할뿐 아니라 如何히 壓迫하야도 도로혀 益益 勃興하는 것을 事實이 證明하지 안는가. 蘇聯人의

---

42) 萬　海,〈共産主義的 反宗敎 理想은 果然 實現될 것인가〉《佛敎》 신11집, p.6. 1938.3. 그런데 한용운은 이 글을 《삼천리》 10권-5호(1938.5)에 전재하였다. 이는 그의 주장을 불교계뿐만 아니라 일반 사회에도 널리 알리려는 의도에서 나온 것으로 볼 수 있지만, 그 전후사정은 알 수 없다.

信仰은 二十年間 共産黨 壓迫에 依하야 試鍊을 받은 結果 비로소 「不退轉」에 이른 것이다.[43]

소련의 종교는 공산당의 압박에서도 자멸하지 않았다는 사실에 큰 의미를 주었다. 나아가서 한용운은 이 같은 소련의 실례에서

人間의 宗敎心은 與生俱生이어서 거의 本能的으로 되야 잇나니 有時에는 宗敎心이 生活欲보다 더욱 强한 것이다.[44]

종교의 생명력을 확신하였다. 그러하기에 당시 소련의 基督正敎가 서서히 국민의 지지를 받고 부흥의 길로 가고 있다고 보면서 반종교운동에 대한 그의 입장을 개진하였다.

지금까지 한용운의 반종교운동 인식을 그의 기고문 분석을 통하여 살펴보았다. 이는 1917년 러시아 혁명 이후의 러시아 종교계 변동의 정황에서 나타난 반종교운동의 개요와 성향이었다. 또한 반종교운동이 치열한 가운데에서도 종교의 속성을 유지하고 있는 러시아 정교회의 존립에 유의하면서 종교의 자생력을 확인하였다. 한용운은 러시아의 실례를 통하여 반종교운동의 부당성과 한계를 제시하였다.

그러나 그의 관심은 당시 한국의 실정이었음은 두말할 여지가 없다. 한용운은 1938년 12월호인 《비판》지에 기고한 글, 〈나의 감상과 희망〉에서, 그 일단의 심정을 피력하였다. 요컨대 당시 불교계의 최대 문제였던 자율적인 통제의 부재로 야기된 민중과의 관계의 미흡도 반종교운동에서 기인한 것으로 보았다. 한용운은 민중과의 관계 미흡의 첫번째 요인을 불교는 민중을 떠났고 민중과 교섭을 갖지 않는 것으로 오해한 역사적인 측면을 거론한 후, 반종교운동과의 관련을 다음과 같이 요약하였다.

다음은 時代 思潮에 因하는 것입니다. 그것은 주로 共産主義의 影響을 바더

---

43) 萬　海, 〈共産主義的 反宗敎 理想은 果然 實現될 짓인가〉 《佛敎》 신11집, p.8. 1938.3.
44) 위와 같음.

一般的 反宗敎運動이 風靡한 까닭입니다. 이것은 佛敎만의 問題가 아니고 一般 宗敎 全體에 關한 것이나 佛敎도 勿論 그 影響을 바덧든 것입니다.[45]

즉 반종교운동의 영향으로 불교가 민중 속으로 들어가는 데 큰 어려움을 겪었다는 것이다. 그런데 한용운이 당시 불교계의 최대 과제였던 불교계 통일의 장애물을 민중과의 관계가 미흡한 것으로 보고, 그 요인의 하나를 반종교운동으로 보았다는 것은 반종교운동에 대한 문제를 심각하게 여겼음을 말해 준다. 이 같은 인식이 1930년대 초반부터 1938년에 이르기까지 일관되었음을 더욱 파악할 수 있다.

한용운의 반종교운동 인식은 반종교운동을 불교계의 최대 도전으로 인식하면서 그 문제가 불교 내부의 문제가 되었다는 현실인식에서 출발하였다. 그는 그 반종교운동의 부당성을 러시아의 실례에서 구체적으로 검증하여 종교의 당위성과 자생력을 확신하였다.

2) 許永鎬

범어사 출신인 허영호는 범어사 3·1 운동의 주역으로 활동하고, 1926년에는 대중 교양지 《평범》지를 간행하였다. 일본유학을 마치고 귀국한 1932년 이후에는 불교청년운동의 주역으로 활동하였으며, 中央佛專의 교수로도 근무하였다. 허영호의 반종교운동에 대한 인식을 보여 주는 것은 《불교》지 100호 기념호의 특집기사에 기고한 글인 〈反宗運動의 根據와 그 誤謬〉이다.

허영호는 우선 신의 부재 및 종교는 아편이라는 말이 결코 반종교운동의 타당성을 제공하지 않는다고 단언하였다. 그리고 교회와 사원이 자본주의 제도의 옹호자이며, 프롤레타리아의 생활의식을 마비시키는 대상이라는 말도 인간생활을 규정하고 지도할 이론에서 나온 것이 아니라고 보았다. 나아가서 그는 교회와 사원이 민중으로부터 생활 자료를 착취한다는 말, 성직자의 타락, 종교기관의 부패도 종교를 부정할 이유는 될 수 없

---

45) 韓龍雲, 〈나의 感想과 希望〉《비판》 1938년 12월호, p.46.

다고 주장하였다.

허영호는 당시 반종교운동에서 나오는 종교의 비판을 다음과 같이 이해하였다.

> 그러면 制度로서의 宗敎 批判은 必然으로 本質로서의 宗敎 批判을 豫想하는 것이니 그들의 理論 對象을 正當한 限界에 뻗이어 把握한 것이라는 것은 是認한다. 그러나 그 限界의 正當한 把握이 決코 그 討究의 理論 그 檢討의 結論이 正當할 것을 必然으로 證明하는 것이 아니라는 것은 添付식힐 것까지도 못된다.[46]

즉 종교의 제도와 본질에 대한 파악과 비판이 정당하다고 하여도, 그 파악과 비판을 하는 이론 자체가 정당하다는 것을 증명하지는 못한다는 것이다. 달리 말하면 반종교적인 입장에서 종교의 제반 사항을 문제삼을 수는 있어도, 그 반종교적인 입장이 정당한 것은 아니라는 것이다. 또한 어떤 事相을 문제시할 때에는 그에 관련된 한계 규정, 생활 전역, 사회상의 전모에 대한 존재와 가치를 정당하게 파악해야 한다는 입장을 천명하였다. 이 같은 허영호의 입장은 당시 반종교운동의 이론이 그가 생각하고 있는 기준에 미치지 않은 것으로 판단하였음을 말한다.

한편 허영호는 종교는 생활 전체에서 유리될 수 없음을 강조하였다. 이와 관련된 그의 견해는

> 宗敎라는 것은 그들의 全生活을 土臺해서 全經驗을 資料해서 歸納된 生活原理이엇고 生活 說明이엇고 生活 全部에 連鎖된 一表現이엇다.[47]

라 하여 종교는 생활상 요청에서 일어난 必然한 現象으로 단언하였다.

그러나 그는 반종교이론자들이 인류생활의 역사적 발달과정을 무시하고 인류문화의 공간적 차이를 고려하지 않은 誤謬에 의하여 종교를 바라보고 있다고 주장하였다. 이러한 오류에 의한 종교비판은 바람직하지 않은 태도로 보았던 것이다. 그리하여 그는 반종교이론자들이 주장하는 것

---

46) 許永鎬, 〈反宗運動의 根據와 그 誤謬〉《佛敎》 100호, p.39. 1932.10.
47) 위의 자료, p.40.

을 物質의 魔術性으로 규정하면서 다음과 같이 이해하였다.

> 宗敎의 發達이 반듯이 生産方法의 發展 過程에 平行된다고 말할 수 없다. 勿論 宗敎 發生의 그 動機와 그 內容에 經濟 組織의 交涉 關係가 重要치 안타는 것은 아니나 唯一한 理由도 아니고 産婆도 아니다.[48]

반종교이론자들이 말하는 생산방법의 발전과정 및 경제조직의 교섭관계가 종교의 발달과 발생에 관계가 있지만 그것이 유일한 것은 아니라고 강조하였다. 예컨대 석가의 위대한 인간성, 동일하지 않은 경험의 한계에서 비롯된 분규와 갈등을 지적하였다. 또한 그 동일하지 않은 경험은 구별되는 생활의 의식과 양식을 말하는 것으로 보고, 생활의 이상과 목적의 차이뿐만 아니라 생활의 감정도 일으킨다고 보았다. 이러한 전제하에서 허영호는 생활을 규정할 생활관은 당연히 생활의 토대에서 나온 것으로 주장하였다. 그러므로 그는 이 같은 생활에 대한 기본 인식을 부정한 것을 비판할 수 있는 자기 입장을 정비할 수 있었다.

> 무릇 宗敎의 起源을 人類 生活 그 自體속에서 求하지 안코 往往히 그 對象의 속에서 求하랴는 「너무나 客觀的인 觀察」은 生活의 要請에서 遊離된 「魔術的 存在物」을 發見하는 것 以外에 人類生活의 本質에 接觸되여지는 「要請性」을 無視하게 되는 것이다.[49]

생활에서 유리된 인식을 통하여 종교는 '魔術的 存在物'이라고 이해할 수 있지만, 인류생활의 본질에서 나온 '要請性'은 무시할 수밖에 없는 것이 반종교이론이라는 것이다. 반종교이론의 이 같은 오류는 본질을 무시하고 그 대상에만 머무른 결과라는 것이다.

허영호는 다음과 같은 종교의 본질을 통하여 반종교이론자들의 오류를 더욱 깨달았다.

---

48) 위의 자료, p.41.
49) 위의 자료, p.42.

　　決코 宗敎라는 것은 單純한 外界 自然에 對한 慌痴 恐怖에서만 發生된 것이
아니다. 그 人類 自身 生活의 幸福을 위해서 發動된 것이다. 勿論 그 自身들의
幸福을 위해서 危險한 存在에 對해서 恐怖도 느끼엇고 或은 그 生活經驗의 淺
薄으로부터 物體의 魔術的 功能을 是認하게도 되엿을 것이다. 그러나 그러한 恐
怖 그러한 無智를 물니친 時代人의게도 宗敎 잇음을 보면 차다로 그 生活의 幸
福을 위하는 怜悧한 生活觀 속에서 構成된 理想的 生活의 元象이라고 보는 것
이 妥當할 것이다.[50]

종교는 인류가 행복을 추구하는 데에서 발생하였으며, 그 행복을 추구
하려는 생활관으로 구성되었다고 주장하였다. 그리하여 인간이 행복을 추
구하는 한 종교는 결코 사라지지 않음을 강조할 수 있는 논리에 서게 되
었다. 이러한 그의 입장은 아래의 글에 단적으로 나오고 있다.

　　그러하다면 物質의 魔術性이 否定되고 神의 存在가 否定되고 生産方法의 反
影의 一面을 捨象하더래도 人類 生活의 幸福에 對한 慾望이 否定되지 안을 동안
宗敎는 否定되지 안는다. 或은 科學的 眼光에 빛우어 그 儀式이 否定되고 그 理
論이 變改당한다 하더래도 人間 自身이 제 能力으로 제 自身을 徹底히 了達하기
前에는 卽 佛敎에서 이른 佛陀가 되기 前에는 人間은 宗敎를 가지게 될 것이다.[51]

인류 생활의 행복을 추구하는 욕망이 부정되지 않을 때에는 종교는 존
재한다는 것이다. 과학적인 인식에 의해 종교의 의식과 이론이 변질된다
하여도 인간이 스스로 깨닫는 단계, 즉 불교에서 말하는 부처가 되기 이
전에는 종교 존립의 타당성을 인정해야 된다는 것이다.

이같이 허영호는 행복추구라는 입장을 갖고 종교를 설명하면서 종교의
존재 당위성을 강조하였는데 이 입장은 반종교이론을 그 근저에서부터 부
정한 것이다. 따라서 그는 반종교운동에 대한 입장을 반종교 이론의 근거
와 오류의 부당성을 통하여 인식하였다. 이러한 입장에 서게 되면 자연
반종교운동을 부정할 수 있는 확신을 갖게 되는 것이다. 그의 기고문에 나
타난 반종교운동 인식은 곧 반종교 이론의 부정이었음을 파악할 수 있다.

---

50) 위와 같음.
51) 위와 같음.

3) 雪嶽山人

雪嶽山人은 승려로 추측되지만, 그의 법명 및 소속 사찰 등은 현재 전혀 알 수 없다. 다만 설악산에 있는 사찰의 승려일 것이라는 막연한 추측만 가능할 뿐이다. 그런데 그가 《불교》지 84·5합호에 기고한 〈反宗敎運動에 對하여〉라는 글은 본 고찰의 주제와 관련하여 종교운동에 대한 승려의 인식을 살필 수 있다는 점에서 우리가 주목할 수 있는 내용이다.[52]

雪嶽山人은 우선 반종교운동을 추진하는 부류들을 마르크스주의의 無神論者라고 전제하였다. 그리고 그들의 반종교의 이론은 종교를 미신, 부르주아지의 遊戲場, 비과학적으로 대중을 眩惑, 계급의식을 夢寐케 하는 대상으로 이해한 것에서 나온 것으로 보았다. 이러한 사고를 갖고 있는 무신론자들은 그들의 주장을 선전하기 위하여 수단과 방법을 가리지 않는다고 하면서, 그들을 반종교의 '信徒'라고 표현하였다.

> 맑스主義의 無神論을 崇仰하야 反宗敎運動을 展開코자 하는 者는 無條件으로 一致 並進하야 실로 旣成 宗敎 以上의 信仰을 가지고 있나니 그들을 反宗敎의 信徒라고 볼 수밖에 없다. 다시 말하면 그것이 宗敎的 心理인 同時에 信仰的 動向이다.[53]

즉, 반종교운동을 추진하는 무신론자들은 종교심리와 신앙적 차원에서 반종교를 믿고 있다는 것이다.

그런데 그는 모든 인간이 危害, 恐怖, 不安을 배제하고 安全, 快樂, 慰安을 享有할 자격과 소질을 스스로 갖고 있다는 것을 인정하지 않았다. 이에 인간은 자기의 약점을 시인하고 자기보다 위대한 힘을 빌어서 영원한 행복을 증진할 수밖에 없다고 지적하였다. 여기에서 그는 신앙과 신앙

---

52) 우리가 앞서 분석한 글의 기고자인 한용운과 허영호는 당시에는 정식으로 수행하는 승려로 보기는 어렵다. 3·1 운동의 주역인 한용운은 1921년 출옥 후에는 非僧非俗의 생활을 하였으며, 일본유학을 다녀 온 허영호는 당시에는 환속한 불교도, 아니면 결혼한 대처승이었을 것으로 보인다.

53) 雪嶽山人, 〈反宗敎運動에 對하야〉《佛敎》 84·5합호, p.26.

의 대상이 나타날 수밖에 없다는 것을 다음과 같이 강조하였다.

> 그것이 사람으로서의 苦를 避하고 樂을 얻으랴는 本能的 宗敎心의 表現이니 이것은 人爲的 假飾으로 强作하는 것이 아니다. 辯證法的 理論의 肯定率과 歷史的 必然의 斷續性을 超越하야 恒久 不變하는 本能的 發露가 아니고 무엇이냐[54]

인간이 苦를 피하고 樂을 얻으려는 것은 본능적인 종교심의 표현이면서 항구불변하는 본능적인 발로라 하였다.

그러나 모든 종교는 人智의 개발과 文明의 정도에 부합되어야 함을 지적하면서, 불교는 전혀 문제될 것이 없다고 하였다. 불교는 진리와 신앙에서 완전하므로 모든 중생들에게 유효하다고 강조하였다. 한편 반종교운동에 가담한 마르크스주의자들의 심리 자체가 종교심의 발로라고 보면서, 종교심의 신앙심에서 반종교운동을 한다는 자체를 큰 모순으로 받아들였다.

또 한발 더 나아가 인간은 정신과 육체라는 두 분야의 생활의 균형을 도모한다고 전제하면서도, 육체적 생활이 정신적 생활의 寧靜이 될 수 없다고 하였다. 즉 정신적 생활의 우위를 강조한 것인데, 바로 그 정신적 생활의 낙원이자 천국을 종교로 보았다. 이로써 물질적 생활에서 고통을 받는 프롤레타리아는 더더욱 종교가 필요하다고 지적하였다.

> 一句의 法文으로 萬丈의 業火를 冷却하고 片刻의 禪悅로 百劫의 無明을 頓除하나니 宗敎는 至上의 藝術이오 最高의 道德이니 뿌르조아에 있어서 그러하고 푸로레타리아에 있어서 더욱 그러하다.[55]

설악산인은 반종교이론자들이 말하는 프롤레타리아 계급은 생존문제를 해결하기에 어려운 생활을 하고 있지만, 여가를 이용하여 얼마든지 신앙생활을 할 수 있다고 보았다. 또한 物的 생활에 궁핍할수록 더욱 정신생활에 치중해야만 전체 생활의 균형을 이룰 수 있다고 주장하였다. 그는 이러한 분석 후 반종교운동에 대한 그의 최종적인 결론을 다음과 같이 하였다.

---

54) 위의 자료, p.27.
55) 위의 자료, p.28.

以上의 모든 點으로 보아서 反宗敎運動은 經濟 革命의 過渡期에 있어서 넘우 急激 蹉跌된 認識 錯誤의 結果에 지나지 못할 것이다.[56]

반종교운동은 인식 착오의 결과라는 것이다. 그리고 그 주장의 타탕함을 러시아의 실례로써 설명하였다. 러시아도 1917년의 혁명 직후에는 반종교운동이 거세어 종교의 피해가 많았지만, 이제는 그 시비를 각성하고 종교탄압의 문제점을 인식하였다는 것이다. 그리하여 그는 종교와 반종교운동과의 관계를

宗敎心은 人生의 具有한 本能的임으로 到底히 一時的 制度로 宗敎를 反對할 수 없는 것이다. 宗敎는 永生이오 不滅이다. 反宗敎運動은 衆生界를 떠나서야 비롯오 成功이 있을 것이다.[57]

라고 정리하였다. 종교는 인생에 근본적으로 갖추어진 본능이기에 일시적인 제도로 종교를 반대할 수는 없다는 것, 그러하기에 永生하고 不滅하다는 것이다. 따라서 반종교운동은 중생계에 존립할 수 없다는 것이다.

그는 종교의 발생과 성격 등 제반 사항을 검토하여 반종교운동이 존립할 수 없음을 강조하였다. 오히려 프롤레타리아 계층은 종교가 더욱 필요한 존재임을 지적하면서, 불교는 바로 그러한 신앙의 대상 중 가장 가치 있는 종교임을 은연중 제시하였다. 그러므로 반종교운동은 착오이고, 그를 추종하는 무신론자들이 반종교를 신앙하고 있다고 비판하였다.

4. 反宗敎運動과 佛敎改革

1930년대 불교계의 반종교운동에 대한 대응은 불교개혁으로 귀결된다. 이는 반종교운동을 불교계의 중요한 도전으로 인식한 산물이었다. 반종교운동은 존재할 가치도 없다고 보면서도, 그 흐름을 완전 무시할 수도 없

---

56) 위와 같음.
57) 위와 같음.

다는 현실 파악의 결과인 것이다. 또한 사회적으로 논란이 많은 것도 문제지만 그 운동에 경도되어 가고 있는 대중들의 궁핍한 생활을 고려한 가운데 나온 것이다.

이에 불교계로서는 그 운동을 철저히 파악하려는 입장을 견지하고 아울러 그 운동에서 제기하고 있는 불교 내부의 문제를 정비하는 자기 성찰로 삼고자 하였다. 이제부터는 반종교운동에 대응되었던 자기 정비로서의 불교개혁의 내용과 성격을 살펴보겠다.

반종교운동에 관련된 불교개혁은 주로 한용운이 주장하였다. 한용운은 1910년 이래 불교개혁을 일관되게 주장한 인물임은 다 알려진 바와 같다. 1930년대에 접어들면서 한용운의 불교개혁은 더욱 심화되었는데, 이를 단적으로 보여 주는 것이 《불교》지 88호에 기고한 〈朝鮮佛敎의 改革案〉이다. 그는 이 기고문에서 당시 불교계의 외적 도전의 하나로 반종교운동을 거론하였다. 한용운이 피력한 반종교운동에 대한 불교의 대응을 알아보자.

> 近日에 旣成 宗敎와 反宗敎運動은 社會的으로 非常한 問題가 되야 잇다. 旣成宗敎로서는 排他的 敵對 行爲만을 取하나니 보다 反省이 必要하다. 反宗敎 理論은 最近의 創造도 아닌 同時에 그대지 過大評價할 것도 안이다. 그러나 또한 넘우 冷視하야 一笑에 付할 것도 못되는 것이다. 스스로 內省하야 非難의 的이 될 만한 事實이 잇으면 고치고 없으면 더욱 힘쓸 뿐이다.[58]

요컨대, 반종교운동을 정확히 파악한 이후에 비난의 대상이 될 만한 것을 불교 스스로 고치는 내적인 반성을 지적하였다. 이 같은 그의 입장은 당시 불교교단의 신임 간부에게 제안한 내용에서도 여실히 나오고 있다.

> 적어도 朝鮮佛敎에 잇어서는 反宗思想에 對한 對策을 講究하지 안이하면 안이될 것이며…… 反宗 思想에 對하야는 그것을 敵視하야 正面衝突만을 是事하는 것은 賢明한 일이 안인즉, 排除할 것은 排除하고 自省할 것은 自省하야 될 수 잇는대로 內在的 反宗 資料를 除去하는 것이 急務가 될 것이며[59]

---

58) 韓龍雲, 〈卷頭言〉《佛敎》 98호, 1932.8.
59) 韓龍雲, 〈佛敎 新任 中央幹部에게〉《佛敎》 95호, p.3. 1932.5.

반종교사상에 대하여 배제할 것은 배제하면서도 自省할 것은 自省해야 된다고 하였다. 그리고 불교 내의 반종교적인 자료를 제거하는 것을 급선무로 제시하였다.

그러면 한용운이 제시한 內省·自省, 비난이 될 만한 것의 개선, 內在的 反宗 資料의 제거 등은 구체적으로 무엇을 말하는가? 이와 관련한 한용운의 대안은 우선 불교도의 생활개선이다. 이는 불교를 믿는 신도들의 반종교운동에 경도는 생활의 불안에서 나왔다는 판단에서 제시한 것으로 보인다. 생활의 보장이 안 되는 민중은 유물주의에서 주장하는 반종교사상으로 빠질 가능성이 많다는 것이다. 요컨대 불교도의 생활을 보장해 주어야 한다는 것이다.

> 지금에 있어서 敎를 發展하랴면 可及的 敎徒의 生活을 保障하지 안이하면 안이될 機運에 際會하야 있다. 世界 滔滔 唯物主義에 偏傾하야 人間社會의 모든 일보다 生活의 保障이 第一 先決問題가 되나니…… 宗敎로서 唯心論이나 有神論만을 展開하야 死活線上에서 鬪爭하는 大衆을 報復的으로 克復하기만 일삼는 것은 宗敎의 本意가 안일 것이다. 宗敎는 人衆을 指導하야 그들의 幸福을 增進하는데에 宗敎의 本質的 意義가 있는 것이다.[60]

생활을 유지하기 위한 死活線上에 있는 대중에게는 그들의 행복을 증진시키는 생활보장이 급선무라는 것이다. 이는 불교는 시대, 장소, 중생의 根基에 따라 제도의 方便을 달리한다는 한용운의 해석에서 나온 것이다. 그러나 그는 대중의 갈망인 생활보장을 통한 중생교화의 차원으로 이해하였다.

한용운은 대중들의 생활보장을 해결할 방책으로 불교재산을 기반으로 한 생산기관의 건설을 제시하였다.[61] 사찰의 고정재산을 유통재산으로 변경, 각 사찰의 재산을 통합하여 불교 통일기관에서 운용하면 가능하다고 보았다. 불교계가 이전과 같이 祈福佛事를 통하여 사찰의 재산만을 축적

---

60) 韓龍雲, 〈朝鮮佛敎의 改革案〉《佛敎》 88호, p.6. 1931.10.
61) 위의 자료, p.7.

하고, 일반교도들의 곤궁을 무시하는 것은 불교의 근본 교의에서도 어긋
난 것으로 보았다. 더욱이 생활의 전선에서 투쟁하고 있는 대중들을 흡수
하고 있는 사회주의자들의 결사적인 반종교운동의 대응도 기할 수 없다고
주장하였다. 생활보장의 미해결은 생활의 파멸을 당하여 죽음의 직전에
있는 대중들이 佛壇에 올 수도 없게 하고, 지식계급의 불교청년들이 半僧
半俗에서 방황을 야기한다고 보았다. 한용운은 불교도들의　생활보장을
'佛敎 弘布의 指針을 把持한 推進機'로[62] 인식하였다.

　그 다음 한용운이 유의한 것은 교육의 개신이다. 그는 반종교운동의 득
세와 함께 여타 종교간의 상호 배격의 풍조로 불교의 위기가 초래하였다고
보고 그 대안을 교육 개선에서 찾았다. 먼저 그 관련 글을 제시하겠다.

　　　이러한 때를 當하여 佛敎專攻의 敎育方式을 改革하야 前日보다 事半功倍의
　　良果를 얻지 아니하면 안이 될 것이다.[63]

　즉, 불교 전공의 교육방식의 개혁을 주장하였다. 그 교육방식에 대한
개혁의 내용은 敎와 禪으로 대별하였다. 교에 대해서는 교과서를 편집하
고 교수방법을 개량하는 것으로, 선에 대해서는 지도이론을 통일하고 규
율적 제도를 완비하여 敎學과 普及에 편의를 꾀하자는 대안을 제시하였
다.[64] 그리고 강원과 선원은 전 조선의 적당한 장소에 구분하여 설립하고,
그 경영은 불교의 총기관이 담당하는 제도를 만들도록 하였다.

　한용운의 또 다른 대안은 불교계 통일이다. 이는 1920년 이래 불교계의
중요한 현안이었다. 불교계의 통일운동은 미흡하지만 1929년 1월의 승려
대회에서 제정된 종헌에서 그 기초를 완성하였다.[65] 그러나 1930년대 초반
에 가서는 그 종헌의 이행을 둘러싸고 불교계 내부의 갈등이 적지 않았는

---

62) 위와 같음.
63) 위의 자료, p.10.
64) 위와 같음.
65) 金光植, 〈朝鮮佛敎禪敎兩宗 僧侶大會의 개최와 성격〉《한국근현대사연구》
　　3, 1995.

데, 결국 통일운동은 정상적으로 이행되지 못하였다. 이에 한용운은 반종
교운동의 고조와 종교간의 갈등을 불교의 敵으로 보면서, 그에 대응하기
위한 최소한의 자세가 불교계 통일이라고 제시하였다.

> 朝鮮佛敎의 敵은 實로 한둘이 아니오. 따라서 弱小한 것이 아니다. 敵을 當하
> 기에 아모 準備와 武裝이 없는 朝鮮佛敎로서 全體의 힘을 團結 統一하지 아니
> 하고 區區한 寺寺 孤立의 寺刹 行政만으로 能히 모든 敵을 對峙할 수 잇을 것인
> 가. 이것은 슬기 잇는 사람을 기다리지 아니하고도 너무 明瞭히 알일이 아니냐.[66]

고립된 사찰 행정만으로는 외부의 도전을 막을 수 없다는 전제하에 불
교계 전체의 힘을 단결·통일시키는 것에서 그 대안을 찾았다. 불교의 단
결과 통일을 기할 수 있는 것은 구체적으로 무엇을 말함인가? 이는 불교
계의 인사권과 재산권을 갖는 통일기관을 지칭한다.

지금까지 한용운이 반종교운동의 대안으로 제시한 불교도의 생활보장,
교육방식의 개혁, 통일운동 등을 달리 말하면 불교개혁이라 하겠다. 이와
같은 한용운의 주장은 3·1 운동시 한용운과 함께 민족대표로 활약한 승
려였던 백용성에게서도 찾아볼 수 있다. 백용성의 주장도 불교개혁을 통
한 반종교운동의 대응으로 볼 수 있다. 그 관련 내용을 보면 다음과 같다.

> 我는 如是히 觀한다. 世界 思潮가 年年月月히 變하고 反宗敎運動이 時時刻
> 刻히 突進하고 잇다. 吾人이 此時를 當하여 敎政을 急速度로 改新치 안이하면
> 안이 될 것이다. 하나는 禪律을 兼行하지 안이하면 안이될 것이요. 하나는 吾人
> 의 自身이 勞農하지 안이하면 안이 될 것이다.[67]

그는 세계 사조가 변화하고 반종교운동이 돌진하는 때를 맞이하여 불
교는 敎政을 조속히 改新해야 한다는 입장을 개진하였다. 그 교정의 개신
은 禪律의 겸행과 승려의 勞農에서 찾아야 한다고 주장하였다. 선율의 겸
행은 선을 參究하면서 동시에 승려의 戒律을 지키자는 것이다. 그는 이를

---

66) 韓龍雲, 〈敎政硏究會 創立에 對하야〉《佛敎》 106호, p.3. 1933.4.
67) 白龍城, 〈中央行政에 對한 希望〉《佛敎》 93호, p.15. 1932.3.

위해서 律文을 숭상하여 飮酒食肉이 無妨般若라고 하는 악습을 개혁하고, 불교의 교리와 속세의 상식을 겸비케 하여 唯心·唯物이라는 두 가지 길을 실행하자고 제안하였다.[68] 그리고 自給的인 생활에 노력하면 反宗敎者들을 방어할 수 있다고 보았다.

또 백용성은 불교계의 교정뿐만 아니라 불교계 전체를 개신해야 한다고 강력히 강조하였다. 그 개신 방안은 공장 건설, 교육제도 개혁, 생산·소비조합 건설, 농촌 순회포교사 배치, 사찰의 산림제도 다양화, 교정을 수행하는 공적인 기관의 성립 등 다양한 방면에서 찾았다.[69] 특히 그가 반종교와 관련하여 강조한 분야는 교육제도였다. 현재의 교육제도하에서도 어느 정도는 진력하고 재산을 투입하고 있지만 결국 반종교자만을 양성할 뿐이라는 입장을 피력하였다.[70]

백용성은 이처럼 반종교운동의 득세에 즈음하여 교정 전반의 개신을 강조하면서도 특히 선율의 겸행과 승려의 노농에 중점을 두었다. 이는 선율의 겸행이 승려가 지켜야 할 최소한의 실천이라는 점에서, 승려의 노농은 반종교자들의 주장을 방어하기 위한 논리에서 나온 것으로 보인다. 선율은 특히 일본불교가 지향하는 계율과 의식이 보편화되면서 나타난 한국불교 전통의 상실된 핵심으로 볼 수 있다. 그 당시 선율 파괴는 매우 심각하였다. 그러나 백용성이 주장한 그 대상과 내용들은 당시 불교계에서 거의 상실되고 의식하지도 못한 형편이었기에 그 실행 자체가 불교개혁이었다.

반종교운동 및 불교개혁과 관련된 인식은 당시 일본에 유학중인 불교청년에게서도 찾아볼 수 있다. 일본 大正大學에서 재학중이던 姜裕文은 재일불교청년회의 기관지인 《金剛杵》 19호에 기고한 〈교계단평〉에서 반종교운동에 관한 그의 입장을 피력하였다. 그는 반종교운동이 종교 본질을 부정하는 것인지, 아니면 기성 교단을 부인하는 것인지에 의문을 갖고

---

68) 위와 같음.
69) 위의 자료, p.16.
70) 위와 같음.

그 대응을 다음과 같이 제시하였다.

> 萬一 宗敎 本質 그것을 否認한다면 이것은 人類의 本來性을 無視함이라. 當初에 問題될바 아니요. 그러치 안코 旣成 敎團을 否認함이라 하면 吾人은 여기서 한소리 警鐘이 왓다 하여 크게 自省할 必要가 잇다고 한다. 저 맑스者는 現代의 宗敎團體가 부르的 運動의 擁護와 푸로的 鬪爭의 軟化를 助成하는 機關이라고 觀察하는 것일 것이다. 여기서 우리 宗敎 本質을 밝히는 同時에 우리는 敎團의 革新整理를 急히 할 것이다.[71]

종교의 본질을 밝히면서 교단을 혁신하는 것을 반종교운동에 대한 대응으로 보았다. 또한 그는 일본의 반종교운동이 반드시 한국에 영향을 줄 것이라는 이해하에 불교의 內政을 정리하고 인류의 행복을 위하는 태도로써 그 外敵, 즉 반종교운동에 대처해야 한다고 주장했다. 요컨대 반종교운동을 계기로 불교개혁운동을 '深刻化'하자고 제안하였다.

이 같은 강유문의 주장도 한용운, 백용성이 반종교운동에 대응하기 위한 방안으로서 제시한 불교개혁의 구도에 포함할 수 있다. 따라서 반종교운동에 대응된 불교의 방안은 불교개혁으로 집약할 수 있다.

5. 결 어

이상으로 1930년대 불교계의 반종교운동의 인식과 관련된 제반 내용을 검토하였다. 이제 그 주요 내용을 요약하는 것으로 맺음말에 대하고자 한다.

3·1 운동 직후 국내에 유입된 사회주의는 사회 각 분야에 큰 영향을 미쳤다. 그 사회주의 파급으로 나타난 반종교운동은 칼 마르크스의 공산주의 이론에서 기인하였지만 한국은 일제에 대항한 민족통일전선의 논의 과정에서 대두되었다. 반종교에 대한 검토는 상해 및 연해주 지역의 사회주의계열 민족운동가들에서도 있었지만, 그것이 국내에서 공식화된 것은

---

71) 유문, 〈敎界短評〉《金剛杵》 19호, p.50. 1931.11.

1923년의 전조선청년당대회였다. 이후 사회주의계열의 노선에서는 반종교가 공개적인 하나의 흐름이었다. 당시 반종교운동의 주 대상은 기독교여서 불교는 그에 대한 경계심을 갖는 정도였다.

그런데 1926년경 민족통일전선이 구축되면서 일시적으로 반종교운동은 소강상태에 있었다. 이는 통일전선을 구축하는 것이 급선무였고 종교단체도 그 대열에 포섭할 필요가 있었기 때문이다. 그러나 1931년 신간회가 해소되던 즈음에 반종교운동이 재기하였다. 그 당시 반종교운동의 주 대상은 천도교였지만 불교에 대한 비판도 나타나기 시작하였다. 이에 불교계로서는 그에 적절한 대응을 할 필요가 있었다.

당시 반종교이론가들은 불교를 지주적 성격, 민족개량주의 노선으로 경도, 반무산계급, 민중의 지배계급으로 이해하고 있었다. 이 같은 비판과 함께 불교계 통일운동과 불교의 대중화가 개량노선으로 치부되었던 현실, 그리고 불교도들이 그 반종교운동에 영향을 받았던 변화에 대하여 불교계는 이를 중요한 문제로 인식하였다.

한용운은 그 반종교운동을 불교의 외적인 정세로 보면서 불교의 현재와 미래에 큰 영향을 미칠 것으로 보았다. 그리하여 그는 반종교운동의 부당성을 러시아의 종교계에서 살폈는데 러시아 혁명 이후의 종교 변동의 실상을 파악하여 반종교운동의 한계와 종교의 생명력을 확신하였다.

허영호는 종교의 발생과 존재의 당위성을 인간의 행복추구의 노력이라는 시각에서 검토하였다. 여기에서 그는 종교가 절대 부정될 수 없음을 찾아냈으며, 그 반대로 반종교운동의 이론과 근거에 있는 오류를 파악하여 반종교운동의 부당성을 인식하였다.

설악산인의 반종교운동 인식은 종교의 발생과 성격을 검토하여 반종교운동이 존립할 수 없다는 주장이었다. 반종교이론에서 주장하는 프로레타리아 계층이 오히려 종교가 필요하다고 보면서, 반종교운동은 착오이고 그 추종자들은 반종교를 신앙하고 있다고 혹평하였다.

반종교운동에 대한 대응은 주로 불교개혁의 방향으로 귀결되었다. 그 개혁 대상은 불교 교정을 비롯하여 불교 전 분야에 걸친 것이다. 생활보장, 교육제도의 개혁, 불교통일, 선농불교, 계율 준수, 선의 참구, 공장의 건설, 소비조합 건설 등이 바로 그것이다.

이 같은 반종교운동에 대응된 불교개혁은 당시 불교계 모순을 그 근원에서부터 개혁하려는 의식이었으며 반종교운동의 등장을 계기로 불교 전체를 반성하고 성찰하려는 의식에서 출발하였다. 따라서 반종교운동은 불교계 개혁의 촉매제였다. 그러나 당시 불교계가 갖고 있던 식민지 지주성과 내적인 모순 등으로 인하여 그 불교개혁은 효과적으로 이행되지 못하였다. 바로 여기에서 이 시대 불교계 한계의 본질을 찾을 수 있다.

白龍城의 禪農佛敎

1. 서 언

　白龍城 禪師는 일제하 불교계를 대표할 수 있는 善知識의 일원이었
다.[1] 또한 임제종운동 참여, 3·1 운동시 민족대표, 역경·저술사업의 전
개, 만일참선결사회의 주도, 대처식육 금지 건백서 제출, 대각교운동 실천
등을 통한 전통불교의 수호 및 발전 그리고 식민지불교의 극복을 기하기
위한 다양한 행적을 우리에게 남겨 놓았다. 그럼에도 불구하고 이제까지
의 백용성에 대한 연구는 주로 생애정리 위주의 접근이 주종을 이루어 왔
다.[2] 그러나 최근에는 그의 행적과 사상을 새로운 각도에서 접근하려는
시도가 가시화되기 시작하였다.[3] 본 고찰에서는 바로 그러한 백용성의 행

---

1) 金素荷, 〈南遊求道禮讚(續)〉《佛敎》 65호, p.47. 1929.11.
2) 이러한 작업은 주로 한보광 교수에 의하여 주도되었는데 그 성과를 보면 다음
　과 같다.
　韓普光,《龍城禪師硏究》甘露堂, 1981.
　＿＿＿, 〈龍城禪師의　修行方法論〉《伽山李智冠스님華甲紀念論叢韓國佛敎文化
　思想史》 1992.
　＿＿＿, 〈龍城禪師의 譯經事業이 갖는 歷史的 意義〉《석림》 26, 1993.
　＿＿＿, 〈龍城스님의 前半期 生涯〉《大覺思想》 창간호, 1908.
3) 金光植, 〈1926년 불교계의 帶妻食肉論과 白龍城의 建白書〉《한국독립운동사연
　구》 11, 1997.

적 중 이른바 '禪農佛敎'라 지칭할 수 있는 내용을 정리하고, 그 선농불교
의 성격을 살펴보려고 한다.

백용성은 그의 나이 64세 당시인 1927년부터 10여 년 간 경남 함양의
백운산과 중국 간도의 용정에서 華果院과 禪農堂을 설립하여 선농불교를
실천에 옮겼다. 그런데 그의 선농불교는 그의 사상과 실천의 체계라 이해
되는 大覺思想의 전개와 깊은 연관을 갖고 있다. 따라서 백용성 선농불교
의 내용과 성격을 대각교운동과 관련된 추이에서 찾을 수 있다. 또한 백
용성의 선농불교의 성격과 위상을 점검키 위해서는 당시 불교계의 農
業·農村·農民에 관련된 인식을 조망할 필요가 있다.

주지하는 바와 같이 일제하 한국 산업의 중심은 농업이었으며, 불교계
재산의 주종도 토지와 산림이었다. 또한 불교신도의 주류도 농민이었을
것이다. 그러므로 일제하 불교는 농업·농촌·농민과 불가분의 관계였음
은 재론의 여지가 없다. 그럼에도 불구하고 지금껏 학계 및 불교계에서는
이러한 측면에 대한 관심과 고찰을 찾아볼 수 없다. 이에 백용성의 선농
불교를 이해하기 위한 전제로서 당시 불교계의 농업·농촌문제에 대한
인식의 개요를 살펴보고 그러한 불교계의 인식에 유의하면서 백용성 선농
불교를 연구해 보고자 한다.

이러한 고찰을 통하여 백용성의 선농불교의 성격과 위상을 새롭게 바
라볼 수 있을 것이며, 일제하 불교계의 농업·농촌문제에 대한 인식의 지
평도 넓힐 수 있을 것이다.

2. 일제하 불교계의 農業·農村問題 인식

일제하 불교계의 농업, 농촌, 농민에 관련된 문제 제기 그리고 그와 관
련하여 불교계에서 실행해야 할 행동과 지침 등에 관련된 현실의식은 다

_____, 〈白龍城의 獨立運動〉《大覺思想》 창간호, 1998.
　홍윤식, 〈大覺敎運動의 歷史的 位置〉《大覺思想》 창간호, 1998.

양하게 개진되었다. 주로 승려의 노동, 농촌·농민의 보호, 포교 확대, 사찰 경제의 기반 구축, 승려의 생활개선, 선수행의 일환, 민중불교 전개 등으로 요약할 수 있다. 이에 본 장에서는 그 인식의 요지를 정리하고자 한다. 이러한 정리는 일제하 불교계의 농업·농촌문제 인식의 일단을 이해하기 위한 것으로서 그에 관련된 기고문을 발췌하여 요약하는 것으로 제한하겠다.

1) 승려의 勞動

승려의 노농과 관련하여 우리가 주목할 내용은 《佛敎》지에[4] 金卍態가 기고한 〈佛敎靑年들아 農工業에서 佛을 찾아라〉의 글이다. 이 글을 기고한 김만태의 출신이 전하지 않아, 글의 성격을 이해함에 있어 장애로 작용한다. 김만태는 사람의 의식주가 제일 중대한 문제라 여기고 불교청년들이 농공업에서 佛을 찾아야 하는 당위를 다음과 같이 대별하였다.

첫째, 승려는 실업자인 遊食民, 사회의 해독자인 기생충을 면하기 어렵다. 그는 종교박멸 주장이 왕성한 사회의 분위기, 종교는 사회와의 교섭이 부재하면 멸망할 것이다.

둘째, 불교와 승려의 근본과 업무를 고찰하여 불교는 생명의 본원이고, 승려의 생명은 業을 따라 勤修精進함이다.

셋째, 불교의 여러 현상을 고려할 경우 興旺的 분위기는 없고 萎縮하는 현실하에서, 승려가 그를 소생시킬 方便을 고려해야 한다.

넷째, 대승불교, 사회적 불교를 건설하기 위한 입장에서 승려를 바라보면 실업자, 姑息的 懶怠物이 되거니와 장래 불교의 盛衰에도 徵兆가 될 것이다.

다섯째, 재래식 불교에서의 승려의 생활은 懶怠性, 依他性에 지나지 않는다.

여섯째, 변화되는 현실하에서 승려는 生命의 活道를 찾아 사찰림에서

---

4) 《佛敎》 60호, pp.52~54. 1929.6.

공업을,[5] 사유 토지에서는 농군이 되어야[6] 한다. 이에 일하는[7] 자에게는 成佛의 因果가 있고, 노는 나태자에게는 苦地獄이 있다.

일곱째, 전 조선불교도는 먼저 農業을 착수하고, 森林工場을 시작해야 한다. 이는 재래식 불교로는 불교발전을 기할 수 없고, 농공업이야말로 着目注心할 대상이다.

그리하여 그는 일하는 사람이 眞佛子, 菩薩大乘이며 불교를 위하는 大道師의 佛이라고 부언하였던 것이다.

이러한 김만태의 승려의 노동에 대한 인식은 승려가 농공업 부문에서의 노동을 통한 불교의 진리를 구현하자는 제언이라고 하겠다. 요컨대 僧侶의 勞動이라는 입장에서 농공업의 문제를 제시한 것이다.

2) 농촌 啓發, 佛敎振興

농촌문제를 중요한 사회문제로 보면서 동시에 이를 불교계에서도 적극적으로 수용해야 할 대상으로 강조한 내용을 春隱이 《불교》지에[8] 기고한 〈農村開發과 現代佛敎의 先務的 使命〉이라는 글에서 찾아볼 수 있다. 이 글을 기고한 춘은은 그 출신을 알 수 없다.

그는 당시 한국이 농업국·농민국이므로 특히 1930년 그 즈음에는 농촌문제가 당시 사회의 중요한 문제가 되었음을 지적하였다. 그 실례로 농민계발, 농민운동, 농민교양, 농촌개선, 농촌부흥, 귀농주의 등을 거론하면서 당시 농촌은 破産, 遊離하는 것이 현실이라고 진단하였다. 그런데 그 문제의 저변에는 지주들의 無道와 小作爭議 등이 개재되었음을 분석하였다.

---

5) 그는 수양산, 금강산, 속리산, 가야산 각 사유림 등을 대상으로 보고, 그 사유림에 공장을 설립하고 기술공업을 장려하여 청년 승려로 하여금 機輪을 두르게 하자고 하였다.
6) 그는 31본말사 사유토지에 農場을 두고, 승려로 농업을 勸作하자고 하였다.
7) 그는 사유재산을 집단하여 工場을 건설하고, 승려로 하여금 勞動케 하자고 주장하면서 그 대상으로 製絲, 精米, 織造, 蠶業, 果樹, 蔘圃, 敎化硏究, 醫學, 기타 등을 제시하였다.
8) 《佛敎》 75호, pp.15~26. 1930.9.

이에 농촌문제의 해결은 이 같은 소작쟁의가 해소될 경우에 가능하다고 진단하면서, 유산계급 지주들의 搾取의 전횡과 무리한 利益의 추구가 없으면 농민들의 쟁의는 자연 해소될 것이라 하였다. 또 농촌의 정상화가 도회지와 전 조선 발전의 기초가 된다는 논리로 농촌의 건강함이 곧 불교 발전에 직결된다고 보았다. 특히 불교와 농촌 토지와의 관련을

> 오즉 佛敎는 남달리 조선의 土地를 所有하야 寺刹의 基本 財産이 되엿고 敎徒도 그것을 가져 佛敎를 維持하게 되는 것이다. 만일 佛敎가 所有인 그 土地를 버린다면 佛敎는 餘地없는 慘狀에 있을 것이니 조선 佛敎의 生命인 土地를 잘 保護하여야 할 것이다.[9]

라 하여, 불교의 생명은 토지라고 단언하였다.

그러나 당시의 정황은 사찰의 토지가 저당·양여·매각 등으로 인하여 위축되어 가고 있으므로 불교의 생명인 토지를 지키기 위해서는 농촌을 중심으로 불교를 집중시키고 승려 자신이 농촌에서의 願力을 가져야 된다고 주장하였다. 즉 승려는 다음과 같은 인식하에서

> 農民으로 더부러 일도 하고 布敎도 하고 指導도 하고 한가지 農場에도 나가고 지개도 지고 광이도 들고 더욱 親交를 가져야 한다. 寺刹이 모다 山谷에 있고 僧侶 自身이 農家의 生育을 받앗고 寺刹의 財産이 土地인즉 어느 方面으로 든지 어느 關係로 보든지 조금이라도 農村을 떠날 수가 없다.[10]

농촌에서 근거를 갖고 활동을 해야 한다고 강조하면서 사찰 토지의 소작인은 전부가 불교신도가 되도록 해야 한다고 주장하였다. 그러기 위해서는 사찰 지주는 농민에 대한 박애정신을 가져야 하며, 승려 자신도 사찰 인근의 토지에서 농사를 지어야 한다고 하였다. 그러면 농민의 실정도 알고, 농민에게 포교도 하며, 지도·계발·교양 등의 사업도 전개할 수 있다는 것이다.

---

9) 위의 자료, p.21.
10) 위와 같음.

그런데 당시 여타의 종교단체에서는 농촌문제에 적극 개입하건만, 당시 불교계는 농촌과의 관계가 깊은데도 그러한 활동이 거의 없다는 것이다. 이에 그는 불교계의 승려, 사찰, 단체가 농촌의 문제를 가장 중대한 急先的인 問題로 인식하고, 이 문제를 연구하여 농촌의 계발·개선·지도·보호 등에 나서야 한다고 거듭 강조하였다. 그는 불교계가 농촌문제로 행할 수 있는 사항을 다음과 같이 세부적으로 제시하였다.[11]

- 農村에 布敎堂을 建設하야 農民의게 佛敎를 傳導할 것.
- 農村에 佛敎夜學이나 講習所를 設置하야 農民을 敎養할 것.
- 農村에 農業講習所를 開催하야 農民을 가르칠 것.
- 農村에 簡易 病院이나 賣藥所를 施設할 것.
- 農村에 農民組合을 設置하야 親睦을 圖할 것.
- 金融機關을 施하야 低利로 農民의게 貸與할 것.
- 衛生에 對하야 더욱 宣傳하고 施行케 할 것.
- 禁酒·斷煙·色衣·斷髮 이것을 施行케 할 것.
- 土地를 賣却하야 破産됨을 防止할 것.
- 債務를 得치 말고 儉約으로 살아갈 것.
- 喪葬婚禮에 虛式을 廢止하고 禮로만 行할 것.
- 副業을 장려하야 治産케 할 것.
- 早婚·蓄妾 이러한 것을 防止할 것.
- 迷信에 從하야 異敎邪道에 속지 말게 할 것.
- 地主의 專橫 搾取를 防止할 것.
- 小作人의 利益을 尊重케 할 것.

그는 위와 같은 사업을 불교가 행해야 할 責務라고 개진하면서, 동시에 불교는 理事가 具備되고 能해야 완전한 불교가 된다고 하였다. 理事가 원만한 것은 석가의 행적에서도 찾을 수 있는 것이며, 농민국인 조선과 그 농촌의 농민을 버리고서는 포교나 전도를 할 수 없다고 주장하였다.

또, 불교가 농촌문제에서 취해야 할 목적과 당위성을 다음과 같이 주장하였다.

---

11) 위의 자료, p.24.

끝으로 말할 것은 우리 佛敎는 農村을 中心하야 우리의 固定的 財産(土地)을 잘 保護하고 利用할지며 農村의 啓發에서 우리 佛敎를 振興하야 二千萬의 大衆을 佛敎로써 敎化케 할지며 生活의 不安定인 農村을 잘 指導하고 敎養하야 惡化의 地獄苦가 없도록 努力하기를 바라며 佛陀님의 功德을 받드려 敎化衆生하는 것이 佛敎의 大使命이라고 하며 朝鮮 農村의 큰 福星이라고 한다. 農民을 爲하여라 農村을 啓發하여라 이것은 佛陀의 大慈大悲시니라.[12]

이러한 글에서 엿보이듯 그의 주장은 승려가 농업에 종사해야 한다는 것보다는, 불교의 기반이 농촌이기에 농촌을 계발하는 것이 곧 불교의 진흥이라는 것이다. 이에 農村과 農民을 불교계의 中心 問題로 인식하자는 강렬한 호소로 이해하고자 한다.

3) 승려의 生活改善

승려의 생활개선의 취지에서 농업의 문제를 제기한 내용으로서 주목되는 것은 丁鳳允의 〈敎界 現狀의 諸問題에 對하야〉라는 글이다. 재일 불교유학생이었던 정봉윤은[13] 이 글을 당시 조선불교청년총동맹 東京同盟의 기관지였던 《金剛杵》에 기고하였다.[14] 그 글의 내용 중, '僧侶生活의 古今觀'과 '農林經營과 敎化問題'가 농업의 문제와 유관하다고 하겠다.

정봉윤은 당시 시세의 '進運'과 경제계의 '變動'으로 승려의 생활에 '一大 波紋'이 야기되었다고 전제하면서 그 파탄의 제공자를 新文明의 수입과 그에 따른 해방운동으로 인식하였다. 구체적으로 말하자면 資本主義의 전래와 불교의 大衆化를 기하려는 일련의 사업들이라고 볼 수 있다. 이러한 요인들로 인하여 승려의 생활은

僧侶生活에도 外部的 條件이 薄弱하고 內部的 生産은 固定한데다 消費는 만

---

12) 위의 자료, p.25. 그는 위의 내용 말미에 '米穀의 多收穫戰術十九個條'를 附記하였는데, 그는 당시 일본의 독농가에서 다년간 실험하여 다수확한 전술이라고 소개하면서 참고직으로 세시한다고 하었다.
13) 졸저, 〈한국근대불교 인물행적조사록〉 《韓國近代佛敎史硏究》 pp. 504~505.
14) 《金剛杵》 19호, pp.34~44. 1931.11.

코 보니 漸漸窮乏할 것도 必然의 大勢이엿다.[15]

라 하여, 궁핍함을 겪게 되었다는 것이다. 특히 승려의 생활 문제를 더욱 곤란케 한 것은 이른바 승려의 帶妻였다. 이에 그는 승려의 생활을 보장하는 것이 급선무라 여겼다.

> 換言하면 佛供밥도 업서지고 個人 糧食도 주러진데다가 食口는 만코보니 生活 技能조차 업는 僧侶들이 寺院을 싸고 먹을 것을 다투는 것도 그다지 異常한 일이 안일 것이다. 全 朝鮮이 經濟 破滅을 當한 것도 急한 療法을 要하려니와 僧侶의 生活 破滅을 구하는 것이 吾敎徒의 急務인 同時에 硏究할 問題이다.[16]

이러한 전제에서 정봉윤은 승려의 생활 파멸을 구하는 대상을 農林經營에서 찾았으며, 그 사업은 또한 불교의 敎化에 직결되는 것으로 보았다. 그는 우선 산림에 대한 문제점과 그 개선책을 다음과 같이 지적하였다.[17] 당시 불교계에서는 산림을 단지 자연 상태로 방치하는 조림방식으로 이해하였기에, 풍치림 및 가재목 수확 정도로만 인식할 뿐 생산에 대한 개념이 전혀 없었다. 따라서 산림에 대한 인식의 전환을 촉구하고, 種苗場 설치부터 하자고 강조하였다. 이에 각 지방에 적당한 材木을 선택하고, 기존 나무들은 間伐·皆伐하여 그 지면에 즉시 適材의 附植을 통한 산림에 대한 생산의 필요를 주장하였다. 그러면 15~20년 후가 되면 산림에서 막대한 수입을 기할 수 있다는 것이다. 그리고 나아가서는 재목의 運送業과 木工場의 시설도 검토할 수 있다는 제안을 하였다.

農場에 대해서는 당시 사찰의 경제를 좌우하는 것은 小作米라는 이해, 사찰의 수입이 점차 감소되지만 오히려 지출은 증대되고 있다는 판단, 그리고 승려의 생활이 문제시되고 있는 상황에서 그 대안으로 검토하였다. 이에 '살기 위하여 일하기 위하여' 농장을 경영하자고 그의 입장을 극명하게 주장하였다. 그는 농장 경영이 가능성이 있다고 보고 '산미증식계획'을

---

15) 위의 자료, p.37.
16) 위와 같음.
17) 위의 자료, pp.38~39.

수립하자고 제안하였는데 그 구체적인 방법을 아래와 같이 제시하였다.

> 爲先 土地集在處 中央 地點에 簡單히 農幕의 形式을 만들고 그 다음에는 農具 設備와 肥料 製作이니 이는 寺山에 잇는 풀을 刈取할 豫定이요 其外에는 金肥를 利用할 것이다. 쏘 農牛를 먹이면 두엄밧헤 넛는 집거럼 等도 有할 것이다.[18]

이러한 방법으로 1년만 作農하면 그 효과는 서서히 생겨날 것이라고 보았다. 그는 농장 경영에 필요한 使用人에 대한 검토를 하였고 無職僧侶들을 그 대상자로 지목하였다.

그러나 무직승려의 활용은 기존 경작자로부터의 토지 회수 문제가 대두된다. 이에 무리하게 시도하지 말고 5년 정도 시행하면 자연 회수되리라고 보면서, 기존 소작인들은 자유 노동으로 전향케 하자고 하였다. 그리고 기존 소작인들은 노동조합을 결성하게 하고, 그 조합에 가입된 조합원에 한하여 농장에 雇用하는 방법을 강구하였다. 이러한 방법은 실질적인 敎化도 기할 수 있다는 점도 부연하였다. 그는 農林經營의 근본 목적을 佛敎의 大衆化라고 요약하였다.

> 이리하야 僧侶生活이 農民化 되고 勞動化 되어야 現實生活을 持續할 수 잇스며 佛敎의 大衆化가 될 것이다.[19]

승려생활의 農民化, 勞動化가 곧 불교대중화의 전제가 된다는 것이다. 그러나 당시 불교계의 승려 중에서 作農하는 자가 적지 않지만 자신이 스스로 행하는 경우는 찾기 힘들다는 것이다. 그는 遊食, 염치없는 종교가, 노동 기피라는 기존의 악습을 탈피하고 일시라도 놀고먹는 버릇을 버리면서 自力의 念佛과 農事를 행하자고 강조하였다.

이러한 그의 입장을 개진하면서 그가 의도하였던 승려생활의 이상을 다음과 같이 제시하였다.

---

18) 위의 자료, p.40.
19) 위의 자료, pp.40~41.

이리하야 僧俗이 一致되고 內外가 附合되는 現代的 實生活을 하면서 그 中에서 道德的 任務와 宗敎的 使命을 履行하난 것이 現代 僧侶의 맛당히 取할 바 길이라고 생각한다.[20]

즉 僧俗이 일치되고 內外가 부합되는 현대적 생활하에서, 도덕적인 임무와 종교적인 사명을 이행하는 것이 승려로서의 당연한 本分事라는 것이다.

지금까지 살펴본 바와 같이 정봉윤의 農林經營은 승려의 농민화, 노동화를 통한 승려의 생활 개선을 기하려는 불교의 대중화의 성격을 띤 것으로 볼 수 있다.

정봉윤의 주장과 유사한 내용으로는 《불교》지에 게재된 〈僧侶의 生活問題〉라는 글이 있다. 이 글은 《불교》지 100호 기념 특집 논문으로 金敬注가 기고한 것이다.[21] 김경주도 정봉윤과 같이 일본유학을 경험한 인물이고 당시 중앙불전의 교수였다. 그 내용을 비교해 보면 김경주의 글이 1년 후에 기고된 것으로 보아 정봉윤의 영향을 받았는지 단언할 수는 없어도, 농림 부분에서는 기본 입장과 대안 등이 거의 같은 논리에 서 있다.

김경주는 당시 승려생활의 문제가 생활의 곤란에 직면하고 있으며, 기존의 독신생활에서 가정생활로의 전환, 즉 출가불교 생활이 재가불교 생활로 변화되었다는 판단을 하였다. 이에 治生産業 후의 無上大道의 체현을 승려생활 개선의 목적으로 보았다. 그런데 승려생활의 '一大 波紋'이 일어난 것을 세계적 공황과 사찰경제의 핍박에서 찾았다. 승려는 생활 기능을 갖추지 못하였기에 승려의 생활 파멸을 시급의 문제로 설정한 것이다.

요컨대 승려의 생명유지를 위한 생활보장을 불교계의 가장 본질적인, 焦眉의 문제로 인식하였다. 그는 그 주장을 "승려가 있어야, 사원이 있고, 불교가 부흥할 것이다."라고 표현하였다. 또 승려생활의 문제를 수도원·포교·교육·교정·노농방면 등으로 대별하여 제시하였는데, 본 고찰과 유관한 내용이 적출되는 敎政·勞農方面에서 그 요지를 보겠다.

---

20) 위의 자료, p.41.
21) 《佛敎》 100호, pp.43〜51. 1933.10.

교정방면에서 그는 산림과 사유토지 경영의 문제로써 이를 개진하였다.[22] 산림의 개량과 그 수입의 증대를 위하여 제시한 대안은 다음과 같다. 즉, 종묘장을 설립하고, 사원의 산림 중 보호림을 제외한 여타는 皆伐·間伐을 하여 종묘장에서의 묘목을 植付케 한다.

토지 문제에서는 승려를 통한 관리, 농장 경영, 협동조합 및 공장의 경영 등으로 나누어 볼 수 있다. 사유토지의 관리는 사유토지 소작인 50호 이상의 부락에 승려 1인을 보내 그 토지를 관할하고 매 일요일 저녁에는 교리를 선전케 한다.

그런데 이 방안의 골격은 기존 소작인의 소작권을 회수하여 당해 사찰이 그 토지를 농장으로 경영하는 것으로, 직접 경영하면 기존 2배 이상의 수입을 기할 수 있다는 판단에서 나온 것이다. 이 문제는 자연 기존 소작인 문제가 대두되는데 그들로 하여금 노동조합을 결성케 하여 농장의 일에 전속으로 계약토록 하면 해결할 수 있다고 하였다.

또한 無學·無職 승려와 일반 인민들을 구제하기 위한 협동조합의 경영도 제시하였다. 그 조합의 생산부에서는 적정한 곳에 적당한 물품을 생산하는 공장을 만들어 그곳에 그들을 취직하게 하고, 소비부에서는 각 사찰·교인·소작인들의 소비품을 저렴하게 제공하는 활동을 할 수 있다는 방안도 제시하였다.

그는 이 방안을 교정 차원에서 실행할 수 있다고 제안하면서 불교는 時代化될 것이고, 계율과 도덕은 시대의 방편으로 행하면 모순이 없다고 하였다. 또 승려의 勞農에 대해서도 다음과 같이 피력하였다.

> 그럼으로 今後의 僧侶生活이 農民化 하고 勞動化 하여야 現實生活을 維持할 것이며 佛敎의 大衆化가 될 것이다. 在來勞動을 붓거럽게 아는 或은 遊食의 傳統的 惡習을 一掃하고 自力으로 淸淨 自活하라. 世人과 無異한 生活을 하면서 그 中에서 道德的 任務와 宗敎的 使命을 履行하라. 이것이 現代 僧侶의 生活일 것이다.[23]

---

22) 위의 자료, pp.49~50.

승려생활의 농민화, 노동화를 통한 불교의 대중화 추구라 하였는바, 앞서 살펴본 정봉윤의 주장과 같다고 하겠다. 그리고 승려의 생활도 세인과 같은 노동을 하면서 도덕적 임무와 종교적 사명을 이행해야 한다고 하였다.

그리고 그는 無學·無職 승려의 구제책을 제시하였는데 아래와 같다.[24]

- 山林의 種苗場, 皆伐, 間伐에 從事케 할 것.
- 一人에 寺畓 十斗落을 小作케 하고 農場 等營에 從事케 할 것.
- 協同組合의 生産部 工場經營에 從事케 하며 又는 消費部의 商店에 從事케 할 것(或은 各 寺院 特産品 製造에 從事케 할 것).

위의 대책은 그가 제시하였던 敎政·勞農 방면에서의 대안과 연계한 것으로 보인다. 無學·無職僧侶를 산림과 농장·공장 경영에 종사하도록 한 것은[25] 곧 그들의 생활 개선책의 구체적인 대안인 것이다.

4) 半農半禪

반농반선을 주장한 내용과 관련해서는 學人이었던[26] 釋雲涯가 봉선사 강원 강우회에서 발행한 잡지 《弘法友》 창간호에 기고한, 〈現代에는 半農半禪佛敎라야 된다〉라는 글이 있다.[27]

석운애는 이 글에서 農은 천하의 대본업이요, 禪은[28] 인생의 근원사라는 입장에서 그의 논지를 전개하고 있다. 농은 肉身을 기르는 원소요, 선

---

23) 위의 자료, p.50.
24) 위의 자료, p.51.
25) 그는 상식 있는 무직승려들은 불교기관 이외의 은행원, 회사원, 관리, 사농공상 등 무슨 일에 종사하여도 무방하다는 의견을 제시하였다. 다만 合掌 禮拜할 수 있는 確乎한 신앙심만 있으면 된다고 하였다. 위의 자료, p.51.
26) 그는 당시 봉선사 강원의 四敎科에 재학하였으며, 나이는 24세였다.
27) 《弘法友》 창간호, pp.39~40. 1938.3. 그는 이 주장에 대하여 그가 최초로 주장한 것이 아니라 '數年前에 先輩인 白龍城和尙이 主唱한 것을 再認識시킬 뿐'이라고 하였다.
28) 그는 그가 사용하고 있는 禪의 개념을 '敎를 兼한 禪'이라고 주장하였다.

은 精神을 기르는 원소로 보고 육신과 정신 양 방면을 균형적으로 수양해야 한다고 주장하였다. 따라서 半農半禪이 필요하고, 구족한 반농반선 자체가 부처가 가르친 진리라는 입장에 서게 되었다.

그러나 당시 불교계에서 本來 具足한 반농반선이 지켜지지 않았다고 보면서, 그 요인을 농은 不顧하고 선만 偏修한 데에서 찾고 있다. 그는 반농반선을 재인식하겠다는 의지를 다음과 같이 피력하였다.

> 그러므로 禪者도 自己의 生命을 維持키 爲하야 食物의 供給 方法인 農을 兼行하여야 한다. 農으로써 肉身의 生을 完全 保障한 後라야 精神의 生인 禪의 本旨를 達할 수 있을 것이며[29]

선을 수행하는 승려도 農을 兼行해야 하고, 農으로써 生을 보장해야 선의 본지를 체득할 수 있다고 보았다.

그런데 그는 그가 주장한 반농반선을 단지 자작자급하면서 선에 매진하자는 의미로만 본 것은 아니다.

> 因果의 必然과 廻因 轉果의 可能과 不生不滅의 眞理를 日常生活과 關係가 먼데서 찾는 이보다 日常生活과 直接 關係를 가진 問題에서 찾는 것이 容易하기 때문이며 隱然한 經典에서 求하는 이보다 顯著한 實業에서 求하는 것이 捷徑이기 때문에 半農半禪의 佛敎라야 된다는 것이다.[30]

즉, 일상생활과 직접 관련을 가진 農에서 불교의 진리를 찾는 것을 捷徑으로 본 인식에서 나온 것이다. 그리고 이 같은 반농반선을 革新佛敎로 지칭하였는데, 그의 불교계의 혁신을 기하려는 의식을 찾아볼 수 있다.

半農半禪과 관련하여 살펴볼 또 다른 인물은 白鶴鳴이다. 그는 반농반선을 주장하였을 뿐만 아니라, 이를 실천하였기에 우리의 관심을 끌고 있다. 백학명은 당시 불교계를 대표할 수 있는 선지식으로 지칭된 선사인데 그가 추구한 반농반선의 개요와 정신에 대해서는 별도의 연구가 요망된

---

29) 위의 자료, p.40.
30) 위의 자료, p.40.

다. 여기에서는 그의 실천을 반농반선의 범주에 넣어 소개하겠다.

백학명이 반농반선을 제창하고 실행에 옮긴 시점은 1923년경이었으며[31] 그 실행은 그가 입적한 1929년까지 지속되었다.[32] 그러나 그의 반농반선에 관한 글이 부재하므로, 그 개요와 성격에 대한 파악은 간단하지 않다. 다만 그 실행의 성격을 가늠할 수 있는 글, 〈獨살림 法侶의게 勸함〉이[33] 주목된다. 그 내용이 승려들이 道와 德을 닦고 公心과 正道를 행할 것을 지적하면서 戒定慧 三學의 강조, 有妻生子者의 四部衆의 소속을 명백히 할 것, 주지와 승려의 임무 및 본분사 회복 등의 강조임을 보면 그의 입장은 근본·보수적인 불교발전을 통한 불교개혁이었음을 알 수 있다.[34] 이로써 그의 실행은 이러한 입론의 기반하에서 그 자신이 선사였기에 그가 머물던 내장사 禪院에서 구현되었다.

이에 제자들에게 당시 불교의 개신 방안을 痛論하면서 늘 '禪門規制부터 更正하는 것이 急務'라고 강조하였다.[35] 그는 내장사 선원의 운영시에는 선원의 규제를 엄정히 하고 시간노동을 실행하였더니 오히려 참가 선중이 기피하였다고 한다. 당시 그의 반농반선에 대한 입장은 아래의 글에서 찾아볼 수 있다.

> 佛敎徒로 말하면 懶散性이 더욱 流染되어 今日에 衲子가 되면 明日부터 乘手閒客이 되려함은 全般의 通病이라. 나는 禪院을 비롯하야 이런 弊風을 矯正하되 禪農을 兼行하여야 할터이니 나부터 躬行하여야 하겟다 하고 손조 鍬錨을 들고 道場에 來往하면서 廢園을 開治하고 荒田을 整理하야 自作實施하는데 每日 年少보담 勞力을 더하야 汗背가 淋漓한지라[36]

납자의 나태와 무노동을 '通病'으로 인식하고 그를 교정하기 위한 대안

---

31) 《학명큰스님평전》 p.32. 1994, 불교영상.

32) 金素荷, 〈南遊求道禮讚〉 《佛敎》 64호, p.49. 1929.10.

33) 〈白農遺稿〉 《佛敎》 71호, pp.12~14. 1930.5.

34) 金光植, 〈근대불교개혁론의 배경과 성격〉 《宗敎敎育學硏究》 7, p.65. 1998.

35) 安舟峰, 〈追慕白鶴鳴禪師〉 《佛敎》 62호, p.53. 1929.8.

36) 위의 자료, p.54.

으로 禪農을 제시하면서, 자신부터 실천하겠다는 강력한 의지를 피력하였다. 그의 반농반선은 납자의 의식 개혁, 그리고 그를 선원에서 실천하고자한 불교개혁이었다.

그의 반농반선의 개요와 내용은 그 실천의 도량이었던 내장사 선원의 규칙에서 찾아볼 수 있다.[37]

- 禪院의 目標는 半禪半農으로 變更함.
- 禪會의 主義는 自禪自修하며 自力自食하기로 함.
- 會員은 新發意나 新出家를 募集함(但, 久參衲子도 勤性이 有하니는 選入함).
- 叢林의 正規를 依하야 衣食을 圓融으로 함.
- 日用은 午前學問, 午後勞働, 夜間坐禪 三段으로 完定함.
- 冬安居는 坐禪爲主, 夏安居는 學問과 勞働爲主로 함(但, 安居證은 三年後 授與함).
- 梵音은 時勢에 適合한 淸雅한 梵唄를 學習하며 또 讚佛, 自讚, 回心, 還鄕曲 等을 新作하야 唱하기로 함.
- 破戒, 邪行, 懶習, 其他 廢習은 一切 嚴禁함.

우리는 위의 규칙에서 다음과 같은 성격을 파악할 수 있다. 첫째, 선원의 운영 기조는 半農半禪을 목표로 한 自禪自修·自力自食이다. 둘째, 선원 입방자는 반농반선의 취지를 이해한 새로운 의지와 출가를 단행한 대상자를 주 대상으로 하였다. 셋째, 선원의 생활은 학문·노동·좌선을 기본으로 하였다. 넷째, 범음·찬불·자찬·회심 등의 실행에는 음악적 요소를 적극 활용하였다. 다섯째, 파계·사행·나태 등은 절대 금하였다. 여섯째, 하안거에서 선수행보다는 노동을 위주로 하였다는 것도 매우 이채롭다 하겠다. 여기에서 백학명은 반농반선의 실천을 통한 선원의 개신과 이를 통한 불교의 혁신을 강력히 이행한 것을 알 수 있다.

5) 民衆佛敎

민중불교 치원에서 불교기 농촌에 적극 진출해야 한다는 내용은 당시

---

37) 姜裕文, 〈內藏禪院一瞥〉《佛敎》46·7합호, p.83. 1928.5.

불교청년이었던 金法麟의 글에서 찾아볼 수 있다. 김법린의 주장은 중앙불전 교우회에서 발행한 《一光》지에 게재된 〈民衆本位的 佛教運動의 提唱〉이라는 글,[38] 그리고 《佛教》지에 게재된 〈佛教의 農村進出에 對하야〉라는 글의[39] 내용이다.

김법린은 中央學林출신으로서 3·1 운동에 참여한 후, 프랑스에 유학을 하였으며 귀국 후에는[40] 불교청년운동의 주역으로 활약해 왔다. 김법린은 한용운의 영향을 적지 않게 받았던 인물로 그의 민중불교의 입론은 韓龍雲의 불교혁신론과 상관관계가 있다.

우선 김법린이 주장한 민중불교의 개념을 정리해 보면

> 山寺로부터 都市에로! 僧侶 本位로부터 信者 本位로! 隱遁的, 獨善的 佛教로부터 社會的 兼濟的 佛教에로 進出하자! 卽 民衆 本位的 佛教運動의 提唱은 現下 朝鮮佛教의 更新運動의 當面案中 하나이다.[41]

라고 개진한 내용이 주목된다. 도시·신자·사회적 불교라고 언급한 것에서 불교의 대중화 성격이 나타난다. 民衆 本位的 佛教運動은 불교의 대중화를 기하기 위한 불교계의 방략이라고 하겠다. 따라서 김법린은 민중적 불교의 실현은 불교를 새롭게 하는 운동 중 가장 중요한 대상으로 보았다.

그가 이처럼 민중불교를 제창한 것은 불교의 쇠퇴 원인을 民衆·社會와 隔離된 불교계 동향에서 찾았기 때문이다. 당시 사회의 각 방면에서는

---

38) 《一光》 2호, pp.39~42. 1929.9.

39) 《佛教》 103호, pp.19~23. 1933.1.

40) 은해사에서 출가하였다가 범어사로 전적한 그가 귀국한 시기는 1928년 1월 14일이다. 그는 프랑스 파리대학의 철학과에서 고학으로 1926년 봄에 문학사학위를 취득하였다. 그 후 1927년 2월 벨기에 수도 브뤼셀에서 개최된 반제국주의 동맹대회에 조선대표로 참여, 일제 침략의 실상을 폭로하고 한국의 독립을 주장하였다. 〈佛教彙報〉「錦還할 金法允師」《佛教》 34호(1927.2)와 《어둠을 밝힌 사람들》(1983,부산일보사), pp.204~206의 내용 참조.

41) 위의 글, 〈民衆 本位的 佛教運動의 提唱〉 p.39.

농촌문제가 관심사로 논의되면서 귀농, 농촌문제 강연, 농촌문헌의 간행, 문맹타파운동 등이 왕성하게 전개되었음에도 불구하고 불교계에서는 절대 침묵을 지키고 있다는 인식을 하였다. 더욱이 불교는 농촌과의 관계가 깊어 농촌문제에 유리한 입장에 처해[42] 있다고 보았던[43] 김법린은 불교가 농촌에 적극 진출해야 한다는 입장을 피력하였는데, 그 내용이 바로 〈佛敎의 農村進出에 對하야〉라는 글이다. 이제부터는 그 글의 내용을 요약하여 그 주장의 개요와 성격을 살펴보겠다.

김법린은 농촌과 사찰과의 관계가 밀접하면서도, 불교의 교화 활동이 농촌에 미치지 않는 것을 기이한 현상으로, 또한 농촌문제는 당시 민족전체의 중대한 문제로 단언하였다. 이에 불교가 교화단체로서의 기본적인 활동인 포교를 농촌에서 전개해야 된다는 당위에서 그 방략을 豫備過程, 實際問題, 財源 調達方法 등으로 대별하였다. 그 순서에 의거하여 예비과정으로 제시한 내용은 다음과 같다.[44]

- 농촌의 실제정세를 조사, 교화방법 연구
- 농촌포교에 적합한 인재 양성
- 실시계획의 확립

농촌과 교화방법의 調査·硏究는 교화활동의 필요조건이자 그 예비행동으로 설정하였다. 이를 실행키 위하여 지방에는 각 본산종무소의 법무계에, 중앙에는 선교양종교무원의 교학부에 농촌포교부라는 조직을 특설하는 것으로 제안하였다. 일정한 기간 내에 그 작업을 완성할 수 있다고 보았다. 그리고 人材養成은 농촌포교에 적합한 인재는 특수한 교양이 필요하다는 판단에서 나온 것이다. 이를 위해서는 중앙포교당에 短期農村布

---

42) 이는 사찰의 지리적 분포, 소유 재산 전부가 토지와 산림이라는 요인으로 농촌과 농민과의 경제적 관계가 긴밀하다는 점을 말하는 것이다. 위의 자료, p.41.
43) 김법린은 조선농민사 주최의 농촌문제 강연회(1929.6.15)에 연사로 나가, 〈農村啓蒙에 對하여〉라는 주제의 강연을 하였다. 〈農村問題講演〉《중외일보》 1929.6.15.
44) 위의 〈佛敎의 農村進出에 對하야〉 pp.19~20.

敎講習會를 개설하여 각 본산에서 추천한 지원자를 강습하게 하고, 中央佛專에는 별도로 農村布敎硏究部를 상설하여 장래에 농촌포교를 지망하는 학생들에게 특수한 훈련과 교육을 가르쳐야 한다는 방안을 제시하였다.

또한 實施計劃은 敎化網의 장기적 확충에 대한 구체적인 방안을 말하는 것인데 농촌과 사원이 처한 현실을 고려하여, 일시에 교화를 기할 수 없다는 판단에서 점진적인 확대를 고려한 대책이다. 또 3년, 5~10년 등의 기한으로 계획을 세워 실행하되, 그 계획은 각 본산 종무소 법무계에서 입안하여 중앙의 교무원 교학부의 재가를 얻어 결정하면 가능하다고 하였다.

김법린은 이러한 예비행동에 상당한 시일이 요구되지만, 그는 꼭 필요한 것으로 보았다. 이전 도시포교는 이러한 사전의 예비행동 없이 사업을 추진했기 때문에 큰 효과가 나타나지 않았다고 보았다. 예비과정의 준비를 거친 이후 김법린은 농촌 포교의 실제적인 문제를 다음과 같이 제시하였다.[45]

- 敎區의 선정
- 布敎場所의 設備
- 敎化의 방법과 내용
  - 일반 啓蒙運動
  - 교리의 平易化, 生活化
  - 신앙의 淨化, 合理化
- 實際 活動
  - 문맹퇴치운동
  - 상식보급운동
  - 경제운동
  - 단체훈련운동

敎區의 選定은 사원 대 농촌간의 지역적·경제적 관계를 표준으로 선정하는 것을 원칙으로 하였다. 교구선정의 방침으로는 사유토지의 소작농

---

45) 위의 자료, pp.20~22.

이 밀집된 지역을 중심으로 하되, 그 교구에서는 소작쟁의에 대한 정의로
운 해결책의 강구·제공을 추진해야 함을 강조하였다. 그러나 초창기의
교구의 수는 극소수로 제한할 것을 주장하였다. 布敎 場所는 교구의 중심
지점을 선택하고, 그 설비는 간결하게 하자고 하였다. 그리고 포교당은 포
교사의 활동 책원지로, 농민의 공동생활처로 운용케 하여 농촌생활의 '사
회적 중심'으로 기능하게 하자고 제안하였다. 포교당의 건축 및 내부 설비
는 기본적으로 최소한의 형식을 갖추되 실용, 신앙참배, 교양수련 등에 적
합한 형식을 취하자고 하였다.

教化의 方法과 內容은 교화 대상에 따라 그 방법이 달라야 한다는 입
장에서 농촌포교는 특수한 방법이 요구된다고 보았다. 이에 간접적으로
교설을 이해할 수 있는 토대를 닦음이 교화책의 聰明이며 順序로 보고,
우선은 일반 계몽운동에 치중할 것을 개진하였다.

계몽운동이라[46) 함은 민중의 실생활과 직접 교섭하고 그 진로를 제시
향도하는 것으로 정의하였다. 그 연후에는 교리를 평이하고 농민 생활에
직감이 되도록 해야 한다고 하였다. 그는 농민의 지식 수준이 심오한 교
리를 이해하기에는 너무 낮기 때문에 불교정신이 곧 농민생활의 準繩이
되도록 해야 한다는 방편을 제시하였다. 이는 신앙의 정화·합리화는 농
민의 불교에 대한 전통적인 의식인 禍福의 미신과 偶像의 숭배가 불교사
상의 이해에 장애가 되었던 사정을 고려한 바에서 나온 것이다. 또 역사
와 민속의 雜駁性을 정비하고, 부처 교설의 원시적 면목을 선양하는 것이
현대적 교화의 목표라는 입장, 그리고 이전 도시포교에서 신앙의 정화와
합리화에 관심을 두지 못해 손실이 많았다는 점을 들었다.

본격적인 실행방법으로는 문맹퇴치, 상식보급, 경제운동, 단체훈련운동
등을 제시하였다. 문맹퇴치는 농민의 8~9할이 문맹이기에 민족전체의 중
대한 당면문제이자 교화운동의 장래에도 지대한 관련이 있다는 입장에서
제시하였다. 상식보급운동은 농민이 문맹이면 상식이 부족한 것은 필연의
勢이기에 농촌생활에 필요한 최소한의 지식을 보급해야 한다는 것이다

---

46) 그는 이를 농촌교화운동의 傍系活動, 附屬事業으로 표현하였다.

경제운동은 농촌의 경제적 파멸이 극도에 달하였으며, 이에 대하여 불교
계가 취할 관심사항에서 지적한 것으로 簡易한 農村經濟運動으로 개념지
었다.

교화단체로서 취할 소규모적인 운동은[47] 불교가 마땅히 해야 할 노력이
고, 농민의 경제의식을 일깨워 주는 점에서 필요하다고 보았다. 단체훈련
운동은 농민이 처한 지역적 분산 상태로 단체의식의 빈약 그리고 단체훈
련의 부재로 말미암아 공동이해의 관념이 부족한 것을 해소키 위한 것에
서 출발하였다. 요컨대 문화적, 경제적인 측면의 농민의 실생활을 향상시
키면서 농민들을 불교로 귀의할 수 있는 단체적 훈련을[48] 강조한 것이다.

김법린은 위와 같은 농촌 진출책을 검토·제안한 다음 그를 실현할 財
源 確保策을 제시하였다.[49] 그는 사찰의 재정난을 고려하면서, 각 사원의
收支 豫算을 철저히 분석하면 타성적인 예산[50] 조정을 통하여 해결할 수
있다고 하였다. 예컨대 1932년 3월의 宗會에서 청년총동맹이 제출하였던
'寺庵廢合定理의 件'이 의결되었는데, 그 실현방법으로 강구하는 방안을
활용하면 농촌포교에 필요한 재원의 조달은 가능할 것으로 본 것이다.

그는 이상과 같은 대안을 제시하면서 시대상과 사회상은 변화한다고
지적하고, 불교계가 생활형태와 화석화된 제도에 대한 반성의 날카로운
칼로써 스스로를 해부해야 할 것을 힘주어 피력하였다. 이에 그러한 산물
로서의 새로운 飛躍을 취해야 된다는 당위성을 웅변으로 제시하면서, 바
로 이 농촌진출책은 비약을 위한 프로그램의 하나라는 입장을 개진하였다.

---

47) 그 운동의 실례로 농사 개량, 부업 장려, 소비·생산의 합리화(협동조합) 등을
지적하였다.
48) 그 대안은 吉凶에 대한 일치적 弔慰, 共同勞作, 定期 集會 등을 지적하였다.
49) 위의 자료, pp.22~23.
50) 그는 그 실례로 山林佛教의 殘穀을 보존시키는 房庵 유지, 건축수선비를 거론
하였다.

3. 白龍城 禪農佛教의 개요

1) 禪農堂과 華果院의 설립

백용성의 선농불교는 선농불교의 이론과 실천이라는 두 가지 측면에서 전개되었다. 이에 본 장에서는 우선 선농불교의 실천의 내용을 살펴보고자 한다. 이 내용은 백용성이 선농불교 실천과 관련하여 다음과 같이 회고한 글에 잘 나와 있다.

> 아 - 우리는 광이들고 호무가지고 힘써 勞農하여 自作自給하고 他人을 依賴치 말자. 余는 此를 覺悟한 제가 二十年 前이나 勢不得已 하지 못하고 잇다가 五六年前에 中國 吉林省 瓮聲磲子 龍山洞에 數千日耕 土地를 買收하여 吾敎人으로 自作自給케 하여 쓰며 또 果農을 從事하야 五六年 間을 勞力中이다.[51]

즉, 백용성은 승려들의 自作自給의 실천을 1912년경부터 각오하였지만 형편이 여의치 않아 실천하지 못하였다고 하였다. 그러나 1926~7년부터 중국 길림성에서의 토지 매수를 통한 불교인의 自作自給의 實行 그리고 果農에 종사한 것이 5~6년이나 되었다는 것이다. 요컨대 중국 길림성에서의 자작자급과 과농 등 2개처에서 선농불교를 실행하였음을 알 수 있다.

그러면 그 2개처에서의 선농불교 실천내용 중 중국 길림성에서의 활동부터 그 개요를 정리해 보면, 그는 중국 길림성의 '龍山洞'에 '數千日耕'의 토지를 매수하여, '吾敎人'으로 하여금 '自作自給'케 하였다고 하였다. 이와 관련하여 朴龍夏(이운허)는 《용성선사어록》에 기고한 〈禪農觀〉에서[52] 그 사정을 개진하였다.

> 間島의 延吉 明月村 寧鳳村에 七十餘 晌의 田地를 買得하고 敎堂을 設立하여 僧侶의 半農半禪 生活의 嚆矢를 作한지 벌서 十五年이라 하니

---

51) 白龍城, 〈中央行政에 對한 希望〉《佛敎》 93호, p.15. 1932.3.
52)《龍城禪師語錄》권下, p.39.

그 용산동을 명월·룡봉촌으로,[53] 수천일경을 70여 晌으로, 오교인의 자작자급을 승려의 반농반선으로 표현하였다. 또한 백용성의 그 실행은 승려의 반농반선 생활의 嚆矢라고 그 위상을 언급하였다. 그리고 반농반선을 행하던 그 토지에 교당을 설립하였음을 알 수 있다. 따라서 그 교당은 단순한 교당이라기보다는 반농반선을 행하던 禪農堂이었음을 파악할 수 있다.

그러면 연길의 선농당은 언제부터 시작되었는가? 이와 관련된 내용은 아래의 글에서 찾아볼 수 있다.

> 佛紀 二九五四年 九月 十一日(日曜日) 午前 九時에 間島 龍井市 大覺教堂에서 奉佛式을 擧行한바 大盛況을 일우엇다는데 順序는 如左함[54]

즉, 1927년 9월 11일에 대각교당 봉불식이 대성황리에 거행되었다는 것이다. 그런데 그 순서에 의하면 그 봉불식의 참가자에는 法要師, 敎授師, 大衆, 學生, 信徒 등이 있었음을 알 수 있다. 바꾸어 말하면 그 식은 대성황리에 진행되었는데, 대중·학생·신도 등이 참가한 것에서 대각교당의 봉불식은 그 현지에서의 기반이 적지 않음을 말해 준다. 그러므로 그 선농불교를 통한 대각교당의 설립은 1927년 이전부터 준비된 것으로 볼 수 있다. 예컨대 토지의 매수자금 확보, 토지 확보과정, 토지의 경작민 모집, 교당 건축 등의 사업 등이 간단치 않았음을 쉽게 이해할 수 있다.

한편 백용성이 선농불교의 대상지를 국내가 아닌 연길로 정한 의도는 무엇이었을까? 이와 관련해서는 백용성의 상좌였던 이동헌의 증언이 참고된다. 그 증언의 요지는 백용성이 만주에 교당을 세울 때에 "일본인들이 보기 싫어 멀리 가서 살련다"고 하였다는 것이다.[55] 그리고 또 그 선농당의 제자들에게는, "걸인이나 손님이 오거든 이유를 묻지 말고 약과 옷

---

53) 이 행정지명은 일제하라는 특수한 실정에서 나온 것인데, 길림성 연길현 용산동 내의 명월촌, 령봉촌으로 보인다.
54) 〈佛敎彙報〉《佛敎》 40호, p.52. 1927.10.
55) 한보광, 《龍城禪師硏究》 p.90.

과 밥 그리고 돈을 주어라.”고 부탁하였다고[56] 한다. 그런데 그 내방객에는 독립군들이 적지 않았다는 것이다. 이러한 증언은 곧 백용성의 민족의식과 관련지을 수 있다. 그러나 현재로서는 그 전후사정을 전하는 자료가 없어 단언하기는 어렵다.

한편, 만주 용정의 선농당 활동은 그가 입적하기 직전까지 지속되었다고 한다. 이 선농당은 백용성의 대각교가 일제의 탄압으로 곤란을 겪던, 1937년초부터는 범어사가 그 재산을 관리하는 상태로 전환되기도 하였다.[57]

이제부터는 백용성이 선농불교를 실천했던 또 다른 대상, 경남 함양에 있었던 이른바 華果院에 대하여 살펴보겠다.

화과원은 백용성이 ‘果農’을 5~6년 간이나 종사하였다는 바로 그 대상이다. 또한 박용하가 백용성의 〈선농관〉에서도 언급한 ‘華果院’인 것이다. 이 화과원의 개요는 백용성이 다음과 같이 그 사정을 회고한 글에서 구체적으로 찾아볼 수 있다.

> 지금으로부터 六年前에 慶南 咸陽郡 白陽山에 가서, 山林·荒蕪地 等 數萬坪을 買入하여, 그를 開墾하고, 果樹·野菜·馬鈴 等을 栽培하고, 自給自足의 精神으로써 일하고 인근 村落의 貧民兒童을 모아서 敎育시키고 있었다.[58]

화과원에서 선농사업을 시작한 시점은 1927년이었으며, 그 장소는 위의 글에서 함양의 백양산으로 나오지만 여러 전후 사정을 고려하면 白雲山이다.[59] 당시 백용성이 화과원으로 매입한 대상지는 산림과 황무지 등이었는

---

56) 위와 같음.

57) 〈大覺敎堂이 다시 大本山梵魚寺京城布敎所 移轉 手續〉《佛敎時報》 17호, 1936.12. 이 기록에는 용정의 그 재산을 ‘敎堂及不動林野土地’로 기재하였다.

58) 沈斗燮, 〈白龍城師를 訪ねて〉《朝鮮佛敎》 89호, 1933.6.

59) 함양에 있는 산은 백운산이 분명하며, 그 행정 지명은 경남 함양군 백전면 백운리이다. 용성의 문도들은 과거 백용성이 경영했던 그 백운산의 화과원을 재현해 놓았으며, 또한 박용하가 이 사정을 서술한 〈선농관〉과 용성의 문도들이 작성한 연보에서도 그 장소를 함양의 백운산으로 기재하고 있다. 그런데 현재 재현된 화과원은 선농을 시행하는 공간이라기보다는 단순히 화과원으로 명명한 사찰 재건의 성격을 갖고 있다.

데, 그 면적은 수만 평이었다.[60] 백용성은 그 수만 평을 개간하여 과수·야채·마령(감자) 등을 재배하였다. 이처럼 백용성이 농장을 경영한 근본 목적은 자급자족의 정신으로써 노농의 실행 그리고 인근 부락의 빈민 아동들의 집단교육을 통한 공동생활에 있었다.

백용성이 위와 같은 노농의 실행을 단행한 것은 그 자신의 여생을 자연과 함께 하려는 것도 있었지만 그보다는 인심은 흉흉해지고, 불교신자들의 신념이 엷어지고, 불교사업이 곤란해지면서 실패할 가능성을 예견한[61] 것이다. 그는 승려들 자신이 노농하지 않으면 안 되는 이유를 다음과 같이 피력하였다.

> 따라서 今後는 信徒의 力에 依賴하여 生活해 가려고 생각한다면 매우 잘못된 것이다. 今後의 僧侶는 모름지기 스스로 勤勞하여 스스로 먹는, 所謂 自己의 力으로써 生活한다는 精神을 가져야 된다.[62]

승려의 생활을 신도에 의지하지 않고, 승려 스스로의 노농으로써 해결해야 한다는 정신이다. 곧 半農半禪을 말하는 것으로서 기본적으로 승려의 자율적인 노농을 통한 생활의 해결이다. 그리고 아울러 촌락민들과의 공동체생활도 염두에 둔 것이다. 이러한 그의 선농정신은 곧 '一般 民衆에게 適合'한[63] 불교의 실천으로 말할 수 있다.[64] 이 백운산에서의 반농반

---

60) 박용하는 그를 30여 町步라고 하였다.
61) 위의 《朝鮮佛敎》 79호와 같음.
62) 위와 같음.
63) 위의 《朝鮮佛敎》와 같음.
64) 이는 일반에게 적합하면 좋고, 적합하지 않으면 않은 채로 좋다는 그의 발언에서도 거듭 확인이 된다. 그리고 이와 관련하여 화과원에서 불교의식을 행할 때에도 기존의 불교의식을 굳이 행하지 않았고, 가사도 입지 않았으며, 불상을 안치하지도 않았다고 한다. 다만 법화경·화엄경·열반경을 중심경전으로 사용하고, 좌선은 임제선을 취한다고 하였다. 그런데 서울의 대각사에서는 신도의 요구도 있어서 기존대로 불상을 안치하지만, 화과원에서는 작은 집(家)이외에는 아무것도 없다고 백용성은 언급하였다. 이상은 내용은 위의 《조선불교》에 나오는 백용성 대담 발언 참조.

선도 1936년 말까지 존속되었는데 용정의 선농당 재산이 범어사 재산 관리로 전환될 때 함께 이전되었다.[65]

　중국 용정의 선농당과 경남 함양의 화과원에서의 선농불교의 실행은 용성 자신의 회고에서 확인된 것이지만 그 주된 성격은 승려의 노농을 통한 생활의 해결이다. 이는 가장 기본적인 것이었으며, 거기에는 승려로서의 최소한의 임무인 수행의 자세를 함께 견지하였음은 물론이다.

　　그러나 余가 此를 自矜하는 것은 안이다. 吾人은 累代로 오며 寺院土地와 私有財産이 有하니 急速히 農業을 힘쓰며 分數대로 梵行을 가지며 豫定을 堅修하며 念佛 持呪 看經을 行할 것이며[66]

　사원의 토지와 사유재산을 활용하여 농업에 힘쓰면서 梵行, 즉 계율을 지키면서 수행해야 함을 강조한 것이다. 염불·주술·간경 등을 포함한 이러한 수행을 달리 말하자면 광의의 禪修行이라고 말할 수 있으며 여기에서 半農半禪의 개념이 확인된다. 한편 이 화과원의 개요 중에서는 아직 설명되지 못한 부분도 적지 않다. 예컨대 수만 평의 임야의 확보자금, 개간에 참여한 대상, 운영의 구체적 내용, 그 소출의 양과 처리문제, 관련 승려, 용성 문도들이 주장하는 임정의 군자금 지원 문제 등이다.

　한편 이러한 백용성의 禪農에 대하여 박용하는 다음과 같이 그 의의를 개진하였다.

　　如法分衛가 진실로 正命이나 時의 古今을 짜라 推移치 아니할 수도 업나니 自身에 應供의 行德이 缺하엿을진댄 애초부터 信施를 밧을 수 업는 터인데 하물며 物質至上主義인 이째에 서며 生活難이 極에 달한 今日에서랴. 墜石夜舂開田 說義等 古人의 示範 - 實로 그 宜을 得하얏다 하리로다. 龍城禪師 - 일즉 이에 쯧 두어 今後의 僧侶의 生活 卽 叢林의 經營이 從來의 方軌들 그대로 因習지 못할 것을 看破하고 自力自給을 主唱하는 一方 咸陽의 白雲山 三十餘町을 占有

---

65) 위의 《佛敎時報》 17호의 관련 기록에는 그를 '咸陽잇는 華果院의 基址及建物果樹園'으로 표현하였다.
66) 위의 〈中央行政에 對한 希望〉과 같음.

하야 柿栗等 樹萬餘株를 裁하고 華果院을 設하며 間島의 延吉 明月村 寧鳳村
에 七十餘晌의 田地를 買得하고[67]

불법의 정명이 時의 古今을 따라 변동, 行德의 희박에서 기인한 布施
不在, 물질지상주의로 변화된 당시 현실에서는 승려의 생활이 종래의 인
습대로 될 수 없음을 백용성은 간파하였다. 이로써 백용성은 그 대안으로
自力自給을 주창하면서 그 자신이 그를 함양과 간도에서 실행에 옮겼다.
결국은 현실의 변동에 대비한 승려생활책의 강구라고 요약할 수 있다. 이
는 곧 현실인식, 즉 사상에 근거한 실천이며, 불교혁신이라 하겠다.

2) 大覺敎運動과 禪農佛敎

이제부터는 앞서 살펴본 백용성의 선농불교의 개요에 유의하면서, 백용
성 사상 체계의 실천운동이었던 대각교운동과의 상호관계를 살펴보자. 곧
백용성이 추구한 대각교운동 내에서의 선농불교의 성격과 위상을 검토하
고자 한다. 이러한 검토는 대각교운동의 목표, 대각교 조직, 선농불교 실
행의 계기 등으로 대별할 수 있다.

우선 대각교운동의 목표와 관련된 사항은 백용성 연구를 선행한 한보
광 교수의 연구성과에서 확인할 수 있다. 한 교수에 의하면 백용성은 가
장 근원적인 大道를 스스로 체득함으로써 自他를 초월하였다고 보았다.[68]
나아가서 그는 民衆과 民族을 떠나 佛法을 구하지 않았다고 지적하였
다.[69] 즉 백용성은 일제에게 나라를 빼앗긴 식민지 상황하에서 국권의 獨
立과 멸망에 처한 불법의 恢復을 실천할 이념 구현의 방법을 대각교운동
으로 전개하였다는 것이다.

요컨대 대각교의 모체요, 토대를 大衆·民衆에 두었다. 이 민중을 불교
용어로 말하면 衆生이다. 그러므로 대각교운동의 목표는 중생, 곧 민중

---

67) 위의 《龍城禪師語錄》의 〈禪農觀〉.
68) 韓普光, 《龍城禪師研究》 p.49. 1981, 감로당.
69) 위와 같음.

개개인이 지니고 있는 大圓覺性을 깨우쳐 영원한 해탈인, 대자유인, 완전히 독립된 인간, 즉 '大覺人'되게 하는 것이다.[70] 그러므로 중생 개개인이 覺하는 것이 모든 분야에 미칠 수 있는 공통분모이자, 지름길로 제시하였다. 이러한 사정과 관련해서는 백용성이 金鏡峰에게 보낸 편지의 내용이 주목된다.

生은 北間島 龍井市에 新設大覺敎하고 方今 布敎而 以革命的 民衆敎로 爲務耳[71]

즉 백용성이 용정에 세운 대각교당에서 革命的인 民衆敎를 지향하는 포교 사업을 하고 있다는 자술이다. 혁명적인 민중교의 지향이라 함은 기존 불교의 행태를 극복하면서 모든 중생에게 깨달음을 전파시키는 노력이다.

그러면 중생을 覺人化하는 방편은 무엇인가? 이와 관련하여 대각교운동의 현실적인 실행 지침서 《大覺敎儀式》에 전하고 있는 十二覺文[72]을 보자.

1. 법을 의지하여 종교를 준행하고 법에 집착하지 말 것(依法遵敎不着法).
2. 세속에 있어서도 행을 수련하고 세속에 물들지 말 것(在塵修道不染塵).
3. 마음을 밝혀서 성리를 깨치고 마음을 미혹치 말 것(明心見性不未心).
4. 강함을 막되 두려워함이 없고 약함을 침노하지 말 것(禦强無畏不侵弱).
5. 욕됨을 참되 갇히는 데가 있고 우치함에 처하지 말 것(忍辱有擇不處愚).
6. 공적인 사업에 목숨을 바치고 사적인 일에 빙자하지 말 것(公事盡命不憑私).
7. 자기 생활에 힘으로 노동하고 남에게 의뢰하지 말 것(自活勞力不賴他).
8. 때를 관찰하여 학문을 연습하고 형세를 추앙하지 말 것(觀時習學不仰世).
9. 바른 생각으로 계를 지켜 삿된 생각을 하지 말 것(正念持戒不邪念).
10. 중생을 위하여 덕화를 전포하고 몸만 이롭게 하지 말 것(利生布德不利己).
11. 서로 평등하게 깨침을 성취하고 조금도 차별하지 말 것(平等成覺不差等).
12. 믿음으로써 친구를 교제하고 착함을 시기하지 말 것(以信交友不妬賢).

---

70) 위의 책, p.51.
71) 《三笑窟消息》 p.175. 1997, 극락선원.
72) 《大覺敎儀式》 권下, pp.170~173. 1931, 大覺敎中央本部.

이 12각문은 대각교 실천의 핵심으로 볼 수 있는데 그 중에서도 선농불교와 유관한 것은 제7항이다. 그 다음으로 유관한 것은 제8항과 제10항의 내용이라고 볼 수 있다. 때를 관찰하여 학문을 연습하고 형세를 推仰하지 말라는 것과 중생을 위하여 德化를 傳布하고 자기의 몸만 이롭게 하지 말라는 것 등은 부단한 수행, 세상과의 타협 배제, 중생 중심의 포교 활동을 강조한 것이다. 바로 이러한 12각문의 실행이 백용성이 추구한 반농반선의 이념적 기초이다. 곧 대각교운동의 목표와 반농반선 실행정신이 동질적이었음을 알 수 있다. 달리 말하자면 반농반선의 실행은 대각교운동의 일환이다.

다음으로는 大覺敎 조직과의 관련성이다. 대각교의 중앙본부는 당시는 대각교당으로 불린, 현재 서울 종로 3가에 위치하고 있는 대각사였다. 그런데 백용성은 그의 나이 64세였던 1927년에 대각교를 대내외에 선언하면서, 본격적으로 선농불교를 실행에 옮겼다. 이 내용과 관련해서는 아래의 글이 주목된다.

> 육십사세시에 대각교당을 짓고 불교를 사회적으로 향상 식히기 위하여 또는 일반사회 사람들의 불교에 대한 멸시적 낫분 관습을 고치기 위하여 대각교(大覺敎)를 선언하고 불교의 이채(異彩)를 내게 하엿다. 그리해서 함양에는 화과원을 짓고 간도 용정가에도 지부를 두엇다.[73]

불교의 대사회적 위상 증대, 사회인의 불교에 대한 부정적 인식의 개선을 위하여 대각교를 선언하였다는 것이다. 이에 대각교 선언의 산물로 화과원을 설립하였으며, 용정에도 지부를 두었다는 것인데 앞서 소개한 선농당으로서의 대각교당을 말한다.

이처럼 백용성의 대각교 선언은 1927년에 있었지만 처음으로 대각교를 제기한 것은 아니었다.[74] 그는 그 이전부터 대각사를 '大覺敎會'로 지칭하

---

73) 釋大隱, 〈故白龍城大禪師의 追慕〉《佛敎時報》 59호, 1940.6.
74) 《朝鮮의 類似宗敎》 p.328에 전하는 〈대각교제칭이유서〉에는 백용성이 대각교 '始稱'의 시점을 1922년 夏4월 8일(음력)이라고 전하고 있다.

였으며 그가 추진하였던 제반 사업을 대각교운동으로 설정하고 있었다.

그런데 1927년에 접어들어 그 대각교회를 대각교당으로 개명하고[75] 대각교 선언을 한 것이다. 그리고 이러한 움직임에 즈음하여 지부를 설립하고[76] 선농불교라는 사업을 본격화하였다. 이로써 화과원 설립과 선농당으로서의 용정의 대각교당이 대각교 선언과 맞물려 있었다고 볼 수 있다.

대각교 선언과 맞물려 선농불교가 본격화되었다는 것은 곧 그 사업이 백용성이 추구하였던 대각교운동에서 중요한 위상을 갖고 있다는 것이다. 따라서 백용성의 선농불교는 그가 회고한 바와 같이 20년 전부터 그가 각오한 바를 본격적으로 가시화시켰다는 것을 이해할 수 있다. 실제 그는 1916년부터 3년 간 북청에서 포교사업의 자금을 확보할 목적으로 금광 경영을 하였다.[77] 이제 우리는 이러한 분석을 통하여 백용성의 선농불교는 그의 사상 실천이라는 면과 함께 대각교운동의 추진과 긴밀한 관련을 맺고 있었음을 알 수 있다.

이제부터는 백용성의 대각교 선언과 선농불교의 추진이 왜 1927년에 가시화되었는가에 대해서 살펴보겠다. 이와 관련해서는 아래의 글이 참조된다.

> 육십삼세시에는 조선불교선종을 독닙식혀 달나고 조선총독부와 일본 내지 내무성에 두번이나 건백서(建白書)를 올녓으나 뜻과 갓치 되지 아니하엿슴으로 …… 대각교를 선언하고 불교의 이채(異彩)를 내게 하엿다. 그리해서 함양에는 화과원을 짓고 간도용정가에도 지부를 두엇다.[78]

---

75) 대각교당으로 전하는 여러 기록은 대부분 1927년 이후이다.
76) 대각교 지부는 용정의 대각교당 이외에도 1~2개처에 있었다는 기록이 있다. 즉, 《조선의 유사종교》의 대각교 편에서는 '함양군 백전면'에 지부를 두었다는 내용과 1934년 8월말 현재 '포교소 3, 지구 2'였다는 기록이 전하고 있다. 또한 《삼소굴소식》의 p.181의 백용성 편지에는 백용성 자신이 '北間島事業과 咸北羅南事業' 등에 매우 바쁘다는 내용이 전하고 있다.
　　이러한 것을 고려하면 대각교 지부와 관련된 대상처는 용정, 화과원(함양군 백전면), 나님 등 3개치이다. 그리니 이곳이 지부인지 아니면 포교수입지 그 성격에 대한 것은 단언하기 어렵다.
77) 〈萬日參禪結社會創立記〉《龍城禪師語錄》권下, p.25.

백용성의 나이 63세 때인 1926년에 조선불교선종의 독립을 목적으로 하는 건백서를 일제 당국에 두 번이나 제출하였으나 뜻과 같이 되지 않았다. 이는 승려의 帶妻食肉 금지를 요청하는 건백서의 제출을 말한다.[79]

그는 1926년 5월과 9월에 각기 일제 당국에 한국승려의 대처식육을 금해 달라는 건백서를 그와 뜻을 같이하는 승려 127명의 연명을 받아 제출하였다. 그 당시 승려의 대처허용 여부가 논란이 된 것은 일본유학생이 그 출신 본산의 주지에 취임하기 위한 대처자의 주지 허용을 위한 사법 개정을 총독부에 제출했기 때문이다. 그러나 일제당국은 백용성의 의견을 전혀 고려하지 않고 오히려 승려 대처를 묵시적으로 인정하였다. 일제는 한국불교의 대처 허용 여부는 한국불교계 자체 내의 문제이고, 그를 용인하는 사법 개정을 신청해 오면 거절할 명분이 없다는 입장을 견지하였다.

백용성은 승려의 대처식육을 당시 불교계 모순의 근원으로 인식하여 그 해소를 위해 건백서를 제출하였다. 이러한 취지에서 1926년 5월 1차 건백서를 제출하였지만 일제당국이 전혀 수용할 태세가 없자 그해 9월 2차 제출 때에는 그 문제점을 재차 강조함과 동시에 대책도 제시하였다.

그는 무처승려와 유처승려의 구분과 함께 무처승려가 개별적으로 수행할 수 있는 사찰의 분리를 제안하였다. 요컨대 무처승려 전용의 본산을 할당해 줄 것을 요청하였다.

그러나 일제는 그가 제시한 무처승려 전용 본산의 할애는커녕 1926년 10월 이후에는 오히려 각 본산의 사법 개정을 대처자의 주지 취임을 허용하는[80] 방향으로 추진하였다.[81] 이러한 현실에 즈음하여 백용성은 그가 추진해 왔던 대각교운동을 더욱 활성화시키면서 독자적인 노선으로 나아간 것으로 볼 수 있다. 여기에서 그가 1927년에 대각교를 선언하면서 그의 사상 구현의 핵심이라 볼 수 있는 선농불교를 실행에 옮긴 사정을 파악할

---

78) 위의 〈故白龍城大禪師의 追慕〉와 같음.
79) 백용성의 건백서 제출 전후사정과 그 개요에 대해서는 拙稿, 〈1926년 불교계의 帶妻食肉論과 白龍城의 建白書〉《한국독립운동사연구》11(1997)를 참조할 것.
80) 《李朝佛敎》 p.953 참조.
81) 〈사찰주지의 선거자격 개정〉《매일신보》 1926.11.26.

수 있다.

그리하여 대각교 선언을 통한 대각교운동의 활성화는 보다 진보적인
불교발전을 가하려는 백용성의 의지가 개재된 것으로 보아야 한다.

> 禪師는 생각하되 同一한 佛敎를 發展식힐지라도 舊穀을 버서나서 새로운 氣
> 分으로 고쳐서 名稱도 고치고 制度도 고치고 儀式도 고쳐서 하는 것이 佛敎를
> 誤解하는 朝鮮人 頭腦의 惡習을 고치는데 가장 有力하리라고 생각하고 佛敎에
> 서 分派 獨立된 大覺敎를 세워서 間島에 支部를 두고[82]

불교의 발전을 추구하면서 불교의 진면목을 사회인에게 알리는 방법으
로 불교의 명칭·제도·의식의 개혁을 기한 것이 바로 대각교라는 것이
다. 새로운 불교의 추구가 곧 대각교운동임이 파악된다.

따라서 그는 기존의 불교에 머무를 이유가 없었으며, 승려 대처식육이
횡행하였던 불교계 현실 그리고 그를 방관·묵인하는 일제당국의 불교정
책이 관철되는 지경에서는 말할 나위가 없었던 것이다. 따라서 그는 기존
의 僧籍을 과감히 던져버렸다. 이 사정은 김경봉이 禪院의 宗主 문제를
상의하기 위해 보낸 편지의 회신에서도 찾아볼 수 있다.

> 禪院宗主事는 本敎多事함으로 玆以違敎하오니 下諒하시옵소서.
> 敎生은 僧籍을 除去하엿쓰니 其故는 朝鮮僧侶 畜妻噉肉하고 寺財를 盡耗함
> 에 對하야 僧數에 處할 生覺이 頓無한 原因이외다.[83]

백용성은 김경봉 요청 거절 이유를 대각교의 일이 많음과 자신의 승적
부재를 내세우면서 그의 승적 제거 원인을 대처식육과 사찰재산의 소진이
횡행하는 현실에서 찾았다. 그런데 그가 자진하여 승적 제거를 한 것은 비
단 승려의 대처식육이라는 전통과 계율의 파괴에서 말미암은 것뿐만 아니
라 기존 불교의 제도에 대한 강한 불만도 포함되었다.

---

82) 〈彙報〉, 「大覺敎堂을 海印寺京城布敎所로 變更」《佛敎時報》 13호, 1936.8.
83) 위의 《삼소굴소식》 p.176.

老漢은 現在 寺刹制度와 二百萬圓 債務를 看할 時에는 現在 僧數에 同列할 生覺이 絶無한 故로 除籍한 것이요. 大覺의 聖訓을 捨한 것이 안이며 大覺敎를 建設한 後로 新敎人 數萬人을 得하여 薄伽梵의 最上 眞理를 宣布하니 大覺敎나 佛敎나 本無 二致耳라 兩不相妨也니다.[84]

위의 용성 편지에 의하면 그는 당시 사찰제도와 불교계의 채무 200만 원을 보고, 기존 승려들과 同列에 서 있고 싶지 않은 결심에서 스스로 승적을 제거하였음을 밝히고 있다. 또한 대각교 건설과 진리의 선포를 통한 강한 자부심을 갖고 있었던 것이다.

우리는 이와 같은 백용성의 기존 불교계에 대한 강한 불만과 동시에 이를 극복하려는 그의 사상과 의지를 살펴보았다. 이로써 그가 1927년에 대각교 선언과 아울러 선농불교를 본격화한 것은 기존 불교계의 제도와 노선에서 탈퇴하고 분명한 불교개혁의 노선에서 출발한 것임을 알 수 있다. 또한 백용성이 추구한 선농불교와 그의 사상 실천의 매개체인 대각교운동과의 관련을 보다 확실히 파악할 수 있다. 나아가서 새로운 불교상 정립을 위한 고독한 결단이었음을 재삼 알 수 있다.

4. 白龍城 禪農佛敎의 성격과 위상

이제까지 백용성 선농불교의 개요와 함께 그 선농불교와 대각교운동과의 관련을 집중 조명해 보았다. 지금부터는 그의 선농불교의 사상적인 기초와 성격을 살펴보기 위한 일환으로 당시 불교계의 농업·농촌문제에 대한 인식과 비교하겠다. 이로써 백용성의 선농운동이 갖고 있는 성격과 위상을 찾아볼 수 있을 것이다.

백용성 선농불교의 사상적 기초를 전해 주는 자료로는 그가 《佛敎》지에 기고한 〈中央行政에 對한 希望〉의 글이다.[85] 이 글은 《불교》지가

---

84) 위의 책, p.177.
85) 《佛敎》 93호, pp.15~16. 1932.3.

1932년 1월에 기획한 불교 중앙행정에 대한 불만과 희망이라는 주제 원고 모집의 特告에[86] 기고한 글로써 백용성의 불교관, 당시 불교제도관, 선농운동관, 시대인식 등이 구체적으로 전하고 있다. 또한 대각교운동을 추진하면서 이미 용정과 함양에서의 선농불교가 실행되고 있던 그 시기에 서술된 것이므로 그 즈음의 백용성의 인식의 편린을 살필 수 있다는 점에서 우리의 관심을 끌고 있다.

백용성은 당시 시대를 世界思潮가 급변하고 反宗教運動이 돌진하고 있다고 보았다. 이러한 시대인식하에서 그는 불교 教政을 급속도로 改新하지 않으면 안 된다고 단언하였다. 그 개신 방안은 다음과 같다.

하나는 禪律을 兼行하지 안이하면 안이될 것이요, 하나는 吾人의 自身이 勞農하지 안이하면 안이될 것이다. 昔日에도 黃蘗 臨濟와 僞山 仰山이 다 田中에서 普請하사 親히 耕作하시엿다. 아! 吾人은 時急히 或은 田業을 實行하며 或은 藥圃을 建設하며 或은 果農에 急務하야 自作自給하고 他人의 力을 假資하지 안이하여사 될 것이다.[87]

백용성은 개신방책으로 禪律의 兼行과 勞農의 實行을 제시하였으며, 아울러 선종의 전통에서 구현된 것이라 지적하였다. 이러한 방향에서 불교도는 조속한 노농의 실행으로 자작자급하여 타인의 힘을 빌리지 않고 생활해야 함을 강조하였다. 여기서 그의 선농불교의 이론적인 기초가 선율의 겸행과 노농의 실행을 통한 自作自給임을 거듭 확인할 수 있다. 그런데 백용성은 1925년 望月寺에서의 萬日參禪結社를 추진하였을 때에도 禪律의 기초하에서 참선결사를 실행하였지만,[88] 이제는 노농이라는 새로

---

86) 《불교》지 91호(1932.1)의 말미에 전하는 特告의 내용 참조. 그 내용은 불교의 중앙 행정에 문제점이 많지만 일반승려는 불교행정에 무관심하다는 이해하에, 그 행정은 여론에 의하여 공명정대하게 운용되어야 한다는 판단에서 기획된 것이다. 이에 불교사는 일반불교도의 불교행정에 대한 의식을 보급한다는 취지에서 불교중앙행정에 대한 불만, 불교중앙행정에 대한 희망의 2개 답안을 제시하면시, 그 내용을 1932년 1월 20일끼지 기고해 줄 것을 요청하였다.
87) 白龍城, 〈中央行政에 對한 希望〉《佛教》 93호, p.15. 1932.3.
88) 〈精修別傳禪宗活句參禪結社文〉《佛教》 14호(1925.8) 및 〈萬日參禪結社會創立

운 대안이 더해진 것이다. 勞農이 그 변화된 현실인식에서 추가된 것인데, 여기에서 백용성의 적극적인 현실 파악과 대응의 자세가 파악된다.

그러나 백용성은 당시 불교계가 그가 지적한 방향과는 매우 거리가 있음을 지적하였다. 즉 안일, 나태, 사적 이익의 추구, 단월에 아부하는 현상으로 인해 불교는 吸血 · 詐欺 · 寄生的 宗敎, 혹은 阿片毒과 다를 바 없는 대접을 받고 있다고 이해하였다. 또한 佛供施食으로 인한 승려의 생활유지는 불가능한 것으로 보고 조속히 각오해야 한다고 하였다.

나아가서 그는 당시 사찰을 청정도량이 婬窟로의 변화, 酒肉五辛의 狼藉, 私利에 몰두, 佛道의 自滅이 되었다고 개탄하였다. 그리고 석가는 승려의 農商을 금하였으나 당시의 정황은 도저히 乞食할 수 없다고 보았다. 이에 노농을 통한 자작자급의 실행을 거듭 강조하게 된 것이다. 구체적인 실행 방향은 다음과 같다.

- 律文의 숭상 ; 飮酒肉食이 無般若이라는 악습 改革
- 佛敎敎理와 世間의 常識을 兼備 ; 唯心唯物 無二道 실행
- 勞力自給 ; 反宗敎者를 방어
- 타인에게 무의뢰, 持律行道 ; 불교 진흥
- 의복 개량
- 불경의 용어를 대중화 ; 민중의 악습관 제거

또한 백용성은 불교를 신앙한다는 이유로 일반인에게 경멸을 받을 이유가 없다고 보고, 불교의 급속한 개량을 거듭 강조하였다. 농촌이나 도시에 공장의 건설을 통한 신도의 교육, 생산작업을 통한 구제 등을 실행하면 불교의 발전을 기할 수 있다는 판단을 하였다. 그러나 그 실행은 이론적인 논의에만 머무르면 안 되고, 승려의 자신부터 개신해야 되고, 교육제도의 개혁이 우선 실행되어야[89] 함을 아울러 개진하였다.[90] 또한 종교는

記〉《龍城禪師語錄》권下. 그 창립기에서는 禪律을 기본 立規로 정하였으며 午後不食, 長時默言, 洞口不出이 원칙이었음을 전하고 있다.

89) 교육제도의 개혁을 강조한 것은 이것이 미진하면 곧, 反宗敎者만을 양성하게 된다는 이해에서 나온 것이다.

독립적인 속성을 갖고 있지만, 당시 불교는 일제의 정치 간섭을 받고 있는바, 이는 불교계 구성원의 '罪過'라고 단언하였다. 그는 불교계 구성원들이 스스로 각오해야 하고, 불교의 장래가 어떻게 될 것인가에 대하여 깊은 고뇌를 해야 함을 부연하였다.

이상과 같은 원칙 그리고 현실인식하에서 백용성은 교정의 개선 방안을 제시하였다.[91]

- 일치단결로 機關의 완성
- 敎育制度의 폐지
- 각 都市에 實業工場 건설 : 신교자의 생활 구제, 포교사 배치
- 農村 建設, 地方機關 설립 : 생산·소비조합 실시, 농촌교당 건설, 순회포교사 배치(소작인의 신앙생활 지원), 사원 산림제도 개선(栗·柿 등 種植 ; 식료품 생산)

백용성은 불교 교정의 개신 차원에서 이러한 대책과 대안을 제시하면서, 참으로 '難言'임을 개진하였다. 당시는 大衆的인 시대이건만, 불교계는 31本山이라는 英雄이 쟁탈전을 벌이는 상황으로 보았기 때문이다. 그는 영웅이 많고, 야심이 많을수록 멸망에 접근한다는 전제하에 그 영웅을 31본산으로 보았다. 이에 불교가 더욱 衰弊하게 되었다고 지적하면서, 불교계는 영웅보다는 水平的인 機關이 완전한 것이 급선무임을 강조하였다. 즉 공적 기관이 완전 성립되면 자연적으로 法輪이 常轉하고 불교의 재산도 결코 낭비되지 않을 것으로 보았다.

여기에서 그의 선농불교가 선농불교의 실행 자체에 머무르는 것이 아님을 엿볼 수 있다. 그의 선농불교는 당시 불교 교정 개신의 구도에서 나온 것이므로 선농운동의 차원으로 말할 수 있으며 그가 추구한 불교혁신 구도의 핵심적인 사항이라고 지적하고자 한다.

이제부터는 위의 분석에서 나타난 백용성의 선농불교의 성격과 위상을 당시 농업·농촌문제에 대한 인식과의 비교 고찰을 통하여 알아보겠다.

---

90) 위의 자료, p.16.
91) 위와 같음.

그 분석은 대별화된 비교의 기준을 활용하여 공통적으로 나타난 기본 성격을 살펴본 후, 백용성 선농불교의 특성을 살피는 방법으로 전개하고자 한다.

우선, 일제하 농업·농촌문제에 나타난 공통의 성격을 보자.

첫째, 농업·농촌문제를 제기한 인물들의 성향을 대별하면 舊學과 新學의 기반으로 나눌 수 있다. 구학적인 성향에 포함시킬 대상은 백용성, 백학명, 석운애, 박용하이고 신학적인 대상 인물은 김법린, 김경주, 정봉윤 등으로 외국유학 등 근대적인 문명의 세례를 받은 것으로 볼 수 있다. 그러나 김만태와 춘은은 그 출자를 알 수 없기에 단언할 수 없다. 그러므로 일제하 불교계의 구·신학 모두 농촌·농업문제에 일정하게 관심을 갖고 있었음을 알 수 있다.

둘째, 현실인식과 관련하여 그러한 문제를 제기한 배경과 연유에 대하여 살펴볼 수 있다. 그 구체적인 내용은 시세 및 경제계의 변동, 신문명의 수입, 반종교운동의 득세, 1930년 전후의 농촌·농민문제 등이 불교계에 영향을 끼친 요인으로 말할 수 있다. 그러나 백학명, 김만태, 춘은의 경우에는 그러한 시대인식이 있었다고 단언하기는 미흡하다.

셋째, 당시 불교계 모순과의 관련이 나오고 있다. 그 대상으로 거론할 수 있는 것은 일반 사회에서 승려에 대한 비판적인 인식, 농촌·농민문제에 대한 인식의 결여, 승려생활의 문제점 대두, 승려의 노동 회피, 선 전통 및 계율 파괴, 불교의 대중화와 민중화의 미흡, 수행정신의 결여, 사찰 재산의 축소 등이다. 이러한 모순과 문제점 등을 해소하기 위한 일환으로 농촌·농업·노동 등의 문제에 관심을 기울인 것이다.

넷째, 추진 방향에서도 공통적인 성격을 찾아볼 수 있다. 그는 승려의 노동을 당연시, 승려생활의 자급자족 강구, 농업과 공업을 동질적으로 인식, 불교발전 및 진흥, 불교의 대중화 추구, 농민에 대한 포교 강화, 농촌·농민·토지를 불교의 기반으로 인식, 노농을 선수행의 방편으로 인식 등이다. 이러한 성격은 거의 불교의 혁신적인 구도에서 나온 것이다.

다섯째, 추진의 대안은 매우 다양하게 제기되었다. 농장경영, 야학·강습소·간이병원·금융기관 등의 사회사업 실시, 문맹퇴치, 상식보급, 경제·단체훈련 운동, 농민·소비·생산·협동조합 실시, 산림의 사업, 공장 운영, 도시에 공장설립, 포교당 설립과 포교사 배치 등이다.

위의 성격은 일제하 농업·농촌문제에 공통적으로 나타난 기본 인식이다. 물론 백용성의 선농불교도 여기에 포함된다. 이 내용에 유의하면서 백용성의 선농불교가 갖고 있는 독자적인 성격을 몇 부류로 나누어 살펴보고, 백용성의 선농불교의 위상을 제시하고자 한다.

첫째, 백용성의 선농불교는 이론과 주장으로만 제기된 것이 아니라 실천에 옮겼다는 것이 큰 차별성을 갖는다. 물론 백학명도 내장사 선원에서 그의 주장을 실행에 옮겼지만 여타의 경우는 실행되지 않았다.

둘째, 백용성의 선농불교는 단순한 선농의 실행에 머무른 것이 아니라 사상 실천의 차원에서 진행되었다고 볼 수 있다. 또한 그의 선농 실천은 일시적인 산물이라기보다는 그가 1911년경 상경하여 포교의 대중화를 실행할 즈음의 고뇌에서 잉태된 후 북청의 광산 경영, 3·1 운동 참여, 역경·저술, 참선결사 등 다양한 불교혁신 사업을 거치면서 사상적인 기초가 정립된 특성이 나타난다. 이는 그의 불교혁신이라는 일관된 사상의 바탕에서 나온 것을 말하는 것이다. 요컨대 백용성의 사상과 실천의 구도인 대각교운동의 일환으로 전개되었기에 자연 그 실행의 목표와 방향 등이 확연하게 나타나며, 당시 불교계에 끼친 영향은 상당하다고 하겠다.

셋째, 백용성의 선농불교의 논리와 실행에는 식민지불교의 비판과 극복이라는 방향이 설정되어 있었다. 백용성은 임제종운동의 참여, 3·1 운동 시의 불교계 대표 등에서와 같이 민족운동의 중심부에 있던 인물이었기에 그의 제반 행보와 의식은 늘 민족운동과 연관되어 있었다. 즉 식민지불교의 본질을 인식하고 그를 극복할 대안으로서 선농불교가 실행되었다고 하겠다. 승려의 대처식육 반대, 중앙교정기관의 문제점, 본산간의 갈등·대립의 모순 등이 바로 그 실례이다. 따라서 이러한 모순 해소책과 그의 선농불교는 단절하여 이해할 수는 없다.

넷째, 전통불교의 핵심이던 계율의 회복이 강조되고 있다. 당시 불교계에서는 승려의 대처가 보편화되면서 계율의 파괴와 무시 등이 횡행하고 있었는데, 백용성은 이를 불교계 모순으로 인식하였다. 그는 그 극복의 대안과 실천방안을 대각교운동의 추진으로 설정하였고 선농불교의 실천에서도 그 같은 계율의 강조가 중점사항으로 인식되었다.

다섯째, 백용성의 그 실행은 일제하 선농불교의 효시로 볼 수 있다는 것이다. 그는 1916년에 이미 선농불교의 일환으로서 광산 경영을 시도하였으며, 국내뿐만 아니라 국외인 만주의 용정에서 이를 실행하였다. 여기에서 선농불교의 효시의 의미와 함께[92] 70여 세의 노구를 이끌고 국내외에 걸쳐서 사업을 전개한 점에 대해서는 일정한 평가가 수반되어야 한다. 더욱이 그는 3·1 운동시 민족대표였기 때문에 늘 일제의 감시가 뒤따랐던 저간의 사정도 아울러 고려해야 한다. 실행기간도 10여 년이라는 장기간이었으며, 그가 입적하기 이전 그리고 일제의 외압이 가하기 직전까지 지속되었다는 점에서 더욱 그 의의가 인정된다고 하겠다. 이 점은 석윤애와 박용하도 인정한 것이다.

지금까지 백용성의 선농운동의 개요와 그 성격을 살펴보았다. 이로써 우리는 그의 선농불교의 본질과 지향 등 제반 사항을 파악할 수 있었다. 그러나 본 고찰은 백용성 선농불교의 개요를 소개한 측면이 강하므로 그의 선농불교가 갖고 있는 제반 성격 등은 추후 더욱 다각적인 접근을 통해서 밝혀질 수 있을 것이다.

5. 결 어

본 고찰에서는 백용성의 선농불교를 이해하기 위한 전제로서 일제하 불교계의 농업·농촌·농민의 문제에 대한 인식의 편린을 살펴보았다. 당시에도 승려의 노농 실시, 농촌계발과 불교의 진흥, 승려의 생활개선, 반농

---

92) 백학명이 선농불교의 실천이라는 면에서는 백용성의 경우보다 3~4년이 빠르지만, 그의 실천은 선원 개신책의 성격이 강한 것으로 보인다.

반선 실시, 민중불교 지향 등의 다양한 입장에서 농업·농촌의 문제에 접근하였음을 알 수 있었다. 이를 크게 나누어 보면 승려생활의 문제, 불교의 대중화문제, 농촌의 문제, 불교혁신의 문제 등으로 구분할 수 있다.

승려의 문제라 함은 승려의 생존, 생활, 직업 등을 해소하기 위한 대안으로서 농업의 문제를 검토하였음을 말한다. 불교의 대중화 문제는 불교가 일반대중, 특히 농민에게 적극 다가가기 위한 방편에서 농촌·농민의 문제를 거론한 것이다. 농촌의 문제는 당시 불교의 기반이었던 농촌이 파탄지경에 있음을 간파하고 불교의 기반을 보호하기 위한 의식에서 농촌에 대한 불교의 관심을 제기한 것이다. 불교혁신의 입장이라 함은 기존불교의 모순을 해소하기 위한 차원에서 농업문제에 접근한 것으로 선과 농을 대등하게 인식한 경우이다. 여기에서는 선원의 개신, 계율과 선을 대등하게 인식한 경우도 나타났다.

그런데 백용성의 선농불교는 그가 도회지로 나와 불교의 대중화와 혁신을 기했던 30여 년 동안의 일관된 사상의 기반에서 출발한 것이다. 또 민족과 중생의 깨달음을 위한 방편에서 나왔으며, 대각교운동의 실행의 일환으로서 발전하였으며, 이는 기존불교와의 차별을 극대화한 대각교 선언과 맞물려서 나온 것이다. 함양 백운산, 중국 용정의 명월촌과 봉녕촌 등의 선농불교 실행처는 그의 불교혁신운동의 조직체인 대각교 지부조직으로 기능하였다. 그러므로 그의 선농불교는 대각교운동의 일환이었음이 분명해진다.

이 같은 백용성의 선농불교는 강한 실천성, 사상적인 기반하에서 전개된 대각교운동의 일환, 식민지불교와 기존불교를 극복하기 위한 방편, 계율을 강조한 禪律 중심적인 성향, 선농불교의 효시 등의 성격을 갖고 있었다. 그러나 일면에서는 근본불교적인 성향이 있다고 하여도 그가 주장한 제반 선농불교의 부대사업 등을 함께 고려하면 문명적인 사고가 깊게 개재된 것을 배제키 어렵다. 바로 이점이 그의 선농불교가 갖고 있는 또 하나의 특성이라고 하겠다. 이는 불교의 혁신을 기하기 위한 것으로 그가 채택한 선농불교의 탄력성을 말해 주는 것이다.

백용성의 선농불교를 이해함에 있어서 그의 일생의 조망과 함께 그의 사상 집약체인 대각교운동의 천착을 통해야 할 것이다. 이러한 접근과 분석이 선행되지 않고서는 피상적인 이해에 머무를 수밖에 없다. 그리고 당시 불교계에서의 선농불교와 농업, 농촌, 농민에 대한 인식의 검토도 반드시 수반되어야 하며 1920~30년대의 소작쟁의 및 농촌에서 핍박받았던 농민의 이민 문제도 반드시 짚고 넘어가야 한다.

이러한 이해가 선행될 때 백용성의 선농불교가 갖고 있는 성격이 보다 분명히 나타날 수 있을 것이다. 다만 본 고찰은 그 같은 문제 제기에 머물렀을 뿐이다. 추후 불교사상과 철학, 농업·농촌·농민분야, 불교혁신 등에서 더욱 다양한 연구와 분석이 뒤따르길 기대하는 바이다.

제 2 부

불교와 일본제국주의

일제하 金山寺의 寺格

1. 서 언

금산사는 한국불교사에서 彌勒信仰과 유관한 사찰임은 주지하는 바이다. 삼국시대의 고승 眞表가 금산사에 미륵도량을 開山한 이래 금산사의 미륵신앙에 대한 전통은 고려·조선시대를 거치는 1300년 동안에도 면면히 지속되어 왔다. 이에 금산사는 미륵신앙의 발원지이자 확대 재생산의 도량으로서, 혹은 법상종의 중심사찰로서 한국불교사에서 일정한 권위와 사격을 유지해 왔다.

그러나 금산사의 이러한 역사적 전통이 근대기, 즉 일제하에서는 심각한 손상을 받았다. 이에 본 고찰은 바로 일제하라는 시기에 있어서 금산사가 어떠한 연유로 역사적 전통이 손상되었으며, 결과적으로 寺格[1]이 하락하게 되었는가에 대해서 살펴보려고 한다.

전근대기의 금산사의 역사와 전통에 대한 이해는 미륵신앙의 발생·중흥, 그리고 법상종의 중심사찰이라는 시각에서 접근하는 것이 주종을 이루었다. 그러나 근대의 경우는 이제껏 甑山敎의 영향과 관련, 즉 증산교 계통에서 강증산에 대한 추모와 재림의 기대 그리고 교단 창건·재건의 제반 문제를 언급하는 가운데 금산사가 서술되었을 뿐 근대기 금산사에

---

1) 寺格은 사전적인 의미로는 사찰의 높고 낮음의 품격이다. 그러나 관의이 해서을 가한다면 해당 사찰의 역사, 전통, 위세, 교화력, 경제력, 행정의 권한 등이 망라된 총체적인 사찰의 위상을 지칭하는 것으로 볼 수 있다.

대한 이해는 거의 전무하다고 보아도 무방하다.

한편 일제하 금산사의 제반 문제를 이해하는 데 장애로 작용하는 것이 이 시기 불교사 연구의 척박함이다. 한국 근·현대불교사에 대한 이해는 해방 50여 년이 지난 작금에 와서야 점차 관심을 갖는 추세이다. 그리고 이 시기 금산사의 역사를 전해 주는 관련 자료의 부족도 지적하지 않을 수 없다. 따라서 이 시기의 금산사의 역사를 검토함은 그만큼 지난한 작업이며 본 고찰의 내용 또한 큰 한계성을 띠게 되는 것이다.

이 같은 난점에도 불구하고 본 고찰은 일제하 금산사 역사연구의 단서로서 사격의 문제를 논의하고자 한다.

일제하 금산사 사격의 검토는 1911년 일제가 제정·시행한 寺刹令에서 그 단서를 찾을 수 있다. 1902년 대한제국의 寺社管理署는 國內寺刹現行細則 36조를 발포하였는데 元興寺를 大法山인 首寺刹로 정하면서 도내 수사찰인 中法山 16개 사찰도 정하였다. 그 세칙에는 금산사가 전북을 대표하는 중법산에 포함되었다. 그러나 사찰령에서 정한 30본산의 대상사찰에서 금산사가 제외되었다. 본고찰의 초점은 바로 여기에 있다. 1902년에는 16개 중법산의 대상사찰이었는데, 9년 후인 1911년에는 30본산에도 포함되지 못하였다. 이를 어떻게 이해해야 하는가? 그리고 금산사는 본산 승격운동을 전개하였는가? 30본산에 포함되지 않았던 화엄사는 10여 년 이상 치열하게 본산 승격운동을 하여 1924년 11월에 본산으로 승격되었던[2] 것을 고려하면 금산사의 정황은 흥미롭다 하겠다.

한편 1930년대 초반 전북의 본산인 위봉사와 보석사가 전북의 '一本山主義'에 의거한 본산을 금산사로 두기로 합의하고, 이를 일제당국에 신청한 사실을 찾아볼 수 있다. 그리고 이 움직임과 관련하여 1937년에 全北佛敎聯合宗務所가 설립되었다는 것도 주목할 내용이다. 또한 1941년에는 위봉사와 보석사에 있었던 각 강원을 폐쇄하면서 全北聯合佛敎講院이 설립되었는데 그 강원이 금산사로 이전·운영되었다. 이러한 금산사로의 본산 신청과 강원의 이전은 금산사의 사격 회복과 관련지을 수 있다.

---

2) 〈仙巖寺華嚴寺 本末係爭問題의 解決〉《佛敎》 6호, 1924.12.

　　이 같은 문제의식을 본 고찰의 초점으로 설정하고, 일제하 금산사의 사격에 관한 제반 문제를 검토하고자 한다. 다만 유관한 연구성과의 미진함과 자료의 부족 등으로 인하여 본 고찰은 일정한 문제점을 갖고 있는바, 이 점은 추후 보완하고자 한다.

2. 일제하 金山寺의 寺格

　　일제하 금산사의 사격은 1911년 6월 일제의 조선총독부가 제정·반포한 寺刹令에서 단적으로 찾을 수 있다. 30본산의 해당 사찰에서 금산사가 제외되었는데, 한국불교사에서 미륵신앙의 대표적인 사찰로 지칭되어 오면서 호남의 명찰로 회자되던 정황을 고려하면 이는 납득하기 어려운 내용이다. 사찰령의 본산구도에서의 제외는 금산사의 사격 하락을 말하는 것이다.

　　그러면 사찰령 제정·시행 이전의 조선후기와 대한제국기의 금산사 사격은 어떠했을까? 현재 조선후기 교단, 승직, 사격에 관한 개요는 조선후기의 불교사에 대한 연구성과의 한계 등으로 인해 아직 소상히 이해하기는 어렵다. 그러나 임진왜란 이후 조선후기의 승직 및 사격에 관해서는 대략 都摠攝·摠攝, 그리고 糾正所·僧統이 그 이해의 초점이 되어 왔다.[3]

　　도총섭과 총섭은 임란시 僧兵을 통솔하는 총수이며 승장이었다. 그러나 임란 이후 도총섭제도는 축성 등의 임무로 확대 운영되면서 각 개별 사찰 주지의 명칭으로 불렸다. 즉, 도총섭·총섭을 여러 사찰의 주지에게 제수하거나, 冒稱한 경우가 나타났다. 그 실례는 산성승영 사찰, 조선왕조실록의 수호사찰, 서산·사명대사의 공로를 추모하는 3祠, 굴지의 대가람 사찰, 왕실의 願刹, 조정에서 封山의 지령을 받은 사찰 등이다.[4] 금산사는

---

3) 김영태, 《한국불교사》 pp. 321~325. 1997, 경서원.
　　呂恩暻, 〈朝鮮後期 山城의 摠攝〉《大邱史學》 32, 1987.
　　＿＿＿, 〈朝鮮後期 大寺刹의 摠攝〉《교남사학》 3, 1987.
　　이봉춘, 〈조선시대의 僧職제도〉《한국불교학》 25, 1999.
4) 高橋亨, 〈李朝に於げる 僧職の 變遷〉《朝鮮》 81호(1921.11). 다까하시는 이를

이 중 대가람의 사찰에 해당된다.[5]

이후 주지급 승려의 私稱으로 그 성격이 변질되고, 유명무실해지면서 승려의 규율과 승풍을 진작시킬 필요성으로 대두된 것이 糾正所이다. 이 제도는 숙종대에 전라도에서 처음으로 실행되었다. 이에 전라도에 左・右 糾正所가 설치되어 학식과 덕망이 높은 고승을 都僧統으로 삼아 그 규정소를 순행 근무케 하였는데, 그 대상 사찰이 玉龍寺와 금산사였다.[6] 이 규정소 제도는 이후 전국적으로 파급되었을 것으로 보이지만 그 구체적인 기록은 찾을 수 없다.[7] 이 승통의 경우도 총섭과 같이 점차 큰 사찰의 주지들이 모칭하는 경우가 나타나기도 하였다.

그런데 이 제도는 철종 10년(1859)에 가서는 전라도에서 폐지되었다. 즉, 송광사 승려인 龍雲이 전라도 규정도승통이 되면서 승통제도의 말폐로 인한 모순을 해소한다는 차원에서 도내 주요사찰 주지들의 동의를 받아, 당시 조정에 건의하여 혁파했던 것이다.[8] 전라도의 이 같은 처사는 여타 도에도 파급되었을 것으로 보인다. 이후 전국의 승풍을 규정하는 사찰로 제정된 것이[9] 중앙의 5규정소이다. 奉恩寺, 奉先寺, 開運寺(남한산성),

---

《매일신보》1921.12.11~13에 〈李朝에 在한 僧職의 變遷〉이라는 제목으로 3회에 걸쳐 연재하였다.

5) 대가람 사찰로서 총섭을 사용한 대상은 통도사, 화엄사도 거론된다. 임란 당시 승병장으로 유명한 금산사 출신의 뇌묵 처영에게도 총섭이 제수되었다.

6) 금산사는 전라도 규정소였다. 그런데《東師列傳》의 용명선사편에는 금산사에 규정소가 설치된 연유를 여래의 사리를 봉안한 탑이 있었으며, 이의 수호를 위하여 守護僧統을 두었다고 서술하였다. 옥룡사에 있던 규정소는 이후 송광사로 이전되었다.

한편 이봉춘은 숙종 29년(1703)에 선암사 승려인 若休가 전라도 도승통에 제수되어 도내 사찰의 승풍을 규정하여 선암사가 수반사찰로 정해졌다고 보았다. 당시 금산사와 옥룡사가 그 우・좌규정소로 하여 각각 간사승을 두고 업무를 수행하였다고 하였다. 이봉춘, 위의 논문, pp.191~192.

7) 다만 정조 14년에 龍珠寺 주지를 八道都僧統이라 칭한 경우는 있지만 이를 전국적인 확대로 보기는 어렵다.

8) 그 건의서인 完文의 전문이 〈金山寺記實〉《朝鮮佛敎叢報》13호(1918.12)의 내용에 전한다.

9) 高橋亨은 5규정소 설치시기에 대하여 명확한 자료가 없다고 하면서 구전에 의

重興寺(남한산성), 龍珠寺가 그 대상이다.[10]

조선후기의 금산사는 총섭, 규정소와 연관된 사찰이었다. 총섭과 규정소는 역사와 전통이 있는 사찰에 설치되었다고 본다면, 금산사는 전북 首寺刹의 위상을 갖고 있었다고 볼 수 있다. 금산사의 사격은 대한제국시기에도 일단은 지속된 것으로 보인다.

1876년 개항전후 개화, 그리고 서구문명과의 접촉이라는 구도로 불교계도 큰 변화에 직면하였다. 특히 개항장을 거점으로 본격화된 일본불교의 포교에 한국불교도 직·간접으로 그 영향을 받기에 이른다. 그 중 가장 큰 영향력은 1895년 승려의 도성출입금지 해제령이다. 이렇듯이 개항과 승려의 도성출입금지 해제는 당시 불교계의 질적인 변화를 예고하는 것이었다.

이에 물밀듯이 진출하고 있었던 일본불교의 위세는 상당하였다. 그들은 한국인들을 신도로 포섭하면서, 나아가서는 한국사찰을 그들의 말사로 가입시키려는 책동도 감행하였다. 이 같은 변화에 즈음하여 당시 정부에서는 일본불교에 대한 견제책으로 동대문 밖에 元興寺를 건립하였다.[11] 원홍사의 낙성은 1902년 1월 25일이었는데, 그 원홍사에는 4월 1일자의 칙령으로 宮內府 소속의 寺社管理署가 설치되었다. 이 관리서에는 전국 사찰과 승려들의 관리를 담당하는 실무기관의 역할이 부여되었으며, 그 실무지침이 동년 7월에 '國內寺刹現行細則'의 이름으로 반포되었다.[12]

大韓寺刹令으로도 불리는 그 세칙은 총 36조로 구성되어 있는데, 제6조에서 사찰의 '班次', 즉 사격을 정하였다. 그 내용은 大法山과 中法山을 설치하되, 대법산을 원홍사로 정하면서 각 도의 수사찰로 중법산을 정하였다. 그 중법산은 16개 사찰이었는데,[13] 전라북도의 수사찰은 금산사였다.

하여 '近年'이라고 하였다.

10) 이 5규정소 사찰을 보좌하는 사무원이 주재하는 公員所로서의 興國寺(東)와 奉元寺(西)가 있었는데, 이들을 합하여 7규정소라고 한다.

11) 〈淨土宗韓國開敎誌〉《韓國近現代佛敎資料全集》 62권, pp.63~65. 1996.

12) 〈國內寺刹現行細則演義〉《韓國近現代佛敎資料全集》 65권, pp.108~110. 1996.

13) 그 16개 사찰은 다음과 같다.

경기도 : 봉은사, 봉선사, 용주사   충청도 : 마곡사, 법주사

중법산으로 16개 사찰이 정해진 것은 원래 지방마다 2개 사찰을 두기로
하였지만 경기도와 경상도에 3개 사찰을 두게 되어 그 대신 황해도와 평
안도는 단일 사찰로 결정한 것이라고 한다.[14] 이렇듯이 1902년경에도 금산
사는 전북을 대표하는 명찰로서 중법산에 포함되었다. 요컨대 조선후기의
사격을 유지하였던 것이다.

그런데 중법산 설치 이후 중법산에 누락된 당시의 주요 사찰들은 이에
대한 이의 및 항의가 있었다.[15] 예컨대 범어사, 선암사, 은해사, 건봉사 등
이다. 이 사찰들은 늘 그 인근 사찰인 통도사, 송광사, 동화사, 유점사와
사세 및 전통을 둘러싸고 세력을 겨루어온 터라 중법산의 누락을 불평하
였다. 이에 그 사찰들이 중법산의 圖得運動을 일으키자 원흥사는 이를 해
소하였다. 위의 4개 사찰 이외에도 고운사 등 10여 사찰들이 역시 그 운
동을 전개하여 곧 10여 사찰도 중법산으로 상승하였다고 한다.[16] 사찰들의
중법산 도득운동은 해당 사찰의 역사와 전통의 추구 및 계승이라는 측면
에서는 중요한 사항이며, 도득운동은 곧 사격에 대한 지대한 관심사의 구
체적인 표현인 것이다.

그런데 그후 1910년 8월 일제에게 국권을 강탈당하였다. 庚戌國恥 혹
은 國亡으로 표현되는 식민지 상황은 불교계에도 큰 파장을 불러왔다. 일
제는 한국인의 정신과 문화의 요체였던 불교를 식민통치에 적극 활용, 장
악하기 위해 사찰령을 제정하여 시행하였다. 이 사찰령은 한국불교의 자
주·자립권 일체를 부정하고, 오직 일제의 행정적인 관리권하에 한국불교
를 억압한 것임은 주지하는 바이다.

사찰령의 행정적인 구도는 이른바 本末寺 체계로서 전국의 주요 사찰
을 30本山으로 정하고[17] 그 예하의 말사를 그 본산에 예속시키는 것이다.

전라도 : 금산사, 송광사   경상도 : 해인사, 통도사, 동화사
강원도 : 월정사, 유점사   함경도 : 석왕사, 귀주사
평안도 : 보현사   황해도 : 신광사

14) 金包光, 〈朝鮮佛教統轄에 對하야〉《佛教》 91호, p.14. 1932.1.
15) 위의 《佛教》지 김포광의 기고문.
16) 위와 같음.

이는 일본불교의 본말사제도를 한국불교에 적용시킨 것으로 이해되지만, 그 30본산은 1902년 사사관리서에서 정한 중법산의 대상 사찰과 유관하다. 그 중법산은 원래 16개 사찰이었지만, 1차로 범어사 등 4개 사찰, 2차로 은해사 등 10개 사찰이 중법산에 추가되어 모두 30개 사찰이 되었다.

현재로서는 그 30개 사찰 전체의 이름이 전하지 않지만, 일단은 30중법산의 대상 사찰이 거의 30본산으로 지속되었을 개연성이 매우 크다. 그런데 금산사는 그 30본산의 대상 사찰에서 제외되었다. 이를 어떻게 이해해야 하는가? 전북 수사찰의 사격을 유지하였던 금산사가 제외된 대신 威鳳寺와 寶石寺가 30본산에 포함되었다. 1902년 중법산의 사찰 중 30본산에 포함되지 않은 대상은 전북의 금산사와 황해도의 신광사 단 2개 사찰 뿐이다.[18] 더욱이 중법산 도득운동을 전개한 사찰 중 현재 사찰명이 전하고 있는 사찰 전체도 30본산에 포함되었다. 그 전후사정이 이러하다면 더욱 금산사가 제외된 연유는 무엇일까?

요컨대 금산사는 일제하 35년 동안 30본산에 포함되지 않고 위봉사의 首班末寺로 편입되었다. 그리하여 일제하 기간의 금산사는 이전의 寺格을 상실하였다.

3. 금산사 寺格의 變動

1) 龍溪의 殉職과 寺勢 萎縮

금산사가 30본산에 누락된, 곧 사격의 변동의 구체적인 내용을 전해 주

---

17) 사찰령에서 정한 30본산은 다음과 같다.
　　용주사, 전등사, 봉은사, 법주사, 마곡사, 동화사, 김룡사, 고운사, 은해사, 기림사, 범어사, 통도사, 해인사, 위봉사, 보석사, 선암사, 송광사, 건봉사, 월정사, 유점사, 성불사, 법흥사, 영명사, 보현사, 석왕사, 패엽사, 대흥사, 백양사, 봉선사, 귀주사.
18) 본 고찰의 대상이 금산사이기에 황해도의 신광사는 구체적으로 언급하지 않겠다. 신광사 누락에 대해서도 필자는 납득할 만한 해명의 자료를 갖고 있지 않다. 황해도는 신광사를 대신하여 패엽사와 성불사가 포함되었다.

는 기록이 없어 그 전후사정에 대한 이해는 극히 어려운 실정이다.

그런데 그 변동의 단서로 검토할 대상 승려가 있으니 그는 대한제국 당시의 금산사 주지였던 龍溟이다. 이 같은 단서는《金山寺誌》의 연혁에 전하는 아래의 내용에서 파악할 수 있다.

> 同 三十五年 壬寅 正月 初日 總攝 龍溟和尚의 殉職한 이후로 官門에 籍勢하야 出帖就任하든 利己住持들의 出入하는 바람에 寺은 極度로 衰敗하야 不忍目擊의 慘境에 至하엿드니[19]

고종 35년(1902) 정월, 당시 금산사 주지였던 용명의 순직 이후 금산사는 극도로 '衰敗'하였다. 그 쇠패는 官에 의지하여 주지로 취임한 '利己住持'들의 영향에 말미암은 것인데, 여기에서 말하는 관에 의지하여 주지로 취임하였다는 것은 사찰령 체제하의 정황을 말한다. 사찰령 체제하에서 본산 주지는 조선총독부의 총독이 임면하였으며, 본산의 말사는 각 지방 장관이 임면하였다. 따라서 금산사의 사세 추락은 주로 일제하의 사찰령 체제에서 기인한 것으로 이해된다.

그러나 왜 용명이라는 금산사의 주지가 순직한 이후로 그러한 정황이 일어난 것인가? 용명이 순직하지 않았다면 사격의 변동 및 사세 추락은 없었을까? 이러한 의문에 대하여 그 전후관계를 설명하기가 매우 어렵다. 일단 용명은 어떤 인물이었으며, 그가 순직한 연유에 대한 정리가 요청된다.

현재 용명에 대한 생애와 행적을 전하는 기록은 김포광이 정리한《金山寺誌》(1943)와 梵海의《東師列傳》이[20] 있으며, 1920년 9월에 박한영이 용명의 行蹟을 정리한 글인 〈金山龍溟堂大師行略〉이[21] 있다. 그리고 1918년 경 금산사 사정을 전하고 있는 〈金山寺記實〉에도[22] 용명의 일부 행적이 전하고 있다.

---

19)《金山寺誌》pp.105~106. 1982, 아세아문화사.
20)《東師列傳》卷5.
21) 이 행략은 박한영문집에도 전하지만,《금산사지》의 부록에 실려 있다.
22)《朝鮮佛敎叢報》13호, 1918.12. 이 기록은 塢雲生이라는 인물이 금산사를 답사하면서 쓴 일종의 기행문이다.

법명이 覺敏이고 법호가 용명(1846~1902)인 그는 전주출신으로서 20세에 출가하여, 34세에 龜岩寺 玩虛禪師의 법을 받았다고 한다. 이로써 그는 白坡 문하의 4세 법손이 되었는데, 특히 大悲神呪를 통한 수행에 적극적이었으며 금산사에는 수십 년을 주석하였다. 금산사에 주석할 동안에는 금산사 丈六佛像의 개금불사를 주도하는[23] 등 사찰의 보수정비에 힘을 다하였다. 한편 그는 승단의 폐단이 된 규정소·승통이 혁파되어 승통의 직임과 소임이 없어진 것에 대해, 上京하여 그 문제점을 지적하고 스스로 僧統이 되어 행세를 하니 주위에서는 '巨擘'이라고 칭하였다고 한다.[24] 이 사실에 대하여 박한영은 호남의 여러 사찰들을 규합하여 기강을 바르게 하고, 마침내 '湖南都僧統'을 금산사에 두었다고 서술하였다. 그런데 일제당국은 이를 다음과 같이 요약하였다.

> 李太王 治世의 年頃에 至하야 綱紀의 弛緩함을 乘하야 各種의 手段으로써 道內都僧統의 復活을 企圖한 者이엿다. 明治十七年에 松廣寺僧 處益은 其 翌年에 金山寺僧 覺敏이 都僧統된 일이 古文書에 잇다.[25]

즉, 명치 18년인 고종 22년(1885)에 금산사 승려인 각민이 도승통된 일이 고문서에 있다는 것이다. 각민은 용명의 법명이었기에, 용명의 도승통의 부활과 행세는 사실인 것이다.

그리고 그는 龜岩寺 重建(1891), 雲門庵 新修(1894), 龍興寺 토지 증대 사업(1896) 등에 헌신하였다고 할 정도로 전북 일대의 사찰수호에도 일정한 역할을 하였다. 또한 용명은 금산사 일대에서 전개된 이교도(개신교?)[26] 교세 확장의 저지 제일선에 나섰거니와, 그 교도들은 감히 용명에게 대항

---

23) 《동사열전》권5, 幻虛講伯편 참조.
24) 이 내용은 현재 《동사열전》의 용명편과 《금산사지》의 용명내용에서만 나오고 있다. 따라서 이를 전적으로 인정해야 하는지는 신중을 기해야 한다. 그러나 그와 유사한 정황이 있었다는 것으로 수용하는 것이 타당할 것이다.`
25) 〈仙岩寺對華嚴寺本末係爭事件의 解決〉《佛敎》6호, p.16. 1924.12.
26) 그 교도는 일단 기독교도로 이해하였다. 〈金山寺記實〉《朝鮮佛敎叢報》13호 (1918.12)에서는 그들을 '所謂聖敎信徒'라고 표현하였다.

치 못하였다고 한다.

이 같은 내용들은 곧 그가 개항기 전북의 승가를 대표하는 승려의 위상을 가졌다는 면을 말해 준다. 그런데 용명이 殉寺·殉職한 사건의 발단을 야기한 원인은 금산사가 있는 모악산 일대의 金鑛 때문이다. 금산사가 소재하고 있는 모악산은 예전부터 최근에 이르기까지 사금 채취지와 금광이 있었던 곳으로 유명하다.[27] 그 정황은 용명의 行略에

> 至 若光武庚子 國政日非 南路金鑛大開 以金構金山 爲金穴之中心 鍬響斧光 震撼遠近 直犯舍利塔燈 岌岌隤山日迫

라고 전한다. 즉 1900년에 금산사 남쪽에 금광이 크게 열렸다는 것이다. 그리고 금광의 여파가 마침내 금산사의 사리탑에 피해를 줄 지경에까지 이르렀다. 이에 용명은 금산사 대중들에게 금산사의 역사와 전통을 역설하면서 이를 지킬 막중한 책임이 그에게 있음을 선언하였다. 당시 용명은 죽음으로써 금산사의 피해를 저지하겠다는 의지를 피력하고, 대중들을 이끌고 京營으로 가서 금산사 수호에 나섰다. 그러나 그 정황은

> 於時 率衆奔扣于京營諸署 莫之禁阻 竟圖內藏院公符 至辛丑臘底 遂停採鑛 鑛衆數千 嗷嗷如奪耕攘食之勢 於時 亂棍如潮 以壬寅元朝 師 遭雨而遇害 壽纔五十七 尙忍言哉 嗚呼 師之遭亂 而竟犧牲者

용명의 희생, 즉 殉寺로 귀결되었다. 용명은 京營의 소관 부서를 찾아가서 채광을 정지시키는 內藏院[28] 公俯를 받았으니 때는 1901년 12월경이었다. 그러나 광부들의 불만이 난으로 전개되었으며 그 결과로 1902년 정월 초하루에 害를 입어 입적하게 되었다.

---

27) 모악산의 금광은 金溝金鑛으로 지칭되었는데, 구한말의 정부인 宮內部에서 광산을 지정한 대상으로 나온다. 李培鎔, 《韓國近代鑛業侵奪史硏究》 p.29. 1996. 일조각.

28) 금광을 담당하였던 궁내부의 內藏司는 1899년 8월 29일부로 內藏院으로 개칭되었다.

용명의 희생은 채광으로부터 야기될 금산사의 피해를 제거한 금산사 수호였음은 물론이다. 그런데 왜 금산사 수호에 희생을 당한 용명의 殉職이 역설적으로 금산사 사격 변동 및 사세 하락에 원인이 되었을까? 이를 해명하기는 간단치 않다. 우선 그 관련 자료를 전해 주는 기록이 부재하다. 용명의 순직 이후 금산사의 사세 변동이 있었던 것은 분명하다.[29] 이는 금산사가 용명 순직 9년 후에 반포된 사찰령 30본산에서 제외되었다는 것과 사찰령 체제하의 官, 즉 일제에 籍勢하여 취임한 이기적인 주지들의 영향으로 사찰이 황폐해졌다는[30] 김포광의 지적을 유의할 수 있다.

용명의 순직이 금산사의 수호를 위한 것이었지만 오히려 그 반대로 금산사의 사세와 전통에 부정적인 영향을 주었다는 것이다. 현재 이를 설명할 수 있는 자료가 없지만 추론으로써 다음의 몇 가지 원인을 조심스럽게 제시하고자 한다.

첫째, 용명의 입적으로 인하여 금산사의 제반 활동이 큰 위축을 받았을 가능성이 있다. 사찰수호를 위한 의지가 결국 입적으로 귀결되자 이를 본 금산사 대중들이 사찰 운영의 중심을 잃고 수수방관하는 혼란의 상황을 상정할 수 있다.

둘째, 입적하기 이전 전북일대에서 뛰어난 활동을 한 용명의 행적에 대한 반감이 작용하였을 가능성이 있다. 용명은 승가의 모순과 폐해로 작용한 승통을 오히려 부활시킨 인물로 지칭되었다. 이러한 일련의 과정에서 호남사찰들의 협조가 있었다고 하나, 이는 금산사 및 용명의 입장에서 그러한 것이고 여타 사찰에서는 용명의 행동에 이견을 가질 수도 있다. 이것이 용명의 입적 후 금산사에 대한 반발 혹은 금산사의 소외로 전개될 가능성도 배제키는 어렵다.

셋째, 용명의 단호한 행동으로 피해를 보았거나 소외된 세력들의 움직

---

29) 高橋亨도 위의 글에서, 금산사가 '殺人事件'에 의하여 衰頹하였다고 간략히 서술하였다.

30) 일제 당국도 1924년의 금산사의 황폐함을 다음과 같이 요약하였다. 즉, "甚히 零落하야 舊寺刹의 一部가 存在함에 不過함"인 구절인데, 이는 위의 《佛敎》 6호, p.13에 나온다.

임이 용명의 입적 후 금산사에 대한 불만세력으로 등장할 가능성도 있다. 그 세력들은 금광의 사업을 중단당한[31] 측과 이교도라 말할 수 있다. 물론 이는 추측이지만, 개연성은 있다고 하겠다. 그 두 세력이 합세하여 금산사를 위축시킬 수도 있다.

이러한 사정과 관련하여 위의 두번째 사정을 전해 주는 기록이 있는데, 일제당국의 요약이다.

> 於時 各寺의 僧侶 等이 이에 覺敏의 不行爲를 營門에 訴한 故로 觀察使는 完文을 發하야 三度나 僧統 永久 廢止의 旨를 各寺에 曉諭하야서도 其后 明治 二十二, 三年(己丑, 庚寅) 道內 都僧統 釋圓坦의 名이 金山寺文書에 잇다.[32]

요컨대 용명이 도승통을 금산사로 가져 온 행위를 '不行爲'로 단정하고 관청에 告訴하였으며, 당시 관찰사가 3번이나 승통의 영구 폐지를 각 사찰에 알렸다는 것이다. 이는 곧 용명의 행동에 대한 강한 반발인 것이다. 용명에 대한 반발이 이러하였다면 용명의 입적 후 각 사찰의 금산사에 대한 공동적인 대응의 실상을 예견할 수 있다.

지금까지 살펴본 금산사 위축의 정황이 중첩되어 금산사 사격 하락의 요인으로 작용하였을 가능성을 제시하였다. 또한 이러한 정황을 활용하여 관 및 일제에게 기생하여 이익을 보려는 세력이 있었을 개연성을 추론하거니와, 김포광이 지적한 '官門에 籍勢'한 정황과 무관하지 않다.

이러한 결과로 금산사는 1911년 사찰령 반포시에 30본산에서 누락되었을 것이다. 사찰령에서는 금산사가 누락된 대신 위봉사와 보석사가 본산의 대열에 포함되었다. 더욱이 전주 지근거리에 있었던 금산사와 위봉사의 사세와 전통 등을 고려할 경우 금산사 대신에 위봉사가 본산에 포함된 사정을 납득하기는 어렵다. 사찰령 제정 전후의 위봉사 사정을 전하는 아

---

31) 김제 금광의 경영과 사업의 주체에 대해서는 현재 정확히 알 수 없다. 다만, 구한말 정부는 1898년 1월 12일 광업 경영에 외국인을 배제한다고 공포하였고, 동년 6월 23일에는 광업을 황실직영으로 한다고 공포하였다. 위의 이배용 저서, pp.29~30.
32) 위의 《佛敎》 6호 자료.

래의 글을 보면 더욱 그렇다. 전주에 있는 위봉사 신도가 위봉사의 실정을 서술한 내용인데, 그 신도는 최근 50년 간의 위봉사를 '僧殘寺廢'한 황량한 사찰이었다고 요약하면서 다음과 같이 피력하였다.

> 從慈 九年前에 朝鮮 九百餘寺刹中 歷史가 惟古하고 寺蹟이 優勝者를 選擇ᄒ야 三十本山을 定홀 時에 其中에 數를 充한 者이다. 그러ᄒ나 本以淸貧ᄒ 寺院으로 其間 維持의 困難도 업지 안이치 못ᄒ고 建物의 衰頹도 또ᄒ 적지 안이ᄒ야 一般 佛子와 古物을 重히 思料ᄒᄂ 有志者에 對ᄒ야 一代悲觀을 生치 안이치 못ᄒ게 되얏더라.[33]

즉, 위봉사는 사찰의 유지도 어려워 건물이 쇠락함이 적지 않은 형편이라는 것이다. 한편 위봉사의 사세가 이러함에도 불구하고 본산으로 지정된 것에는 금산사의 나약의 원인도 있었겠지만 위봉사 자체의 움직임과 관련은 없었을까 하는 의문점이 있다. 즉 위봉사 승려들의 본산 지정의 노력은 없었던가 하는 점이다. 이와 관련해서는 사찰령 제정 이후 위봉사 제3세 주지를 역임하면서 금산사 주지까지 겸직하며 1910~20년대 위봉사 본산을 자의적으로 운영하였던 郭法鏡을 주목할 수 있다.

망월사에서 14세(1891)에 출가한 곽법경은[34] 1903년에는 문경의 마하연에서 대강백 幻錯禪師에게 법경의 호를 받고 강단에 올랐으며 5~6년 간의 講說을 마친 이후 운수납자로 다니다가 우연히 전주의 鳳捿寺에 주석한 이후 전주일대에서 포교당의 건립 등을 통한 명성을 떨쳤다고 한다. 그가 이처럼 전주에서 포교활동에 전념하던 때가 바로 1908~1915년인데 전주에서 포교활동을 하면서 당시 전라북도 장관인 李斗璜을 비롯한 '有志紳士' 수백 명과 긴밀한 관계를 맺었다. 바로 이 점은 그가 당시 친일적인 위정자와 연결될 수 있음을 말해 준다.

위봉사 본산 지정이 곽법경의 위세에 의해서 이루어졌다고 볼 수 있는 결정적인 단서는 없다고 해도, 일단 그 정황은 상정할 수 있다. 더욱이 그

---

33) 〈全州 威鳳寺와 郭法鏡和尙 / 全州 老石生(寄)〉《매일신보》 1920.9.8.
34) 곽법경의 행적은 〈全州 威鳳寺와 郭法鏡和尙 / 全州老石生〉《매일신보》 1920.9.8.

는 1916년에 위봉사 주지가 된 직후 일약 중앙불교계 무대에서 중심 인물로 부상한 것도 예사롭지 않다. 1930년 이전까지는 위봉사와 금산사를 무대로 친일적인 행적을 노정하면서 위봉사를 거점으로 전주 일대의 불교계를 좌지우지하였다. 그러므로 일단 여기에서는 위봉사 본산지정과 관련된 인물로 곽법경을 설정하고자 한다.

그런데 그 즈음의 금산사는 전북을 대표하는 명찰에서 사격의 하락과 동시에 사세가 기울어 가는 지경이었다. 또 1918년 당시 금산사 노승의 한탄을 전하는 아래의 글에서[35] 1911년 이후에는 사세의 하락이 더 가속화되었을 것으로 보인다.

> 金山寺의 形便은 只今에 荒凉이 殊甚ㅎ나 湖南全道의 首寺刹임을 十餘年 前까지 維持ㅎ얏거니와

금산사가 10여 년 전에는 호남의 수사찰의 위상을 유지하였으나 1918년 당시에는 황량한 형편으로 전락되었다. 그리고 그 원인을 금산사 노승도 역시 용명의 입적으로 보고 있다.

> 最後 辛丑 正月 金山採鑛의 厄會를 當ㅎ야 以身殉公에 至혼 것도 義血이 斑斑ㅎ야 其芳香餘烈이 千秋에 들친만 ㅎ니라. 其 和尙이 一去혼지 十餘年에 金山洞天은 龍亡虎逝혼 空林荒澤이 되야 今日에 不忍見의 光景은 言爲何益ㅎ리오. 그럼으로 正正堂堂혼 大本山寺格으로 威鳳寺에 附屬寺 됨은 誰를 怨ㅎ며 誰를 恨ㅎ리오.[36]

용명의 채광 저지로 비롯된 厄會, 즉 입적 후 10여 년의 기간에 금산사는 目不忍見의 황량한 정황으로 변하였다. 이에 그는 '大本山格'인 금산사가 위봉사에 부속된 현실을 개탄하였다. 이 같은 노승의 인식은 금산사가 이미 1911년 사찰령 반포 이전부터 사격의 유지에 타격을 받았다는 것을 말해 준다.

---

35) 위의 〈금산사기실〉 p.45.
36) 위의 자료, pp.48~49.

2) 日帝의 佛教政策과 甑山教의 圖得運動

금산사는 1911년 사찰령 반포 이전에 이미 사격의 손상을 보았고 사찰령 반포 직후 더욱 극심한 사격의 하락을 보았다. 이는 곧 30본산의 누락이다. 그런데 이 누락을 자연스러운 귀결로 인정해야 하는 문제에 직면하게 된다. 달리 말하자면 사찰령 제정시에 이미 본산의 대열에 포함시킬 수 없을 정도로 사세가 추락되어, 본산 누락을 당연한 것으로 보아야 하는가의 문제이다.

그러나 쉽게 동의하기 어렵다. 아무리 금산사의 사세가 손상을 입었다 해도 1000여 년 간 지속되어 온 사격과 전통이 불과 10여 년 만에 완전 추락되었다고는 보기 어렵다. 물론 금산사를 이끌던 용명이 불미스러운 사태로 희생당하여 사찰의 제반 활동에 큰 타격을 입은 것은 분명하다.

여기에 이의를 제기할 수 있는 논리는 사찰령 제정시의 본산 사찰지정의 비합리성이다. 이는 비단 금산사뿐만 아니라 당시 불교계의 보편적인 불만이었다. 본산지정의 근거가 애매한 데에서 기인한 그 문제는

> 今에 本末 區域을 觀할지라도 그것은 歷史上 關係를 取한 系統的도 아니오 行政上 便宜를 取한 地方制도 아니로다.
> 이러함에 不拘하고 或은 創建年代의 久遠한 者가 反히 近古 新創의 下에 末寺가 되며 或은 歷史不明의 寺刹이 歷史 赫赫한 寺刹의 上에 居하야 本寺가 되며 或은 地醜德齊한 地位로 本末이 懸殊하게 되니 그 本末로 하야곰 和氣融融하게 平靜安穩코자 한들 엇지 可得할 바이랴.[37]

라 하여, 역사적인 측면과 행정적인 측면에서도 그 기준을 찾을 수 없다는 것이다. 이러한 지적은 本末의 資格問題를 말한다. 나아가서 이 문제는 본말사간 갈등의 본질이 되었으며 불교계에서는 本山運動, 즉 末寺脫籍運動을 기하려는 사찰이 다수 있었다는 것이다.

본산 지정시에 그 작업에 관련된 위정자와 승려의 자의성도 개재되었다는 사석은 그 본뜻을 더욱 부추기는 것이라 하겠다. 이러한 내용은 게

---

37) 〈華嚴寺의 本山됨을 듣고〉《佛教》6호, pp.8~9. 1924.12.

일유학생이었던 李英宰가 1922년 11~12월의 조선일보에 기고한 朝鮮佛
敎革新論에서[38]

> 假使 百步를 讓하야 本山制度를 合理的이라고 하더르도, 所謂 三十個 本寺의
> 指定 果然 무엇을 根據함인가 疑問이다. 敎派에 依한 것인가 地理에 依한 것인
> 가. 惑은 行政地域에 依한 것인가. 寺格에 依함도 아니오. 寺財에 依함도 아니
> 오. 僧數에 依함도 아니오. 實로 當時 爲政者와 一部 僧侶의 獨斷的 임의 不過
> 한 것이다. 沒根據하게 指定된 本寺로 幾十의 末寺를 支配하랴 함도 無理의 甚
> 한 것이오. 無條理하게 成立된 本末制度로 全 敎界를 律하려 함도 專制의 甚한
> 것이 아닌가. 又況 本末制度로 因하야 三十本山 住持의 專制와 惡弊가 百出하
> 는 今日에 敎界에서나 行政當局에서나 이것을 默示하고 잇는 態度야말로 熟是
> 熟非라 하기 어렵다.[39]

라고 간략히 전하고 있다. 요컨대 일제의 30본산 지정의 근거가 불합리하
다는 것이다.[40] 특히 주목할 것은 당시 위정자와 일부 승려의 '獨斷的'인
결정의 산물이라는 이해이다. 이를 신뢰한다면 금산사의 경우 그 사격을
고려치 않고, 일시적인 사세의 하락을 빌미로 하여 본산에서 제외케 한
위정자와 승려가 있었다는 추론을 할 수 있다. 그러나 현재로서는 입증할
수 있는 자료가 부재하므로 더 이상의 추론은 불가능하다. 결국 금산사는
본산에서 누락되었으며, 전북지방에서 본산 사찰이 된 위봉사의 말사에
편입되었다.

한편 일제의 사찰령은 본산 주지들에게 막대한 권한을 부여하였는데,
이로 인하여 불교계에 수많은 갈등과 모순이 대두되었다. 주지의 임면을
일제의 총독이 갖고 있었으며, 주지의 권한이 본산 전체를 좌지우지할 정

---

38) 이영재의 생애와 그가 기고한 혁신론의 개요에 대해서는 拙稿, 〈李英宰의 生涯
　　와「朝鮮佛敎革新論」〉《한국독립운동사연구》(9, 1995)를 참고할 것.

39) 〈朝鮮佛敎革新論〉《朝鮮日報》1922.12.11.

40) 이영재가 본산지정의 불합리성을 지적한 것은 그가 화엄사의 말사인 천은사에
　　있다가 공비유학생으로 일본유학을 떠난 사정과 무관하지 않을 것이다. 그가
　　혁신론을 기고할 당시인 1922년에는 화엄사가 본산 승격운동을 활발하게 전개
　　할 시기이다.

도였다. 이에 본산 주지들은 그 본산 관할의 불교계를 군웅할거식으로 지배하였다. 본산 주지들의 그러한 속성은 아래의 글에서 극명하게 나타난다.

朝鮮佛敎의 癌腫이다. 住持의 獨裁權을 그대로 두고 朝鮮佛敎의 統一을 云云함은 그야말로 噴火口上의 紙造樓格일 것이다. 中央之部長의 指示같은 것은 駐在所員의 잠고대보다도 더우섭기 아는 住持다. 現行 住持를 相對로 일할 人間은 오직 當局이 있을 뿐이다. 上官의 命令은 絶對 服從이 定規인 까닭이다.[41]

즉 주지들은 일제 당국에 절대 복종하였다는 것이다. 이러한 배경하에서 위봉사와 금산사의 경우를 살펴보겠다.

우선 주목할 것은 금산사 주지는 위봉사와 연고를 가진 인물이라는 점이다. 금산사의 본사였던 위봉사 주지를 역임한 인물이 금산사와 밀접한 관련을 맺은 승려가 있었으니 趙朗應(2세), 郭法鏡(4세), 李連應(5세)이다. 그들은 본산 사찰인 위봉사 주지를 역임한 이후, 위봉사의 말사인 금산사의 주지를 역임하였다. 이는 상식적으로는 납득하기 어렵다. 본산 주지를 역임한 인물이 그 예하 말사의 사찰 주지를 한다는 것은 비정상적이다. 이를 우연한 일로 보기는 어려운 것으로서, 여기에는 별도의 뜻이 담겨 있을 것으로 보인다. 그러면 그 별도의 뜻은 무엇인가? 여기에는 그 해당 인물의 자의와 함께 일제당국의 의도를 고려해 볼 수 있다.

한편 일제하 금산사 주지를 역임한 인물 6명 중에서 금산사 출신의 승려로서 주지를 역임한 인물은 1명도 없다.[42] 토착적인 금산사 출신 승려는 금산사 운영에서 배제되었음을 말한다. 그리고 그들의 행적을 구체적으로 분석해 보면[43] 다음과 같은 사실을 알 수 있다.

사찰령 반포 직후 금산사 제1세(1912.3~1916.4) 주지였던 李龍岳은 위봉사에서 출가 득도한 승려이다. 금산사 3세(1916.8~1923.6), 6세(1931.4~1934.8) 주지였던 金湖(속명, 金潤昌)는 구한말의 長城 太守를 역임한[44] 인

---

41) 夢廷生, 〈危機에 直面한 朝鮮佛敎의 原因 考察(續)〉《佛敎》 101・102합호, p.25. 1932. 12.

42)《金山寺誌》pp.132~138. 1983, 아세아문화사.

43) 위와 같음.

물로서, 國亡 직후인 1910년 11월에 42세의 나이로 출가하였는데 입산·
출가 후 불과 5년 만에 금산사 주지를 역임하였다. 김호의 주지 역임은
일제의 후원과 그의 능란한 친일적인 처세의 결합이 아니면 불가능한 일
이다. 제7세 주지를 역임한 黃成烈도 1919년경에는 위봉사 감사로 있었다
는 기록이 전하고[45] 있다.

　더욱 흥미로운 것은 금산사 2세 주지(1916.4~1916.8)를 역임한 趙朗應
(법명, 世經)은 위봉사 주지를 역임한 인물인데 곽법경의 法師로 전하고
있다.[46] 그는 곽법경이 1916년 11월경 위봉사 주지로 취임하기[47] 직전의
주지였다. 요컨대 사제지간의 승려가 위봉사에 함께 있었는데 조랑응의
후임으로 곽법경이 위봉사의 주지가 되었으며, 그의 법사인 조랑응은 위
봉사 주지와 금산사의 주지를 겸직으로 근무하였다는 내용이다.[48] 금산사
제5세(1930.11~1931.4) 주지를 역임한 이연응은 1929년 1월의 위봉사 주지
선거에서 다점으로 당선되었다는 기록이 전한다.[49]

　이러한 제반 정황으로써 일제하의 금산사는 위봉사의 절대적인 영향력
을 받았다고 이해할 수 있다. 위봉사와의 관련이 없으면 금산사 주지는
거의 불가능하다고 보여진다. 이는 본산의 위력, 나아가서는 일제당국이
라는 배후 세력의 존재를 말해 준다. 그리고 김호의 경우처럼 친일적인
인사가 금산사 주지로 있었다는 것은 그 사정을 더욱 신뢰하게 한다.

　그러면 어떠한 연유로 위봉사와 관련 있는 승려와 친일적인 승려들만
금산사 주지에 취임한 것이었을까? 이를 이해함에서는 우선 금산사가 본
산에서 누락되었지만 만경평야라는 풍부한 물적 기반을 배후에 둔 사찰이

---

44) 그가 장성 태수를 역임하였다는 내용은 위의 〈金山寺記實〉 p.45에 나온다.
45) 1919년 12월 26일자 高警 제36610호, 金正明編, 〈太乙教徒 檢擧에 關한 件〉
　　《朝鮮獨立運動》 제1권 分冊(民族主義運動編), pp.247~250.
46) 그가 주지를 불과 4개월만 한 것은 알 수 없다.
47) 〈本寺 住持에게 긔념 은배 진뎡〉 《매일신보》 1916.11.28.
48) 《朝鮮佛教界》 1호(1916.5) pp.86~94의 〈禪教兩宗三十本山聯合事務所第五回住
　　持總會 會議狀況〉에는 위봉사 주지였던 조랑응의 이름이 전하고 있다. 즉, 1916
　　년 1월에는 그가 위봉사 주지였다는 것을 알 수 있다.
49) 〈佛教彙報〉「威鳳寺住持選擧」《佛教》 56호, 1929.2.

었다는 사찰의 경제력이 고려될 수 있다.[50] 또한 교묘한 책략으로서 일제의 별도의 의도가 개재되었음을 느낄 수 있다.

이는 곧 甑山敎 圖得運動과의 관련이다. 주지하는 바와 같이 금산사가 위치하고 있는 모악산 일대에서 姜一淳은 수행과 득도를 하였으며, 증산교에서 말하는 天地公事를 금산사 인근에서 전개하였다. 그리고 그는 죽음(1909)에 즈음하여 그를 따르는 신도들에게 사후의 자기 자신을 금산사 미륵불상에 연결시켜 놓았다. 결국 미륵신앙의 중심지인 금산사의 전통을 그가 추구하는 종교운동에 흡수시키려 한 것으로 이해된다.[51]

증산교에서는 강일순의 生前, 生涯, 死後에 이르기까지 금산사의 미륵불과 연관하여[52] 믿고,[53] 금산사의 미륵불을 증산교의 신앙의 대상으로 인식하였다. 그러므로 그들은 그 미륵불을 참배하고 금산사를 불교의 사찰보다는 증산교단의 확대 재생산의 근거처로 삼았던 것이다. 증산교에서는 금산사와 금산사 일대를 특별한 성지로서의 의미를 부여하였으며, 이를 통하여 교단수호 및 포교확대 등에 활용하였다. 이를 증산교 圖得運動으

---

50) 위봉사는 당시 사찰의 경제력이 매우 미약하였다고 보인다. 〈第四回常置員會議狀況〉《조선불교계》2호(1916.6)에는 중앙학림의 학생 기송에 대한 금액을 배당한 기록이 있다. 위봉사는 1~9等地 중에서 성불사와 함께 8등지에 포함되었다.
51) 洪凡草, 〈甑山의 天地公事에 나타난 彌勒思想〉《彌勒思想의 本質과 展開》(93년도 한국사상사학회 국제학술회의 자료집).
52) 金　鐸, 〈한국종교사에서의 불교와 증산교의 만남〉《홍찬유선생팔순기념논총》1994.
　　　　, 《甑山 姜一淳의 公事思想》pp.195~204. 1995, 한국학대학원 박사학위논문.
53) 강증산의 금산사 및 미륵불과 관련된 언행을 보면 다음과 같다.(《대순전경》참조)
　－ 모악산 金山寺에 있는 彌勒金像에 30여 년 간 머무르면서 崔水雲에게 大道를 세울 것을 명함.
　－ 나는 彌勒이니 나를 보고 싶거든 金山 彌勒을 보라 하시고, 또 가라사대 金山 彌勒은 如意珠를 손에 들었으나 나는 입에 물엇노라 하시며 下脣에 朱點을 보이시더라.
　－ 내가 金山寺로 들어가리니, 나를 보고 싶으면 금산사로 오라.
　－ 가라사대 내가 金山寺로 들어가서 佛供쌀이나 차지하리라.
　－ 너는 座佛이 되어 處所를 잘 지키라 나는 遊佛이 되리라 하시니라.

로 이해하고자 한다.[54]

증산교의 이러한 움직임과 노력은 일제당국에 여실하게 파악되었을 것이다. 일제의 이 같은 조처에는 교단 분립화가 경쟁적으로 전개되었던 증산교 계통에서 교도들에게 수많은 성금을 거두면서 독립운동 자금의 명분을 붙인다거나, 아니면 강일순의 재림 및 증산교 포교의 명분·일환으로 일본의 퇴진, 즉 독립정신을 은연중 불어넣었던 사정을 고려해야 한다. 일제가 증산교를 민심소요와 정치·준민족운동의 차원에서 대처하였던 바를 감안하면 금산사는 자연 그 경계의 중심처였을 것이다. 이 점을 유의한다면 위봉사 주지를 역임한 승려들의 금산사 주지 취임의 이해에 새로운 측면이 보인다.

그러면 위봉사 주지를 역임하고 금산사 주지를 역임한 인물 중 가장 주목해야 할 승려인 郭法鏡의 행적을 살펴보겠다.

곽법경은 경기도 안성의 죽산 출신으로서, 1891년 망월사에서 출가하였다. 그가 위봉사 주지로 취임한 것은 그의 법사였던 조랑응의 뒤를 이어 1916년 11월경이다. 그는 위봉사 주지로 취임하면서 중앙불교계에서 점차 두각을 나타냈다. 그는 1917년 8월 31일부터 9월 24일 동안에 시행된 본산 주지들의 일본시찰단에 참여하였다.[55] 당시 본산 주지로서 그 시찰단에 포함된 승려는 金九河(통도사), 李晦光(해인사), 姜大蓮(용주사), 羅晴湖(봉은사), 金龍谷(범어사), 李智永(화장사), 金相淑(신륵사)과 《조선불교총보》 기자인 權相老, 그리고 곽법경을 포함한 9인이다. 그 시찰단에 곽법경이 포함된 것은 그의 적극적인 활동상을 파악할 수 있는 대목이다. 더욱이 핵심적인 본산 주지들의 일제하 최초의 공식적인 일본시찰이었기에 국내 불교계에서는 시찰의 의미를 크게 부여하였으며,[56] 조선총독부 및 일본불

---

54) 유병덕은 증산교 도득운동의 의미를 강증산의 가르침에 의하여 미륵불 출세를 기대하는 것과 신도를 모으는 의미로 이해하였다. 〈母岳山下의 宗教〉《韓國民衆宗教思想論》 p.305. 1985.

55) 시찰에 대한 전모는 〈視察一束〉《朝鮮佛教叢報》 7호, pp.8~43(1917.11)의 내용 참조.

56) 《朝鮮佛教叢報》 6호(1917.6)에 李能和가 기고한 〈內地에 佛教視察團을 送홈〉의

교계의 후원과 환대도 지대하였다. 이러한 시찰단에 본산주지에 취임한 직후 곽법경이 참여하였음은 그의 적극성과 함께 그의 일본불교에 대한 우호성을 아울러 짐작케 해 준다. 일본시찰을 마치고 귀국한 곽법경은 1919년 1월 7일부로 본사연합사무소(각황사)의 鑑査員으로 취임하였다.[57]

곽법경과 금산사·증산교와의 문제가 가시화된 것은 1918년 8월경이다. 당시 강증산의 제자인 金亨烈은 금산사의 미륵불을 증산의 영체로 연결시켜 1914년부터 독자적인 교단활동을 추진하였다.[58] 1918년 그는 금산사의 본사인 위봉사 주지였던 곽법경과 접촉·상의하여 증산교도들을 위봉사 및 금산사의 신도로 받아 주면 위봉사 경비와 승려의 수당 등에 지원을 하겠다는 약속을 하였다.[59] 곽법경은 이 같은 김형렬의 제의를 일제당국에 승인을 받아 동의하였다.[60] 곽법경의 승낙은 증산교도들을 불교도로 흡수하려는 의도에서 나온 것으로 보인다. 이 내용은 당시의《매일신보》기사에도[61] 전하고 있다.

太乙敎는 其信仰의 本體가 元來 金山寺 彌勒을 敬信홈이라 標榜하는바 去 大正七年中에 威鳳寺 住持 郭法鏡 禪師로브터 其時 同敎의 先生 卽 前記會長 金亨烈氏를 某處로 一次 委訪하야 面會흔 후 彌勒은 本是 佛敎와 同源一體인 즉 官憲의 注目을 受하야 布敎의 自由를 得치 못홈보다 寧히 佛敎에 歸依하야 正正堂堂히 敎를 布홈이 可하다고 利害를 陳하야 懇談을 交換혼 結果 金亨烈氏 는 時에 敎衆을 率하야 佛敎와 會同하기로 되야

그 후 김형렬은 위봉사 신도로 위장한 증산교인과 위봉사, 금산사, 위봉

내용 참조. 〈僧侶의 內地視察〉《매일신보》(1917.8.28)에도 그 내용이 전한다.
57) 〈朝鮮各本寺聯合事務所役員異動〉《朝鮮佛敎叢報》14호, p.52, 1919.2.
58) 강증산의 사상은 儒佛仙을 종합하였다는 평을 들을 정도로 다양한 사상체계를 가졌다. 따라서 그의 사후 그를 추종하는 증산교도들은 분립과 통합 등을 거치면서 수많은 분파를 양산하였다. 그 중 금산사 미륵불과 관련을 제일 강조한 김형렬이 금산사와 관계가 깊은 인물로 등장하는 것이다.
59) 위의 高警 제36610호 내용.
60) 〈人乙敎에 關힌 調査報告의 件〉《朝特》제11호, 1922년 3월 27일 : 위의 김정명 책, p.693.
61) 〈金山寺 上生法會〉《매일신보》1921.10.23.

사 전주포교당 등지에서 모임을 갖고 증산교 포교 노력을 기하였다. 또한
이 기회를 활용하여 증산교의 전국적인 조직확대를 기도하였다. 1918년
음력 9월 19일 김형렬은 금산사에서 그 교도들의 불교 귀의라는 명분을
갖고 제1회 '태을교도 회합'을 주도하였고, 1919년 10월경에는 제1회 上生
法會를 개최하였는데[62] 그 즈음 불교도로 위장 전입한 수는 무려 수천여
명이나 되었다고 한다.[63]

한편 곽법경은 금산사 승려인 김익현에게 증산교도가 불교에 귀의한
자가 무려 7,000여 명에 달한다고 언급하면서, 그들을 조직하여 단체를 만
들겠다는 의사를 전하고 이 일에 적극 동참할 것을 권유하였다.

한편 김형렬은 강증산의 영체가 곧 금산사의 미륵불이라는 명분으로
금품의 기부를 금산사 미륵불로 하도록 유도하였으며, 거기에서 나온 금
품은 김형렬과 곽법경이 주도적으로 사용하였다. 그런데 김형렬과 곽법경
은 그 일을 추진하면서 증산교도들에게 '조선의 독립'을 은연중 풍자하도
록 하였다. 더욱이 3·1 운동 발발 이후에는 민심의 뜻에 부합하기 위한
독립에 관한 언급을 신도모집의 수단으로 활용하였다.

이 같은 증산교도들의 금산사의 도득운동이 일시 중단되고, 그 일을 주
도한 인물들이 일제에 대거 체포된 것은 1919년 11월 12일(음력 9월 19일)
이다. 김형렬은 강증산의 탄신일에 증산교도 수십 명과 함께 미륵전에서
신앙행사를 하였는데 당시 금산사 주지였던 김윤창이 이 행사를 독립운동
모금의 획책이라는 빌미로 일제에 밀고하였다.[64] 이 사건으로 김형렬을 비
롯한 그 모임의 핵심인물 16명이 전주 검사국으로 끌려 갔으며 곽법경은
위봉사 승려였던 황성열과 함께 구인되었다.[65] 그들의 모임과 그 모임에
관련된 자금을[66] 독립운동의 혐의로 일제당국이 검거한 데에서 비롯된 것

---

62) 위의 《매일신보》와 같음.
63) 위의 《매일신보》와 같음. 위의 일제측 비밀 기록에는 위봉사 신도로 등록된 숫
    자를 4,500여 명이라고 하였다.
64) 李正立, 《甑山敎史》 p.68, 1977.
65) 곽법경도 그 사건의 連繫者의 혐의를 받았지만, 관계는 없는 것으로 판명되어
    무사하였다고 한다. 위의 김정명 기록, p.693.

이다.[67] 그러나 이들은 증거불충분으로 1920년 3월 전부 불기소 처분으로 석방되었다. 그러므로 그 모임의 자금이 독립운동 자금이었는지는 단언하기 어렵다.[68]

한편 일제로부터 실형을 언도받지 않고 출감한 김형렬은 1921년 봄 서울로 거처를 옮기고 불교에 귀의하였다는 명분을 내세우기 위한 佛敎振興會를 조직하고 그 회장으로 활동하였다. 그리고 그가 수감중 흩어진 신도들을 수습하는 노력을 기울였다.[69] 그런데 흥미로운 것은 위봉사 주지인 곽법경이 그 불교진흥회의 총재로 있으면서 능엄경을 강의하였다는 것이다.[70] 요컨대 김형렬과 곽법경의 유화 관계가 지속되었음을 알 수 있다. 이처럼 이들이 관계를 지속하였음은 금산사에서 각기 이익을 챙길 수 있는 바가 있기 때문일 것이다. 김형렬은 그가 추구하는 증산교의 교단 재건을 도모하며, 곽법경은 증산교도측에서 나오는 기부금 등에 큰 관심을 가졌을 것이다. 한편 김형렬의 진흥회에서는 1922년 11월 7일(음력 9월 19일)에 금산사 미륵전에서 상생법회를 집행하기에 이른다.[71] 나아가서 그는 이를 기회로 활용하여 금산사에서 그를 추종하는 증산교도들을 이끌고 미

---

66) 이 자금의 성격에 대하여 일제는 '상해 가정부로 보내지는 군자금'으로 인정하여 대검거를 한 것으로 일제측 기록은 전하고 있다. 위의 김정명 기록, p.692.
67) 그런데 그 체포의 계기를 독립운동 자금모집일 것이라는 판단으로 볼 수 있지만, 불교 신앙행위와 이질적인 증산교도들의 치성행위에서 비롯된 것이라는 자료도 있다. 즉 예불시에는 미륵불에 酒肉을 사용치 않는 것이 원칙이자 계율이었는데 증산교도들은 官憲과 금산사 승려의 이목을 피해 이를 감행하였다. 처음에는 승려가 제지하였지만 뇌물을 이용하여 이를 감행한 것을 일제당국이 탐지하고 그 관련자들을 체포하였다는 것이다. 위의 김정명 자료, p.693.
68) 현재 금산사 입구에 서 있는 〈太雲 金亨烈先生等 八十八人愛國志士忠魂碑〉는 김형렬의 후예인 大韓佛敎法相宗측에서 금산사의 동의 없이 건립한 비석이다. 이 비에는 금산사의 사건을 확대 해석하여 비문에 새겨 넣었다. 이 내용은 《김지하사상기행》(1999, 실천문학), pp.206~210에 전하는데, 필자가 이를 원 비문과 대조해 보니 오·탈자가 적지 않다.
69) 《甑山敎史》 p.128 ; 위의 심성넝 책, p.693.
70) 〈佛敎振興會本部〉 《매일신보》 1922.4.15, 29.
71) 〈佛敎進興會〉 《매일신보》 1922.10.16.

륵불교라는 교단을 창건하고[72] 미륵불교의 본부를 금산사에 두기로 한다. 그 후 김형렬은 1928~9년까지 금산사를 근거지로 활동하였다.[73]

이 같은 사례는 금산사가 증산교의 도득운동의 중심처였다는 것을 단적으로 말해 준다. 그리고 곽법경이 불교신도의 확대책이라는 명분 아래 이를 자신의 名利로 이용하는 승려의 행태를 엿볼 수 있었다. 또한 이 사건의 주요 인물인 곽법경, 김형렬, 김윤창은 정상적인 불교신앙의 구현과 민족의식의 지향과는 이질적인 행태를 보였다. 이로써 일제는 금산사와 그 주변 일대에서 유사한 사건이 지속될 가능성을 여실히 보았을 것이다. 그러므로 금산사에 대한 경계를 더욱 철저히 하고 금산사 주지를 그들과 긴밀한 인물로서 활용하였을 가능성이 있다.

이 사건에도 불구하고 곽법경은 난관 없이 불교계에서 지속적으로 활동하였다. 1919년 3·1 운동을 겪은 불교계에서는 불교의 자주화와 교단의 건설을 위한 활동이 대두되었다. 이러한 대세에서 나온 것이 寺刹令 撤廢運動이다. 그 운동을 주도한 것은 불교청년들인데, 그들은 조선불교청년회와 조선불교유신회를 조직하여 운동 구심체로 삼았으며, 1922년 1월에 개최된 30본산주지총회에서 그들의 기존 주장을 강력히 개진하였다.

그런데 그 총회는 돌연 佛敎總會로 바뀌었다. 당시 그 총회에서는 임시의장을 선거로 선출하였는데, 곽법경과 박한영이 동일한 점수가 되어 제비뽑기에 의해 박한영이 당선되었다.[74] 이는 곽법경의 중앙불교계에서의 위상이 적지 않음을 말해 주는 것으로 이후 불교총회에서 총독부와 교섭의 담당,[75] 사업 기초위원을[76] 수행하였다. 그 후 총회는 불교계의 통일기관을 수립하자는 의견에 의해[77] 16본산 주축의 總務院으로 전환하였는데,

---

72) 《甑山敎史》 p.128.

73) 김형렬은 1932년에 사망하였는데, 1928~9년경부터 미륵불교 내에서 불화가 일어났으며, 그 자신도 사망하기 몇 년전에는 주로 모악산의 대원사에서 칩거하였다.

74) 〈住持會가 佛敎總會로〉《동아일보》 1922.1.7.

75) 〈佛敎總會 二日〉《동아일보》 1922.1.8.

76) 〈三十本山 聯合制를 폐지하자는 의견에 일치〉《동아일보》 1922.1.9.

곽법경은 임시 총무원장으로 활약하였다.[78]

당시 일제당국은 불교의 자주화를 목표로 하는 총무원의 설립과 운영에 대하여 좌시하지 않고 총무원 운영에 제동을 걸기 시작하였다. 한편 총무원에 반대한 본산의 주지들은 일제의 은근한 후원하에 별도의 기관을 만들기 시작하였으니 바로 敎務院이다. 여기서 곽법경이 이 교무원의 鑑査員에 피선되었다.[79] 곽법경의 이 같은 처사는 소신의 부족 혹은 기회주의라고 말할 수 있다.

그런데 총무원과 교무원의 대립과 갈등은 그 후에도 지속되어 1923년 2월에 가서는 각기 정통성이 있는 기관이라는 명분을 걸고 각황사 전용 문제로 난투극이 일어났다.[80] 이 난투극은 간판 부착을 둘러싸고 폭력으로 비화되어, 양측의 관련자들이 종로경찰서로 구인되는 사태로 전개되었다.[81] 당시 곽법경은 교무원측의 인물로 경찰서 및 법원에 구인되었다. 곽법경이 이처럼 일제의 성원을 받고 있는 교무원의 핵심인물로 그 사태의 일선에 있었음은 유화적인 기존의 입장에서 더욱 '친일'적인 행태로 전환하였음을 엿볼 수 있다.[82]

한편 이러한 곽법경의 처신과 관련해서 특이할 만한 사실은 각황사 난투극으로 비롯된 그 사태가 거의 종결되었으며[83] 양측의 화해로 마무리된[84] 1923년 6월경에 곽법경이 금산사 제4세(1923.6.15～1930.11.12) 주지로

---

77) 〈統一機關이 又 問題〉《동아일보》 1922.1.10.

78) 〈佛敎界에 新光明〉《동아일보》 1922.1.11.

79) 〈中央學林만 專門으로〉《동아일보》 1922.1.14. 1월 15일자 보도기사인, 「東光學校問題로 작일 하오에 또 불교임시총회」에는 기존 총무원에 동의하는 본산의 명단이 나오는데 그 대상에 위봉사가 포함되었다.

80) 〈事務室問題로 불교계에 또 분쟁〉《동아일보》 1923.2.20, 〈事務室 爭奪로 格鬪 작일 오전 각황사안의 활극 량편의 간부 일곱 명을 인치〉 1923.2.25.

81) 〈暴力에서 法廷으로 쌍방이 서로 대항 불교계의 대분쟁〉《동아일보》 1923.3.1.

82) 곽법경은 1924년 3월 총무원과 교무원이 통합체로 새롭게 출범한 재단법인 교무원의 이사로 취임하였다. 〈敎務院 理事 本社를 訪問〉《매일신보》 1924.4.5.

83) 〈覺皇寺 싸홈 끗에 僧侶 三人 檢束〉《동아일보》 1923.4.30.

84) 〈覺皇寺의 紛爭 명도 신청을 취하〉《동아일보》 1923.6.6, 〈覺皇寺내의 敎·總 兩院싸움 취하하고 필경은 고소 기각〉 1923.6.22.

부임하였다는 것이다. 주지 부임을 단순한 우연으로 보아야 하는지 아니면, 곽법경이 중앙불교계의 활동에 회의를 느낀 결과인지, 혹은 일제의 모종의 의도하에 부임한 것인지 의문이다. 그러나 곽법경의 금산사 주지 취임은 위봉사 주지를 수행하면서 행한 겸직이었다.[85] 그가 위봉사 주지로 있었다는 기록은 1924년 3월경에도 전하고[86] 있다. 그런데 재단법인 교무원 제3회 평의원 총회가 개최된 1925년 3월의 그 회의록에는[87] 위봉사 주지란에 해당인이 전하지 않는다.[88] 당시 주지의 인명이 비어 있고 결석이라고만 기재되어 있다. 이는 위봉사 주지가 사고로 인하여 참석할 수 없는 상황을 말한다. 곽법경이 주지로 재임하면서 사정으로 결석하였다면, '위봉사 곽법경 결석'이라고 기재되어야 하지만 인명이 누락되었다는 것은 주지 자리에 문제가 생겼음을 반영한다.

다음과 같은 곽법경의 행적은 이 문제를 해소케 해 준다. 1926년 5월경의 자료에, 곽법경은 賣佛 사건으로 인해 면직을 당했다는 내용을 전한다.[89] 즉 1925년 3월 이전에 이미 매불 사건에 관련되어 교무원 총회에 참석하지 못한 것이다. 매불 사건과 관련된 사찰은 단정하기 어렵다. 이후 1925년 7월 4일에 위봉사 주지 후임의 선거가 있었다.[90] 여기서 주목되는 것은 그 주지에 당선된 승려가 곽법경의 법사인 조랑응이라는 것이다. 이에 대하여 당시 위봉사 일부의 대중승려들은 그 당선에 대한 이의 신청을

---

85) 〈財團法人朝鮮佛敎中央敎務院第一回評議員總會會錄〉《韓國近現代佛敎資料全集》66.

86) 〈財團法人朝鮮佛敎中央敎務院第二回評議員總會會祿〉《韓國近現代佛敎資料全集》66.

87) 〈財團法人朝鮮佛敎中央敎務院第三回評議員總會會錄〉《韓國近現代佛敎資料全集》66.

88) 위봉사의 평의원인 柳在煥의 인명은 기재되었지만 결석으로 표시되었다.

89) 〈看板은 朝鮮佛敎總本山 主旨는 日鮮融和와 政敎一致〉《동아일보》1926.5.12.
그런데 곽법경은 이미 1922년 8월에도 위봉사 말사인 鳳捿寺의 산림 처분의 돈 2,800원을 횡령한 사건으로 전주지방법원에서 심리를 받았다. 그러나 증거 불충분으로 방면되었다. 〈威鳳寺住持免訴〉《매일신보》1922.8.21.

90) 〈全州 威鳳寺 住持問題〉《매일신보》1925.7.7.

일제당국에 異議書로 제출하였다. 그 요지는 조랑응의 위봉사 승적의 부재와 위봉사 재산 횡령의 문제이다. 이는 곽법경파에서 위봉사 운영의 주도에 따른 반대파의 이의 제기인 셈이다.[91] 이로써 곽법경은 위봉사 주지에서 물러났지만 그의 법사를 통하여 간접적으로 그 주도권을 지속적으로 행사하였을 것이다. 그런데 그가 면직당한 사찰의 주지가 위봉사만 해당되는지,[92] 아니면 금산사 주지 자리도 내놓은 것인지는 확인하기 어렵다. 《금산사지》에는 1930년 11월까지 주지였다고 전하고 있다.

위봉사 주지에서 면직당한 곽법경은 1926년 4월초 이회광, 김구하, 김보운 등과 함께 불교의 개혁과 한국과 일본의 '融和'의 명분으로 하는 종교운동을 추진하였다.[93] 그들은 이 목적으로 재한 일본인과 상의를 거친 후 그 주장을 담은 建白書를 작성하였으며, 그 대표자인 곽법경은 일본으로 건너가 건백서를 일본 내각에 제출하였다. 건백서의 내용을 요약하면 한국불교의 기존 행정기관을 대신하여 총본산을 서울에 설치하고, 그 총본산에서는 '日鮮融和'를 위한 政敎一致의 노력을 다한다는 것이다. 이러한 곽법경 일파의 움직임이 재일불교 유학생들에게 알려지자 학생들은 그 음모를 강력히 규탄하였다. 동경의 재일본조선불교청년회에서는 1926년 4

---

91) 〈全州 威鳳寺住持選定에 異議〉《매일신보》 1925.7.11. 반대파는 전주 송광사 주지 승려 오경산을 비롯한 52명이다.

92) 1926년 3월에 개최된 제4회 교무원 총회에는 위봉사 대표로 참석한 승려는 없었다. 당시 출석원의 넌번 42에는 참가자의 소속과 인명이 공란이었는데, 이것은 위봉사의 불참의 사정을 말해 주는 것 같다. 이러한 내용들이 그때까지 후임자를 선출하지 않았다는 것을 말해 주는지는 단언하기 어렵다. 〈佛敎消息〉「評議員第四回總會」《佛敎》 22호(1926.4) 참조. 그런데 《불교》 26호(1926.8)에는 을축년 대홍수시 살신성인의 정신으로 수백 명의 인명을 구한 봉은사 주지 나청호의 기념비인 不壞碑의 관련 자료가 있다. 그 중 30본산 주지들의 인명을 전하는(p.39) 1925년 10월의 내용이 있는데, 위봉사 소속으로는 李振聲이 나온다.

93) 위의 《동아일보》. 〈中途에 敦挫된 佛敎革新會〉《매일신보》 1926.4.18. 그런데 매일신보의 내용에는 곽법경이 禪學院主이며, 그 운동을 추진키 위해 조선불교혁신회를 소식하였느냐고 한다. 그리고 그 운동이 괴걸된 이후에도 다른 방법을 강구하여 지속적인 운동을 모색한다고 보도하였다. 그가 선학원주였다는 사실은 흥미롭지만 수긍하기는 어렵다.

월 18일의 정기 총회 종료 후 곽법경 일파를 성토하는 연설회를 개최하고, 사태와 관련된 결의문을 낭독하면서 강력 대처하기 위한 결의사항을 정하였다.[94] 이에 신변의 위험을 느낀 곽법경은 일본경찰에 신변보호를 요청하다가 행적을 감추었다.[95] 그리고 곽법경의 음모는 일본 내각에서도 거부되었다.

이 사건 이후 곽법경의 구체적인 행적은 전하는 기록이 없어 알 수 없다. 추측컨대 그는 위봉사 주지에서 물러났기에 금산사 주지로만 근무하였을 것으로 보인다. 금산사 주지였던 곽법경의 이 같은 처사로 미루어 볼 때, 금산사의 위상 및 운영 등에는 부정적인 영향을 주었을 것이다. 이는 곽법경 일파가 당시 한국불교계의 주류에서 밀려난 인물이라는 점, 그리고 그들의 행동에 조선총독부의 후원이 있었다고 볼 수 없는 돌발적인 행동으로 이해되기 때문이다.

요컨대 금산사 寺格의 회복에는 전혀 도움이 될 수 없는 것이다. 한편 당시 화엄사는 1911년 사찰령 반포 이후 화엄사 사격회복을 위한 운동을 지속하여 1924년 10월에는 본산으로 승격되었다.[96] 이에 반해 금산사는 사격 회복운동의 움직임을 찾을 수 없고, 오히려 그 반대의 길로 간 것으로 보인다. 더욱이 증산교 도득운동, 곽법경의 자의적인 행동 등은 금산사 정상화에 우려를 제공하였다고 하겠다. 그리고 당시 본산운동을 전개한 사

---

94) 〈佛敎消息〉「怪僧出沒의 聲討演說會」《佛敎》 24호(1926.6). 당시 그 결의사항은 다음과 같다.
　　－ ** 氏를 訪問하고 不良僧徒의 援助斷念을 勸告할 것.
　　－郭**을 訪問하고 輕擧妄動을 論責한 後 速히 還國하기를 勸告할 것.
　　－昨秋 以後로 不良僧輩의 運動 經過를 機關誌 金剛杵에 發表할 것.
95) 위의《동아일보》내용 참조.
96) 〈仙巖寺 華嚴寺本末係爭問題의 解決〉,〈仙岩寺對華嚴寺本末契爭事件의 解決〉《佛敎》 6호(1924.12). 화엄사와 선암사 사이의 본산을 둘러싼 갈등은 선암사 승려인 金鶴率이 화엄사 주지로 발령을 받고 화엄사에 도착한 직후, 화엄사 승려와의 논쟁 끝에 사망한 사건으로 전개되었다. 이에 총독부는 이 사건 직후 선암사와 화엄사의 사격 등을 종합 검토하여 1924년 11월 20일부의 사찰령시행규칙의 개정으로 화엄사를 본산으로 지정하였다.

찰 대부분은 운동을 해도 변동이 불가능하다는 절망을 하였고, 또한 일제
당국에 감히 이의를 제기할 수 없는 사정이었다.[97]

금산사는 이러한 일반적인 사정과 더불어 지금껏 살펴본 사세의 하락,
위봉사 위세를 배경으로 등장한 친일적인 주지의 영향, 증산교 도득운동
으로 비롯된 일제의 감시 등이 더욱 중첩되어 본산운동은 전개할 처지가
아니었다.

4. 금산사 寺格의 회복

1) 本山 신청

금산사의 사격 하락, 사세 위축, 본산운동의 불가능 등이 1910~1920년
대의 금산사의 사정이었다. 그런데 1930년대 초반부터 서서히 금산사의
사격회복을 위한 움직임이 일어났다. 그러면 어떤 연유로 1930년대 초에
그 움직임이 시작되었는지 금산사 자체의 사정과 금산사 외부의 문제로
대별하여 살펴볼 수 있다.

금산사 자체에서 유의할 것은 위봉사 주지로서, 그리고 금산사 주지를 역
임한 곽법경이 퇴진하였다는 점이다. 《금산사지》에는 그의 퇴진을 1930년
11월 12일로 전하고 있다. 퇴진 이후의 제반 사정을 고려하면 곽법경과 금
산사의 연고는 일단 단절되었다. 또한 금산사를 거점으로 미륵불교를 창
건하는 등 증산교 도득운동을 전개하던 김형렬도 이때에 와서는 거의 활
동이 종식되었다. 따라서 곽법경과 김형렬의 퇴진은 금산사의 주체적인
활동이 가시화될 수 있는 배경으로 작용하였을 것이다. 그리고 1929년 11
월 25일에는 금산사 주지 선거가 재적승려 10여 명의 투표로 이루어졌
다.[98] 그 이전에는 투표로 했는지, 아니면 본사 주지가 일방적으로 추천했
는지는 단언하지는 못해도 이도 변화가 아닐 수 없다. 더욱이 그 투표를

---

97) 〈華嚴寺의 本山됨을 보고〉《佛敎》6호, p.9. 1924.12.
98) 〈各地片信〉「金提」《매일신보》1929.11.24.

도·군의 직원 입회하에 거행할 예정이라는 것은 그 선거를 객관적으로 치러야 한다는 일제당국의 의지를 엿볼 수 있다. 이는 그 선거를 둘러싼 갈등이 있었던 사정을 짐작케 한다.[99] 따라서 1929년 후반에는 곽법경이 금산사 주지에서의 퇴진 압박 등과 같은 금산사 자체 내의 변화가 있었으리라고 추측된다.

금산사 외부 요인으로는 1929년 1월의 위봉사 주지 선거에서 당선된 승려인 李連應의 행보이다. 그는 위봉사의 제반 문제를 유화적으로 해결하려는 자세를 갖고 있었다. 1920년대의 위봉사는 곽법경의 독단적인 행동으로 그 운영에 큰 모순을 안고 있었다. 그런데 곽법경의 완전 퇴진 후 후임자인 이연응이 바로 그 문제의 해소에 노력을 기울였다는 것이다.

이러한 두 측면이 금산사 변화에 기본 요인이 되었을 것으로 일단 전제하고자 한다. 또한 이연응이 금산사의 제5대 주지로서 1930년 11월 12일자로 곽법경의 후임으로 부임하였다. 그의 재임 기간은 1931년 4월 16일까지 불과 6개월 정도이지만 이 사실도 금산사 변화의 또 다른 요인이다.

금산사의 변화를 알려주는 구체적인 내용을 보면, 그 변화의 초점은 금산사에 전북의 本山을 두려는 움직임이다. 그 개요는 아래의 글에서 찾아볼 수 있다.

　　從來 全北道內에 잇는 大本山 全州 威鳳寺, 錦山 寶石寺, 兩寺는 本末寺 九十一個所를 有한 全鮮 有數의 大寺刹로서 寺有財産도 相當巨額에 達하야 從來 兩本末寺 間에는 多年間 內訌으로 因하야 여러가지 紛糾를 거듭하야 오든 바 過般 威鳳寺住持 李連應氏가 當選 就任 邇來 諸般 問題를 着着 整理하야 오든 中 今番 兩本山 間 交通 不便의 關係와 經費緊縮 其他 여러 가지 事情에 의하야 過般 兩 本山住持會를 開催하고 威鳳寺, 寶石寺을 合同하야 金堤 金山寺를 大本山으로 하기로 提案決議하야 이를 本道 及 總督府 兩 當局에 認可申請할 計劃으로 目下 猛烈運動中이라는데 이의 實現을 보게 될 때에는 여러 가지로

---

99) 그런데 이 선거의 당선자는 누구인지 현재로서는 확인할 수 없다. 한편 《금산사지》에는 선거 이후 곽법경이 주지였다고 전한다. 혹시, 이 선거도 문제가 생겨 1년 후에는 위봉사 주지인 이연응이 겸직으로 취임한 것으로 추정해 볼 수도 있다.

便利한 점이 만흐리라고 一般社會에서는 매우 企待中이라고 한다.[100]

이 내용을 정리하면 대략 다음과 같다.

첫째, 1930년 10월경, 위봉사와 보석사는 기존 본산을 스스로 해소하고 그 대신 대본산으로 금산사로 정하는 제안 결의를 위봉사, 보석사의 본말사주지회에서 결정하였다.

둘째, 위봉사와 보석사간에는 수년 동안 갈등이 있었는데, 그 요인은 양 본산간 교통의 불편과 경비 위축의 문제였다.

셋째, 위봉사와 보석사의 갈등의 해소와 금산사의 본산 지정 신청에는 위봉사 주지로 피선된 이연응의 노력이 지대하였다.

이 결정은 전북의 불교계와 금산사로서는 매우 중요한 결정이었다. 그리고 그 결정은 위봉사, 보석사와 함께 금산사도 동의하였을 것으로 보인다. 1920년대 여타 사찰들의 본산 승격에 대한 갈망이 많았다는 저간의 사정을 고려하면 위봉사와 보석사의 결정은 이해하기 어려운 측면이 있다. 양 본산간의 교통이 불편한 것은 쉽게 납득이 된다. 금산사는 전북의 중앙에 위치한 것이 고려되었을 것이다. 그러나 사격 및 전통을 대변하는 본산을 스스로 취소한 것은 다른 연유에서 찾아야 할 것이다.

우선 위의 기사에서 보이듯 경제적인 난관을 지적할 수 있다. 기존 본산 결정의 요인에 경비 위축이 있었다면, 본산이 취소되면 경비의 어려움이 해소될 가능성이 상정된다.[101] 또한 이즈음에는 재단법인 교무원의 40만원 추가 증좌, 중앙불전과 보성고보 경영의 논란,[102] 조선불교선교양종의 출범으로 등장한 종회·교무원의 구도는[103] 각 본산에게 적지 않은 분담

---

100) 〈威鳳, 寶石兩本寺 合同運動猛烈〉《매일신보》 1930.10.23.
101) 《朝鮮佛敎界》 2호(1916.5)에는 중앙학림의 학인 배당에 따른 각 본산의 배당액이 나온다. 이는 당시 각 본산의 경제력을 고려하여 책정한 것이기에 각 본산의 경제력을 비교할 수 있다. 총 9등급으로 나눈 그 기준에서 법홍사와 영명사는 최하 9등급이고, 위봉사는 8등급, 보석사는 6등급이다. 이러한 경제적인 사세는 이 사찰들이 본산의 사격을 유지하는 데 적지 않은 어려움이 있었을 것으로 볼 수 있는 대목이다.
102) 金光植, 〈일제하 佛敎界의 普成高普 經營〉《한국민족운동사연구》 19, 1998.

금으로 요약되는 재정적인 부담을 안겨 주었을 것이다.[104] 더욱이 당시의 세계적인 공황의 파급 혹은 소작쟁의 가속화 등도 불교계로서는 어려운 문제였을 것이다. 위봉사와 보석사가 스스로 본산 취소를 결정한 것도 이러한 측면과 무관할 수는 없는 것이다.[105] 그러면 금산사는 재정적인 문제에 난관이 없었다는 말이 성립된다. 이를 확대 해석하면 그 즈음의 금산사 사세는 점차 회복해 갔던 정황이 아니었을까?

이러한 제반 사정하에서 위봉사 주지였던 이연응이 위봉사 주지를 맡으면서도 금산사로의 본산 결정을 한 직후에 금산사 주지로 부임한 것은 무엇을 의미하는 것인가? 이는 일단 금산사 주지를 겸임하면서 금산사 본산 지정의 의지를 가속화하려는 의도로 볼 수는 없는 것인가? 그러면 이연응이 금산사 주지를 불과 6개월만 한 것은 어떻게 설명해야 하는가? 더욱이 이연응의 후임으로 금산사 주지에 부임한 金湖는 속명이 김윤창이었던 친일적인 인물이었다. 이러한 인물이 금산사 주지로 부임하였음은 일제당국이 금산사 지정에 대한 소극적인 의사로 볼 수도 있다.

단정할 수는 없어도 이러한 사정이 개입이 되어서 그런지 금산사의 본산 지정은 1934년 10월까지 이행되지 못하였다. 이는 일제의 승인이 없었기 때문이다. 금산사 본산 지정은 사찰령 시행규칙을 개정해야 하는 문제인 것이다. 이에 위봉사와 보석사는 1934년 10월 3일 양 본말사의 주지회와 평의원회를 개최하여 이전의 그 결의를 더욱 구체적으로 추진할 것을 정하였다. 그 사정은 다음과 같이 전한다.

朝鮮寺刹界의 重鎭인 全北 本山인 錦山郡 南一面 寶石寺와 全州郡 所陽面

---

103) 金光植, 〈朝鮮佛教禪教兩宗 僧侶大會의 개최와 성격〉《한국근현대사연구》 3, 1995.

104) 〈朝鮮佛教財政에 對하야〉《佛教》 100호(1932.10) 참조. 이 글에는 당시 중앙과 지방 불교계 재정의 어려움 등이 잘 요약되어 있다.

105) 1930년대 전반기 당시 불교계 동향을 전하는 자료를 일별하면, 위봉사와 보석사는 중앙불교계에 납부금 등을 제대로 납부하지 않았다. 그리고 중앙불교계의 활동에는 거의 참가하지 않는 경향이 두드러진다.

威鳳寺 兩本末寺의 住持와 評議員會는 지난 三日 午前 十時브터 全州郡 上關面 大聖理 南固寺에서 臨時議長 現任 威鳳寺 住持 李連應氏 統制下에 開催, 左記 事項을 討議 決定한 후 決定案 第一項인 兩本山 威鳳, 寶石寺 倂合의 件에 對하야는 卽席에서 成案하야 全北道知事의 손을 經由하야 本府 當局에 申請中이라는데 一般은 此件에 對하야 認可의 成否를 매우 注目中이라고 한다.[106]

전주의 南固寺에서 개최된 그 회의에서 이전 1930년의 결의를 재확인하였음을 알 수 있다. 위봉사 주지의 주도하에 열린 그 회의에서는 본산 통합에 따른 세부적인 내용까지도 결의사항으로 정하여 일제당국에 인가 신청을 신속하게 하였다. 그 내용은 다음과 같다.

- 兩 本山 威鳳, 寶石 兩寺 倂合에 關한 件.
- 本末寺 財産統一에 關한 件, 但 住持는 月給制度로 할 것.
- 本末寺 事業에 關한 件, 但 講堂 禪院 設置할 事.
- 十年度 豫算 編成에 關한 件.
- 倂合後 本山은 金提郡 水流面 金山寺로 定할 것.[107]

위 결의사항은 그 추진 계획이 구체적으로 진전된 것임을 파악할 수 있다. 재산통일, 본말사 사업, 예산편성 등은 그 실례이다. 그리고 흥미로운 것은 주지의 월급제도 도입이다. 역으로 보면 그 이전 주지의 전횡 혹은 주지의 자의적인 경비 지출 등의 문제가 있었던 반발로 보여진다. 곽법경의 행태에 비추어 고려하면 시사하는 바가 있다.

그러나 위와 같은 결의를 하였지만 가장 중요한 금산사 본산 지정은 바로 결정되지 않았다. 1935년 9월경에도 그 문제는 매듭을 짓지 못하였다. 그를 전하는 내용을 보면,

全北의 本山으로는 金山의 寶石寺와 全州의 威鳳寺가 잇써 各各 所屬 末寺를 統制하고 잇는 바 兩本山에서는 全部 此를 倂合하야 全北 一本山 主義를 취하야 寶石과 威鳳의 末寺인 金山寺를 本山으로 昇格하기로 決定하고 倂合 可取

---

106) 〈威鳳, 寶石 兩本寺 合倂案 決議 申請〉《매일신보》 1934.10.10.
107) 위와 같음.

를 當局에 申請中 임으로 不遠 認可되는 대로 卽時 實現하리라 한다.[108]

전북 一本山主義라는 원칙하에 금산사를 본산으로 승격시키려는 계획에 대한 인가 신청이 진행중이었다는 것이다.

이처럼 1930년 가을경부터 시작된 금산사의 본산 승격 움직임은 거시적으로는 전북 불교계의 구도, 즉 위봉사와 보석사의 본말사 주지회에서 나온 것이다. 그러나 그 내면에는 금산사 자체의 성장 및 사세의 회복 등이 있었을 것이다.

금산사 성장과 관련해서는《금산사지》에 1934년 8월 제7세 주지로 황성열이 취임한 이후 사찰을 대대적으로 정비하여 '中興의 回運'을 얻었다는 것도 유의할 내용이다.[109] 사찰의 대대적인 정비는 재정적인 뒷받침 없이는 불가능한 것이다. 또한 위봉사 주지였던 이연응이 그의 개인 소유답을 금산사에 死後祭位畓으로 헌납하고, 그가 사재로 세운 전주부 우전면 석불리의 교당도 금산사포교당으로 이전 등기하였다는[110] 실례도 간과할 수가 없다. 이 같은 금산사의 본산 지정 신청은 비록 가시적인 성과는 나오지 않았어도, 1930년대 중반의 금산사 역사에서 가장 중요한 사실이었음은 분명하다.[111]

---

108) 〈威鳳, 寶石 兩寺 合倂 本山을 金山寺로〉《매일신보》1935.9.29.
109) 《金山寺誌》 p.106, 아세아문화사. 황성열이 정비한 대상과 내용은 미륵전·대적광전·대장전·금강문 등의 重修, 계단배전·주지실의 新建, 미륵주불 再成, 戒壇의 修築 등이다.
110) 〈彙報〉「李連應禪師의 美擧」《불교시보》10호(1936.5.1). 그런데 이연응은 1935년 10월 16일 자로 위봉사 주지에서 물러났고, 그 후임으로 金振月이 주지취임 인가를 받았다.《조선총독부 관보》2635호(1935.10.24) 참조. 그리고 이연응이 어떤 연유로 그의 재산과 포교당 등을 금산사에 기증하였는가도 알 수 없다.
111) 그 즈음 곽법경의 행적을 전하는 내용이 있는데, 당시 서울에 거주하였던 곽법경을 김제군 各寺庵聯合會가 心田開發 순회강연의 연사로 초청하였다 한다. 이는 금산사와 인연이 단절된 곽법경의 행적을 단적으로 말해 준다. 〈彙報〉「金堤各寺庵聯合會의 心田開發布敎狀況」《불교시보》4호, 1935.11.

2) 全北佛敎聯合宗務所와 全北聯合佛敎講院

1930년부터 전북의 본산으로 금산사를 승격·지정하려는 계획은 1936년까지도 결실을 맺지 못하였다. 그리하여 1936년 초반에 이르러서는 그 계획이 수정·변경되었다고 보인다. 그 사정을 파악할 수 있는 내용을 전하는 아래의 글을 살펴보자.

> 年前에 永明法興 兩寺가 合同되듯이 全羅北道 威鳳·寶石의 兩大 本山이 一本山으로 合同코저하야 오든바 具體的으로 事件은 進展되야 그간에 모든 手續을 完了하얏슴으로 멀지 안해서 合同事業이 實現되리라 한다.[112]

전북 一本山主義라는 목표를 갖고 추진된 금산사의 본산 승격이 이제는 영명사와 법흥사가 합동되었던 바와 같이 추진된다는 것이다. 그러면 평남의 본산인 永明寺와 法興寺는 어떠한 방법으로 합동되었는가? 이와 관련된 정황을 알려주는 기록을 아직 찾지 못하였지만, 《불교시보》 30호에는 그 편린이 전하고 있다. 《불교시보》 30호는 1938년 1월호이기에 근하신년란이 있는데, 여타의 본산은 '大本山OO宗務所'이라고 기재하였지만 법흥사와 영명사는 '大本山永明法興兩本寺宗務所'라 기재되어 있다. 요컨대 기존 본산의 사격과 직명을 그대로 갖고 '합동종무소'의 방법으로 합동되었음을 알 수 있다.

이는 전북 불교계와 금산사의 뜻이라기보다는 일제당국의 방침에 의한 것으로 이해된다. 법흥사와 영명사가 합동종무소의 방향으로 결정된 것은 1935년으로 보인다. 따라서 금산사를 전북의 '一本山'으로 추진한 그간의 계획이 대략 1936년 연초의 전후에 전환된 것이 아닌가 한다. 그렇다면 전북의 위봉사와 보석사의 양 본산 합동종무소는 언제 출범하였고, 어디에 있었는가? 이 문제는 사료의 부족으로 확실한 사정을 알 수 없다. 다만 1943년의 7월의 기록, 즉 《불교시보》에는[113] 분명히 '全北佛敎聯合宗務所'라는 명칭이 전한다. 그리고 분명히 일제 말기까지 위봉사와 보석사는 본산

---

112) 〈彙報〉「威鳳寶石 兩本山이 一本山으로 合同計劃」《불교시보》 9호, 1936.4.
113) 〈敎界消息〉「濟州道布敎堂의 合倂」《불교시보》 96호, 1943.7.

의 사격을 유지하였으며, 금산사는 본산으로 승격되지 못하였다.[114]

또한 그 종무소가 있던 곳이 금산사였는지, 아니면 전주 시내에 있었는지, 위봉사와 보석사의 본사에 있었는지도 단정하기 어렵다. 이러한 사정과 관련해서 1936년 11월의 사정을 전하는 다음의 글을 보자.

威鳳寺 末寺인 完州郡 所陽面 大興里 松廣寺에서는 去 十一月 二十七日 午后 一時 四十分 頃에 威鳳寶石 兩大 本寺 住持 聯合總會가 잇섯다는데 全州府內에 建在된 그전 客舍를 威鳳寶石 本末寺에서 一萬四千圓也에 聯合으로 買入하야 事業을 徹底 經營하기 爲하야 今番 聯合會 席上에서 受理費及事業費를 豫算 編成케 되얏다.[115]

위의 내용에서는 매우 주목할 내용이 있다. 우선 위봉사와 보석사의 본말사 주지 연합 총회가 1936년 11월 27일 전주 송광사에서 개최되었다는 것이다. 전북불교연합종무소의 실질적인 주체인 주지연합총회의 명칭으로 회의를 개최하였다는 것은 곧 일제당국의 인가 신청이 종료되었거나, 아니면 종료되기 직전에 가능한 것으로 보인다. 이에 그 금산사의 본산 지정 대신에 등장한 본산연합의 방법이 그 총회 전후에 완료되었음을 시사해 준다. 그러므로 그 인가 전후에 추후의 사업 등을 협의하였던 것이다.

그리고 가장 중요한 그 연합 사무소의 설립과 관련해서는 양 본산에서 구입할 전주의 객사가 그 사무소로 활용될 것으로 보인다. 그렇기 때문에 그 객사 구입비를 양 본산의 본말사에서 공동으로 구입하고, 그에 관련된 수리비와 사업비를 예산에 편성하였다고 할 수 있다. 이렇게 인정한다면 전북불교연합의 가시적인 출범은 일단 1936년 11월로, 그 후속조처로서의 종무소 설립은 1937년 초반으로 볼 수 있다.[116]

---

114) 1941년 4월 23일, 총독부령 125호로 사찰령시행규칙이 개정되어 조선불교조계종과 태고사사법이 제정되었다. 당시 그 개정된 태고사사법과 함께 나온 것으로 이해되는 〈寺刹本末關係及順位表〉에는 분명히 전북의 본사로 위봉사와 보석사가 전하며 금산사는 위봉사의 말사로 전한다. 영명사와 법흥사도 같은 양상이었다. 《韓國近現代佛敎資料全集》 67, pp.222~262. 1996, 민족사.

115) 〈敎界消息〉 「威鳳寶石兩大本末寺聯合住持總會」 《불교시보》 19호, 1937.2.

116) 일제가 금산사 본사 신청을 인정하지 않으면서, 기존 위봉사·보석사 본산 구

이 같은 전북불교연합 종무소의 출발로 인해 가시화된 사업은 全北佛
敎聯合講院의 설립이다. 이 강원의 출범은 1941년 4월경으로 추정된다.
왜냐하면 1941년 6월 1일에 제1회 전북연합불교 전문강원 학우회가[117] 개
최되었기 때문이다.[118] 그런데 우리가 유의할 점은 그 강원이 금산사에서
설립되었다는 것이다. 이 결정은 금산사를 본산으로 승격시키기 위한 노
력을 기하던 1934년 10월경의 위봉사와 보석사 본말사 주지회의에서 본
말사 사업으로 講堂의 설치가 포함된 데에서 연유한 것이다.

그런데 위봉사와 보석사는 그 즈음에 각기 강원을 운영하고 있었다.[119]
1937년 12월 15일 현재의 기록으로는 위봉사에는 閔中峰 講主하에 사미
과, 사집과, 사교과에 14명의 학인이 있었으며, 보석사에는 李知奉 講主하
에 사집과, 대교과에 학인 5인이 있었다.[120] 여기에서 그 연합 강원이 왜
금산사에 설립되었는가 하는 문제를 짚고 넘어가야 한다. 먼저 그 강원이
금산사에 있었음을 전하는 기록을 살펴보겠다. 1941년 12월의 제1회 졸업
식을 전하는 것으로 아래의 글이 있다.

> 今 十二月 二十七日 全北 金提郡 金山寺 全北聯合佛專高等講院에서는 講伯
> 金包光 大和尙會下에 第一回 卒業 及 修了式을 擧行한 바 卒業 及 修了者 氏
> 名은 다음과 같다.[121]

1941년초에 개강한 것으로 보이는 금산사의 강원에는 대교과, 사교과,

도를 유지하려 한 의도가 매우 궁금하다. 한편 전북불교연합종무소가 출범한
그 즈음인 1937년 1월경, 全南五本山聯合會가 조직된 것도 전북의 경우와 비교
하여 흥미로운 사실이다. 이러한 사정은 필자의 후일 연구과제로 남겨두고자
한다. 〈敎界消息〉「全南五本山의 聯合會 組織」《불교시보》20호, 1937.3.

117) 학우회에는 회장, 서무부장, 문예부장, 재무부장, 체육부장, 위생부장 등의 조직
    이 있었다.

118) 〈敎界消息〉「全北聯合佛敎專門講院學友會 第一回定期總會」《불교시보》71호,
    1941.6.

119) 〈全朝鮮講院學人名簿〉《弘法友》창간호, 1938.3.

120) 위와 같음.

121) 〈敎界消息〉「全北聯合佛敎專修高等講院 第一回 卒業式」《불교시보》78호,
    1942.1.

사집과, 사미과가 있었으며, 隨意로 玄談을 배우기도 하였다.[122] 金包光이 강사로[123] 근무하였으며, 학인이 18~20명이던[124] 이 강원은 1943년 3월까지의 정황이 현재 전하고 있는데,[125] 8·15 해방될 때까지 존속하였는지는 알 수 없다.[126]

금산사에 강원이 설립된 것을 이해함에서는 금산사를 본산으로 승격시키려던 구도에서 찾을 수 있다. 당초 금산사를 전북의 본산으로 하려던 의도가 변경되어 전북불교연합종무소를 전주에 설치하는 것으로 귀결되었다. 이는 금산사가 비록 본산으로 확정되지는 못했어도 그 확정의 저간에는 금산사가 전북을 대표할 수 있는 위상이 전북 불교계 내에서 합의될 정도임을 은연중 말해 준다. 그리고 금산사에 강원이 있었음은 금산사가 강원을 운영할 공간적인 여유와 경제적 여력이[127] 있었음도 대변한다.

그런데 당시 금산사 강원 제1회 졸업생의 회고에 의하면[128] 당초 그 연합 강원은 송광사에 설립하고 강사는 진진응 강백을 초빙하였다고 한다. 그러나 송광사는 여건상 문제가 있어 전주 시내에 있었던 연합불교종무원으로 강원을 옮겼으며,[129] 진진응 강사 후임으로 김포광이 초청되었다.[130]

---

122) 위와 같음.
123) 김포광은 금산사 강주로 부임하기 이전에는 선암사 專門道場(강원)의 會主로 있었다. 《佛敎》 신28집, p.33. 1940.12.
124) 《佛敎》 신37집, p.17, 26. 1942.6. 참조.
125) 〈敎界消息〉「全北聯合金山寺 高等專修講院 第二回卒業及修了式」《불교시보》 93호, 1943.4. 김포광은 금산사의 강원에 있으면서 1943년 1월 25일에 〈金山寺誌〉의 서술을 완료하였는데, 그 사지의 말미에 '智異山人 包光 金映遂 述'이라는 표현이 전한다.
126) 김포광이 1944년 6월경에는 선암사 주지로 근무하였다는 것을 보면, 그 즈음에는 강원이 없었을 가능성이 높다. 〈故月泳和尚滅後瑞相에 對하야〉《佛敎》 신 63집(1944.8) 참조. 그런데 당시 금산사 강원 제1회 졸업생인 김춘명은 1945년 3월경 금산사 강원은 '식량관계'로 해산되었다고 회고하였다. 《放下着하라》 p.99. 1999, 一柱門.
127) 당시 강원의 학인은 수업료 및 식량은 각자의 부담으로 해결하는 것이 관행이었다. 그러나 그 강원에서도 일정한 지원이 있었기에 강원을 주관하는 해당 사찰의 경제력과 무관할 수는 없다.
128) 위의 책, 《방하착하라》 pp.86~87.

그렇지만 학생이 20여 명이나 되어 장소가 협소한 관계로 금산사로 또다시 이전하였다는 것이다. 여기에서도 금산사가 강원을 운영할 수 있는 제반 여건을 갖추고 있었음에서 당시 전북 불교계에서의 금산사의 위상을 더욱 절감케 해 준다. 달리 보면 본산을 금산사에 둔다는 것을 결정한 전북의 본말사 주지들이었기에 연합강원을 금산사로 이전하기로 한 것은 큰 무리가 없는 결정으로 보여진다.

지금껏 1930년부터 1945년 8·15 해방 이전까지 전북 불교계의 동향을 유의하면서 전북 一本山主義하에서 금산사를 본산으로 승격시키려는 제반 전후사정을 살펴보았다. 그 결과 금산사 본사 지정은 성사되지 않았지만, 전북불교연합종무소가 전주에 설립되고 전북불교연합강원이 금산사에 설립·운영으로 귀결되었음을 알 수 있었다. 이러한 제반 과정과 결과가 금산사 사격을 완전히 회복하지는 못했어도 이후 전북 수사찰의 위상을 회복하는 데에는 큰 기여를 하였다고 하겠다. 그리하여 금산사는 해방 이후 자연스럽게 전북의 명찰, 혹 전북을 대표하는 사찰의 위상과 사격을 회복할 수 있는 토양을 구축하였다고 보고자 한다.[131]

5. 결 어

미륵도량의 구현지로 널리 알려진 금산사는 삼국·고려·조선시대의

---

129) 강원이 연합종무소가 있던 전주의 完山町에 있었기에, 강원학우회 제1회 정기 총회가 바로 그곳에서 개최되었다.
130) 진진응이 강사를 사직한 이유와 김포광이 온 사정은 알 수 없다.
131) 그런데 해방공간에서 새롭게 제정된 教憲에는 일제하 사찰령에서 규정한 본말사제도에 의한 본산이 사라지고, 대신 각도의 '教區 教務院'(13교구)이 등장하였다. 전북은 전주시 완산동(대표 鄭奉模)에 있었다. 그후 6·25 전쟁을 거친 이후 비구·대처 간의 분규가 전개되면서 비구측이 1959년에 각도의 교무원을 해체시키고 전국에 24개 수사찰을 두었다. 이 수사찰이 1962년 4월 11일의 통합종단 종헌에 포함되어 현새의 25교구 본사제가 운용되기에 이른다. 이러한 변동하에서 위봉사와 보석사는 그 25교구 본사에서 누락되었으며, 금산사는 선운사와 함께 제17교구, 24교구의 본사가 되었다.

1300여 년 동안 일정한 사격을 유지하면서, 전북을 대표하는 명찰로 그 명성이 있었다. 그러나 일제하에서는 그 사격에 심각한 타격을 입는 등 사세가 하락하였다. 이에 본 고찰에서는 그 원인, 경과, 변동, 회복 등에 관련된 제반 사정을 정리·검토해 보았다.

조선후기와 개항기의 금산사는 도총섭, 총섭, 규정소, 승통이 있었던 사찰로서 전북을 대표하는 사격을 유지하였으나 1902년 금산사 주지였던 龍暝의 순직을 계기로 금산사는 급격히 사세 위축의 지경에 처하였다. 용명의 행적에 이의를 갖고 있었던 여러 세력들의 움직임이 구체화되면서 금산사 자체의 나약성이 더해진 것에서 그 원인을 찾을 수 있다.

더욱 금산사 사세 하락에 결정적인 타격을 준 것은 1911년 일제의 寺刹 令 시행규칙이다. 요컨대 전국의 사찰을 본말사제도에 의해서 행정적으로 관리하던 일제는 한국불교를 30본산으로 지정하고, 여타 사찰들을 그 말사로 편입하였다. 이러한 구도에서 금산사는 위봉사의 말사라는 위치로 전락하였다. 이는 일제의 불교정책에 희생된 것을 말해 준다. 위봉사의 말사에 편입된 금산사는 위봉사의 위압적인 운영으로 사찰 정상화를 기하기가 매우 어려웠다.

또한 금산사의 비정상화를 가속화시킨 것은 甑山敎 圖得運動이다. 강증산의 재림, 증산교 교단 유지 및 확대를 기도하던 증산교에서는 금산사를 그들의 신앙의 근거처로 삼았다. 이는 금산사를 불교사찰로서 인식하려는 것보다는 증산교 신앙의 근거지로 보려는 인식의 귀결로서 금산사로서는 그 파행의 여파를 입었다. 미륵불교를 내세웠던 金亨烈과 위봉사 주지 郭法鏡과의 밀약은 그 대표적인 사례였다.

그런데 1930년 초반에 접어들면서 금산사는 새로운 변화에 직면하였다. 전북의 본산 사찰이었던 위봉사와 보석사가 전북 一本山主義에 의거하여 연합으로 금산사를 그 本山으로 지정하려고 다각적인 노력을 기울였다. 이는 양 본산간의 갈등의 해소와 경제적인 난관을 극복하려는 대안에서 나온 것이었지만, 금산사의 전북 대표사찰이라는 위상을 회복하는 데에 도움을 주었다. 그러나 금산사의 본산 승격 운동은 일제의 미승인에 의해 끝내 성사되지 못하였다. 그 우여곡절 속에서 나온 대안은 全北佛敎聯合宗務所의 설치이다. 1937년경 전주에 설립된 그 종무소는 기존 양 본산을 그대로 유지하면서 본산의 사업 등만 공동으로 수행하는 공동사무소였다.

그 후 위봉사와 보석사는 당초 전북 일본산주의를 결의하면서 정했던 사업을 공동으로 수행하였다. 그 중 주목할 것은 1941년의 講院의 설치인데 양 본산은 각기 운영하였던 강원의 운영을 종료시키고 양 본산이 공동 운영하는 강원을 설립하면서, 그 강원을 금산사에 두었다. 양 본산의 공동사업으로써 강원이 금산사에 있었음은 금산사 사격회복에 일익을 주었다고 하겠다. 이 같은 연합종무소와 강원의 설립은 이후 금산사 사격회복에 일정한 영향을 주었다.

白龍城의 獨立運動

1. 서 언

白龍城 禪師는 3·1운동 당시 불교계 대표로서 민족대표 33인에 포함된 민족지사이다. 또한 일제하 불교계를 대표하는 善知識으로서, 한국 전통불교의 수호활동을 치열하게 전개하여 현재 한국불교의 기초를 굳건히 하였다.

그럼에도 불구하고 지금껏 백용성에 대한 연구는[1] 매우 미진한 상황이었음을 인정하지 않을 수 없다. 그 결과로 백용성의 생애 및 사상에 대한 불교계 및 일반 대중들의 인식에 문제점이 적지 않다. 이러한 문제점은 우선 불교계 및 학계의 일제하 불교연구의 무관심에서 기인한 것이며, 아울러 불교종단 자체의 자기 성찰이라는 역사의식의 박약이라는 측면에서도 찾아볼 수 있다.

---

1) 백용성에 대한 기존의 연구는 아래의 글을 참고할 수 있다.

　李永子, 〈白龍城研究序說〉《佛敎思想》6, 1973.

　韓普光, 《龍城禪師研究》1981, 甘露堂.

　＿＿＿＿, 〈龍城禪師의 修行方法論〉《伽山李智冠스님華甲紀念論叢 韓國佛敎文化思想史》1992.

　＿＿＿＿, 〈龍城禪師의 譯經事業이 갖는 歷史的 意義〉《석림》26, 1993.

　＿＿＿＿, 〈용성선사의 불교개혁론〉《회당학보》2, 1993.

　韓鍾萬, 〈白龍城의 大覺敎 思想〉《崇山朴吉眞博士古稀紀念 韓國宗敎思想史》1984.

　光　德, 〈龍城禪師의 새 불교운동〉《새로운 정신문화의 창조와 불교》1994.

　金光植, 〈1926년 불교계의 帶妻食肉論과 白龍城의 建白書〉《한국독립운동사연구》11, 1997.

　　백용성의 生涯와 思想에 대한 인식의 지평을 확대시키려는 의도하에서, 그의 생애에 나타난 獨立運動의 개요를 살펴보려고 한다. 지금껏 백용성에 대한 연구는 그 연구의 미진함뿐만 아니라 연구 시각에서도 일정한 한계를 지니고 있었다. 즉, 백용성에 대한 접근에 있어서 단순히 생애에 대한 정리와 함께 大覺敎 사상이라는 제한된 시각에서만 바라보았기 때문에 백용성이 갖고 있는 사상적인 多樣性과 深源性에 접근하지 못하였다. 또한 백용성의 행적과 사상을 그의 개인적인 측면에서만 접근하여 그가 갖고 있는 사회성과 역사성도 간과한 것이다.

　　이러한 기존 시각에 대한 문제점을 유의하여 그의 생애 전반과 사상 그리고 민족운동선상에서의 의의 등을 재검토하고자 한다. 한편 이제까지의 백용성에 대한 연구는 한국 근대의 민족운동사 및 근대불교사에 대한 천착 없이 이루어져 연구 기반의 취약성을 스스로 초래하였다. 그러나 이제는 민족운동 및 일제하 불교사에 대한 연구 축적이 이루어져 백용성 연구의 신화를 가능케 해 주고 있다.

　　이에 필자는 본 고찰에서 그의 생애를 민족운동 및 당시 불교계 동향과 관련을 지어 살펴보고자 한다. 백용성이 승려로서, 독립지사로서 활동하던 당시는 주지하는 바와 같이 일제로부터 국권을 빼앗겨 일본의 식민지로 전락되었던 시기이다. 그러므로 백용성의 제반 행적과 사상은 그러한 시대적 배경과 무관할 수 없다.

　　다시 말하자면, 개항기 및 일제 식민지치하에서 佛敎의 活性化와 植民地 佛敎의 克復을 기하기 위해 치열한 활동을 전개한 백용성의 생애를 抗日佛敎의 지향이라는 독립운동의 관점에서 살펴보려는 것이 본 고찰의 주된 목표다.

2. 한국 近代佛敎의 역사적 성격

　　백용성은 승려로서 치열한 삶을 살았다고 볼 수 있다. 그러나 그의 삶을 이해하고 평가할 경우에는 한국 근대불교계가 갖고 있었던 역사적 성격이라는 시각에서 조망할 필요성이 있다. 한 개인의 삶의 역정은 불가피하게 당시 시대의 정황 등에서 영향 받을 수밖에 없기 때문이다.

따라서 그에 대한 이해는 그 시대 불교의 역사적 성격에 대한 조망이 필수 불가결하다고 하겠다. 이는 그 시대의 본질 및 불교계 동향을 인식한 이후에 백용성의 행적과 사상이 갖고 있었던 특성을 보다 명확히 파악할 수 있다는 것을 말하는 것이다. 이러한 입장을 백용성 연구 심화의 기본적인 조건으로 보면서, 근대불교의 성격을 다음과 같이 이해하고자 한다.

첫째, 불교 中興 및 發展의 기회를 맞은 시기였다. 삼국 및 고려시대 사상과 문화의 중심이었던 불교는 조선시대에 이르러서는 '숭유억불'이라는 표현에서 단적으로 나타나듯 사회적으로 침체의 상황이었다. 그러나 개항기 승려들의 도성출입금지 '解除令'으로 불교계는 이전 침체의 상황에서 중흥·발전이라는 기회를 자연스럽게 맞이하였다. 그러므로 당시는 급변하는 시대 상황에서 불교발전에 대한 인식과 그 실천에 대한 과제가 가장 중요한 시기였다.

둘째, 일제의 후원하에 가속화된 日本佛敎 浸透에 직면하였고, 국권을 상실하여 일제의 식민지 佛敎政策에[2] 억압당한 시기였다. 한국을 침략하고, 식민지로 경영하려는 목적에 진행된 일제의 불교침투와[3] 함께 불교계에 대한 갖은 압박과 통제는 결과적으로 불교계의 자주권을 박탈하여 불교계의 모순을 심화시켰다.

셋째, 한국 傳統佛敎 守護라는 절박한 사명을 부여받은 시기였다. 일제의 불교정책 등으로 인하여 불교계는 자주적인 불교발전에 대한 기회를 잃고 나아가서는 불교전통마저도 상실할 지경까지 이르렀다. 예컨대 승려의 '帶妻食肉'의 만연은 그 단적인 실례이다.[4]

---

2) 일제의 사찰정책에 대한 논고는 다음과 같다.
　　鄭珖鎬, 〈日帝의 宗敎政策과 植民地 佛敎〉《韓國史學》 3, 1980.
　　徐景洙, 〈일제의 불교정책〉《佛敎學報》 25, 1982.
3) 金淳碩, 〈開港期 日本 佛敎宗派들의 韓國 浸透〉《한국독립운동사연구》 8, 1994.
　　崔炳憲, 〈日帝佛敎의 浸透와 植民地佛敎의 性格〉《韓國思想史學》 7, 1995.
4) 鄭珖鎬, 〈한국 近代佛敎의 帶妻食肉〉《韓國學研究》 3, 1991.

넷째, 불교발전 및 불교계 운영에 대한 이견으로 불교계 내부에서 保守와 進步라는 葛藤이 치열하게 전개된 시기였다. 이러한 문제는 불교발전과 신문명에 대한 인식에서 극명하게 나타났는데 포교, 교육, 승려생활, 교단운영 등 제반 문제에 해당되지 않은 것이 없었다. 그러한 다양한 견해는 佛敎의 維新 및 革新이라는 이름으로 구체화되기도 하였다.[5]

다섯째, 식민지 상황을 극복하고 나라의 주권을 쟁취하려는 民族 獨立運動 대열에 참여해야 할 사명을 부여받은 시기였다.[6] 이 문제는 비단 불

---

5) 근대불교의 혁신론에 대한 개요와 내용은 아래의 논고를 참고할 수 있다.

　韓鍾萬, 〈佛敎維新思想〉《崇山朴吉眞博士華甲紀念 韓國佛敎思想史》1974.

　徐景洙, 〈萬海의 佛敎維新論〉《韓龍雲思想硏究》 2, 1981.

　魯權用, 〈朴漢永의 佛敎思想과 維新運動〉《崇山朴吉眞博士古稀紀念 韓國宗敎思想史》 1984.

　梁銀容, 〈權相老 佛敎改革思想의 硏究〉《震山韓基斗博士華甲紀念 韓國宗敎思想의 再照明》 1993.

　한보광, 〈용성선사의 불교개혁론〉《회당학보》 2, 1993.

　崔炳憲, 〈日帝佛敎의 浸透와 《朝鮮佛敎維新論》〉《震山韓基斗博士華甲紀念 韓國宗敎思想의 再照明》 1993.

　金光植, 〈李英宰의 生涯와 「朝鮮佛敎革新論」〉《한국독립운동사연구》 9, 1995.

6) 불교계의 민족운동에 대한 내용은 다음의 논고를 참고할 수 있다.

　安啓賢, 〈三·一運動과 佛敎界〉《三·一運動 50周年紀念論文集》 1969.

　鄭珖鎬, 〈日本 침략시기 佛敎界의 민족의식〉《尹炳奭敎授華甲紀念 韓國近代史論叢》 1990.

　金相鉉, 〈3·1運動에서의 韓龍雲의 役割〉《李箕永博士古稀紀念論叢：佛敎와 歷史》 1991.

　金昌洙, 〈日帝下 佛敎界의 抗日民族運動〉《伽山李智冠스님華甲紀念 韓國佛敎文化思想史》 1992.

　金光植, 〈日帝下 禪學院의 運營과 性格〉《한국독립운동사연구》 8, 1994.

　______, 〈1910年代 佛敎界의 曹洞宗盟約과 臨濟宗運動〉《한국민족운동사연구》 12, 1995.

　______, 〈朝鮮佛敎靑年總同盟과 卍黨〉《韓國學報》 80, 1995.

　______, 〈朝鮮佛敎禪敎兩宗 僧侶大會의 개최와 성격〉《한국근현대사연구》 3, 1995.

　______, 〈朝鮮佛敎禪宗 宗憲과 首座의 現實認識〉《建大史學》 9, 1997.

교계뿐만 아니라 당시 사회의 민족적인 당위로서 일반민중과 함께 실천해
야 할 과제였다.

위와 같은 다양한 성격은 그 시기 불교계 제반 문제를 검토함에 있어
하나의 시각으로 활용할 수 있으며, 그 시대 불교계의 역사적 과제라 하
겠다. 그러므로 그 시기 불교계의 제반 문제와 함께 승려의 행적과 사상
등을 검토함에서는 바로 그러한 역사적 성격에서 조망된 사실 정리 및 분
석과 아울러 불교계가 역사적 과제에 얼마나 충실하였는가의 관점에서 접
근하고 평가에 임해야 할 것이다.

3. 白龍城의 生涯와 獨立運動

1) 臨濟宗運動

백용성은 1864년 5월 8일(음력), 현재의 전북 장수군 번암면 죽림리 252
번지에서 태어났다. 그의 속명은 相奎이며, 14세 때 남원군 덕밀암으로
출가를 단행하였으나 부모의 만류로 다시 속가로 돌아오게 되었다. 그러
나 16세에 해인사 극락암으로 정식 출가를 단행하여 승려의 길로 나섰다.
해인사에서 華月和尙을 은사로, 慧造律師를 계사로 사미계를 받아 행자
로서의 기본 소양을 익히면서 수행을 하였다.

이후 그는 孤雲寺의 水月長老를 찾아가 大悲呪를 통한 業障 소멸을
터득하는 등 본격적인 수행의 길로 나섰다. 통도사의 禪谷律師에게 비구
보살계를 받았으며, 양주 普光寺의 兜率庵에서 대비주 念誦과 無字話頭
참구를 통하여 마침내 1, 2차 깨달음을 하였다. 그 이후에도 지리산 금강
대 및 송광사 삼일암 등지에서 수행을 계속하여 지리산과 낙동강에서 3,
4차 깨달음을 경험하였다. 그는 4차의 깨달음을 하였지만 수행을 멈추지
않았다. 즉 '悟後修行'이라는 독특한 保任修行을 지속하여 경전과 어록의
열람, 각처의 정통한 강사의 순회, 은둔을 통한 자기 성찰 등 깨달음에 대
한 확인을 하면서 수행의 고삐를 늦추지 않았던 것이다.

그의 출가와 수행을 연령의 기준으로 다시 정리해 보면, 16~23세는 4차의 깨달음을 하였던 修行悟道期라 하겠다. 23~30세는 어록과 경전 열람을 통한 悟後修行 혹은 교학과 어록의 열람기로 볼 수 있다. 30~37세는 은둔을 통해 자기 성찰에 충실하였던 隱遁保任期이다. 37~40세는 여타 선사들과 선문답을 통해 그의 깨달음을 점검한 覺의 再點檢期로 볼 수 있다.[7]

위에서 그의 수행과정을 약술한 것과 같이 백용성은 '上求菩提'의 수행을 40세에 마치고, 그 이후부터는 '下化衆生'의 길을 내딛게 된다. 우선 산중에서 山中禪會를 개설하여 운수납자를 7년 간 지도하고, 48세(1911년)부터는 서울로 나와 도시 禪布敎 활동이라는 재가불자들을 위한 포교 제일선에 서게 되었다.[8] 당시 그의 포교활동은 아래의 글에 잘 나와 있다.

爾時에 龍城이 河東郡 七佛禪院 宗主로 被任이러니 世尊應化 二九三八年 辛亥에 解任하고 同二月 晦日에 入京城하야 周流觀覽 則 各敎 敎堂이 廣大嚴麗하야 聳出中霄하고 每到空日이면 聽衆이 滿堂이러라. 自歎久之曰 外道敎堂은 鍾聲이 錚錚然如林하되 吾道는 寂寞無人하니 是 誰之過耶아 於是乎 姜信佛家에 留錫度生하니 時年이 四十八歲러라 未數 三月에 得信徒 數百名하다. 又 移去 康侍郎永勻之家하야 與數十信士로 立參禪法規하며 擧唱宗乘하다.[9]

七佛禪院의 宗主를 그만두고 서울로 온 해가 1911년 2월(음력)인데, 그가 서울에 와서 느낀 것은 타종교의 활발한 포교 움직임이었다. 불교가 '寂寞無人'의 지경임을 자탄하고, 신도의 집에 머무르면서 포교하니 1달만에 신도가 수백 명이었다고 한다. 그 후 강영균의 집으로[10] 옮겨 수십 명의 信士와 함께 參禪 法規를 세우는 등 포교 활동에 전념하였다는 것이다.

---

7) 이상의 백용성에 대한 출가, 수행 등에 대한 개요는 위의 한보광의 글, 〈龍城禪師의 修行方法論〉을 참고하여 요약한 것임.
8) 백용성의 생애 전반 및 수행과정은 위의 한보광의 글을 참고할 것.
9) 〈萬日參禪結社會 創立記〉《龍城禪師語錄》 권下, p.24.
10) 이 강영균의 집이 봉익동 1번지이고, 그곳이 초창기의 대각사인지는 확인하기 어렵다.

이처럼 포교를 시작한 직후, 신도 수백 명의 동참 그리고 참선 법규를 활용한 선수행 활동 등은 그의 포교 활동이 큰 효과를 보았음을 말해 준다.

그가 포교 활동을 시작한 그 시기는 일본불교의 침투가 본격화되고, 일제에 의해 한국이 국권을 상실하여 일제의 식민지로 전락된 때이다. 불교계에서도 이러한 정치적 변동에 의해 큰 격변을 겪고 있었다. 그 결과로 불교계에서는 일제 및 일본불교에 의지하려는 비자주적인 행태가 속출하기도 하였으며, 그 실례가 이른바 圓宗의 대종정인 李晦光 등이 한국불교를 일본의 일개 종파인 조동종에 매종하려 한 曹洞宗盟約이다.

1910년 9월경에 구체화된 그 맹약은 동년 12월경 전 불교계에 그 사실이 파급되어 불교계에 일대 파장이 일어나고 그 반대운동이 거세게 일어났다. 그것이 바로 臨濟宗運動이다.[11] 韓龍雲・朴漢永 등이 중심이 된 그 운동은 광주 證心寺에서 개최하기로 한 맹약반대규탄대회의 기획을 거쳐, 1911년 1월 5일 전라도 및 지리산 일대의 승려들이 참여한 가운데 松廣寺에서 조동종맹약 규탄대회가 개최되었다. 당시 그 총회에서는 조동종맹약을 비판하면서 한국불교의 상징으로 임제종을 표방하고 그 실행기관인 宗務院을 설립하면서, 종무원 대표로는 선암사의 金擎雲을 선출하였다.

총회 이후에는 임제종을 널리 알리기 위하여 이론적 정비와 함께 포교도 강화하였다. 또한 임제종의 寺法과 僧規를 제정하는 등 임제종 종무원을 한국불교의 정통기관으로 인정받으려는 노력을 하였으며, 그러한 임제종 정비의 일환으로 범어사・통도사・해인사를 임제종 3本山으로 정하고 종무원 사무소도 범어사로 이전하였다. 한국의 정통적인 불교기관임을 자임하면서 영・호남 지방에서 시작된 그 운동이 중앙으로 진출하였으니, 이를 단적으로 보여 주는 것이 서울의 인사동에[12] 위치하였던 臨濟宗中央布敎堂 건립 및 운영이다.

1912년 5월 26일에 개교한 그 포교당은 임제종운동의 극치를 보여 주

---

11) 金光植, 〈1910年代 佛敎界의 曹洞宗盟約과 臨濟宗運動〉《한국민족운동사연구》
  12, 1995.
12) 당시의 행정 명칭은 京城 中部 寺洞, 28統 6戶였다.

는 것으로서 당시 개교식에는 수천 명의 군중이 참여하여[13] 그 운동의 대중화에 크게 기여하였다. 그 개교식에서 한용운은 趣旨 說明을 하였으며, 백용성은 說敎를 담당하였다.[14] 당시 백용성의 직위는 開敎師長, 즉 포교 책임자였으며, 한용운은 포교당의 主務였다.[15] 이처럼 항일불교의 전형을 보여 주는 임제종운동의 제일선에 백용성이 서 있었던 것은 그의 자주적인 불교정신을 보여 주는 것이며, 이후 그의 노선을 짐작케 해 주는 단적인 실례이다.

그러나 이후 임제종운동은 일제의 탄압으로 인해 운동의 변질을 가져왔다. 일제의 탄압에 의해 임제종을 표방하지 못했기 때문에 그 포교당의 명칭도 朝鮮禪宗中央布敎堂으로 변하였다. 백용성은 그 포교당의 개교사장으로 계속 활동하면서 1913년에는 金剛般若法會를 개설하였으며,[16] 《歸原正宗》과 《불문입교문답》[17]을 간행하는 등 불교대중화 및 포교활동에 앞장섰다. 그의 4년여 동안의 포교활동에 힘입어 그 포교당은 양과 질적인 면에서 큰 성장을 하였다.[18] 당시 그의 활동은 그가 회고한 아래의 글에서도

次壬子春에 通梵兩寺와 智異山 各寺와 連合하야 新設 禪宗敎堂 於大寺洞하고 以開敎師長으로 被任하다. 布敎三年에 信者 三千餘名이라 自此로 京城에 始有參禪名이라[19]

라 하여, 서울에 '參禪'이라는 이름이 처음으로 회자되었고, 그 포교당의 신자가 3,000여 명이나 되었다고 한다. 그는 이러한 포교활동을 단순히 포교로만 인식하지 않고 불교발전의 구도로 보았다. 즉 선종 본사는 '道人'

---

13) 〈雜報〉「開校式場」《朝鮮佛敎月報》5호 및 〈中央布敎堂 開敎式〉《매일신보》 1912.5.26.

14) 〈布敎堂의 盛況〉《매일신보》 1912.5.28.

15) 〈검사국으로 압송〉《매일신보》 1912.6.4.

16) 〈雜貨舖〉「兩敎堂에 兩法會」《海東佛報》2호, 1913.12.

17) 《龍城大宗師 全集》 권8, pp.970~974.

18) 〈雜貨舖〉「敎堂擴充」《朝鮮佛敎月報》17호.

19) 위의 〈萬日參禪結社會 創立記〉.

을 양성하는 곳으로, 도시의 포교당은 천하대중의 '公益을 得'하게 하는 공간으로 고려하였던 것이다.[20]

이러한 임제종운동의 제일선에 백용성이 있었음에서 그의 노선은 항일불교의 지향과 함께 불교의 대중화를 위한 것이었음을 알 수 있다. 한편 백용성과 한용운이 임제종 포교당의 활동에 공동으로 참여하였음을 보면서, 후일 3·1 운동 때 민족대표에 함께 참여한 것을 이해하는 데에도 유의할 수 있는 측면이라 하겠다.

2) 3·1 運動 참여

백용성은 한국 민족운동사의 분수령으로 이해되는 거족적인 3·1 운동에 불교계대표의 자격으로 民族代表 33인에 포함되었다. 이는 임제종운동 당시 그의 노선을 고려하면 당연하다.

그런데 3·1 운동시에 백용성은 운동 추진의 제일선에 나서지는 않았다. 그 일선에서 불교계대표로 활약한 인물은 韓龍雲이다.[21] 당시 한용운은 천도교 대표이자 33인의 대표로 나선 손병희·최린 등과 함께 그 운동 주도의 중심에 있었다. 백용성은 한용운이 불교계 대표를 주선하는 과정에서 3·1 운동의 개요를 전해 듣고 민족대표 가입에 대한 제의를 기꺼이 수락하였다. 이처럼 그가 한용운의 제의에 대하여 즉각적으로 그리고 흔쾌히 참여한 것은 위에서 지적한 것과 같이 이전 임제종운동시 나타난 그의 노선과 더불어 그 이면에는 한용운과의 상호 신뢰성이 개재되어 있다고 하겠다.

한용운은 임제종운동의 핵심 주도자였으며, 일제에 의해 임제종 간판을 내릴 수밖에 없었던 현실에서도 朝鮮佛敎會 및 佛敎同盟會를 조직하여 항일의 입장에서 불교대중화를 지속하려고 하였다.[22] 한용운의 이러한 활

---

20) 위와 같음.
21) 한용운이 3·1 운동 당시 수행한 제반 역할 및 구체적인 행동에 대해서는 金相鉉의 〈3·1運動에서의 韓龍雲의 役割〉《李箕永博士古稀紀念論叢：佛敎와 歷史》의 논고를 참고할 것.

동도 곧 朝鮮禪宗中央布教堂의 기반에서 진행되었는데, 그 포교당의 운영에는 백용성이 있었거니와 3·1 운동 이전부터 한용운과 백용성 사이에는 항일적인 불교발전에 대한 공감대가 형성되었음을 쉽게 파악할 수 있다. 이러한 측면을 보다 명확하게 파악할 수 있는 것은 1918년 후반에 간행된 《唯心》이다. 이 잡지는 한용운이 불교청년들을 계몽하려는 의도에서 나온 것인데, 그 필진에 백용성이 포함되어 있었다는[23] 것은 그러한 전후사정의 이해에 도움을 준다.

이제부터는 위에서 언급한 백용성과 한용운과의 상호관계를 추적하여 민족대표에 동참한 사정을 살펴보겠다.

백용성은 그 포교당의 개교사장에 피임되어 4년여를 포교활동에 매진하고, 1916년(53세)부터는 포교활동에 필요한 자본을 구하기 위해 북청에 있는 금광을 경영하였다. 그러나 그 금광 사업이 여의치 않아 1918년에는 주로 봉익동 1번지의 대각사에[24] 머무르며 포교활동에만 전념하였다.

한편 한용운은 1914년경에는 조선불교회 및 불교동맹회 등을 결성하여 자주적인 불교대중화 활동을 기하였으나, 일제의 탄압과 기성 교단 주지들의 비협조로 소기의 성과를 얻지 못하였다. 이후 그는 통도사로 내려가 대장경을 열람하고, 불교경전의 핵심내용을 요약 선정한 《불교대전》을 간행하였기에 그도 포교당 운영에 관여하지는 않았다.[25] 1917년경, 한용운은 설악산 오세암에서 수행을 하다[26] 1918년에는 상경하여 서울에 상주하

---

22) 위의 졸고, 〈1910년대 불교계의 조동종 맹약과 임제종운동〉 pp.122~123.

23) 백용성은 《唯心》지 제2호(1918.10)에 「破笑論」을 기고하였다.

24) 당시의 그곳에 '대각사'라는 정식의 간판을 내걸었는지는 전하는 자료가 없어 단언키 어렵다.

25) 포교당의 主務는 1916년경에 韓龍雲에서 金南泉으로 바뀌었다. 이 내용은 〈鄭南用 심문조서〉(제1회) 《한민족독립운동사자료집》6(대동단사건, 2)의 p.118에 나온다.

26) 全寶三, 〈韓龍雲의 3·1獨立精神에 관한 一考察〉《韓龍雲의 3·1獨立精神研究》 p.66, 1994. 전보삼은 1917년 12월 3일 한용유이 깨달음을 얻고 悟道頌을 남겼는데, 이는 중생과 더불어 고뇌하는 이웃과 함께 살아가려는 서원이었다고 한다.

면서 불교 계몽잡지인 《唯心》을 간행하고 있었다. 따라서 백용성과 한용운은 1918년경 서울에 상주하면서 만날 기회가 적지 않았을 것이다.

그런데 여기에서 주목하고자 하는 것은 임제종운동의 일환으로 나온 포교당을 공동 운영한 점에서 이미 자주적인 불교의 대중화와 항일불교의 노선을 확인하였다는 것과 함께 그 포교당의 활동과 경험이 3·1 운동시에는 불교계 참여의 기반 역할을 하였을 것이라는 점이다.

첫째, 백용성과 한용운의 포교당 공동 운영에서 나타난 동질적인 불교의 자주화와 항일불교의 지향이 자연스럽게 민족대표 공동참여로 나타나 3·1 운동 당시 전국적인 불교계 참여로 귀결되었다는 것이다. 당시 그 포교당의 주무는 한용운이었지만 포교의 책임은 백용성이 담당하였을 것이다. 또한 백용성의 나이가 한용운보다 14세 연상이고 불교사상의 깨달음이라는 점에서도 이른바 선배였다. 이에, 백용성과 한용운으로 상징되는 포교당은 당시 항일 불교계의 상징이었다고 하겠다.[27] 요컨대 이러한 양인이 포교당을 공동 운영하였다는 이력과 여기서 배태된 상호 신뢰성이 3·1 운동 민족대표의 즉각 참여로 나타났다고 보고자 한다.

둘째, 자주불교와 항일불교의 지향이라는 포교당 운영의 기조 및 정신이 포교당에 출입하는 일반대중 및 불교청년들에게 큰 영향을 주었을 것이라는 점이다. 즉, 백용성과 한용운의 정신에 힘입은 불자들이 3·1 운동 등의 민족운동에 적극 참여하였다는 것이다. 예컨대 3·1 운동 직후 독립운동 대열에 참여한 청년 승려였던 李鍾郁(月精寺), 宋世浩(桃李寺), 鄭南用(乾鳳寺), 申尙玩(中央學林) 등이 모두 중앙포교당에 출입한 인물이었다.[28] 이들은 포교당에 다니면서 상호간에 친분이 있었으며, 그 점이 후

---

27) 이는 3·1 운동시 민족대표(천도교)였으며, 보성사 사장으로서 선언서 인쇄의 책임을 담당한 이종일이 민족문화운동을 추진하기 위해 1912년 10월 14일 포교당을 찾아 갔을 때 한용운과 백용성을 함께 만났다는 점에서도 이를 엿볼 수 있다(《묵암비망록》 해당 년월일 참조).
이러한 성격은 한용운이 주무, 즉 포교당의 실무 책임자였다면 백용성은 포교당의 핵심 사항인 포교의 책임자로서 이른바 사찰의 조실 및 방장의 성격으로도 볼 수 있을 것이다.

일 3·1 운동 및 상해임정 참여, 민족운동 단체인 大同團과 靑年外交團 등에서[29] 활동한 계기로 작용하였다.

이러한 측면은 지금껏 3·1 운동시 한용운의 역할만 강조한 것에서 벗어나 백용성과 함께 운영한 포교당의 역할과 위상을 재조명하자는 것이다. 물론 3·1 운동에 불교계를 참여시킨 한용운의 주도적인 역할은 인정하지만, 그것이 전부는 아니다. 한용운에게 3·1 운동 동참을 권유받은 중앙학림의 학생들이 한용운의 자택을 나와 구체적인 후속 조처를 상의하기 위해 간 곳이 바로 그 포교당이었다는 점은 이를 대변해 준다. 그리고 백용성이 민족대표에 참여한 것도 한용운의 제의를 받은 피동적인 것이 아니라 이전부터 동일한 불교노선을 걸어온 이력에서 출발한 것이라고 보는 것이 타당하다.[30]

---

28) 〈송세호 신문조서〉(제1회), 〈정남용 신문조서〉(제1회), 〈공판시말서〉(二) 《한민족독립운동사자료집》 6(대동단 사건, 2)등의 관련 내용 참조.

29) 장석흥, 〈大韓民國靑年外交團 硏究〉《한국독립운동사연구》 2, 1988.
　　　　　, 〈朝鮮民族大同團 硏究〉《한국독립운동사연구》 3, 1989.

30) 이러한 측면과 관련하여 우리들이 주목해야 할 정황 두 가지를 소개하고자 한다. 우선 이현희가 《민족문화대백과사전》 권10의 p.550에 서술한 '불교청년단' 내용과 《無我》 169호(이 책자는 현재 대각사에서 백용성 사상 보급을 위해 간행한 것임)의 백용성 연보 중 1918년의 내용이다. 우선 전자의 내용은 이현희가 默菴備忘錄을 근거로 하여 요약한 사실인데, 현재 그 해당 부문의 원 기록을 확인하는 문제에서 난점이 있다. 그 불교청년단을 설명하는 내용은 "1910년대 서울에서 불교청년들이 구국운동을 위해 조직한 단체. 빼앗긴 나라를 다시 찾을 생각에 골몰하고 있던 한용운이 동지 백용성 등 10명과 함께 조직하였다. 단장에는 한용운, 그 외 간부는 백용성 등 5명이 선출되었다. 그들은 결의문을 통하여 조국의 광복과 불교의 혁신을 위하여 공헌할 것을 표방하였다. 그러나 일제의 감시와 탄압으로 표면적으로 더 이상 이끌어 갈 수 없어서 본부를 백담사로 옮긴 뒤, 일본 경찰의 감시를 피하면서 불교의 대중화 운동과 신앙을 통한 민족의식 고취에 노력하였다. 3·1 운동 때 이들이 민족대표로 나선 것도 이러한 민족운동이 크게 실효를 거두었기 때문이다"라고 되어 있다. 그리고 《무아》의 내용은 "백제 불교 초전법륜인 서울 우면산 大聖草堂에서 용성대사께서는 만해 한용운 대사와 함께 국제 정세와 타종교의 관계에 대한 의견을 교환하고 용성 진종대사가 체(體)가 되고 만해 용운대사는 용(用)이 되어 호국호법을 서원하고, 만해 한용

이러한 배경에서 백용성은 1919년 2월 27일, 3·1 운동 동참과 민족대표에 가입을 요청하는 한용운의 제의에 대하여 즉각 수락하고, 선언서에 서명할 도장을 한용운에게 제공하였다.[31] 그런데 3·1 운동 주도자였던 최린에 대한 일제경찰의 취조서에는 한용운이 백용성을 민족대표에 가입시켜 달라고 요청한 일자를 1919년 2월 20일로 전하고[32] 있다. 그러나 백용성의 취조서에는 한용운에게 민족대표 참여에 대한 제의를 받은 일자를 동년 2월 27일이라고 전한다. 그러면 이처럼 일자에서 차이가 나는 것은 어떠한 사정일까? 이는 한용운이 2월 20일 최린에게 자신과 함께 백용성을 민족대표에 포함시켰지만, 백용성에게는 27일에 가서야 정식 제의를 한 것으로도 볼 수 있다. 다시 말하자면 한용운은 백용성이 민족대표에 포함될 인물이라는 판단을 하였으며, 그가 흔쾌히 자신의 제의에 동의할 것이라는 자신감으로 인해 여타 불교계 대표를 더 추가하려다[33] 여의치

운 대사는 용성의 진종대사를 심중의 스승으로 모시고 호국을 담당하는 대용(大用)이 되고 용성대사께서는 호법(護法)을 담당하는 대체(大體)가 되시었다. 이 대체와 대용이 굴리어져서 천도교와 기독교 장로회와 감리회 그리고 불교지도자들이 호국의 손을 잡게 되는 3·1 운동 정신의 씨앗이 되었다."라고 하였다. 필자가 위의 두 내용을 장황하게 소개한 것은 그 관련 내용을 판단하는 데에 문제점이 많아 이를 소개하는 것이다. 이현희의 주장은 현재 이종일 기념사업회에서 나온 묵암비망록에는 나오지 않고 있는데, 학계에서는 이현희가 묵암비망록을 빌려 보는 과정에서 일부의 자료가 산실되었다고 보고 있다. 혹시 위의 내용을 알려 주는 대상 자료가 그 산실된 자료에 포함되어 있을 수는 있겠지만 이 점은 후일을 기다리겠다. 그리고 《무아》의 내용은 현재 대각회 이사장 임도문이 그의 은사이고 백용성의 제자인 이동헌에게 구전으로 전해들은 것을 요약하였기에 일부는 사실이라고 하겠지만, 이 점도 역시 확인하기 어렵다.

31) 〈白龍城先生 取調書〉《三一運動秘史》pp.141~144. 그런데 〈韓龍雲先生 取調書〉에는 한용운이 백용성을 찾아간 일자를 25일로 전하고 있다.

32) 〈崔麟先生 取調書〉《三一運動秘史》p.594. 그리고 묵암비망록(1919년 2월 20일)에는 선언서 인쇄 시작일이 동년 2월 20일로 나오고 있다. 이는 선언서 인쇄의 책임자인 이종일의 기록이므로 신뢰할 수 있다고 보여진다. 요컨대 이는 선언서 말미의 33인의 성명이 기재되어 인쇄가 시작되었다면 한용운과 백용성은 이미 33인의 대상에 포함되어 있었다는 것이다.

33) 한용운이 불교계 대표로 고려한 인물은 宋滿空, 白初月, 朴漢永, 陳震應, 都鎭鎬, 吳

않자 27일 백용성이 머물던 대각사로 가서 동의를 받은 것으로 보인다. 여기서 우리가 주목할 것은 한용운은 백용성의 항일 민족의식을 절대적으로 신뢰하였다는 것이다.

백용성의 3·1 운동 동참에 나타난 민족의식은 이전 임제종운동 때부터 일관된 불교의 자주화 노선에서 나온 것이다. 이러한 그의 민족 및 독립정신은 일제에 피체되어 수감중 진행된 재판정의 발언에서도 여실히 알 수 있다.

즉 그는 3월 1일, 일제의 경찰이 민족대표에 참여한 이유와, 총독정치에 대한 불평으로 독립운동을 계획하지 않았느냐는 질문에 대한 다음과 같은 답변에서[34] 그의 민족의식을 파악할 수 있다.

> 한용운이란 사람이 나에게 와서 금번 구주전쟁의 결과 파리강화회의에서 각국은 독립을 하려고 하였기 때문에 우리 조선도 독립을 하지 않으면 안 된다고 하여 금명일 내로 선언하려고 하니 그대 생각은 어떠한가 하므로 그런 일이면 마땅히 찬성한다고 하였다.

> 먼저 말한 것과 같이 한용운 제의에 찬성하고 같이 일을 하려고 하였다. 그런데 어느 때든지 통지만 하면 어느 곳으로 가기로 약정하고 한용운은 돌아갔다.

민족과 독립선언에 대한 의식이 어떠한 흔들림과 주저 없이 마땅히 찬성하고, 어느 때든지 어느 곳이든지 가겠다는 발언에서 그의 의식 자체가 자주적임을 확연하게 알 수 있다. 또 1919년 8월 27일 고등법원의 재판에서 판사가 독립선언을 한 근본 목적을 묻는 질문에

> 동양의 평화를 영원히 유지하기 위해서는 조선의 독립은 필요하다. 일본에서도 그것을 잘 알고 있을 것이며 또 불교사상으로 보더라도 조선의 독립은 마땅한 것이므로 여러 가지 점으로 보아 하여튼 조선의 독립은 용이하게 될 것으로 믿고 있는 터이다.[35]

惺月 늉이었나고 한나. 이 내용은 金法麟의 〈二 運動과 佛敎〉《新生》창간초 (1946)와 金觀鎬의 〈尋牛莊見聞記〉《韓龍雲思想硏究》2, 1981 참조.

34) 위의 〈백용성선생 취조서〉 pp.137~138.

라는 언급에서 그의 독립의식을 더욱 확인할 수 있다. 특히 그가 불교사
상의 입장에서도 독립은 마땅하다는 견해를 피력함으로써, 자신의 민족대
표 참여가 불교의 사상의 논리에서 나온 것임을 제시하면서 독립에 대한
당위성을 밝혔다는 점은 매우 주목되는 내용이다.

이처럼 백용성의 3·1 운동 참여가 그의 민족의식과 항일불교라는 정
신적인 기반에서 나온 것임을 알 수 있다. 그리고 그의 옥중 수감생활 1
년 6개월이 이후 그의 佛教革新과 佛教思想의 정립에 밑거름이 되었다는
측면이다. 그는 그 옥중생활을 단순히 수감생활에 제한하지 않고 불교혁
신 및 불교대중화를 위한 準備期로 활용하였다.

3) 傳統佛教의 守護 및 發展

백용성이 일제하의 한국불교에 끼친 영향 및 현대 한국불교에 미친 제
반 사항은 다양하다. 그는 승려로서 치열한 삶을 다하면서, 그의 생존시
불교계에 부여된 역사적 사명도 마다하지 않았다. 요약하여 말하면 한국
전통불교의 수호와 발전이라고 말할 수 있다. 이는 앞서 언급한 3·1 운
동 참여의 산물인 그의 수감생활을 통해 보다 구체화되었다는 점에서 관
심을 끌고 있다. 수감생활을 마친 이후 그는 불교의 활성화 및 개신을 위
해 禪學院 설립을 주도하였으며 大覺教를 창설하였다.

선학원은 1921년 11월 30일에 준공되었는데, 일제의 불교 침투와 불교
계 내의 혼란으로 인해 희미해져 가는 한국불교 전통의 핵심인 禪의 부흥
을 기하기 위해 창설되었다.[36] 그 창설은 金南泉·康道峯·金石頭 등이
주도하였지만, 선학원 창건 上樑文의 발기자 명단에[37] 제일 먼저 백용성
의 이름이 전하는 것을 보면 그가 그 운동의 상징적인 존재임을 쉽게 파
악할 수 있다. 선학원 발기인들이 불교의 천양의식이 투철하고 일제의 사

---

35) 〈白相奎 신문조서〉《한민족독립운동사자료집》 권12(3·1 운동, 2) p.91.

36) 金光植, 〈日帝下 禪學院의 運營과 性格〉《한국독립운동사연구》 8, 1994.

37) 발기인 명단은 白龍城, 吳惺月, 康道峯, 金石頭, 韓雪濟, 金南泉, 李景悅, 朴普善,
白俊燁, 朴敦法 등이다.《財團法人 禪學院 略史》(1986, 선학원) 참조.

찰정책에 비판적인 인사들이 주류였다는 것을 고려하면[38] 백용성이 그 인물들의 중심이었다는 것은 더욱 자연스럽다. 또한 선학원이 은연중 항일불교의 색채를 갖고 출발하였다는 점에서도 임제종운동과 3·1 운동 참여라는 백용성의 일관된 노선과도 부합된다.

그러나 백용성은 선학원 창건 이후 선학원에서 전국 禪院과 修行衲子들의 조직체로 창설된 禪友共濟會에는 참여하지 않는다. 1924년에는 修道部 理事로 추천되기도 하였으나,[39] 구체적인 활동을 하였다는 기록은 찾기 어렵다.[40] 오히려 참여 요청에 대해 정중하게 거절했다는[41] 것이 보인다. 그러면 백용성이 선학원의 창건에는 참여하였지만 이처럼 그 운영에는 참여하지 않은 이유는[42] 무엇일까?

그 당시 백용성이 심각하게 고민한 문제는 불교의 활성화 및 불교의 혁신이었다. 당시 불교계는 일본불교의 침투와 함께 불교계 제도개혁을 주장하는 불교청년들의 활동으로 구체화된 불교계 노선에 대한 시비로 갈등이 심화되기 시작하였다. 요컨대 당시 불교계는 자기 정비 및 방향에 대한 혼란이 가속화된 시기였던 것이다. 이러한 때에 백용성은 불교의 발전 및 활성화를 위한 방향을 傳統佛敎의 守護의 방향에서 모색하였다. 그 연후에 불교의 革新을 기하였던 것이다. 전통불교의 수호는 우선 불교의 사상 및 교리 등을 일반 대중들이 쉽게 접할 수 있도록 하겠다는 의지로 출발한 불교경전의 大衆化로 나타났다.

---

38) 위의 졸고, pp.286~287.

39) 〈禪友共濟會 第三回定期總會會錄〉《韓國近現代佛敎資料全集》65, p.3.

40) 그러나 백용성은 1930년대 초반에는 선학원의 기관지인 《禪苑》지에 禪에 대한 기고를 하였으며, 설법도 하였다. 이 내용은 《선원》 창간호, 2호, 3호의 목차와 동지 2, 3호의 〈禪學院 日記要抄〉 참조.

41) 〈禪學院斂和尙〉《龍城禪師語錄》 권下, 29上. 이 내용은 선학원측에서 동참을 요구한 것에 대하여 그는 오로지 역경에만 전념하겠다는 것인데 그 시기는 확인하기 어렵다.

42) 이 점과 관련하여 강석주는 '대각사 유영'으로 인하여 참여하지 못한 것으로 이해하였다. 〈한국불교정화관련 인사 증언채록(1) -칠보사조실 석주스님-〉《선우도량》 11호, 1997.6.

불교경전의 대중화는 불경의 번역 즉, 불경의 한글화였다. 그는 출옥 즉시 三藏譯會라는 단체를 조직하여, 불경의 한글 저술과 그 발간 작업을 통한 불교의 대중화를 시도하였다. 이러한 그의 결심은 3·1 운동으로 인한 수감생활에서 비롯되었다.

> 대각응세 이천구백삼십육년 삼월 일일에 독립선언서 발표의 대표 일인으로 경성 서대문 감옥에서 삼 년간 철창생활의 신산한 맛을 체험하게 되었다. 각 종교 신자로서 동일한 국사범으로서 들어온 자의 수효는 모를만치 많았다. 각각 자기들의 신앙하는 종교서적을 청구하며 기도하더라. 그 때에 내가 열람하여 보니 모두 조선글로 번역된 것이오 한문으로 그저 있는 서적은 별로 없더라. 그것을 보고 즉시 통탄한 생각을 이기지 못하여 이렇게 크고 큰 원력을 세운 것이다.[43]

불경 한글화의 직접적인 동기는 여타 종교의 서적이 모두 한글로 되었지만 불교의 경전은 한문으로 되어 있었다는 비교의식이다. 그는 수십 년을 공부해도 미흡한 것이 한문인데, 일반대중들이 한문으로 된 불경의 진리에 접할 수 없는 근본 문제를 자각하고 불경 번역 사업에 전념하기로 결심하였다. 이에 출옥 후 그 추진을 위한 사업을 시작했지만

> 내가 만일 출옥하면 즉시 동지를 모아서 경 번역하는 사업에 전력하여 이것으로 진리 연구의 한 나침반을 지으리라 이렇게 결정하고 세월을 지내다가 신유년 삼월에 출옥하여 모모인과 협의하였으나 한 사람도 찬동하는 사람은 없고 도리어 비방하는 자가 많았다.[44]

라고 그가 회고한 바와 같이 당시 불교계에서는 큰 호응을 얻지 못했다.[45] 그럼에도도 불구하고, 독자적으로 번역 사업을 추진하기 위해 1921년 8월경 三藏譯會를 설립하였다. 백용성이 삼장역회를 조직하고 불경을 한글로 번

---

43) 〈저술과 번역에 대한 연기〉《조선글 화엄경》 권12.
44) 위와 같음.
45) 그는 《大佛頂首楞嚴經》(백상규 역, 1923)에서 그 사정을 "余가 此로 因하야 將來를 憂慮타가 不得 譯會를 設立하고 其 進行方法을 硏究하야 全鮮 寺刹에 宣傳하얏스나 水泡에 終歸할 따름이로다."라고 술회하였다.

역하는 일 자체는 불교의 民衆化라고[46] 볼 수 있는 것으로, 불교의 대중화임은 자명하다.

이때부터 시작된 불경의 번역 작업은 그가 생을 다할 때까지 지속되어 번역한 경이 《조선글 화엄경》 등 20여 경에 달한다. 이러한 역경사업은 불교의 대중화라는 측면에서도 매우 의미 있는 것이지만 국어운동 측면에서도 그 의의를 인정해야 한다. 당시 불교계에서도 삼장역회 설립시에는 반응이 미약하였으나, 그 번역 사업이 시작되고 결실이 맺어지자 큰 호응을 하였다.[47]

한편 그의 불교대중화와 활성화는 역경사업에만 머물지 않았다. 그는 한국불교의 요체라 할 수 있는 전통 禪의 부흥을 기하기 위해 1925년 8월 경에는 도봉산 望月寺에서 진행된 萬日參禪結社會를 주관하였다. 당시 그는 그 결사회의 근간을 禪律에 두고,[48] 계율의 회복을 통한 선 부흥을 기하였다. 이러한 성격은 당시 그 결사회를 추진하면서 불교계에 알린 선 전문의 概則에서도,[49] 결사의 목적을

本社의 目的은 活句參禪 見性成佛 廣度衆生으로 함

라고 한 바에서 극명히 나오고 있다. 더욱이 결사회에 참가신청 대상 중 梵行이 不潔하거나 精進에 怠慢한 납자들은 입방자체도 불허하며, 半月 마다 梵網經과 四分律을 설하겠다는 것은[50] 戒律의 기초하에 공동으로 참선을 하겠다는 것이다. 특히 범망경과 사분율을 강조하고 있는데, 이는 당시 만연되어 가고 있는 승려들의 대처식육을 허용하지 않겠다는 단호한 의지로 이해된다.[51]

---

46) 〈佛敎의 民衆化 運動 -三藏譯會의 出現-〉《동아일보》社說, 1921.8.28.
47) 〈彙報〉「三藏譯會에서 朝鮮文華嚴經刊行 -白龍城禪師의 後半生 必死的 努力의 結晶體-」《佛敎》43호(1928.1) 및 同誌 〈조선글 華嚴經을 보고〉.
48) 위의 〈만일참선결사회 창립기〉 참조.
49) 〈精修別傳禪宗活句參禪萬日結社會宣傳文〉《佛敎》14호, 1925.8.
50) 위와 같음.
51) 망월사의 결사회는 1926년 5월경, 도봉산의 산림이 보안림에 편입됨으로 인한

한편 1929년 해인사에서 주관한 設戒大會에 그가 設戒和尙으로 활동하였다. 그 대회는 해인사가 당시 승려의 信心과 戒行이 부재하다는 인식하에 律宗의 부흥을 기하려는 목적으로 개최하였다는 저간의 사정을 살펴보면[52] 백용성의 계율 강조의 정신과 그 대회의 의도는 동질적임을 쉽게 알 수 있다.

이처럼 그가 추진한 불교의 대중화 및 활성화는 전통불교 수호의 성격을 갖고 있었다. 그런데 당시 그가 더 역점을 둔 것은 불교의 발전이다. 그가 불교발전을 기하려는 이면에는 불교신도 및 승려에 대한 나쁜 인식을 극복하려는 데에서 출발하였다. 이러한 고민은 일찍이 그가 1910년 《歸源正宗》을 저술할 때부터 나타났는데,[53] 이후 서울에서 10여 년 간 포교생활을 하면서 더욱 구체적인 의식으로 자리잡았다고 볼 수 있다. 또한 이 의식은 3·1 운동으로 수감생활을 하면서 하나의 염원 및 사상으로 정립되었다고 하겠다.

백용성의 불교의 대중화 및 활성화를 통한 불교발전의 의지는 그가 불교를 새롭게 정비한다는 의미에서 제창한 大覺敎運動으로 더욱 진전되었다. 그러므로 그가 출옥 후 추진한 모든 불교사업 및 활동은 광의의 대각교운동으로 말할 수 있다. 실제로 그는 1922년을 대각교 창립의 시초로 보았다.[54] 그러나 당시 불교계에서는 이러한 그의 노력과 의식을 인정하지 않고 오히려 이단시하는 분위기도 있었으며, 일제는 대각교를 이른바 類似宗敎로 처리하였다.[55]

연료의 부족 문제로 通度寺 內院庵으로 이전하였으며, 三藏譯會도 함께 이전하였다. 〈佛敎消息〉「活句參禪會의 移轉」《佛敎》 23호, 1926.5.

52) 〈八日佛事와 設戒大會〉《佛敎》 61호, 1929.7.

53) 《귀원정종》은 타종교의 불교의 비방 및 배척에 대한 의식에서 저술된 것으로 1913년 간행되었다.

54) 그는 1932년 간행한 《梵網經》의 自序에 "大覺敎 創立記念 十一年 十一月 日"이라고 기재하였다. 이는 백용성이 1922년을 대각교 창립으로 인식하였다는 방증이다. 한편 《朝鮮의 類似宗敎》 p.328에 전하는 〈대각교제칭이유서〉에는 1922(임술)년 夏 4월 8일에 '始稱大覺敎之名'하였다는 기록이 전한다. 이 이유서는 백용성이 서술한 것이다.

그는 봉익동 2번지에 설립한 포교당을 大覺敎堂으로[56] 명명하였으며, 만주 연길에 건립한 포교당도 역시 대각교당으로 지칭하였다.[57] 그리고 경전의 번역 간행처를 大覺敎會라고 기재하였다.[58]

그런데 그가 추진한 불교의 새로운 정비 및 대각교운동은 단순한 불교의 개혁이 아니라, 어디까지나 불교의 根本과 한국 전통불교의 精髓를 유지하면서 再創造하려는 것이었다. 그의 주장은 현실에 안주하면서 개혁하려는 안이한 保守는 아니었다. 당시 그는 교단과 일정한 거리를 두면서 독자적인 노선을 견지하였지만 불교의 발전을 위한 입장에서 그의 주장을 교단에서 운영하는 기관지인 《불교》지에 게재하는 적극성을 보였다. 그의 불교 개신에 대한 요체는,

我는 如是히 觀한다. 世界思潮가 年年月月히 變하고 反宗敎運動이 時時刻刻히 突進하고 잇다. 吾人이 此時를 當하야 敎政을 急速度로 改新치 안이하면 안이될 것이다. 하나는 禪律을 兼行하지 안이하면 안이될 것이요, 하나는 吾人의 自身이 勞農하지 안이하면 안이될 것이다.[59]

즉 禪律의 兼行과, 승려의 勞農실천이다. 선율의 겸행이라 함은 전통불교의 핵심인 선을 근본으로 삼으면서, 율의 엄정한 실천을 제창한 것이다. 이는 불교가 禪의 실천은 말할 것도 없고 불교의 律로 상징되는 戒律을 지키지 못함을 지적한 것이며, 당시 불교계의 제반 파행이 율의 종식에서

---

55) 《朝鮮의 類似宗敎》 pp.327~339, 1991, 계명대학교출판부.
56) 이 대각교당은 봉익동 2번지에 위치하고 있었다. 그가 3·1 운동 이전에 건립한 대각사는 봉익동 1번지에 있었는데 수감생활을 마친 후 돌아와 보니 그의 제자가 매도하였기에 그 인근에 새로운 거처를 마련한 것이라고 한다. 대각교당이라고 명명한 것을 참조할 수 있는 기록은 〈조선글 화엄경 講義會〉《佛敎》 48호(1928.6) 휘보와 〈大覺敎堂의 禪會〉《佛敎》 62호(1929.4) 휘보 등이다. 그러나 1922년부터 그 거처에 대각교당 및 대각사라는 간판을 내걸었는지는 현재로서 확인하기 어렵다.
57) 〈大覺敎堂 奉佛式〉《佛敎》 40호 휘보, 1927.10.
58) 1922년에 간행한 《覺頂心觀音淨土摠持經》이 그 실례이다.
59) 〈中央行政에 對한 希望〉《佛敎》 93호, p.15. 1932.3.

비롯된 것으로 이해한 것이다. 그러나 승려들은 안일에 취하고, 권태에 빠졌으며, 도덕을 닦지 않고, 私利를 도모하며, 檀越에 아부하여 막중한 聖殿이 무도장처럼 변하였다는 것이다. 이러한 연유로 세속인들은 불교를 흡혈적 종교, 사기적 종교, 기생적 종교, 아편독과 같은 것으로 이해하였다는 것이다. 결과적으로 청정사원은 姪窟化되어 酒肉五辛이 狼藉하였으며, 승려들은 私利에 몰두하여 魔가 沙門을 지어 佛道를 自滅케 하였다고 진단하였다.[60]

이에 그는 위와 같은 폐단을 극복하기 위해 다음과 같은 구체적인 실천 방안을 제시하였다.

> 律文을 崇尙하야 飮酒食肉이 無妨 般若라고 하는 惡習을 改革하여 吾佛의 敎理와 世間의 常式을 兼備케 하여 唯心唯物 無二道를 實行하야 勞力自給함으로써 反宗敎者를 防禦하며…… 當當 威儀로 持律行道하면 幾年이 못하야 新鮮한 宗敎가 振興될 것이며[61]

즉, 律文을 숭상하고 惡習을 개혁하자고 하면서 그 실천을 행하면 몇 년 안 가서 불교는 신선한 종교로 진흥될 것이라는 입장을 강조하였다. 또한 그는 노농의 실천에 대해서도

> 또 許多한 財産을 浪費하지 말고 工場이나 或 農村을 建設하야 敎育하되 吾敎를 不信할 者는 淘汰하고 吾敎 信仰者를 救急하여 주면 自然히 吾敎가 振興할 것이니[62]

라 하여 공장과 농촌을 건설하면서 불교신앙을 교육시키자는 방안을 제시하였다. 그러면서 그는 그 실천을 조속히 행하자고 하면서도 그 실행함에 있어서는 불교계의 '下等階級'인 일선의 승려들부터 개신하는 입장에서 시작하자고 강력히 주장하였다.

---

60) 위와 같음.
61) 위와 같음.
62) 위와 같음.

한편 그는 당시의 교육이 反宗敎者만 양성하는 모순이 적지 않다는 인식에서 승려의 교육제도를 개혁하자고 제시하였다. 아울러 백용성은 당시 敎政을

奈何로 朝鮮 佛敎는 政治의 干涉이 되엿는고 此는 吾人의 罪過라 他가 안이다. 諸君는 覺悟하라 吾敎가 將來에 如何히 될고 知耶否耶아 現今吾敎의 行政狀態는 恰似히 中國 情勢와 一般으로 三十一 本山이 各自爲大將이다.[63]

라고 분석하면서, 위와 같은 상황에서는 그가 제시한 대안 실천이 불가함을 인식하였다. 그러므로 그는 불교의 나아갈 방향을 각오하고 일치단결하여 公的機關을 완전히 세우며, 교육제도를 폐지하면서 공장을 건설하자고 하였다. 아울러 그는 신교자의 생활 보호, 포교사 배치, 농촌 건설, 각 지방 기관 설립, 생산 소비조합 실시, 농촌 교당 설립, 농촌순회 포교사 배치 등을 시행하자고 제안하였다.

백용성이 이처럼 다양하고 구체적인 방안을 내놓은 것은 불교계 모순을 직시하고 불교발전을 위한 방향으로 이해할 수 있다. 그런데 그는 이러한 제안을 이론적으로만 밝힌 것이 아니라 그 자신이 이미 일부 사항에 대해서는 실천하고 있었다. 그 내용은 그 자신이 아래와 같이

아 - 우리는 광이들고 호무가지고 힘써 勞農하여 自作自給하고 他人을 依賴하지 말자. 余는 此를 覺悟한 제가 二十年前이나 勢不得己하지 못하고 잇다가 五六年 前에 中國 吉林省瓮聲 磘子龍山洞에 數千日耕 土地를 買收하야 吾敎人으로 自作自給케 하여 쓰며 또 果農을 從事하야 五六年間을 勞力中이다.[64]

중국 길림성의 토지를 매수하여 불교신도에게 자작자급의 시행과 果農에 종사한 것이 이미 5~6년이나 되었다는 것이다. 길림성의 토지는 1927년 길림성 용정에 설립된 대각교당 관할의 토지를 말하며, 과농이라 함은 역시 그가 1927년에 경상남도 함양군 백운산에 설립한 과수원을 말한다.[65]

---

63) 위와 같음.
64) 위와 같음.

특히 백운산의 과수원 경영은 1936년경까지 지속되었다. 이는 자급자족이라는 노농의 실천뿐만 아니라 신도들과 공생적인 생활을 하면서 그의 평생의 신념을 구현하기 위한 이상사회의 구상에서 나온 것이다.[66] 요컨대 그의 실행은 20년 전, 즉 1910년대 초부터 계획하였다는 것인데, 1916~18년에 그가 북청에 가서 금광 사업을 한 것도 바로 그 예증이다.

4) 植民地佛敎의 克復

일제는 한국의 식민지 경영을 기하기 위해 다양한 정책을 수립, 시행하였다. 일제는 특히 한국인의 사상 및 문화의 중심 역할을 하였던 불교를 식민지정책에 활용하기 위한 노력을 기울였다. 이 정책의 구현으로서 나온 것이 寺刹令과 寺法이다. 이것이 한국불교계를 일제의 행정 편의주의에 긴박하여 불교계의 자주·자립권을 박탈하고 불교계의 민족운동 참여 자체를 억압하기 위한 것임은 잘 알려진 사실이다. 특히 제국주의 국가가 피식민지국을 종교적으로 통치할 때 양 국가의 종교가 동일하면 그 대상 종교를 적극 이용하였다. 이 경우 일제가 그 대상으로 정한 것은 불교였다. 그 실행에 있어서는 제국주의 국가의 종교의 신앙행위 및 관습 등을 피식민지국에 주입시켜 해당 종교계의 혼란 및 노선에 대한 갈등을 조장하였다.

대표적으로 관철된 것이 승려의 帶妻食肉이다. 주지하는 바와 같이 일본의 개항기 이래 승려의 대처는 보편화되어 우리에게는 일본불교의 상징으로 이해되어 왔다. 이러한 승려의 대처가 한국불교계에서도 개항기 이

---

65) 이러한 사정과 관련하여 그의 제자인 朴龍夏(李耘虛의 이명)는 그를 다음과 같이 서술하였다. 그는 「禪農觀」 주제하에 "龍城禪師 - 일즉 이에 뜻을 두어 今後의 僧侶의 生活 卽 叢林의 經營이 從來의 方軌을 그대로 因襲지 못할 것을 看破하고 自力自給을 主唱하는 一方 咸陽의 白雲山 三千餘 町을 占有하야 柿栗等 樹萬餘株를 栽하고 華果院을 設하며 間島의 延吉 明月村 寧鳳村에 七十餘 餉의 田地를 買得하고 敎堂을 設立하야 僧侶의 半農半禪 生活의 嚆矢를 作한지 벌써 十五年이라 하니"라 하였다. 《龍城禪師語錄》 권下, p.39.

66) 〈白龍城師お 訪ねて〉《朝鮮佛敎》 89호, 1933.6.

래 점차 파급되어 일제하의 불교계에서는 그 자체가 교계의 모순 및 대립의 근원으로 이해되었다.[67] 승려의 대처식육이라는 문제는 불교 계율상으로도 파계였지만, 나아가서 교계의 재산 손실 등 사찰 공동체 파괴라는 현상을 초래하였다.

이 문제를 더욱 가속화시킨 것은 日本留學生의 영향이다. 그들은 일본유학 후 대부분 결혼 및 환속하였으며, 불교의 개혁을 주장하며 교계의 보수적인 인사들과 대립하고 있었다. 그들의 주장이 일면 불교발전과 항일불교의 지향이라는 점에서 시사하는 바가 적지 않았지만 불교전통의 고수라는 점에서는 큰 문제점을 야기하였다. 한국불교의 대처문제는 1920년대 중반에 이르러서는 전체 승려의 절반이 대처하였다고 지적할 정도였다.

승려의 대처는 곧 일본불교의 영향이었으며, 달리 말하면 식민지불교 관철의 핵심적인 문제였다. 그러므로 이 문제에 대한 극복을 식민지불교의 청산으로 볼 수 있다. 일본불교의 침투와 일제의 식민지불교 정책으로 인해 한국불교 전통이 쇠퇴하는 지경을 당해, 이에 대한 문제점 지적과 함께 불교계 모순의 근원으로 인식한 경우를 찾아보기 어려운 현실에서 이를 극복하는 움직임이 구체화되었으니 그것이 바로 白龍城의 建白書라 하겠다.

당시 그 극복의 중심에 백용성이 있었다. 그 문제는 1925년 후반경 일본유학 후 본산에 돌아온 유학생이 소속 본산의 주지가 되려고 운동을 한 것으로 시작되었다. 곧 대처한 승려도 본산 주지가 가능하도록 본산 寺法을 改正하려는 것이었다. 그 결과로 전국 본산주지회의가 열렸으나, 회의에서는 일단 거부되었다. 그러나 그 움직임은 1926년에 접어들면서 더욱 본격화되었으며,[68] 그 저변에는 일제당국의 암묵적인 동의와 함께 친일파인 이완용의 후원하에 구체화되었다. 백용성의 帶妻食肉 禁止를 요청하는 建白書는 이러한 배경에서 출발한다.

---

67) 일제히 불교계의 대처식육에 대한 제반 문제는 졸고, 〈1926년 불교계의 帶妻食肉論과 白龍城의 建白書〉《한국독립운동사연구》11(1997)을 참고할 것.

68) 위의 졸고, pp.201~204 참조.

그 건백서는 일제당국에 제출되었는데 1926년 5월경의 것이 1차 건백서, 동년 9월경에 나온 것이 2차 건백서로 우리에게 알려져 있다.[69] 우선 그 전후 사정을 전하는 내용을 보겠다.

> 취처육식하는 것을 크게 선전하는 승녀들까지도 만케 되엿는바 이는 불교 교지에 버스러진 일로 조선불교를 망케할 장본이라 하야 수일 전에 동래 범어사(東來 梵魚寺) 주지 백룡성(白龍城) 함경도 석왕사(咸慶道 釋王寺) 주지 리대전(李大典) 합천 해인사(陜川 海印寺) 주지 오회진(吳會眞) 등 일백이십칠 명의 련서로 전 조선 사천의 중생을 위하여 불교의 장래를 위하여 취처(娶妻)육식(肉食) 등의 생활을 금하야 달라는 뜻의 장문 진정서를 총독부 당국에 뎨출하엿다더라.[70]

1926년 5월 15일경 당시 비구 승려 127명도 백용성과 입장을 함께 하였는데, 승려의 대처식육이 불교계 모순이 되었음을 지적하면서 불교의 장래를 위해서는 대처식육을 금지시켜야 한다는 요지의 건백서를 총독부 당국에 제출하였다. 이 건백서로 인해 당시 불교계는 큰 파란이 일어났으며, 대처식육에 대한 논란이 거세게 일어났다.[71]

그러나 백용성의 1차 건백서는 불교계에 승려의 대처식육에 대한 인식을 새롭게 하였으나 결과적으로는 수용되지 못하였다. 이에 동년 9월경 2차의 건백서를 일제당국에 제출하였다. 그 2차 건백서의 요지는 당국이 현실적인 제반 문제로 그 시행에 문제가 있으면 차선으로 無妻僧侶와 有妻僧侶를 구분할 것을 주장하면서, 일부 본산의 사찰을 무처승려에게 割給하라는 대안이다. 그러나 이러한 건백서에도 불구하고 당시 일제는 동년 10월경부터 대처승려의 본산 주지 취임을 사실상 인정하였다.[72] 따라서 백용성의 노력은 소기의 성과를 얻지는 못하였다.

그럼에도 불구하고 백용성의 건백서는 식민지불교의 극복이라는 측면에서 일정한 의미를 갖는다. 일제하 불교계에서 승려의 대처식육의 문제

---

69)《용성선사어록》권下.

70)〈百餘名 連命으로 犯戒生活 禁止 陳情〉《동아일보》1926.5.19.

71)〈朝鮮佛教肉喰妻帶問題批判〉《朝鮮佛敎》27호(1926.7) 내용 참조.

72)《李朝佛敎》p.953.

를 불교계 모순의 본질로 인식하고, 이를 극복하기 위해 일제당국에 정면
으로 도전한 경우는 없었다. 바로 이 점을 불교 지성으로 볼 수 있는 것
이며, 나아가서 그 정신과 움직임 자체를 민족운동으로 평가하고자 한다.

한편, 백용성은 그의 노력이 수용되지 않았지만 그의 기존의 노선을 일
관적으로 실천하였다. 즉 기존 교단과 더욱 차별성을 띠고 불교의 활성화
와 대중화라는 입장에서 이전부터 추진한 대각교운동에 더욱 박차를 가하
였다. 그는 1927년에는 《大覺敎 儀式》을 펴내 그의 대각운동의 이론적
기초를 다졌다. 기존 봉익동 2번지의 대각사(대각교회)를 大覺敎堂이라고
명명하면서, 大覺敎中央本部로 내세웠다.[73] 그리고 만주 용정의 포교당을
대각교 지부로 삼기도 하였다. 이러한 대각교의 사회적인 성격은 그의 입
적 직후 金泰洽이 그의 생애를 요약하여 《불교시보》에 기고한 다음의 글
에 잘 나와 있다.

> 육십삼세에는 조선불교 선종을 독닙식혀 달나고 조선총독부와 일본내지 내무
> 성에 두 번이나 건백서(建白書)를 넛스나 뜻과 갓치 되지 아니하엿슴으로 육십사
> 세시(1927년; 필자주)에 대각교당을 짓고 불교를 사회적으로 향상 식히기 위하야
> 또는 일반 사회 사람들의 불교에 대한 멸시적의 낫분 관습을 고치기 위하야 대
> 각교(大覺敎)를 선언하고 불교의 이채(異彩)를 내게 하엿다. 그리해서 함양에는
> 화과원을 짓고 간도 용정가에도 지부를 두엇다.[74]

그리고 백용성은 본격적인 대각교운동을 추진하면서 불교발전을 위한
다양한 활동을 전개하였다. 경전 번역작업을 정열적으로 지속하였을 뿐만
아니라 大覺日曜學敎 개설,[75] 조선글 화엄경의 講義會 실시,[76] 대각교당에

---

73) 현재 전하는 제반 기록을 분석해 보면, 1927년 이전 봉익동 2번지는 대각교회
　　로 칭하였다고 이해된다. 이는 그의 저술인 《卍金毗比羅經》(1922)과 《覺頂心觀
　　音正土總持經》(1922)의 간행처가 大覺敎會라고 기재된 바에서 알 수 있다. 한편
　　그의 여타 저술에서 간행처가 대각교당, 대각교중앙본부, 대각교중앙총본부라
　　고 기재된 것은 전부 1927년 이후이다. 이로 볼 때, 백용성이 대각교를 정식으
　　로 대내외에 내세운 것은 1927년으로 보고자 한다.
74) 釋大隱, 〈故白龍城大禪師의 追慕〉《佛敎時報》59호, 1940.6.
75) 〈佛敎消息〉「大覺日曜學敎設立」《佛敎》48호, 1928.6.

禪會 개설[77] 등을 실천하였다. 그리고 앞서 살펴본 《佛敎》지에 기고한 〈中央行政에 對한 希望〉이라는 글이 1932년에 발표된 것도 그가 그의 불교사상 구현에 얼마나 전력을 다하였는가를 보여 주는 단서라 하겠다.

또한, 그의 선농불교의 이념을 실천하려는 방략하에 1927년 경상남도 함양군 백양산의 황무지를 개간하여 華果院이라는 이름의 과수원을 만들고 몸소 勞農을 실천하였다는 것도 이러한 입장에서 그 의의를 재인식할 수 있다. 그리고 당시 그의 나이가 64세였다는 것을 고려하면 그의 사상 구현에 대한 실천적인 철저성을 더욱 엿볼 수 있다. 그런데 1937년 1월에는 대각교당이 梵魚寺 京城布敎堂으로 변경되었으며,[78] 1939년 1월에는 대각교를 해체하고 朝鮮佛敎禪宗叢林이라는 명칭을 표방하였다.[79] 그런데 백용성이 조선불교선종총림을 표방한 것은 항일불교의 입장에서는 특기할 만한 사실이다.[80]

백용성을 상징 인물로 내세워 건립된 선학원은 침체와 재기를 거쳐 1934년 12월에는 재단법인 朝鮮佛敎 禪理參究院으로 전환되었다. 선학원 계열의 수좌들은 운영의 대중화와 전국 선원의 중심체 역할을 다하기 위한 노력의 일환으로서 재정자립을 적극 모색하였는데, 그 결실이 바로 재단법인체로의 전환이다. 그 직후 수좌들은 법인의 임원진을 구성하고 동

---

76) 〈佛敎消息〉「조선글화엄경 講義會」《佛敎》 48호, 1928.6.

77) 〈佛敎消息〉「大覺敎堂의 禪會」《佛敎》 62호, 1929.4.

78) 〈불교소식〉「大覺敎堂이 다시 大本山 梵魚寺京城 布敎所로 移轉 手續」《佛敎 時報》 17호(1936. 12). 이에 백용성은 범어사 내원암 宗主로 취임하였다.(同誌, 〈불교소식〉 참조)

79) 釋大隱, 〈故白龍城大禪師의 追慕〉《佛敎時報》 59호(1940.6.15), p.3. 《佛敎時報》 42호(1939.1)에 게재된 근하신년란에는 '京城府 鳳翼町 二 朝鮮佛敎 禪宗叢林'이 라고 전한다.

80) 김태흡은 위의 글에서 그 사정에 대하여, "그러나 선사는 자기가 조아하는 선 종을 독립식힌다는 의미로 대각선종을 세운다는 것이 대각교로 된 것인데 시대 에 맛지 안함 점도 잇고 하야 칠십오세시에는 대각교를 해체하고 조선불교선종 총림(朝鮮佛敎禪宗叢林)을 창설하엿다"라고 언급하였다. 한편, 백용성의 법손들은 대각교 해체를 일제의 탄압으로 보고 있다.

년 12월 30일에는 朝鮮佛敎禪宗의 宗憲을 제정하였으며, 1935년 1월 5일에는 그 종헌을 공포하였다.[81] 이 종헌은 사찰령의 부정과 식민지불교의 극복과, 교단의 전통 사수와 부패정화 근거처로서의 역할을 담당하겠다는 의식에서 나온 것이다. 바로 그러한 의식의 발로가 朝鮮佛敎禪宗의 창종이다. 당시 사찰령하의 한국불교의 명칭은 朝鮮佛敎禪敎兩宗인데, 일제의 강압과 불교계의 비자주적인 의식으로 고착화된 것이다. 또한 1929년 1월의 조선불교선교양종 僧侶大會에서 제정된 종헌이 불교계 내의 갈등 및 일제의 외압으로 1934년경에는 끝내 종식되었다.[82] 우리가 여기에서 고려할 것은 백용성이 대각교를 해체시키고 새로운 기치로 내세운 것이 朝鮮佛敎禪宗叢林으로의 전환인데, 여기에서 선학원측에서 내세운 朝鮮佛敎禪宗이라는 동일 명칭이 표방되고 있다는 것이다.

다시 말하자면 조선불교선종의 창종의 정신, 즉 항일불교의 정신이 백용성에게서도 나타나고 있다. 이러한 상호관계가 단순한 우연인지 아니면 선학원 수좌들과 긴밀한 유대하에[83] 나온 것인지는 단언할 수 없어도 백용성의 민족의식과 유관한 사실로 지적해 두고자 한다. 이는 또한 그가 1912년 이래 운영의 책임자로 있던 포교당의 명칭이 朝鮮禪宗中央布敎堂이었다는 것과 함께 그가 한국불교의 종지는 臨濟宗으로 대변되는 禪宗임을 강조한 것도[84] 아울러 고려해야 할 것이다.

---

81) 金光植, 〈朝鮮佛敎禪宗 宗憲과 首座의 現實認識〉《建大史學》9. 1997.

82) 金光植, 〈朝鮮佛敎禪敎兩宗 僧侶大會의 개최와 성격〉《한국근현대사연구》3, 1995.

83) 백용성은 1931년 12월 11일, 선학원 내의 부인선우회 정기회에서 설법을 하였으며, 그해 冬期結制시에 籌室이었다. 그리고 《禪苑》지 1~4호를 보면, 백용성은 〈禪話漏說〉, 〈佛仙辨異論〉, 〈화두법이라〉, 〈拈頌擧本話〉, 〈摩訶般若波密羅蜜多心經譯解〉, 〈拈頌〉 등을 지속적으로 연재했던 것을 보면, 1931~5년경에는 선학원측과 긴밀한 관계가 유지되었다고 볼 수 있다. 그러므로 일단 선학원측이 내세운 조선불교선종의 창종은 백용성에게 영향을 주었다고 하겠다.

84) 〈辨宗說〉 및 〈因總督府問朝鮮宗派 口辯論〉《龍城禪師語錄》 권下, pp.23~24.

4. 결 어

이상으로 白龍城의 생애에 나타난 제반 행적과 사상을 獨立運動의 시각에서 재조명하였다. 여기에서는 일제 식민지하에서 백용성으로 대변되는 의미를 재음미하는 것으로 맺고자 한다.

백용성은 4차의 깨달음과 보림수행 이후, 일반 대중들에 대한 포교와 불교사상을 실천하기 위한 치열한 삶을 다한 승려로서의 하나의 典範을 보여 주었다. 그의 행적은 당시 전통불교의 몰락, 계율의 파괴, 일본불교의 침투 등과 더불어 국권을 상실한 식민지체제하의 현실에서 불교의 大衆化 및 革新을 통한 불교정신의 재창조였다. 또한 자주·자립의 운영으로 신뢰받는 불교계를 만들기 위한 것으로 요약할 수 있다. 이에 그의 제반 행적을 일제 식민지체제를 극복하려는 精神史의 단면으로 자리매김하기를 제안하는 바이다.

또한 그는 승려였지만 3·1 운동 등 독립운동의 일선에 의연히 서 있었으며, 민족의 문화와 정신의 중심이던 민족불교의 수호에 매진하였다. 이는 그 자체가 文化鬪爭이었으며, 자연 일제에 저항한 문화적인 民族運動이었다. 그러므로 그의 사상과 행적은 더욱 가치를 띠면서, 민족운동의 다양성을 우리에게 남겨 주었다.

따라서 그의 이러한 행적과 사상을 獨立運動의 範疇에 포함시키는 것은 당연하며, 일면으로는 현재 불교계의 지향점 수립에 있어서 귀중한 사례로 인정할 수 있다. 아울러 본 고찰이 추후 백용성 연구 심화의 촉매제로 작용되기를 기대한다.

그리고 백용성의 성격과 특성을 찾아내기 위해서는 근대불교계의 여타 선사 및 승려들의 삶과 행적에 대한 검토도 수반되어야 한다. 또한 당시 시대 상황과 불교계의 움직임이라는 전반적인 구도가 해명될 때 백용성이 갖는 의미가 더욱 밝혀질 수 있다. 이른바 比較 考察이라는 방법도 고려할 수 있다는 것이다. 나아가서 기독교, 천도교 등의 여타 종교 분야의 움직임도 그 대상에서 예외일 수는 없다.

　또한 백용성의 행적과 사상은 기본적으로 일제의 침탈 및 국권 강탈에서 비롯된 식민지라는 현실하에서 가시화되고 있었기에 백용성 연구 심화의 또 하나의 조건으로 볼 수 있는 일제의 宗敎政策에 대한 기본 정리도 필수 불가결하다. 물론 佛敎政策도 말할 나위가 없다.

　본 고찰은 백용성 연구를 독립운동의 시각에서 접근하였기에 적지 않은 문제점을 안고 있다. 그 미진한 측면은 백용성의 불교사상, 대각교운동, 그가 번역한 불경의 분석 및 성격, 그가 저술하여 간행한 불교사상서의 분석 등이다. 아울러 백용성이 당시 불교계 및 현대불교계에 미친 영향도 연구주제로 삼을 수 있다. 아울러 백용성이 갖는 多樣性과 深遠性은 역사, 불교, 문학, 사상, 철학, 지성 등의 분야에서도 접근할 수 있다. 백용성의 연구는 이제 첫 걸음마가 시작된 셈이다. 각 분야의 유관한 연구자들의 관심이 깊어지고 다양한 접근 방법이 시도될 때, 백용성 연구는 더욱 다양한 색채를 갖게 될 것이다.

소설 寺下村에 나타난 1930년대 佛教像

1. 서 언

필자는 최근 일제하 불교사의 개요를 정리·분석·연구하면서 근대불교의 상황을 알려 주는 자료수집에 큰 관심을 가져왔다. 다양한 자료를 수집하면서 그 자료의 영인·대중화 작업의 일선에 나서기도 하였다.[1] 이에 필자가 새로운 자료의 발굴로써, 1930년대 불교계의 단면을 이해할 수 있다는 판단에서 관심을 가진 것이 1936년도 《조선일보》 신춘문예에 당선된 소설 〈寺下村〉이다.

역사가의 서술은 일반적으로 문헌의 자료에서 제시되는 '사실'의 고증에 의하여 이루어지고 있다. 그러나 소설은 상상력 및 창의성을 통한 '허구'의 세계를 재구성하는 문학 작품이다. 이처럼 그 분야가 갖고 있는 방법과 특성은 다르지만 사실의 세계를 재구성한다는 점에서는 동일하다. 한편 사료를 통하여 역사적 사실을 밝히려는 역사학에서 그 관련 자료가 부족할 경우에는 보다 광범위한 자료 발굴이 요청된다. 이에 사료의 속박에서 벗어나 작가의 직관력과 상상력을 매개로 역사적 진실을 그려내고 있는 소설에 관심을 갖게 되었다.

〈사하촌〉의 작가인 金廷漢의 문학은 일반적으로 農村文學 및 農民小說의 시각에서 논의되어 왔으며,[2] 혹은 民族文學의 영역에서도 중요한 대

---

1) 필자는 《韓國近現代佛教資料全集》(1996, 민족사)의 간행에 실무를 보았으며, 이 자료전집의 해제를 담당하였다.

상으로 인식되어 왔다.[3] 그가 그려내고 있는 대상은 주로 농민·토착민 등 소외된 인간군상이다. 나아가서 그들의 좌절과 고뇌, 강렬한 삶을 그의 체험과 의지의 바탕에서 밀도 있게 그려내고 있다. 이러한 그의 작가정신은 곧 歷史性과 現實의 證言이라는 틀에서 용해되어 나온 歷史意識으로도 이해할 수 있다.[4] 필자가 관심을 가진 것이 바로 이 측면인데, 김정한의 그러한 역사의식에서 나온 작품 중 1930년대 불교상의 단면을 보여 주는 것이 바로 〈사하촌〉이다.

역사학계에서 소설을 대상으로 한 탐구는 일찍이 홍이섭이 韓國精神史 추구와 관련하여 그 선행의 업적을[5] 남겼고, 강만길도 歷史小說의 중요성에 관심을 두었다.[6] 이에 이러한 선학의 새로운 연구방법의 개척에 영향을 받아, 필자가 염두에 두고 있는 근대불교사의 복원에 소설을 활용하였다.

한편 본 고찰의 대상시기의 佛敎像은 연구자의 시각에 따라서는 다양한 모습으로 그려질 수 있다. 예컨대 임혜봉은 '친일불교'라는 시각에서 이 시기의 불교계와 승려들의 '친일' 움직임을 구체적으로 서술하였다.[7] 이에 반하여 필자는 당시 불교계의 동향이라는 구도하에서 당시 불교계 구성원들의 구체적인 제반 활동의 내용과 성격을 통한 불교상을 집중적으로 조명하였다.[8]

---

2) 송백헌, 〈농민소설〉《韓國文學硏究入門》1982, 지식산업사.

3) 金炳傑, 〈金廷漢文學과 리얼리즘〉《創作과 批評》봄호, 1972년.

4) 위의 金炳傑 논고, pp.95~97.

5) 洪以燮, 〈1920년대의 植民地的 現實-民族的 窮乏 속의 崔曙海-〉《文學과 知性》봄호, 1972년.

_______, 〈1930년대初의 農村과 沈熏文學〉《創作과 批評》가을호, 1972년.

_______, 〈蔡萬植의 《濁流》-近代史의 한 課題로서의 植民地의 窮乏化-〉《創作과 批評》봄호, 1973년.

6) 姜萬吉, 〈소설 《土地》와 韓國近代史〉《韓國民族運動史論》(1985, 한길사), 〈'태백산맥'과 분단인식의 변화〉《오늘의 역사 오늘의 문학, 태백산맥》(1987, 중앙일보사).

7) 임혜봉, 《친일불교론》1993, 민족사.

8) 金光植, 〈日帝下 佛敎界의 總本山建設運動과 曹溪宗〉《한국민족운동사연구》 10, 1994

그러나 이 시기의 불교상은 더욱 다양한 관점에서 접근할 수도 있다. 본 고찰에서 필자가 1930년대 불교계를 바라보는 초점은 사찰이 갖고 있는 地主의 성향과 함께 당시 농민의 現實意識이다. 이 경우의 농민은 사찰 재산의 주류를 이루고 있었던 토지의 소작인이다. 일제하의 불교계는 여타 종교보다 많은 재산을 갖고 있었으며 그 재산은 주로 토지였다. 한편 농민의 의식은 일제의 가혹한 식민통치를 경험하면서 小作爭議를 주도하는 등 점차 성장하였는데, 특히 그 성장에는 社會主義 영향을 배제하기 어렵다. 3·1 운동 직후 국내에 급격히 파급된 사회주의는 농민·노동자 등 기층사회에 큰 영향을 끼쳤음은 주지하는 바이다. 더욱이 1920년대 중반부터 가시화되고 있었던 反宗敎運動도 불교와 전혀 무관할 수는 없다. 또 1930년대에 접어들면서 일제의 식민통치로 인한 농민층의 분화, 농촌경제 파탄, 농촌계몽운동, 적색농민조합의 등장 등으로 대변되는 상황은 당연히 불교계에도 영향을 주었을 것이다.

이러한 배경에서 사찰의 지주의 성향은 당시 현실에 어떻게 비추어졌을까? 그리고 사찰과 사찰 토지를 소작하고 있는 농민간에는 마찰 혹은 갈등은 있었는가, 있었다면 어떻게 전개되었는가에 대한 관심을 가질 수 있다. 나아가서 당시 불교의 사회의식 및 민족의식을 가늠해 볼 수 있는 단서도 찾을 수 있는 것이다. 달리 말하자면 불교계의 植民地的 地主의 성격에 유의하고자 한다.

바로 이러한 측면의 제반 상황을 이해할 수 있는 실마리를 찾기 위한 단서가 본 고찰인 셈이다. 이에 필자는 김정한이 〈사하촌〉을 집필한 배경과 현실을 당시의 사회상에서 살펴보고, 〈사하촌〉의 구조와 내용을 분석해 보고자 한다. 이러한 분석을 통하여 〈사하촌〉에서 그려지고 있는 불교

______, 〈朝鮮佛敎靑年總同盟과 卍黨〉《韓國學報》 80, 1995.

______, 〈1930년대 佛敎界의 宗憲 실행 문제〉《韓國近代佛敎史硏究》 1996.

______, 〈二九五八會考〉《趙東杰敎授停年紀念論叢》 1997.

______, 〈朝鮮佛敎禪宗宗憲과 首座의 現實認識〉《建大史學》 9, 1997.

______, 〈1930년대 講院制度 개선 문제〉《僧伽敎育》 2, 1998.

______, 〈일제하 佛敎界의 普成高普 經營〉《한국민족운동사연구》 19, 1998.

상과 1930년대 불교상과의 상관관계를 조망하겠다.

2. 小說의 背景과 現實

김정한의 문학은 그의 체험과 의지에서 재구성된 세계로 이해할 수 있다. 이는 그가 겪었던 현실의 세계가 그가 그려내고 있는 문학작품의 줄거리로 옮겨진다는 것이다. 따라서 그의 문학은 자연 현실·민족의 증언이라는 성향을 띠게 되는[9] 것이며, 歷史性을 내포한다고 말할 수 있다.

한편 그가 작품에서 소재로 주로 삼고 있는 농민·토착민 등 소외된 인간군상들은 당시 사회의 변두리로 구축되고 있는 인물들이다. 이에 그는 그 인물들의 삶과 인간성이 부딪치고 있는 사회적 모순을 명백하게 형상화시킴으로써 역사적 현실을 복원하고 있다. 더욱이 그들이 현실에서 겪고 있는 질곡과 모순을 증언이라는 방편과 의식에서 저항·폭로하여 결과적으로는 소외된 인간군상의 삶에 생명을 불어넣었다. 그러하기에 그의 作家精神은[10] 소외된 인간군상들의 삶의 한복판에서 그 자신이 체득했던 현실의 실체와 그 구조를 성실하게 증언하는 것에서 찾아볼 수 있다. 따라서 그의 소설은 대개 진실의 전달자 성격을 띠고, 소외와 모순의 원인에 대한 분석을 하면서 아울러 그 현실에 대한 모험과 도전을 하는 양상이 그려지고 있다.

따라서 그의 문학은 행동과 표현의 강렬성, 사건의 대단원, 의식의 저항성 등이 나타난[11] 리얼리즘의 성향하에 그의 歷史意識을 용해해 낸다. 이러한 점에서 그의 문학은 역사성과 사회성이 짙게 밴 民族文學의 범주에

---

9) 金亭子, 〈主題意識의 强烈性과 삶의 同一性 / 金廷漢論〉《韓國近代作家硏究》 1985, 三知院.

10) 이기인은 김정한 문학의 핵심을 치열한 작가정신으로 보면서, 그의 대부분의 작품은 민중과 권력으로 난순화된 내립구조를 취하고 있다고 보았다. 이는 이기인의 논고, 〈김정한 소설의 심미성과 작가의식〉《작가연구》 4, 1988.

11) 위의 金炳傑 논고, p.113.

서 논의될 수 있다.

이러한 김정한의 문학성은 그가 그의 문학인생을 회고한 글에서도 확인이 된다. 그는 그의 소설집 《人間團地》(1972)의 自序에서 그의 의식을 다음과 같이 언급하였다.

> 어머니의 젖가슴에 안겨 겨우 의식이 싹틀 무렵부터 일제 순경의 칼에 먼저 겁을 먹었다. 『순사 온데잇!』 하면 울던 울음도 그쳐야만 했던 것이 사회에 대한 나의 첫 몸짓이었다.
> 겉으로는 울음을 그쳤지만 안으로 안으로만 들어갔다. 그러니까 문학은 내게 있어서 처음부터 가냘픈 하소연이었고, 때로는 반항이었다. 그래서 관헌(官憲)은 나를 불령선인(不逞鮮人)이니? 또는 무어니 하는 딱지를 붙여서 감시를 하고 가끔 감옥에 처넣기도 했다.[12]

그의 어린 시절부터 일제에 대한 의식이 있었는데, 이는 일종의 反抗意識이었다는 회고이다. 그리하여 일제하에서 그는 불령선인 혹은 감시를 받는 딱지가 따라 다녔다는 것이다. 그의 의식의 저변에는 이처럼 권력의 횡포에 대한 반발이 있었는데, 그는 그 반발을 '사회적인 몸짓'으로 회고하였다.[13] 그가 말하는 사회적인 몸짓은 무엇을 말하는 것인가? 요컨대 역사적 현실이자 역사성이라고 볼 수 있다.

그의 이러한 문학성은 일제의 야만적인 폭압에 붓을 꺾고, 해방되고도 20년이 지난 후 다시 붓을 잡으면서

> 지겹도록 오래 꾹 참아 왔었지만, 독재 권력에 여지없이 짓밟히고 있되 『마치 남의 땅 이야기나 옛 이야기처럼 세상에서 버려져 있는』 따라지들의 억울한 사연들에 대해서까지는 『차마 묵묵할 도리가 없었기 때문에』 다시 붓을 들기 시작했던 것이다.[14]

라고 쓴 글에서도 다시 확인된다.

---

12) 《第3病棟 -金廷漢小說選集-》 p.469. 1974, 창작과 비평사.
13) 위와 같음.
14) 위의 자료, pp.469~490.

  그의 문학성은 그가 문학에 입문한 사정에서도 여실히 드러난다. 그는 그의 작가 인생을 회고한 글에서, 그가 문학에 입문한 것은 민족적 감정을 발산하기 위함이라고 하였다.

  문학을 해 보겠다고 엄두를 낸 동기부터가 남에게 자랑할 만한 것이 못 된다. 抗日學生運動이 전국을 통해서도 심한 편이었다는 東來高普 4~5학년 때부터 문학에 엄두를 내기 시작한 것이 기억나는데, 물론 한 서너 번 日帝의 植民地 敎育政策에 반대하는 동맹휴학 사건에 관계는 했었지만 식민지 청년으로서 민족해방을 위한 秘密結社 같은 데 들어가서 계속 일을 해볼 용기가 모자랐기 때문에 결국 문학에 기울어졌다고 볼 수밖에 없다. 어떤 분은 민족을 계몽시키기 위하여 문학의 길을 택했노라고 큰소리를 하였다지만, 내 경우는 하불실 문학을 통해서라도 민족적 감정을 배알지 않으면 生의 구차스런 보람을 느끼지 못할 것 같아서 그랬으리란 것을 고백하지 않을 수 없다.[15]

  그리하여 그의 문학 습작기의 작품은 민족적 우울과 저항정신이 은연중 배어 있다고 볼 수 있다. 그는 1928년 東來高普를 졸업한 이후 취직한 울산 大峴公立普通學校 교원시절부터 본격적인 문학공부를 하였다.[16] 그러나 그 당시 발표한 시의 내용과 민족적인 차별대우에 대한 불만으로 朝鮮人敎員聯盟의 조직을 계획한 문제로 인하여 가택수색을 당하고, 동래 경찰서로 끌려가 고초를 받기도 하였다.

  그 후 그는 1929년 2월경 일본유학을 떠났다. 유학시절에도 문학 활동은 지속되었다. 유학생회 기관지인 《學之光》의 편집에 참여하며 쓴 시와 소설을 국내 문예지 등에 기고하였다. 한편 그는 유학생의 프로문학운동체인 同志社의 발기인으로 활동하기도 하였다.[17] 그 중 《新階段》에 기고

---

15) 〈허덕이며 보낸 人生 - 나의 作家的 自敍傳-〉《제3病棟》 p.465. 1974, 창작과 비평사.

16) 위의 자료, p.466.

17) 조갑상, 〈시대의 질곡과 한 인간의 명징함〉《작가연구》4호, p.95. 1998. 최원식은 김정한을 문인이기에 앞서 사회주의 활동가로 표현하였다. 그는 조선인교원연맹 사건, 양상농민조합 연루, 동지사 참여 등을 실례로 들면서 김정한의 초기 성향을 카프적인 의식에서 나타난 건실한 리얼리즘으로 지적하였다. 이 내용은

한(1931) 〈救濟事業〉은 피폐한 농촌과 농민을 위한다는 일제의 구제사업의 기만적인 눈가림을 폭로한 작품이었기에 그 목차만 실리고 내용은 전문 삭제되었다고 한다.[18]

그리고 그가 早稻田大學 第一高等學院 3학년 시절인 1932년 그의 나이 25세, 여름방학에 귀국하여 친구들과 함께 梁山 農民組合의 경찰서 습격사건에 휘말려 일제경찰에 체포·구금되었다. 이 사건으로 김정한은 학교를 그만두게 되고, 그의 표현대로 "강의실에서의 문학공부로부터 사회 속에서의 문학공부로" 그의 문학은 전환되었던 것이다.[19] 그는 그 이듬해인 1933년 南海 公立普通學校 교원에 취임하였다. 이때부터 농민문학에 뜻을 둔 것으로 보인다. 남해에서 교원생활을 하며 쓴 소설이 바로 〈사하촌〉이다. 이 소설은 1936년 《조선일보》 신춘문예에 당선된 작품이면서,[20] 그의 문단 데뷔를 정식으로 알린 작품이다.

지금까지 그의 문학성과 문학수업에 대한 정황을 살펴보았다. 이는 그의 소설이 담고 있는 현실성과 그의 소설의 성향이 역사·민족의식에서 나왔다는[21] 점을 확인하기 위한 것이다. 따라서 본 고찰의 대상이 되는 〈사하촌〉은 불교의 색채를 띠고 있고, 그 작품에 흐르고 있는 성향은 역사성이 있는 줄거리이다. 그는 곧 〈사하촌〉의 구성과 전개는 비록 허구라는 방법을 활용하고 있지만 사실성에 충실하였을 것이다. 그러므로 그 내

최원식, 〈90년대에 다시 읽는 요산(樂山)〉《작가연구》 4호(1998, 새미), pp.10~11의 내용 참조.

18) 위와 같음.

19) 위와 같음.

20) 〈新春懸賞文藝當選者發表〉《朝鮮日報》 1936.1.1. 그의 작품은 '次席 당선' 2편 가운데 하나로 당선되었다. 그 당시 그의 주소는 慶南 南海郡 南海邑 西邊洞으로 나온다. 《조선일보》 1월 4일자(신년호 其二十)에는 당선소설 작가소개라 하여 김정한의 사진과 함께 그의 약력 등이 소개되었다. 그 내용은 당년 28세, 高等普校 졸업, 6개월 간 보통학교 교원 생활, 早稻田大學 第一高等學院 3년중 퇴학 등이다.

21) 廉武雄, 〈金廷漢의 《寺下村》-식민지 시대의 농민현실-〉《農民文學論》 pp.232~233. 1983, 온누리.

용의 제반 정황은 사실성과 역사성에 근거하였기에 필자는 사료적 가치를 부여하고자 한다.

이러한 필자의 이해는 김정한이 사하촌을 집필하고, 그 소설이 《조선일보》 신춘문예에 당선되어, 《조선일보》에 연재되는[22] 도중에 겪었던 정황의 회고에서도 찾아볼 수 있다.

> 교원생활을 해 가며 〈남포〉 밑에서 끼적거린 「寺下村」이란 작품이 1936년 朝鮮日報 新春文藝에 당선된 세칭 나의 처녀작이다.
>
> 그러나 게재가 채 끝나기도 전에 고향의 아버지로부터 심상찮은 편지가 날아왔다. ― 무슨 글을 썼기에 중들이 찾아와서 집에 불을 놓겠느니 어쩌느니 위협을 하고 돌아갔다는 것이다. 옛날 같음 어림도 없는 수작이지만 그 때는 벌써 〈天皇陛下 聖壽萬歲〉란 팻말이 어느 절 없이 大雄殿 佛前에 버젓이 설 정도로, 불교도 일제의 소위 〈皇民化〉 운동의 앞잡이 노릇을 하던 터이라 중의 기세도 무시 못할 세월이었던 것이다. 「寺下村」이란 작품 속에 나오는 몇몇 장면이 내 고향에 있는 절 또는 거기에서 일어났던 일과 비슷한 데가 있었기 때문이라고 생각했다.[23]

우선 위의 글에서 우리는 김정한의 아버지가 〈사하촌〉이 연재되면서 승려들에게 심한 고초를 받았으며, 그의 작품의 줄거리는 그의 고향에 있는 사찰에서 일어났던 일과 유사하였다는 것을 알 수 있다. 더욱이 그는 아버지의 고초가 그의 고향에 있는 사찰에서 일어났던 일과 그의 작품 줄거리가 유사한 데에서 찾고 있다. 그러나 그는 고향 사찰의 일을 소재로 작품에 활용하였다는 점은 밝히지 않았지만 남해의 龍門寺를 모델로 하였다는 점을 유의하면[24] 당시 사찰에서 일어났던 사실을 그리고 있음을 알 수 있다. 따라서 그의 작품의 내용은[25] 결과적으로 그가 근무하고 있던

---

22) 사하촌은 《조선일보》에 총 14회(1936.1.9~23)로 연재되었다.

23) 위의 자료, pp.466~467.

24) 金亭子는 위의 논고, p.391에서 "〈寺下村〉은 남해의 '龍門寺'를 모델로 하여 상상적 허구력을 동원하여 쓰여진 작품"으로 서술하였다. 김정자는 이를 그가 부산대학교에서 수학하였을 시, 작가 김정한에게 강의시간에 들었다고 한다(필자와 김정자의 대담).

지방 사찰을 모델로 하고, 그의 고향 사찰의 일과 유사하였기에 저절로
사실성을 담보한 것이다.

그러면 그의 고향 사찰은 어떤 사찰을 말함인가? 그의 고향은 경남 동
래군 북면 남산리이다.[26] 그 곳의 유명 사찰은 梵魚寺이다. 또한 그는 그
범어사가 운영하던 明正學校[27]에 재학하기도 하였다.[28] 이런 사정을 고려
하면 그 사찰은 범어사일 가능성이 높지만 단언은 유보하겠다.

그리고 우리가 주목할 점은 김정한 그는 당시 불교에 대하여 매우 비판
적인 입장을 갖고 있었다는 것이다.[29] 승려들의 행동을 '옛날 같으면 어림
도 없는 수작'이라고 평하면서, 동시에 당시 불교가 일제의 황민화 정책에
적극 협조하는 '앞잡이 노릇'을 하고 있는 때라고 보았다. 또한 그 결과로
승려들의 상승된 기세도 '무시 못 할 세월'로 표현하였다. 이러한 그의 인
식에 깔려 있는 것은 불교가 식민지정책에 협조·타협하고 있으며 이전
에 비해 사회적인 위상이 증대되었다는 것이다.

그 이후 고향의 사찰 승려들의 감정은 김정한에 대한 위협과 폭행으로
나타났다. 그 정황을 김정한은 다음과 같이 회고하였다.

나는 곧 그절 住持의 의붓 아들로서 당시 京城帝大의 反帝同盟 사건에 관계
되어 한때 학교를 그만두고 놀던 친구에게 편지를 내어 그러한 사실을 알리고

---

25) 김정한이 용문사를 모델로 하였다는 것은 용문사에서 벌어졌던 사건, 즉 지주
    와 소작인의 갈등의 사실을 말하는 것으로 보인다. 이러한 사실은 곧 〈사하
    촌〉이 사실성과 역사성을 담보하고 있음을 말한다.
26) 〈年報〉《第3病棟》pp.471~473.
27) 명정학교는 범어사가 1906년에 설립한 보통학교였는데, 이 학교는 1906년에 서
    울에 세워진 불교계 최초의 근대식 학교인 明進學校의 지방 기초학교로서 설립
    되었다. 명정학교의 개요는 蔡尙植의 논고 〈한말, 일제시기 梵魚寺의 사회운
    동〉《韓國文化硏究》 4, pp.151~155. 1991의 내용 참조.
28) 위의 연보.
29) 김정한은 범어사 명정학교의 재학시절에 승려들의 주지쟁탈전, 대처생활 등의
    비도덕성과 이중성에 큰 충격을 받았다고 한다. 이 내용은 《낙동강의 파순꾼》
    p.77(1978, 한길사) 참조. 최원식은 위의 논고(〈90년대에 다시 읽는 요산(樂山)〉,
    p.12)에서 이를 불교사찰의 친일지주적인 행태에 대한 비판으로 지적하였다.

중들을 무마시켜 달라고 부탁했다. 그러나 웬일인지 그로부터는 아무런 회답이 없었다.

얼마 뒤 道廳 學務課에서 내가 봉직해 있던 학교에 출장을 왔던 親學이 나를 따로 불렀다. ― 왜 宗敎를 반대하는 소설을 썼느냐고 따지기 시작했다. 나는 종교를 반대한 것이 아니고, 썩은 중들을 소재로 삼았을 따름이라고 말했다.『절에서 대단히 항의가 들어 왔는데, 그런 글은 쓰지 않는 게 좋아!』다행스럽게도 나의 중학 恩師였던 그 日本人 視學은 이렇게 충고했을 뿐 學務當局에서는 그 뒤 더 말이 없었다. 그러나 곧 방학이 되어 고향에 돌아갔을 때, 어떤 술자리에서 별안간 住持의 의붓아들과 그 일행으로부터 밤중에 심한 폭행을 당했다.[30]

승려들의 항의는 그가 근무했던 남해의 보통학교까지 파급되었으며, 학교의 감독기관인 도청 학무과에도 항의가 있었다는 것이다.[31] 그리고 1936년 여름방학 때, 고향으로 돌아온 그는 주지의 아들과 그 일행으로부터는 폭행까지 당하였다. 여기에서 그 사찰은 자연 범어사로 볼 수 있는 여지가 성립된다. 이처럼 당시 승려들의 거센 항의는 곧 그가 〈사하촌〉에서 그렸던 정황이 사실성에 근접하였다는 것을 반영해 주는[32] 것이며, 바로 그 점이 당시 사찰 및 승려들에게 거센 반발을 가져왔다고 볼 수 있다.

지금까지 사하촌이 《조선일보》에 연재되면서 겪었던 정황의 개요를 살펴보았다. 이로써 사하촌의 줄거리에 담겨 있는 내용이 사실성에 근접하였으며, 그 줄거리의 개요가 당시 현실에서도 있을 수 있는 역사성에 기

---

30) 《第3病棟》 p.467.

31) 김정자는 위의 논고, p.391에서 "동래의 '범어사'에서 정식으로 진정서를 내고 소동을 일으켰다"고 서술하였다. 김정자는 이 사실도 김정한에게 직접 들었다고 한다. 이 사실은 김정한이 회고한 글에 "나는 곧 그 절 주지의 의붓아들로서"라고 표현한 바에서도 감지할 수 있다. 즉 그의 고향 사찰은 범어사일 가능성이 있는 것인데 김정한이 '그 절'이라고 구체적으로 명시한 것에서 자연 그 절은 범어사로 볼 수 있다.

32) 김정한은 〈사하촌〉이 《조선일보》에 연재된 이후 쓴 작품, 〈옥심이〉를 역시 《조선일보》에 발표(1936.6.18~7.1)하였다. 그는 그 작품의 내용을 "사찰과 승려들의 히는 짓을 못미땅하게 다룬 것"으로 오야하면서, 그 서술의 정황을 그가 승려들에게 폭행을 당했던 감정도 다소 '작용'하였다고 회고하였다. 이 사정은 위의 〈허덕이며 보낸 人生〉 참조.

초하였음을 파악하였다. 이제부터는 당시 불교의 관련 기록에서 그 정황
에 관한 내용을 찾아보겠다.

주지하는 바와 같이 근대기 불교의 재산은 상당하였다. 그러나 불교계
의 재산은 농지개혁과 1954~70년에 일어난 이른바 비구·대처간의 갈등
(정화, 법난)의 와중에서 상당액이 손실되었다. 그 손실액은 정확한 내용
및 통계 등이 없기 때문에 단정할 수는 없지만, 불교재산의 기반이 크게
위축된 것은 사실이다. 이러한 정황을 고려함에 있어, 1935년 당시 종교에
서 불교의 재산이 제일 많았다는 것을[33] 짐작할 수 있다.

불교의 재산 손실은 비단 해방 이후에만 한정된 것은 아니다. 일제의
식민통치의 일환으로 등장한 寺刹令 체제에서는 특히 지주의 권한이 상
승하였다. 지주의 권한이 막대해지면서 그에 비례하여 지주의 부정·부패
등도 함께 증가하였다. 이 경우 그 부정·부패에는 사찰의 재산을 주지
개인의 목적으로 유용하고, 주지 연임의 운동 자금에 활용하는 사례도 빈
번히 발생하였다. 더욱이 그 문제를 더욱 어렵게 만든 것은 승려들의 대
처생활이 보편화되면서 증가된 경제적인 요인이다.[34] 노동하지 않는 승려
가 대처생활을 할 경우에는 자연 그 생활에 필요한 재정은 사찰의 재산에
서 유용할 수밖에 없는 것이 당시 불교계 전반의 풍조였다. 그리고 불교
재산의 위축의 요인은 개항기 이후 불교계의 불교혁신론의 핵심내용으로
이해되어 온 포교·교육·사회 사업 등 불교의 대중화에 사찰의 재산이
상당부문 투입된 측면도 있었음을 유의해야 할 것이다.

이처럼 불교의 재산이 일제하 및 해방 이후의 제반 변동에 의하여 큰
손실을 보았다는 것을 고려하면,[35] 1930년대 중반의 불교의 재산은 쉽게
이해해도 막대했을 것으로 볼 수 있다. 이 사정과 관련한 다음의 글은 바

---

33) 〈財政으로 一位인 佛敎 慈善事業이 微微〉《동아일보》 1935.3.26.
34) 夢廷生, 〈危機에 直面한 朝鮮佛敎의 原因 考察〉《佛敎》 100, 101·102. 1932.10, 12.
35) 해인사의 경우, 1939년의 소유 토지가 1,292 筆地나 되었으나 1949년경에 남아
    있던 소유토지는 217 筆地 총 177,808평뿐이었다고 한다. 이상의 내용은 《伽倻山
    海印寺誌》(1992, 伽山文庫), pp.987~988. 참조. 물론 여기에는 해방공간인 1949년
    의 농지개혁의 여파가 있었다.

로 그 현황을 우리에게 보여 주고 있다.

> 全朝鮮 三十一本山과 一千三百三十二 末寺에는 巨額의 土地 財産이 잇서서 李氏王朝에 賤待받던 『중놈』의 지위를 脫却하야 現在에는 民衆의 支配者的 階級에 君臨하고 잇는 것이다.
> 여기에서 벌서 佛敎는 敎義로는 姑捨하고 經濟的, 社會的으로도, 民衆에서 超越한 立場에 서지 않으면 안 되게 된 것이다.[36]

즉, 불교는 民衆의 支配者 階級이라는 인식이 당시에 있었던 것이다. 달리 말하면 불교는 지주 계급이라는 것이다. 이러한 인식이 사회주의자 뿐만 아니라, 사찰의 토지를 소작하고 있는 농민들에게도 그 인식이 파급된다면 불교계로서는 중대한 문제가 아닐 수 없을 것이다.

그리고 1920년대 중반부터 등장하였던 反宗敎運動도 불교와 무관한 것이 아니었다.[37] 반종교운동측에서의 종교에 대한 인식은 주로 종교의 구성 요소의 절대 다수가 노동자·농민이었지만, 그 조직의 기초와 지도부의 활동은 反無産者 노선을 띠고 있었다는[38] 것이다. 나아가서 종교의 활동은 개량주의적인 민족운동 노선에 서 있었으며,[39] 일제와 타협·협조하는 경우도 나타나 이 점이 종교에 대한 비판적인 요소가 되기도 하였다. 사회주의자들에 의하여 주도된 반종교운동의 대상은 주로 기독교에 집중되고 있었다.[40]

---

36) 朴勝極,〈佛敎에 對한 唯物論的 考察〉《新朝鮮》11호, p.32. 1935.6.
37) 玄　人,〈宗敎批判과 反宗敎運動〉《비판》10, 1932.2.
　　安炳珠,〈우리는 웨 宗敎를 反對하는가〉《신계단》1-5, 1933.2.
38) 陳榮喆,〈反宗敎運動의 展望 -反宗敎運動과 天道敎, 基, 佛敎-〉《三千里》3권 6호, p.12. 1931.6.
39) 위와 같음.
40)〈反基督敎運動에 關하야〉《開闢》63호, 1925.11.
　　黑　峯,〈反宗敎運動과 이에 對한 基督敎會의 態度를 回顧하는 나의 所見〉《청년》7-1호, 1927.2.
　　이준식,〈일제침략기 기독교 지식인들의 대외인식과 반기독교운동〉《역사와 현실》10, pp.30~31. 1993.12.

그러나 불교계에서도 그 흐름과 문제점을 인식하고 있었다.[41] 예컨대 《佛敎》지 100호(1932.10) 특집 기념호에 불교청년운동의 핵심인물이었으며 당시 중앙불전의 학감이었던 許永鎬는 〈反宗敎運動의 根據와 그 誤謬〉라는 기고문을 게재하였다. 또한 불교 지성을 대표하고 있었던 韓龍雲도 그 반종교운동에 대한 문제를 불교계가 대처해야 할 과제로 적극 인식하였다. 그의 인식은 아래의 글에서 살펴볼 수 있다.

> 적어도 朝鮮佛敎에 잇어서는 反宗思想에 對한 對策을 講究하지 안이하면 안이될 것이며 政敎分立을 實行하지 안이하면 안이될 것이며 佛敎와 大衆과의 連絡 關係를 密接치 안이하면 안이될 것이다. 反宗思想에 對하야는 그것을 敵視하야 正面衝突만을 是事하는 것은 賢明한 일이 안인 즉 排除할 것은 排除하고 自省할 것은 自省하야 될 수 있는 대로 內在的 反宗 資料를 除袪하는 것이 急務가 될 것이며[42]

반종교 사상을 적대시하여 정면 충돌할 것이 아니라, 불교가 스스로 우선 자성하면서 불교 내의 반종교의 요소를 제거하자고 강조하였다. 한용운이 지적하였던 불교 내의 반종교의 요소는 무엇을 말하는 것일까? 사회주의자와 사찰의 토지를 경작하는 농민들이 반종교사상의 입장에서 운동을 주도하거나 불만을 갖고 있었다면 이는 중대한 문제였을 것이다. 이에 한용운은 불교 내의 반종교사상을 일으킬 수 있는 것을 사전에 제거하는 것이 急務라고 강조한 것이다.

한용운이 지적한 '內在的 反宗 資料'와 관련해서는 역시 한용운이 반종교운동에 대하여 서술한 다음의 글이 참고된다.

> 近日에 旣成 宗敎와 反宗敎運動은 社會的으로 非常한 問題가 되야 잇다. 旣成 宗敎로서는 排他的 敵對 行爲만을 取하니 보다 反省이 必要하다. 反宗敎 理

강원돈, 김홍수 엮음, 〈일제하 사회주의운동과 한국기독교〉《일제하 한국기독교와 사회주의》 pp.28~41. 1992.
41) 雪嶽山人, 〈反宗敎運動에 對하야〉《佛敎》 84·5호, 1931.7.
42) 韓龍雲, 〈佛敎新任 中央幹部에게〉《佛敎》 95호, p.3. 1932.5.

論은 最近의 創造도 아닌 同時에 그대지 過大 評價할 것도 없다. 그러나 넘우나 冷視하야 一笑에 付할 것도 못 되는 것이다. 스스로 內省하야 非難의 的이 될 만한 事實이 잇으면 고치고 없으면 더욱 힘쓸 뿐이다.[43]

여기에서 한용운이 말하고 있는 비난의 적이 될 만한 '사실'이 위에서 언급한 내재적 반종자료와 유관하다고 하겠다. 비난의 적이 될 수 있는 사실이 현실적인 측면에서는 보다 구체적인 내용이라 볼 수 있다. 반종교운동의 주도세력과 한용운이 제기한 불교의 비난의 대상과 반종자료는 다양하였을 것이다. 따라서 그 구체적인 대상과 내용은 단정하기 어렵다.[44]

이러한 의문과 관련하여 아래의 《동아일보》 보도기사는 우리의 주목을 받을 수 있다. 이 기사의 내용은 본 고찰의 소재인 사하촌의 줄거리와도 매우 유사하다. 우선 그 보도기사를 살펴보겠다.

합천군 가야면(陜川郡 伽倻面)에 잇는 가야 농민회(伽倻農民會)에서는 회원의 대부분이 해인사(海印寺) 토디를 붓처서 생명을 보전하는대 해인사 디주는 임이 그 디세를 전부 작인이 아니 내인다는 리유로 소작권을 타인의게 옴기여서 디세를 모조리 밧는 한 수단이 되얏는대 한 가족의 생명을 오직 그 토디에 의탁한 백여명의 소작인들은 비참한 눈물을 먹움고 농민회 사무소에 와서 호소함으로 농민회 간부는 당국에 교섭한 결과 군청 당국에서는 지난 이십삼일에 권업과장 정운조(勸業課長 鄭運祚)씨가 출장하야 농긔가 절박한 이 째에 원만한 해결을 엇지 못하면 아니 되겟다 하야 소작권의 환무를 권하얏스나 맛침내 해인사 디주는 듯지 아니하고 그 자리에서 해인사 대표 신경수(辛景壽)라는 사람과 농민회 회장과 의견이 충돌되야 한참 동안 살풍경을 이루엇스며 소작권을 타인의게 쌔앗긴 백여명의 소작인들은 생명을 찾기 위하야 어대까지든지 운동을 계속할 터이라더라[45]

이 내용은 해인사와 해인사 토지를 경작하는 소작인간의 지세 및 소작권을 둘러싸고 벌어진 갈등의 문제이다. 이 문제의 발단은 소작인들이 지주인 해인사에 지세를 못 낸 것과 그에 대응한 해인사가 소작권을 타인에

---

43) 韓龍雲, 〈卷頭言〉 《佛敎》 98호, 1932.8.
44) 이러한 내용과 그 성격 등은 별도의 고찰이 요구된다.
45) 〈佛家의 地主가 尤甚〉 《東亞日報》 1923.5.2.

게 양도한 사실이다. 이러한 갈등의 전개 과정에서 농민들은 그들의 생존권을 보호하기 위하여 그들의 조직체인 가야농민회에 호소하였고, 그 농민회 간부는 일제당국인 군청에 문제해결을 요청하기에 이른다.

이러한 와중에서 군청에서는 원만한 해결을 위해 해인사에게 소작권의 복귀를 요청하지만, 해인사는 그 요청을 거절하였다. 이에 대하여 해인사 소작인인 농민과 농민회에서는 해인사 조치에 대한 강력한 이의와 함께 생존권 수호 차원에서 저항을 계속하겠다는 의지를 표시하였다.

결과적으로 해인사는 지주로서의 입장을 확고히 하였으며, 해인사 소작인의 생존권이 달려 있는 소작권을 제3자에게 전환시켰다. 이는 반종교운동의 논리에서 보면 지주계급 및 반무산자 계급의 행태를 보여 준 것이다. 더욱이 해인사는 일제당국의 조정의 노력도 거절할 정도로 소작인과의 타협을 거절하고 지주의 지위를 확고히 하였다. 물론 해인사가 그렇게 한 처사의 근본원인은 알 수 없지만, 불교가 내세우는 교리 및 사상의 측면에서 보면 납득하기 어려운 조치이다.

바로 이러한 점이 필자가 관심을 갖는 문제이자, 본 고찰의 대상인 〈寺下村〉의 줄거리와 유사한 것이다. 따라서 〈사하촌〉에서 그려지고 있는 이야기는 당시의 사찰에서 일어났던 사실성을 띠었다 하겠으며, 또한 어느 사찰에서도 일어날 수 있는 개연성을 갖고 있다. 그러므로 이러한 측면이 〈사하촌〉의 배경이자 그것이 당시 현실이었다고 이해하고자 한다.

3. 寺下村과 1930년대 佛敎像

1) 寺下村의 구조와 내용 분석

이제부터는 〈寺下村〉의 구성과 내용을 분석하고, 이를 통하여 사하촌에 흐르고 있는 주제와 성격 등을 살펴보자. 〈사하촌〉의 구성은 '寺下村'이라는 소설의 제목에서 보듯이 사찰과 관련 있는, 즉 사찰의 토지를 경작하는 촌락에서 일어나고 있는 사건의 전개이다. 그 구성의 기본은 기본적으로 사하촌의 무대에서 전개되고 있는 사찰과 그 사하촌 농민간의 대응·갈등의 관계이다.

그 사찰은 보광사이며, 사하촌은 성동리이다. 보광사의 입장과 이익을 대변하는 기구는 보광사 농사조합이며, 그에 반해 성동리의 여론이 조성되는 공간은 야학당으로 설정된다. 여기에 제3자로 나오는 것이 군청 주사, 주재소 순사, 면서기 등이다.

보광사는 천여 년의 역사와 백여 명의 승려가 거주하는 사찰인 선찰 대본산으로 설정되었다.[46] 이 보광사의 구성원으로 나오는 대상은 주지, 주지 부인, 노화상(법사), 승려 대중, 강당 학인, 애기중, 승려 부인, 산지기(수염쟁이) 등이다. 한편 성동리의 구성원은 매우 다양한 인물이 등장하고 있다. 그리고 그 구성원은 보광사의 입장을 옹호·대변하는 인물군과 여타 농민 다수로 크게 나눌 수 있다. 전자의 인물은 진수(면서기, 농사조합 평의원, 진흥회장), 쇠다리 주사(이주사, 교풍회장), 이시봉(주재소 고자쟁이)이다. 후자의 인물은 치삼 노인, 들깨, 철한이, 봉구, 고서방(곰보), 또쭐이 등이다.

사하촌의 줄거리는 이들 사하촌 구성원들이 보광사와 맺고 있는 사회·경제적 인연의 구조라는 무대에서 전개된다. 그 구성의 기본 개요는 성동리 농민들이 보광사의 토지를 소작하는 지주와 소작인의 대응 구도이다. 이 대응 구도에 가뭄이라는 자연 재해가 등장하면서 그 구도가 갖고 있는 예속의 속성과 생존권의 문제가 뒤엉키고 있다. 또한 그 문제는 보광사와 그에 연루된 인물들의 도덕적인 치부가 드러나면서 보광사와 성동리 주민간의 팽팽한 긴장 관계로 가속화된다.

이야기의 단서는 가뭄으로 인하여 나타난 부족한 물을 서로 자기 논에 대려는 대응으로 시작된다. 치삼 노인과 그의 아들로 설정된 들깨 사이의 대화에서, 우선 보광사 승려와 성동리 농민간의 그 논물을 둘러싼 대응이 묘사되고 있다. 치삼 노인에 대한 들깨의 답변은 다음과 같다.

---

46) 김정한의 고향 근처에 있는 범어사가 바로 선찰 대본산으로 지칭되었다. 이를 보면 김정한이 그리고 있는 보광사는 범어사와 유관함이 나타난다.〈梵魚寺 宗旨 '稱號禪刹大本山梵魚寺'〉《朝鮮佛敎通史》上, p.648.

　「어떻게라니요, 인젠 다 틀렸어요. 풀래야 풀 물도 없고, 병아리 오줌만한 봇
물도 중들이 죄다 가로막아 넣고, 제에기 ……..」 [47]

　가뭄으로 물이 말라버린 상황에서 그 병아리 오줌 만한 봇물도 중들이
죄다 가로막는 것이 성동리 농민들에게 다가온 현실이다. 그 현실에 대하
여 치삼 노인과 들깨는 다음과 같은 진단을 하였다.

　「할 수 없이 이곳엔 인제 사람 못 살 거여」
　「참 아니꼽지요. 더군다나 전과 달라 중놈들까지 덤비는 꼴을 보면 …」
　아들의 불퉁스러운 어조에는, 거칠대로 거칠어진 농민의 성미가 뚜렷이 엿보
였다. 가뭄은 그들의 신경을 더욱 날카롭게 하였던 것이다. [48]

　그러나 치삼 노인과 들깨는 서로 다른 생각을 하고 있음이 보인다. 들
깨에 대한 발언이 "거칠 대로 거칠어진 농민의 성미가 뚜렷이 보이고 엿
보였다."고 묘사됨으로써 성동리 농민들의 의식이 단적으로 보이고 있다.
아들인 들깨와 달리 치삼 노인이 중들의 행동에 대하여 그의 생각을 내비
치지 못한 것은 그가 젊었을 적에 그의 논을 보광사에 시주한 것에 대한
아들의 반발을 염려해서이다. 그가 보광사에서 소작을 받고 있는 것 중
두 마지기는 자손의 기복과 극락에 가리라는 보광사 승려의 '꾐'에 속아서
시주했던 사정이 있었다. 이에 대하여 아들 보기에 민망한 심정인 것이다.
　이러한 소재를 이야기의 서두에 내세운 것은 작가인 김정한의 불교의
식과 이 소설의 전개과정을 미리 암시한 것으로 보인다. 사건의 발단은
수도 貯水池의 물의 방출이다. 그 물을 방출하여도 근본적인 물의 대책이
될 수는 없지만, 농민들의 애원과 폭동을 염려한 수도 출장소 관계자의
판단 등으로 방출은 되었다. 이렇게 물의 방출되자 이제는 그 물을 서로
자기 논에 대려는 아우성이 일어난다.
　그 아우성은 우선 들깨와 노승간의 대응으로 설정되었다. 들깨도 노승

---

47) 《第3病棟》 p.10. 1974, 창작과 비평사.
48) 위의 책, p.11.

에게 섣불리 반항했다가는 소작하고 있는 절논을 떼이고 말 것이라는 생각을 하였다.

> 「아하! 이 사람이 아주 환장을 했군. 아서라 그렇게 하는 법이 아니다.」
> 노승은 다시 물을 막으려고 들었다.
> 「천만에요! 우리도 살아야겠어요. 물을 좀 가룹세다. 노장님까지 이래서야 …….」[49]

그러나 그 물이 '우리도 먹고 살아야'겠다는 생존에 대한 문제인지라 쉽사리 물러설 수 없음을 암시하였다. 또 한편의 대응은 보광사와 우호적인 농민과 여타 농민간의 갈등이다. 그리고 논물을 대려는 갈등의 와중에서 고서방은 급기야 집단 폭행을 당하였다. 유아독존식으로 날뛰는 절 사람들의 세도에 눌려, 감히 논물을 대지 못하던 고서방이 큰맘을 먹고 물을 댄 것이 화근이었다. 그러나 고서방의 고민은 집단 폭행을 당했다는 것이 아니다.

> 고서방은 분도 분이지만, 그보다는 내년 봄에 영낙없이 그 절논 두 마지기가 떨어지고 말 것을 생각하면, 앞으로 살아 나갈 일이 꿈같이 암담하였다. 아무리 흠이 없어도 물길 좋은 봇목 논은 살림하는 중들에게 모조리 떼이는 이 즈음에, 아무리 독농가로 신임을 받아오던 고서방일지라도 오늘 저지른 일로 보아서, 논은 으레 빼앗긴 논이라고, 실망하지 않을 수가 없었다.[50]

고서방의 고민은 절논 두마지기를 살림하는 중들에게 떼이는, 즉 소작권을 빼앗기지 않을까 하는 염려이다. 그리고 그의 염려에는 지난 봄 절논을 떼이고 먹고 살길이 막막하여 목매어 죽은 허서방의 일이[51] 보태어진 결과였다.

고서방이 주재소 순사에게 끌려간 것은 바로 이튿날이다. 이는 그 전날 밤 성동리의 농민들이 살림하는 '중들의 논물'을 끌어댄 것을 안 중들의 아

---

49) 위의 책, p.13.
50) 위의 책, p.15.
51) 위의 책, p.16.

우성소리가 주재소에 알려진 결과이다. 그러나 성동리 농민들은 고서방의 이유 없는 강제에도 어떠한 항의나 이의를 제기할 수도, 아니 하지 못하였다. 그저 방학을 이용하여 절에 돌아온 승려 유학생에 대한 비판적인 자조의 소리만 낼 뿐이다.[52] 그리고 지속되는 가뭄에 祈雨祭를 치를 뿐이다.[53]

　이러한 상황에서 성동리의 유력자로 묘사되는 쇠다리 주사, 면서기, 농사조합 평의원 진수는 보광사 농사조합이 주도한 보광사에서의 祈雨佛供에 참여한다고 동의하였다. 농민들은 그 불공의 거행 결정에 배제되었지만, 참여하지 않으면 안 되었다.

　　농민들은 무슨 영문인지 잘 몰랐다. 그러나 안 갔으면 가만히 안 갔지, 보광사의 논을 부쳐 먹고 사는 그들이라 싫더라도 반대는 할 수 없는 처지였다.[54]

　농민들은 응당 그 불공에 가야 했으며, 그들은 단지 아무리 어려운 일이라도 소원 성취가 있다는 掛佛을 내걸어 달라는 간곡한 요청을 했을 뿐이다. 그러나 이 요청도 보광사와 친근한 쇠다리 주사의 노력에 의해서 성사되었다. 그리하여 성동리의 농민과 아낙네, 그리고 아이들은 떼를 지어 절로 갔다. 성동리 주민들은 절에서 주관하는 그 기우제에 참여하였다.

　그러나 성동리 주민들이 최후로 믿었던 불공 괘불의 효과도 없이 가뭄은 지속되었다. 그 결과 성동리에는 참담한 생활의 파탄만이 다가오게 되었다. 추석이 다가왔건만 그들에게 있어서 추석은 괴로운 현실로만 인식될 뿐이었다.

　　중추 명월이야 옛날과 조금도 다를 바 없고, 네 활개를 활짝 펴고 높이 솟아 보는 재미야 잊었을리 만무하되, 원수의 가난과 흉년은 이 동네로부터 청춘의 기쁨과 풍속의 아름다움마저 빼앗기고 말았다.[55]

---

52) 위의 책, p.19.
53) 위의 책, p.22.
54) 위의 책, p.23.
55) 위의 책, p.27.

청춘의 기쁨과 풍속의 아름다움마저 빼앗아 가는 가난과 흉년만이 있었던 것이다.

그리하여 성동리 주민들은 이제 산으로 나가 나무를 하고, 버섯을 따서 삶을 이어가야만 했다. 그런데 산에서 일을 하던 어른들을 따라간 아이들이 떨어진 밤을 주우려고 보광사 소유의 산에 들어갔으며, 그를 발견한 산지기인 수염쟁이가 그들을 내쫓다 그만 상한이라는 어린애가 절벽으로 떨어져 죽은 사건이 일어난다. 이에 그 수염쟁이와 화제댁 사이의 상한이의 죽음에 대한 팽팽한 대결의 과정에서 다음과 같은 화제댁의 발언은 보광사의 부도덕성을 말해 준다.

「뭐라구요? 액 여보, 절에 있다고 너무 하오. 아무리 산이 중하기로서니 남의 자식의 목숨을 그렇게 안단 말유?」[56]

화제댁의 분노는 상한이의 죽음에 대하여 산지기가 전혀 사과하지 않는 것에 있었다. 오히려 산지기는 화제댁이 그를 살인범으로 몰고 있다는 인식을 하였다. 이러한 분노는 상한이의 할머니인 가동할머니가

「정말 죽었구나! 너가 정말 죽었구나! 죽인 중놈은 어딜 갔니 ……?」[57]

라고, 오열하며 뱉은 넋두리에 극적으로 표출되고 있다. 보광사 산지기를 보광사 승려로 인식하였던 것이다. 보광사 승려의 부도덕성을 그의 손자를 죽인 원인으로 보았다. 그리고 그 산지기는 그 문제의 해결을 주재소의 순사를 끌어 들여 해결하고자 하였다.

성동리의 가을은 이처럼 우울하고 비참한 지경이었다. 사내들은 나무를 하러 가지도 않았으며, 아낙네들은 멧도라지나 캐고 콩잎 따기나 하면서 소일을 하였다. 그 즈음 군청에서 가뭄으로 인한 실태조사를 나왔지만 그 이후에는 소식도 없었다. 그리하여 동네에는 주림과 불안만이 가득하였다.

---

56) 위의 책, p.29.
57) 위의 책, p.30.

이러한 현실에서 그 성동리에 새로운 문제와 긴장을 야기한 것은 看坪
이다. 이 간평은 농민들의 마음과 성동리에 내재하고 있던 그 주림과 불
안에 새로운 불씨를 제공한다. 간평은 일년 농사에 대한 평가를 하는 것
이다. 보광사 간평에 나온 인물은 고자쟁이 이시봉과 보광사 法務院에서
온 인물 등 4명이다. 이 간평에 대한 농민들의 인식에서 농민들이 보광사
에 긴박되어 있는 현실을 잘 보여 주고 있다.

> 간평! 소작료! 농민들에게는 이 말이 무엇보다도 무섭고 또 분했다. 그러나 그
> 날 절논 소작인으로서는 물론 하나도 출타를 않고 기다렸다. 농사조합의 평의원
> 이 되어 있는 진수도 그 날은 면소 일을 제쳐 놓고 중들을 맞이하였다.[58]

간평은 곧 소작료를 정하기 위한 조사를 말하는 것인데, 이는 농민들에
게는 생존권의 차원에서 매우 중요한 것이었기에 소작인들은 긴장하여 그
들을 맞이해야 했다. 그래서 성동리에서는 술상을 준비하였고, 소작인들
은 간평원들의 미움을 받을까 전전긍긍하며 차례로 간평원의 앞에 나아가
공손히 수인사를 하였다.

그러나 간평원들은 간평은 신경도 안 쓰고 진수 사랑방에 차려진 술상
에서 소작인들의 인사만 받고 있었다. 이에 소작인들은 그들에 대해 강한
불만을 가질 수밖에 없었다. 그러나 농민들은 그 간평에 대한 불만을 표
출할 수는 없었다.

> 얼굴이 노랗고 여윈 소작인들이 마치 유형수(流刑囚)처럼 묵묵히 따랐다.
> 술취한 양반들에게 옳은 간평이 될 리 없었다. ― 그저 작인들의 말은 마이동풍
> 격으로, 논두렁에도 바특이 들어서 보는 법도 없이 다만 진수하고만 알아듣지도
> 못할 왜말을 주절거리면서, 그야말로 처삼촌 산소 벌초하듯이 흐지부지 지나갈
> 뿐이었다.[59]

간평인들에게 유형수처럼 예속된 소작인들이었기에, 그들의 마음 속에

---

58) 위의 책, p.31.
59) 위의 책, p.33.

담겨진 의사를 표출하기는 결코 쉬운 것은 아니었다. 그런데 같은 성동리의 농민인 진수는 그들과 일본어로 대화할 정도의 친근성을 갖고 있었다. 소작인들은 아직 진수에 대한 좋지 않은 감정도 갖고 있지를 않았다.

그러나 그 농민들의 의지는 서서히 나타나기 시작한다. 그 결정에 도화선을 제공한 것은 간평의 결과로 나온 소작료이다.

> 이튿날 저녁, 동네 사람들은 진수의 집 사랑에 불려 가서, 진수의 입으로부터 제각기 소작료를 들어 알았다. 그리고 그 무서운 결정에 다들 놀랐다. 그러나 가장 현대적인 마름인 소위 평의원 앞에서, 버릇없이 덤뻑 불평을 늘어놓다가는 어느 수작에 어떻게 될지 모르는 형편이라, 작인들은 내남없이
> 「허 참! 톡톡 다 털어 봐두 그렇게 될둥말둥한데 ……?」
> 따위의 떡심 풀린 걱정말이나 중얼거릴 뿐 모두 맥없이 돌아갔다.[60]

무서운 결정인 소작료의 내용을 보광사 마름인 진수에게서 통보받았다. 그러나 일단은 보광사의 입장을 대변하고 있는 진수에게 대놓고 불평을 늘어놓지도 못하고, 걱정이나 중얼거릴 수밖에 없었다.

그런데 그 농민들 중 일부 사람들은 이전부터 야학당에 모여 잡담을 하고, 피로를 씻으며, 혹은 일본 탄광·소작쟁의 같은 이야기를 나누며 세상 돌아가는 것에 대한 정보도 얻고 있었다. 보광사와 이해관계가 긴밀한 성동리 교풍회장인 쇠다리 주사는 그 야학당에 모이는 부류를 '동네에서 제일 콧등이 세고 어긋한 놈'들로 말하고 있었다. 야학당의 이러한 이력과 무대가 자연 그 소작료 통보에 즈음하여 그 소작료에 대한 농민들의 처신을 결정해 주는 계기를 만들어 준다.

> 그날 밤에도 그들은 이슥하도록 거기 모여서 놀았다. 그러다가 마침내, 나올 곳 없는 그 해 소작료를 어떻게 할까 하는 말이 누구의 입에선지 나오게 되었다.[61]

그날 밤, 콧등이 센 놈들이라고 지칭되었던 농민들이 야학당에 모여들

---

60) 위의 책, p.34.
61) 위와 같음.

었으니 그들은 들깨, 철한이, 또쭐이, 고서방 등이다. 콧등이 센 놈들이라고 지칭된 것은 보광사와 유착된 부류들의 입장에서 그들의 행동에 불만을 갖고 있었기에 문제 있는 부류로 구분한 결과이다. 이들이 그 불만을 표출하게 되면 문제는 또 다른 변화를 가져올 수 있는 것이다.

점점 야학당에 모여드는 사람들이 늘어났으며, 보광사의 입장에 서 있는 쇠다리 주사의 감을 함부로 따 먹는 일이 생겨났다. 또 그들은 자신을 누르고 있는 현실에 대해 큰 걱정을 하지 않게 되었다.

> 자칫하면 동네 집회소 — 이 야학당에다 사람들을 모아 놓고, 소위 사상 선도의 연설이 있곤 하였다. 그러나, 연설만으로써 어떻게 될 리는 만무하였다. 더구나, 속이 빤히 들여다 보이는 교풍회장 쇠다리 주사나 진흥회장 진수 따위가 씨부렁대는 설교에는 인제 속을 사람은 없었다.[62]

교풍회장 쇠다리 주사와 진흥회장 진수의 발언에 그 누구도 속을 사람이 없을 정도라는 것은 그 소작인들의 의식의 성장을 말해 준다. 보광사의 이익을 대변하고 있는 인물들의 본질과 그 성격을 알고 있는 농민들은 그들의 비도덕적인 설교에 납득되지 않았다.

이처럼 농민들의 의식이 담대해지는 것은 그들의 행동에 대한 책임의식이 분명해진다는 것을 의미한다. 이제 그들은 현실을 냉철하게 인식하기에 이른다.

> 지금은 누가 뭐라고 하더라도, 농민들은 결국 자기들대로 하는 수밖에 없었다. 소작료도, 빚도 인젠 전과 같이는 두렵지가 않았다. 그저 제가 지은 곡식이면 모조리 떨어다 먹었다. 뿐만 아니라 가다가는 남의 것에도 손이 갔다. — 그러할수록 동네의 소위 유산자인 쇠다리 주사와 진수의 신경은 극도로 날카로와졌다.[63]

농민들은 현실의 해결 방법을 '자기들대로' 하겠다는 것을 분명히 하였다.[64] 소작료 및 빚의 처리와 자기가 지은 곡식의 처분을 그들의 방식으로

---

62) 위의 책, p.35.
63) 위와 같음.

하겠다는 것이다. 이에 반해서 보광사 입장을 따르던 성동리의 유산자인 쇠다리 주사와 진수의 반응은 매우 민감한 것이었다.

이제 성동리의 문제는 점차 새로운 방식으로 진행되고 있었다. 그 진행을 보다 가속화시킨 것은 세금고지서와 비료대금의 독촉장이다. 이에 대하여 성동리의 주민대표는 보광사 농사조합을 찾아가 작금의 현실적인 어려움을 호소하여 봄에 빌려 쓴 소위 저리자금의 지불 기한을 연기해 달라고 한다.

그 농민들은 매년 소작료, 조합비, 비료대금 그리고 그 이자 등을 보광사 농사조합에 내야만 했다. 그러나 조합의 이사는 그 해결 방법에 대한 인식이 사뭇 달랐다.

「해마다 이게 무슨 짓들이요? 나두 인젠 그런 우는 소리는 듣기만이라도 귀찮소. 호세만 내고 버티겠거든 어디 한번 버티어들 보시구려!」
「누가 어디 조합돈은 안 내겠다는 겁니까? 조금만 연기를 해달라는 거지요.」
이번에는 또쭐이가 말을 받았다.
「내든 안 내든 당신들 입맛대로 해보시오. 난 이 이상 더 당신들과는 이야기 않겠소.」[65]

생존권 수호 차원에서의 호소를 '우는 소리'로 이해하거나, 대화 자체를 거부하는 조합 이사의 행동은 성동리 주민들의 입장과는 확연히 차이가 있다.

이제 농민들과 보광사 조합간의 상이한 현실인식은 더 이상 같을 수가 없었다. 그 인식의 노출은 보광사가 먼저 하였거니와 그는 立稻差押으로 나타난다.

그리고 며칠 뒤, 저수지 밑 고서방의 논을 비롯하여 여기저기에, 그예 입도차

---

64) 염무웅은 이 대목을 농민들이 절망적인 상황하에서도 자기 삶의 거점을 튼튼히 붙잡고 일어시려는 인간 긍정의 문학에 이르는 것으로 보았다. 염무웅, 〈金廷漢의 「寺下村」〉《농민문학론》 p.236. 온누리.
65) 위의 《第3病棟》 p.38.

압(立稻差押)의 팻말이 붙기 시작했다. 농민들은 알아보지도 못하는 그 차압 팻말을 몇 번이나 들여다 보고, 또 들여다 보았다. — 피땀을 흘려가면서 지은 곡식에 손도 못 대다니? 그들은 억울하고 분하기보다, 꼼짝없이 인젠 목숨을 빼앗긴다는 생각이 앞섰다.

고서방은 드디어 야간도주를 하고 말았다.

「이렇게 비가 오는데, 그 어린것들을 데리고 어디로 갔을까?」

이튿날 아침, 동네 사람들은 애터지는 말로써 그들의 뒤를 염려했다.[66]

보광사 농사조합은 입도차압이라는 해결책으로써 그 현실을 타개하고자 하였다. 이는 농민들의 입장은 전혀 고려하지 않은 것으로, 지주로서의 보광사의 이익만을 강구하겠다는 것이다. 농민들은 입도차압을 자기가 지은 곡식을 강제로 빼앗는 것으로, 나아가서는 그들의 목숨이 빼앗기는 것으로 여기었다. 이제 그들은 목숨을 지키기 위한 자구책을 찾고 그를 실행에 옮기기 시작하였다. 그 생존권을 지키려는 자구책은 차압 취소와 소작료 면제를 위한 탄원이다.

무슨 불길한 징조인지 새벽마다 당산등에서 여우가 울어대고, 외상 술도 먹을 곳이 없어진 농민들은 저녁마다 야학당에 터지게 모여들었다. 그리하여 하루 아침, 깨어진 징소리와 함께, 성동리 농민들은 일제히 야학당 뜰로 모였다. 그들의 손에는, 열음 못한 빈 집단이며 콩대, 메밀대가 잡혀 있었다.[67]

성동리 농민들은 저녁마다 야학당에 모여 그 해결책을 강구하였으며, 마침내 그들의 의사 표시를 하기 위한 만반의 준비를 마쳤다.

이윽고 그들은 긴 줄을 지어 가지고 차압 취소와 소작료 면제를 탄원해 보려고 묵묵히 마을을 떠났다. 아낙네들은 전장에나 보내는 듯이 돌담 너머로 고개를 내가지고 남정들을 보냈다. 만약 보광사에서 들어주지 않는다면 ……하고 뒷일을 걱정했다.

그러나 또쭐이, 들깨, 철한이, 봉구 — 이들 장정을 선두로 빈 짚단을 둔 무리들

---

66) 위와 같음.
67) 위의 책, p.39.

은 어느새 벌써 동네 뒤 산길을 더위잡았다. 철없는 아이들도 행렬의 꽁무니에 붙어서 절 태우러 간다고 부산히 떠들어댔다.[68]

콧등이 센 놈들이라고 지칭을 받던 장정들을 선두로 하고, 성동리의 현실과 모순을 반영하는 빈 짚단을 든 다수의 농민들이 보광사로 떠났다.[69] 그들은 그 탄원이 성사될지 아니면 그 반대일지도 모르면서 그저 묵묵히 그들의 의사표시를 하기 위하여 보광사로 간 것이다. 동행하였던 아이들은 '절 태우러' 간다고 그들의 의사를 표시하면서, 생존권 수호의 대열을 뒤따르고 있었다.[70]

2) 1930년대 불교상

이제부터는 앞서 살펴본 〈사하촌〉의 구조와 내용 분석에서 나타난 특성을 정리하고자 한다. 나아가서 그 특성이 1930년대 불교상의 일부분임을 조망하고자 한다. 물론 그 특성은 기본적으로 〈사하촌〉의 작가인 김정한이 그려내고 있는 허구의 세계이다. 그러나 그 허구에는 김정한의 역사의식이 짙게 배어 있으며, 그 소재 및 줄거리 자체에 역사성이 있다고 보았다. 더욱이 남해의 용문사를 모델로 하였다는 것이나 범어사에서 항의가 있었다는 것은 이를 입증한다. 이제 그 내용들은 역사성 있는 자료로서의 가치를 갖게 되는 것이다. 이러한 배경에서 〈사하촌〉의 내용에 담겨 있는 특성을 알아보자.

첫째, 불교계의 變化像이 작품 구석구석에 깔려 있다. 작가 김정한은

---

68) 위와 같음.

69) 구중서는 이를 소작쟁의의 행렬로, 빈 짚단을 들고 가는 것은 지주의 본거지에 불을 질러 버릴 수도 있음을 암시하는 것으로 보았다. 그리고 그는 이 소설에서 농촌소설의 계몽주의적인 수법이 배제되고, 또쭐이·들깨라는 이름의 흙의 아들들이 주체적이고 저항적인 농민의식을 보여 주는 단계에 이르게 되었다고 하였다. 〈한국농민문학의 흐름〉《농민문학론》p.110. 1983, 온누리.

70) 염무웅은 이를 농민적 재가회의 감동적인 개관하로서 사회적·민족적 해방을 위해 일어선 이 시대 민중들의 우렁찬 발걸음을 장엄하게 보여 주는 것으로 이해하였다. 위의 염무웅 글, p.236.

그 변화상을 철저히 알고 있다. 들깨가 "전과 달리 중놈들까지 덤비는 꼴을 보면"이라고 발언한 이면에는 승려의 사회적인 지위가 변동되었음을 말하며, 그 밖에도 승려가 대처하여 생긴 마을을 '중마을'이라고 표현한 점, 승려 유학생들을 일본·경성으로 유학을 하고 있는 팔자 좋은 젊은이들이라고 표현한 것, 주지 부인과 중마누라라는 인물이 설정된 점 등도 바로 그 변화의 단적인 실례이다. 승려의 대처, 재일유학생의 증가는 1920년대 중반부터 불교계에 보편화된 사실들이다.

둘째, 사찰 구성원의 非道德性이 짙게 깔려 있다. 그 구성원은 주로 사찰의 이익을 옹호하고 대변하는 인물로 그려지고 있지만 곧 사찰 및 불교에 대한 부정적인 측면을 더하게 하였다. 치삼 노인이 두 마지기 논을 보광사에 시주하였지만 오히려 핀잔만 듣는 현실, 가뭄으로 인해 나타난 논의 물대기에서 농민들과 치열한 대결을 벌이는 장면, 산지기 수염쟁이의 비인간적인 처사가 어린애인 상한이를 죽음에 이르도록 한 것, 간평과 소작료 책정에 있어서 정상적인 방법을 취하지 않은 점, 저리자금의 연기를 요청한 농민들의 요구를 묵살하고 입도선매라는 생존권 박탈의 방법을 강행한 점 등이 바로 그것이다.

셋째, 사하촌 소작인들이었던 농민들의 意識이 크게 高揚되었다는 것이다. 이는 생존권 수호 차원에서 농민들의 의식과 행동이 자연발생적으로 변화하고 있음을 말하는 것인데, 당시 소작쟁의 및 사회주의 등에서도 일정하게 영향 받고 있었음을 암시한다. 논의 물을 대기 위하여 노승과 다툼을 벌이는 들깨가 중에게 잘못 반항하면 소작을 떼이게 될 것이라는 생각을 하면서도 우리도 먹고 살아야겠다는 취지에서 노승에게 대항한 점, 논의 물을 대려는 대립·와중에서 곰보 고서방이 절 사람과 육탄전을 전개하고 중마을 사람들이 물도둑을 맞았다고 웅성대는 것을 속시원하게 여긴 점, 비정상적인 간평에 대하여 비판적인 언사를 하고 있는 점 등에서 농민들의 현실의식이 점차 성장하고 있음을 알 수 있다.

넷째, 농민들은 현실의 矛盾을 해결하고자 하는 강력한 意志와 그를 현실화할 수 있는 스스로의 土臺를 만들어 나가고 있다. 이는 물론 고양된 의식의 기반에서 출발하고 있었지만 야학당의 존재와 사찰에 의존적인 이주사와 진수의 설교를 무서워하지 않을 정도의 현실 타개의 의지는 현실의 모순을 해소하려는 행동과 자연스럽게 연결되고 있다. 그 행동은 보광사 농사조합에 융자금 납부 연기 요청과 보광사에 차압취소와 소작료 면제에 대한 탄원으로 나타난다. 여기에서 농민의 의식 및 행동의 철저성과 일치성을 엿볼 수 있다.

다섯째, 사찰이 地主의 性格을 갖고 있음을 분명히 하였다. 따라서 지주와 소작인의 대립구도가 이 소설의 구성에 깔려 있으면서, 보광사와 성동리라는 대응적인 공간이 설정되었다. 그 공간에서 벌어지는 일들은 기본적으로 토지에서 파생되어 나온 것이다.

여섯째, 군청·주재소로 등장하는 일제 식민통치 체제가 사찰에 友好的인 立場을 견지하고 있는 것으로 묘사되고 있다. 식민통치 체제는 체제에 우호적인 세력과 동질적인 이해관계에서 상호 보험적인 입장을 유지하였음은 일견 당연하다고 하겠다. 산지기의 처사에 저항하는 가동할머니의 처리를 주재소의 순사에게 위임한 것은 그 단적인 실례이다.

지금까지 살펴본 소설 〈사하촌〉에 흐르고 있는 佛敎像은 寺刹의 地主性[71]과 非道德性이라 하겠다. 더욱이 사찰은 植民地 體制에 依存하는 속성도 있었음이 나타났다. 이러한 특성은 1930년대 불교계의 일면을 반영해 주는 것이다. 일제하 불교계에 대한 지금까지의 연구 중 이러한 접근은 거의 없었다. 이에 필자는 이러한 접근을 근대불교의 연구에 있어서 하나의 시론으로 삼고자 한다.

1930년대의 불교상을 일별할 경우, 그 주요 초점은 다음과 같다.[72] 1929년 1월에 개최된 조선불교선교양종 승려대회에서 제정한 종헌의 실행, 조선불교청년총동맹과 만당의 등장 등 불교청년운동, 강원의 제도개선 등 교육제도의 논란, 보성고보 및 중앙불전의 폐교·경영의 논란, 선학원의

---

71) 그러나 사찰 전체에 대한 보편성으로 보기는 어렵다. 각처에 산재하였던 소규모 사찰과 암자의 경우에는 도지소유도 미약하고 개정상태가 열악하였을 것이다.
72) 1930년대의 불교계 동향에 대한 제반 내용은 앞서 소개한 필자의 논고를 참고할 것.

선리참구원으로 조직체 변경과 조선불교선종 종헌의 제정·선포, 불교계 통일운동이었던 총본산 건설운동, 일제의 황민화 정책으로 추진된 심전개발운동에 참여, 일제의 강압적인 식민통치에 협조 등이다.

　이러한 움직임의 근저에 흐르고 있었던 것은 土地를 비롯한 각 사찰의 財産의 보호, 유지, 증대 등이었다. 불교재산의 증감에 대한 일체의 권한은 식민지 당국인 조선총독부와 각 도지사가 담당하도록 일제의 한국불교 통제의 근간인 사찰령과 그 시행세칙에서 규정하고 있었다. 불교계는 자연 그 일제당국과 유대관계를 갖지 않으면 아니 되었으며, 이러한 현실에서 전통불교의 수호, 불교의 대중화를 통한 불교의 발전과 민족운동의 대열에 참여하는 것 자체가 단순한 일이 아니었음을 쉽게 알 수 있다. 그러므로 일제하 불교교단 차원에서 항일의 움직임을 찾아보기 어려움은 오히려 당연하다. 항일적인 색채를 띠고 있었던 만당이 지하 비밀결사체로서 유지되었던 것도 더욱 이해할 수 있는 대목이다.

4. 결 어

　이상으로 金廷漢의 소설 〈寺下村〉에 나타난 내용을 분석하고, 그를 통하여 1930년대 불교상의 일면을 살펴보았다. 필자의 이 고찰은 소설 〈사하촌〉이 문학작품이지만, 그 작가인 김정한의 文學性 및 歷史意識을 검토할 경우 그 구성 및 줄거리에 사료적 가치를 찾을 수 있다는 이해에서 서술하였다.

　김정한의 문학은 체험과 증언에 의하여 재구성된 역사성의 기초에서 출발하고 있다. 따라서 김정한의 작가정신은 저절로 역사의식을 띠고 있다. 이러한 그의 문학정신은 그가 문학에 입문한 동기와 창작에 대한 입장 등에서 확연히 드러나고 있다. 더욱이 항일적인 색채가 짙은 동래고보의 졸업, 울산 대현보통학교에서의 항일 움직임으로 교원생활 중단, 일본 유학생 시절 관여한 양산 농민조합 사건으로 학교 중퇴 등에서 그의 문학과 민족의식과는 불가분의 관계임이 분명하다.

한편 〈사하촌〉에서 전개되는 줄거리는 당시 현실에서 일어났던 그리고 일어날 수 있는 개연성을 갖고 있다. 특히 당시 점증하고 있던 社會主義 및 反宗敎運動 등의 정황을 고려하면 더욱 그러하다. 사찰이 민중의 지배자 계급이었다는 의식이나, 해인사와 해인사 토지를 경작하는 소작인간에 일어난 갈등·대립이 치열했던 사건 등은 바로 그 단적인 실례이다. 그러나 한용운이 반종교운동에 대한 경계와 불교 자체 내의 反省을 촉구한 것을 무심히 바라본 것은 아니다. 당시 불교계에서도 반종교운동에 대한 문제점과 그 대응에 대한 인식이 적지 않게 전개되었다. 그리고 〈사하촌〉이 남해의 龍門寺를 모델로 하였다는 것이나, 《조선일보》에 연재되었을 때에 梵魚寺에서 그에 대한 항의가 있었으며, 김정한이 폭행까지 당하였다는 것도 그 소설의 내용이 단순히 허구라고만 인정할 수 없다. 요컨대 〈사하촌〉은 사실성과 역사성을 담보한 문학 작품이다.

이러한 배경과 현실이 바로 작가 김정한이 〈사하촌〉을 쓴 동기이고 그 줄거리의 무대인 셈이다. 소설 〈사하촌〉은 보광사라는 사찰과 보광사 토지를 소작하는 소작민들이 거주하는 마을인 성동리의 농민간에 전개되고 있는 이야기를 형상화하였다. 소설에는 보광사의 이익을 대변하는 기구가 농사조합으로, 성동리의 소작인들의 의사를 결집하는 공간으로는 야학당이 설정되어 있다. 그리고 성동리 농민들은 보광사 입장에 옹호적인 부류와 여타 다수의 농민들로 대별할 수 있다.

소설의 사건 전개에는 地主와 小作人간의 對應構圖가 설정되었는데, 그 사건의 발단은 가뭄이라는 천연 재해이다. 이에 가뭄으로 나타난 부족한 물을 서로 자기 논에 대려는 갈등의 초점이 등장하고, 그 와중에서 보광사측과 소작인간의 치열한 물싸움이 전개된다. 그런데 제3자인 주재소 순사가 개입하면서 뒤엉키게 된다.

소작인들은 마을 자체의 祈雨祭, 보광사가 주도한 祈雨佛供이 모두 허사로 돌아가게 되면서 더욱 비참한 생활로 가게 된다. 또 산지기의 적절하지 못한 저사로 야기된 상관이의 죽음, 그리고 비도덕적인 看坏과 소자료의 책정 등은 농민들을 분노케 하였다. 이에 농민들은 1차적으로 보광사 농사조합에 납부대금 연기를 요청하지만 거절당하자 그들의 의식과 행동은 그 근본 모순을 해결하려는 모색으로 나타난다. 소작인들의 분노에 부채질을 한 것은 보광사가 立稻差押이라는 방법으로 그들의 生存權을 빼앗으려는 조치를 강행한 것에 있었다.

그 모색은 마침내 입도차압의 취소와 소작료의 면제 요구를 통한 생존권 수호로 나타난다. 이는 소작민 다수, 그리고 성동리의 아이들도 가세한 삶의 존재에 대한 의사 표시이자, 그들의 의식의 확대 과정이다. 이러한 일련의 상황에서 나타난 것은 자연 재해를 통해 드러난 사회적 모순 구조의 등장이다. 그 구조는 지주와 소작인의 관계이다. 그리고 그 구조를 지탱하고 후원하는 실체는 일제 식민지 체제였다. 작품의 전개에서 우리는 사찰의 지주성과 함께 비도덕성을 확인하였다. 그리고 이 성격은 곧 식민지 체제의 후원하에서 그 체제에 안주하고 있는 속성을 말해 준다. 따라서 이러한 성격과 속성을 1930년대 불교상의 일면으로 볼 수 있다.

해방 직후 제주불교계의 동향

1. 서 언

8·15 해방 직후 불교계는 일제하의 사찰령 체제로 대변되었던 식민지 체질의 불교를 극복하고 자주적인 불교발전을 기할 새로운 변화를 맞이하였다. 이에 불교계에서는 불교발전을 기하려는 다양한 움직임이 노정되는 가운데, 점차 교단 중심의 혁신의 노력이 구체화되었지만 혁신의 대상 및 방법을 둘러싸고 敎團과 革新團體간의 갈등이 치열하게 가시화되기도 하였다.[1]

그러한 구도하에서 일제하의 교단 집행부가 퇴진하고 과도적인 敎政을 담당하는 朝鮮佛敎革新會가 1945년 8월 20일경 구성되었으며, 그 혁신회를 중심으로 불교계의 새로운 출발을 기하기 위한 全國僧侶大會가 추진되었다. 1945년 9월 22~23일 태고사에서 개최되었던 그 승려대회에서는 새로운 교단 정비를 기하기 위한 제반사항이 결정되었다. 그 주요 내용은 교정기구 개혁과 식민지불교의 체질을 극복하면서 광복사업에 매진하려

---

1) 해방 직후 불교계 동향에 대한 제반 문제는 필자의 아래의 논고가 참고된다.
   金光植, 〈8·15解放과 佛敎界의 動向〉《佛敎史硏究》 창간호, 1996.
   ______, 〈佛敎革新總聯盟의 結成과 理念〉《鄭德基博士華甲紀念韓國史學論叢; 韓國史의 理解》 1996.
   ______, 〈全國佛敎徒總聯盟의 결성과 불교계 동향〉《彌天睦楨培博士華甲紀念論叢 ; 未來佛敎의 向方》 1997.

는 사업의 결정 등이다.

전국승려대회의 결정은 자연 전 불교계에 파급되었으며, 그 결과로 각 지방에서도 이에 호응하여 지방 자체의 불교계를 혁신하면서 중앙불교계의 전환 구도에 동참해야 할 과제에 직면하였다. 그러나 지금껏 각 지방 불교계의 움직임은 그 관련 자료가 부재하여 거의 그 실제의 활동 내용은 파악할 수 없었다.[2]

그런데 최근 해방 직후 제주불교계의 동향을 전하고 있는 자료인 제주 불교청년단 결성대회의 회록과 제주승려대회의 참가자 명부·회의록이 발견되었으며,[3] 필자는 그 자료를 열람할 수 있는 기회를 얻었다.[4] 또한 필자는 당시 그 청년단 결성대회 및 승려대회의 참가자 중 생존하고 있는 인물들을 면담하여 그 정황의 증언을 채록하였다.[5]

---

2) 필자가 확인한 해방 직후의 지방 불교계 동향은 전북 부안에서 개최되었던 부안 승려대회가 유일하다. 〈扶安僧侶大會의 決意〉《조선일보》1946. 2. 2.

3) 〈승려대회 명부발견〉〈해방 직후 제주불교 흐름 '한눈에'〉《한라불교》1997.7.15 및 1998.1.16. 《한라불교》에 보도된 자료는 1945년 12월 2~3일에 개최된 제주 승려대회의 참가자 명부, 그리고 그 승려대회의 회의록과 동년 11월 30일에 개최된 제주 불교청년단 결성대회의 회록이 게재된 《法界》라는 잡지이다.

이 잡지는 1946년 여름 제주불교청년단원이던 고혜관의 주관과 원인상의 협조로 간행된 謄寫版印本으로, 이 자료는 한라불교 신문사가 제주도 내 본문사(법화종 종무원 사찰)에서 발굴한 것이다. 그 잡지의 겉표지에는 'BUDDHISTIC MAGAZINE 漢羅山'이라는 표현과 '朝鮮佛敎革新의 첫출발'과 '佛敎靑年活動의 첫거름'이라는 문구가 있다. 그리고 마지막 면에는 '三千萬 民族을 사랑하고 三千里 江山을 사랑하는 義士 勇女들이여 波別的 싸홈을 버리고 단합하자 太極旗 이 밑으로'라는 문구가 있다. 이 문구의 좌측 하단에는 발행처가 표시되어 있지만 글자를 파악하기가 어려워 그 내용을 알 수 없다.

4) 필자는 한라불교사의 조인석 국장으로부터 그 관련 사본을 제공받았다. 자료를 제공하여 본고를 서술할 수 있도록 협조하여 주신 조인석 국장께 지면을 통해 감사를 드린다.

5) 필자는 해방공간 제주불교사의 연구와 본고의 집필을 위해 1998년 6월 27일~7월 2일, 해방공간 제주불교의 관련자 증언 채록을 위한 제주도 탐방을 하였다. 그 탐방은 선우도량 한국불교근현대사연구회의 주관과 후원으로 이루어졌다. 또한 그 탐방은 제주도에서 활동하고 있는 현지 승려들의 안내 및 지원이 있었는데, 오성스님(백련사)과 진철스님(동암사)의 도움에 감사를 드린다. 당시 필자

　필자는 그 자료의 분석과 관련자의 증언을 통하여 해방 직후 제주불교계의 동향을 파악할 수 있었다. 해방공간 지방 불교계의 움직임을 전하는 자료가 전무한 상황에서, 그 내용은 당시 상황을 파악할 수 있는 귀중한 자료이다. 그 내용에 의하면 제주도에서는 1945년 11월 30일에 '濟州島 佛敎靑年團 結成大會'가, 동년 12월 2～3일에는 '朝鮮佛敎革新 濟州僧侶 大會'가 개최되었다. 이 대회는 중앙불교계의 움직임에 영향 받아 나타난 것인데, 그 내용에는 제주불교계만의 독특한 성격을 찾아볼 수 있다. .

　제주불교청년단의 결성은 1945년 9월 21일에 개최된 중앙의 불교청년당 결성과도 무관치 않으며, 제주승려대회는 1945년 9월 22～23일에 개최된 전국승려대회의 산물로서 가시화된 모임이었다. 특히 제주승려대회에서는 제주교구가 성립되었으며, 그 임원진이 선출되었다. 아울러 그 대회에서는 해방 직후 제주불교계의 진로와 사업도 결정하였다. 한편 해방 이전의 제주불교는 제주도가 행정지명으로 독립된 상태가 아니었기에,[6] 결과적으로는 불교 운영의 독자성이 부재하였다[7]. 그런데 해방공간의 승려대회는 제주불교의 독자성을 담보해 줄 수 있는 제주교구를 완성해내었기

　　가 만난 대상 인물은 元仁常(혜관정사, 1917년생)·邊致鵬(극락사, 1922년생)·張燕鐘(옹포포교당, 1924년생) 스님이다. 이들은 대략 75세가 넘은 승려로서, 해방 전후 제주도에서 승려로서 활동한 인물들이다.
　　한편, 선우도량에서는 1998년 4월 19일 원인상스님에 대한 1차 증언을 실시하였는데, 필자는 이 증언록을 입수하여 본고 서술에 참고하였음을 밝혀둔다.
6) 濟州道가 행정지명으로 공식화된 것은 1946년 7월 31일로서, 미군정청 법령(949호)에 의해 시행되었다.
7) 해방 직후 초안을 작성하여 1946년 3월의 중앙 교무회에서 통과된 敎憲의 교구에서도 제주교구는 명시되지 않았다. 다만 필요에 의하여 '別敎區'를 설치한다고 규정하였던 것이다. 이는 濟州島가 아직 행정상의 '濟州道'로 독립하지 못했던 연유로 보인다. 또한 1941년 4월 23일 총독부령 125호로 개정된 太古寺寺法의 〈寺刹의 本末關係及 順位表〉에서도 제주도의 寺庵은 어떤 본사의 말사에도 기재되지 않았다. 이러한 양상은 제주도에 있는 寺庵은 육지 사찰의 포교당(소) 성격으로 이해한 결과로 보인다. 이는 곧 해방 전후 공간에서의 제주불교의 독자성이 미약함을 말해 준다. 1928년 3월, 조선불교중앙교무원에서 발간한 《朝鮮佛敎一覽表》의 布敎堂調査表에는 제주도 내의 백양사·대흥사·화엄사 포교당의 존재가 전하고 있음을 유의할 수 있다.

에 현대 제주불교의 기초를 마련한 것이다.

따라서 해방 직후 제주불교계의 이러한 움직임은 자료의 부족에서 기인한 이 시기 지방 불교사의 공백을 보충해 줄 수 있다. 이에 필자는 그 자료에 전하는 해방 직후 제주불교계의 동향, 즉 제주불교청년단 결성대회와 제주 승려대회의 개최에 관련된 전후 사정을 정리하여 해방 직후 지방 불교계의 동향 연구에 하나의 단서를 제공하고자 한다.

2. 濟州島 佛敎靑年團 結成大會의 개최

제주도 불교청년단 결성대회는 1945년 11월 30일, 제주읍내에 있었던 불교 청년 金敬洙 舍宅에서 개최되었다. 이 대회 직후 제주승려대회가 개최되었으며, 불교청년단의 결성을 주도한 불교청년들이 승려대회에도 적극 참여하였으므로 그 승려대회의 고찰 이전에 청년단 결성대회의 전후 사정을 먼저 살펴볼 필요성이 있다. 그런데 청년단의 결성과 승려대회의 개최도 중앙의 불교계 동향에 일정한 영향을 받았다고 이해되기에 우선 당시 중앙과 지방 불교계 동향에 대한 상호관계를 살펴보겠다.

8·15 해방 직후 교정 운영을 담당하였던 기존 교단 간부들은 1945년 8월 22일 총사퇴하고, 그를 대신할 과도적 집행부인 朝鮮佛敎革新會가 출범하였다. 그 혁신회는 태고사에 본부를 두고 교정개혁을 위한 全國僧侶大會의 준비에 박차를 가하였다. 그 결과 8월 22일에는 각 지방에 승려대회 소집 준비를 위한 特派員을 파견하였다.[8] 그러므로 제주도에도 그 특파원이 내려왔을 것이며, 자연적으로 제주불교계에 중앙의 불교계 동향이 전해졌다고 볼 수 있다.

불교혁신을 기하려는 움직임은 중앙의 불교청년계에서 우선 대두되었는데, 그 선도적인 역할은 전국적인 조직을 갖춘 불교청년당이 담당하였다.

解放直後 在京靑年 諸氏가 佛敎靑年大會準備會를 組織하고 日政下 寺刹令

---

8) 졸고, 〈8·15解放과 佛敎界의 動向〉 p.135.

의 鐵鎖를 좀코 解放 朝鮮佛敎를 新 建設하기 爲하야 本山制를 打破하고 敎區制 實施를 提唱하엿다. 이 劃期的 提案이 靑年黨 大會에서 滿場一致로 可決하였고 全國 僧侶大會에서도 無難히 通過되여[9]

즉 승려대회의 개최 준비와는 별도로 불교청년대회가 조직되었으며, 그 산물로 불교청년당대회가 개최되어 해방공간의 불교계 진로를 모색하였다는 것이다. 그런데 여기에서 우리가 주목할 것은 전국승려대회 이전에 청년당대회가 개최되었다는 것이다. 요컨대 청년당대회가 승려대회 제반 결정에 적지 않은 영향을 미쳤을 가능성을 추론할 수 있다. 이 청년당대회는 1945년 9월 21일에 개최되었으며,[10] 승려대회는 9월 22~23일에 태고사에서 개최되었다. 당시 출범한 불교청년당은 전국적인 조직, 즉 중앙에 본부, 각 지방에는 지방본부와 지부를 두었다는 정황으로[11] 보아 제주 불교계의 불교청년들도 해방 직후 중앙에서 진행된 불교청년들의 교계를 혁신하려는 움직임에 큰 시사를 받았을 것이다.[12]

그러므로 해방 직후 제주불교계는 승려대회 준비와 관련된 특파원의 왕래 및 불교청년당 결성에 뒤따른 불교청년들의 제반 움직임으로 나타난 중앙불교계 동향의 파급이라는 일정한 영향을 받았을 것이다.

제주불교청년단 결성대회는 11월 30일에 있었지만, 그 결성식의 사전 준비를 위한 準備委員會가 조직되었다. 이는 그 정황을 다음과 같이 전하는 바에서 파악한 것이다.

總務 元仁常氏로부터 宣言하되 元文常氏의 十月 下旬頃에 上京 歸島을 期하야 本月 十七日에 有志 佛靑年 數人이 濟州邑에 集合하야 準備委員會을 組織하고[13]

---

9) 〈敎徒制 解說〉《大衆佛敎》 제1호, 1947.1.1.
10) 《사찰요람》(이 자료는 1957년 경찰당국에서 업무를 위해 작성한 것임)에서는 불교청년당의 결성을 1945년 9월 21일로 전하고 있다.
11) 〈宗敎〉「佛敎」《朝鮮解放午報》1946, 民主主義民族戰線.
12) 제주불교청년단이 중앙에서 결성된 불교청년당의 지부일 가능성은 추론할 수 있지만, 현재 전하는 자료에서 지부라는 단정적인 근거를 찾아볼 수 없다.

10월 하순경 제주의 중견 승려인 원문상의 上京과 歸島가 제주불교청년단 결성의 계기로 작용하였다. 이에 10월 17일 불교청년 수인이 제주읍에 모여 불교청년단 결성을 위한 준비위원회를 조직하였다.[14] 우선 원문상의 상경과 귀도에서는 해방 직후 중앙의 불교계 동향, 구체적으로는 9월 21일의 청년당대회와 9월 22~23일의 전국승려대회 개최에 관련된 제반 사정이 제주불교계에 파급되었음을 알 수 있다. 따라서 제주불교계도 이에 동참해야 할 분위기 등을 숙지했을 것이다. 이에 그 결과로 제주불교청년단 결성대회를 위한 준비위원회가 조직되었음을 알 수 있다.

제주불교청년단 결성대회는 11월 30일 오후 1시 제주읍내의 김경수 사택에서 개최되었다. 대회 준비위원회에서 불교청년단 결성대회의 참가 대상자로 선정한 인물은 35명이었만,[15] 실제 대회에 참가한 불교청년은 16명이다.[16] 당시 대회는 준비위원장인 高琪好의 개회 선언으로부터 시작되었다. 이어서 내빈으로 참석한 승려 宋壽晟 집행으로 三歸儀禮 봉행과 佛法을 구하기 위해 희생당한 인물들의 추도식을 거행하였으며, 준비위원회 총무 元仁常은 출석 회원을 확인하였다. 그 연후에 준비위원장의 자격으로 고기호가 대회 소집에 대한 인사와 함께 대회의 취지를 설명한 개회사를 하였다.

개회사 이후 경과보고가 있었는데 총무 원인상이 10월 중순경의 원문상의 上京과 歸島 이후 대회 준비위원회의 조직 등에 대한 요약 보고가 있었다. 그 다음으로 임시 집행부 선거가 진행되었다. 고기호 준비위원장은 선거방법에 대한 의견을 참가 대중들에게 청취하였으며, 그 결과로 김

---

13) 〈濟州島佛教靑年團結成大會會錄〉《法界》 소수(이하 청년단회록이라 약칭함).

14) 현재 파악된 준비위원회 조직으로는 회장에 고기호, 총무에 원인상 등이었지만 세부 내용은 알 수 없다.

15) 〈청년단 회록〉 참조. 당시 청년단 결성 준비위원회 총무였던 원인상은 행사 이전에 이름을 올려놓고 주로 편지를 통해 연락하였다고 증언하였다.

16) 그 대상자는 高琪好, 金仁洙, 白仁洙, 金基坤, 元仁常, 金平洙, 李奉洙, 金化鉉, 金泰雄, 李公立, 康圻奎, 高慧觀, 張洙福, 趙謄旦, 金德熙, 金友松 등이다. 이 내용도 위의 〈청년단 회록〉에서 나온 것임. 추후의 청년단 대회의 개요도 이 자료를 활용하여 서술할 것임.

태웅이 추대한 원문상이 임시 議長으로,[17] 서기에는 김태웅이 선출되었다.

그 이후에는 임시의장의 진행으로 청년단 단장의 선거가 있었다. 의장인 원문상은 대중들에게 단장 선거방법을 청취하여, 口頭呼薦의 방법을 선택하였다. 그 결과 고기호를 단장으로 추천한 조호경의 동의와 김평수의 재청, 그리고 참가 대중의 찬동에 의해 고기호가 단장으로 결정되었다. 그 다음에는 총무 경선이 실시되어 역시 口頭呼薦의 방법이 가결되어 총무는 원인상으로 하자는 고기호의 동의가 대중들의 재청으로 결정되었다. 다음으로는 3部長 선거가 있었다. 의장이 대중들에게 그 방법을 청취하니 역시 구두호천이 가결되었다. 문화부장은 김평수가 추천·동의한 김태웅이, 선전부장에 백인수, 재무부장에 김인수를 추천·동의한 고기호의 의견 등이 참가 대중들의 재청으로 가결되었다. 이러한 전후 과정을 거쳐 확정된 제주불교청년단의 역원 명단은 다음과 같다.

團　　長	高琪好	
總　　務	元仁常	
文化部長	金泰雄	
宣傳部長	白仁洙	
財務部長	金仁洙	
總務部員	高慧觀 李奉洙	
文化部員	張洙福 金基日 金化鉉	
宣傳部員	趙謄旦 高精善 康圻奎	
財務部員	張洙福 金協地	

이 중, 그 결성대회에 참석하지 않았지만 역원에 포함된 대상 인물은 김기일, 고정선, 김협지 등이다.[18] 한편, 그 직후의 대회에서는 청년단의

---

17) 원인상은 불교청년단 결성에 큰 계기를 주었지만, 그는 중견 승려였기에 청년단의 단원은 아니었다. 그러나 그는 청년단 준비위원회의 총무였던 원인상의 친형이라는 인연과 중앙에서 제주불교청년단 결성에 대한 메시지가 있었으리라는 추측 등으로 청년단원이 기댈 수 있는 인물로 인식되어 임시의장에 피선된 것으로 보인다. 이에 대하여 원인상은 '그때 형님인 원문상 스님이 뒤에서 주동하신 것'으로 증언하였다.

조직과 활동 등을 다음과 같이 결정하였으며 참가대중이 만세삼창을 한
연후 폐회되었다. 아래는 그 결정 내용이다.

- 本團은 教區 中央에 本部를 두고 各 地方에 支部를 두기로 함.
- 宣傳部에는 必要에 依하야 監察를 두어 教化를 하며 不美 事件이 잇슬 時
  에는 相當한 處分을 하기로 함.
- 經費는 團員 義務金을 指定하되 年公 拾貳圓으로 하고 各 寺刹에 後援助
  金과 寄附金으로써 支持하기로 함.
- 教育에 關하여는 「한글」講習을 時急히 하며 文化部 宣傳部을 通하야 各
  寺刹에 위 常識을 普及하기로 可決되다.

　지금부터는 위의 결정 의안을 구체적으로 살펴보겠다. 우선 본단을 교
구 중앙에 둔다 함은 서울을 비정한 것이 아니고 제주읍내를 고려한 것으
로 이해되며, 각 지방에 지부를 둔다 함도 제주도 내의 각처를 말하는 것
이라 하겠다. 이러한 지부조직은 중앙의 불교청년당의 조직 개요에서도
제시된 바 있으며, 이러한 측면에서 제주불교청년단이 불교청년당의 지부
조직의 성격을 띤 것이 아닌가 한다.

　선전부에서 감찰을 두어 교화를 하고 불미스러운 사건이 있을 경우에
적극 대처를 하겠다는 것에서는 포교에 대한 의식이 투철하였음을 짐작케
한다. 아울러 한글 강습회를 시급히 실시하겠다는 측면에서는 불교청년단
이 사회교육 및 불교의 대중화에 큰 관심을 가지고 있음을 대변해 준다.
한편 청년단 사업 및 운영을 기함에 있어 단원의 의무금과 함께 사찰의
후원금으로 충당한다는 것에서 불교청년단의 성격을 단적으로 보여 준다.
요컨대 이 단체는 승가 중심은 아니고 재가 청년불자들의 조직의 성향이
가미된 것이 아닌가 한다.

　제주불교청년단의 결성식은 중앙불교계 동향에 자극을 받은 일단의 제
주불교청년들의 주도에 의해서 출발한 것으로, 해방 직후 제주불교청년운
동의 단초를 연 모임으로 볼 수 있다. 그리고 제주승려대회가 개최되기
직전에 열려 결과적으로는 제주승려대회의 원동력을 제공하였다. 그러나

---

18) 이는 청년단 역원의 사찰별의 분배와 그들의 위상 등이 고려된 것으로 이해된다.

당시 제주불교청년단원의 35명 중[19] 16명만 참여했다는 것에서 일면 호응
도에서 일정한 한계성은 지적할 수 있다.

  그리고 불교청년단원의 인물 35명 중 현재 그 출자를 확인한 바에 의하
면[20] 18명은 제주도 내 사찰 소속이다.[21] 곧 그 소속 사찰의 청년승려일
가능성이 높다. 그런데 출신 사찰이 밝혀지지 않은 대상은 현재 전하는
기록이 부족하여 소속 사찰을 파악하지 못한 경우도 있지만, 재가의 불교
청년일 가능성도 있어 단정하기는 어렵다. 이에 대하여 당시 청년단의 총
무였던 원인상은 고혜관·김인수 등은 재가불자라고 회고하면서, 당시는
승가·재가 구별 없이 불교를 찬성하였던 인물들은 청년단에서는 개방적
이었다고 증언하였다.

  1945년 10월 30일의 제주불교청년단 결성대회는 정상적으로 진행되어
제주불교청년단이 출범하였다. 출범한 불교청년단은 결성대회에서 정한
사업을 추진해야 하는 당위에 직면하였다. 한편 청년단의 역원이었던 청
년승려들은 다음 장에서 살펴볼 제주승려대회에 참여하였다. 이는 청년승
려 및 청년단원들도 승려대회의 준비 활동에 참여했을 가능성도 고려할
수 있다. 그러나 승려대회 이후의 청년단 활동은 그 구체적인 사정을 전
하는 것이 없어, 세부 활동에 대한 문제는 파악하기가 어렵다. 당시 청년
단의 총무였던 원인상의 증언,[22] 4·3 항쟁 당시 제주불교의 피해와 관련

---

19) 이 35명은 불교청년단 결성대회 이전 준비위원회에서 대회의 참가 대상인물로
   선정한 인물들이다.(원인상 증언)
   그 대상 인물은 高琪好, 元仁常, 金泰雄, 高慧觀, 劉相燮, 李奉洙, 金化鍾, 金基
   日, 白仁洙, 趙贍旦, 高精善, 金仁洙, 金協地, 張洙福, 李公立, 康性富, 玄應煥, 變
   致鵬, 金圓宗, 康圻奎, 金友松, 金德熙, 金斗典, 李相旭, 康南玉, 金泰洙, 梁修精,
   梁洪基, 尹斗河, 高元準, 吳順哲, 姜慧?, 李東想, 李日石 등이다. 그리고 누락된
   인물 1명은 원고에서 삭제되어, 누구인지는 알 수 없다.
20) 〈朝鮮佛敎革新 全島僧侶大會 會議錄〉의 출석자 명부 및 〈僧侶大會 名簿〉 참조.
21) 그 인물의 출신 혹은 소속 사찰이 파악된 대상은 다음과 같다.
   高琪好(隱水寺), 白仁洙(龍藏寺), 張洙福(法峯寺), 康南玉(金鵬寺), 元仁常(大覺寺),
   劉相燮(月溪寺), 金太雄(佛塔寺), 金仁洙(金重寺), 李奉洙(帝釋寺), 李公立(山房寺),
   邊致鵬(極樂寺), 金斗典(信山寺), 康性富(運壽堂), 金圓宗(源水寺), 金德熙(佛塔寺),
   梁精修(德地寺), 金友松(元堂寺), 金協地(이명 金平洙, 金重寺)

성 등을 고려하면 불교청년단의 활동은 정상적으로 진행되지 못한 것으로 파악된다.

3. 朝鮮佛敎革新 濟州僧侶大會의 개최

1) 승려대회의 개요

조선불교혁신 제주승려대회는 1945년 12월 2~3일 제주불교의 중심사 찰인 觀音寺 제주읍내 포교당인 大覺寺의 대웅전에서 개최되었다. 제주 도 내의 승려 및 불교신도들이 참여한 그 대회에서는 해방공간의 제주불 교의 敎區를 성립시켰을 뿐만 아니라, 그 교구 책임자의 선정과 제주불교 의 활동 방향 등을 정하였다. 이 대회는 일면 중앙불교계의 움직임에 호 응하려는 성격도 개재되어 있었다.

우선 이 대회의 개요를 살펴보면 불교청년단 결성대회와 동일하게 대 회를 사전에 준비하기 위한 대회 준비위원회가 조직되었으며, 그 위원회 의 주관하에 대회가 진행되었다. 현재 파악된 대회준비위원회는 위원장에 李一鮮, 위원에는 吳利化·元文常 외 수명이라는 것만 파악되었지 그 세 부적인 내용은 알 수 없다. 이 중 원문상은 대회 이전에 서울을 다녀오는 등 중앙불교계와 긴밀한 관계를 갖고 있었던 제주불교계의 핵심적인 인물 이다. 그의 역할에서 시사되는 것은 제주 승려대회가 당시 중앙불교계의 교정개혁 구도에서 가시화되었다는 것이다.

이제부터는 승려대회의 회의 순서에 의거하여 대회의 제반 내용을 살

---

22) 원인상은 그 정황을, 1946년 가을까지는 청년단 활동이 진행되었으나 그 이후
는 뚜렷한 움직임이 없었다고 하였다. 그는 그 이유를 4·3 항쟁, 6·25 전쟁,
비구·대처 갈등(정화, 법난) 등에서 찾았다. 원인상은 1946년 여름경 《법계》를
만들어 가지고 동료와 함께 제주도 전역을 도보로 순회하면서 불교혁신에 대한
취지를 설명하였지만 별 호응이 없었다고 증언하였다. 그리고 그는 1948년 3월
4·3 항쟁이 일어났을 때에는 제주도 모슬포의 민가에서 포교활동을 하였다고
회고하였다. 이는 청년단의 총무였던 그가 청년단의 활동에서 완전 퇴진한 것
으로 볼 수 있다.

펴보겠다.[23] 1945년 12월 2일 오전 10시부터 시작된 그 대회는 의식 거행, 집행부 선거, 경과보고, 의안검토 및 확정, 교무원장 추대, 교무원 간부 선거, 교무회 조직 및 고문 추대 등의 순서로 진행되었으며 대회는 12월 3일 오후 2시에 종료되었다.

승려대회는 대회 준비위원이었던 원문상의 개회 선언으로부터 시작되었다. 원문상은 불교청년단의 결성식 당시에도 임시 의장을 맡았던 인물이다. 개회 이후에는 오리화의 주관하에 佛前에서 삼귀의례를 봉행하고 3·1 운동 때 민족대표 33인에 포함되었으며 일제하 불교계의 독립운동가로 대표될 수 있는 白龍城과 韓龍雲의 추도식을 거행하였다. 이후에는 대회 준비위원장인 이일선의 개회사가 있었다. 이일선은 대회 소집에 대한 간단한 경과와 대회 취지를 설명하는 요지로 개회사를 하였다.

개회사가 끝나자, 준비위원인 원문상이 대회에 참가한 회원을 점검하였다.[24] 당시 승려대회 참가 대상 승려로 승려대회 명부에 기재된 대상은 73명이다. 그러나 점검 결과 출석회원은 58명,[25] 대표출석 즉 대리출석한 인

---

23) 〈朝鮮佛教革新 全島僧侶大會 會議錄〉《法界》 소수(이하 僧侶大會會議錄으로 약칭함). 이하 승려대회의 내용은 이 자료를 소개·요약하는 것이기에 특별한 경우가 아니면 별도의 근거 제시는 하지 않겠다.

24) 당시 그 대회 참가자이면서 현존하고 있는 원인상과 변치봉은 그 대회가 승려 중심의 대회라고 언급하면서, 대회의 참가 통지는 공문이 편지로 왔다고 증언하였다.

25) 승려대회에 참여한 대상 인물은 '승려대회 명부'와 '대회 회의록'에 동시에 게재되어 있다. 그런데 대회 회의록의 서두에 전하는 대회 출석명부에는 68명의 대상 인물이 전하고 있다. 이는 대회에 출석한 승려 58명과 대리 출석한 인물 10명이다. 회의록에는 회원 점검 결과에 대리출석자가 9명이라고 전하지만, 이처럼 대회 출석명부에는 10명이라고 전하고 있다. 이는 출석 승려와 대리출석자 명단에 이중으로 기재된 李成業 때문이다. 이성업을 참가 승려로 보면 그 오해가 자연 풀리게 된다. 한편 그 대리 출석한 참석자가 누구를 대리하였는지는 확인할 수 없다. 우선 그 68명의 인물을 소개하겠다.
승려로서 참가자 : 金大圓(圓覺寺), 房東華(圓滿庵), 李一鮮(運等堂), 金錫允(觀音寺), 元文常(大覽寺), 吳仁錫(仁水寺), 吳智月(觀音寺), 宋壽晸(元堂寺), 吳利化(觀音寺), 李聖奉(金鵬寺), 洪常友(永樂寺), 金京豪(釜岳寺), 康信海(月星寺), 高仁山(觀音庵), 玄才奉(宣光寺), 金仁洙(金重寺), 金盛主(觀音寺), 金峻秀(高成寺), 白仁洙(龍藏

물은 9명, 결석한 인물은 15명이다.[26] 따라서 대회는 대회 주도자들이 대회 참가 인물로 선정한 인물 73명 중 67명이 참가한 셈이다. 그리고 대회 참가 인물로 선정한 대상 73명은 당시 제주도 내의 전체 승려라기보다는 각 사찰의 대표성을 띤 인물로 이해하고자 한다.

　한편 그 참가대상을 분석해 보면, 제주도 내 50여 개 사찰 소속의 승려들이었으며, 일부는 재가 신도들도 있었음을 추측하게 해 준다.[27] 각 사찰에서 대략 1~2명이 참가하였음도 파악되지만, 관음사 소속의 승려는 5명

寺), 吳漢日(慧光寺), 張洙福(法峯寺), 鄭龍河(正房寺), 高琪好(隱水寺), 丁正吉(月周寺), 權行白(觀通寺), 元仁常(大覺寺), 李公立(山房寺), 金大宣(月周寺), 劉相燮(月溪寺), 康南玉(金鵬寺), 金平守(金重寺), 宣斗石(孤雲寺), 金斗典(信山里), 康定照(康性富;雲壽堂), 金友松(三陽里, 元堂寺), 金化均(通天寺), 趙鎬京(南泉寺), 金泰雄(佛塔寺), 金圓宗(源水寺), 金興祚(元堂寺), 李化善(白蓮寺), 邊致鵬(極樂寺), 韓秉旭(歸二寺), 金德熙(佛塔寺), 金太壽(觀音寺), 崔性洙(仙岩寺), 高精善(西觀寺), 金德三(雙溪寺), 全金輪(洙源寺), 李泰洙(帝釋寺), 吳春松(歸德寺), 梁修靜(德池寺), 金陽佑(光今寺), 崔慧峯(龍珠寺), 金龍河(森田庵), 玄應還(東觀音寺), 李成業(法主寺), 姜圻奎(峒山庵)

대리 출석자 : 表連化主, 朴庚生, 張成生(東明寺), 張基?, 奇山玉, ???(森田庵), 李成業(法主寺), ???(??寺), 高慈善(帝釋寺), 金蓮花(金重寺)

한편 대리 출석자 중 일부는 사찰 소속으로 나오는 인물도 있지만, 사찰 소속이 없는 인물도 있는데 이 연유를 단정하기 어렵다. 이들을 재가신도로 볼 수도 있지만 신중을 기해야 한다. 그런데 당시 이 대회에 참석하였으며 현존하고 있는 승려인 원인상은 당시 대회에는 관음사 계통의 신도들이 많이 몰려들었다고 증언하였다. 이는 후술하겠지만 관음사 계통의 승려인 오리화를 제주 교구 교무원장으로 추대하려는 의도에서 나온 것이다. 대회에서는 그 신도들에 발언권을 줄 것인가에 대한 논란, 관음사 신도들의 강력한 항의도 있었다고 원인상은 증언하였다.

26) 불참한 승려는 李世震(西觀音寺), 姜成化(大靜寺), 李相旭(觀音寺), 尹奉天(大靜寺), 尹俊赫(隱水寺), 金宅春(瀾源里, 圓滿庵), 姜元明(於音里, 於音寺), 金好得(廻水里, 圓滿庵), 梁洪基(圓滿庵), 金容成(造水庵), 吳昌珍(圓滿庵), 尹斗河(山房北庵), 崔珍洙(新興寺), 金榮斗(日出寺), 姜大鎬(地山庵) 등이다.
이 중 김택춘, 강원명, 김호득의 경우는 명부에서는 그 출신이 사찰 및 암자로 나오는데, 대회회록에는 지명으로 나오고 있다. 이 연유를 단정하기가 매우 어렵다.

27) 위의 원인상 증언 참조.

이나 참가하였다.[28] 한편 그 대상 승려 중에는 육지의 사찰인 쌍계사·용주사·법주사·선암사·고운사·신흥사 소속 승려도 있다. 이들은 육지의 사찰에 소속된 승려였지만, 해방 전후에는 제주도에서 활동한 승려로 보인다.[29]

한편 임시 집행부 선거는 口頭呼薦에 의하여 시행하자는 대중들의 의견에 따라, 만장일치로 그 대상 인물을 선출하였는바, 그 내용은 다음과 같다.

議 長 吳利化,   副議長 元文常
書 記 鄭龍河 吳漢日,   査 察 金友松 金仁洙

집행부 선출 후에는 준비위원이었던 원문상의 경과보고가 있었다. 원문상은 중앙에 回答 議案과 준비위원회 결성에 대한 경과를 보고하였다. 이 내용은 참가 대중들에게 만장일치로 접수되었다. 여기에서 우리가 주목할 것은 중앙에 대한 회답의안이다. 이는 곧 승려대회 이전에 중앙에 회답할 의안이 있어 제주승려대회 이전에 처리하였기에 이를 대회에 보고하고, 대중들이 동의하였다는 것이다. 이러한 사실은 대회 이전에도 대회 준비위원들은 중앙과 긴밀한 연락이 있었을 것이다. 그러므로 승려대회의 개최는 9월 22~23일 서울의 태고사에서 개최된 전국승려대회에서 결정한, 즉 각 도의 교무원 담당자는 11월중에 각 도 승려대회를 개최하여 선출하도록 한 지침에서[30] 나온 것으로 볼 수 있다.

---

28) 관음사는 1910년경에 창건된 사찰로서 제주도를 대표하는 사찰이다. 따라서 제주불교를 대표하는 관음사였기에 여타 사찰보다 많은 인원이 참여하였다고 볼 수 있지만, 그 전후 사정은 단정할 수 없다.

29) 이는 육지의 사찰에 속한 승려가 제주도에서 활동했을 가능성, 그리고 육지 사찰이 관할하는 제주도 내의 포교당의 근무자로 볼 수 있다. 일제하의 경우 제주도 내의 포교당(소)을 운영하고 있던 사찰은 백양사, 대흥사, 위봉사, 기림사, 신임사, 법주사, 화엄사, 실상사 등이 기록에서 확인된다. 이 경우 해방 당시에도 육지의 사찰 소속으로 나오는 대상은 그가 관여하고 있는 포교당이 아직 독자적인 새로운 사찰명으로 전환하지 않은 연유에서 그를 이해할 수 있다.

지금까지 살펴본 바와 같이, 승려대회 이전의 경과를 보고하고 아울러 임시 집행부를 선출하였다. 이에 대회에서는 즉시 대회에 상정한 議案 審査에 들어갔다. 그 의안을 우선 순서대로 살펴보면 건국정신 진작, 사찰정화, 품위 향상, 사찰재산 정리, 대중불교 실현, 교구자원 확립, 불전 강원 설치, 인재 양성, 모범총림 창설, 교무원 운영, 중앙교무원 대표 파견, 포교기관 월간지 발간 등이다. 이제부터는 이 안건을 순서대로 그 결정 내용을 요약하겠다.

첫번째 의안은 建國精神 振作의 건이다. 이 안건에 대하여 임시 부의장이었던 원문상은 東西로 순회 포교사 2명을 정하여 포교활동을 전개하자고 제안하였다. 이 의견은 이일선의 特意인 강연대를 파견하여 포교하자는 안으로 발전되어 대중일동의 만장일치로 가결되었다.

寺刹淨化에 관한 건은 승려의 帶妻食肉과 內緣化主 同居를 절대 금지하고, 사찰 내 제반 收入은 化主 및 止住 주관의 단독적 처리를 절대 엄금하자는 의견으로 나타났다. 그 관련 내용을 회의록에서 살펴보면 다음과 같다.

> 議長으로 붙어 寺刹淨化에 對하야 大衆에 意見을 聽取한 바 李一鮮氏로 붙어 寺刹道場內 帶妻食肉과 內緣化主 同居을 切對禁止하며 寺刹內 諸 收入은 化主 及 止住 主管 獨單的 處理를 切對 嚴禁하자는 意見에 滿場一切 無違 可決되다.

이러한 이일선의 의견에 대하여 참가 대중은 만장일치로 동의하였다는 것이다. 이 문제는 일제하 불교계 모순의 근원으로 자리잡은 승려의 帶妻食肉[31]의 폐단을 단절시키자는 내용인데, 그것이 승려대회에서 무리없이 통과된 것은 매우 이채롭다. 당시 중앙불교계에서는 승려의 대처를 인정

---

30) 〈光復20年 韓國佛敎史〉《大韓佛敎》 1968.8.18.
31) 일제하 승려의 대처식육에 관한 내용은 아래의 논고를 참고할 수 있다.
　　鄭珖鎬 〈한국 近代佛敎의 '帶妻食肉'〉《한국학연구》 3, 1991.
　　金光植, 〈1926년 불교계의 帶妻食肉論과 白龍城의 建白書〉《한국독립운동사연구》 11, 1997.

할 것인지 아니면 그를 부정하고 대처승려들을 敎徒로 신분 전환을 시킬 것인지를 놓고 교단 집행부와 재야 혁신단체간의 갈등이 전개되었다.[32] 그런데 제주승려대회에서 승려의 대처식육과 아울러 사찰의 화주 및 지주에 의해 단독 처리되고 있는 사찰의 운영을 적극 반대하고 있었음은 사찰 운영의 독단을 개선하겠다는 적극적인 의지로 이해된다.

意識改革에 대한 건은 불교신앙 정비의 문제로 귀결되었다. 그 내용은 俗家에서 龍王·土神·山神·運表中唱佛·救病施食 등을 폐지하며, 사찰 내에서는 金鼓·梵音·和請 등을 금지하기로 결정하였다. 이러한 의사 진행이 종료된 후, 점심식사로 인한 휴식을 하자는 의장의 선언이 있었다. 12월 2일 오후 2시였다. 대회가 속개된 것은 오후 4시였는데, 당시 참가 대중은 역시 58명이었다.

法侶品位 向上의 건에 대해서는 일반대중들이 품위 향상을 '倍前 反省'하는 것으로 결정되었다. 이 결정은 원문상의 '特請'에 대하여 참가 대중들의 '感激'으로 가결되었다.

寺財整理의 건은 준비위원회가 사전에 준비한 위원회 안을 실행하는 것으로 결정되었다. 이 의견도 원문상이 제출하였으며, 이를 대중들이 수용한 결과였다. 그러나 위원회 안의 구체적인 내용은 현재로서는 확인할 수 없다.

大衆佛敎 實現의 건은 通俗的 불교를 실현하는 것으로 귀결되었다. 이 의견은 송수성의 제안이 대중들에게 채택된 것이다. 그러나 여기에서 채택된 통속적 불교의 구체적인 내용은 역시 알 수 없다.

敎區資源 確立에 대한 건은 제주교구 교무원의 지시에 의하여 실행하는 것으로 하였다. 이 결정은 승려대회 종료 후 구성될 교무원의 방침에

---

32) 승려의 대처문제는 이른바 敎徒制라는 명분으로 논의되었다. 즉 혁신적인 입장에 선 단체 및 인사들은 대처승려는 교도로 칭하여 포교 및 교육 등 불교의 외호에 활용하되 승려의 자격은 박탈해야 한다고 주장하였다. 그러나 교단측에서는 일반신도의 확대라는 시각에서 신도를 교도로 인식하였다 교단측의 주장은 대처승려를 인정하려는 기본입장이 개재된 연유에서 나온 것이었으며, 교단 집행부에 소속된 대부분의 인사가 대처하였음도 유의해야 할 것이다.

따르기로 하였다는 것을 말한다. 이 결정은 현재봉의 제안과 김인수·방동화의 동의하에 가결된 것이다. 이러한 의사 진행을 하였을 당시 시간이 오후 6시 30분이었기에, 의장이 저녁식사를 위한 휴회를 선언하였다. 이로써 12월 2일의 승려대회 일정은 종료되었다.[33]

12월 3일 오전 9시, 승려대회 제2일째 대회가 대각사에서 속개되었다. 대회는 임시의장인 오리화가 부의장인 원문상에게 대표의 권한을 위임한다는 선언으로 인해, 원문상이 대회의 진행을 주관하였다. 대회는 12월 2일에 결정한 의안 이후의 안건을 토의하는 것으로 시작되었다.

맨 처음으로 상정된 의안은 佛敎講院 設置의 건이다. 이 안건은 교구 역원에게 일임하는 것으로 결정되었다. 이는 원문상의 의견과 현재봉의 동의, 송수성의 재청을 대중들이 수용한 결과였다.

人材養成의 건은 강원을 설치하여 인재를 양성하는 방안으로 결정되었다. 이 안은 자체적인 자격양성의 향상에 목표를 두자는 대중들의 제안이 발전되어 결정된 것이다.

模範叢林 創設에 관한 건은 제주도 내에 모범총림을 설치하되, 중앙교무원의 창설 방침과 지시에 따르는 것으로 정하였다.

그리고, 敎務院 運營에 관한 건은 대회 준비위원이었으며 의장 대리로 대회를 주관하였던 원문상이 제시한 내용으로 결정되었다. 그는 아래의 글에서 그 대강을 알 수 있다.

> 本件 元文常氏로부터 理由, 方法 等을 說明한바 本 敎區 敎務院의 位置는 邑內 布敎堂인 大覺寺로 定하고 各職員은 一年間은 無給으로 하되 恒常 任員 二人을 選任하야 有給으로 勤務케 할 것이며

이에 따르면, 교무원의 위치는 제주읍내의 觀音寺 포교당이었던 大覺寺로, 교무원의 직원은 2인의 임원과 각 부서 직원을 상근하도록 정하였다. 그런데 그 임원은 유급으로, 각 부서 직원은 1년 간은 무급으로 근무

---

33) 당시 대회에 참석하였던 변치봉은 일부는 소속 사찰로 돌아가고, 대각사에 잔류한 인물들은 법당 주위의 방에서 머물렀다고 증언하였다.

하게 하였다. 이는 교무원의 운영 자금의 부족에서 기인한 것 같다. 그리고 운영상 필요한 비용은 일시 起債하여 사용하고, 제주교구의 자원이 확립된 후에 상환하는 것으로 결정하였다. 이 안은 李一鮮의 의견이었는데, 이 안의 실행에 대한 문제는 신임 役員會에 일임하자는 현재봉의 첨부 동의와 원인상의 재청으로 가결되었다.

다음으로 토의한 안건은 中央敎務會에 代議員 派遣의 건이었다. 이 안건의 관련 회의록을 보면, 그 결정 내용을 자세히 알 수 있다.

> 本件에 對하야는 中央에셔 濟州 敎區本部 設置 承認된 責任者로서 復命할 義務도 有하니 當該 元文常氏 一人을 派遣하되 所要 旅費 等은 此를 新任 役員會에 一任하기로 滿場一致로 可決하다. 但 私費로 中央大會에 出席 希望者 有할 時는 代議員 派遣書를 交付키로 하다.

중앙교무회에 파견할 대의원으로 元文常을 결정하였음을 알 수 있다. 그런데 그가 제주불교의 대표자로 결정된 것은 중앙에서 제주교구본부의 설치에 대한 책임자로 승인된 인물이라는 측면이 크게 작용한 것으로 보인다. 이에 그가 제주교구를 정상적으로 설립하고 이를 중앙에 보고할 의무도 있다는 배려가 고려된 것이라 하겠다.

이러한 사실에서 우리는 원문상을 제주승려대회의 개최 및 진행 등을 주도한 인물로 볼 수 있다. 또한 그는 승려대회 이전에 개최된 제주불교청년단의 결성식에서도 임시의장을 맡아 결성식을 치러 낸 인물이다. 물론 그는 중앙과 긴밀한 연락을 담당하였을 것이다. 그리고 원문상의 중앙교무회 파견에 뒤따르는 소요비용은 새로이 구성될 교무원의 역원회에 일임하기로 결정하였으며, 사비로 중앙교무회에 참가하기를 원하는 희망자에게도 대의원 파견서를 교부해 주기로 정하였다. 여기에서 말하는 중앙교무회는 1946년 3월 15일 태고사에서 개최되었던 제1회 중앙교무회를 지칭하는[34] 것이다.

---

34) 〈光復事業討議 佛敎 敎務會開催〉《동아일보》 1946.3.13. 당시 그 교무회에는 각 도 교구대표인 대의원 60여 명이 모여 회의를 갖고, 교정기구 개혁 등 교단

布敎機關의 月刊誌 發行에 관한 건은 교무원 역원회에 일임하는 것으로 결정되었다. 그런데 이 안은 불교청년단이 건의한 안건 중의 하나였다고[35] 하는데, 청년단의 총무로 선출되었으며 당시 대회에 참여한 원인상은 그 원안에 대한 설명을 하였다.[36] 이에 대회에서는 기관지가 없을 수 없다는 찬동으로 발간에 관련된 제반 문제는 교무원 역원회에 일임하는 것으로 가결되었다.

다음으로는 敎務院長 選擧가 있었다. 임시의장인 元文常은 교무원장의 책임과 품위, 그리고 선거 방법에 대한 설명을 하였다. 그리고 대회의 의장이었던 吳利化는 신성한 공천, 즉 추대식을 취하자는 의견을 제안하였으며, 이 제안이 이일선의 동의와 현재봉의 재청 등에 의하여 결정되었다. 그 결과 송수성의 추대발언 등에 의해 房東華가 제주교무원장으로 결정되었다.

그 후 敎務院의 3課長, 監察部長, 각 部員의 선거는 전형위원 15인을 구두호천하고, 그 전형위원의 선출에 의하여 결정하였다. 이러한 방법으로 당선된 제주 교무원 및 감찰부 역원의 대상 인물은 다음과 같다.

```
敎務院長   房東華
總務課長   元文常,    總務部員  玄才奉  金泰雄
敎務課長   李一鮮,    敎務部員  吳漢日  元仁常
財務課長   吳利化,    財務部員  韓秉旭  金興祚
監察部長   宋壽晟
監    察   金友松  宣斗石  高琪好
```

교무원 역원을 선출한 다음에는 敎務會員 선정 및 顧問 추대가 있었다. 교무회원 선정과 고문의 추대도 전형위원을 선출하고, 그 전형위원들로

제반 문제를 토의하였다.

35) 청년단에서 제출한 것은 5개의 案이었다고 한다. 그러나 그 5안의 전체 내용을 전하는 기록은 없다.

36) 원인상은 필자와의 대담·증언에서 한글 강습회, 불교의식 정비, 내연화주 동거 금지 등을 기억해냈지만 나머지 내용은 증언하지 못하였다.

하여금 대상자를 선정하도록 하였다. 그 결과로 선정된 대상 인물은 다음과 같다.

> 敎務會員
> 李聖峯 李世震 崔慧峯 高元準 白三萬 崔性洙 金性洙 金永斗 金峻秀
> 金仁洙 邊致鵬 崔性秀 劉相燮 梁基唱 金化均 吳春松 康南海 高情善
> 洪尙友 金大海 姜大鎬 張洙福 金錫允 金大圓 吳仁錫 鄭龍河
> 顧 問
> 金大圓 金石允 吳仁錫

이상과 같이 교무회원 26명과 고문 3명을 선출하였다. 고문으로 추대된 김대원, 김석윤, 오인석은 교무회원으로도 추대되었다. 교무회와 고문은 해방 직후 중앙 교단에서 새로이 제정한 敎團機構에서 정한 각 도 교구의 교무원 조직에서 나온 기구였으며, 이는 위에서 살펴본 교무원 산하의 총무과, 교무과, 재무과 그리고 감찰부 등의 기구도 역시 그러하였다.

이러한 제주교구의 역원을 선출한 직후에는 기타사항에 대한 토의가 있었다. 의장이 참가 대중들에게 기타사항, 즉 미진한 점 및 특별한 의견을 개진할 기회를 준 것이다. 이에 대하여 이일선은 사찰 수입을 화주와 지주가 주관하여 독단으로 처리하는 사항과 사찰 내에서 대처 및 내연 화주와의 동거를 금지하자는 제안을 다시 한 번 강조하였다. 이에 대하여 대중들은 만장일치로 이를 가결하였다.

이러한 기타사항이 종료된 직후 참가 대중들은 기립하여 만세삼창을 하였으며, 위원장은 폐회 선언을 하였거니와 당시 시간은 12월 3일 오후 2시였다.

2) 승려대회의 성격

이제부터는 제주 승려대회의 성격을 살펴보겠다. 그 성격은 우선 승려대회 자체에 나타난 측면, 해방공간 제주불교계의 중심인물 분석, 그리고 일제시대 제주불교계의 동향에 비추어 본 해방 전후 공간의 제주불교의 움직임 등으로 나누어 이해하고자 한다.

해방 직후 제주불교계 동향을 전하고 있는 자료인 《法界》에는 제주청년단 결성대회의 회록, 제주승려대회의 회의록과 아울러 그 제주승려대회의 성격을 요약하고 있는 내용이 있어 소개하겠다. 이는 이 《법계》를 편집·간행한 고혜관이 서술한 것으로 보이는데, 승려대회에 대한 성격을 파악할 수 있는 내용이 전하고 있다. 뿐만 아니라 당시 그 대회를 치른 제주승려들의 대회의 인식을 파악할 수 있는 단서로 활용할 수 있기 때문이다.

먼저 승려대회가 개최된 연유 및 개요에 대해 다음과 같이 요약하였다.

本月 二日로부터 三日 間에 걸쳐 열여진 全島 僧侶大會은 豫想 以上의 難題案도 滿場一致로 可決되고 三日 午後 濟州 佛敎史上에 劃期的인 記錄을 남기고 幕은 나리엿다. 우리 朝鮮佛敎은 三十六年 間 日本 帝國 總督政治下에 佛敎로써 이 常正的 發展的 向上을 못하고 가진 法規로 因하야 그 活躍의 制約인 拘束을 엇지할 수 업서다.

즉 1945년 12월 2~3일, 제주승려대회는 어려운 안건도 만장일치로 가결될 정도로 제주불교사상의 劃期的 기록을 남기고 막을 내렸다고 전제하였다. 그리고 일제 36년 간은 일제의 간악한 법규로 인해 정상적·발전적인 불교 향상을 기하지 못했다는 현실인식도 한 것이다. 그러므로 해방된 현실에서는 자연 그 모순을 해소할 과제를 가졌음은 쉽게 판단할 수 있다.

이에 자연적으로 일제하 불교계의 모순 해소와 불교계가 나아갈 방향 수립을 위한 고뇌를 하였으며, 또한 건국이라는 당시 시대적 과제도 함께 풀어야 할 문제로 인식하였다.

이번에 自由 解放의 步合을 마추어 其 體制을 改革하야 信仰 自由와 이 땅에서 自治運行의 巨步을 내드리게 된 이 機會로 從來의 敎團機構에 一代 變革을 行함과 同時에 建國精神과 步合을 맛추어 全國的으로 各派의 佛敎團體을 統合하여 新朝鮮의 佛敎을 再建하려는 歷史的 大理想의 實現을 보게 되엿다.

그 고뇌의 요체는 교단기구의 일대변혁과 동시에 건국정신의 구현에 있음을 알 수 있다. 이러한 전환기에 즈음하여 불교단체의 통합과 함께 불교의 재건이라는 역사적 이상의 실현을 보았다고 이해하였다.

한편, 이러한 성격이 내재된 승려대회는 당시 중앙불교계의 전환에 발맞추어 진행된 것이다. 이와 관련해서는 다음의 글에 그 전후사정을 요약한 것이 주목된다.

이에 따라서 中央에 잇서서는 全國을 教區로 分割하여 道 單位로 十三區로 난우게 되엿고 우리 濟州道은 特殊 地帶인 關係로 따로이 一 教區을 形成되여 벌서부터 大會 準備委員長 李一鮮氏 吳利化氏 元文常氏 外 數名이 諸 準備에 盡力을 하여 오든바 本月 二日에 비로소 劃期的 革新大會을 열게된 것이다.

중앙교단에서 전국을 13도의 개별적인 教區로 나누면서 제주도는 별도의 1개 교구로 정했던 사전 구도에 의하여 승려대회가 개최되었음을 밝히고 있다. 승려대회 준비위원회가 조직되고, 그 위원회의 핵심인물들이 대회 개최를 위하여 노력해 온 결과로 대회가 열렸음을 말해 준다. 이 승려대회로 해방 직후 제주불교계의 현실인식을 단적으로 알 수 있다.

아울러 대회 직후에도 불교재건과 건국사업에 매진할 것을 다음과 같이 제안하였다.

卽 本會은 全島的으로 大小 八十個寺의 僧侶들이 參加하여 午前 十時로부터 邑內 布教堂(現在 大覺寺)에서 開催하엿는대 劈頭에 李一鮮氏의 烈烈한 開會辭는 大衆을 感激시켯다.
朝鮮의 참다운 文化丹體가 되는 佛教의 使命 建國道行하야 民族 統合을 促成함에는 島內佛教徒 諸賢은 總蹶起하야 佛教 再建에 邁進하여 주기를 바라마지 안은 바이다.

제주승려들에게 승려대회를 계기로 문화의 주체가 되는 불교의 재건과 민족통합의 구현인 건국사업에 앞장 설 것을 호소하였다.

이제부터는 승려대회를 주도한 인물과 승려대회의 산불로 등상한 교무원 및 감찰원의 역원 등을 분석하고자 한다. 이를 통하여 해방 직후 제주불교계의 중심 인물들의 성향을 살펴보겠다.

승려대회 관련 인물

구 분	대상인물	소속사찰	활 동 내 용
대 표	房東華	圓滿庵	교무원장
	宋壽晟	元堂寺	감찰부장, 청년단 결성식 내빈 참여
	金大圓	圓覺寺	고문
	金錫允	觀音寺	고문
	吳仁錫	仁水寺	고문
주 도	李一鮮	雲等堂	대회 준비위원장, 교무과장
	吳利化	觀音寺	대회 준비위원, 대회 임시의장, 재무과장
	元文常	大覺寺	상경, 중앙불교계 접촉, 청년단결성식 임시의장
			대회 준비위원 및 임시부의장, 총무과장
실 무	鄭龍河	正房寺	대회 서기
	吳漢日	慧光寺	대회 서기, 교무부원
	玄才奉	善光寺	총무부원
	韓秉旭	歸二寺	재무부원
	金興祚	元堂寺	재무부원
	宣斗石	孤雲寺	감찰
청 년	金友松	元堂寺	청년단 대회 참가, 대회 사찰, 감찰
	金仁洙	金重寺	청년단 재무부장, 대회 사찰
	金泰雄	佛塔寺	청년단 결성식 서기, 청년단 총무부장, 총무부원
	元仁常	大覺寺	청년단 준비위원회 총무, 청년단 총무, 교무부원
	高琪好	隱水寺	청년단결성 준비위원장, 청년단 단장, 감찰

위의 표는 해방 직후 제주불교계의 중심 인물들을 정리한 것이다. 그 인물들을 승려대회의 준비와 진행, 제주교구에서 담당한 직위 등을 고려하여 그 내용과 성격을 구분하였다. 아울러 청년단 소속 승려의 관련 내용도 포함시켰다. 위의 표 중 대표 인물로 포함시킨 대상 인물은 승려대회의 결과로 등장한 교무원장, 감찰부장, 고문으로 선출된 인물들이다. 이들은 표에서 보듯 청년단 결성 및 승려대회의 실무적인 역할은 전혀 수행하지 않았다. 추측컨대 이들은 제주불교계의 원로 승려로 볼 수 있다. 특

히 방동화는 제주불교를 대표하는 인물이다.[37]

다음 대회를 주도한 대상 인물들은 승려대회의 준비, 진행 등을 주도한 인물로 나타난다. 그들은 대회를 사전에 치밀하게 준비하였을 뿐만 아니라, 대회의 진행에 주도적인 역할을 다하였다. 또한 그 대회에서 교무원 및 감찰부의 간부 역원으로 추대된 인물들이다. 그리고 실무 인물들은 승려대회의 준비에서는 큰 역할을 하지 않았지만 대회의 산물로 등장한 제주교구의 실무자로 피선된 인물들이다.

청년승려로 제시한 인물은 제주불교청년단의 주요인물이면서 승려대회에도 참여하여 결과적으로는 제주교구의 실무적인 직임에 피선된 대상이다. 그 활동내용을 세밀히 살펴보면 원인상, 김우송, 김인수, 김태웅 등의 청년승려는 제주불교청년단의 핵심인물이다. 이들이 승려대회에서 실무진에 대거 기용된 것은 승려대회가 청년승려의 적극적인 참여의 산물임을 말해 준다. 여기서 제주교구 설립 자체가 청년승려의 영향력이 미쳤음을 추측할 수 있다.

이 중 승려대회를 주도한 인물들의 성향을 개별적으로 살펴볼 필요가 있다. 왜냐하면 이들이 해방공간의 제주불교를 실질적으로 주도하였다는 점과 함께 그들의 출신 성향에서 제주불교의 성격 등을 파악할 수 있는 단서를 찾아볼 수 있기 때문이다.

---

37) 방동화는 1918년 10월의 '戊午年 法井寺 抗日蜂起'의 가담자였다. 그는 그 사건으로 인해 징역 6년을 구형 받았으며, 그 독립운동의 공로로 1994년에는 정부로부터 독립유공포상을 받았다. 그는 제주도 중문면 대포리 출신으로 1897년에는 향리의 가문 사숙에서 수학하고, 1913년 경북 기림사에서 출가득도하였고, 1915년에는 역시 기림사에서 사미계를 받고, 1925년에는 범어사에서 비구계를 수지하였다. 한편 그는 1913년 대승사 강원에 들어가 사미과 및 수의과 등을 수료하였으며, 1936년에는 제주도 중문면 기림사 포교소 監院에 피임되었으며 1940년에는 동 포교소 선전위원에 피임되었다.
  방동화에 대한 이상의 내용은 기림사 주지 김경림이 발행한 방동화의 僧籍牒과 《불교신문》의 보도기사(1994.3.2), 〈승려주도로 이루어진 제주 첫 항일거사〉 참고. 그리고 법정사 항쟁은 안후상의 〈戊午年 濟州 法井寺 항일 항쟁 연구〉 《宗教學研究》 15(1996)와 권인혁이 《제주항일독립운동사》(1996, 제주도)에 기고한 〈1918년 法井寺의 항일운동〉을 참고할 수 있다.

李一鮮은 일제하의 경우 白羊寺가 운영하는 포교당에서 주로 활동하였다는 점에서 백양사 계열로 볼 수 있다. 조선불교청년회 발기인,[38] 불교유학생학우회 智育部長이었다는[39] 점 등을[40] 미루어 보면 1920년대 초반에는 중앙의 불교청년운동에 가담한 인물로 보인다. 그는 1930년대 중반부터 일제말기까지는 주로 제주도 내 백양사 서귀포포교당의 포교사로 활동하였다. 특히 그 포교당에 상주하면서도 순회포교사라는 직함을 가지고 있었으며,[41] 《佛敎時報》제주 서귀포 分局長을 역임하였다.[42] 이와 더불어 제주불교의 정황을 전하는 당시 기록을 참고하면[43] 제주도 내 전역에서 왕성한 포교활동을 하였다는 것을 알 수 있다. 이로써 그는 제주도 내의 백양사 계열 포교당[44]을 대표하는 인물로 볼 수 있다.

吳利化는 대흥사 출신으로서 관음사의 주지 겸 관음사의 제주포교당 포교사였다.[45] 그는 관음사의 창건 주지인 安道月의 제자인데,[46] 일제하에

---

38) 〈朝鮮佛敎靑年會趣旨書〉《朝鮮佛敎叢報》22호, 1921.1.

39) 〈佛敎留學生學友總會〉《東亞日報》1922.3.9.

40) 그는 《朝鮮日報》(1920.7.1~2)에도 〈朝鮮佛敎靑年諸君에게〉의 글을 기고한 것으로 보아 당시 중앙불교계에서 활약하였음을 알 수 있다.

41) 〈謹賀新年〉《佛敎時報》30호(1938.1)참조. 원인상은 그를 대중 강연에 능한 인물로 증언하였으며, 변치붕은 그를 스님들 사이에 원만하고 능력이 있는 인물로 평하였다.

42) 〈社告〉《佛敎時報》34호의 2면, 1938.5.

43) 〈濟州佛敎聯盟第一回巡講記〉《佛敎時報》51호, 1939.10.

44) 1943년 7월, 전북불교연합 종무소에서 威鳳寺 주지 柳全豊一(柳在煥)과 白羊寺 주지 蔓庵宗憲(송종헌)은 전남 5본산 불교혁신회의 명분으로 제주도 내에 소재하고 있는 위봉사 관할 포교당 14개소를 백양사로 양도하는 협정 조인을 하였다. 〈濟州島 布敎堂의 合倂〉《佛敎時報》96호(1943.7) 참조. 이로써 백양사는 제주도 내에서 포교당 증대를 통한 세력이 강화되었다. 이에 대하여 변치붕은 그러한 사실이 있었음을 회고하면서, 제주도는 전남에 속하였기에 전남에 있는 위봉사 포교당은 백양사로 인계하고, 전북에 있는 백양사 포교당은 위봉사로 인계한 것이라고 증언하였다.

45) 그가 관음사와 관음사 제주 포교당의 책임자에 취임한 시점은 1936년 7월 18일 그의 은사인 안도월의 입적의 연유에 의거, 그해 10월 15일(음력)이다. 《佛敎時報》14호(1936.9), 〈圓寂界〉 참조.

서는 대흥사 제주포교당 포교사로[47] 활동하면서 그도 이일선처럼 제주 전
역에서 왕성한 포교활동을 하였다.[48] 그가 관여한 사찰은 주로 觀音寺인
바, 관음사를 창건한 비구니 蓬廬觀과 초대 주지 안도월이 大興寺에서 출
가득도한 점, 그리고 대흥사의 관음보살을 관음사로 봉안한 사실,[49] 또한
관음사가 대흥사 소속으로 운영되었던 점 등을 고려하면 제주도 내 대흥
사 계열을 대표하는 승려로 볼 수 있다. 이 점과 관련하여 그가 대흥사의
제주포교당 관리 책임자였다는[50] 것은 그 성격을 더욱 뒷받침한다.

　아울러 관음사는 제주불교를 대표하는 중심 사찰이었기에, 관음사와 오
리화는 자연 토착적인 제주불교를 대표하는 성향도 띤다.

　한편 그는 1928년 3월 각황사에서 개최된 朝鮮佛敎學人大會의[51] 발기
인으로 참여한 것으로 전한다. 당시 제주불교에서 그 발기인으로 참여한
대상은 관음사를 대표한 안도월, 관음사의 제주읍내 포교당(대각사)을 대
표한 오리화, 그리고 濟州佛敎協會의[52] 대표로 전하는 康泰鉉이다.[53] 또한
그는 《佛敎時報》의 제주읍 分局長, 제주도 지국장이었다는 기록도[54] 있
어 활동의 다양성을 보여 주고 있다. 이러한 사실들은 오리화가 1920년대

---

46) 〈濟州漢羅山觀音寺法堂重建上樑文〉《李晦明文集》.
47) 〈祝興亞新春 祈武運長久〉《佛敎時報》54호, 1940.5.
48) 〈敎界消息〉「濟州佛敎聯盟第一回巡講記」《佛敎時報》51호, 1939.10.
49) 〈濟州觀音像改金願文〉《李晦明文集》.
50) 〈敎界消息〉「濟州城內大興寺布敎堂新任布敎師歡迎」《佛敎時報》74호, 1939.4.
51) 학인대회의 전모 및 성격은 졸고, 〈朝鮮佛敎學人大會 硏究〉《한국독립운동사
　　연구》10(1996)을 참조할 것.
52) 제주불교협회는 1924년 11월 17일 제주읍내의 제주공립보통학교에서 조직되었
　　는데, 그 설립목적은 불교진흥, 심신수양, 지방문화 발전이다. 이 협회의 설립을
　　주도한 인물은 근대 제주불교의 산파역으로 불리는 李晦明禪師이다. 〈佛敎消
　　息〉「濟州佛敎協會」《佛敎》6호(1924.12) 참조. 그런데 이 협회는 관음사 제주
　　읍내 포교당을 활동의 근거처로 삼으면서 여러 활동을 하였다. 1927년 4월 초파
　　일 행사의 경우 이회명, 오리화, 강태현 등이 행사의 중심에 있었음을 전하는 기
　　록을 유의할 수 있다. 〈佛敎彙報〉「漢拏山南에 七日精進 有島以來의 未曾有
　　事」《佛敎》36호, 1927.6.
53) 〈朝鮮佛敎學人大會發起人承諾催促〉《佛敎》44호, 1928.2.
54) 〈分局移轉〉《佛敎時報》42호, 1939.1. 〈社告〉《佛敎時報》51호, 1939.10.

중반부터 이미 제주불교에서 차지하는 비중이 적지 않음을 말해 주는 것
이다. 그리고 오리화는 일제가 황민화 정책을 강행하면서 제주불교를 식
민통치 구도에 끌어들이려는 목적으로 1939년 4월에 조직한 濟州佛敎聯
盟의 집행위원장이었다.[55]이 사실로 그가 제주불교를 실질적으로 대표하
는 인물임을 쉽게 알 수 있다.

元文常은 祇林寺 출신으로, 그는 교무원장으로 피선된 방동화와 함께
제주 내에서 祇林寺 계열의 대표적인 인물이었다. 그의 행적은 문헌상에
거의 전하지 않아 현재 분명하게 알 수 없지만,[56] 해방 이전에는 서울에서
수학을 하였으며, 그 이후에는 서울에 있는 회사에 근무하였다. 그가 제주
도로 온 것은 기림사에 출가한 이후인 1940년경이다. 그는 제주읍내의 관
음사포교당(대각사)을 근거지로 활동하다가, 해방이 되자 중앙불교계와의
교섭 등을 전담하였다. 이처럼 제주불교에서의 기반과 활동이 미약했던
그가 해방 직후 제주도에서 큰 활동을 한 것은 중앙불교계와의 교섭에서
비롯된 위상의 강화에서 기인하였다고 보인다. 아울러 그와 방동화가 제
주불교의 중심인물로 등장한 것은 제주불교 내의 양대 세력인 백양사와
대흥사간의 알력 및 대응에서 중도적인 성향의 기림사 계열이 주도적인
입장을 띠게 된 것으로 이해할 수 있다.[57]

이제부터는 지금까지 서술한 불교청년단 결성과 제주승려대회의 내용
중 중요한 사실들을 재음미하면서 특기할 만한 내용을 대별하겠다.

---

55) 〈敎界消息〉「濟州佛敎聯盟結成」《佛敎時報》 47호, 1939.6.
56) 그의 행적은 현재 서귀포시 혜관정사에 주거하고 있는 그의 동생인 원인상의
    증언에 의하여 재구성하였다.
57) 원인상, 변치봉, 장연종의 증언. 원인상은 대흥사 출신인 오리화가 교무원장에
    피선되지 못하자, 대흥사 계열인 관음사 제주읍내의 포교당(대각사)에 있었던
    제주교무원 간판을 떼어 가라는 말까지 나왔다고 증언하였다. 나아가서 원인상
    은 승려대회 이전에는 대흥사, 백양사, 기림사 등 출신 사찰별로 대회를 준비하
    기 위한 작은 모임을 가졌다고 회고하면서, 그는 기림사 출신이지만 기림사 출
    신은 너무 적어서 관음사 식구들과 모였다고 증언하였다. 또한 변치봉은 대흥
    사와 백양사간의 갈등으로 인하여 중도적인 기림사 출신의 방동화를 교무원장
    으로 선출한 것이라는 증언도 하였다.

첫째, 청년단 결성과 승려대회의 개최는 기본적으로 중앙불교계 동향에 큰 영향을 받아 전개되었다. 원문상의 상경과 귀도에서 비롯된 중앙불교계 동향이 자연스럽게 제주불교계에 파급되었다는 것이다. 이에 중앙의 불교청년당의 결성과 전국승려대회의 개최가 결과적으로 제주불교계의 혁신 활동에 원동력으로 작용하였다고 하겠다. 승려대회에서 원문상을 중앙교무회에 참가할 제주 대표로 선출한 것은 바로 이를 예증하는 것이다.

둘째, 청년단 결성과 승려대회의 개최는 결과적으로 해방 직후 제주불교계의 토대를 이루었으며 교계의 진로 및 사업의 방향을 제공하였다. 특히 제주교구를 구성하고, 그 역원을 선출하여 제주불교계 활동의 틀을 마련한 것은 현대 제주불교의 단초를 이룬 것이다.[58]

셋째, 청년단 결성식과 승려대회에서는 그 준비위원회에서 사전에 준비한 제반 검토 및 안건 등이 거의 온존하게 반영되었다. 이러한 측면이 청년단 결성과 승려대회의 원만한 진행 및 종료에 큰 힘으로 작용하였다. 달리 말하자면 해방 직후 제주불교계의 정상적인 운용에 촉매제의 기능을 하였다는 점이다.

넷째, 중앙불교계에서 난관으로 이해되던 문제들에 대해 제주불교계에서는 순조로운 합의가 도출된 것은 매우 유의할 사실이다. 그 실례는 승려의 대처식육의 금지와 사찰 운영의 공개화 등이다. 이 문제들은 중앙불교계에서는 ‘뜨거운 감자’로 표현할 수 있을 정도로 교단측과 불교혁신단체 간의 갈등과 모순의 근원이었다. 그런데 그 문제들이 제주불교에서는 내적 갈등 없이 만장일치로 공통의 의사를 표출시킨 것은 매우 뜻 깊은 일이다.

다섯째, 승려대회에서 일제 식민통치의 잔재를 청산하고, 건국정신을

---

58) 그러나 승려대회를 통하여 제주교구는 출범하였으나, 중앙교단에서는 제주 교구를 정식으로 즉시 인정하지 않았다. 이 사정은 〈第二回中央敎務會를 보고〉《불교》신년호(1947.1)에 나온 ‘首都敎區와 濟州道敎區設置’의 내용 참조. 이 내용에 의하면 1946년 11월 25∼27일 서울 태고사에서 개최된 제2회 중앙교무회에서 제주교구가 정식으로 인정되었음을 전하고 있다. 그런데 제주도가 미군정하에서 제주도라는 행정지명으로 정식 출범한 것은 1946년 7월 31일이다. ‘在朝鮮美國陸軍司令部軍政廳 法令’ 제949호, 「濟州道의 設置」《美軍政法令總攬》p.285(한국법제연구회) 참조.

구현하겠다는 의지가 충만하였다. 식민지불교를 극복하고 새롭게 정비된 불교로써 문화 정립에 일익을 다하겠다는 의식은 곧 공동체에 대한 애정이요, 현실을 직시하겠다는 투철한 역사의식의 발로로 이해하고자 한다.

여섯째, 해방 이전 제주불교에서 미진한 불교교육의 문제를 해결하려는 교육의식이 투철하였다. 해방 이전 제주불교에 강원 등이 전무한 상황을 타개하려는 의식하에 강원 설립과 모범총림을 수립하겠다는 결의 자체는 교육불사의 측면에서 주목받을 수 있다.

이렇듯 제주불교계의 동향에서 당시 지방 불교계의 움직임의 일단을 살펴볼 수 있다. 또한 당시 불교인들의 적극적인 현실 참여의식과 함께 불교를 혁신하려는 의식을 찾아볼 수 있다.

그런데 해방 직후 제주불교계를 이끌었던 중심인물들의 일제하의 행적은 어떠했을까? 여기서 그들의 해방 전후에 걸친 행적의 변동 및 현실의식의 차별성에 따른 문제를 검토하고자 한다. 아울러 일제하 제주불교계의 움직임과[59] 승려대회 개최 이후의 동향에 유의하면서 해방공간에 있어서의 제주불교의 성격을 찾아보겠다.

첫째, 일제하 제주불교계의 주요 인물은 8·15 해방의 산물로 등장한 승려대회에서도 대부분 제주교구의 간부로 피선되어, 제주불교계의 중심 인물로 활동할 수 있는 여건이 마련되었다. 일제의 불교계 압박이 기승을 부리던 일제말기, 제주도에서는 식민통치의 구축을 위한 불교계 협조체제의 강화를 목적으로 1939년 4월 2일 濟州佛敎聯盟이 결성되었다. 그리하여 당시 제주불교계의 주요 인물은 대거 그 연맹의 주요 직임을 맡게 되었다.[60] 승려대회의 주도 인물 및 교무원의 간부로 나오는 인물들이 그 연맹에서 활동하였다는 것은 곧 8·15 해방이라는 계기 및 전환에서도 주

---

59) 일제하 제주불교의 개요는 圓慧居士(康泰鉉)가 《佛敎》 32호(1927.2)에 기고한 〈濟州佛敎의 由來〉가 참고된다.

60) 〈敎界消息〉《佛敎時報》 47호(1939.6) 참조. 그 인물들이 맡은 직책은 다음과 같다.
오리화 : 집행위원장, 김경수 : 재무부원, 이일선 : 포교부장, 이세진 : 교육부장, 강남해 : 수양부원, 방동화·이성봉 : 고문

도 인물의 변동은 없었다고 하겠다. 이는 제주도가 갖고 있는 지역적 특성과 함께 제주불교의 기반이 미약한 상황에서 기인한 것으로 보여진다.[61]

둘째, 일제하의 주요 인물이 거의 온존하게 해방 이후에도 제주불교의 중심인물로 등장하였지만, 식민지불교의 극복과 불교혁신을 기하였다는 점은 매우 특이하다. 당시 중앙교단의 간부는 교체되었지만, 신집행부의 주도자들도 혁신단체로부터는 식민지불교의 극복과 불교혁신에 미온적이라는 비판을 받았다. 그리고 각 지방의 경우에도 대략 중앙교단의 간부와 동질적인 비판을 감수해야만 했다. 그들의 그 비판은 식민지불교 극복에 불철저, 승려의 대처문제 관련성, 일제에 협조하였던 오점들이다. 이에 혁신단체들은 해방된 그 즈음에는 당연히 교단의 간부에서 사퇴해야 한다고 주장하였다.[62] 그러나 제주불교에서는 주도 인물의 변동은 없었지만, 그 인물들이 일제의 잔재를 제거하기 위해 노력하였으며 주도 인물에 대한 퇴진의 주장은 없었다.

셋째, 세주불교계는 대부분 육지 사찰의 포교당 및 포교소의 형태로 운영되어온 일제하의 유습이 있어, 그 문제가 제주불교의 진로에 영향을 끼쳤다. 일제시대의 제주불교계는 백양사, 대흥사, 위봉사, 기림사, 선암사, 법주사, 화엄사, 실상사 등의 포교당 및 포교소 성격을 띤 사찰이 주류를 이루고 있었다. 따라서 그 연고 소속사찰이 포교당(소)의 운영에 개입하였으며, 결과적으로는 육지의 연고 사찰의 영향력이 작용하였다. 자생적인 사찰이 설립·운영된 경우도 있었지만 그 힘이 미약하여 제주불교의 주류가 될 수 없었다. 이에 이러한 측면을 제주불교의 특성으로 볼 수 있다. 해방 전후의 제주불교계는 백양사세력,[63] 대흥사세력, 기림사세력, 기타 자

---

61) 원인상과 변치붕은 이를 제주불교의 인물 혹은 인적자원이 없었다는 입장에서 당시 사정을 증언하였다.

62) 이러한 내용은 아래의 졸고를 참고할 수 있다.
　　金光植, 〈8·15解放과 佛敎界의 動向〉《佛敎史硏究》 창간호, 1996.
　　＿＿＿, 〈佛敎革新總聯盟의 結成과 理念〉《重山鄭德基博士華甲紀念韓國史學論叢》 1996.

63) 1943년 7월, 백양사는 제주도의 위봉사 포교당 14개소를 인계하였기에 해방공

생적인 제주불교세력 등으로 대별된 것으로 볼 수 있다. 이러한 배경하에 방동화가 교무원 원장으로 피선된 것도 제주불교의 주류를 이루고 있었다고 이해되는 백양사와 대홍사간의 알력이 있어 중도적인 기림사 계열이었던 요소가 작용한 것이다.[64]

한편 제주불교의 토착성을 대표하는 관음사의 향배도 그 문제를 더욱 복잡하게 했을 가능성이 있다.[65] 따라서 이점이 해방 직후 제주불교의 난관이었으며, 실제 그러한 갈등의 구도가 나타나기도 하였다고 한다.[66] 예컨대 해방 직후 제주불교의 주역이었던 원문상이 교구 간판을 기존 대각사(관음사포교당)에서 철거하여, 제주읍내의 月井寺로[67] 이전하였다는 증언도[68] 바로 이를 말해 준다. 또한 해방공간 제주불교의 핵심인물로 이해되는 원문상이 제주교무원의 실무 역할을 사직하고, 1947년 9월부터는 제주군 중문면의 중문중학교 교사로 재직하였다는 점도[69] 그러한 갈등의 구도

간에서의 영향력은 선두를 차지하였다고 볼 수 있다.

64) 원인상, 변치봉의 증언.

65) 관음사는 그 설립의 주체뿐만 아니라 소속 승려 대부분이 대홍사와 연관이 있으므로 대홍사세력의 범주에 포함할 수 있다.

66) 예컨대 1950년대초의 제주교구의 간부들을 전하는 기록을 보면, 승려대회에서 피선된 중요인물은 퇴진되고 새로운 인물들이 보이고 있음은 그 사정을 대변해 준다.《불교신문》속간 3호(1951.12.11)에 제주교구의 간부진의 대상 인명이 나온다. 그리고 《불교신문》4호(1952.1.1)의 광고란에 〈佛敎濟州敎區敎務院(濟州邑二徒里 一三六二) 院長 秦元日〉이라는 내용이 있다. 위의 속간 3호에 나오는 간부진을 소개하면 다음과 같다.

교무원장 : 진원일　　총무국장 : 김평수　교무국장 : 김재곤
감찰부장 : 오득초　　상무감찰 : 원인상　감　　찰 : 류상열, 이동권
교무회의장 : 방동화　의　　원 : 오춘송, 김홍조, 김화균, 김준수, 김태수
고　　문 : 김대원, 강창규, 김봉진　　　교도회학생대표 : 류상종
교도회장 : 김충희　　부 회 장 : 홍순재

67) 월정사는 朝鮮佛敎禪理參究院(선학원)이 1938년 9월 16일, '濟州禪院月井寺'라는 명칭으로 창립한 地方分院의 성격을 띤 사찰로, 보통 월정사로 지칭되었다. 〈敎界消息〉「濟州島濟州禪院落成式及紀念講演」《佛敎時報》39호(1938.10) 참조.

68) 장연종과 필자와의 증언 대담. 장연종은 4·3 사건이 일어나기 이전 원문상의 부탁을 받고 본인이 직접 그 간판을 옮겼다고 회고하였다.

69) 제주 중문중학교 교장 高峯花 선생님의 회답 내용. 필자는 고봉화 선생님에게

와 무관할 수는 없다.

넷째, 해방공간의 제주불교는 결과적으로 제주 4·3 항쟁에 의하여 큰 변동을 보았다. 1948년 4월 3일부터 약 6년 6개월 동안, 제주도 전역에서 일어난 그 사건은 제주도의 정치·사회·경제·문화·교육 등 각 분야에 큰 영향을 끼쳤다. 그 사건의 전개 과정에서 제주도 내의 모든 사찰은 직·간접적으로 피해를 보았고, 일부 승려들은 일반 민중들과 함께 입산한 실례도 있어 제주불교는 4·3 항쟁에 구속된 바가 적지 않았다. 예컨대 제주교구의 교무과장으로 피선된 이일선이 제주항쟁의 기폭제 역할을 하였던 제주도 민주주의 민족전선(약칭, 민전)의 공동의장을 담당하면서 선전동원부에서 활동하였고,[70] 4·3 항쟁이 가속화된 시점에서는 어떠한 활동을 하였는지 확인하기 어렵지만[71] 끝내는 4·3 항쟁의 여파로 희생되었다는 것은[72] 바로 그 정황을 말해 준다.[73] 또한 중문중학교의 교사로 근

원문상에 대한 중문중학교 재직시의 제반 사정에 대한 질의를 하였는데, 이에 대하여 고봉화 선생은 당시 여러 정황을 참고하여 필자에게 그 내용을 회답해 주었다. 지면을 통하여 고봉화 선생님께 감사를 드린다. 원문상은 1947년 9월부터 1950년 8월까지 평교사로 근무하였으며 담당과목은 국사, 동양사, 세계사, 국어, 한문 등이었다고 전해 주었다.

70) 濟民日報 4·3 취재반이 펴낸 《4·3은 말한다, 1》(1994, 전예원)의 p.214, 219, 259, 260 내용 참조.

71) 《4·3은 말한다, 1》 p.380(1995, 전예원)에서는 그를 4·3 사건시 관음사 주지였다고 서술했지만 이는 약간의 의아심을 갖게 한다. 그는 백양사 출신이었기에 대흥사 계열의 관음사 주지를 역임하였다는 것은 납득하기 어렵다. 《4·3은 말한다, 3》 p.149(1995, 전예원)에서는 출동부대의 하사관의 말을 인용하여 관음사 주지승려가 물고문까지 당하였다고 서술하면서도 승려의 인명은 밝히지 않았다. 이 주지 승려는 오리화일 가능성이 많다. 왜냐하면 오리화는 관음사 소실에 대한 화병의 후유증으로 1950년 5월 26일에 입적하였기 때문이다. 그러므로 위의 《4·3은 말한다, 1》은 오류일 가능성이 매우 크다.

72) 〈노장에게서 듣는다 - 우리곁의 제주불교사·혜관, 평수스님-〉《죽비소리》(1998.2.3, 보리도량), p.14, pp.11~15. 그리고 吳利化는 토벌대장에 의해 그가 주지로 있던 관음사가 불태워지자 그에 대한 心火로 몸져누운 후, 1950년 5월 26일 입적하였다고 한다.

73) 4·3 항쟁과 제주불교계의 제반 문제는 다각적인 천착이 요구된다. 이 점을 해

무하였던 원문상은 6·25 당시 서북청년단원에 의해 죽임을 당하였으며,[74] 승려대회에는 참석하지 않았지만 당시 제주불교계에서 학식과 덕망으로 명망이 있던 서관음사의 李世震도[75] 입산하여 그 항쟁의 제일선에서 활동하다 바다에 수장되었다는 사실,[76] 제주불교청년단의 단장이었던 고기호는 4·3 항쟁에 연루되어 일본으로 피신하였다는 사실[77] 등은 그러한 정황을 더욱 뒷받침해 주고 있다.

지금까지 제주승려대회 전후의 제주불교계의 동향을 유의하면서, 승려대회의 성격 및 해방공간 제주불교의 추이에 대한 전망을 해보았다. 이로써 해방공간의 제주불교계 동향에 대한 대략적인 이해를 기할 수 있었다. 추후 그에 관련된 제반 사실과 내용의 보강을 통한 제주불교의 복원을 위해서는 보다 다각적인 자료수집 및 증언이 요구된다.

4. 결 어

이상으로 해방 직후 제주불교계의 동향을 濟州佛敎靑年團 結成大會와

명, 분석해야만 4·3 항쟁, 5·10 선거, 6·25 전쟁 등의 파란만장한 제주 현대사에서 제주불교의 고뇌와 현실을 이해할 수 있는 것이다.

74) 원인상, 장연종의 증언. 장연종은 원문상에 대하여 '극렬분자'로 알려졌다고 회고하였다.

75) 이세진은 오리화, 원문상, 이일선, 송재술 등과 불교혁신을 주동하였으며, 불교강원의 설립재원을 만들기 위한 목적으로 그가 거주하였던 서관음사에서 기와 공장을 경영하였다고 한다. 이는 원인상의 증언인데, 원인상과 장연종도 그 기와 공장에서 일을 하였다고 한다.

76) 변치붕, 장연종의 증언. 변치붕은 이세진을 '사상'이 뛰어난 인물로, 장연종은 이세진의 형제가 대부분 '좌익'이었기 때문에 이에 영향 받은 것으로 표현하였다. 이세진의 누이동생이 현재 제주시내에 살고 있는데 4·3 사건의 후유증으로 이세진의 4·3 관련 사실의 공개를 기피하고 있다고 한다. 그리고 이세진의 거주 사찰이던 서관음사는 현재 제주시 도평동에 위치하고 있다. 현재 그 지역에 살고 있는 주민들은 그 사찰이 '관음절'이라고 불렸다고 전하면서 이세진은 4·3 사건 때 '대장'이었다고 증언하고 있다(제주도 오성스님 면담 증언 내용).

77) 원인상의 증언.

濟州僧侶大會의 開催 등의 전후사정 및 경과에 유의하면서 살펴보았다. 아울러 그 동향에 나타난 제반 성격을 살펴보면서 그 내용들이 해방공간 제주불교에서 차지하는 제반 특성도 이해하였다.

8·15 해방 직후 중앙불교계에서 자생적으로 일어나고 있었던 植民地 체질의 佛敎의 克復과 佛敎革新의 움직임은 각 지방에 파급되어, 제주불교계에서도 그에 호응하는 움직임이 가시화되기 시작하였다.

그 움직임은 본 고찰에서 살펴본 제주불교청년단 결성대회와 제주승려대회의 개최이다.

1945년 11월 30일, 제주읍내의 김경수 사택에서 개최된 濟州佛敎靑年團의 결성대회는 대회를 사전에 준비한 대회준비위원회의 주관에 의하여 진행되었다. 제주불교청년단원 35명 중 16명이 참여한 그 대회에서는 불교청년단의 조직을 출범시키면서 단장 및 실무 역원을 선출하고, 해방공간에서 불교청년단이 수행할 사업의 내용도 정하였다. 이처럼 제주불교의 청년운동의 조직체를 성립시킨 불교청년들은 제주승려대회에도 참여하였다. 그러나 그 이후 불교청년단 활동은 4·3 항쟁, 6·25 전쟁, 비구·대처 갈등 등 정치, 사회적인 혼란으로 제주불교의 기반이 위태로운 지경에서 큰 활동을 수행하지 못한 것으로 보인다.

제주 僧侶大會는 1945년 12월 2~3일, 관음사 제주읍내의 포교당인 대각사 대웅전에서 개최되었다. 이 대회도 대회를 사전에 준비한 대회준비위원회의 노력으로 정상적으로 진행되었다. 당시 67명이 참가한 그 승려대회는 해방공간 제주불교의 기반을 성립시키고 아울러 제주불교가 나아가야 할 제반 방향도 확정하였다. 그런데 그 참가자 67명은 참가 대상으로 사전에 선정된 승려 73명 중 승려로 참가한 58명과 대리 출석자 9명을 말하는 것인데, 그 대리 출석자에는 관음사 계열의 신도들도 포함되었다.

그 대회에서는 제주교구의 조직체를 성립시키고 각 부서의 간부인 교무원장, 3과장, 감찰부장, 교무회원, 고문과 함께 각 부서의 실무진을 선출하였다. 제주교구와 그 조직체는 1945년 9월 22~23일 태고사에서 개최되었던 全國僧侶大會에서 정한 불교혁신의 구도에서 가시화된 것이다. 또한 당시 대회에서는 建國精神 振作, 寺刹淨化 등 12개 안건을 토의하여 그에 대한 내용을 결정하였다. 이 내용에서 유의할 것은 당시 중앙불교계에서는 논란이 적지 않았던 승려의 帶妻食肉 禁止, 寺刹經濟 公開 運營 등의 문제에서 합의를 이끌어 냈다는 것이다. 또한 제주불교계에 빈약하였던 교육기관에 대한 문제를 집중적으로 검토하여 불교 전문강원의 설립, 模範叢林의 건설 등의 합의를 도출시킨 것도 특별한 의미를 갖고 있다. 그리고 1946년 3월 15일의 中央敎務會에 파견할 제주교구의 대표도 선출하였다. 이러한 결정은 제주불교계의 구성원들이 당시 현실을 적극적으로 인식한 결과에서 나온 것으로 보인다.

제주승려대회의 개최가 갖고 있는 성격을 대별하여 보면 첫째, 제주승려대회는 해방 이후 제주불교의 조직과 방향에 대한 대강을 수립하였다. 이로써 제주불교는 전남불교에 예속되었던 속성을 극복하고 독자적인 불교발전을 이룰 수 있는 토대를 완성하였다.

둘째, 승려대회에서 토의·결정한 제반 내용은 해방공간에서 불교계가 나아가야 할 당위에 대한 진지한 고민에서 나온 것으로 투철한 역사인식의 발로로 볼 수 있다. 식민지불교의 극복과 건국도상의 제반 문제를 검토한 것은 이를 단적으로 말해 준다.

셋째, 승려대회에서는 제주불교 구성의 성격을 말해 주었던 육지 불교와의 관련성, 즉 대흥사, 백양사, 기림사 등과 연고를 맺고 있는 세력의 분포가 일정부분 노출되었다. 그리하여 결과적으로는 그 문제가 승려대회 이후 제주불교의 정상화에 암초로 작용하였다.

넷째, 승려대회의 대표 및 주도 인물은 해방 이전의 제주불교를 이끌었던 중심인물들이었는데, 대회의 산물로 구성된 제주교구에서도 그들의 주도적인 역할이 대부분 유지되었다. 그러나 그들은 식민지 체질의 불교를 극복하기 위한 노력을 하였으며, 제주불교에서도 그들의 일제하 행적 등을 문제 삼아 퇴진해야 한다는 문제 제기는 없었다. 이 점은 중앙불교계와의 차별성을 갖는 것으로 볼 수 있다.

다섯째, 승려대회의 주도 인물 및 제주교구의 중심인물들은 해방공간 제주의 정치·사회·문화 등 모든 분야에 관련되고 있었던 4·3 항쟁에 관련된 경우가 적지 않았다. 그들은 4·3 항쟁 핵심 지도부에서 활약, 민중들의 무장투쟁의 일선에 가담, 토벌부대에 피살, 일본으로의 피신 등 다양한 행적을 노정하였다. 제주불교의 중심인물들이 4·3 항쟁에 피해·구속되었기 때문에 제주불교의 정상적인 운용에 난관으로 작용되었다. 더욱이 4·3 항쟁 이후의 6·25 전쟁과 1950년대 중반부터 나타난 비구·대처의 갈등도 제주불교의 정상화를 가로막은 암초로 등장하였다.

지금껏 살펴본 1945년 11~12월의 제주불교청년단 결성대회와 제주승려대회는 해방공간 및 현대 제주불교의 단초를 성립시킨 역사적인 대회였다. 또한 그 대회는 제주불교의 구성원들의 현실·역사인식을 단적으로 보여 주었다는 측면에서 우리의 주목을 끌었는데, 그 인식은 당시 불교계가 가야 할 역사적 과제를 충실히 고뇌한 산물로 볼 수 있다. 그러므로 이 대회를 해방공간 제주불교 동향의 중심에 있었던 것으로, 동시에 당시 지방불교계의 자료가 진무한 상황에서 여타 지방 불교계 움직임의 이해의 단서로도 파악할 수 있는 것으로 보고자 한다.

제3부

불교교육

일제하 佛教界의 普成高普 經營

1. 서 언

일제하 불교계에서는 불교의 大衆化를 기하기 위한 다양한 사회사업을 전개하였다. 그 중 教育事業은 불교의 대중화를 위한 가장 중요한 사업으로 인식되었다. 특히 교육사업은 승려의 도성출입금지 해제령 이후 광범위하게 등장한 佛教革新論의 핵심 내용으로 인식되었으며 중앙 및 지방 불교계에서 운영하는 각종 신식학교가 등장하였다.[1] 명진학교, 중앙학림, 지방학림, 중앙불전 등은 그 대표적인 사례의 학교들이다.[2] 한편 불교의 전통 교육기관인 講院은 불교혁신론 및 불교의 대중화 추세에 나타난 新教育 우선 정책에 밀려 소외되기도 하였다.[3]

본 고찰의 대상이 되는 普成高等普通學校는 일제하 불교계에서 운영했던 중앙의 대표적인 고등보통학교였다. 天道教에서 운영했던 보성고보는 천도교 내의 경영상의 문제로 인해, 1924년 불교계의 신흥 기관이었던 總

---

1) 근대 불교교육에 대한 개요는 〈東國僧伽의 文化史的 任務〉《佛教》 57호 (1929.3)와 〈佛教教育沿革의 大概〉《佛教》 73호(1930.7)가 참고된다.

2) 한국 근대불교의 교육 문제는 다음의 고찰이 참고된다.
   南都泳, 〈舊韓末의 明進學校〉《歷史學報》 90, 1981.
   ______, 〈近代佛教의 教育活動〉《崇山朴吉眞博士古稀紀念 韓國宗教思想史》 1984.

3) 일제하 講院에 대한 문제는 아래의 졸고를 참고힐 수 있다.
   金光植, 〈朝鮮佛教學人大會 研究〉《한국독립운동사연구》 10, 1996.
   ______, 〈1930년대 講院制度 改善 문제〉《僧伽教育》 2, 1998.

務院으로 경영권이 이전되었다. 그 이후 보성고보는 재단법인 朝鮮佛敎 中央敎務院으로 경영권이 이전되었으며, 1935년 高啓學院으로 양도될 때까지 불교계에서 운영하였다.

그러나 보성고보를 경영하던 불교계는 1930년대 초반 재정상의 어려움으로 인해 보성고보 경영 여부를 둘러싸고 치열한 갈등을 드러냈다. 이 문제는 보성고보의 경영권자인 교무원의 100만원 재단 완성의 미흡에서 야기된 財政 모순으로 인해 보성고보를 양도해야 한다는 주장이 대두됨에서 나온 것이다. 또한 이면에는 당시 불교계가 경영하던 中央佛專의 경영의 문제와 뒤엉켜 있었는데, 나아가서는 보성고보와 중앙불전을 인계 혹은 폐교시켜야 한다는 주장도 나왔다.

그리하여 이 문제는 교단 내에서 興學布敎를 위해서 보성고보와 중앙불전을 계속 경영해야 한다는 입장에 선 본산과 교무원 재정의 정상을 위해서는 적절한 조치를 취해야 한다는 주장을 갖고 있는 본산간의 대립으로 전개되기도 하였다. 이에 보성고보의 경영권 유지의 문제는 1930년대 전반기 불교계 모순의 근원이 되기도 하였다.

이에 위와 같은 문제를 갖고 있었던 일제하 보성고보에 대해 불교계에서 인수, 경영, 인계에 이르는 전후사정을 정리하고자 한다. 이러한 분석을 통하여 일제하 불교계의 교육문제의 인식의 지평을 확대시키면서 아울러 1930년대 불교계 현실인식의 일단도 살펴보겠다.

2. 불교계의 普成高普 經營權 인수

1) 總務院의 보성고보 인수

보성고보는 1906년 9월, 李容翊이 서울 중부 磚洞 10統 1戶(현 壽松洞 46번지)에 설립한 私立 普成中學校의 후신이다. 경술국치로 인해 학교 경영자인 이용익의 손자 李鍾浩가 해외로 망명을 하자, 보성중학교는 경영난에 빠지게 되어 1910년 12월 천도교로 학교의 경영권이 인계되었다. 이에 천도교의 손병희가 천도교회를 대표하여 설립자가 되었다. 1913년 12월에는 사립보성학교, 1915년 7월에는 사립보성고등보통학교로 개칭되었으며, 1922년 4월에는 교육령에 의하여 5년제의 普成高等普通學校로 개칭되었다.[4]

그런데, 거족적인 3·1 운동에 천도교 교단의 주요 인물들이 대거 참여하면서 학교 경영에 변동이 초래되었다. 3·1 운동 당시 천도교의 일부 인사들은 투옥되어 큰 희생을 치렀다. 또한 1922년 5월 천도교주 손병희의 서거 전후 천도교단에서는 新·舊派의 대립으로 요약되는 교단 내의 갈등 대립이 치열하게 전개되었다.[5] 이러한 교단의 갈등이 보성고보의 경영난의 원인이 되었다. 천도교는 재정난으로 보성고보의 경영에 어려움을 겪게 되자, 각 방면으로 학교 경영자를 물색하였는데, 이러한 과정에서 당시 불교 總務院과 학교 인계에 대한 교섭을 갖기에 이른다.

총무원은 1922년 1월 조선불교총회를 통하여 등장한 불교계 신흥기관으로 10본산이 주축이 되었다. 총무원은 조선불교청년회 및 조선불교유신회 등에 소속된 불교청년들의 주도로 등장하였는데, 완전한 불교 통제기관 이전의 임시기관으로 출발하였다.[6] 한편 그 총무원에 대응하여 나타난 기관은 1922년 12월 총독부 당국으로부터 재단법인의 인가를 얻었으며 일제의 은근한 후원을 받고 있는 敎務院이다. 이렇듯, 총무원과 교무원이 대응하는 상황에서 일제는 일제의 불교정책에 유화적인 교무원을 후원하면서 총무원을 교무원에 흡수하고자 시도하기도 하였다. 그러나 일제의 불교정책에 반발하고 있었던 총무원은 교무원과는 별도로 독자의 노선을 견지하면서 불교발전을 위한 다양한 사업을 전개하였다.[7] 바로 그 사업 중의 하나가 보성고보의 인수이다.

이제, 위와 같은 전후사정에서 나타난 총무원의 보성고보 인수의 구체

---

4) 〈學校沿革槪略〉《普成80年史》(1986, 東成學園)의 부록 참조.
5) 金正仁, 〈1910~25년간 天道敎 勢力의 동향과 民族運動〉《韓國史論》3, 1994.
6) 끝고, 〈朝鮮佛敎靑年會의 史的 考察〉《韓國佛敎學》19, pp. 247~256 1994.
7) 〈佛敎總會〉《동아일보》1923.1.4. 同 신문 〈總務敎務兩院의 타협문제 협의〉 1923.1.6.

적인 사실을 살펴보겠다. 그 관련 내용은 아래의 보도기사에 자세히 전하고 있다.

제씨가 모여서 회의한 결과 만장일치로 보성고등보통학교 인계할 일을 가결하고 각 사찰 매년 수입의 오분지일을 총무원에게 내여서 총무원으로 하야금 학교를 경영케 하기로 결명하고 그달 이십구일 오전 열시 텬도교회에서 총무원의 대표와 현금의 설립자인 천도교 텬도교대표자가 모혀서 정식으로 계약이 성립되얏는데 텬도교회에서는 약 십오만 원 되는 현재 학교 설비를 전부 총무원에 인계하고 학교의 종래 채무와 금년 십이월까지의 경영도 담당하얏다더라[8]

이 내용은 1923년 6월 22일 대전에서 개최된 총무원 회의 결과이다. 당시 총무원 회의에 참석한 총무원 소속의 주지들은[9] 보성고보의 인계를 결정하였는데, 각 사찰의[10] 수입 1/5을 총무원에 제공하여 보성고보 경영자금으로 활용토록 하자는 것이다. 그런데 총무원의 대표와 천도교 대표자가 모여 정식 계약을 하기 이전에 보성고보 인수·인계에 대한 假 계약서가 체결되었다. 즉 고운사 주지이며 총무원장이던 李萬愚와 천도교를 대표한 朴寅浩는 동년 6월 19일에 계약서를 체결하였다.[11] 이 계약이 총무원 회의에서 동의를 얻자 보성고보 인수·인계는 정식 계약의 단계로 나아갔다. 한편 천도교측에서는 보성고보가 총무원으로 인계됨을 당연한 것으로 여기고 그 전후과정 및 인계 사실을 천도교의 기관지인 《天道敎會月報》에 보도하였다.[12]

---

8) 〈佛敎總務院의 新事業으로, 普成高等普通學敎를 經營〉《동아일보》1923.7.3.
9) 당시 그 회의에 참석한 주지는 다음과 같다. 通度寺 주지 金九河, 梵魚寺 주지 金擎山, 松廣寺 주지 金贊儀, 孤雲寺 주지 李萬愚, 釋王寺 주지대리 張河應, 華嚴寺 주지 겸 泉隱寺 주지 河龍華, 表忠寺 주지대리 金慶鵬, 玉泉寺 주지 全德雲, 石南寺 주지 金正律, 雲門寺 주지 申秉煥, 內院庵 주지 金寶光, 鳳停寺 주지 金敬文, 金龍寺 주지대리 金敎煥, 南長寺 주지 梁然翁, 大乘寺 주지대리 朴初雲, 觀音寺 주지 겸 泰安寺 주지대리 金海隱, 報德寺 주지 沈寶 등 17명이다.
10) 당시 총무원에 참가한 사찰은 본산으로 7개이고, 末寺까지 포함하면 사찰은 300여 처였다고 한다. 위의 보도기사 중 吳惺月의 답변 내용 참조.
11) 〈佛敎消息〉「普成高普問題解決」《佛敎》23호, 1926.5.
12) 〈普成學校는 今後 安全하게 되엿다〉《天道敎會月報》154호, 1923.7.

이에 6월 29일 총무원 대표와 천도교 대표가 만나 보성고보 인수·인계에 대한 정식 계약을 맺었다.[13] 이렇게 보성고보 인계에 대한 원칙이 확정되자 보성고보 교장 鄭大鉉은 동년 7월 1일 서울시내 학교 당국자, 신문기자, 학교 신·구 관계자를 초청하여 그간의 경과를 설명하였다. 이 사정은 동년 7월 3일자 《동아일보》 사설, 〈普成高等普通學校의 新引繼 - 進하여 財團法人을 組織하라 -〉는 제목의 내용에도 자세히 보도되었다.

총무원의 보성고보 인계 작업은 1923년 12월말에 구체적으로 진행되었다. 6월 29일의 계약시에 1924년 1월부터는 총무원에서 인수·경영키로 하였으므로, 자연 그 후속 조치를 취하였던 것이다. 이에 1923년 12월 29일, 총무원에서는 보성고보 설립자 총회를 열고 학교의 경영과 경비의 내용 등에 대한 사전 실무적인 토의를 하였다.[14] 한편 보성고보 校友會에서는 학교의 경영자 변동에 즈음하여 신·구 설립자 送迎會를 개최하였다.[15] 그리고 1924년 1월 3~4일 覺皇寺에서는 총무원 제5회 총회가 개최되었는데, 이 회의에서 보성고보 문제가 구체적으로 논의되었다. 그 내용을 보면 다음과 같다.

보성고등보통학교 문뎨에 대하야는 죠선 학계에 공헌이 만흔 그 학교를 총무원에서 인계한 것은 가장 적절한 사업임으로 따라서 장래의 경영에 대하여 섬심성의로 유지하야 가자는 기석호(奇石虎)씨의 동의에 대하야 만장의 박수로써 가결하얏는데 이에 대하야 간부 모씨의 말을 드르면 보성고보에 대한 금년도의 경비는 약 이만원을 지불하게 되리라고[16]

---

13) 총무원의 보성고보 인수에 대하여 趙英根은 〈佛敎對普成高普問題〉(《혜성》 1-2, 1931.4)에서 다음과 같이 서술하였다. 즉 "총무원의 신흥기분은 衝天의 勢로 뻣치게 되엿다. 그럼으로 天道敎側에서는 당시 普成學校의 敎員으로 잇든 某氏로 하여금 總務院의 意思를 알아보고 交涉을 開始하얏다. 그래서 總務院에서는 小壯派가 大多數임으로 죽어가는 學敎를 살리기 爲하야 쏘는 社會 奉仕의 精神을 貫徹하기 爲하야 쏘는 社會 一面의 地位를 엇기 爲하야 多少의 好奇心과 功名心으로 引繼의 意思를 表하얏다."라고 지적하면서 양측의 수차 正式 交涉의 결과로 총무원이 학교를 인계하였다는 것이다.

14) 〈普成高普問題로 設立者 總會〉《동아일보》 1923.12.30.

15) 〈普成高普引繼 신구설립자의 송영회까지 개최〉《동아일보》 1924.1.1.

그 총회에서 보성고보 경영에 최선을 다하자는 기석호의 동의가 만장일치로 가결되었으며, 1924년도의 경비로 2만원을 지출키로[17] 결의하였다는 것이다. 이제 보성고보의 인계는 당국에서 허가만 나오면 되는 상황이었는바, 동년 1월 15일에 총독부 학무국에서 설립자 변경 인가가 나와 법적으로도 총무원으로 인수가 완료되었다. 그 사정은

> 죠선교육계에 만흔 력사가 잇는 보성고등보통학교(普成高普)는 근자에 죠선불교총무원(朝鮮佛敎總務院)에서 인계하야 경영하게 됨은 이미 보도하얏거니와 지난간 십오일 설립자 변경 인가가 학무당국으로부터 나왓는데[18]

라고 전하는 바에서 알 수 있다. 당시 총무원의 설립자로 등록된 대상 승려는 21명이다.[19] 이처럼 보성고보가 명실상부하게 총무원으로 인계되자, 총무원의 총무였던 김해은은 성실하게 학교를 경영하겠다는 다짐을 하였다.[20] 또한 《동아일보》는 동년 1월 24일자 사설 〈普成高普〉에서 보성고보 경영자 변동 사실을 재삼 전하면서, 총무원측에 보성고보를 재단법인화 하여 학교발전에 이바지해 달라는 충고를 밝히기도 하였다. 이로써 총무원의 보성고보 경영은 정상화의 길을 갈 수 있게 되었다.

---

16) 〈佛敎總務院總會 -普高經費二萬圓支出을 決定〉《조선일보》 1924.1.5.

17) 총회에서 2만원으로 결정한 것은 이전 보성고보의 운영비가 수입을 제하고도 1만 6천여 원이 부족한 상태였기에, 적어도 2만원은 지출해야 한다는 사정에서 결정된 것이라고 한다. 〈佛敎總務院總會〉《동아일보》 1924.1.4.

18) 〈普成高普引繼認可〉《조선일보》 1924.1.19.

19) 그 대상은 다음과 같다. 通度寺 주지 金九河, 梵魚寺 주지 李湛海, 松廣寺 주지 金贊儀, 孤雲寺 주지 李萬愚, 釋王寺 주지 張河應, 華嚴寺 주지 河龍華, 泉隱寺 주지 金丙善, 大乘寺 주지 嚴兌永, 南長寺 주지 梁然翁, 表忠寺 주지 趙東照, 玉泉寺 주지 全德雲, 泰安寺 주지 梁映月, 觀音寺 주지 李光回, 內院庵 주지 金寶光, 雲門寺 주지 申秉煥, 石南寺 주지 金正律, 安靜寺 주지 金昌燮, 觀龍寺 주지 金昌燮, 鳳停寺 주지 金敬文, 龍華寺 주지 沈寶淵.

20) 위의 《조선일보》와 같음.

2) 敎務院의 보성고보 인수

1924년 4월, 보성고보는 기존의 총무원이 아니라 교무원에서 경영하는 것으로 변동되었다. 이는 불교혁신 및 일제의 불교정책에 대한 상이한 현실인식으로 대립적이던 총무원과 교무원이 타협에 의하여 교무원으로 통합되었기 때문이다.[21] 총무원과 교무원의 타협에는 총독부의 '관력'이 개입되었지만, 1924년 3월 20일부터 지속된 상호간의 협의를 통해서 구체화되었다. 제2회 교무원 평의원총회에는 총무원 계열이던 통도사, 범어사, 석왕사의 주지가 참가하였다. 3월 22일의 첫째날 회의에서 총무원 측과의 합의 내용을 정관개정에 반영하였으며, 제6일째인 3월 28일에는 임기 만료된 이사진을 새로이 선출하였다. 한편, 제2일째인 3월 24일의 교육문제 토론에서는 동광학교의 1년 간의 경과 및 승격 문제 등에 대하여 교장인 이혼성의 보고가 있었으며, 보성고보의 인수·경영에 대한 제반 개요는 총무원 출신인 김구하가 설명하였다.[22]

이러한 진행은 곧 교무원에 가입하지 않았던 본산인 통도사·범어사·석왕사가 교무원에 합류되었음과 총무원에서 경영하였던 보성고보도 교무원에서 인계할 것임을 말하는 것이다. 이렇듯 불교계 내의 양 기관이 우여곡절 속에 교무원으로 통합된 것은 일단 불교계 기관의 단일화 및 교계 사업을 추진함에서는 진전된 것이라 하겠다.[23]

이러한 내용을 전하고 있는 보도기사를 살펴보면, 그 전후 사실 및 결과를 더욱 자세히 알 수 있다.

---

21) 〈佛敎敎務院의 發展〉《朝鮮佛敎》창간호, p.3. 1924.5.

22) 〈財團法人朝鮮佛敎中央敎務院第二回評議員總會會錄〉《韓國近現代佛敎資料全集》66.

23) 五峯山人은《佛敎》6호(1924.12)에서 기고한 〈甲子年을 보내은 朝鮮 佛敎界〉라는 글에서 그 사정을 다음과 같이 서술하였다. 즉, "如何間 平和의 曙光이 三十本山에 普照된 結果 三分五列로 紛爭渦中에 잇든 朝鮮僧侶 過去의 모든 是是非非를 東流水에 부지고 純正한 佛徒의 和合心으로 財團法人 朝鮮佛敎中央敎務院이라는 旗幟下에 集合되니 마치 支離하던 五六月 長霖이 一朝에 晴天白日로 變한듯 하얏다."는 내용이다.

세 본산은 도로 교무원에 드러오게 되야 갈등이 만흔 교무원은 완전한 륙십만 원의 재단법인으로써 이후부터 기초가 완전할 가망이 잇게 되얏는데 리사(理事)는 종래의 다섯 명을 일곱 명으로 늘이고 자격도 『주지에게 한한다』는 조건을 폐지하얏스며 종래 총무원에서 경영하든 보성고등보통학교(普成高普)도 교무원에서 다 인계하야 작일 설립자변경신청(設立者變更申請)도 당국에 데출하얏는대 이러케 되면 종래 교무원에서 경영하든 동광학교(東光學校)도 보성학교에 합동될 것이라 하며[24]

즉, 총무원과 교무원의 합동으로 인하여 보성고보의 설립자 변경이 1924년 4월 2일 완료되었다는 것이다. 그리고 교무원의 이사도 기존 5명에서 7명으로 증가되었으며, 이사의 자격도 주지로 제한하였던 단서를 해제하였다. 이러한 교무원 경영이라는 변동으로 인해 새로이 교무원의 이사로 등록된 대상은 다음과 같다.[25]

郭法鏡(威鳳寺) 金一雲(楡岾寺) 金九河(通度寺) 吳利山(梵魚寺)
金日齋(桐華寺) 劉護庵(法住寺) 羅晴湖(奉恩寺)

위 이사 중 김구하와 오리산은 구 총무원 계열의 이사로 보이며 여타 대상은 기존 교무원 계열의 이사로 이해된다. 한편 재단법인 교무원의 이사와 학교 당국자는 모임을 갖고, 보성고보 인수를 공식적으로 발표하였다. 이처럼 불교계를 대표하는 중앙기관인 교무원이 보성고보를 경영하게[26] 됨은, 일단 불교계 내외에서 큰 호응을 받았다. 보성고보의 이사인 곽법경은 교무원의 보성고보 경영이 의미 깊은 일이라고 하면서 교무원의 교육사업으로 보성고보를 육성하겠다는 입장을 표명하였다. 그리고 보성고보 교장이었던 鄭大鉉도 전 조선 사찰의 단결의 결과로써 등장한 교무원이 경영하게 됨을 역시 기쁜 일이라고 언급하였다.

한편 교무원의 보성고보 인수에서 특기할 사항은 東光高等普通學敎 통

---

24) 〈三十本山團結로 普成高普 經營〉《동아일보》 1924.4.3.
25) 위와 같음.
26) 〈총무원과 교무원이 련합하야 普成高普經營〉《朝鮮佛敎》 창간호, p.3 1924.5.

합의 문제였다. 이 문제는 총무원과 교무원이 교무원으로 단일화되고, 자연 교무원이 보성고보를 경영하기로 결정하면서 동시에 동광학교를 보성고보로 흡수·통합키로 결정한 것을 말한다. 이에 대하여 동광학교의 교장인 李混惺은 일단 찬성하였으며, 보성고보 교장 정대현은 학생들을 편입하는 형식을 취할 것임을 피력하였다. 학교의 통합의 형식에 대하여 동광학교 교장 이혼성은 그 실행 방안을 구체적으로 제시하였다. 그는 보성고보의 교실 부족을 이유로, 동광학교는 보성고보의 분교로 두면서 학생들은 편입시켜 처리하겠다는 의사를 표시하였다.

東光學校는 1921년 4월, 30本山聯合事務所가 서울 숭일동 2번지에 설립한 중등학교 수준의 학교였다.[27] 이 학교의 정식 명칭은 동광고등보통학교이다. 그러나 동광학교는 개교한 직후부터 학교 재정 및 운영에 대한 문제로 논란이 적지 않았다. 불교계에서는 동광학교의 폐지 및 존속을 둘러싸고 갈등이 있어 왔는데,[28] 그 이면에는 학무국에서 정식 인가가 나오지 않은 문제가 개재되어 있었다. 이러한 우여곡절을 거쳐 동광학교는 1922년 8월 8일에 정식 인가를 받았다.[29]

교무원이 경영하던 동광학교는 일단 당국의 인가를 얻었지만, 정식으로 고등보통학교로 인정받은 것은 아니었다. 이에 동광학교 학생들은 학교를 고등보통학교로 승격해 달라는 요구를 지속적으로 하였으며, 불교 교육계의 주요 현안이 되었다. 당시 400여 명에 달했던 동광학교 학생들은 '高普昇格運動'을 강력하게 추진하면서 급기야는 동맹휴학을 단행하였다. 사태에 즈음하여 경영자였던 교무원은 교무원의 재단을 조속히 완성하면서, 동광학교의 승격에 대한 수속과 학교 校舍 증축 등에 대한 문제를 교무원 이사에게 위임하는[30] 입장을 갖고 있었다. 그러나 학생들은 교무원이 학교

---

27) 如天生, 〈東光高等普通學校를 一瞥하고〉《開闢》 27호, 1922.9.
28) 〈東光高普 認可問題〉《동아일보》 1921.12.14. 同 신문 〈東光學校 問題로〉 1922.1.15.
29) 〈東光學校許可 - 佛敎徒의 發展을 希望〉《동아일보》 사실, 1922.8.8.
30) 〈財團法人朝鮮佛敎中央敎務院第一回評議員總會會錄〉《韓國近現代佛敎資料全集》 66, p.8.

에 대한 성의가 없다는 인식을 하였다.

이러한 내적인 문제를 갖고 있던 동광학교를 교무원이 보성고보를 경영함에 즈음하여 동광학교를 보성고보에 합병하여 처리하겠다는 것이었다. 마침내 동광학교는 폐지되고, 당시의 동광학교 재학생 141명은 검정시험의 형식을 취하여 보성고보로 편입되었다. 그리고 숭일동에 있었던 교사는 보성고보 1학년 가교실로 사용되었고, 동광학교의 교구·기계·표본 등은 모두 보성고보의 재산으로 편입됨으로써 동광학교의 보성고보 합병은 마무리되었다.[31]

이렇듯이 교무원은 동광학교를 보성고보에 합병시키면서 보성고보 운영에 나섰던 것이다. 당시 교무원이 보성고보 경영에 투입한 예산은 1925년 당시 년 2만원이다.[32] 한편 교무원은 불교전문학교 설립을 준비하는 등 교육사업 활성화에 노력을 기울이기 시작하였다.[33] 이에 대한 구체적인 실행은 1926년 초부터 가시화되었다. 1926년 1월 3일에 개최된 30본산주지회의에서 이에 대한 제 문제를 다시 한 번 확인하였다.

보성고보의 정상 경영에 대한 의지는 동년 3월 23~26일에 개최된 제4회 교무원 평의원 총회에서도 재확인되었다. 이는 제3일째 회의의 교육문제 토의에서 제기되었다. 당시 교무원의 이사였던 이혼성은 보성고보에 대한 운영의 문제를 제기하였다.[34] 보성고보를 천도교에서 총무원으로 인수할 당시 체결한 계약서의 제6조가 문제가 되기에 그 내용을 철폐하고 불교의 소유로 영원히 경영하도록 하되, 만일 그것이 철폐되지 않으면 그 조문에 의거하여 원 소유자인 천도교 측에 還付해야 한다는 안건의 제출이었다. 여기에서 말하는 제6조는 '何時라도 乙(總務院)이 經營하기 不能한 境遇에는 普成을 甲(前設立者)의게 還付함'이었다. 이에 대하여 당시 총회에서는 보성고보를 경영하되 그 계약의 解除 혹은 新締結은 신임 이

---

31) 《普成80年史》 p.344.
32) 〈財團法人朝鮮佛敎第三回評議員總會會錄〉《韓國近現代佛敎資料全集》 66, p.13.
33) 위와 같음.
34) 〈佛敎消息〉 「評議員總會」의 내용 중 '敎育에 關한 件'《佛敎》 22호(1926.4) 참조.

사에게 위임하자는 김정해의 동의가 결정되고, 만일 보성고보의 계약 해결을 청구하여 전 설립자가 불응할 시는 甲에게 환부하자는 김정해의 의견이 가결되었다.

교무원 총회에서 이렇게 결의된 사항은 동년 3월 30일에 전 설립자인 천도교측과 교섭을 하여 계약서를 개정하였다. 그 계약서의 내용은 다음과 같다.

> 大正 十一年 六月 十九日 普成高等普通學校에 對하야 前 設立者 朴寅浩氏와 元 朝鮮佛敎 總務院長 李萬愚氏 間에 締結한 契約書의 一切 權利와 義務는 財團法人 朝鮮佛敎中央敎務院이 引受하고 契約書 중 第六條는 前設立者 朴寅浩氏로부터 抛棄하고 敎務院에서는 普成高等普通學校를 永遠히 經營하기로 함.
>
> 右 契約書 二通을 作成하야 甲乙 兩方이 各各 保管하기로 함.
>
> 大正 十五年 三月 三十日[35]

이처럼 교무원 총회에서 논란이 되었던 문제는 해소되고, 교무원 경영이 완전하게 보장되었다. 여기서 교무원이 보성고보 경영에 대한 의지를 엿볼 수 있다.

당시 교무원에서는 1925년 11월경 서울 숭일동에 있는 北廟터 윤덕영 씨의 토지 6천여 평을 28,500원에 구입하였는데, 그 터에 불교전문학교를 짓는 동시에 그 옆에 보성고보의 교사도 煉瓦製로 건축하기 위한 것이었다.[36] 이는 곧 수송동에 있었던 보성고보 교사를 북묘터로 이전한다는 계획을 말한다. 이러한 배경하에 1926년 6월 14일 교무원 임시평의원회가 개최되어, 그 구체적인 실행 계획을 확정하였다.[37] 보성고보 移建을 1926년에 완료한다는 목표 아래 그 건축 경비에 대한 방법을 정하였다.[38]

---

35) 〈佛敎消息〉「普成高普問題解決」《佛敎》 23호, 1926.5. 이 계약서에 서명한 대상자는 천도교측의 전 설립자인 박인호와 교무원측에서는 교무원 이사 자격으로 金萬應, 姜大蓮, 宋宗憲, 柳護庵, 金一雲, 李愚榮, 李混惺이다.

36) 〈專門學校設立問題도 評議員召集 決議〉《동아일보》 1926.1.5.

37) 〈普成高普는 移轉 佛敎專門創設〉《동아일보》 1926.6.19.

38) 〈佛敎消息〉「臨時評議員總會開催」《佛敎》 25호, 1926.7. 당시 보성고보 및 중

교무원의 보성고보 신축 이전 공사가 시작된 것은 1926년 7월 1일이다. 총 공사비 79,000여 원이 투입된 그 공사가 대략 마치게 된 것은 1927년 2월경이었으며, 교사가 완전히 준공된 일자는 1927년 5월 1일이다. 그 사정을 전하고 있는 보도기사를 보면 그 구체적인 내용을 알 수 있다.

> 시내 수송동에 있는 普成高等普通學校는 隆熙 3년에 창립된 이래 19년 동안 조선교육계에 많은 공헌이 있는 학교로 지금으로부터 4년 전에 재단법인 조선불교중앙교무원의 경영된 이후로 더욱 발전되어 작년 7월부터 시내 惠化洞 1번지에 새로이 총평수 6천여 평을 사들여 260평에 2층 벽돌의 웅장한 교사를 건축하게 되어 수일 전에 준공하였으므로 오는 4월 새학기부터 동 신축교사로 이전하게 되었다는데[39]

신축 교사는 건평이 260여 평이었고, 2층 벽돌이었음을 알 수 있다. 이렇듯이 신축 교사가 준공되어 학교가 이사간 것은 5월 7~10일이다.[40]

이전의 校舍는 1927년 교무원 정기총회에서 賣渡와 不賣渡가 보류되었으나, 동년 10월 29일 개최된 교무원 이사회에서 매각키로 정하고 그 대금은 10만원 이상으로 결정하였다.[41] 한편 동년 11월 1일에 개최된 교무원 임시평의원 총회에서도 舊校舍는 역시 賣却키로 결정되었다.[42] 그러나 구 교사 매각은 1928년 3월에도 실현되지 않아 교무원의 중요 현안이 되었다.

앙불전의 건축비는 약 11만 6천여 원이 계산되었다. 그 조달은 우선 1925년과 1926년에 각 1만원을 적립하고 부족액 9만원은 제1종 재산에서 引用하되, 그 상환 방법은 당시 보성고보의 부지 및 건물을 매각하여 제1종 재산에 환원하기로 정하였다.

39) 〈瑞光비친 普成高普 新築校舍 落成 -안과 밖으로 면목이 일신해-〉《동아일보》 1927.2.1.

40) 《普成80年史》 p.356. 《불교》지에서는 보성고보의 이전 일자를 5월 9일로 전하며, 구 校舍에는 朝鮮佛敎中央敎務院・佛敎社・朝鮮佛敎少年會가 5월 30일에 입주하였다고 서술하였다. 〈佛敎彙報〉「普成學校移轉」「敎務院과 佛敎社도 移轉」《佛敎》 36호, 1927.6.

41) 〈財團法人朝鮮佛敎中央敎務院臨時評議員總會會錄〉《한국근현대불교자료전집》 66.

42) 위와 같음.

이렇게 교무원에서는 보성고보에 대한 투자에 적극적이었다. 그런데 교무원은 60만원의 재단법인을 완성하고, 그 60만원의 이자 등의 자금으로 교육 및 사회사업을 전개하기로 정하였다. 그러나 1926년경에도 60만원의 목표 중 1/4만 납부·적립되었기에, 교무원의 운영은 재단의 제1종 재산으로 불리는 기부재산에서 파생된 이자 및 지정 분납금을 납부하지 않은 사찰이 내는 연 8푼의 이자 등으로 유지되었다. 한편 1927년부터는 교무원에서 보성고보에 대한 예산을 증액하면서 학교 관리에 더욱 유의하는 방향으로 전환하였다. 그 사정을 전하고 있는 제6회 교무원평의원 총회 내용인 아래의 글을 보면, 세부적인 현황을 알 수 있다.

> 郭侑宗氏 普成高普에 用하난 經費난 如何한 방법으로 取扱하난지 此를 說明하여 주시오.
> 議長 普成의 本院에서 支拂하난 豫算은 二萬圓만 支拂하고 其 內譯에 就하야난 過去에난 不干涉 主意를 取하얏스나 昨年度부터난 會計員을 本院에서 派遣하얏스며 今年度부터난 豫算을 編成하야 本院의 承認을 求하게 하얏소.
> 郭侑宗氏 過去에난 엇더한 事情下에서 學校의 內政을 不干涉하얏난지 未知하나 今後부터난 積極的으로 干與하야 敎育의 實績을 擧揚함이 可하오.[43]

1926년까지는 년 2만원을 학교 운영비로 지원하면서도 학교의 운영에 대해서는 不干涉 주의를 취하였다는 것이다. 그러나 1927년부터는 학교에 회계원을 교무원에서 파견하였으며,[44] 1928년부터는 학교의 예산을 편성하여 교무원의 승인을 얻도록 하는 적극적인 관여로 전환되었다는 것이다. 교무원에서 보성고보에 대한 지원은 1927년의 경우에는 40,000원이었고 1928년에는 48,000원이었음을 볼 때,[45] 위의 교무원의 적극적인 관여는 지원비를 증액시키면서 나타난 학교 경영방침의 전환이었다는 것을 알 수 있다. 1927년말 보성고보의 학생은 519명, 전임교원은 20인, 촉탁은 7인이

---

43) 《財團法人朝鮮佛敎中央敎務院第六回評議員總會錄》《韓國近現代佛敎資料全集》 66, p.7.
44) 당시 파견된 인물은 교무원이 사무원이던 金洛淳이었는데, 그는 1927년 9월 말에 보성고보 회계로 부임하였다. 위의 자료, p.22.
45) 위의 자료, p.12.

었다.[46] 또한 당시 교장이었던 崔鳴煥은 학생들의 동맹휴학의 사건으로[47] 인해 1927년 8월 31일부로 사임하고 그 후임으로 이전의 교장이었던 정대현이 9월 9일에 부임하였다.

3. 보성고보 經營上의 문제

교무원이 보성고보에 대한 운영비용을 증가시키면서 나타난 문제는 학교 운영권에 대한 실질적인 내용이었다. 즉, 1년에 4만여 원이라는 학교 운영비용을 제공하고도 학교 운영에 대한 권한이 거의 없다는 것이다. 이 문제는 요컨대 불교교육의 부재로 상징되는 것으로서 교무원이 보성고보에 대한 학교교육의 방침 및 목적에 대하여 거의 관여할 수 없는 사정이었다. 그러나 학교 운영비용을 년 2만원에서 4만원으로 인상시키면서 이에 상응하는 감독의 권한을 강화하겠다는 것은 교무원이 보성고보에 대한 감독권을 행사하겠다는 내용이다.

총무원이 보성고보를 인수할 때에는 교장·교원·사무원의 변동이 전혀 없었고, 학교의 교육 방침도 특별한 변동이 전혀 없었다.

그런 까닭으로 設立者만은 佛教側이엇으나 學校의 內部 職員들은 依然히 天道教人이 大多數였으며 뿜서 其外의 異教者 及 無宗教者도 있엇다. 그러고 본즉 學生의게 佛教信仰을 鼓吹함은 且置하고 佛教에서 經營한다는 말까지도 學生의게 들려 주기를 끄렷섯든 것이 事實이다.[48]

즉 교직원 대다수가 불교인이 아니었으며, 학생들에게 불교교육을 시행할 수도 없었다는 것이다. 심지어는 학생들에게 학교의 재단이 '불교'라는

---

46) 위의 자료, p.22.

47) 동맹휴학 사건은 1927년 6월 29일부터 나타난 제3학년 생도 일동의 교장 이하 교원 2명에 대한 배척운동의 산물로 2학년 및 4학년이 추가 맹휴를 하고, 그 결과로 학생 22명이 퇴학처분된 것을 말한다.

48) 〈教務院의 大英斷 -宗立學校의 整理斷行을 듯고-〉《佛教》 81호, p.4. 1931.3.

것도 알려 주기를 기피하였다는 것이다. 이러한 사정은 교무원으로서는 매우 중요한 문제였다. 매년 많은 경비를 지원하고도 결과적으로는 단순한 사회사업으로만 간주되었다.

이에 대해 교무원은 학교의 내부를 급격하게 정리하지 않고, 隱忍自重하는 점진적인 개선을 취하였다. 불교인을 점차 채용하여 학교에 근무하게 하고, 그 인물들을 보성고보의 중견 인물로 양성하여 학교에 대한 영향력을 행사하려는 방침을 갖고 있었다. 그러나 기존 학교에 근무하는 비불교 교원들은 이러한 교무원 조처에 대하여 불교에 귀화도 않고, 교무원 측과 공동 제휴하여 학교를 운영하려는 의사가 전혀 없었던 것이다. 학교 내부의 혼란이 서서히 등장하여 '一大 衝突' 및 '整理'의 추세가 자생적으로 나타났다고 하겠다.

학교 내의 이러한 현실에 변화를 제공한 것은 당시 불교계의 교단 분위기 쇄신의 움직임이었다. 그 계기는 1929년 1월 3~5일에 개최된 조선불교선교양종 僧侶大會이다.[49] 이 대회는 불교계의 통일운동의 산물로서 개최되었는데, 宗憲을 제정하고 입법기관인 宗會 및 실행기관인 中央敎務院을 성립시키는 등 교단 정비 및 혁신의 기세가 드높았다.

한편, 1930년 3월 17~19일, 서울 수송동의 중앙교무원에서는 제2회 法規委員會가 개최되었다.[50] 법규위원회는 종헌에서 규정하고 있는 교단의 제반 법규를 제정하는 위원회였다. 이 위원회의 교육법안 및 종립학교규칙안 분과위원들의[51] 토의 결과로 敎育法案이 제정되었으며 본 고찰과 유관한 宗立學敎 管理 規則이 제정되었다.[52] 이렇게 마련한 규칙안은 동년 3월 23일 교무원 회의실에서 개최된 제2회 종회에 상정되어 일부 조항의

---

49) 졸고, 〈朝鮮佛敎禪敎兩宗 僧侶大會의 개최와 성격〉《한국근현대사연구》3, 1995 참조.

50) 〈第二回法規委員會會錄〉《한국근현대불교자료전집》67.

51) 그 위원은 權相老, 金法麟, 康遠晧, 甘船月, 林炯珣, 金泳鎬, 宋宗憲, 金寶蓮, 金法龍, 劉二淸이다.

52) 분과위원이 작성한 규칙은 수정할 조항이 많아 수정위원 권상로, 한보순, 정변헌 등 3인을 선정하고 그들의 수정 작업하에 규칙이 마련되고, 법규위원회를 통과하였다.

삭제를 거친 후, 통과되었다.[53]

그 規則[54]의 요체는 중앙교무원이 관리하고 있는 학교에 대한 경영 목적을 규정하고 그 관리 운영의 대강을 제시한 것이다. 이에 종립학교의 경영 목적을 '宗旨를 宣揚하야 衆生을 敎化하는 大慈大悲의 佛敎精神을 直接間接으로 發揮함'으로 정하였다. 또한 그 규칙의 내용에는 보성고보의 관리운영에 있어 미묘한 사항으로 작용할 문제가 있었다. 종립학교 전임 교직원은 僧侶 또는 佛敎信者가 아니면 採用치 아니한다는 것과 宗旨에 위반되는 언론·행동이 심한 자는 해직 등의 인사조치를 한다는 것이다.

종립학교 규칙에서 정한 위와 같은 내용은 보성고보에 즉시 파급되었다고 이해된다. 당시 교무원에서는 학교 교직원의 신앙생활을 조사하고, 한편으로는 교직원의 불교로의 귀화를 권유하기에 이르렀다. 그러나 대다수 교직원의 입장은 불교 귀화를 거부하고, 자진 용퇴를 시사하면서 교무원의 요구를 거절하였다. 이에 대하여 교무원은

> 그래서 敎務院에서는 旣定한 方針을 고칠 수 없으며 讓步와 勸誘도 이 밖에 더할 수 없으니 適當한 處理를 取하는 外에 他道가 없다 생각하고 또는 前古에 없는 不景氣에 照鑑하야 學校側에 一大斧鉞을 나려서 整理를 斷行하기로 하엿다 한다.[55]

라 하여, 기존 방침을 고수하는 '一大 整理'라는 입장을 유지하였다. 당시 교무원은 1931년 1월 이사회를 개최하여, 기존 방침 고수를 결정하면서 학교 당국에게 다음과 같은 내용을 제시하였다.[56]

　一. 財政을 緊縮할 것
　二. 高級 敎員을 淘汰할 것

---

53) 〈朝鮮佛敎禪敎兩宗第二回宗會會錄〉《한국근현대불교자료전집》67, p.6.
54) 위의 법규위원회 회록, pp.11~12.
55) 위의 《佛敎》 자료, p.5.
56) 趙英根, 〈佛敎對普成高普問題〉《혜성》 1-2, p.65. 1931.4.

三. 老朽 敎員을 淘汰할 것
四. 無資格 敎員을 淘汰할 것
五. 異敎人을 淘汰할 것

그러나 이러한 교무원의 요구에 대한 학교 당국의 입장은 교무원의 요구와는 거리가 있었다. 보성고보 교장이었던 정대현은 그간 교무원이 학교 운영에 대하여 무리한 干涉을 하였으면서도 재정의 지출은 매우 빈약하였다는 입장을 견지하였다.[57] 그간 교무원의 요구에 늘 應從하는 입장이었으나, 새로운 요구에 대해서는 거부·반대한다는 입장이었다. 정대현은 교무원이 요구한 제안에 대하여 다음과 같은 구체적인 이유를 들었다.[58]

재정에 대해서는 더 이상 줄일 수 없지만 고려한다고 하였다. 고급교원 도태에 대해서는 20년 동안 동고동락을 함께 한 교원을 재정 긴축의 이유로 내보낼 수 없다고 하였으며, 노후 교원의 도태에 대해서는 노후하다고 인정할 만한 사람이 없다고 주장하였다. 무자격 교원의 도태에 대하여는 채용 당시에 이미 경기도 학무과에서 인정을 받은 사람이고, 정규 학교를 졸업하지 않은 사람들이라도 경험이 있고 실력이 있는 사람이면 교원 1/3의 범위 내에서 채용할 수 있다는 것을 피력하였다. 한편 가장 중요한 이교도의 배척에 대해서는 불교가 자진하여 사회와 대립하는 것으로 인식하면서, 시급히 서둘지 않아도 불교인의 교원이 점차 대다수가 될 것이라는 입장으로 대응하였다. 당시 보성고보 내의 불교인 교원은 5명으로 전체 교원의 1/4이나 된다고 하였다.

정대현은 교무원의 요구에 위와 같이 주장하면서, 자진하여 사퇴하겠지만 학교의 정상화는 교무원에서 처리해 달라는 입장을 교무원에 통고하였다. 그러나 학교 운영을 둘러싸고 전개된 이러한 대응이 학생들에게 파급되고, 나아가서는 교원들이 교무원 당국에 건의서를 제출하였기 때문에 교무원은 이를 적대행위로 인식하였다. 이러한 우여곡절 끝에 보성고보의 문제는 교장의 사퇴와[59] 일부 비불교 교원의 사퇴 및 촉탁으로의 신분 변

---

57) 위와 같음.
58) 위의 자료, p.66.

경으로 일단락되었다.[60] 교무원측의 학교 내의 비불교인의 정리로 인해 1931년의 경우 교원 44명 중 승려가 13명, 불교인이 27명, 천도교가 1명, 무종교가 3명이었다.[61] 보성고보가 불교재단에서 경영한다는 외형상의 지표는 확립되었다. 하지만 추후 학교의 재정적인 어려움이 등장할 경우 학교 경영의 문제가 다시 대두될 가능성이 있었다. 실제로 1932년부터 가시화되기 시작하였다. 보성고보에 대한 교무원의 재정지원의 문제는 역시 교무원에서 경영하던 중앙불전의 경영과 유관한 사항이었다.

중앙불전은 1928년에 개교하였는데, 개교 당시는 전수학교의 수준이었다. 이에 불교계에서는 전문학교 수준으로 승격시켜야 한다는 여론이 분분하였는데, 그 해결책은 재단법인 교무원을 60만원 재단에서 40만원을 추가 增資하는 안으로 귀결되었다. 재단 증자안은 1929년 3월의 제7회 교무원 평의원총회에서 결정되었지만,[62] 그 이후 추가 증자가 계획과 같이 이행되지 않아 불교계 내부의 모순과 갈등의 원인이 되었다.

요컨대 불교계 재정이 넉넉하여 큰 문제가 없고, 그리하여 100만원 재단이 완성되면 보성고보 및 중앙불전의 경영에 지장을 초래하지 않았을 테지만 결과는 그렇지 못했다. 보성고보의 경영상의 압박은 1931년부터 시작되었다. 이를 대변하는 것은 교무원에서 보성고보에 지원하는 경비의 축소였다. 1931년의 지원 경비는 13,000원이었으며, 1932년의 예산에서는 12,000원으로 계상하였다.[63] 또한 1932년 3월 20일에 개최된 교무원 제10회 평의원총회에서 보성고보 강당건축의 건도 재단 '現狀'의 이유로 당분

---

59) 정대현은 1931년 3월 26일부로 사퇴하였으며, 그 후임으로 교무원 상무이사인 이혼성이 교장을 겸임하였다.

60) 그 내용은 小松崎씨는 사직, 都相鳳氏는 淘汰이었으며 이른바 이교도로서 촉탁으로 신분이 변경된 '兩金敎師'는 알 수 없다.

61) 〈財團法人中央敎務院第十回評議員總會會錄〉《한국근현대불교자료전집》66, p.27. 그러나 학생 628명의 분포는 승려 11명, 불교인 57명, 기독교 23명, 유교 35명, 천도교 5명, 무교인이 508명이었다.

62) 〈財團法人朝鮮佛敎中央敎務院第七回評議員總會會錄〉《한국근현대불교자료전집》66, p.11.

63) 〈財團法人中央敎務院第十回評議員總會會錄〉《한국근현대불교자료전집》66, p.19.

간 보류하는 것으로 결정된[64] 것도 이와 동질적인 문제였다.

4. 불교계의 普成高普 經營權 인계

1) 보성고보 경영의 논란

　보성고보의 재정지원에 대한 문제가 구체적으로 대두되기 시작한 것은 1933년 3월이다. 동년 3월 6일에[65] 개최된 재단법인 교무원 제11회 평의원 총회에서 그 문제가 정식으로 등장한 것이다. 이 평의원 총회에는 총회 의안 제4호의 내용에 보성고보의 재정지원 문제가 포함되었는데, 보성고보의 경비를 1934년부터는 년 1만원 이내로 축소·경영케 한다는 것이다. 그리고 중앙불전과 보성고보의 경영에 대해서는 整理委員會를 두고, 그 위원회로 하여금 구체적인 안을 연구하여 1933년 9월경의 이사회에 답신토록 정하였다.[66] 그러나 그 위원회에서 재단운영에 대한 근본문제가 논란을 거듭하자 당시 교무원 간부들은 총사직을 하고, 새로운 간부진을 구성하는 진통이 노출되었다.

　이에 당시 그 총회의 심사위원회에서는 31본산 주지를 추대하여 整理委員會를 조직케 하여 다음과 같은 사항을 결정하도록 하였다.[67]

　　1. 各種 未收에 關한 件
　　2. 監査 報告에 關한 건
　　3. 佛專에 關한 건
　　4. 普成에 關한 건
　　5. 一時 借入金에 關한 承認의 건
　　6. 其他 財團에 관한 重要 事項 등의 정리[68]

---

64) 위의 자료, p.16.
65) 〈敎務院評議會〉《동아일보》 1934.3.6.
66) 〈昭和八年度議案〉 제11회 평의원총회회록의 附錄.
67) 〈財團法人朝鮮佛敎中央敎務院第十一回評議員總會會錄〉《한국근현대불교자료전집》 66, p.7.

이 사항들은 위에서 언급한 바 있는 재단법인 교무원의 100만원 미완성에서 파생된 문제들이었는데, 이 문제에 보성고보의 문제가 포함되어 있었다. 이러한 결정에 대하여 당시 주지들은 1933년 3월 22일 주지회의를 개최하여 財團 整理委員會를 조직함과 동시에 재단 정리위원회를 개최하였다.[69] 이 정리위원회에는 주지 19인이 참석하여 평의원총회에서 지정한 내용을 토의하였다.

그 회의 결과로 정리위원 중 常務 정리위원으로 甘船月·吳利山·李壯佑 등 3인이 선출되었다. 그리고 위에서 지적된 사항 중 일시 차입금의 문제만 승인하고 여타의 사항은 위 3인 위원과 교무원 이사 7인이 연구·입안하게 하여 정리하도록 하였다. 아울러 각 본산에 정리위원회의 支會를 두고, 그 본말사 주지가 지회를 조직하며, 그 본산의 주지를 지회의 대표로 정하였다.[70]

한편 교무원 이사회는 재단의 운영 및 진로에 대한 문제가 근본적으로 대두되자, 동년 4월 17일 동년도 제1차 이사회를 개최하여 제반 문제를 토의하였다. 당시 그 이사회에서는 재단의 각종 문제와 함께 1933년도 예산문제를 논의하였다.[71]

1933년 4월 20일, 재단정리 상무위원 3인과 교무원 이사 7인이 합동하여 재단 정리상무위원회를 개최하였다. 그 회에서는 재단 정리위원회로부터 위임받은 사항을 검토하였다. 그 내용은 정리위원회에서 검토하도록 한 안 중 미수금 문제, 감사보고, 기타 재단의 중요사항에 대하여 정리안

---

68) 〈財團法人朝鮮佛敎中央敎務院臨時評議員會會錄〉(1933.10.15)《한국근현대불교자료전집》 66, p.9.

69) 위와 같음.

70) 위의 임시평의원회회록 첨부의 〈財團法人整理委員會會錄〉《한국근현대불교자료전집》 66.

71) 위의 임시평의원회회록, pp.10~11의 〈理事會에 關한 件〉 참조. 그 토의 사항은 일시 차입금, 법인금 정리, 증자 미신입 사찰에 대한 1932년도까지의 2종수납 문제, 1종 재산 처분, 예금 取引, 1932년도 예산과목 인용, 인사 문제, 1933년도 예산, 기타 재단에 관한 중요사항 등이다.

을 작성하고, 상무정리위원 중 有給 상무정리위원으로 이장우를 선정하여 3인의 상무위원으로 하여금 실행하게 하는 것이다. 그리고 중앙불전과 보성고보의 정리안에 대해서는 이장우와 상임이사가 구체적인 안을 작성하여 정리위원회에 통과시킨 후 1934년부터 실행키로 결의하였다.[72]

이러한 결정에 의거, 이장우는 5월 6일부터 출석하여 먼저 중앙불전 문서를 조사하였으나, 7월 11일에 임시이사회가 개최되어[73] 구체적인 일은 진행하지 못하였다. 당시 이사회에서는

> 兩學校 整理案이 너무 遲滯되야 不可하다 하여 有給 常務 整理委員과 七理事 總出動으로 普成高普 整理案을 作成한 후 九月 中旬頃에 整理委員會를 開催하자 하야[74]

라 하여, 보성고보의 정리안에 대한 지체를 문제 삼고 상무정리위원과 교무원 이사의 합동으로 조속히 대안을 만들어 이를 정리위원회에 상정할 것을 주장하였다. 그러나 보성고보의 文簿를 조사도 하기 전에 나청호·강대련·이장우 등은 각기 본산 사정으로 인하여 歸寺하였다. 그리고 허상현·김운악·이종욱·임석진 등 4인이 文簿調査를 마쳤으나, 어떠한 整理案도 작성하지 못하고 김운악과 임석진은 소속사찰로 귀사하였다.

이처럼 중앙불전과 보성고보에 대한 정리안은 정상적으로 작성되지 못하였다. 이에 중앙교무원의 서무이사는 7월 24일부로 이장우에게 속히 상경하여 양 학교 정리안을 작성하도록 통지하였다. 이장우는 7월 29일 상경하여 그가 이미 착수한 중앙불전 문부의 잔여의 것을 조사하고 안을 작성하여 제출하겠다고 피력한 후 귀사하였다. 그러나 상무정리위원과 교무원 이사 7인에게 보성고보 정리안을 작성하지 못해도 9월 중순경에 정리위원회의를 개최할 수 있는지의 여부를 타진한 결과, 일단은 개최해야 한

---

72) 위의 자료, p.10.
73) 그 임시 이시회의 토의사항은 중앙불전 회계 인계 및 현 재무이사 행동, 이사 윤번에 관한 건, 법인 정리 촉진, 불교사 경영 문제 등이다.
74) 위의 자료, p.10.

다는 다수 여론에 의거 정리위원회가 개최되었다. 이에 정리위원에게 소집 통고를 하고, 위원회에 제출할 상무정리위원회의 복안을 작성하기 위해 교무원 이사 7인과 합석의 상무정리위원회가 9월 11일에 개최되었다. 그 회의 결과는 다음의 글에서 찾아볼 수 있다.

> 李壯佑氏로부터 佛專 整理案을 提出한바 普成整理案이 無하고는 檢討할 수 업다 하야 採擇與否를 論치도 아니하며 普成整理案도 作成치 아니하고[75]

중앙불전 정리안은 이장우가 제출하였지만 보성고보 정리안은 제출도 안 되었다. 이에 위원회에서는 보성고보의 정리안이 없이는 어떠한 검토도 할 수 없다는 의견으로 말미암아 뚜렷한 대책과 방향을 수립하지 못하였다. 결과적으로는 보성고보 정리안이 작성도 안 되었다는 것이다.

위원회에서는 양교 정리안을 작성하지 못한 책임을 지겠다는 상임이사 허상현과 김운악의 사면에 따라, 補欠 부장이었던 나청호와 임석진이 취임하도록 요청하였다. 그러나 그들은 그 취임요구에 대하여 절대 거부하였다. 이러한 사정으로 10월 15일로 예정된 정리위원회 때까지만 임시 집무하는 상임이사를 두기로 한 결정에 의거, 강대련과 나청호가 각기 서무 및 재무이사에 선출되었다. 또한 재단이사의 의견이 통일되지 않아 재단 정리에 대한 입장을 수립하기 어려워 임시평의원회를 소집하고, 이사가 총사직하는 것이 당연하다는 의견으로 10월 15일부로 이사들은 총사직하기로 하였다. 그런데 10월 15일의 정리위원회는 인원 부족으로 인해 개회하지 못하고 10월 16일에 개최된 이사회에서 정리위원회는 해산하도록 결의하였다.[76]

1933년 10월 15~16일 교무원 임시평의원회가 개최되었다. 그 회의는

---

75) 위와 같음.

76) 정리위원회의 폐지는 1934년 3월에 개최된 제12회 교무원평의원회의 의안 제5호로도 상정되었다. 그 사유는 위원회 설치 이래 실적이 없고 현저한 효과도 없으면서, 경비만 소비했다는 것이며 위원회에 위임한 제 안건은 이사에게 일임한다고 하였다.

이사 총사직의 문제로 인해 개최되었기에 회의 벽두부터 이사 사직의 문제가 제기되었다. 당시 이사 총사직의 문제를 투표한 결과 受理 20인, 不受理 5인이라는 다수결에 의하여 수리시키고 신규 이사진을 선출하였다.[77] 그 신규 이사들은 10월 16일 이사회를 열어 보성고보는 유지하되, 중앙불전은 폐교하는 것으로 잠정 정리하였다.[78] 이러한 정리위원회의 해산과 교무원 이사 총사직은 중앙불전과 보성고보 경영이 근원적인 문제에 봉착하였음을 말한다.

이 문제는 요컨대 교무원이 재정파탄으로 인해 보성고보 경영을 포기할 수 있음도 비춘 것이라 하겠다. 그러므로 이사의 총사퇴는 보성고보의 경영에 또 다른 문제가 발생할 수 있음을 예측케 한다.

2) 高啓學院에 경영권 인계

교무원 재단의 재정문제로 파급된 보성고보 경영에 대한 문제는 이제 전 불교계로 파급될 상황에 이르렀다. 요컨대 보성고보를 불교계에서 경영할 것인가, 아니면 외부로 양도할 것인가의 문제였다. 특히 1933년 10월 15~16일의 교무원 임시평의원 총회에서 이사진의 사퇴와 신규 선출의 우여곡절을 거쳤기에 더욱 그러하다.

이러한 배경에서 1934년 3월 6~12일에 개최된 교무원 제11회 정기평의원 총회는 불교계 내외의 관심이 집중된 가운데 진행되었다. 그런데 그 회의 議案 1호는 교무원 간부, 즉 이사들이 평의원회에 상정한 案이다. 당시 평의원회에서는 그 안을 審査委員會에[79] 이관시켜 검토하도록 하였으며, 심사위원회에서는 그 안을 검토하여 수정안을 회의에 상정하였던 것이다. 그런데 그 의안 1호는 이른바 事業整理에 關한 件이었는데 그 내

---

77) 위의 〈임시평의원총회회록〉. 당시 신규 선출된 이사는 이종욱, 이장우, 이병호, 김상호, 김해은, 강성인, 이동석 등 7인이다.

78) 金暎遂, 〈敎務院理事諸氏의게 財團事業 整理에 대한 建議〉《一光》 1호, 1933.12.

79) 그 위원은 정병헌, 이청운, 조응준, 차상명, 주태순, 강재원, 최응관, 최영훈, 김성진, 김상수, 황금봉 등이다.

용은 '普成高普를 他에 引繼함'이었다. 그 사유는 '財團 財政 現狀에 鑑하야 普成高普를 經營키 不能함'이라고 제시되었다.[80] 즉 교무원에서 보성고보를 타 기관에 인계시키는 문제가 처음으로, 그리고 본격적으로 제기되었다. 이러한 간부안에 대하여 심사위원회에서는 간부안을 부결하고, 아래와 같은 결의문을 보고하였다. 그 결의문에서는 간부로부터 본건이 제안된 것은 재단 현상을 고려한 적절한 조치라고 볼 수는 있으나, 간부안은 삭제해야 한다는 당위성을 아래와 같이 피력하였다.

> 現下 財團法人의 事業이 危機에 陷한 것은 滯納 寺刹의 滯納額이 一〇四,五一五圓九五錢을 納付치 아니함에 基因함인즉 滯納 各寺는 猛省을 加하야 小를 捨하야 大에 合하고 私를 賭하야 公을 爲하는 誠心으로 此 危機에 陷한 財團 事業을 死地에서 救生하는 大精神으로 右滯納額을 本年度內에 納付케 하고 普成高普의 經營을 繼續하기로 決議하야 幹部의 案을 削除함[81]

즉 보성고보의 인계라는 문제가 나온 근원적인 원인은 재단 증자의 체납액이 10만여 원에 달한 것에서 기인하였다는 판단이다. 이에 그 대책으로 체납 사찰이 체납액을 1934년 이내에 납부하는 것으로 수립하고, 보성고보의 지속적인 경영을 결의하였다. 그리고 위원회에서는 이러한 조치를 이행하기 위한 조건으로 재단 이사진이 해당 사찰에 대한 사후 조치를 성실하게 이행하도록 요청하고, 그 사찰에서 이행치 않으면 이를 전 불교도 및 일반 사회에 공개하는 등의 내용 역시 결의하였다.

그리고 심사위원회에서는 보성고보를 계속 경영함에 즈음하여 보성고보 전임교원 給費를 減下하여 지급토록 정하고[82] 동시에 교무원 각종 기관에

---

80) 〈財團法人中央敎務院第十二回定期評議員會會錄〉《한국근현대불교자료전집》 66, p.13.
81) 위와 같음.
82) 그 내용은 다음과 같다. 130원 이상은 1할 5분, 120원 이상은 1할 4분, 110원 이상은 1할 3분, 100원 이상은 1할 2분, 90원 이상은 1할 1분, 80원 이상은 1할, 70원 이상은 9분, 70원 이하는 본 감하비율을 적용하지 아니함 등이다. 이 기준의 적용 월급은 전년도말의 월봉액에 의거한다고 하였다.

근무하는 봉직자의 퇴직비 산출도 재조정하였는데,[83] 이를 사업 정리에 관한 附帶決議로 칭하였다. 이 안은 1934년 4월 1일부터 시행하도록 하고, 이사는 결의사항에 대한 집행에 있어 유감이 없도록 할 것도 아울러 결의하였다. 이러한 심사위원회 안은 3월 12일의 평의원회에서 가결되었다.

그런데 그 평의원회에는 보성고보에서 제출한 建議案이 접수되었다. 이에 그 건의안도 심사위원회에서 심사하도록 정하였다. 당시 그 건의서를 제출한 보성고보 대표가 면회를 청함에 교무원 이사인 이종욱, 심사위원장 정병헌, 부의장 임석진 등이 보성고보 대표를 만나 대화를 하였다. 당시 보성고보 대표는 다음과 같이 입장을 개진하였다.

今般 評議員會에 建議案을 提出한바 此는 度外視하고 反하야 經常費를 縮小하는 同時에 減俸까지 한다 함은 絶對 反對한다. 又는 佛敎 機關에서 經營키 難하다면 現 經常費로 支拂하는 一萬一千圓도 그만두고 學敎만 敎職員 一同에게 引繼하야 주면 如何한 困難이 當面하더래도 繼續 經營하겟다며 若 以上과 如히 되지 안는다면 社會에 哀訴하야 公決에 依하겟다[84]

이에 대하여 심사위원 전원은 이미 1차 결의를 한 이상, 다시 재론할 수 없다는 판단하에 금후의 교직원에 대한 위로 등의 문제는 이사들에게 일임하는 것으로 매듭지었다.

보성고보의 경영은 일단 심사위원회를 거쳐 평의원회에서 결정되었다. 그런데, 교무원 간부안은 보성고보 인계의 방침이었는데 어떠한 사유로 심사위원회에서는 계속 경영으로 전환될 것일까? 이 점에 대해서는 당시 《조선일보》 보도기사의[85] 내용을 유의할 수 있다. 당시 교무원의 중앙간부인 이사들은 보성고보 경영 반대의 입장이었으나, 보성고보 인계의 방침이 일반에게 알려지면서 그 반대의 여론이 강하게 대두되자 심사위원회에서는 그 여론에 밀려 일단 계속 경영으로 방침을 전환한 것으로 이

---

83) 그는 최종 봉급 월액의 半額과 재직 滿年 數의 積으로 한다고 하면서, 이 기준 실시 이전에 취직한 자의 퇴식비노 이 기준에 의거 간다고 지적하였다.
84) 위의 12회 평의원회록, p.29.
85) 〈兩校經營을 支持〉〈中央幹部는 反對 地方大刹은 支持〉《조선일보》1934.3.12.

해하였다.

이에 대하여 통도사·해인사·범어사 등의 사찰은 계속 경영을 지지하는 입장이었다. 그러나 중앙간부의 다수는 3본산 출신이 아닌 여타 사찰 출신이었다. 당시 교무원 재단에 위 3본산 사찰은 7~8만원 정도의 기부금을 제공하였지만 여타 사찰은 수천 원 정도 밖에 제공하지 않고도 평의원총회에서는 동일한 권한을 가지면서 아울러 이사직의 수에서도 다수를 점하였다.

이에 여타 사찰 출신의 중앙간부들은 현실적인 재단재정의 문제를 갖고 중앙불전 및 보성고보 경영의 타개에 고심을 하고, 그 결과 보성고보 인계 문제에까지 이른 것이다. 이는 곧 재단재정의 현실론이라고 볼 수 있는 것이나, 당시 3본산의 입장은 불교교육 및 포교를 위해서는 중앙불전 및 보성고보를 당연히 불교계에서 유지·경영해야 한다는 당위성을 강조한 미래지향성의 입장이라 하겠다.[86]

한편, 朝鮮佛敎靑年總同盟에서는 1934년 3월 12일 대회를 개최하여 중앙불전 및 보성고보의 계속 경영에 대한 지지의 입장을 천명하였다.[87] 중앙불전 제1회 졸업생들의 모임인 二九五八會[88]와 조선불교청년총동맹 동경동맹도 중앙불전 폐지 반대의 입장을 강력하게 내세웠다.[89] 그런데 중앙불전의 폐지 문제는 1933년 10월 16일의 이사회에서 결의되었다. 이는 재단의 재정 사정이 어렵기에 운영비용이 많은 중앙불전은 폐지하고, 보성고보는 년 운영비가 1만원이 필요하므로 보조액이 적은 보성고보만 유지하자는 고육지책이었다. 중앙불전 폐지안에 대하여는 중앙불전 관계자,

---

86) 통도사와 해인사에서는 회의를 개최하여 보성고보 계속 경영에 대한 결의를 하였다. (위의 《조선일보》 보도기사 참조) 당시 해인본말사의 입장은 당시 주지 李古鏡의 이름으로 '全鮮佛敎徒 僉德 貴下'에게 보내는 聲明書에 전하는데, 그 전문은 《金剛杵》 21호에 전하고 있다. 1933년 11월 2일자인 그 성명서에는 보성고보 경영이 어려우면 분리하는 방법을 강구하되, 불교계 내에서 인수를 희망하는 경영자에게 양도할 것을 제안하였다.

87) 위의 《조선일보》 보도기사 참조.

88) 졸고, 〈二九五八會考〉 《趙東杰敎授停年紀念論叢 韓國民族運動史硏究》 1997.

89) 〈聲明書〉 및 〈스테-트멘트〉 《金剛杵》 21호, 1933.12.

졸업생 및 기타 교계 인사들로부터 강력한 항의를 받아 소멸되었다.[90] 이후로 중앙불전 폐지의 문제는 더 이상 논란되지 않았으나, 보성고보의 문제는 언제라도 다시 논란될 가능성이 있는 사항이었다.

보성고보 경영문제의 논란은 보성고보 내에서 그리고 교무원 재단 이사측에서 나오고 있었다. 보성고보 내의 문제를 보면,[91] 1934년 3월의 교무원 제12회 정기 평의원총회에서 결정한 교원 감봉 이행으로부터 시작되었다. 교무원에서 결정한 방침을 학교 당국에 통보하자, 학교에서는 절대 불응하고 오히려 이를 경기도 학무과에 진정서를 제출하여 해결하고자 하였다. 이에 대하여 학무과에서는 교무원 결정에 비판적인 입장을 견지하면서 경영이 곤란하면 타기관에 인계시켜야지 교육자를 불안하게 하는 것은 부당하다고 지적하였다. 그리고 교원 감봉은 필히 인가를 얻어야 할 사항이라는 점을 강조하였다.

이에 교무원은 학무과에 그 사정에 대한 양해를 구하였으나, 학무과에서는 양해도 않고 오히려 감봉 신청서 제출을 요구하므로 7월 16일부로 그 인가 신청서를 제출하였다. 그러나 학무과에서 회신이 없었기에, 학교에서는 종래 봉급을 답습하고 있는 실정이었다.

한편 보성고보의 문제는 교무원 이사측에서도 제기되었다. 이사측에서 문제를 제기하고 있는 것은 재단의 실무재정을 담당한 입장에서 각 본산에서 이행키로 한 후속조처가 적절하지 못한 사정으로 인한 고민의 발로라 이해된다. 여기에 보성고보 당국의 학교 인계에 대한 의사가 개입되면서 그 문제는 더욱 확대된 것 같다. 요컨대 보성고보에 대한 경영권을 기존 교무원에서 高啓學院[92]에 인계하는 것이었다. 아래의 글을 보면 그 대강의 요체를 파악할 수 있다.

---

90) 중앙불전 폐지론의 전말에 대해서는 《東大七十年史》 pp.44~48의 내용 참조.

91) 〈財團法人朝鮮佛教中央教務院第十三回定期評議員會會錄〉「普成高普教員減俸에 關한 件」《한국근현대불교자료전집》 66, pp.16~17.

92) 고계학원에 대한 전모는 〈五十萬圓高啓學院財團〉《사해공론》 2-6(1936.6)의 내용 참조.

昭和 九年 十月 六日 普成高等普通學校長이 來訪하야 協議한 結果 同校 經營權을 高啓學院(當時 財團許可 申請中)에 引繼하기로 하고 同日 各理事 宛公文을 發하야 此의 同意를 求하는 同時에 高啓學院과 十月 十一日附로 假契約을 締結하다. 昭和 九年 十月 十日附로 評議員 宛公文을 發하야 紙上決議를(可 十五人, 否七人, 開會要求 七人, 棄權 二十一人) 受하야 高啓學院과 正式 契約을 締結하랴 하얏스나[93]

1934년 10월 6일 보성고보 교장[94]의 교무원 내방 및 협의의 결과로써, 경영권을 고계학원에 인계하기로 하였다는 것이다. 이 결정은 곧 학교당국과 교무원 간부측의 이해관계가 동일한 사정에서 나온 것이라고 볼 수 있다. 이에 그날 즉시로 교무원 이사들에게 공문으로써 동의를 구하고, 10월 11일 고계학원측과 가계약까지[95] 체결하였다. 또한 10월 10일에 교무원 평의원들에게도 공문을 발송하였는데 그 공문 내용은 곧 경영권 인계에 대한 '紙上決議'인 것이다. 이 지상결의를 인계에 대한 동의로 해석하여 정식계약을 할 예정이었다. 그런데 당시 고계학원은 10월 18일에 재단법인 인가를 얻었기에 교무원과 고계학원간의 보성고보 인계에 대한 가계약서에 대한 정식 합의를 본 것은 10월 22일이다.[96]

그러나 보성고보의 경영권을 고계학원에 인계한다는 소식이 불교계에 파급되자 백양사 주지 송종헌을 비롯한 다수의 인사들은 그 인계 중지를 위한 노력을 하기 시작하였다. 송종헌 등은 우선 교무원에 인계 중지를 요구하고, 일면으로 그와 뜻을 같이하는 본산의 주지회의를 개최하였다. 10월 31일~11월 2일에 개최된 14개 본산 주지회에 참석한 주지들은 교무원 회의실에서 회의를 개최하여 보성고보 지속 경영에 대한 문제를 논의하였다.[97] 그 요지는 보성고보를 계속하여 불교계에서 경영하기로 정하

---

93) 〈普成高普校讓渡問題에 關한 件〉 13회 평의원회회록, p.17.
94) 당시 교장은 불교계 인사였던 이혼성이다. 그러므로 그는 교무원 이사와 교장을 겸임하였기에 교무원의 입장에 옹호적이었을 것이다.
95) 그 가계약서 내용은 〈여러 問題 없이 引繼成立되기 希望〉《동아일보》 보도기사 (1934.10. 23)에 전한다.
96) 〈普成高等 經營權 財團法人 高啓學院으로〉《조선일보》 1934.10.23.

고, 보성고보의 문제가 제기된 것은 곧 교무원의 재단이 부실한 원인에서
비롯되었으므로 20만원 증자를 통하여 해결하겠다는 대책을 결의하였다.
이를 위해 재단보충 교섭위원을 선정하여 각 본산을 설득하도록 교섭하게
하고, 동시에 11월말경 임시평의원 총회를 개최하도록 결정하였다.

　한편 그 주지회의에 참석한 주지들은 보성고보 경영에 대한 의지를 표
명하는 聲明書를 발표하였다. 그리고 그 회의에 참석한 8본산 주지들은
보성고보 책임경영에 대한 의지를 더욱 확고히 하기 위해, 별도의 責任書
를 발표하였다. 그 전문은 다음과 같다.[98]

　　右는 普成高等普通學校를 계속 경영하자 함에 대하여 今日 會合한 14本山은
일치 협력하여 此를 경영함은 물론이거니와 今日 不參한 他 16本山까지 절대 협
력하기를 절실히 바라는 바이나 若此가 최악한 경우에 至할 때는 吾等 8本山이
右校 경영에 대한 최후까지 絶對責에 任할 것을 이에 約束함

昭和 9년 10월 31일

慶南 梁山郡 通度寺 住持 代 金鏡峰

同 東來郡 梵魚寺 住持 吳利山

同 陜川郡 海印寺 住持 李古鏡

慶北 永川郡 銀海寺 住持 朴度洙

全南 海南郡 大興寺 住持 甘船月

忠北 報恩郡 法主寺 住持 張石霜

全南 長城郡 白羊寺 住持 宋宗憲

江原道 高城郡 乾鳳寺 住持 金寶蓮

　백양사를 비롯한 8본산의 보성고보의 지속 경영에 대한 결의로 인하여
당시 교무원 간부들은 일단 보성고보 인계를 보류하였다. 동년 11월 13일
교무원 이사회에서는 8본산 계획서를 신뢰하면서 보성고보 인계 보류를
결정한 것이다. 한편 교무원 이사로서 보성고보 양도를 추진한 김정해는
그들의 입장에 대하여 주지회의 결의대로 20만원이 증자되면 불교계에서

---

97) 〈普成高普經營 增資繼續키로 決議〉《조선일보》 1934.11.5.
98) 위와 같음.

경영하는 것이 타당하다고 입장을 정리하면서도, 이미 가계약을 한 상태이기 때문에 법적으로 그 해제는 곤란하다고 하였다.[99] 또한 보성고보를 인수하려는 고계학원에서는 불교계에서 지속 경영을 하게 되는 것에 대해서는 경하할 일이라고 하면서 법률에 의하여 인계를 강요할 의사는 없다는 성명서를 발표하기도 하였다.[100]

11월 30일, 주지회가 요구하던 임시평의원회가 개최되었다. 당시 그 평의원 총회[101]에서는 보성고보 인계에 대한 문제를 토의하기 위한 모임이었으므로, 회의에서는 보성고보의 문제가 집중 논의되었다. 그 요지는 60만원 잔존 재산의 근거 여부, 각 사찰의 미수금 상황, 간부의 사무 진행상황 등을 종합하여 검토한 후 보성고보를 경영하기 위한 증자의 문제를 결정하는 것이 타당하다는 입장 정리였다. 이에 그 구체적인 내용을 토의하기 위한 7인의 위원회를 두기로 하고, 그 위원으로 한성훈, 박영희, 최영환, 김봉수, 한보순, 최응관, 정봉윤을 선정하였다.

이 위원들은 보성고보 경영의 가부에 대하여, 우선 이전 이사들이 추진한 '紙上決意'에 대한 타당성을 조사한 연후 그를 인정할 것인가 아니면 인정하지 않을 것인가에 대해 토의하였다. 그 결론은 가부 출석원 19인 대 결석원 31인으로 해석하여[102] 지상 평의원회 결의는 인정하지 않는 것으로 하였다. 그 이후 위원회는 60만원 재단 완성에 대한 건과 보충에 관한 건을 집중 조사하여 12만원의[103] 보충금을 일률적인 조정액에 의하여

---

99) 〈兩方이 皆善意 理事會側 金晶海氏談〉《조선일보》 1934.11.5.

100) 〈普成高普經營問題로 高啓學院聲明發表 佛敎側 增資繼續은 慶賀할 일〉《조선일보》 1934.11.6.

101) 이하 총회 회록의 내용은 〈財團法人朝鮮佛敎中央敎務院臨時評議員會會錄〉《한국근현대불교자료전집》 66 참조.

102) 그 내용은 가 14인, 부 5인을 출석으로, 그리고 要會議 10인과 기권 21인을 결석으로 처리한 것이다.

103) 당초 20만원을 보충하자고 주지회에서 결의하였으나, 임시평의원총회에서 재단 사정을 조사한 결과 18만원만 보충하면 된다고 이해하였다. 그리고 그 18만원 중 6만원은 당시 교무원 기지를 매각하면 가능하기 때문에 잔여 12만원만 보충하면 재단완성은 가능하다고 보았다.

증자하는 것으로 결정하였다. 이 안에 대하여 평의원회에서는 동의를 하였으며, 참가한 평의원들은 각 사찰의 사정을 말하면서 성실하게 재단 완성을 위해 노력하겠다는 답변을 하였다. 한편 그 회의에 참석한 평의원들은 보충금 출자를 정상적으로 申込케 하고, 그 회의에 참석하지 않은 8본산[104]은 위원 8인[105]을 선정하여 다음 정기총회 이전에 출자 수속을 완료하는 원칙을 정했다. 이러한 보충금 문제를 결의한 연후 보성고보는 1934년 3월의 정기총회에서 결의한 바와 같이 계속 경영하는 것으로 가결하였다.

평의원 임시총회에서 일단 보성고보의 지속 경영을 다시 한 번 확인하였으므로, 불교계에서는 그 회의에서 가결한 재단 보충금 12만원을 신입해야 하는 의무에 처하게 되었다. 요컨대 12만원만 보충되면 보성고보는 정상운영된다는 것이다. 그러나 그 이후의 제반 사정을 검토해 보면 그 보충은 정상적으로 이행되지 않았다. 1935년 3월에 개최된 교무원 13회 정기평의원회에 상정된 서무부 경과보고에는 그 사정이 정리되어 있다.[106] 재단 보충금 12만원을 각 본산별로 배당한 책임 금액에 대한 당시의 처리 결과의 내용은 아래와 같다.

> - 타 본산 사찰의 기부 행위가 완료된 후 신입을 하겠다는 사찰
>   통도사, 범어사, 해인사, 은해사, 백양사, 법주사, 대흥사, 건봉사
> - 기부 신입에 불응하는 사찰
>   봉은사, 전등사, 송광사, 김룡사, 패엽사, 영명사, 월정사, 동화사, 위봉사
> - 어떠한 회신이 없는 사찰
>   봉선사, 마곡사, 보석사, 보현사, 석왕사
> - 교섭위원이 교섭한 사찰로서 신입하지 않은 사찰
>   용주사, 화엄사, 선암사, 기림사, 유점사, 귀주사
> - 기부 신입을 완료한 사찰
>   고운사, 성불사

이처럼 31본산이 그 신입에 대하여 다양한 행태를 보이고 결과적으로

---

104) 불참 본산은 봉수사, 선암사, 기림사, 성불사, 영명사, 보현사, 귀주사, 위봉사이다
105) 그 8인은 송종헌, 김경봉, 임석진, 김영호, 이환해, 황금봉, 장석상, 이명교이다.
106) 위의 〈13회평의원총회회록〉 참조.

2본산 사찰만 기부를 완료하였다는 것은 그 이행이 정상적으로 진행되지 않았음을 말한다. 특히 보성고보 정상 경영에 대하여 책임을 지겠다는 백양사 등의 8본산이 기부를 완료하지 않은 것은 보성고보 경영을 위한 정상화 추진이 난관에 직면하였음을 보여 준다. 8본산이 기부를 안 한 것은 8본산은 기부할 용의가 있고 재정도 원만한 데도 여타 사찰이 성실하게 응하지 않아, 그 8본산이 기부를 하여도 12만원의 보충이 불가능하다는 판단에서 나온 것이다.

1935년 3월에 개최된 제13회 정기 교무원 평의원총회에서는 이 문제로 논란이 있었다. 위와 같은 12만원 신입의 내용은 교무원 서무부에서 그 총회에 보고하였으며, 보성고보 문제로 야기된 12만원 신입의 문제는 議案 제6호로[107] 당시 회의에 상정되어 가결되었다. 그 내용은 교무원 이사의 입장이었지만 당시 불교계에서 이를 추인했던 것이다. 그 의안은 '12만원 건'이라는 이름으로 제출되었는데, 이는 旣設 사업을 계속 경영하는 데 필요한 경비의 기본금인 보충액 18만원 중 교무원의 기지와 건물 매각의 보충액 6만원을 공제한 부족액 잔여 12만원을 증자 완성한다는 것이다.

이를 기하기 위한 방법이 제시되었다. 첫째, 이사들이 지방 유지 사찰과 긴밀한 연락을 취하여 증자 완성에 최선의 노력을 다한다. 둘째, 증자 완성의 확실성을 담보하기 위해 신입액에 해당한 금액을 현금으로 불입하거나 토지를 저당 및 무상으로 제공 또는 소작료 질권을 설정하게 한다. 셋째, 60만원 二種 未收도 현금으로 불입하거나 토지를 저당 및 무상으로 제공케 하거나 소작료 질권을 설정하게 한다. 이와 함께 다음과 같은 조건을 함께 제시하여 보성고보의 정상화를 기하도록 하였다.

1. 昭和 十年 九月 十日까지 右 方法 중 第二號 第三號가 完成될 確證이 無할 時에는 旣設 事業을 適宜히 整理할 事.
2. 本 條件 第一號의 境遇에 對하여 整理上 必要한 事項은 理事의게 一任함.

---

107) 그 내용은 위의 〈13회 정기평의원회회록〉 pp.40~41.

1935년 9월 10일까지 12만원이 보충되지 않을 경우에는 기설 사업, 즉 보성고보를 정리하겠다는 최후의 입장정리이다. 당시 심사위원회에서는 부대 결의로 통도사 외 14개 사찰의 신입을 신속히 이행할 수 있도록 조치하고, 아울러 간부들이 최선을 다하여 전체 30사찰의 신입이 정상적으로 완료되도록 힘써 달라는 요청을 하였다.

그러나 진행 내용을 보면 결과적으로 이행되지 않았다. 당시 교무원은 평의원회에서 가결한 지침을 이행하기 위해 4월 22일 8개 본산에 신입 권고문을 발송하고, 23일 각 본산으로 제2차 교섭, 5월 15일 5개 본산에 추가 교섭 등을 하였으나 그 결과는 여의치 않았던 것이다.[108] 따라서 교무원은 1935년 9월 11일 고계학원 사무소에서 양측의 정식 인계 계약에 조인을 하기에 이른다.[109] 이에 교무원은 9월 12일에는 전국 각 사찰에 보성고보 양도 聲明書를[110] 발부하였다. 그 사정을 보자.

昭和 十年 三月 四日 第十三回 評議員會 決議에 依하야 增資 成績이 不良함으로 昭化 十年 九月 十二日 全鮮 各寺에 普成高普校 讓渡 聲明書를 發付하고 소十三日 高啓學院에 正式으로 引繼 手續을 完了하다[111]

---

108) 〈財團法人朝鮮佛敎中央敎務院第十四回定期評議員會會錄〉「서무부　경과보고」 《한국근현대불교자료전집》 66, pp. 21~22 참조. 당시 그 결과를 요약하면 다음과 같다.
　　신입 불능 선언 : 범어사, 통도사
　　정식 거절 : 기림사, 동화사, 김룡사, 귀주사, 송광사, 화엄사, 석왕사, 패엽사,
　　　　　　　　유점사, 전등사, 용주사, 봉선사, 봉은사, 보현사, 마곡사
　　신입 완료 : 선암사, 은해사, 대흥사, 성불사
　　여타 사찰과 보조를 함께 하겠다는 사찰 : 해인사, 건봉사
　　각사가 신입하지 않는 이유로 거절 : 백양사
109) 〈高啓學院의 普成高普 引繼顚末記〉《조광》 2(1-2)호, 1935.12.
110) 그 성명서는 위의 〈보성고보인계전말기〉에 전하는데 교무원 대표이사 김정해의 이름으로, 시일은 1935년 9월 11일자로 되어 있다.
111) 위의 〈普成高普校 整理의 件〉 14회 평의원회회록. 이러한 내용은 〈彙報〉「普成高普의 讓渡」《佛敎時報》 3호(1935.10)에도 전하고 있다.

이처럼 교무원 이사회에서는 9월 13일에 보성고보를 고계학원에 정식으로 양도하였다. 보성고보의 계속 경영을 강력하게 주장하였던 백양사는 교무원 조치에 대해 이의를 갖고 9월 20일에 재단법인 교무원을 탈퇴한다는 성명서를 백양사 주지 이름으로 발표하였다.

교무원 14회 평의원회(1936.3)에서는 교무원 양도 조치를 보고하였으나, 특이한 사항 없이 가결되었다. 다만 寶石寺는 보석사 평의원으로 회의에 참가한 김상수에 의하여, 각 사찰이 모두 신입할 때에는 신입하겠지만 그렇지 않으면 斷然 신입을 철회하겠다는 의사를 표시하였다.[112] 또한 백양사의 재단 탈퇴에 대해서는 백양사 탈퇴는 합법적인 효력이 없으며, 교무원 간부가 대책이 없는 것을 유감으로 생각한다는 지적만 있었다.[113]

보성고보는 불교계에서 경영을 지속하기 위하여 수많은 우여곡절을 겪고, 유지에 필요한 재단 정상화 및 재단 보충금 신입을 위한 다각적인 노력을 기울였지만 결과적으로는 유지되지 못하였다. 그리하여 1935년 9월 13일자로 불교계에서 13년 간 경영하던 보성고보는 고계학원에 양도되었다.[114] 보성고보의 인계는 1차적으로는 교무원 재단의 재정의 미흡에서 기인한 것이지만 2차적으로는 당시 본산간의 갈등이 개재되어 있었다. 그 갈등은 1930년대 전반기 불교계에서 나타난, 이른바 宗憲 실행을 둘러싸고 전개된 문제였다.[115] 종헌실행의 미진과 그에서 파생된 종헌 추진세력과 반종헌 세력간의 상이한 현실인식이 보성고보 경영 및 인계라는 문제에서도 동질적으로 나타났다.

---

112) 위의 자료, p.4.

113) 위의 자료, p.5.

114) 《보성80년사》 p.468에서는 인계 일자를 1935년 9월 11일로 기재하고 있으며, 교무원에서 학교 건물 등의 재산을 무상으로 고계학원에 기부하였다고 서술하고 있다. 이 내용에는 그 기부가 이미 8월에 있었다고 서술하였으며, 贈與證書의 전문이 전하고 있다.

115) 종헌실행에 관련된 당시 불교계의 제반 문제는 졸고, 〈1930년대 佛敎界의 宗憲 실행 문제〉《韓國近代佛敎史硏究》(1996) 참조.

5. 결 어

지금까지 일제하 불교계의 보성고보의 인수 · 경영 · 인계 등에 이르렀던 제 사정을 구체적으로 살펴보았다. 이로써 불교계의 보성고보의 경영에 관련된 전후사정을 파악할 수 있었다.

이용익이 설립한 보성중학교의 후신이었던 보성고보는 불교계가 인수 경영하기 이전에는 天道敎에서 경영하던 학교였다. 그러나 3 · 1 운동 직후 천도교단이 3 · 1 운동 참여 여파로 인해 교단 지도부가 일제에 피체되고, 교단 내의 신 · 구파로 대별된 내부갈등 등으로 인해 보성고보 경영에 차질을 빚었다. 이에 천도교단은 보성고보를 적당한 인수자에게 인계하려는 계획을 수립하였는데, 이러한 배경에서 불교의 總務院과 학교 인수 · 인계에 대한 문제가 구체화되었다.

1922년 1월, 불교도 총회를 통하여 등장한 총무원은 당시 불교계 통제기관 이전의 임시기관의 성격을 갖고 있었지만, 통도사 · 범어사 등의 본산이 가입하는 등 불교계 신흥기관으로서 불교사업을 왕성케 하려는 적극적인 의지가 있었다. 이러한 의지로 1924년 1월부터 보성고보는 총무원에서 인수 경영하였다. 그러나 분립되어 있었던 총무원과 교무원의 통합에 의해 1924년 4월부터는 敎務院에서 경영하는 것으로 변동되었다. 양 기관의 통합으로 보성고보는 이전 교무원에서 경영하고 있던 東光學校의 합병을 거쳐 불교계 단일기관으로 등장한 교무원 경영으로 전환되었다.

보성고보를 인수한 교무원은 점차 학교 지원비를 상승시키고, 교사를 신축 이전시키는 등 학교발전에 전력을 기울였다. 1928년경부터는 학교 운영에 대한 적극적인 개입을 시작하였다. 이는 학교재단의 주체가 불교임을 분명히 밝히고, 동시에 학교교육에 불교정신을 고려하겠다는 의도라 이해된다. 그러나 학교 내의 다수의 교원들은 이러한 조치에 대하여 협조하지 않아 교무원과 학교 당국의 불편한 대응관계가 제기되었다. 이러한 대응은 교장의 변경, 이교도 교사에 대한 조치 등의 방법으로 교무원의 단호한 의지를 보여 주며 해소되었다.

그런데 보성고보의 경영에 대한 근본적인 문제가 財政支援의 모순에서
부터 가시화되었다. 그 문제의 촉발은 당시 佛敎專修學校가 中央佛專으
로 승격되면서 승격에 필요한 재단의 증자로 인해 보성고보에 대한 지원
비용이 점차 축소되었기 때문이다. 기존 60만원의 재단을 중앙불전 승격
에 필요한 자금을 확보하기 위해 40만원을 추가 增資하여 100만원 재단
으로 완성시키는 문제였다. 그러나 1930년대 전반기 사회 전반의 경제적
모순과 연결된 불교계의 재정 파탄이 등장하였다. 전국 각 본산 사찰들은
추가증자에 대한 약정을 정상적으로 이행하지 못하였던 것이다. 이 문제
에 대하여 교무원 이사들은 보성고보와 중앙불전의 경영 모순을 타개하기
위해 갖은 모색을 하였다. 그 결론은 지원 금액이 적은 보성고보를 경영
하고, 금액이 많은 중앙불전은 폐교하자는 것이다. 그러나 이 조처는 즉시
중앙불전 재학생 및 졸업생 그리고 불교계 내에서 강력한 비판과 반발을
받았다.

그리하여 1934년 3월의 교무원 제12회 정기 평의원총회에서 보성고보
경영권 維持 및 引繼의 문제가 정식으로 제기되었다. 당시 교무원 이사들
이 그 총회에 제출한 의안에는 교단 재정형편으로 학교경영이 불가능하다
는 판단에 의거, 보성고보를 타기관에 인계하는 것이 포함되었으나 총회
에서는 재단이 계속 경영하는 것으로 결론을 맺고, 그 조건으로 보성고보
경영비용의 긴축을 내세웠다. 그 감축에는 교원들의 급여 축소도 포함되
어 있었다. 그렇지만 그 이행은 정상적으로 추진되지 않았는데, 거기에는
교원들의 비협조가 있었다. 한편 교무원 이사진과 학교당국은 상호 동일
한 이해관계하에 학교를 高啓學院으로 인계하는 문제를 정식으로 진행하
기에 이른다.

그러나 이 계획이 불교계에 파급되자 백양사를 중심으로 한 8本山은
본산 주지회를 열어 그 반대 운동을 강력하게 추진하였다. 그 주지회에서
는 불교계에서의 보성고보 지속 경영에 대한 성명서 및 책임서를 작성하
여 일반 사회에 공표하는 등 보성고보 경영 의지를 대내외에 명백하게 제
시하였다. 그 연후 개최된 임시평의원 총회에서는 재단 정상화에 필요한

12만원 충당을 위한 방침을 세우고, 그 실행을 위한 조치를 강구하였다.

그러나 결과는 만족스러운 것이 아니었다. 31본산 중 그 지정액을 납부한 사찰은 단 2개에 지나지 않았고 비협조 분위기가 지배적이었다. 이에 1935년 3월의 교무원 정기 평의원총회에서는 동년 9월 10일까지 완성하지 못하면 보성고보를 고계학원에 인계하기로 최종 결정을 내렸으며, 갖은 노력에도 불구하고 결과적으로 소기의 성과를 기하지 못해 1935년 9월 13일에 고계학원에 인계하였다. 보성고보를 불교계가 경영하지 못한 것은 우선 100만원 재단 미완성에서 기인하고 있지만, 보성고보의 유지에 비협조적인 다수 본산의 현실인식의 원인과 더불어 보성고보 경영에 대한 상이한 인식을 보였던 본산간의 마찰 및 불교계 내의 분권적인 요소도 부정적인 요인으로 작용하였다.

이러한 갈등과 대응은 1930년 전반기 불교계의 교정 모순으로 지적할 수 있는 것으로 당시 종헌실행을 둘러싸고 전개된 본산간의 갈등도 바로 그러한 문제를 반영하는 것이다. 그러므로 보성고보 경영문제는 불교계의 교육문제에 대한 인식의 준거를 살필 수 있는 대상이면서 동시에 1930년대 전반기 불교계 교정의 단면으로 볼 수 있다.

1930년대 講院制度 개선문제

1. 서 언

필자는 일제하 불교계 동향을 이해함에 있어 불교청년운동이 중요한 관건을 차지하고 있다고 판단하여, 그 개요 및 성격에 관련된 제 문제를 집중적으로 검토하고 그 결과를 발표하였다.[1] 그리고 舊學 계열의 불교청년들의 동향과 관련해서는 1928년 3월에 개최된 朝鮮佛敎學人大會의 개요와 대회에 참가한 학인들의 움직임의 분석을 통하여 그 동향의 일단을 살펴보았다.[2]

당시 학인대회를 개최하였던 전국 講院의 학인들은 강원제도의 근간과 교육과목을 새로이 정하는 강원 改善案을 수립하고 학인의 조직체도 결성하였다. 이 대회 직후 학인들은 학인의 상설기관으로 學人聯盟을 결성하였으며, 강원 敎育制度 改善을 위한 기본 방향과 대안을 마련하고 이를 이행하고자 당시 교단에 강원 개선안을 제출하는 등 지속적인 노력을 하

---

1) 일제하 불교청년운동에 관련된 필자의 논고는 다음과 같다.
   金光植, 〈朝鮮佛敎靑年會의 史的 考察〉《韓國佛敎學》 19, 1994.
   ______, 〈朝鮮佛敎靑年總同盟과 卍黨〉《韓國學報》 80, 1995.
   ______, 〈李英宰의 生涯와「朝鮮佛敎革新論」〉《한국독립운동사연구》 9, 1995.
   ______, 〈二九五八會考〉《趙東杰敎授停年紀念論叢, 韓國民族運動史硏究》 1997.
   ______, 〈朝鮮佛敎女子靑年會의 창립과 변천〉《한국근현대사연구》 7, 1997.
2) 金光植, 〈朝鮮佛敎學人大會 硏究〉《한국독립운동사연구》 10, 1996.

였다. 한편, 朝鮮佛敎靑年總同盟에서도 강원의 개선문제를 불교계의 현안으로 인식하고, 강원 개선안을 종회에 건의하는 등 그 실행을 위한 노력을 하였다. 당시 교단은 학인과 총동맹이 건의하였던 강원제도 개선문제를 긍정적으로 검토하는 가운데 1932년 3월 講院制度 改正 審議委員會를 설치하였다. 1933년 3월에는 그러한 노력의 결실로서 강원제도 개선의 기본 방향을 수립하였고, 나아가서는 講院 規則을 제정하였다.

한국불교계의 전통적인 교육기관은 講院[3]과 禪院이다. 그러나 1910년대에 접어들면서 신교육 우선 정책으로 인해 기존 강원은 地方學林으로 전환되었다. 불교계의 신교육 정책으로 강원이 폐교되면서 이른바 구학 중심의 교육은 소외되었으나, 1920년대 중반에 이르러 강원이 다시 복구되는 등 불교교육제도 내에서 강원 중시의 경향이 나타나기[4] 시작하였다. 이러한 배경에서 1928년 전국 강원 학인들의 조선불교학인대회가 개최되었다.

이에 본 고찰에서는 1930년대 강원제도 개선문제의 개요를 살펴보면서 그 문제의 요지와 성격을 이해하고자 한다. 이러한 고찰을 통하여 강원제도의 현황과 문제점을 파악할 수 있으며, 아울러 강원제도 개선에 대한 기본 인식을 이해할 수 있다. 동시에 그 강원제도 개선에 대한 인식의 문제에 있어서는 당시 불교교육제도 전체에 대한 개요와 강원제도 개선안을 수립한 인물들의 현실인식도 가늠해 볼 수 있다.

그런데 필자가 학인대회의 개요를 서술할 때에는 학인들이 교단에 건의한 구체적인 내용과 이에 대응하였던 정황을 전하는 자료가 매우 희소하여, 미진한 측면이 적지 않았으나 이후 관련자료를 더 확보하여 본 고찰을 서술하기에 이르렀다. 이에 학인들의 건의 내용과 당시 교단에서 강원제도 개선을 위해 이행한 제반 전후사정들을 정리하고자 한다. 또한

---

3) 이러한 사정과 관련하여 참고할 내용은 조계종 교육원이 펴낸 〈승가교육 현황〉《僧伽敎育》1(1995)이다. 한편 조계종 교육원에서 펴낸 《講院總覽》(1997)도 한국불교계의 강원의 역사와 내용 그리고 위상 등을 파악할 수 있는 귀한 자료집이다.

4) 朴勝周, 〈專門講院復舊에 就하야〉《佛敎》32호, 1927.2.

1930년대 불교계에서 논의된 강원 문제의 개요와 그에 나타난 강원제도
에 대한 인식을 구체적으로 살펴보고자 한다.

2. 講院制度 改善의 건의와 수용

　1928년 3월 14~17일, 覺皇寺(서울, 수송동 소재)에서 朝鮮佛敎學人大會
를 개최하였던 학인들은 당시 불교계의 상황을 개탄하면서 이를 타개하기
위한 대안으로 시대에 적응한 敎化方法과 불교교육제도의 일치 확립을
주장하였다.[5] 당시 학인들은 구학계열, 즉 강원 출신이었기에 先敎後禪의
입장에서 강원교육제도의 개선을 강력하게 내세웠던 것이다. 그 교육제도
의 근간은 초등과 3년, 중등과 3년, 고등과 4년의 틀을 유지하면서 그 교
육 내용에 있어서는 戒·定·慧의 三學의 연구와 교화 방식을 시대에 적
응할 수 있는 과목들을 새롭게 제시하였다. 그리고 교육기관의 위치에 대
해서는 고등강원 1개소는 경성에, 중등강원 6개소 이상을 지방에, 초등강
원은 중등강원 부설 또는 그 이외 사원에 설치키로 하였다.[6]
　강원교육제도 개선안을 마련한 학인들은 그 이행을 위해 당시 교단에
그 개선안을 지속적으로 건의하였다. 이에 대한 당시 교단의 대응은 강원
제도 개정 심의위원회로 귀결되었다. 이제부터는 그 건의 및 수용과정 그
리고 그에 나타난 의미 등을 살펴보겠다.

---

　5) 학인들은 강원 출신이었기에 불교계 모순을 주로 구학, 즉 강원 교육제도의 미
　　비에서 찾았는데, 당시 《佛敎》지 43호(1928.1)에 金剛沙彌 崔其正이 기고한 글
　　〈金剛山楡岾寺의 經院設立을 듯고〉는 그 정황을 이해하는 데 도움을 주고 있
　　다. 그 내용은 당시 講院은 쓸쓸하고 적막하며, 學人들도 아무 용기 없이 그저
　　두 어깨가 축 처지고 낙오의 한숨만 쉬며 取食客的, 浪漫的, 虛名的으로 지내고
　　있다고 진단하였다. 그 원인의 첫째는 사승 및 승려 그리고 세속인들이 강당
　　학인들을 일종의 시대에 뒤떨어진 인물로 간주하며 의식과 생활난을 구하기 위
　　한 기생충으로 보는 것, 둘째는 교리와 진리를 연구하는 학인들이 자기가 처한
　　입장과 환경을 이해하지 못하고 현실에 긴박되어 소극적으로 落望, 憂愁, 懊惱
　　의 그물 속에 헤매이며 '自爆自棄'하는 것이라고 지적하였다.
　6) 위의 졸고, 〈朝鮮佛敎學人大會 硏究〉 pp.350~351.

覺皇寺에서 개최되었던 學人大會는 1928년 3월에 종료되었다. 그런데 동년 3월 20~21일, 당시 서울의 覺皇寺에서는 재단법인 조선불교중앙교무원의 제6회 평의원총회가 개최되었다. 3월 21일, 평의원총회의 교육문제 토론에서 학인들이 건의한 강원제도 개선의 문제가 논의되었다. 당시 학인들이 건의한 글에 그 개요가 나온다.

> 近日 學人大會(各寺 講堂에 在學中인 學人)가 京城에 開催된바 該會로부터 京城中央에 佛教高等講院을 설립하여 달나난 要求와 其他 大學에 在學中인 學生의 補助와 要求가 有하얏스나 豫算上 關係로 許諾치 못할가 하오[7]

학인들이 건의한 요체는 경성에 불교고등강원을 설립하여 달라는 요구였다. 하지만 당시 이사들의 의견을 대변한 李混惺 의장의 입장은 예산상 반대였다는 것이다.

학인들이 교무원에 건의한 불교고등강원은 이전 학인대회에서 강원교육제도를 검토하면서 대안으로 제시한 고등강원을 말하는 것이 분명하다. 그들의 고등강원에 대한 건의 내용과 교무원의 의사 결정의 내용은 다음의 글에서 구체적으로 파악할 수 있다.

> 李壯祐氏 佛教高等講院의 豫算은 엇지 되얏소.
> 議長 理事會에서난 佛教高等講院은 趣旨를 贊成하나 三千六百圓의 要求를 全部 承諾치 못하고 二千四百圓으로 削減하얏소.
> 金晶海氏 勿論 高等講院의 設置가 必要하나 佛專校의 實現도 困難한 此際에 更히 高等 講院 豫算을 樹立함은 不可하오.
> 李壯祐氏 此에 贊成이오, 結局 今年에 實現은 否決되다.[8]

학인들이 건의한 내용은 高等講院의 설치를 위한 3,600원의 예산 요청이었는데, 이에 대하여 이사회에서는 2,400원만을 지원하겠다는 의사를 제시하였다. 그러나 고등강원의 설치는 인정하지만 예산을 수립하는 것은

---

7) 〈財團法人朝鮮佛教中央教務院第六回評議員總會會錄〉《韓國近現代佛教資料全集》 66, p.7.
8) 위와 같음.

불가하다는 이장우(고운사)와 김정해(전등사)의[9] 의견으로 말미암아 지원 자체가 거부되었다는 것이다.[10] 이러한 결정은 다음과 같은 교무원의 최종 결정문에서도 여실히 나와 있다.

> 學人大會로부터 佛教高等講院 設置의 件을 要求함에 對하야 其 趣旨는 大段히 贊成하나 經費上 本院의 既設 事業도 縮小하며 又는 內地 留學生 及 其他 學生의 學費 補助金까지 廢止됨으로 高等講院 設置는 不可能하니 後日 機會로 留案하기로 하다.[11]

이처럼 학인들의 건의는 1928년 3월의 당시 교무원 총회에서는 수용되지 못하였으나, 그 이후에도 학인들은 제도개선을 위한 활동을 지속하였다. 한편, 1929년 1월 3~5일 각황사에서는 朝鮮佛教禪教兩宗 僧侶大會가 개최되었다.[12] 그 대회에서는 불교계의 宗憲제정, 宗會 및 中央教務院이 출범하는 등 불교계 통일운동에 큰 성과를 이루었다. 그 대회 3일째인 1월 5일의 회의에서 교육문제에 관한 문제는 3월중에 개최될 제1회의 종회에서 토의하기로 하였다.[13] 이에 3월 중순경에 개최된 제1회의 종회에서 교육문제가 안건에 채택되었으나,[14] 현재 그 관련 내용을 전하는 기록이 없어 그 세부적인 내용은 알 수 없다.

학인들은 그 종회가 개최되기 이전인 1929년 3월 15일에 제2차 학인대회를 개최하고[15] 강원제도 개선을 위한 운동을 전개하기로 정하는 등 그 노력을 지속하였다. 당시 학인들은 강원교육제도가 불완전하다고 이해함

---

9) 당시 교무원 총회에서 김정해는 이사로, 이장우는 감사로 피선되었다. 위의 자료 pp.15~16 참조.

10) 이 결정에 대하여 白反은 〈新春과 講院期待〉《佛教》 55호(1929.1)에서 "昨春의 學人大會에서 改良할 條件을 中央機關에 獻策까지 함에도 不拘하고 몰은체 하심은 그네들의 의사가 어데 잇을가"로 표현하였다.

11) 〈其他事項〉 6회 평의원총회록 p.16.

12) 졸고, 〈朝鮮佛教禪教兩宗 僧侶大會의 개최와 성격〉《한국근현대사연구》 3, 1995.

13) 〈朝鮮佛教禪教兩宗僧侶大會會錄〉《한국근현대불교자료전집》 67, p.16.

14) 〈制憲宣誓後 最初의 宗會〉《동아일보》 1929.3.21.

15) 〈불교학인대회〉《동아일보》 1929.3.19.

과 동시에 청년승려교육의 시대화를 구체적으로 토의하고, 중앙교무원과 종회에도 건의안[16]을 제출하였다.[17]

그런데 재단법인 중앙교무원의 제7회 평의원회의가 제1회 종회가 종료된 직후인 1929년 3월 26~28일 각황사에서 개최되었다. 당시 그 회의록에 의하면, 학인대회에서 請願書가 제출되었음을 전하고 있다. 그 내용은 다음과 같다.

> 委員會로부터 佛敎學人大會에서 提出한 請願書의 要求한 中央의 內典 硏究科 設置件을 承認하다는 報告에 無異嘉納되다.[18]

학인들이 요구한 내용은 중앙의 內典 硏究科의 설치였는데, 그 요구를 교무원 평의원총회에서 기꺼이 수용하였다는 것이다.[19] 여기에서 유의하고자 하는 것은 그 내전 연구과의 설치라는 구체적인 내용이다. 이 내용 파악과 관련하여 그 즈음 開運寺에 高等硏究院이 설립되었다는 것을 알 수 있다. 당시 학인대회를 주도하였던 李耘虛의 회고에 의하면 1929년 봄 교무원으로부터 연 2,400원의 보조를 얻어 개운사 칠성각에 고등연구원을 설립하고 강원을 마친 10인을 양성키로 하였다는 것이다.[20] 이 고등연구원의 개요를 전하고 있는 다른 기록에는 1929년 4월에 설립되었으며, 불교 전문을 교육하는 학교로 교장은 朴漢永으로 전하고 있다.[21] 이러한 사정

---

16) 위와 같음.

17) 현재 1929년의 종회 기록이 남아 있지 않다. 그러나 학인들이 건의안을 제출하였다는 그 중앙교무원이 재단법인으로서의 교무원인지 아니면 불교계 통일운동의 산물로 등장한 행정기관으로서의 중앙 교무원인지를 구분하기가 어렵지만 전자일 가능성이 높다.

18) 〈財團法人朝鮮佛敎中央敎務院第七回評議員總會會錄〉《韓國近現代佛敎資料全集》 66, p.16.

19) 그런데 교무원평의원 총회 이전에 개최된 宗會에서 내전 연구과로 이해되는 불교연구원의 설립에 대한 문제가 '決議'되었다고 한다. 〈佛敎硏究院生募集廣告〉《佛敎》 59호(1929.5)의 내용 참조.

20) 〈나의 과거〉《耘虛禪師語文集》 p.479. 1989, 東國譯經院.

21) 〈佛敎敎育沿革의 大槪〉《佛敎》 73호, 1930.7.

을 고려할 경우, 그 고등연구원은 위에서 언급된 중앙의 내전 연구과일 가능성이 크다. 내전의 연구는 곧 강원의 교육을 지칭한다고 볼 수 있으며, 강원을 마친 자가 수학하는 점에서는 고등연구원으로 이해할 수 있기 때문이다. 이 고등연구원이 그 이후의 기록에서는 中央研究院으로도 호칭되었음에서[22] 더욱 확신할 수 있다.[23]

그러므로 1929년 4월 이후에는 학인들의 건의와 교무원의 지원으로 개운사의 강원 내에 학인들이 주장하였던 고등강원이라는 연구원이 발족하였다고 볼 수 있다. 그러나 학인들이 주장하였던 강원제도에 관련된 제도적인 문제는 해결되지 않았다. 이에 학인들은 1930년 3월 23~24일에 개최되었던 제2회의 종회에 그 건의서를 제출하는 등 당시 교단에 강원교육제도 개선을 위한 노력을 지속하였다.

즉 당시 전국 강원학인들의 조직체였던 학인연맹에서는 그 종회에 ‘獻議書’를 제출하였다. 이에 대해 그 종회의 둘째날인 3월 24일의 교육과 관련된 토론에서 그 헌의서에 대하여 법규위원에게 일임하여 강원규정을 제정한 후 명년부터 실시하도록 정하였는데 그 사정은 다음의 글에서 확인할 수 있다.

> 郭侑宗氏 學人聯盟에서 提出한 獻議書은 法規委員의게 一任하야 講院 規定

---

22) 〈大圓庵〉《朝鮮佛敎》110호(1935.5)와 〈朝鮮佛敎禪敎兩宗第四回宗會會錄〉「禪寺及講寺에 關한 件」《韓國近現代佛敎資料全集》67 참조. 이 〈대원암〉의 기록에서는 중앙연구원이 개운사의 대원암에 있었던 강원 내에 설치하였다고 분명히 전하고 있다.

23) 다만 의문점으로 남는 것은 1929년 4월 창립시부터 고등연구원 혹은 중앙연구원으로 호칭되었는가 하는 문제이다. 그런데 위의 《佛敎》59호 관련 내용에는 그를 ‘佛敎研究院’으로 칭하였다. 이 내용에는 불교연구원을 ‘內典을 研究하는 機關’으로 소개하면서 음력 4월 중순경부터 개학할 예정으로 학인을 모집하는 것으로 되어 있다.
그 연구원은 正科와 補助科를 두고 수업기간은 3년 이상, 입학자격은 四敎 · 大敎를 수료한 자로 품행이 단정한 자, 학비는 每朔 약 15원으로 광고하였다. 이러한 내용에 대한 입학 원서는 그 해 5월 18일(음력 4월 10일)까지 도착하도록 하였는데, 위치는 개운사 대원암으로 전하고 있다.

　을 制定한 후 明年부터 實施하기를 意見.
　　柳晩灝氏 此에 對하야 動議하오.
　　曺東庵氏 再請으로 遂 可決되다.[24]

　그런데 그 종회에서는 조선불교선교양종의 敎育法이 제정되어 통과되었다. 이 교육법은 1930년 3월 17~19일, 중앙교무원에서 개최되었던 제2회 법규위원회에서 그 법안을 제정한 산물이다.[25] 그 내용 중 본 고찰의 내용과 유관한 강원의 문제를 정리하고자 한다. 이는 이 교육법안의 개요가[26] 당시 교단의 강원문제에 대한 처리의 방침을 시사해 주기 때문이다.

　조선불교선교양종의 교육목적은 "戒定慧 삼학을 전수하고 일반적 학술을 겸수하게 하여 人器를 양성하며 佛法을 住持함"에 있다고 정하면서, 교육기관은 講院, 禪院, 專門學敎, 硏究院으로 설정하였다.

　강원은 본 양종 승려의 宗乘과 餘乘을 敎授하여 慧學을 증진하는 것으로 정하면서 강원의 규정은 별도로 정한다고 하였다. 전문학교는 당시 중앙불전을 전제로 상정한 것으로 이해된다. 또한 연구원은 강원 및 전문학교의 졸업자가 불교학의 精髓를 연구하는 最高學府로 설정하였다. 그리고 이 연구원의 규칙도 별도로 정한다고 하였다. 특히 연구원은 강원 및 전문학교 출신자가 불교학을 연구한다는 측면에서 최고학부이며, 한편으로는 1929년에 개운사에 설립된 고등연구원과 그 개요가 흡사하므로 일단은 동일한 것으로 볼 수 있다. 나아가서 교육법안 내의 연구원은 개운사의 고등연구원을 고려하여 검토, 확정한 것이 아닌가 한다. 종회에서의 결정은 그 이전보다 강원의 교육제도에 대한 진전된 대응으로 이해된다.

　1931년 3월의 제3회 종회에서는 강원교육제도에 대한 구체적인 토론이 전개되었다. 한편, 이 종회가 개최되기 이전 朝鮮佛敎靑年總同盟은 이전의 朝鮮佛敎靑年會를 해체함과 동시에 불교청년운동의 강화를 위하여 동

---

24) 〈朝鮮佛敎禪敎兩宗制二回宗會會錄〉《韓國近現代佛敎資料全集》67, p.6.
25) 이 법안의 분과위원은 권상로, 김법린, 강경호, 강서월, 임형순, 송종헌, 김보련, 김법룡, 유리청이다.
26) 위의 〈제2회 종회회록〉에 부록으로 게재된 「第二回法規委員會會錄」 pp.8~9.

년 3월 23~24일 창립대회를 거쳐 정식으로 발족되었는데[27] 이 대회에서 불교계의 제반 문제 12건에 대한 결의 사항을 정하였다.[28] 그 결의사항에는 '講院敎育 統一 促進의 件'이 포함되어 있었다. 이는 총동맹의 맹원에 학인대회에서 활동하고 있었던 학인들이 포함되어 있었거나, 아니면 학인들이 제기하였던 강원교육제도 개선의 문제를 총동맹에서 적극 수용한 결과로 이해된다. 이러한 배경에서 총동맹에서는 제3회 종회에 강원교육개선 촉진의 문제를 상정하였다.

1931년 3월 27일, 종회의 세번째 날의 교육문제에 관한 토론의 내용을 보면[29] 그 정황을 자세히 전하고 있다. 강원에 관련되어 제출된 안건은 '幹部案'과 '靑年總同盟案'이 있었는데, 간부안은 강원 교과서 편집안이었고 청년총동맹안은 강원교육제도 개선 촉진의 안이었다. 그런데 그 간부안을 제출하였던 간부는 어떤 인물들을 지칭하는지는 확인하기 어렵다.[30]

토론의 결과 간부안은 경비의 문제와 구체적인 복안이 없기 때문에 보류하기로 결정하였으며, 청년총동맹안은 가결되었다고 한다. 그러나 현재로서는 총동맹에서 제출하였던 개선 촉진의 내용은 전혀 알 수가 없다. 또한 그 촉진의 내용 중 당시 불교계에서 수용, 이행된 것도 파악하기가 어렵다. 당시 제반 사정을 고려하면, 종회에서 수용했다는 총동맹안은 이행되지 않은 것 같다. 왜냐하면 그 다음 해인 1932년의 종회에서 그 유사한 안건이 총동맹으로부터 다시 건의되고 토의되었기 때문이다.

1932년 3월 26일, 제4회의 종회가 중앙교무원에서 개최되었다. 그리고 동년 3월 20일에는 제10회 재단법인 중앙교무원 평의원회가 역시 교무원 회의실에서 개최되었다. 이 종회와 교무원 평의원회가 개최되기 이전인 동년 3월 15일, 학인들은 제3차 學人大會를 開運寺에서 개최하고 강원교

---

27) 拙稿, 〈朝鮮佛敎靑年總同盟과 卍黨〉《韓國學報》80, pp.223~224. 1995.
28) 〈佛敎靑年同盟創立大會 終了〉《동아일보》1931.3.29.
29) 〈朝鮮佛敎禪敎兩宗第三回宗會會錄〉《韓國近現代佛敎資料全集》67, p.7.
30) 간부는 이전의 제2회 종회에서 강원규칙을 정하여 차년도(1931) 종회에 상정하기로 한 것을 유의하면 교무원의 이사가 아닌가 한다.

육제도 개선안 실행 촉진과 연구원 확장의 문제를 토의하였다.[31] 또한 총동맹에서도 동년 3월 16~17일, 총동맹 제2회 정기총회를 개최하고 강원제도 개선의 문제를 결의사항으로 채택하였다.[32]

이러한 배경에서 학인들은 교무원 평의원회에 그들의 주장을 담은 請願書를 제출하였으나, 그 청원은 수용되지 않았다.

> 請願書(學人聯盟提出) 不受理
> 理由金額에 關係되는바 豫算上 不得已한 事情에 依하며 內容은 宗會와 關係됨에 依함.[33]

그 청원서의 내용은 일단 金額과[34] 관련이 있었음을 알 수 있으며, 한편으로는 종회와도 유관함이 파악된다. 그 금액은 어떤 용도의 금액인지 그리고 종회와의 관련은 어떠한 사정을 말하는지는 파악하기가 어렵다.

그런데 1933년 3월 13일에 개최된 교무원 제11회 평의원회에 보고된 내용 중, 즉 재단법인 조선불교중앙교무원의 교육 및 포교에 관한 보고에 의하면 그 금액과 관련된 사정을 이해함에 도움이 되는 기록이 있다.[35] 교무원의 補助機關 狀況 一覽인데 그 내용에는 개운사 佛敎硏究院의 개요가 전하고 있다.[36] 이는 개운사의 불교연구원이 교무원의 보조를 받고 있음을 말해 주는 것이다. 또한 당시 교무원에 보고된 감사부 보고가 역시

---

31) 〈敎界消息〉「第三次 朝鮮佛敎學人大會」《佛敎》95호(1932.5).
32) 〈統一問題로 重要한 決議〉《동아일보》1932.3.20.
33) 〈財團法人朝鮮佛敎中央敎務院第十回評議員總會會錄〉《韓國近現代佛敎資料全集》 66, p.16.
34) 이 사정과 관련하여 《佛敎》72호(1930.6)에 哲海가 기고한 글, 〈中央佛敎硏究院을 보고〉의 내용을 참조할 수 있다. 哲海는 연구원을 "알들한 우리 硏究院! 佛紀 二九五六年 붙어 中央에다 硏究院을 設置하기로 된줄은 누구나 知悉하는 바이다. 그러나 經費 困難 또는 志願者 少數로 因해서 過去 一年間은 有耶無耶 中에 經過하엿다고 한다"고 평하였다.
35) 〈財團法人朝鮮佛敎中央敎務院第十一回評議員總會會錄〉《韓國近現代佛敎資料全集》 66, p.23.
36) 그 개요에는 강사 1인, 학인 17인인데 그들은 大敎科 12인, 四敎에 4인, 사집에 1인으로 전하고 있다.

전하고 있다.[37] 여기에는 중앙불전의 부당 처리된 금액에 대하여 철저히 정리하고, 재단에 피해가 없도록 정리하라는 지시 내용이 있는데, 그 중 中央佛專의 연구비 900원이 개운사 강원에 지불되었다고 전한다. 요컨대 이는 중앙불전이 개운사 강원을 지원하였음을 말한다.

모든 사정을 종합하여 고려할 경우 그 강원은 개운사의 불교연구원을 지칭하는 것으로 보이며, 그 결과로서 교무원 보조기관 대상에 개운사 불교연구원이 등재된 것으로 보는 것이 타당하다. 이는 1932년 3월의 3차 학인대회에서 학인들이 토의한 연구원 확장 문제와 연관되는 것이고, 동년 3월의 교무원 평의원회에서 학인들이 건의한 내용 중 금액과 관련이 있기에 수용하지 않았던 것과도 연결된다. 그러므로 학인들이 주장한 불교연구원의 확장을 위한 지원 경비가 중앙불전 연구비에서 전용 지출되었다고 지적되었으나, 결과적으로는 교무원의 예산이 투입되었기에 교무원 보조기관의 대상으로 정리된 것으로 이해하고자 한다.

한편, 1932년 3월 26일에 개최된 제4회의 종회에서는 강원문제와 관련된 안건 2개가 제출되었다.[38] ‘간부안’과 ‘청년총동맹안’이 그것이다. 우선 간부안을 살펴보면 강원 설치 대상지로 慶尙과 兩湖,[39] 중부 이상에 1개씩 설치하는 3區로 정하고 현 강원제도를 확장하여 중앙연구원과 연락을 취하며, 그 경비는 각 사가 분배하기로 한다는 것이다.[40] 총동맹안은 강원제도 개선의 건으로 되어 있다. 그 내용은 강원제도 개정심의위원회의 조직과 그 회에서 심의할 기준의 제시이다. 기준은 年制를 3년 혹은 4년으로 할 것, 經論聖典 訓讀式을 廢止할 것, 竝進 配列法[41]을 채용할 것, 필요한 外典을 竝學케 할 것과 과목의 배정이다.[42]

---

37) 위의 자료, pp.37~39.
38) 〈朝鮮佛教禪教兩宗第四回宗會會錄〉《韓國近現代佛教資料全集》 67, p.8.
39) 兩湖는 호남과 호서로 이해된다.
40) 위의 〈4회 종회회록〉과 같음.
41) 현재 필자로서는 그 내용을 알 수 없다.
42) 그 과목 배정은 다음과 같다.
　제1년 : 初等 佛教概論, 佛陀傳, 本生談, 日用誦呪及外典

이 2개안 중 간부안은 계획 불충분과 시기상조임을 들어 보류하고, 총동맹안이 통과되었다.[43] 또한 강원제도 개정심의위원회를 두기로 결정하였다. 이로써 교단에서의 강원문제는 일단 그 위원회에서 강원의 교육제도 전체를 검토하는 것으로 기본 방향이 정해졌다.

3. 敎團의 講院 改善案 수립

1) 講院制度 改正審議委員會의 활동

1932년 9월 11일, 제4회 종회(1932.3)의 결의에 의한 강원제도 개정 심의위원회가 교무원 사무실에서 개최되었다. 그 사정은 다음의 글에서 확인한 것이다.

　第四回 宗會에서 決議된 諸 事件을 審議하기 爲하야 昭和 七年 九月 十一日 下午一 時에 本 敎務院에서 各 委員을 召集하고 該 委員會를 組織하니 其 出席 委員氏名은 如左하다.[44]

당시 위원으로 소집된 대상 인물은 13인이었지만 3명의 위원은 불참하였으며,[45] 그 위원회에서는 8인을[46] 추가해 달라는 위원의 요구가 있었다.

　　제2년 : 朝鮮佛敎, 敎旨一般, 朝鮮佛敎史略, 阿含佛敎要義, 各宗綱要, 儀式節次及
　　　　　外典
　　제3년 : 俱舍要義, 唯識要義, 印度佛敎史略, 悉曇及外典
　　제4년 : 中觀要義, 禪學要義, 三藏硏究法, 日本佛敎史, 初等梵語, 敎政要旨及外典
43) 위의 〈제4회 종회회록〉 p.9. 한편 당시 그 종회의 교학부 보고에는 禪寺 및 講寺의 개요가 전하는데, 講寺의 대상으로 中央硏究院이 포함되었으며 강주 1인과 학인 5인으로 전한다.
44) 〈敎界消息〉「第四回宗會決議에 依한 委員會會錄」《佛敎》101·102합호, 1932.12.
45) 위와 같음. 그 대상 인물은 다음과 같다. 박한영(결석), 김경홍, 김법린, 김경주, 김잉석, 이용소, 심태흡, 허영호, 강도환, 긴포관, 한용운(결석), 권상로(결석), 박동일 등이다.
46) 추가된 그 8인은 최응관, 강재호, 최봉수, 하윤실, 김상호, 조학유, 강정룡, 정준

그 대상 인물 중 강원제도 개정심의위원회의 常務委員으로 선정된 인물은 金敬弘, 李龍祚, 朴漢永, 崔應觀, 朴東一, 金敬注 등 6인이다.

강원제도 개정심의 상무위원회의 제1회 회의가 동년 9월 22일에 개최되었다.[47] 당시 출석한 위원은 김경홍, 박동일, 최응관 3인이다. 그 위원회에서 결정한 내용은 다음과 같다.[48]

- 講院制度 改正은 佛敎敎育 體系의 確立을 前提할 것.
- 右體系는 普通學敎 卒業者를 前提로 하고 其 卒業生中 高等普通學敎에 入學치 못한 者를 講院에 入學케 하야 佛敎 及 一般學術을 敎授케 하고 講院 卒業者中 佛專에 入學코져 하는 者의게 特科에 入學식혀 敎授케 할 것으로 할 것.
- 講院 區域은 全鮮을 通하야 三四個所로 定할 것.
- 學年 學科 敎授方法은 經營方法 等은 具體案을 作成하야 再檢討키로 할 것.

이 결정의 주요한 사항은 강원제도 개정은 불교교육 체계의 확립을 전제로 해야 하며, 보통학교 졸업자를 강원에 입학시키고 그 강원의 졸업자는 중앙불전에 입학시킬 수 있다는 것, 강원의 구역은 3~4개소, 학년 학과 교수 및 경영방법 등은 별도 검토하여 토의한다는 것이다.

이제부터는 김경홍, 박동일, 최응관의 성향을 살펴보자. 왜냐하면 그들의 기본입장이 강원제도 개선의 방향을 수립함에 있어 영향을 미쳤기 때문이다.

김경홍은 범어사 출신으로서, 일본대학에 유학을 마친 이후 보성고보 교원으로 근무하였다. 그는 보성고보 교원으로 근무하면서 불교청년운동의 일선에서 활약하였다. 승려대회의 주도, 불교청년총동맹 중앙집행위원 후보 등을 역임하였다. 박동일은 중앙학림 출신으로서, 중앙불전 강사를

모이다. 그리하여 이미 선정된 13인과 추가의 8인을 합쳐 21인을 당시 관련 위원회, 즉 통속불교서적간행위원회, 불기개선심의위원회, 강원제도개선위원회에 적절히 배치하였다.

47) 〈講院制度改善審議常務委員會〉《佛敎》101·102합호.
48) 위와 같음.

역임하였다. 그도 불교청년운동의 일선에서 큰 활약을 하였는데 총동맹 조직 및 대회준비위원, 총동맹 중앙상무집행위원, 총동맹 2대 중앙검사위원장 등이 그의 이력이다. 그리고 최응관은 석왕사 출신으로서 일본 구택대학에서 유학의 경험이 있는 인물로서, 귀국 후 불교청년운동에서 활약을 하였으며, 이후에는 중앙불전의 전임강사로도 근무하였다.

위의 3인의 분석에서[49] 그들 모두 新學問의 세례를 받은 대상이라는 것을 엿볼 수 있다. 그리고 日本遊學을 했다는 점에서 일본불교의 영향을 배제하기는 어렵다고 하겠다. 또한 공통적으로 당시 佛敎靑年運動의 중심인물이라는 점이 흥미롭다. 현재 전하는 자료가 미진하여 그들이 강원에서의 수학을 했는지는 확인할 수 없지만 대부분 이수하였을 것으로 보인다. 그럼에도 불구하고 그들은 기본적으로 新學問을 수학하고 그 영향을 받았던 대상이라고 정리할 수 있다. 곧 그들이 작성한 강원제도 개선안의 근간이 학인대회를 주도하였던 강원 학인들이 제안한 방향과는 이질적이라는 것에서 알 수 있다. 요컨대 舊學 중심의 강원 개선이 아니라 신학문의 영향이 대거 가미된 강원 개선안이라는 것이다. 그러므로 그 전제가 이미 불교교육의 전체 체계의 확립이라는 것을 확정한 것이다. 아울러 강원의 위상을 보통학교, 중앙불전과 함께 고려하는 가운데 검토하겠다는 것은 바로 이를 예증하는 것이다.

한편 이러한 내용을 결정한 상무위원회가 그 이후로 추가 회의를 하였는지는 확인할 수 없다. 이후 그 강원제도 개선의 기본안은 종회 산하의 전체위원회에서 토의, 결정하였다고 한다.[50] 그러나 그 전체위원회 역시 언제 어디에서 개최되었는지는 확인하기 어렵다.

이러한 배경을 거쳐 1933년 3월 22일의 제5회 종회에 제출된 선교 양종중앙교무원 교학부 보고에는 이전 개정심의위원회에서 토의, 결정된 내용이 일부 수정, 보완된 것으로 보이는 '講院制度 改善의 件'이 전하고 있

---

49) 3인의 인물 분석은 졸서, 〈韓國 近代佛敎 人物行蹟 基礎 調査錄〉《韓國近代佛敎史研究》(1996, 민족사) 부록으로 게재한 것을 참고하였음.

50) 〈朝鮮佛敎禪敎兩宗第五回宗會會錄〉《韓國近現代佛敎資料全集》67, p.19.

다.[51] 그 개선안에서 유의한 것은

> 講院制度를 改善함에는 先히 佛敎敎育의 體系를 確立식혀야 된다는 意見이
> 一致되고 其 體系는 普通學校 卒業者를 前提로 하야 講院 敎育을 實施하도록
> 하자는 意味에서 左記 事項을 決議하다.

라 하여, 불교교육체계의 확립과 강원교육은 보통학교 졸업자를 전제로 한다는 것이다. 그 주요 내용은 불교교육체계와 강원의 지위, 구역, 경영 및 경비, 경비 3,000원의 내용 등이다. 이제 그 순서대로 그 내용을 소개 하겠다.

불교교육체계와 강원의 지위는 다음의 도해로 그 대강을 제시하고자 한다.

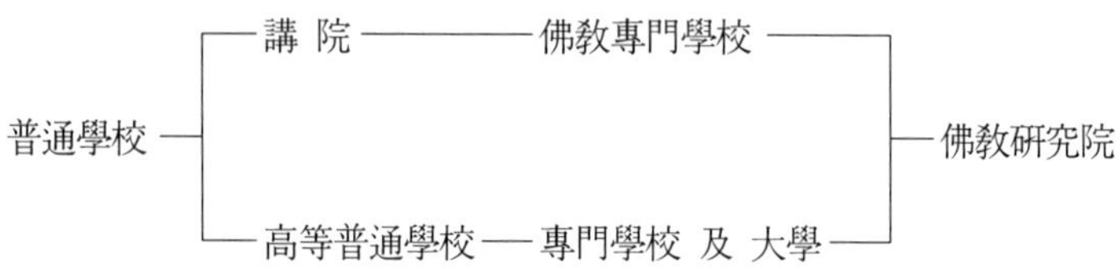

다음으로 강원의 구역은 상무위원회에서 3~4개소였던 것을 4개 구역 으로 정하였다. 그 중 제1구역은 경기도, 충청남북도, 평안남북도, 황해도 로 제2구역은 강원도, 함경남북도로 제3구역은 전라남북도로 제4구역은 경상남북도로 정하였다. 경영 및 경비에 대해 살펴보면 경비는 약 3,000원 으로 하되, 각 해당 구역에 편입된 각 本山이 분담하여 경영하기로 하였 다. 그리고 학생 기숙 방법에 있어 경영상 여러 편의는 소속 본산에서 담 당키로 하였다. 경비 3,000원은 교원 4인의 매월 40원의 급료에 1,920원을, 需用料에 400원을, 小使와 供養主 급료 등의 雜費에 180원을, 기타 도서 및 비품비에 500원이 활용되도록 책정하였다.

---

51) 위의 자료, p.20.

이제부터는 이러한 개선안이 이전 학인들이 학인대회를 개최하면서 검토, 수립한 강원교육제도와의 차별성을 살펴보겠다. 학인대회 때에는 先敎後禪의 입장과 강원 중심의 교육제도의 개요를 강조하였다. 이에 초등과, 중등과, 고등과의 구도를 정하면서 고등강원 1개소는 경성에, 중등강원은 6개소 이상을 지방에, 초등강원은 중등강원에 부설 혹은 그 이외 사원에 설치하는 것으로 하였다.[52]

개선안에서는 강원 위주의 교육제도를 지양하고 보통학교 졸업을 기본으로 하고 강원과 고등보통학교를 대등하게 설정하였으며,[53] 불교전문학교와 전문학교 및 대학을 역시 대등하게 하였다. 그러나 학인대회에서 제시한 고등강원은 개선안에서 불교연구원으로 나오고 있는데, 이는 동일한 위상으로 지속되었음을 알 수 있다.

이러한 차별성은 위에서 살펴본 개선안을 수립한 인물들이 신학문을 경험한 대상이라는 점에서 쉽게 이해할 수 있다. 요컨대 보통학교 이수를 기본으로 하면서도 불교교육체계를 확립시켜야 한다는 기본 전제에서 검토하였음을 더욱 확인할 수 있다. 그러므로 학인대회에서 검토한 사미과, 즉 초등강원은 검토하지 않고 그 대신 보통학교 교육을 삽입한 것이다. 또한 고등보통학교와 전문학교 및 대학 출신에게도 불교연구원의 입학 자격을 준 것은 교육 기회의 개방성을 보여준 것으로 보인다.

이 개선안의 세부 내용은 이전 상무심의위원회에서 검토, 결정한 것보다 매우 구체적으로 진전된 것이다. 특히 강원의 지위와 함께 불교교육제도를 체계화한 것은 매우 의미 깊은 내용이라 하겠다. 그리고 최고학부로 불교연구원을 설정한 것은 이전의 학인들이 창안하여 운영되었던 개운사

---

52) 졸고, 〈朝鮮佛敎學人大會 硏究〉 p.351.
53) 그러나 강원교육제도의 개선안을 수립함에 있어, 당연히 강원 중심의 교육제도를 위주로 하였음은 물론이지만 한국불교 전통에서 일정한 지위를 점했던 禪院을 전혀 고려하지 않은 것을 유의해야 할 것이다. 이에, 당시 불교계에서 강원과 선원 상호간의 위상 그리고 교육제도를 재편성 혹은 개선함에 있어 어떠한 입장을 갖고 있었는지가 궁금하다. 이 점은 후일의 연구 주제로 남겨 두고자 한다.

의 연구원을 인정한 것이라 이해된다. 또한 강원의 구역을 정하면서 그 경비를 구체적으로 산출한 것에서는 추후 현실적인 강원운영의 문제까지도 검토하였음을 보여 준다. 이러한 제반 검토는 당시 불교계가 강원의 제도적인 개선뿐만 아니라 불교교육제도 전반에 대한 구체적인 실행의 기본 틀을 마련한 것이라 볼 수 있다. 바로 이러한 측면에서 이 개선안은 근대불교교육사에서의 의의를 부여받을 수 있다.

2) 講院規則의 제정

앞서 살펴본 강원제도 개선안은 1933년 3월 22일에 개최되었던 제5회의 종회에 정식으로 보고되었다. 한편 그 종회가 개최되기 이전인 동년 3월 11~12일 선교양종의 제3회 법규위원회가[54] 중앙교무원 내에서 개최되었다. 이 법규위원회는 1929년 1월의 승려대회에서 제정한 宗憲에서 규정하고 있는 위원회이다.

법규위원회는 선교양종이 관련된 제반 법규를 제정하는 직무를 갖고 있는 위원회로서 법규 제정에 관련된 것을 사전 토의, 조정, 결정할 수 있는 위원회이다. 이 위원회는 각 본산 사찰의 법규위원 1인과 중앙법규위원 3인을 포함하여 33인의 위원으로 구성되었는데, 당시 그 회의에 참가한 위원은 18인이다. 李鍾郁 의장의 사회로 진행된 3월 12일의 회의에서 본 고찰의 주제와 유관한 강원규칙 제정의 건이 상정되었다.

이 회의에서는 강원규칙 위원을 선정하고 그들의 일정한 심사를 거쳐 강원규칙안이 통과되었다. 이는 강원제도 개정 상무위원회를 거치고, 전

---

54) 30인은 각 본산의 대표로, 3인은 중앙교무원 대표로 구성하도록 하였다. 당시 31본산이었지만 영명사와 법흥사는 합하여 1인으로 정하였기에 본산 대표가 30인이었다. 위원의 임기는 3년이었고, 위원의 선출은 각 본말사 평의원회에서 무기명 투표로 선출하였고, 교무원 대표는 중앙교무원 院議에서 선출한다고 정하였다.
이상의 개요는 〈朝鮮佛教僧侶大會發起會錄〉「法規委員會規則」《韓國近現代佛教資料全集》 67 참조.

체위원회에서 확정되었으며, 제5회 종회의 교학부 보고에 포함된 강원제도 개선안을 실행하기 위한 사전 준비라 하겠다. 즉, 그 개선안을 실행하기 위한 일종의 運營內規인 것이다. 그런데 이미 1930년 3월 제2회의 종회에서는 학인들의 헌의서에 대한 처리 방침으로 법규위원에게 일임하여 강원규정을 제정하기로 정한 바 있었다.[55] 이에 이 법규위원회에서는 이전 종회의 결의를 이행하고, 강원제도 개선안의 확정 이전의 사전조치를 검토하였다.

당시 그 법규위원회에서는 講院規則 제정을 위한 위원 5인을 구두호선하였으며, 그 위원들이 간부로부터 제출된 강원규칙을 심사 수정하기로 정하였다. 당시 그 위원으로 호선된 인물은 김법린, 권상로, 신태호, 박영희, 김경주였다. 이 위원 5인들이 수정하여 통과시킨 강원규칙은 총 9章으로 구성되어 있다.[56] 제1장은 總則, 제2장은 職制, 제3장은 學年 學期 및 休日, 제4장은 學科 課程 및 每週 時間表, 제5장은 入學 및 退學, 제6장은 試驗 및 卒業, 제7장은 賞罰, 제8장은 特典, 제9장은 附則이다.

제1장 총칙은, 각 강원의 설립 목적에 대한 당위성을 제시하고 있다. 그 내용은 강원의 설립이 불교에 관한 일반적 지식과 실제 생활에 필요한 보통 지식과 기능을 교육시켜 불교도의 자격을 양성함에 있다고 규정하였다. 그러나 강원의 교육 대상을 승려로 제한한 것인지, 아니면 여타 불교도도 그 대상에 포함시켰는지는 단언하기 어렵다.

제2장의 직제에서는 원장 1인과 직원 약간인을 둔다고 정하였다. 제3장의 학년, 학기 및 휴일에서 수업 연한은 4개 년으로 정하였다. 학년은 4월 1일로 시작하여 익년 3월 31일에 마치는 것으로, 또 학년은 3학기로 정하면서[57] 연중 휴일도 정하였다.[58] 제4장의 학과 과정 및 매주 시간표에서는

---

55) 위의 〈제2회 종회회록〉 참조.

56) 〈朝鮮佛教禪教兩宗第五回宗會會錄〉「講院規則」《韓國近現代佛教資料全集》67, pp.27~28.

57) 제1학기는 4월 1일부터 9월 31일까지, 제2학기는 9월 1일부터 12월 31일까지, 제3학기는 1월 1일부터 3월 31일까지 정하였다.

각 4개 년의 학과목을 계율, 종승, 종승의 개론, 종승의 각론, 불교사, 조
선어 및 한문, 일본어, 영어, 역사, 지리, 수학, 이과, 실업, 음악, 체조 등으
로 구분하여 28~29시간을 배당하였다.[59]

  제5장의 입학과 퇴학에서는 입학 대상과 퇴학에 관련된 내용을 규정하
고 있다. 1학년의 입학 대상은 연령 12세 이상의 보통학교 졸업자 혹은
그에 동등한 학력이 있는 자로 정하였으며, 입학 지원자 수가 수용 인원
을 초과할 경우에는 선발 시험을 통해 정한다고 하였다. 입학 지원자는
입학 원서에 보증인의 보증서를 첨부하여 제출하도록 하였다.[60] 그리고 제
2학년 이상에 입학할 대상자는 그 학년의 '程度'에 의한 전형 합격자로 한
다고 하였다. 퇴학시에는 그 사유를 갖추어 보증인의 연서를 거친 후에
원장의 허가를 받도록 하였다.

---

58) 휴일은 祝日, 祭日, 日曜日, 三大記念日 및 宗祖 記念日, 本院 創立 記念日, 학
   기말 휴일 등으로 정하였다.
59) 그 학과 과정 및 시간표는 다음과 같다(괄호 안의 숫자는 시수를 표시한 것임)
   제1학년 : 佛敎戒律 意義와 宗憲講譯(1), 佛陀傳(2), 佛敎論敎(2), 楞嚴要義(2), 元
   始佛敎(2), 朝鮮佛敎史(1), 日用誦呪 및 儀式節次(1), 朝鮮語 및 漢文의 講讀・作
   文(3), 日本語의 講讀・作文・習字(3), 英語의 發音・綴字文・章譯解作文(2), 朝
   鮮史와 朝鮮地理(3), 算術(2), 一般理科(2), 藥理 및 唱歌(1), 體育一般(1)
   제2학년 : 敎團道德과 諸法規 要旨(1), 華嚴要義(2), 佛敎論敎(2), 金剛要義(1), 起
   信要義(1), 印度佛敎史(2), 日用誦呪 儀式節次(1), 朝鮮語 및 漢文의 講讀・作文
   (3), 日本語의 講讀・作文・習字(3), 英語의 發音・綴字文・章譯解・作文(2),
   日本史와 日本地理(3), 代數(2), 一般理科(2), 藥理 및 唱歌(1), 體育一般(1)
   제3학년 : 敎團 및 一般道德, 社會生活 要旨(1), 華嚴要義(2), 各宗綱要(2), 俱舍要
   義(2), 天台要義(2), 支那佛敎史(2), 朝鮮語 및 漢文의 講讀・作文・文法(3), 日
   本語의 講讀・作文・習字・文法(3), 英語의 發音・綴字文・章譯解作文・文法
   (2), 東洋史와 世界地理(3), 幾何(1), 一般理科(2) 藥理 및 唱歌(1), 體育一般(1)
   제4학년 : 敎團 및 一般道德, 社會生活 要旨(1), 禪學要義(3), 各宗綱要(2), 唯識要
   義(2), 佛敎 硏究法(1), 日本佛敎史(2), 朝鮮語 및 漢文의 講讀・作文・文法(3),
   日本語의 講讀・作文・習字・文法(3), 英語의 發音・綴字文・章譯解作文・文
   法(2), 西洋史와 地理通論(3), 幾何(1), 農業(2), 藥理 및 唱歌(1), 體育一般(1)
60) 보증인은 尊屬 法類, 尊屬 親族으로 일절 책임을 부담할 자로 정하였다. 단 公
   費生에 한해서는 본산 또는 말사 주지의 보증을 요한다고 하였다.

　제6장의 시험 및 졸업에서는 시험의 구분과 졸업의 원칙을 정하였다. 시험은 학년 시험과 학기 시험으로 구분하면서 학기 시험은 각 학기말에, 학년 시험은 학년말에 행하도록 하였다. 학업 성적은 고사에 의하여 100점을 만점으로 하되, 각 학과목 40점 이상 총 평균 60점 이상을 합격 표준으로 정하였다.[61]

　제7장의 상벌에서는 학생에 대한 모든 상벌은 교직원회에서 결정하도록 정하였다. 제8장의 특전에서는 강원을 졸업한 대상자의 특전 내용을 정하였다. 이는 원장의 추천에 의하여 불교전문대학의 特科에 무시험 입학과 각 본말사 종무소 직원 및 말사 주지 자격의 부여였다. 제9장은 부칙으로 반포일로부터 강원규칙을 시행한다고 정하였다.

　위와 같은 강원규칙은 기본적으로는 그 개선안의 근간에서 유래되었기에 강원 개선안을 수립한 인물들의 新學問과 日本留學의 영향을 받았다. 또한 이 규칙을 심사 수정한 김법린, 권상로, 신태호, 박영희, 김경주 등도 권상로를 제외하고는 대부분의 인물 역시 신학문과 유학의 경험이 있었다.[62]

　강원규칙이 신학문의 영향을 강하게 받았다는 것은 학년, 학기, 입학 및 퇴학, 졸업 및 시험 등의 구도가 일반 신식학교의 틀을 유지하고 있음에서 쉽게 파악할 수 있다. 특히 수학 과목에서 조선어뿐만 아니라 일본어, 영어, 서양사, 기하, 일반이과, 약리 및 창가, 체육 등이 포함된 것에서 이를 더욱 확인할 수 있다. 그리고 흥미로운 것은 그 과목에 宗憲 강독, 교단 도덕, 제 법규 요지 등이 포함된 것이다. 교단이 1929년 승려대회에서 제정한 종헌과 그 관련 내용을 널리 보급시키려는 의도를 느낄 수 있다. 특히 개선안과 규칙을 수립한 인물들이 조선불교청년총동맹의 중심인물이라는 점을 유의하면 당연한 논리라 하겠다. 당시 총동맹은 종헌의 이행 세력과 반종헌 세력과의 갈등 구도에서 전자를 지지하며 종헌의 실행 촉구를 강력하게 주장하였다.[63] 이로써 강원규칙은 신학문 그리고 불교청년

---

61) 소정의 학과를 졸업한 자에게는 원장이 졸업증서를 수여토록 하였다.

62) 拙著, 〈韓國 近代佛教 人物行蹟 基礎調查錄〉《韓國近代佛教史研究》(1996, 민족
　　사) 부록에 게재한 해당 인물 내용 참조.

운동의 영향을 크게 받았다고 할 수 있다.

그런데 문제는 이러한 우여곡절 속에서 수립된 강원 제도의 한계와 문제점에 있었던 것이 아니라 그 개선안을 실행하는 것에 있었다. 그러나 결과적으로 구체적으로 실행되지 못하였다. 1934~5년경의 불교계는 종헌실행을 둘러싸고 그 종헌실행의 추진세력과 반종헌 세력간의 갈등이 노골화되었다.[64] 中央佛專과 普成高普의 경영 문제로 교단 내의 갈등이 더욱 가속화되었다. 이는 당시 불교계가 그 학교를 계속하여 운영할 것인가 아니면 폐교 혹은 매각할 것인가의 논란이었다.[65]

이러한 불교계의 갈등은 종헌의 상실로 귀결되었기에, 종헌에서 규정한 종회도 자연 해소되었으며 종회에서 제정한 강원 개선안도 자연 효력을 상실하게 되었다.

1930년대 전반기 불교계에서 강원 개선안을 수립하였지만 결과적으로 그 안은 실행되지 않았으므로 교단의 교육제도 전반 및 강원제도 실행은 현실성을 갖지 못하였다. 이 강원 개선안의 미실행은 곧 불교교육제도 대강의 미완성을 뜻한다고 볼 수 있으며, 일면으로는 불교계가 지향할 노선이 정립되지 못하였음을 반영한다. 여기에서 1930년대 후반 이후 일제가 불교계를 강제한 억압에 적극 대처할 현실 인식의 부재를 야기한 것도 찾아볼 수 있는 것이다. 한편 점차 증대되었던 승려의 帶妻食肉[66]이라는 파행을 제어하지 못했던 원인도 여기에서 찾을 수 있다. 따라서 바로 이러한 강원제도 개선문제에서 당시 불교계 내의 모순과 현실인식의 또 다른 측면을 바라볼 수 있다.

---

63) 졸고,〈朝鮮佛敎靑年總同盟과 卍黨〉pp.225~232. 1995.

64) 拙稿,〈1930년대 佛敎界의 宗憲 실행 문제〉《韓國近代佛敎史硏究》pp.367~383. 1996.

65) 이 내용은《東大七十年史》pp.37~39의 서술 부문 참조. 그리고 그 당시에 그 정황을 보도한〈兩校繼續經營 滿場一致 可決〉《동아일보》(1934.3.12),〈兩校經營을 支持 佛敎靑總遂蹶起〉《조선일보》(1934.3.12) 참조.

66) 졸고,〈1926년 불교계의 帶妻食肉論과 白龍城의 建白書〉《한국독립운동사연구》11, 1997.

4. 결 어

　지금까지 1930년대 전반기 불교계에서 논의된 講院制度 改善案의 개요와 함께 그 내용과 성격 등을 살펴보았다. 이제 그 대강을 다시 요약하면서 그 의의를 정리하는 것으로 맺고자 한다.

　1928년 3월, 강원교육제도의 개선을 위해 朝鮮佛教學人大會를 개최하였던 學人들은 대회 종료 후에도 그 개선안을 실행하기 위해 갖은 노력을 다하였다. 대회 직후 학인들은 교무원 제6회 평의원총회에 강원제도 개선안을 제출하였다. 그 요지는 중앙인 서울에 高等講院을 설치해 달라는 것이다. 그러나 평의원회에서는 예산을 이유로 수용되지 않았다. 학인들은 1929년 3월 15일 제2차 학인대회를 개최하여 강원제도 개선을 위한 운동을 계속하여 추진하기로 하였다. 이에 당시 개최된 教務院 및 宗會에 개선안을 제출하기도 하였다. 당시 학인들은 교무원에 내전연구과 설치를 건의하였는데, 그 결과로 인하여 개운사에 고등강원이 설치되었다.

　학인들은 여기에서 만족하지 않고, 그 제도 개선을 위한 움직임을 지속하여 1930년 3월에 개최된 종회에 獻議書를 제출하였다. 종회에서는 그 제안에 대하여 법규위원에게 위임하여 강원규정을 제정한 후 1931년부터 시행하도록 조치를 하였다. 1931년 3월에 개최된 종회에서는 강원에 관련된 문제가 다시 거론되었다. 그 종회에서는 조선불교청년동맹에서 제출한 개선안이 채택되었다고 한다. 그러나 현재로서는 그 안의 구체적인 사정은 파악할 수 없고, 그 안도 정상적으로 이행되지 않은 것 같다.

　1932년 3월에 개최된 제4회 종회에서 강원문제가 역시 논의되었다. 당시 학인들은 그 종회가 개최되기 이전에 학인대회를 개최하여 講院교육제도 개선안 실행 촉진과 개운사의 佛教研究院 확장의 문제를 토의하였다. 한편 불교청년총동맹에서도 제2회 총회를 개최하면서 강원교육제도 개선의 문제를 결의사항으로 정하였다. 학인들은 또한 제10회 교무원 평의원총회에 그들의 주장을 담은 청원서를 제출하였으나 수용되지는 못하였다. 그러나 그 즈음 개최된 종회에서는 중요한 사항이 결정되었다. 그 첫번째는 총동맹에서 건의한 개선안이 채택된 것이고, 두번째는 講院制度改正審議委員會가 구성된 것이다.

제4회 종회에서 결정된 강원제도 개정심의위원회는 13인으로 구성되었으며, 1932년 9월 11일에 최초로 개최되었다. 그 회의에서는 개정 심의 常務委員會를 두기로 하여 박한영 등 6인이 그 위원에 선정되었다. 그 위원들은 동년 9월 22일에 개최된 상무위원회에서 강원교육제도의 근간을 정하였다. 그 요지는 강원제도 개정은 불교 敎育體系의 확립을 전제로, 보통학교 졸업자로 강원의 입학 자격 부여, 강원 졸업자는 중앙불전에 입학, 강원의 구역은 3~4개소로 정한다는 것이다.

이처럼 강원제도 개정 상무위원들이 작성한 안은 1933년 3월에 개최된 제5회 종회에 보고되었다. 그런데 이 안은 1933년 3월 11~12일에 개최된 종회의 법규위원회에서 講院規則을 심사한 결과였으며 총칙, 직제, 학년 학기 휴일, 학과 과정 및 매주 시간표, 입학 및 퇴학, 시험 및 졸업, 상벌, 특전, 부칙 등의 총 9장으로 구성되었다. 이 강원규칙은 그 규칙을 제정한 위원들이 新學問의 영향을 강하게 받았으며 당시 佛敎靑年運動에 가담한 인물들이었기에 그 규칙의 내용에는 불교청년들이 매우 강조하였던 종헌, 종단 법규 요지 등이 포함되어 있었다.

이처럼 1928년 3월 학인대회에서 제기된 강원교육제도 개선안은 수많은 우여곡절을 거쳐 1933년 3월에 이르러서는 교단 차원의 강원규칙이 제정되었다. 물론 그 과정에는 학인들의 부단한 노력과 함께 학인들과 강원 문제를 동질적으로 인식한 청년총동맹측의 노력이 있었다. 강원규칙의 제정은 교단에서도 그 개선이 필요하다는 것을 동의해 준 결과로 보이는데, 곧 강원교육제도 개선이라는 방향을 함께 하였다는 측면에서 근대불교교육사에서 특기할 내용이라 하겠다. 한편 강원교육문제가 노출된 것은 역설적으로 근대 佛敎界가 新學問 중심으로 경도된 바가 적지 않음을 반영해 주는 것이다.

그러나 강원규칙은 정상적으로 실행되지 못하였다. 당시 불교계에서 종헌 추진세력과 반종헌 세력간의 대결에서 비롯된 종헌의 상실에서 비롯되었다. 종헌의 해소는 곧 종회의 해소를 말하는 것으로 그 종회에서 규정한 강원개선안 및 강원규칙은 자연 상실될 수밖에 없는 것이다. 따라서 강원규칙의 미실행은 당시 불교계 교육제도의 수립의 미흡을 대변하는 것이었으며, 나아가서는 당시 불교계의 모순과 현실인식의 일면을 보여 주는 실례라 하겠다.

趙宗玄·許永鎬의 불교교육제도 인식과 대안

1. 서 언

1930년대 전반기 불교계에서는 불교 교육제도의 모순 및 개선에 대한 논의가 다양하게 전개되었다. 그 논의의 초점은 舊學 분야의 講院 제도 개선의 논란과 新學 분야의 普成高普 및 中央佛專의 경영여부의 문제였다. 강원의 문제는 1928년 3월에 개최되었던 朝鮮佛敎學人大會에서[1] 제기되었던 강원제도 개선안에서 가시화되어, 朝鮮佛敎學人聯盟과 朝鮮佛敎靑年總同盟이 당시 교단에 지속적으로 건의를 하는 것으로 전개되었다. 결국 이 문제는 1932년 3월 교단에서 講院制度 改正 審議委員會가 구성되고 1933년 3월 講院規則을 제정하는 것으로 귀결되었다.[2] 그리고 보성고보와 중앙불전의 문제는 양 학교의 경영에 필요한 재정적인 난관에서 시작하여, 그 학교의 폐교 및 양도에 대한 논란으로 발전했다. 그 결과 보성고보는 高啓學院에 양도하고[3] 중앙불전은 지속적으로 경영할 수 있도록 귀결되었다.[4]

이처럼 1930년대 불교계에서 교육의 제도 및 내용에 대한 논의가 왕성히 나타난 것은 불교계가 교육을 통한 佛敎의 發展과 大衆化에 큰 관심

---

1) 金光植, 〈朝鮮佛敎學人大會 硏究〉《한국독립운동사연구》 10, 1996.
2) 金光植, 〈1930년대 강원제도 개선 문제〉《僧伽敎育》 2, 1998.
3) 金光植, 〈일제하 佛敎界의 普成高普 經營〉《한국민족운동사연구》 19, 1998.
4) 〈中央佛專 閉止論의 顚末〉《東大七十年史》 pp.44~47.

을 가진 것에서 찾아볼 수 있다. 또한 1910년대부터 본격적으로 등장한 佛教革新論이라는[5] 대세에 의해 위축되었던 구학교육이 1920년대 중반부터 서서히 강조되었던 측면도 유의할 수 있다. 구학교육의 회복과 강조는 신학과 구학의 절충 및 조화를 기하려는[6] 노력에서 비롯되었다.

본 고찰은 바로 위와 같은 불교교육제도의 논의가 심화되었던 1930년대 전반기에 당시 중앙불교계에서 활동한 승려였던 趙宗玄과 許永鎬의 교육제도 인식과 그 대안의 내용을 살펴보려 한다.

선암사 출신인 조종현은 동화사·개운사 등의 강원 출신이었으며 학인대회의 발기자였기에 구학을 대변하는 인물이었고, 범어사 출신인 허영호는 일본유학을 거친 후 중앙불전의 교수를 역임한 신학을 대변하는 인물이었다. 또한 허영호는 불교청년총동맹의[7] 집행위원장을 역임하였기에 교육에 대한 입장은 총동맹의 논리를 대변하였을 것으로 추측된다. 따라서 조종현의 입장은 구학 계열의 강원의 학인 및 학인연맹의 논리를, 허영호의 입장은 신학 계열의 총동맹의 논리를 말해 주는 것으로 볼 수 있다.

조종현은 《佛教》지 93호(1932.3)에 〈講院教育과 制度改新〉이라는 글을, 허영호는 《佛教》지 103호(1933.1)에 〈朝鮮佛教教育制度의 缺陷과 改善〉이라는 글을 기고하였다. 기고문의 제목에서도 파악되듯이 조종현은 주로 강원교육을 우선시하였고, 허영호는 신·구학을 포괄한 불교교육제도에 대한 입장을 개진하였다.

그런데 당시 학인연맹 및 총동맹이 당시 교단에 건의한 구체적인 내용은 현재 전하는 자료가 없어 알 수 없다. 따라서 조종현과 허영호의 교육제도에 대한 인식으로 학인연맹과 총동맹의 입장을 가늠해 볼 수 있다.

---

5) 근대불교계의 불교혁신론에 대한 개요 및 성격은 졸고, 〈근대불교개혁론의 배경과 성격〉 《宗教教育學研究》 7(1998)을 참조할 것.

6) 이러한 사정은 百反이 《佛教》지 55호(1929.1)에 기고한 글, 〈新春과 講院期待〉에서 "新學의 趨勢가 舊學의 折衷으로 調和되고 破壞의 思潮가 漸進 建設로 實路를 밟으려함 等의 實例가 今後의 朝鮮佛教에 多大한 成功을 齎來하리라고 믿지 아니할 수 업다."고 서술한 바에서 일 수 있다.

7) 불교청년총동맹의 개요에 대해서는 필자의 논고, 〈朝鮮佛教青年總同盟과 卍黨〉 《韓國學報》 80(1995)을 참조할 것.

이에 본 고찰을 통하여 1930년대 전반기 불교계의 교육제도 논의의 다양성을 살펴볼 수 있다. 그리고 이들이 제기하였던 교육제도에 대한 모순과 개선의 내용을 통하여 당시 교육제도가 갖고 있었던 제반 문제점과 아울러 불교계의 교육 문제에 대한 인식의 일면을 구체적으로 이해할 수 있을 것이다.

2. 조종현의 인식과 대안

1) 강원 교육제도의 비판

조종현은 선암사 출신으로서 동화사·개운사 등의 강원에서 불교사상을 수학하였기에 구학을 대변하는 인물이었다. 또한 조종현은 1928년 3월 각황사에서 개최되었던 조선불교학인대회 때에는[8] 발기인[9] 및 교육제도 전문위원으로[10] 활약하였다. 동화사 강원에서 수학하였을 당시(1927~8), 그는 동화사 講友會의 문예부장[11]과 서무부 이사[12]를 역임하였다. 이러한 그의 수학과 이력이 동화사 강원을 대표하여 학인대회의 발기인으로 참여하는 데에[13] 작용을 하였을 것이다.

1927년 6월 25일 통도사 불교 전문강원 내의 단체인 新進會에서는 그 회의 義捐金 모집을 위한 집행위원의 선거를 개최하였다.[14] 그 선거 내용

---

8) 학인대회의 전모는 위의 졸고, 〈朝鮮佛敎學人大會 硏究〉를 참조할 것.

9) 〈朝鮮佛敎學人大會發起人承諾催促〉《佛敎》44호, 1928.2.

10) 학인대회 직후의 사정을 전해 주는 학인연맹의 기관지인 《回光》 창간호에는 기이하게도 학인대회의 개요가 전하지 않는다. 그러나 崔仁伍는 그가 기고한 글, 〈佛敎淨化 20年 -첫 佛敎學人大會(끝)-〉《대한불교》630호(1975.12.21)에서 1928년 3월 16일의 대회에서 조종현이 이순호·박용하·박윤진·차상명 등과 함께 교육제도 전문위원으로 선출된 것으로 서술하고 있다.

11) 〈佛敎彙報〉「桐華寺講院에 講友會 創立」《佛敎》41호, 1927.11.

12) 〈佛敎彙報〉「桐華寺講友會 第二會定期總會」《佛敎》45호, 1928.3.

13) 그러나 현재 전하는 기록이 없지만 그는 1928년 3월 서울의 각황사에서 개최되었던 학인대회에 참석했을 것으로 보인다.

14) 〈佛敎彙報〉「新進會 曙光」《佛敎》39호(1927.9).

에는 조종현이 집행위원에 피선되었음을 전하고 있다. 이 내용을 신뢰한 다면 조종현은 동화사 강원에서 수학하기 이전에는 통도사 강원에서 수학 하였다고 볼 수 있다.[15)]

　그는 1928년 3월 5일, 동화사 강원의 大敎科 三賢 修了生으로서 동화 사에서의 수학을 마쳤다.[16)] 그 후 그는 박한영이 주도하였던 개운사 大圓 講院에서 수학을 계속하였다. 1928년 11월 1일의 개운사 강원의 수료식에 서는 華嚴三賢部 6인이 수료하였는데,[17)] 그 중의 1인이 조종현이다. 이처 럼 조종현은 통도사・동화사・개운사 강원에서 불교사상을 수학하였다.

　그리고 개운사 강원을 수료한 이후에는 당시 개운사 내에 설립하였던 佛敎硏究院에 학적을 두고 계속해서 불교사상을 연구하였다. 불교연구원 은 학인대회에서 결의되고, 1929년 3월에 학인들이 재차 교단에 제출한 청원서의 요체, 즉 중앙에 내전 연구를 위한 고등강원을 설립해달라는 건 의에 의해 개원된 대학원 수준의 강원이다. 그 건의는 당시 종회의 결의 에 의하여 1929년 4월 내전을 전문적으로 연구하는 기관인 불교연구원의 출범으로 귀결되었다.[18)]

　한편 그는 1931년 3월 불교청년운동 단체의 중심으로 출범한 朝鮮佛敎 靑年總同盟의[19)] 중앙검사위원으로 활동하였다.[20)] 그가 총동맹의 중앙 간부 로 활동하였다는[21)] 것은 곧 그가 구학 중심의 불교사상을 수학하였지만,

---

15) 그런데 〈佛敎彙報〉「梵魚寺의 講院良績」《佛敎》 22호(1926.4)의 기록에는 '趙 宗玹'의 인명이 나오고 있지만 그 출자가 순천군 송광사라고 기재된 것을 보면 조종현은 아닌 것으로 보인다. 즉 同名異人이라고 하겠다.

16) 〈佛敎彙報〉「桐華寺佛敎專門講院 第七會卒業良績」《佛敎》 46・7합호, 1928.7.

17) 〈佛敎彙報〉「開運寺佛專修了」《佛敎》 54호, 1928.12.

18) 〈佛敎硏究院生募集〉《佛敎》 59호, 1929.5.

19) 총동맹에 대한 개요는 졸고, 〈朝鮮佛敎靑年總同盟과 卍黨〉《韓國學報》 80, (1995)을 참고할 것.

20) 〈佛敎靑年同盟 創立大會 終了〉《동아일보》 1931.3.26.
　 〈三千萬圓과 千百寺院을 運轉할 佛敎의 指導者〉《삼천리》 4-3호, pp.30~31. 1932.3.

21) 그는 자신의 총동맹의 활동에 대하여 '전위대'의 역할을 담당하였다고 회고하였 다. 조종현, 〈불교인으로서의 만해〉《나라사랑》 2, p.42. 1971.

신학문을 수학한 불교청년들이 주도하였던 불교청년운동에도 일정한 관여를 하였다고 볼 수 있다. 이 사실은 곧 그가 불교의 대중화, 그리고 나아가서는 불교교육제도에 대한 문제에 큰 관심을 가졌으리라 볼 수 있는 여지라 하겠다. 그러한 관심은《불교》지 93호에 〈講院敎育과 制度改新〉이라는 글의 기고를 통한 의견의 개진으로 발전되었다.

조종현의 수학에 대한 이력을 통해 그는 당시 강원에 대한 모순 및 문제점 등에 대하여 해박한 지식을 가졌다는 것을 확인할 수 있었다. 그러므로 그가 분석한 강원의 제반 내용은 신뢰를 하여도 좋을 것이다.

조종현이 그 기고문을 서술한 시점은 1932년 1월 17일이었으며, 당시 불교연구원을 수료하기 직전이었다. 한편 그는 그 글의 기고 목적을 '講院敎育의 獎勵'와 '講院敎育의 制度改善의 絕叫'로 밝혔다. 그런데 조종현이 학인연맹에 일정한 관여를 했고, 또한 불교청년운동의 단일체인 총동맹의 간부로 활약한 그가 왜《불교》지에 그 같은 기고문을 게재했을까?

그가 그 글을 서술한 시점은 1932년 1월이었다. 그런데 당시 강원의 학인들은 동년 3월 15일 개운사에서 제3차 학인대회를 개최하여 강원교육제도 개선안 실행촉진의 문제를 토의하였다.[22] 또한 총동맹에서도 동년 3월 16~7일 총동맹 제2회 정기총회를 각황사에서 개최하고 역시 강원제도 개선의 문제를 결의사항으로 채택하였다.[23] 이처럼 학인대회와 총동맹에서 강원의 문제를 재론하였다는 것은 곧 강원의 개선안이 당초 의도대로 교단에서 반영되지 못한 결과로 보인다. 이러한 정황이 조종현의 기고의 배경이라 하겠다. 이에 그는 그 심정을 '絕叫'로 표현하면서, 그 정황을 '獎勵하는 途中'에 있다고 이해하면서도, 그 결과는 '制度改善의 完全한 實現'을 아직 볼 수 없는 것으로 개진하였던 것이다.

그는 강원교육의 당위성을 時代 民衆의 佛化에 대응하기 위한 純粹 佛學者의 양성에서 찾았다. 이 전제하에 그는 당시 강원교육에 대한 현황을 다음과 같이 개진하였다.

---

22) 졸고, 〈1930년대 강원제도 개선 문제〉 p.306.
23) 위와 같음.

　　그리하야 歷史 循環의 必然的 過程에서 一時 沈停되엿든 講院 敎育을 再唱하게 되엇으며 方今 施設하고 獎勵하는 한 途中에 잇는 바이다. 그러나 何等의 制度改善의 功果의 完全한 實現을 아즉 볼 수 없는 것만은 사실이니[24]

　　강원교육이 재창되는 것을 필연적 과정으로 보면서, 강원교육이 부흥되는 과정에 있지만 제도개선에 관련된 성과는 찾아볼 수 없다는 것이다. 이는 학인대회에서 제기되었던 불교연구원은 수용되었지만 학인들이 주장하였던 교과목 및 강원교육제도에 관한 여타 문제는 대부분 실현되지 못하였다는 것을 반영해 준다. 조종현은 그 원인으로 종무 당국자의 수구적 자세와 함께 그들이 시대적 사조와 현대교육을 이해하지 못하는 것, 강원 강사의 인순・고식적 자세를 지적하였다.[25]

　　그는 강원교육제도 개선의 방향을 다음과 같이 제시하였다.

　　敎育者는 固定的으로 敎授時間에 敎科만을 解釋 說明하는데 그치고 말 것이 아니요, 반듯이 時代가 要求하는 敎育制度를 施現하고 改善할 責任이 잇는 바이다. 現 講院制度에서 民衆이 要求하는 佛學者를 涵養할 수 잇는냐는 質問에 이에 酬答할 者 躊躇치 아니할 이 없으리라 斷言키 어려우리라.[26]

　　시대가 요구하는 교육제도라는 방향을 내세웠다. 구체적으로 말하면 민중이 요구하는 불학자의 양성, 즉 불교로써 민중을 교화할 수 있는 불학자를 양성하는 교육제도로의 개선이다. 그는 또 당시 강원의 제반 문제점을 지적하였는데, 그 개요를 대별하여 살펴보면 교과서 및 교수 방법의 문제였다.

　　첫째, 四集科의 교과목에 대하여 문제점을 제시하였다. 四集은 강원에 처음으로 입학한 대상자에게 가르치는 교과인데,[27] 교리의 난해함으로 인해 오히려 중도에 이탈하는 형상이 있음을 지적하였다. 예컨대 書狀과 禪要, 都序, 節要 등은 불교의 초학자에게 가르치기에는 부적당하다는 것이다.

---

24) 趙宗玄,〈講院敎育과 制度 改新〉《佛敎》93호, p.35. 1932.3.
25) 위와 같음.
26) 위와 같음.
27) 하정룡,〈新編 四集의 意義와 課題〉《僧伽敎育》2, pp.352～353. 1998.

둘째, 四敎科에서 가르치고 있는 疏・抄・記도 초학자가 배우기는 적절하지 않다는 것이다. 그 실례의 대상으로 愣嚴經戒環疏, 起信賢首疏, 長水記, 般若五家解, 圓覺圭峰疏抄를 거론하였다. 經의 대의도 모르는 초학자들이 어찌 그 경의 疏와 抄를 파악할 수 있겠냐는 지적이다.

셋째, 私記의 활용에 대한 문제점을 지적하였다. 私記는 참고서이기 보다는 正解로 보아야 하는데, 經文과 疏・抄에서도 방향감각이 없는 학인에게는 불필요한 대상이라는 것이다.

넷째, 論講制의 문제점을 지적하였다. 논강이라 함은 了悟解得한 대상들이 서로 자기의 주장을 개진할 수 있는 입장에서 가능한 것이지, 초학자의 처지에서는 불가능하다는 것이다.

다섯째, 問講도 역시 초학자에게는 완전한 방법이 될 수 없다고 하였다. 그는 교수가 수업시간에 설명하기가 어려운 것과 함께 학인의 정신집중이 용이하지 않은 점에서 그 원인을 찾았다. 이 방법은 연구원 수준에서 채용할 수 있는 것으로 보았다.

여섯째, 講師의 인력에 대한 문제점을 개진하였다. 여러 과목을 1인의 강사가 모두 담당한다는 것은 無理無益하다고 하였다. 1인의 강사가 강의를 하게 되면, 시간의 여유가 없어 배우는 것도 능하지 못하고 가르침도 역시 능하지 못하다는 것이다.

일곱째, 敎科編次에 대한 정신과 개요를 언급하였다. 예컨대 화엄경과 화엄종지를 기준으로, 불교를 상식적으로 가르치기 위한 목적을 갖고 교과편차를 구분할 수 있다는 것이다. 그러나 강원에서는 학인의 정도를 고려하여 교과 편집의 次例를 실행하여야 한다는 입장을 개진하였다. 이는 그가 구학인 강원 출신이었기에 자연 강원중심의 불교교육제도에 유의한 바에서 나온 것이다.

2) 강원 교육제도의 개신안

조종현이 강원교육제도의 개신 내용으로 제시한 것은 교과서 개편과 교수방법이다. 먼저 교과서 개편부터 그 내용을 살펴보면 그는 강원의 개요를 初等科, 中等科, 高等科로 구분하였다. 그리고 고등강원 다음의 불교 최고학부의 교육기관으로는 1929년에 설립된 佛敎研究院을 상정하였다. 한편 초등과 2년, 중등과 2년으로 그 연한을 제시하였지만 고등과는 그 연한이 나와 있지 않다. 이는 추측컨대 《불교》지의 인쇄 과정의 오류로 이해된다.

이전 학인대회에서 제시된 각 연한은 초등과 3년, 중등과 3년, 고등과 4년 등 총 10년 간의 강원교육이었다.[28] 그런데 학인들이 중앙에 설치하기로 정했던 고등강원은 1929년의 불교연구원의 설립으로 귀결되었다. 이 불교연구원은 3년 연한으로 출발하였다는 것을 고려하면, 조종현이 제시한 고등과는 3년일 가능성이 높다. 초등・중등과의 경우 당초 학인대회에서 제시된 것에서 각 1년씩 제외되므로 고등과도 역시 1년이 축소되었을 것이다. 각각의 축소된 3년이 불교연구원의 3년 수학으로 이전되었을 것으로 보인다. 이러한 변동에도 불교연구원의 연한을 포함하여 수학 연한이 이전 학인대회에서 결정한 것과 같이 역시 10년이 된다는 것이다.

조종현은 이러한 수학 연한의 구도에서 교과서 개편 문제를 접근하였다. 그 접근의 원칙은 時代와 民衆이 요구하는 人物과 師表를 涵育하는 것에 두었다. 그는 이를 강원교육의 목표로 설정하고 그에 맞는 제도를 강구해야 한다고 하였다. 그리하여 그는 1928년 3월에 개최되었던 학인대회에서 강원교육제도 개선의 필요를 부르짖은 원인도 여기에 있다고 보았다.

그는 교과서부터 개편하여야 된다는 판단과 '現代에 適應한 敎育策'이 되어야 한다는 이해 속에서 內典과 外典을 반드시 필수과로 규정해야 한다고 주장하였다.[29]

그가 제시한 초등과 내전 교과서를 살펴보면 다음과 같다.

1. 三合文(初心, 發心, 自警)
2. 佛祖三經(四十二章經, 佛遺敎經, 大圓警責文)
3. 八大人覺經

---

28) 〈佛敎彙報〉「朝鮮에 初有한 佛敎學人大會」《佛敎》 46・7합호, 1928.5.
29) 위의 〈講院敎育과 制度 改新〉 p.38.

    4. 釋迦如來成道記
    5. 禪林寶訓
    6. 愣嚴經文

외전은 교과서는 따로 제시하지 않고 다만, 보통학교 정도에 限한다고 하였다. 다음으로는 중등과의 내전 교과서를 살펴보겠다.

    1. 愣嚴經纂註(眞界疏二本)
    2. 八識規矩直解(智旭疏一本)
    3. 因明論直解(智旭疏一本)
    4. 起信論纂註(眞界疏一本)
    5. 金剛經宗通(鳳儀疏二本)
    6. 百法論直解(智旭本一疏)
    7. 圓覺經近釋(通潤疏二本)
    8. 圓覺玄談精選(朴漢永先生著《依圭峰疏抄》), 朝鮮 及 中國佛敎史

중등과의 외전도 고등보통학교 정도에 限한다고 하였다. 이제는 고등과의 내전 교과서를 제시하겠다.

    1. 華嚴玄談(白天至宙六本淸凉疏)
    2. 華嚴三賢(自日至秋十三本同疏)
    3. 俱舍論
    4. 唯識論直解(智旭疏)
    5. 華嚴十地(自麗至闕十本 淸凉疏抄)
    6. 拈頌選話(朴漢永先生著一本)
    7. 書狀
    8. 都序, 印度 及 日本佛敎史

그리고 고등과의 외전도 역시 전문학교 정도에 限한다고 하였다.

조종현은 강원을 초등과, 중등과, 고등과로 구분하면서 이 같은 교과서 개편의 시안을 내놓았다. 그런데 그가 이 교과서 개편에서 제일 유의한 것은 초등과였다. 이전 초등과에 해당하는 사미과의 교과서는 師傳의 侍席에서 讚頌할 朝夕禮懺의 성격으로 규정하면서, 이를 굳이 초등강원의 교과에 편입할 필요가 없다고 본 것이다.

조종현이 이와 같이 강원의 제도와 내용을 새롭게 제시한 근본 이유는 시대와 민중이 요구하는 강원제도를 만드는 것에 있었다. 시대와 민중이 요구하는 것은 무엇을 말함인가? 이를 달리 말하면 민중에게 불교의 교리와 사상을 전해 줄 수 있는 학자, 승려를 양성하는 것으로 볼 수 있다. 이와 관련하여 조종현이 이 개정안의 근본정신으로 제시한 내용을 살펴보자.

> 이 改正案의 根本精神은 佛教를 常識的으로 教授하는 講院 教育制度를 만들자는 것이다.
> 그럼으로써 初機佛學者의 程道 一 卽 初等科에 對하야 더욱 周密한 着心을 한 바가 이 點에 잇는 것이다. 講院教育은 僧侶의 普通教育 義務教育 機關으로 할 것이요. 佛教 最高學府는 專門的인 研究院이라야 맛당할 것이다.[30]

요컨대 불교를 常識的으로 가르치는 강원교육제도의 제정이 개정안의 근본정신이라는 것이다. 나아가서 강원을 승려의 普通教育과 義務教育 機關으로 만들어야 한다는 입장을 강조하였다. 여기에서 그가 구상하고 있는 불교교육제도에서의 강원의 위상과 성격을 확연히 알 수 있다. 그는 시대와 민중에 맞는 강원교육을 주장하면서도, 신학 계열의 학교수업은 전연 고려하지 않았다. 신학과 관련된 외전을 적절히 선택하여 강원에서 수업하면 가능하다는 입장이었다.

그리고 최고학부에 불교연구원을 고려하면서도 당시의 중앙불전은 고려의 대상에도 포함하지 않았다. 이로써 그는 구학인 강원을 승려의 보통·의무교육 기관으로 설정하였다.

그는 교수방법에 대해서는 근본적으로 교수방법이 適宜해야만 효과적인 결실을 기할 수 있다는 입장에서 다음과 같이 대별하였다.[31] 첫째, 내외전 강사를 다수로 하고 각 과를 전임 교수하도록 정하였다. 둘째, 내전을 이전에 행하던 單科·單科로 수료하던 방식을 지양하고 해당 과에 時

---

30) 위의 자료, p.39.
31) 위와 같음.

間과 學課를 균등히 배정하여 가르치는 형태를 주장하였다. 셋째, 論問講制를 지양하고 漆板 敎授의 방법을 주장하였다. 넷째, 학기·학년의 시험제도를 도입하자고 하였다. 이러한 교수방법은 기존 강원의 교육방법을 지양하고 신학문에서 취하고 있는 교수방법을 채용한 것으로 볼 수 있다.

지금까지 조종현이 주장한 강원교육제도의 내용과 그 성격을 살펴보았거니와 이는 강원 중심의 불교교육제도의 설정이다. 그리고 그의 강원 개신안은 시대와 민중의 요구에 부응하는 승려의 양성에 바탕을 둔 승려의 보통·의무교육 기관으로서의 강원을 만드는 것이다.[32] 그런데 그의 주장에는 보성고보·중앙불전 등의 신학 중심의 불교교육기관에 대한 인식은 눈에 띄지 않는다. 이 점을 갖고 그가 신학을 배제하였다고는 볼 수 없지만,[33] 인식의 편린을 살필 수 있다. 그러나 그의 글이 주로 강원교육에 초점을 맞춘 것을 고려하면 구학 중심의 대안임은 분명하다.

3. 허영호의 인식과 대안

1) 교육제도의 결함

범어사 출신인 허영호는 범어사가 운영하는 地方學林의 재학중 3·1운동에 참여하여 그 여파로 옥고를 겪었다.[34] 그는 1926년 부산에서 발간된 대중적인 문예잡지인 《平凡》의 편집 겸 발행인으로[35] 활동하였으며,

---

32) 조종현의 주장에 대한 비판의 글, 〈「講院敎育과 制度改新」을 읽고〉《불교》 95호(1932.5)는 당시 불교계의 반향이라는 점에서 주목할 수 있다. 이 글의 필자인 露岳山人은 조종현의 주장을 교리적·사적으로 보아 계통의 문제점, 즉 체계가 없는 것, 교과서 선정에 있어 각 학파의 正·傍系를 구별하지 못한 것을 결함으로 보았다. 이에 그는 강원교육제도를 논의하는 것보다는 강원에 대한 제반연구를 더욱 폭넓게 하는 것이 급선무라고 주장하였다.

33) 그는 1937년 일본의 駒澤大學으로 유학을 갔다. 비록 1년여의 기간이었지만 이를 고려해 보면, 그가 신학적인 입장을 전혀 고려하지 않았다고는 이해되지 않는다.

34) 蔡尙植, 〈한말, 일제시기 梵魚寺의 사회운동〉《韓國文化硏究》 4, p.27. 1991.

1928년경에는 新幹會 東來支會의 주도 인물로 활약하면서 사회문제의 대중 강연에 참가하는[36] 등 부산지역 사회활동의 중심부에 있었다.

이후 그는 일본으로 유학을 떠났다. 즉 大正大學의 불교학과를 졸업하고,[37] 1932년 3월 귀국해서는 조선불교청년총동맹 제2대 집행위원장, 조선불교교정연구회의 연구부장, 그리고 중앙불전의 교수 및 학감 등을 역임하였다.[38] 그의 이력의 성향으로 보아 그는 신학문을 수학한 인물로 그의 교육제도에 대한 제반 입장은 신학의 바탕에서 나왔음을 쉽게 파악할 수 있다. 그러므로 그의 입장은 당시 총동맹에서 당시 교단에 건의한 강원제도 개선안의 내용 파악과 관련하여 주목할 수 있는 것이다.

허영호의 교육제도에 대한 구체적인 내용을 파악하기 이전에 우선 그가 왜 이러한 기고문, 즉 〈朝鮮佛敎敎育制度의 缺陷과 改善〉을 《불교》지 103호에 게재했는지 대하여 살펴보겠다. 허영호가 이 글을 서술한 시점은 1932년 12월이었다. 당시 그는 중앙불전의 학감이었기에 교단에는 직접 관여하지 않았다. 오히려 그 당시에 재단법인 교무원의 40만원 증자에서 비롯된 정상진과의 지상논쟁으로 인하여 교단측과 불편한 관계를 유지하고 있었다.[39]

---

35) 《韓國近現代佛敎資料全集》《平凡》해제판, pp.48~49(1996, 민족사) 내용 참조.

36) 〈慶南靑總巡講〉〈地方問題講演〉〈東來講演會〉《동아일보》1928.5.10, 6.28, 7.6.

37) 〈우리뉴-스〉「卒業盟員 消息」《金剛杵》20호, 1932.12.

38) 〈十八人印象記〉의 許永鎬편 《金剛杵》21호, 1933.12.

39) 《불교》100호(1932.10)는 특집 기념호인바, 《불교》지는 100호를 기념하기 위한 각 분야의 특집 글을 게재하게 하였다. 이에 100호에는 중앙교무원 교학부가 기고한 글 〈佛敎敎育에 對하야〉가 게재되었다. 이는 중앙불교계의 예산 부족이 심하여 보성고보나 중앙불전의 경영을 심각하게 고려해야 한다는 내용이다. 그러므로 전국 사찰의 경제적인 운영에 암초로 작용하고 있는 분담금 조정을 통해 가능한 교무원 추가 증자는 당연히 중지되어야 함을 개진한 것이다. 요컨대 그 2개교 경영에 부정적인 의사표시인 것이다. 그런데 이에 대하여 《불교》103호에 '一憤慨生'(필명?)이 〈四十萬圓 增資閉葉에 暴論을 듯고〉라는 글을 기고하였나. 또 이 글에 대하여 교학부 회인으로 이채되는 南溟이 《불교》 104호에 〈四十萬圓增資閉止에 대한 憤慨生의 妄論을 듯고〉라는 반박문을 기고하였다. 여기에서 분개생은 허영호, 남명은 정상진으로 보인다. 이들은 불교청년이면서

그 불편한 관계는 일면으로는 보성고보 및 중앙불전을 경영하고 있었던 재단법인 교무원의 정상화 문제였지만, 그 이면에는 그 문제를 해소하는 방법론에서 야기된 본산간의 갈등이 개재되어 있었다. 그는 교단에 비판적인 입장에 서 있었다. 1932년 9월 11일, 당시 종회의 결의에 의한 강원제도 개정심의위원회가 개최되었는데 허영호는 그 위원회에 속하지 않고, 佛紀改善審議委員會의 위원이었다.[40] 달리 말하자면 그는 강원에 대한 의견을 개진할 기회가 없었던 것이다. 이에 그는 이에 대한 입장을 다음과 같이 피력하였다.

> 그기에 關한 具體的 改革案이 나오지 안으며 實現이 나타나지 안느냐? 자못 吾人의 궁금하게 생각하는 바이며 또 그만치 實行 當事者의 佛教教育 振興에 對해서 誠意 적음으로 看做되여 섭섭하게 생각하는 바이다.[41]

요컨대 교단의 실행 당사자들의 성의 부족을 지적하였다. 성의 부족으로 요약되는 교단의 입장을 강렬하게 비판하면서, 교육제도 개선에 관한 그의 입장을 개진할 기회가 부재하였던 처지가 《불교》지에 기고한 배경인 셈이다. 당시 그는 총동맹의 중앙집행위원장이었기에 총동맹에서 교단에 건의한 개선안이 조속히 실행되지 못한 것에 강한 불만을 갖고 있었을 것이다. 그리고 그는 1933년 4월 총동맹 중앙집행위원장을 사직하고, 범어사로 내려와 있었던[42] 것은 그가 교단과는 일정한 거리를 유지하였던 저간의 사정을 암시케 해 준다.

허영호는 교육문제에 대한 인식을 불교의 중심으로 보아야 한다고 하였다. 그가 주장하였던 불교의 근본 중심은 佛陀 正法의 教旨와 修行의 강조에 있었다. 그 전제에서 당시 교육의 현실을 다음과 같이 비판하였다.

동시에 항일비밀결사 만당의 당원이었다. 이처럼 당원간에 교육문제로 팽팽히 대립한 불미스러운 사태가 만당 해체로까지 비화되었다.

40) 〈教界消息〉 「第四回宗會決議에 依한 委員會錄」 《佛教》 101 · 102합호, 1932.12.
41) 위의 허영호의 기고문, 〈朝鮮佛教教育制度의 缺陷과 改善〉 p.11.
42) 〈우리뉴-스〉, 「三君의 離京」 《金剛杵》 21호(1933.12).

그러하거늘 全朝鮮 佛教界를 살펴보라. 佛教教育의 制度와 內容이 얼마나 零星하고 紊亂하고 貧弱한 것인가를! 幾個의 講堂이 잇으나 殆히 化石의 存在에 不過하며 京城에 一個의 專門講院이 잇어 教學 專門의 旗幟를 날니나 不幸히 名稱上 存在로 地方 講院의 存在에서 지나침이 不過 一尺이요 中央佛教專門學校가 잇어 僧俗에 뻗이어 若干 氣焰을 吐하나 亦是 一個 淡虹에 지나지 안는다는 것은 決코 나의 酷評이 아닐 것이다.[43]

불교교육의 제도와 내용의 부실함을 강력히 비판하면서 지방의 강당, 중앙의 전문강원(불교연구원)과 중앙불전 등은 명분과 실제의 측면이 어긋나고 있다고 혹평하였다. 나아가서 그는 중앙과 지방간의 교육이 상호 유기적인 관계를 전혀 갖고 있지 않다고 지적하면서, 그 내용에 있어서도 불합리하며 비능률적인 제도라고 통감하였다.

한편 그는 시대와 사회는 시시각각으로 변천하고 유전하는데 불교의 교육제도는 수구적인 자세에서 전혀 변화될 조짐조차도 없다고 지적하였다. 이 전제하에서 그는 불교교육의 제도와 내용이 효율성이 적다고 분석하였다.

이러하게 現今의 朝鮮佛教教育의 制度와 內容이 아울너 效果的은 存在인 것은 決코 나만이 是認하는 일이 아닌 것은 講院 學人들이 講院 改善에 對한 要望으로 보든지 佛教青年同盟 全體大會에서 決議를 보든지 또는 佛教誌上에 나타나는 意見을 보더래도 짐작할 수가 잇다.[44]

또 강원의 학인 그리고 청년총동맹에서의 강원 개선노력과 결의도 교육제도와 내용의 부실에서 기인한 것으로 보았으며, 교육의 구체적인 개혁안이 나오지 못한 원인을 실행 당사자의 불교 교학진흥에 대한 성의 부족으로 간주하였다.

그는 이러한 교육제도와 내용에 대한 현실인식 아래 당시 교단, 즉 종회 및 중앙교무원에서 강원제도 개선심의위원회를 소집하고 구체적인 개

---

43) 許永鎬, 〈朝鮮佛教 教育制度의 缺陷과 改善〉《佛教》 103호, p.9. 1933.1.
44) 위의 자료, p.11.

혁안을 토의하려는 움직임에[45] 대하여, 그 활동은 '一代光明'이라고 높이 평가하였다.[46]

허영호는 이러한 입장에서 당시 강원의 문제점을 강도 있게 비판하였다. 다시 말하면 강원의 제도와 내용이 비능률적이고 비합리적이기 때문에 강원의 개혁은 讀經誦論 위주의 방편에서 벗어나 佛敎入門과 佛敎硏究에 적응한 기관이 되어야 한다고 주장하였다. 나아가서 그 근본 목적은 현 사회에 활용할 수 있는 佛敎學을 가르치는 데 있다고 주장하였다.

그러나 당시 불교학은 현실적으로 그렇지 못하다고 다음과 같이 지적하였다.

> 現今 朝鮮에 잇어서의 佛敎學은 거진 死學의 속에 들어가 잇다고 할만하다. 勿論 佛敎學 그 自體가 그러한 것은 아니다. 그 敎授方法이며 學習 狀況은 一種 死學의 暗誦에 지나지 안는다는 것은 講伯 自身 乃至 學人 自身이 일즉 認識하고 잇는 바일 것이다.[47]

그는 그 요인을 주로 교수방법과 학습 상황에서 기인한 것으로 보았으며, 당시 불교학을 '死學'의 지경으로 파악하면서 불교학은 생활에 필요한 것이 되어야 한다고 강조하였다.

그는 당시 승려의 생활은 교화·지도할 임무는 수행하지 않고 俗化·墮落의 경향을 띤다고 보았다. 따라서 이러한 승려의 타락도 교육문제에서 찾을 수 있다고 보았다.

> 이 理由 여럿이 될터이나 主로 敎育制度에 잇어서 그들의 僧侶生活를 營爲하기에 適應한 指導와 方向을 가르칠 수 없는 缺陷과 不備를 가지고 잇는 것이 무엇보다도 重要한 理由의 하나일 것이다. 그러하므로 生活에 遊離된 形骸의 意義만을 가진 現 佛敎 敎育制度 특히 講院制度를 改革하여 僧侶生活 經濟生活 修道生活 宣布生活에 適應한 制度와 內容을 가진 것으로 改革하여야 할 것이다.[48]

---

45) 졸고, 〈1930년대 강원제도 개선 문제〉의 내용 참조.
46) 위의 자료, p.11.
47) 위의 자료, p.12.

그는 승려의 생활과 유리된 당시 불교교육제도를 승려·경제·수도·선교생활에 적응되는 교육제도와 내용이 되도록 개혁하자고 하였다. 그의 입장은 특히 강원의 문제점에 집중된 것이다. 그는 강원개혁의 방향을 다음과 같이 제시하였다.

> 그래서 講院으로 하여금 僧侶의게 必須 機關되게 하고 佛敎硏究者의게 必要한 道場되게 하지 안으면 第二世 朝鮮佛敎徒로 하여곰 그 靈芽를 培養하고 그 慧釰을 鍛鍊하지 못하게 되여 指導의 明慧 가질 者로 하여곰 無知 落伍의 敗殘者만 되게 하고 말 것이다.[49]

승려에게는 必須 機關, 불학자에게는 必要 道場으로 활용되는 강원을 만들어야 한다는 것이다. 만약 그렇지 못한다면 명석한 指導者가 오히려 무지한 敗殘者만 만들게 될 것이라는 예측을 한 것이다. 허영호가 강원개혁에 대하여 이처럼 강력한 개선을 촉구한 것은 당시 강원이 문제가 많다고 본 것이며, 역설적으로는 강원이 당시 교육제도상에서 주요한 위치를 점하고 있었던 사정을 반영해 준다.

2) 교육제도의 개선안

허영호는 위기에 직면한 불교를 책임지고 나갈 승려를 길러내는 교육기관이 不備, 不完全, 不合理하다고 이해하고, 교육제도 개선안에 대해 다음과 같이 전제하고 있다.

> 다맛 時代의 進運을 생각고 思潮의 變遷을 생각고 僧侶 生活의 必要를 생각고 佛敎硏究의 段階를 생각고 政法宣布의 方便을 생각고 學習者의 程度를 생각해서 世間敎育과의 關係를 考慮하면서 다음과 같은 一案을 作成하랴 한다.[50]

시대와 사조, 승려생활의 필요, 불교연구원 단계, 포교의 방편, 학습자

---

48) 위와 같음.
49) 위의 자료, pp.12~13.
50) 위의 자료, p.13.

의 수준, 세간교육과의 관계 등을 고려한 개선안인데, 정리하면 현실에 필요한 교육제도를 만들어야 한다는 것으로 요약할 수 있다. 이러한 전제하에서 그는 교육기관의 종류 및 각 교육기관의 교수과목으로 대별하여 그 대안을 제시하였다.

그는 교육기관의 대상을 검토함에 있어, 인간 습성의 발달과 인간 학습의 유효 기간을 고려하여 대략 25세를 학습기간의 종료시점으로 보았다. 이에 근거하여 당시 불교계에서는 득도연한이 제한되어 있지 않은 현실을 비판하면서 만12세를 득도연한의 최하한으로 설정하였다. 그러나 이 12세의 출가 득도도 보통학교를 졸업하거나 그와 동등한 학력을 소유한 경우에만 허락한다고 하였다. 그는 이러한 문제를 고려하여 13~25세까지의 만 13년 간을 승려의 학습기간으로 보았다. 또 이 13년 중 3년 정도는 공백이 있을 것을 예상하여 10년을 승려의 학습·교육기간으로 정하였다.

아래는 허영호가 제시한 불교교육제도의 구도이다.

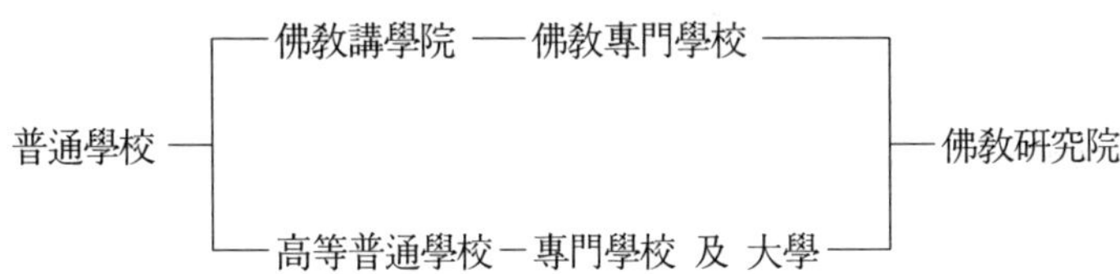

허영호는 승려가 되려고 출가하는 자의 학력은 기본적으로 보통학교의 졸업을 조건으로 제시하였다. 그리고 교육 기간 10년을 佛敎講學院 4년, 佛敎專門學校 3년, 佛敎硏究院 2~3년으로 구분하였다.

불교강학원은 불교교육제도에서 초등 정도의 수학기관으로 설정하면서, 세간의 고등보통학교에 비견하였다. 이 강학원은 당시의 강원을 개편하면 용이할 것으로 보았다. 불교전문학교는 강학원을 졸업한 자 및 그와 동등 이상의 학력을 가진 자에게 불교학을 비교적 전문적으로 교수하는 교육기관으로 설정하였다. 허영호는 이 전문학교를 졸업하면 본말사 住持·三職·布敎師에 피선될 수 있는 자격을 부여하자고 하였다. 요컨대 교단의 중견인물의 양성소로 고려하였는바, 이 기관은 당시의 중앙불전의 내용을 충실히 하면 적당하다고 보았다.

불교연구원은 불교학을 전공하는 자의 양성을 목표로 하는 기관으로 설정하였는데, 입학 자격은 불교전문학교 졸업자와 그와 동등 이상의 학력이 있다고 인정되는 자로 정하였다. 이 연구원은 당시의 중앙불전 내에 설치하면 가능하다고 보았다. 여기에서 허영호는 당시 개운사에 있었던 불교연구원을 전혀 언급하지 않았다. 이는 그가 신학문의 세례를 받은 대상이었기에 강원의 최고학부로 출발한 구학 중심 교육기관의 성격을 띠고 있는 개운사 불교연구원을 고려치 않고 별도의 불교 최고학부를 제정하자고 주장한 것으로 보인다.

허영호는 교육기관을 설정하면서 강학원·불교전문학교·불교연구원에서 일반 속인인 재가불자들도 수학할 수 있음을 개진하였다. 그러나 그는 재가불자의 교육에 있어, 전문학교나 대학을 졸업한 자는 연구원에 들어올 수 있지만, 고등보통학교의 졸업자는 내전에 대한 소양이 없으므로 1~2년 정도를 강학원의 수학을 반드시 이수해야 한다는 단서를 붙였다. 이러한 내용을 보면 허영호가 제시한 교육제도는 승려로 제한하지 않고 불교를 공부하려는 모든 대상에게 문호를 개방한 것으로 볼 수 있다.

이제부터는 각 교육기관의 교수과목을 살펴보자. 먼저 불교 강학원의 학과 과정 및 주 단위의 교수 시간표를 살펴보면 그 개요는 기본적으로 佛敎學과 外典學으로 대별하였고, 불교학에서는 계율·개론·각론·불교사·연습 등으로 구분하였으며 외전학에는 일어 및 한문·조선어·외국어·역사·지리·수학·이과·음악·체조 등을 포함시켰다. 이러한 기본 구도에서 나온 교과목을 구체적으로 제시하고자 한다.

제1학년(괄호안의 수는 시수임)
敎團 및 一般의 道德, 宗憲 講釋(1) 佛敎要義(2) 朝鮮佛敎 要旨(2) 元始佛敎 要義(2) 佛傳(1) 朝鮮佛敎史(2) 日用誦呪, 儀式節次(1) 日語 및 漢文의 講讀·作文·習字(4) 朝鮮語 講讀·作文(3) 外國語의 發音·綴字·讀方·話方·作文·習字·譯解·書取(4) 日本·朝鮮 歷史(2) 日本·朝鮮 地理(1) 算術

代數(2) 生理 및 衛生(2) 單複音 唱歌(1) 體操·敎鍊·遊戲·競技·其他(2)

제2학년

敎團 및 一般의 道德, 敎團의 法規(1) 佛敎總論(2) 中觀 要義(2) 俱舍要義(2) 高德傳記(2) 印度佛敎史(2) 日用誦呪, 儀式節次(1) 日語 및 漢文의 講讀·作文·習字(4) 朝鮮語 講讀·作文(3) 外國語 發音·綴字·讀方·話方·作文·習字·譯解·書取(4) 日本·朝鮮 歷史 (2) 日本·朝鮮 地理(1) 代數, 幾何(2) 物理 및 化學動物(3) 單複音 唱歌(1) 體操 敎鍊, 遊戲 競技 기타(2)

제3학년

敎團 및 一般道德, 敎團 및 社會生活 要旨(1) 華嚴要義(1) 天台要義(2) 唯識要義(2) 各宗簡要(2) 支那佛敎史(2) 日用誦呪 儀式節次 및 悉曇(1) 日語 및 漢文의 講讀·作文·習字·文法(4) 朝鮮語의 講讀·作文, 文法(3) 外國語의 發音·綴字·讀方·話方·作文·習字·譯解·書取(3) 外國史(2) 外國地理(2) 幾何, 三角(2) 生理 및 化學植物(3) 單複音唱歌(1) 體操 敎鍊, 遊戲 競技 其他(2)

제4학년

敎團 및 一般의 道德 敎團 및 社會生活 要旨(1) 華嚴要義(2) 禪學要義(2) 起信要義(1) 各宗簡要(2) 佛敎硏究法 指針(1) 歐米 및 日本佛敎史(2) 日用誦呪 儀式節次 및 悉曇(1) 日語 및 漢文의 講讀·作文·習字, 文法(4) 朝鮮語 講讀·作文·文法(3) 外國語의 發音·綴字·讀方·話方·作文·習字·譯解·書取(3) 外國史(2) 外國地理 및 地理通論(2) 幾何, 三角(2) 物理 및 化學鑛物(3) 體操敎鍊, 遊戲競技 기타(2)

불교전문학교의 교과목은 당시 중앙불전의 학과목 및 과정의 토대하에서 허영호의 의견이 가미된 것이다. 그가 중앙불전의 과목에 동의하는 입장은 아니지만, 설립되어 있었던 중앙불전의 중요성을 인정한다는 취지에서 재조정한 것이었다. 재조정의 원칙은 불교교육 전반의 유기적 관계를 고려하는 데 있다. 따라서 강학원의 경우와 같이 불교학과 외전학으로 대별하고, 불교학은 계율 및 도덕·불교각론·불교사·聖語 등으로 구분하였으며 외전학은 종교학 및 종교사·유학·윤리학 및 교육학·철학 및 철학사·사회학·조선어학 및 문학·일어 및 문학·외국어·체조 등으로 구분하였다. 각 학년별의 교과목은 다음과 같다.[51)

제1학년(괄호안의 수는 시수임)

佛敎의 戒律, 一般道德(2) 朝鮮佛敎敎理(2) 起信敎學(2) 佛敎槪論(2) 根本 및 部波佛敎學(2) 佛敎思想 發達史(2) 印支佛敎史(2) 巴利語(梵語)(2) 朝鮮宗敎史(1) 儒學槪論(2) 哲學槪論(2) 論理學(2) 朝鮮語學 및 語學史(2) 日語講讀(2) 英語(獨, 佛語)(4) 體操(1)

제2학년

佛敎의 戒律, 一般道德(2) 般若學(2) 華嚴學(2) 聖典學(2) 俱舍學(2) 佛敎思想 發達史(2) 朝鮮佛敎史(2) 巴利語(梵語)(2) 宗敎學槪論(2) 倫理學(2) 自然科學 槪論(1) 心理學(2) 社會學(2) 朝鮮文學史(2) 日語講讀(2) 英語(獨, 佛語)(3) 體操(1)

제3학년

佛敎의 戒律, 一般道德(2) 禪學槪論(2) 天台學(2) 聖典成立史(2) 唯識學(2) 佛敎美術史(2) 日本佛敎史(2) 巴利語(梵語)(2) 敎育學 및 敎育史(2) 西洋哲學史(2) 印度哲學史(2) 社會問題 및 社會事業(2) 朝鮮文學講讀(2) 日語文學(2) 英語(獨, 佛語)(3) 體操(1)

　다음으로는 불교연구원의 연구 과목에 대하여 살펴보겠다.[52] 허영호는 연구원이 기본적으로 불교를 전공으로 연구하는 기관이라는 판단하에 특별한 과목을 열거하지 않았다. 연구원의 연구생은 연구원 소속의 교수에게 자신이 연구할 분야에 대해 지도를 받아 자유롭게 연구하게 하여 매년 그 연구결과를 연구원 研修會에 제출하도록 하였다. 2년 이상 연구원에 재학하고 있는 연구생이 졸업연구 논문을 제출하여 통과·합격되면, 교사 또는 불교 강학원의 강사의 자격을 주는 것을 제안하였다.

　그리고 연구원 설치와 관련하여 경비상 어려움이 예상되기 때문에 우선은 중앙불전 내에 두고, 그 도서관 안에 연구실을 두며 지도교수는 중앙불전의 교수 중에서 적당한 대상자를 선택하여 담당하게 하면 가능할 것이라고 판단하였다.

---

51) 위의 자료, pp.16～17.
52) 위의 자료, p.17.

그리고 허영호는 그가 제시한 교육제도를 교학 중심으로 개진하였다고 하면서 교학이 불교교육의 완전한 終業을 의미하는 것은 아니라고 하였다. 또한 修禪者에 관한 특별한 제도·기관이 있어야 한다며 최고의 禪敎機關으로 중앙에 禪敎院을 설치하자고 주장하였다.[53]

이 선교원은 교정 및 추대된 선교원 회원으로 조직하며, 禪敎의 장려 및 대우를 목적으로 相應한 行證者에게는 추천에 의해 大禪師의 위호를 수여하는 방안을 제시하였다. 그리고 교학 분야에서는 불교연구원의 졸업자 중 大敎師 청구논문을 제출하게 하여 통과된 대상자만 大敎師의 位號를 수여하자고 하였다. 각 지방 사찰에서 임의로 주고 있는 대선사, 대교사의 직위 수여의 권한을 폐지하고 전 조선적으로 통일하여 이 방법을 시행하자고 제안하였다.

지금까지 살펴본 허영호의 주장은 기본적으로 신학의 대거 수용을 통한 교육제도의 전반적인 재편이었다. 그 수용은 신·구학의 대등한 조화였지만 앞서 살핀 조종현의 경우보다는 신학 중심의 대안으로 볼 수 있다. 그리고 그의 주장은 단순히 강원개선에만 머무르지 않고 불교교육제도 전체를 아우르는 것이다. 또한 승려생활의 필요성이라는 강한 목적이 깔려 있었는데, 이점을 특성으로 볼 수 있다. 동시에 재가불자도 교육 대상에 포함시킬 수 있다는 것에서는 그가 불교의 대중화를 고려한[54] 것으로 볼 수 있다.

4. 결 어

이상으로 1930년대 중앙불교계에서 활동하였던 조종현과 허영호의 불교교육제도의 인식과 대안의 내용을 살펴보았다. 그들은 당시 구학과 신학을 대변할 수 있는 인물로서, 그들의 교육제도에 관련된 주장은 당시의

---

53) 위의 자료, p.18.
54) 혹시 이 점을 갖고 그가 승려의 대처까지 인정한 것이 아니었는가에 대해서도 이러저러한 점을 궁리해 보았는데, 이러한 문제는 더욱 천착을 요하는 사항이다.

일반적인 담론 및 1930년대 전반기의 불교교육제도의 인식의 준거로 삼을 수 있다.

1930년대 전반기 불교계는 구·신학 분야에서 각기 교육제도 개선에 대한 논란이 뜨겁게 달아올랐다. 이는 기본적으로 교육을 통하여 불교의 대중화를 기하려는 저간의 인식이 보편화되었던 데에서 기인한다. 그러나 그 이면에는 1910~20년대의 불교개혁론의 구도에서 나온 신학 중심의 교육에 대한 반발이 개재되어 있었다. 이에 대략 구학과 신학을 조화하여 교육제도를 개선하려는 움직임이 일정하게 흐르고 있었다. 그 조화의 구도에서 구학과 신학은 각기 고유 영역을 완전 배제하지는 않았다. 이러한 추세는 조종현과 허영호의 주장에서 찾아 볼 수 있다.

조종현은 동화사·개운사 강원 출신이었으며, 구학을 대변하는 강원의 학인들이 주도한 조선불교학인대회의 주도자였다. 이는 곧 그가 구학을 상징할 수 있는 인물이라는 점을 말해 준다. 그가 관여하였던 학인연맹에서는 줄기차게 당시 교단에 강원교육개선에 대한 건의를 하였다. 그러나 그 건의는 즉시 이행되지 않았는데, 바로 이점이 《불교》지에 그의 의견을 개진한 배경이 되었다. 여기서 그는 강원교육의 장려 및 제도 개선의 절규로써 그 글을 기고한다고 분명히 밝히고 있다.

그는 당시 강원의 제반 문제점을 지적하면서 특히 강원의 교과서와 교수방법에 대해 강한 비판을 하였다. 그리고 그 대안의 기본구도로 초등과(2년), 중등과(2년), 고등과(3년), 불교연구원(3년)이라는 교육 체계를 제시하였으며, 교과서와 교과과정의 대안도 제시하였다. 이러한 그의 주장의 밑바탕에는 시대와 민중이 요구하는 승려를 양성해야 한다는 의식이 개재되어 있었다. 그는 그가 주장한 대안들을 시대에 적응한 교육책으로 규정하였다. 그리고 강원을 승려의 보통교육과 의무교육의 기관으로 만들자고 제시하였다. 이는 구학중심의 교육제도를 강조한 것이다. 그러나 신학을 완전 배제하지는 않았다. 다만 신학의 외전은 적당한 과목을 선택하여 가르칠 수 있다는 여지를 남겼다. 특히 교수방법의 대안에서 신학문에서 활용되고 있는 방법을 과감하게 도입하자고 하였다. 그러므로 그의 개선안은 구학을 기본으로 하되, 신학의 방법을 가미하는 성격이었음을 알 수 있다.

허영호는 범어사 출신이었지만 일본유학을 다녀온 후 중앙불전의 교수를 역임하였기에 신학을 대변한 인물로 볼 수 있다. 그리고 귀국 후 불교청년운동에도 적극 가담하였는데, 그가 활동한 단체는 신학문을 수학한 불교청년들이 주도한 조선불교청년총동맹이었다.

그는 당시 전반적인 교육기관이 매우 부실함을 지적하였다. 강원과 중앙불전의 교육체계와 내용 자체도 부실하지만 교육기관간의 유기적 관계도 부재하다고 이해하였다.

그는 당시 강원이 비능률적인 제도와 부실한 내용의 문제점을 가지며, 시대에 부응하지 못하는 수구적인 태도를 가지고 있다고 비판하였다. 그 비판의 근거는 사회에 활용할 수 있는 불교학을 가르쳐야 한다는 것이다. 이에 그는 당시 불교학을 죽은 학문으로 규정하고, 승려의 생활도 속화·타락하였다고 주장하였다. 그는 강원의 교육이 승려의 생활과 유리되어서는 안 된다고 단언하였다.

또한 그는 불교교육제도의 대안을 제시하였는데 그 기준으로 시대와 사조, 승려생활의 필요, 불교연구원과의 관계, 포교의 방편, 학습자의 수준, 세간 교육과의 관계 등을 유의하였다. 그는 이러한 전제와 10년 정도의 교육기간에서 다음과 같은 두 코스로 교육기관을 대별시켰다.

전자는 보통학교, 불교강학원(4년), 불교전문학교(3년), 불교연구원(2~3년)이고 후자는 보통학교, 고등보통학교, 전문학교 및 대학, 불교연구원이다. 그런데 이 구도를 제시하면서 승려뿐만 아니라 재가불자들도 수용할 수 있다는 입장을 개진하였다. 그리고 교과내용을 불교학과 외전학으로 대별하면서 그 세부 과목까지 제시하였다. 더욱이 강원과 불교전문학교의 수업 시간표를 단위시간으로 구분하였는데 여기에서 그의 신학적 입장이 확연하게 드러난다.

이 같은 허영호의 개선 방향은 구학과 신학을 대등하게 본 것이다. 이 대등한 균형은 조종현이 구학을 중심으로 하고 신학을 가미한 것에 비교하면 상대적으로 신학이 대거 포함된 것으로 볼 수 있다.

조종현과 허영호의 불교교육제도와 내용에 대한 주장은 당시로서는 상당히 파격적인 것이었다. 이 같은 주장이 1933년 3월 당시 교단에서 확정한 강원규칙에 어떻게 반영되었는가, 혹은 불교계에 끼친 내용은 무엇이었는가에 대한 검토는 별도로 천착할 문제이다. 그러나 그들의 주장은 자기의 경험과 당시의 현실을 냉철하게 살핀 후에 나온 정비된 논리였음을 유의해야 한다. 우리는 바로 여기에서 일제하 불교교육제도의 제반 모순과 문제점, 그리고 이를 개선하려는 구·신학 분야의 움직임의 일단을 살필 수 있다.

제 4 부

20세기의 교단

교단 개혁운동의 명암

1. 불교교단 개혁운동의 성격

20세기 불교교단 개혁에 관련된 활동은 당시 불교사를 집약하여 보여 주는 단면이다. 또한 불교계가 주어진 현실을 극복하여 불교발전을 기하려는 처절한 고뇌가 담겨 있으며, 한편으로는 불교계 구성원들이 명리에 얽혀 현실과 타협·굴절·좌절한 부끄러운 행적도 찾을 수 있다.

교단의 개혁은 불교의 사상을 널리 보편화·대중화하려는 적극적인 노력이다. 거기에는 기존 교단의 모순과 함께 교단개혁의 노력을 저해하고 있는 정치·사회적인 난관이 늘 있었다. 이는 교단 내외에 있었으며, 서로 뒤엉켜 있었기에 교단의 개혁은 간단하지 않았다. 따라서 교단개혁에는 불교계의 정치·사회적인 현실인식을 찾을 수 있으며, 이를 풀어가려는 방법상의 차이로 인한 불교도간의 갈등과 대립도 볼 수 있다.

그런데 교단개혁을 둘러싸고 있었던 외적인 문제는 주로 정치권력의 문제였다. 일제하에서는 일본제국주의였으며 해방 이후에는 공권력을 담당하고 있는 위정자였다. 이에 교단개혁의 움직임에는 불가피하게 일제와 위정자와의 대응이 노정되었다. 교단개혁의 내부적인 문제는 기존 교단 집행부와의 대립과 함께 개혁을 추구하는 방법의 차별성에서 기인된 세력간의 갈등이다. 아울러 교단운영의 지향점이 판이한 측면이 노출되기도 하였다. 이 갈등에는 교단개혁을 주도하거나, 개혁이 성사되었을 경우 파생되는 명리가 개재되었음을 부정할 수 없다. 요컨대 속세적인 이익 추구의 속성을 배제할 수는 없다. 그런데 교단 내외에 드러난 문제를 일률적으로 구분하기는 매우 어렵다. 서로 얽히고 설키어 있었으며, 자기의 이익을 위해 명분으로 내세우는 경우가 비일비재하였기 때문이다.

20세기 교단개혁도 일별해 보면, 그 초점은 불교발전을 위한 교단의 확립이었지만 정치권력 및 명리의 문제가 깔려 있었다. 이들을 어떠한 입장에서 인식하였으며 불교가 지향하는 가치와 어떻게 조화했느냐에 의하여 혁신의 활동은 성사되기도 하고 때로는 쓰라린 행적을 거듭하기도 하였다.

일제하에서는 주로 교단 재건을 통한 불교개혁이 주된 고민이었으며, 해방 이후에는 교단내부의 운영이 개혁의 대상이었다. 물론 재건과 운영의 성격은 혼재되어 100여 년 간 지속되었지만, 이러한 노력은 당시 현실과 밀접한 관련에 의해 억제되고 구속되었다. 그 구속을 벗어나려는 명분이 불교의 자주화였다. 이에 불교의 자주화를 가로막고 있었던 불교계 내외의 현실과 모순을 극복하려는 노력이 줄기차게 나타났는데 이를 교단개혁의 단면으로 볼 수 있다.

본 고찰에서는 이러한 전제하에 20세기 교단개혁과 관련된 흔적 중 중요한 활동을 선별하여 그 개요와 성격을 조망하고자 한다. 우리는 이러한 흔적들에 담겨진 본질을 되새겨 봄으로써 21세기 교단개혁의 이정표를 가늠할 수 있을 것이다.

2. 중앙기관, 총무원·교무원의 성립과 분열 / 1920년대

개항 이후 근대불교로 접어든 불교계는 조선후기 당시의 부진을 극복하기 위해 다양한 행보를 거듭하였다. 그것은 불교대중화로 요약할 수 있으며, 산간불교에서 도회지불교로의 전환으로 말하기도 한다. 그 과정에서 원흥사, 사사관리서, 불교연구회, 원종, 임제종 등이 등장하였지만 구체적인 실행이라는 면에서 이를 정상적인 교단으로 보기는 어렵다. 오히려 1911년 한국을 강탈한 일제가 제정한 사찰령 체제에 의해 일제의 행정편의주의적인 관리체제에 놓여 있었다. '조선선교양종'이라는 종명은 있었지만, 사찰령 체제는 근대적인 교단과는 거리가 있었다. 오히려 사찰령에서 정한 본말사 구도에서 의해서 불교는 30본산으로 개별화되었다. 이 체제 하의 종단의 흔적과 시원은 1915년 2월에 등장한 조선각본사연합제규(朝鮮各本寺聯合制規)에서 찾을 수 있다. 이 제규는 당시 각 본산이 중앙에서 교육과 포교를 공동으로 행하기 위한 사무처리 수준의 약속이다. 이를 통해 중앙학림, 지방학림, 각황사중앙포교당 등을 운영하였다.

그러나 이 제규는 교육과 포교를 위한 것에 머물렀기에 종단이 갖고 있는 기본 성격인 불교계 전체의 통일성은 없었다. 더욱이 사찰령체제에 기대어 일신의 안일을 추구한 본산 주지들의 친일성이 이 제규시행 이후 본격적으로 대두되었다. 이 문제점은 1919년 거족적인 3·1 운동 직후 청년 승려들에 의하여 불교계의 모순으로 지적되었다. 이를 개혁하려는 움직임이 본격화되면서 나타난 것이 중앙기관으로서의 총무원과 교무원이다.

3·1 운동 직후 각 분야에 나타난 자주의 몸부림은 불교계에도 나타났는데 이를 선도한 것은 조선불교청년회와 그 별동대였던 조선불교유신회였다. 조선불교청년회는 1920년 6월 20일 각황사에서 창립되었으며, 조선불교유신회는 1920년 12월의 불교유신예비회와 유신협의회의 개최에서 비롯되었다. 여기에서 불교청년들은 그 이듬해 개최되는 30본산주지총회에 건의할 8개항의 유신안을 결정하였다. 8개항은 조선불교는 만사를 공의에 부칠 것, 30본산연합제규를 고칠 것, 사찰의 재정을 통일할 것, 조선불교교육의 주의와 제도를 혁신할 것, 포교방법을 개선할 것, 종래의 의식을 개선할 것, 경성에 홍교원을 건설할 것, 인쇄소를 설치할 것 등이다. 이 중 연합제규의 변경, 사찰재정의 통일, 교육제도 혁신 등이 교단 건설의 주된 내용이다. 이 안은 전국 불교청년단체들의 동의하에 30본산연합사무소에 제출되었다. 이것이 바로 교단지향이자 교단혁신의 노력이다.

한편 당시 본산 주지들도 이러한 불교청년들의 건의에 영향 받으면서 불교제도를 개혁하려는 노력을 기울였다. 1921년 1월에 개최된 30본산주지총회에서 불교의 혁신을 기하기 위해 연합사무소의 제도 폐지, 종무원(宗務院) 제도 활용, 연합사무소의 확충 등을 결의하였다. 그러나 주지들의 이 결의는 이를 반대하는 일부 승려와 일제당국의 반대로 즉각 이행되지 못하였다. 이에 불교청년들은 기득권적인 주지층을 반대하는 움직임을 노골화시켰다.

불교청년들의 불만은 마침내 1921년 12월 조선불교유신회의 창립으로 이어졌다. 불교청년들은 유신회의 지표로 4대 강령을 정하여 교단 건설에 매진할 것을 결의하였다. 그 강령은 조선불교의 현행제도 타파, 통일기관 건설, 사유재산 정리, 포교·교육기관 확장이다. 유신회에서 이 강령을 내세운 것은 사찰령 제정 이후 10여 년 간 불교사업이 통일되지 못하고 주지들은 기득권을 유지하기 위한 일에만 전념한 행태의 비판에서 나온 것이다.

그러자 불교계는 유신회의 주장을 수용하려는 부류와 그를 배척하려는 부류로 양분되었다. 이 같은 현상은 1922년 1월 7~9일에 개최된 30본산 주지총회에서 표면화되었다. 이 총회는 주지들만의 회의였지만 유신회원들도 참관하는 등 그 진행 및 결과는 당시 불교계의 초미의 관심사였다. 유신회의 회장인 박한영은 대회에 정식 참가하여 유신회의 입장을 개진하였다. 대회에서는 당초대로 주지총회로 진행하려는 측과 그를 불교총회로 전환하려는 측간의 팽팽한 대립이 전개되었다. 마침내 그 대회의 성격을 놓고 표결한 결과 13대 11로 불교총회로 결정되었다. 그러나 불만을 품은 주지들은 그 대회에서 이탈하였다.

불교총회로 전환된 그 회의에서는 불교청년들의 주장을 수용하여 30본산연합제규를 폐지하고 새로운 중앙기관인 총무원의 설립을 결정하였다. 총무원에 동참한 본산은 해인사·통도사·범어사·석왕사 등 10여 본산이었다. 그리고 유신회에서는 그들의 주장을 지방회원에게 홍보하면서 불교개혁의 최대 장애인 사찰령의 철폐를 위한 건백서를 2,284명의 연서를 받아 이를 총독부에 제출하였다. 그 주요 내용은 30본사제도의 변혁, 일반 교회의 통규(通規)에 준하여 자립 자치할 불교의 통일기관의 조직이다. 총무원측에서는 총무원을 완전한 통일기관 이전의 임시기관으로 설정하고 규칙제정, 사업 수행, 사업비 납부, 집행부서인 의사회를 구성하였다.

　　그런데 이에 불만을 갖고 있었던 여타 본산 주지들은 독자적인 총회를 갖고 사찰령을 부정하는 총무원을 반대하였다. 이 움직임은 당시 일제당국의 은근한 후원을 받았음은 물론이다. 일제는 사찰령 철폐는 불가하고 사법은 개정할 수 있다는 입장을 견지하였다. 더욱이 불교총회는 법으로 인정한 회의가 아니기에 거기에서 정한 총무원은 인정하지 않았다. 또한 총무원이 불교의 분열을 획책하는 것도 좌시하지 않겠다고 하면서 유신회와 총무원을 부정하였다. 총독부 노선에 서 있던 본산들은 연합제규의 존속, 연합사무소의 확충, 사업 확대를 통한 현실 안주를 기하려고 하였다. 그러나 총독부와 반총무원 노선에 서 있었던 주지들도 연합제규의 존속을 지속적으로 고집하지는 못하였다. 마침내 그들도 연합제규의 폐지를 통한 독자적인 노선을 세웠는데, 그것이 1922년 5월에 결의한 재단법인 조선불교 교무원이다. 60만원 재단으로 출발한 그 교무원에는 30본산 중 27본산이 참여하였다. 이는 일제의 강압이 작용하였음을 말한다.

　　이후 총무원과 교무원의 갈등·대립은 치열하게 전개되었는데 단적으로 드러난 것이 강대련 명고축출사건과 각황사 문패철거사건이다. 전자는 불교유신회원이 일제의 입장에 서 있던 용주사 주지 강대련을 '불교계대악마강대련'이라는 깃발을 등 뒤에 강제로 짊어지게 하고 북을 두드리며 서울 종로거리를 행진한 사건이다. 후자는 총무원과 교무원이 각황사의 연고권을 서로 내세우며 문패를 독점적으로 걸려고 한 사건이다. 모두 불교계 내분을 말하는 것으로 각기 경찰에 구금되고 재판에 회부되기도 한 불미스러운 사태였다.

　　이처럼 1920년대 전반기는 총무원과 교무원이라는 교단을 지향하는 중앙기관이 성립하였다. 그러나 총무원과 교무원은 사찰을 통할할 근거와 능력이 없었기에 교단의 성격은 미흡하였다. 두 기관 모두가 한국불교 전체를 대상화하지 못하였다는 측면, 총무원은 교단지향의 활동을 하였지만 교헌은 끝내 성사시키지 못한 점, 교무원은 불교사업을 추진하기 위한 재단법인의 성격에 머무른 점 능이다. 한편 두 기관의 성격도 매우 이질적이다. 총무원은 청년의 단체로, 교무원은 노덕의 단체로 지칭된 것에서 단적으로 알 수 있다. 그리고 총무원측은 주지의 전제를 문제 삼았으며, 교무원측은 신풍조에 중독되어 불교의 속세화로 경도되는 것을 우려하였다.

그러나 그 이면에는 일제의 사찰정책을 수용할 것인가의 여부가 분립의 명분이 되었다. 비판적으로 보면 그 분립은 명분을 내세워 명리를 유지하려는 수단이었음도 배제할 수 없다. 한편 1924년 3월경 총무원측 본산이 교무원으로 들어오는 방법으로 두 기관은 통합되었다. 물론 여기에는 일제의 부단한 조종과 압력이 작용하였다.

3. 자주교단의 건설과 소멸 / 1930년대

재단법인인 교무원은 불교계의 사업(교육, 포교)을 공동으로 수행하는 기관이었지만, 제한된 의미에서 교단의 역할을 수행하였다. 오히려 교단적인 성격은 일제의 사찰령에 의해서 처리되었던 제반 사업에서 찾을 수 있다. 당시 불교통일운동에서 문제시된 것은 불교계 전체를 통할하는 기준 및 규율의 부재이다. 더욱이 각 본산들의 군웅할거하는 현실은 그것을 더욱 어렵게 하였다. 여기에 일제의 사찰정책이 불교전통을 고려하지 않고 대처식육을 방관하였던 것에서 나온 막행막식과 승려의 수행정신 파괴는 불교의 타락을 방치하는 결과를 초래하였다.

이러한 모순을 해결하려는 움직임이 곧 불교계의 통일운동이었다. 이 통일운동은 1928년부터 일단의 청년승려들에 의하여 추진되었다. 그들은 3·1 운동 직후 불교혁신운동을 추진하였던 불교청년들이었고, 민족운동 참여와 조선불교유신회를 통하여 불교개혁을 추진하였지만 현실의 높은 벽을 절감하고 외국유학을 다녀왔던 인사들이었다. 그들은 우선 조선불교청년회를 재기시키고 당시 불교발전의 첩경이 불교계 통일운동임을 판단하면서 이를 실행에 옮겨 승려대회를 준비하여 불교계 전체의 이름으로 추진하고자 했다.

1928년 11월 30일, 승려대회 발기대회를 개최하였다. 당시 발기대회를 주도한 백성욱은 대회의 목적이 종헌과 종법의 제정이며 불교발전의 장애

는 각자 분립의 상태로 인한 통일운동의 부재라고 지적하였다. 그해 11~
12월의 승려대회 준비를 거쳐 1929년 1월 3~5일 각황사에서 역사적인
승려대회가 열렸다.

그 대회에는 불교계 대표로 지정된 대상 인물 156명 중 107명이 참가
하였으며 종헌, 종회법, 교무원칙, 교정회 규약, 법규위원회 규칙 등이 결
정되었다. 이 중 가장 중요한 것은 물론 종헌이다. 12장 31조로 구성된 그
종헌은 불교 헌법의 의미를 담고 있다. 이 같은 제반 결정에 의하여 불교
계에는 입법·대표기관인 종회, 행정·실행기관인 중앙교무원이 성립하
였고 불교계를 대표하는 교정 7인도 선출하였다.

이러한 결정은 곧 불교교단이 성립하였음을 의미한다. 또한 1900년 이
래 한국불교계가 그토록 염원하였던 교단을 자주적으로 성사시켰음을 말
한다. 이 대회는 당시에도 조선불교의 획기적 사실, 교정의 새로운 운동,
놀라운 설계로 표현되면서 종헌은 자주적 확립과 전체적 통일을 기하기
위한 산물로 보았다. 한용운도 당시 그 종헌의 선서식에 대해 종회는 조
선불교의 통제기관으로 출현하였고, 종헌도 엄정하여 성립 당시에는 장엄
하고 서원이 견고하였다고 평하였다.

그러나 그 종헌에도 일정한 한계는 있었다. 즉 사찰령을 완전 극복하지
는 못했다는 것이다. 특히 종명과 사찰재산, 인사권 행사에 있어서 사찰령
체제를 뛰어 넘지 못하였다. 또한 승려대회 때부터 일제의 회유 등에 의
해 중도탈락한 인사도 있었다. 그러나 불교계는 이를 사찰령 극복의 지름
길로 여겼기에 이를 실행하는 것이 불교계의 당면과제였다. 이 운동은 종
헌실행운동으로 명명되었는데, 곧 교단의 정상화를 의미하였다.

불교계는 종헌에서 규정한 바와 같이 제반 사업을 정상적으로 추진하
였다. 1930년에 승려법, 포교법, 교육법을 제정한 것도 그와 관계가 있다.
그러나 1931년경부터는 종헌실행에 문제가 생기기 시작했다. 그 움직임은
종헌실행의 저해운동, 반종헌세력으로 지칭되었다. 반종헌의 움직임이 점
차 노골화되었던 연유는 반종헌세력이 일제가 세정한 사찰령에만 유의한
바에서 기인한 것이다. 그것은 종헌이 사찰령의 핵심이자 교단운영의 요

체인 인사권과 재산권의 행사에 미흡함을 여실히 나타냄을 의미한다. 달리 말하면 사찰령으로 일제당국에 의해 재산권과 인사권이 행사되었다는 것이다. 그것은 친일적이고, 반불교적인 인사들이 종헌의 구도에서 배제됨을 염려한 산물이었다. 당시 일제당국은 종헌의 정신이 사찰령 반대운동 혹은 민족운동으로 확대되는 것을 예의 주시하며, 사찰령이 저촉되지 않는 범위 내에서는 방관하겠다는 입장이었다.

불교계에 나온 종헌실행의 대책은 종헌인가설 검토, 사법개정운동, 종헌반포기념일 제정 등이다. 종헌인가설은 종헌을 일제당국에 승인을 얻자는 논리였는데 종헌의 자주성을 파괴한다는 비판에 의해 사라졌다. 사법개정은 종헌에서 규정한 불교계 통일의 요소를 각 본산의 사법에 포함시키고 그 사법을 일제당국의 승인을 받자는 것이다. 이 운동은 일시적으로 각 본산 주지들도 동의하였지만 성사시키지는 못하였다. 종헌반포 기념일은 종헌이 제정된 것이 1월 4일이므로 이 날을 매년 기념하는 의식을 갖자는 것이다. 1933년 1월 4일에는 중앙과 지방에서 이 의식을 거행하였다.

불교계의 각 단체에서는 종헌실행을 불교자주화의 구현과 식민지불교 극복의 차선책으로 여겨 불교계의 최대 과제로 알았다. 그리고 종헌을 실행하기 위한 노력을 다각적으로 추진하였지만 그 노력의 효과와 결과는 미약하였다. 마침내 1934년경 종헌이 소멸되었다. 종헌에서 규정한 종회와 중앙교무원도 사라졌다. 불교계가 필요에 의해서 제정하였고, 그를 지키겠다고 부처 앞에서도 맹세한 당사자들이 타율적인 사찰령과 사법을 금과옥조로 여겼다는 것은 나약한 자주성 그 자체였다.

이에 불교계는 종헌 추진세력과 반종헌 추진세력으로 양분되었다. 이 세력간의 갈등으로 불교계는 지방 분권화가 되었다는 평도 등장하였다. 이 같은 정황으로 불교사업이 퇴보됨은 당연한 결과였다. 《불교》지의 휴간, 보성고보의 매각, 중앙불전의 경영 여부 논란, 재단법인 교무원 증좌이행 불투명, 만당의 내분 등이 그 갈등의 구도에서 나왔다. 이는 교정의 퇴보이자, 불교계 비자주성의 산물이다.

4. 해방공간의 교단개혁 / 1940년대

8·15 해방은 불교계의 다양한 변화를 야기하였다. 그 중 제일 주목할 것은 일제하의 교단 집행부가 사직하고 새로운 과도체제가 등장하였다는 것이다. 해방 이전의 교단은 1941년 4월 사찰령 시행규칙의 개정으로 나타난 '조선불교조계종총본사태고사법'의 산물인 조계종을 말한다. 그리고 그 과도체제는 조선불교혁신준비위원회였다. 이 위원회의 준비에 의거 1945년 9월 22~23일 태고사에서 전국승려대회가 개최되었다.

이 승려대회에서는 일제 사찰령 부정의 천명, 집행부 선출, 교헌 제정의 방향, 교구제 실시, 광복사업 동참 등이 결정되었다. 여기에서 결의한 제반 내용은 각 지방별 승려대회를 통하여 전국으로 파급되었다. 교단의 완전한 성립은 1946년 3월 태고사에서 개최된 제1회 중앙교무회에서 교단의 근간을 규정한 교헌의 통과로 볼 수 있다. 그 교헌에서 정한 새로운 교단의 내용은 사찰령 체제와는 달리 적지 않은 변화가 있었다.

우선 조계종명을 제거하고 '조선불교'라고만 하였다. 당시까지만 하여도 교단의 분립화가 없었기에 굳이 종명을 붙일 필요성이 없던 것에서 나온 것으로 보인다. 종단의 교정 구도는 기존 종회를 대신한 중앙교무회, 기존 종무원이 중앙총무원으로, 기존의 감사원이 중앙감찰원으로, 그리고 교정의 자문에 응하는 고문회가 신설되었다. 그리고 이전 본산체제를 각 도에 교구 교무원을 설치하여 각 도 교정의 중심을 삼도록 하는 각 도별 교구제로 전환시켰다. 그 밖에 논의된 내용은 재산통합(5·3·2제), 친일파 숙청, 교도제 실시, 모범총림 설립, 역경사업 실시 등이다.

이같이 변모한 교단의 집행부는 교헌에서 제정한 제반 내용을 실천할 과제에 직면하였다. 한편 교단혁신을 기하려는 불교 혁신단체가 다수 등장한 것이 해방공간의 특징이다. 그 단체를 살피면 불교청년당, 혁명불교도동맹, 조선불교혁신회, 불교여성총동맹, 재남이북승려회, 선리참구원, 선우부인회, 불교학생동맹 등이다. 이 혁신단체들은 교단의 집행부가 물교혁신을 대하는 자세가 미온적이라 하여 다양한 혁신안을 개진하고 있었다. 그 공통점을 제시하면 다음과 같다. 우선 사찰령을 철폐한다고 하였지만 미군정에 의해서 수용되지 않았는데 이는 집행부의 안일한 일 처리에서 기인한 것으로 보았다. 교헌에 대해서는 일제말기에 교헌의 성격이었던 태고사사법을 字句 수정만 한 것이라는 이해를 하였다.

그리고 가장 논란이 많았던 분야는 교도제와 재산통일이었다. 교도라 함은 부처의 제자를 총칭하는 것으로, 그는 行徒(승려)와 신도로 구분하였다. 혁신단체 주장의 요체는 대처승들은 승려가 아니기에 신도로 신분을 전환시켜야 한다는 것이다. 즉 대처승은 광의의 교도이되, 승려로 볼 수 없다는 논리이다. 이는 당시 비구승려 95%가 대처승이었기에 불교계 초미의 관심사였다.

혁신단체 내에서도 이 문제는 다양한 의견이 있었지만 승려의 신분은 유지하되 교화승으로 두는 방법, 신도로 신분을 변동하되 그들에게 포교사·교사·종무원의 직분을 제공하는 방법으로 대별되었다.

다음으로 재산통일의 문제를 보면 당초 교단에서는 5·3·2제를 교헌에 반영하였다. 이는 각 사찰의 재산의 50%는 해당 사찰의 운영비로, 30%는 지방 교구의 자금으로, 20%는 중앙의 납부금으로 설정한 것이다. 그러나 효율적으로 이행되지 않았다. 한편 혁신단체에서는 토지개혁이 곧 실시된다는 판단하에 사찰토지를 국가 및 농민에게 제공해야 하고 승려는 반드시 노동에 종사해야 한다고 보았다. 따라서 불법을 계승하기 위해서는 자급자족하든가 아니면 일반대중, 즉 신도에게 의지해야 하기에 결국은 불교의 대중화로 나아가야 한다는 논리를 제시하였다. 이는 곧 포교에 유의할 당위성과 수행을 청정케 해야 신도들의 외호가 가능하다는 문제로 이어진다. 그러나 교단 집행부는 기존 사찰재산의 유지를 통한 교단 수호책을 세웠으며, 교도제도 신도의 조직화로만 이해하였다. 또한 집행부는 한용운의 불교대중화 노선에 의거 승려 대처를 용인하는 입장이었기에 더욱 혁신단체의 주장을 배척하였다.

이러한 혁신단체의 주장은 교단 집행부가 수용하기는 어려운 문제였다. 이에 집행부는 그 문제 대부분을 거부하였다. 혁신단체는 1946년 11월에 개최된 제2회 중앙교무회에 교헌수정안과 혁신방안을 제출하였지만 전혀 수용되질 않자 독자노선으로 경주하였으니 불교혁신총연맹의 설립이다.

1946년 12월 3일 선학원에서 발족된 그 총연맹은 교단혁신을 본격화하기 위하여 1947년 5월 8~14일 태고사에서 전국불교도대회를 개최하였다. 당시 그 대회에서는 교단의 부정을 통하여 새로운 교단을 창설하려는 의도가 있었다. 한편 그 대회 기간 중 교단의 사태가 비상하다고 판단한 집행부에 의해 임시중앙교무회가 개최되었다. 이에 혁신총연맹에서는 그 교무회에 최종적인 대중불교실시안(교단재건책)을 제출하였지만 수용되지 않았다. 그리고 교무회에서 결정된 여타 내용도 총연맹은 인정하지 않았다. 결국 혁신파는 별도의 노선을 갈 수밖에 없었다. 이에 총연맹은 신교단인 조선불교총본원을 발족시키고, 총연맹의 해산으로 등장한 전국불교도총연맹을 발족시켰던 것이다. 여기에서 교단은 완전 분열되었다.

그런데 이질적인 교단혁신 방안의 이면에는 상호 불신의 벽이 적지 않았다. 집행부에서는 혁신단체의 주장을 이북불교의 모방, 대중불교 혁명의 추구, 과도기적 유행, 교단 파괴분자로 인식하였다. 이에 반해서 혁신측에서는 교단 집행부를 보수적이며, 역량이 부족하고, 개혁 자세가 미흡하다고 평하였다. 또한 그들 대부분은 일제하에는 친일적인 행동을 한 식민지불교의 대처승들이라는 것이다.

교단 집행부는 한용운의 이념에 의거한 불교대중화를, 혁신단체는 청정비구 옹호와 근로경제를 구현한 불교의 대중화를 주장하였다. 교단 집행부와 혁신파의 차이점은 이념적인 좌우의 대응이기보다는 혁신의 강약이라고 하겠다. 더욱이 그 본질에는 명분을 내세워 현실적인 기득권의 옹호를 하였던 집행부와 일제시대 이래 교단 중심부에서 소외되었던 비구측의 승단 중심부 진입이 깔려 있었다. 한편 식민지 체질의 불교를 청산하겠다는 여론 또한 강력하였다.

그리고 그 대립은 불교혁신의 대상과 방법에 대한 차별성에서 나온 명리 추구였으며, 불교사상을 놓고 전개되었다고 보기는 어렵다. 이에 교단 집권측에서는 그 해결을 경찰에 의뢰한 적이 있었고, 혁신파에서는 현실의 난관에 부닥치자 김구 북행에 동행하였다가 북한에 잔류한 행적을 남겼던 것이다. 이 대립은 미군정이 1947년 말부터 본격적으로 우익중심의 정책을 구현하면서 이에 반대된 혁신단체 활동의 기반이 상실되자 소멸되었다.

5. 불교정화의 명암 / 1950~60년대

불교 '정화'는 비구측 승려들이 이승만 대통령의 '유시'를 계기로 불교 이념과 사상이 관철되는 교단으로 만들려는 일련의 노력과 그 산물을 말한다. 그러나 정화 추진을 반대하였으며 그 결과에 희생된 측에서는 정화를 '법난'으로 말하고 있다. 또한 정화(법난)는 결과적으로 종단 주도권의 쟁탈과 거기서 비롯된 사찰의 점거 위주로 흘렀기에 '분규'로 지칭하기도 한다. 이는 정화에 대한 부정적인 인식을 말한다.

그런데 이 정화는 1954년에 시작되어 1970년 대처측의 태고종 등록이 완료된 시점까지 17년 간 불교계를 지배하였던 중심 문제였다. 따라서 그 개요, 과정, 성격 등은 매우 복잡할 뿐만 아니라 파장이 다양하였기에 그 이해의 줄기를 잡는 것도 단순하지 않다. 여기에서는 간략한 경과와 그 성격만을 요약하겠다.

불교정화는 1954년 5월 20일 이승만의 불교정화 유시로부터 촉발되었다. 그 유시는 곧 대처승의 축출을 의미하였다. 이로부터 이승만의 유시는 수차례나 지속되어 그 출발부터 국가권력 후원의 요인을 배제할 수 없다. 이승만의 유시에 자극을 받은 비구측 승려는 그 직후 수좌모임을 갖고 1954년 8월 24~5일 선학원에서 전국비구승대표자대회를 개최하여, 불교 정화 방침을 결정하였다. 이후 수좌들은 수차례의 승려대회를 갖고 비구 중심의 교단을 건설하기 위한 노력을 다하였다. 그 결과 일단 1955년 8월 12일 전국승려대회를 통하여 종헌을 공포하면서 종정·총무원장 등 교단 간부들도 새롭게 구성하였다.

그러나 비구측의 그 움직임은 기존 교단을 구성하였던 대처측의 반발로 인해 갖은 대립과 갈등을 노정하였다. 요컨대 대처측은 공권력이 후원·개입하였던 정화를 결사 반대하였다. 때문에 정화는 정상적으로 이행되지 못하였다. 그 문제를 더욱 혼란케 한 것은 비구측을 후원하였던 이승만이 4·19 혁명으로 인한 퇴진이었다. 이에 그간 공권력의 배척으로 밀려났던 대처측의 종단 복귀 노력이 일시적으로 거셌다. 그러나 곧 이어진 5·16 쿠데타로 인해 비구·대처 양측의 대립은 또다시 원점에서 시작되었다. 5·16을 주도한 박정희는 불교의 분규를 해결하겠다는 강한 의지를 갖고 불교 내부의 자율 해결을 요청하였으나, 불교계의 자율적인 성과가 부재한 가운데 정부의 개입과 주도로 1962년 4월 비구·대처가 인정한 통합종단이 출범하였다.

그럼에도 불구하고 통합종단의 종회의원 비율에 대한 불만으로 대처측의 퇴진과 반발이 나타났다. 이후 대처측은 속세의 법을 활용한 법적 투쟁을 치열하게 전개하였으나, 1969년 10월 23일 대법원은 대처측이 제소한 ‘종헌결의 및 종정추대 무효확인’의 소송을 이유 없다고 기각하였다. 이는 법적으로 대처측이 완전 패소하였음을 말한다. 그 직후 대처측은 독자노선, 즉 분종의 길로 매진하여 1970년 5월 태고종으로 정부에 정식 등록하였다.

이러한 과정을 거쳐 비구와 대처 양측은 조계종과 태고종으로 이원화되었다. 그런데 양측은 그 17년여의 갈등과 대립, 수많은 송사, 피비린내 나는 사찰 쟁탈 등에 대하여 그 명분을 불교사상에서 근거를 찾았다. 그러나 현실적으로 나타난 것은 분규로 요약할 수 있다.

정화(법난)의 명분에서 균형과 타당성 상실, 공권력의 요청과 개입으로 인한 자주성 박탈, 정화 추진 방법에서 반불교적인 재판과 폭력행사 난무, 성직자인 승려자격이 없는 인물들의 정화 일선에 투입, 보편적인 상식을 벗어난 가치관과 행동 자행 등이다. 그리하여 기존 종단과 사찰 운영의 주도권을 누가 갖느냐로 판가름이 났다. 물론 비구·대처측이 끝까지 논란을 벌인 문제는 승려자격 문제와 기존 대처승을 어떻게 수용·인성하느냐였다. 그 결론은 비구측의 논리와 정부가 동의한 방향으로 결말이 났다. 그런데 이후 비구측의 행보와 이면을 보면 결코 그 기준을 이행하지 않았다. 또한 비구측을 인정한 정부도 대처측의 입장을 수용하여 태고종 출범을 인정하였기에 결국은 자가당착에 빠졌던 것이다.

이 같은 제반 사정을 모두 고려하면 불교 '정화'에서 남은 것은 교단 주도권 쟁탈이다. 물론 정화에서 내걸었던, 승려의 결혼에서 야기된 계율의 적용과 한국불교 전통의 중심과 실체를 찾으려는 의식에는 의의가 있었다. 그러나 그 의의는 정화의 방법과 결과에 완전 잠식되었다. 불교정화로 얻은 것이 하나 둘이라면 잃은 것은 셀 수 없을 정도로 상당하였다. 더욱이 그 후유증이 70~90년대까지 지속되었다. 불교정화의 모순과, 정화가 정화로 인정받지 못하고 분규로 전락된 원인도 여기에서 비롯되었다.

6. 비상종단의 한계 / 1980년대

비상종단은 1983년 9월 15일 종단운영 비상조치의 단행부터 1984년 8월 1일 해인사 전국승려대표자대회에서 비상종단 해체 결의시까지의 종단을 지칭한다. 약 1년여 동안 존재하였던 비상종단은 1954~70년의 불교계 분규(정화, 법난)와 1970년대의 조계종 분규에 나타난 제반 모순을 척결하기 위한 구도에서 탄생하였다. 30여 년 간 불교계 내외에서 노정된 모순과 부패는 실로 간단치 않았다. 수행풍토의 파탄, 부적격자의 불교계 유입, 사찰재산 망실, 수많은 재판, 문중·문도간의 이합 집산, 10·27 법난, 종정·총무원장 중심제의 논란, 불교 현대화의 부진, 불교의 위상 추락 등이다. 이 같은 현실로 인해 불교계는 그 방향 감각을 잃어버리고 불교의 존재 당위성마저도 의심케 하였다.

이를 극복하려는 구도에서 가시화된 것이 바로 비상종단이다. 따라서 비상종단의 과제는 엄청난 것이었다. 비상종단은 우연하게 등장했는데 그 계기는 1983년 8월 6일 발생한 신흥사 승려 살인사건이다. 그러나 이면에는 불교개혁을 추구하려는 불교계 내부의 자생적인 움직임이 움트고 있었다. 우선 1975년부터 시작되었던 재가불자들의 민중불교 표방을 들 수 있다. 1975년 4~5월경 고은·여익구·고준환·전재성·최연 등의 민중불교 연구모임, 1976년 여름의 대불련 대회에서 전재성의 민중불교론 발표, 1980년의 여익구·윤재승·홍사성·이성문·원혜·이도수 등의 민중불교의 공부모임, 1981년의 김법우·최연 등의 사원화 운동은 당시 사회의 민주화운동에 계발되면서 불교계의 변화를 모색하던 조류였다. 또한 1981년 7월 중앙승가대에서 개최된 전국청년승가육화대회에서도 불교발전책을 모색하였다. 1983년 7월 17일 범어사에서 개최된 전국청년불교도연합대회에서는 불교의 개혁과 민중불교의 실현을 논의하였다. 특히 승가대와 범어사의 대회는 참가자가 3천여 명이라는 것, 그리고 재가와 승가가 불교개혁을 위한 공동노선에서 결합되고 대회를 치러냈다는 측면에서 큰 의미가 있었다.

이러한 광범위한 불교개혁의 목소리가 성장하고 있던 차에 신흥사 사건이 일어났다. 이 사건은 불교계 내외에 큰 충격을 불러 일으켰으며, 불교개혁 없이는 안 되겠다는 자성과 비판의 소리가 드높았다. 당시 종단 집행부도 종단사태 수습백서를 발표하는 등 그 대책 마련에 부심하였다. 그러나 봇물이 터지듯이 나오는 비판과 개혁의 흐름을 막을 수는 없었다. 마침내 그해 8월 27일 원로회의에서 종단 비상사태를 선언하고 9월 5일 조계사에서는 전국승려대회가 개최되었다. 그 후 종단 집행부의 퇴진 결정, 종권은 원로회의로 이관, 종단운영비상조치법 통과, 비상종단운영회의 발족 등이 불과 20여 일 만에 처리되었다.

비상종단 운영회의는 입법·행정·사법의 권한을 행사하는 초법적인 기관으로 종단의 정화와 개혁작업을 진두 지휘하는 권한을 가졌다. 개혁작업이 완료된 후는 정상적인 종단체제에 그 권한을 넘기는 한시적인 기구였다.

비상종단 운영회의는 불교개혁 작업에 박차를 가하여 1984년 7월 7일 개혁의 열망을 담은 종헌의 의결 통과, 14일에는 종헌을 선포하였다. 그 종헌의 주요 내용은 승려의 자질 향상, 승난실서의 회복, 새산관리의 힙리화, 종단분규 종식, 포교의 활성화, 신도조직 및 조직관리 등이다. 당시 종

헌 작업을 주도한 승려들은 이 종헌이 교육종단, 포교종단, 분쟁 없는 종
단을 만들라는 이성철 종정의 교시를 수용하였다고 언급하였다.

그러나 당시 이성철 종정은 이 종헌에 대하여 받아들이기를 거부하고
종정의 사퇴를 발표하였다. 여기에서 비상종단의 개혁작업은 암초를 만난
것이었다. 한편 그간 비상종단 작업에 불만을 갖고 있던 본사 주지, 이전
집행부, 중진 승려 등은 1984년 8월 1일 해인사에서 전국승려대표자대회
를 개최하여 비상종단이 주도한 종헌의 부정과 비상종단의 해체를 통해
새로운 집행부를 결성하고 동시에 조계사 진입을 성공시켰다. 이로써 비
상종단이 추구한 종단개혁은 일시에 물거품이 되었다.

그러면 왜 이 같은 현실로 귀결된 것일까? 첫째, 신흥사 사건이 일어남
과 동시에 불교개혁에 대한 주장은 많았지만 이를 이행할 조직체로서 등
장한 것이 범어사에서 결성된 청년불교도연합회였다. 이는 그 구성원인
청년승려들이 비상종단의 운영과 개혁작업을 주도함에서 비롯된 개혁기
반의 축소를 말한다. 둘째, 갑자기 등장한 비상사태로 소장승려가 전면에
등장한 결과 청년불교도연합회 소속의 재가불자, 여타 신도 등의 재가의
지원과 외호가 미약하였다. 셋째, 종헌제정시 종정이 추천한 7인제도위원
회라는 돌발적인 변수에 대한 대처가 미흡하였다. 종정과 여타 승려들의
주장을 그 7인제도위원회를 통하여 여과를 못한 문제이다. 넷째, 포교를
전담하는 재가교역자(전법사, 전교)의 신설에 대한 몰이해가 승려의 위기
의식을 촉발시켰다. 재가교역자는 당초에는 4부대중에서 6부대중으로 교
단구도를 전환시키는 구도에서 나온 것이기에 이에 대한 의아심, 홍보 부
족, 승려의 기득권 유지가 혼재되었다. 따라서 이 사항은 '비구승의 대처
화'로 회자되면서 교단 질서를 뒤흔드는 문제로 인식하였지만 이를 비상종
단에서 적절히 대응하지 못하였다. 종정이 주장한 비상대권의 포함 문제도
역시 그러하였다.

요컨대 비상종단의 실패는 개혁의 프로그램 부재에서 비롯된 성급한
개혁작업과 재가교역자의 제도화에 따른 승려층의 기득권 유지라는 암초
로 좌초되었음을 의미한다. 또한 거기에는 비상종단을 주도한 소장 승려

들에 대한 다수 승려층의 암묵적인 반대가 작용하였다.

7. 개혁종단의 명암 / 1990년대

1984년 8월, 비상종단의 중도 퇴진 후 종단은 외견상으로는 안정을 취하는 것처럼 보였다. 그러나 지속적인 개혁 부재하에 문중과 문도의 이익을 앞세운 종단의 행태는 교단정상화를 가로막았다. 종정 추대를 둘러싸고 전개된 추태와 총무원장 장기 집권의 그늘에 나타난 수많은 부패는 상호 응집하였기에 불교계의 모순은 극에 달하였다. 더욱이 권력과 야합한 행태는 그 모순을 심화시키기에 충분하였다.

이때 등장한 서의현 총무원장의 3선 연임 강행은 당시 제반 모순이 일거에 노출되었다. 1994년초의 범승가종단개혁추진위원회의 발족, 구종법회 및 단식, 공권력 개입, 승려대회 개최, 개혁회의 발족 등이 불과 1달여 동안에 완료되었다. 그리고 8개월 간의 개혁회의는 정법종단의 구현, 종단 운영의 민주화, 청정교단의 실현, 불교의 사회적 역할 증대라는 5대지표를 내세웠다. 이 지표하에 개혁회의는 종헌·종법의 제·개정을 완료한 후 1994년 11월 25일 새롭게 출범한 개혁종단에게 개혁의 임무를 넘겼다.

당시 개혁회의의 작업은 그간의 모순을 제거하고 종헌과 종법에 담는 일을 하였다. 그 주요 내용은 입법·사법·행정의 독립으로 상호 견제와 균형, 종단 재정의 공개, 교육원과 포교원의 별원을 통한 교육·포교의 강화 등이다. 이는 곧 종단의 안정과 민주적 운영으로 요약된다. 사찰운영위원회, 교구종회, 산중총회의 활성화도 여기에서 나온 것이다.

개혁회의에 이어 등장한 개혁종단은 개혁회의에서 마련한 개혁의 토대에서 종단안정과 지속적인 개혁을 추진하려고 안간힘을 다하였다. 그 결과 종단 각 분야에서 적지 않은 개혁이 있었다. 그 중 승려교육의 체계화를 시도한 것은 의미가 깊다. 그런데 1998년 9월경부터 종단은 송월주 총무원장 3선 문제로 내분에 휩싸이며 또다시 종권 분란을 겪게 된다. 이에 종단은 기존 집행부와 3선저지연대회의로 나뉘어지며 끝내는 연대회의측에 종정이 가담하면서 부끄러운 분규를 연출하고 말았다. 그 분규는 총무원 청사 점거와 승려대회로 지속되면서 마침내는 그 계기를 제2의 정화로 삼겠다는 정화회의와 종헌·종법을 수호하겠다는 집행부·종회의 치열한 대결로 지속되었다. 불교계 내외에 큰 충격을 주면서 불교의 위상을 땅에 떨어뜨린 그 분규는 속세의 법에 의하여 일단락되었다.

불교계 내외의 큰 성원을 받으며 출범한 종단개혁이 이처럼 그 내부의 모순으로 인하여 시련을 겪은 원인은 무엇인가?

첫째, 불교의 자주화의 여망으로 개혁은 시작되었지만 결과적으로 제도개혁에 안주한 것이다. 이는 변화된 제도를 잘 운영만 하면 된다는 의식의 축소와 개혁이념의 상실로 나갔다는 점이다.

둘째, 제도개혁과 종단 안정에 유의하니 불교자주화라는 4부대중이 공감하는 개혁의 실체가 미흡하였다. 이는 개혁종단의 당위성 상실을 말한다.

셋째, 94년 종단개혁의 성사는 재가의 전폭적인 지원하에 가능한 것이었다. 그러나 개혁의 내용에서는 재가자들의 개혁의지 혹은 의견을 종단에 반영시킬 제도적 장치가 전무하였다. 예컨대 각 사찰에 대중공사의 정신에 입각한 사찰운영위원회를 두도록 하였으나 유명무실하였다.

넷째, 불교와 종단의 개혁을 뒤받침 해 줄 의식의 변화가 부재하였다. 그 중 승려의 반불교적인 행태는 가장 심각한 것이었다. 성직자라고 볼 수 없는 행태의 지속은 교단개혁을 명리추구의 방편으로만 보았다.

다섯째, 개혁의 추이와 결과를 감독할 조직과 체제가 부재하였다. 종단개혁을 가동시킨 범종추는 해체되었고 개혁종단을 감독할 종회는 애초부터 여력이 없었으며, 98년 분규 때에는 통제하거나 중재할 장치가 전혀 없었다. 불교계 구성원 모두가 어느 한쪽에 기울어져 있었기 때문에 속세의 법에 의해서 마무리가 될 수밖에 없었다.

여섯째, 개혁주도세력의 분열이 있었다. 개혁의 이념도 애매한 상태에서 개혁주체의 분열은 치명타였다. 심지어 98년 분규에는 기존 문중과 문도의 구도에서 한발 나아가 사형사제간, 개혁의 동료 사이에도 분열이 있었다. 이는 명리에 목숨을 건 불나비와 같은 행태였다.

　요컨대 개혁종단의 명암은 극명하였다. 이는 불교의 개혁이 지난함을
상징한 것이었다. 이 사태는 21세기 진입을 눈앞에 둔 시점에 대두되어
더욱 씁쓸한 뒷맛을 남겼다. 그리고 불교계의 정체성 점검 작업이 제일
시급함을 알려 주었다.

20세기 불교教團의 '自主化' 문제

1. 서 언

20세기 한국불교사는 불교의 발전, 중흥, 개혁을 위한 격동과 지난의 역사였다. 그러나 그 역사의 뒤안길에는 반불교적인 의식과 행태가 뒤따랐고, 불교의 위상과 명예를 저버린 수많은 사건이 있었다. 이 같은 움직임을 그 이전의 불교사와 대비해 보면 그 변화의 폭과 깊이가 매우 컸다. 승려의 도성출입금지로 대변되었던 조선후기의 불교와 20세기 불교는 실로 양적, 질적인 측면에서 확연한 차이가 있었다.

따라서 그 20세기 불교의 변화 및 발전의 구도에서 나타난 제반 양상을 정리한다는 것은 간단한 작업이 아니다. 그럼에도 불구하고 그 변동상을 계기적인 '역사의식'이라는 시각으로 조망하면 거기에는 대별하여 살필 수 있는 몇 개의 관점을[1] 가질 수 있다. 그 관점 중의 하나로 '敎團'(宗團)을 우선적으로 제시할 수 있다. 20세기 불교의 변동, 이념, 특성, 노선, 지향, 고뇌, 좌절, 개혁, 분규 등의 문제가 그 교단이라는 주제에서 용해·구현되었다고 이해할 수 있기 때문이다. 더 요약하여 말하면 20세기 교단문제는 20세기 불교사를 이해하는 첩경으로 볼 수 있다는 것이다.

본 고찰은 교단에 대한 이해의 틀을 위와 같이 설정하고, 교단에 관련된 여러 내용 중에서도 '자주화' 문제로 그 이해의 범위를 제한하고자 한

---

1) 이는 교단, 사상, 교리 및 교학, 신행, 포교, 사회화(민족운동, 민주화 등), 대중화(교육, 언론) 등 다양한 측면에서 접근할 수 있을 것이다.

다. 교단의 자주화 문제는 곧 교단의 設立과 運營을 자주적으로 추진하려는 의식 및 활동으로 정리할 수 있다. 달리 말하자면 자주적으로 교단을 설립하고 운영하는 제반 내용을 총칭하는 것이다. 이에 20세기 불교교단의 자주화 문제에 관련된 그 개요와 성격을 정리하고자 한다.

그런데 교단자주화의 내용은 자주화라는 제한된 주제에 머무는 것이 아니다. 이 자주화에는 식민통치, 공권력, 불교개혁, 명리추구, 분규 등의 문제가 뒤엉켜 있다는 것이다. 따라서 교단자주화만 독립, 선별하여 그 요지를 정리하는 것은 결코 단순한 과제가 아니다. 그러므로 본 고찰에서는 교단자주화의 문제를 파악함에 필요한 최소한의 이해의 틀을 제시하겠다.

2. 교단자주화의 내용과 성격

교단의 자주화의 내용은 교단의 설립과 운영이 그 구성원의 자주적인 의사결정 혹은 구성원들이 지향하는 가치에 의해서 실행될 수 있는가 아니면 실행할 수 없는가의 문제이다. 구체적으로는 실행될 수 있는 조건과 상황은 무엇이며, 그 반대의 경우는 어떤 요인으로 나타나는가의 문제이다. 후자의 입장에 설 경우, 교단자주화는 곧 자주적으로 교단을 설립하고 운영하려는 노력이라고 정리할 수 있다.

그런데 20세기의 전반부는 국권을 상실한 일제치하였고, 그 후반부는 8·15 해방으로 인해 자주독립국가를 성취한 시기였다. 따라서 20세기 불교의 교단자주화 문제는 자연 일제의 식민통치 및 국가권력과의 상호 관계가 필연적으로 연관되고 있다. 이는 교단의 설립, 유지, 운영 등에 모두 해당되는 전제이다.

다음의 전제는 교단을 실질적으로 주도한 주체(승려)의[2] 문제가 제기된

---

2) 교단의 구성원은 일반적으로 사부대중(비구, 비구니, 우바새, 우바이)인 승려와 신도(불자)를 지칭한다. 이는 20세기에 보편화된, 나아가서는 상식적인 개념이지만 그 실제에 있어서는 승려 특히 비구 중심으로 전개되어 왔다. 교단의 운영

다. 결국 교단자주화는 교단을 설립·운영하는 그 교단 구성원의 주체적인 의식 및 활동에 의해 전개되기 때문이다. 요컨대 필자는 교단자주화에 관한 가장 기본적인 전제 개념으로 일제 및 국가권력(공권력)과 교단운영을 주도한 승려를 제시하고 그 논지를 구체적으로 전개하고자 한다. 자주화의 기본 내용은 이미 앞에서 교단의 설립과 운영으로 그 이해의 기준을 대별하여 제시하였기에, 그 구체적인 내용도 설립과 운영으로 대별하여 살펴보겠다.

1) 교단설립

20세기는 전반기와 후반기로 나눌 수 있다. 근대와 현대라는 시대구분이다. 근대기의 교단설립은 일제치하였기 때문에 자연 일제 식민통치와 대응·대립되었다. 이 당시에 불교교단은 이전 산중불교에서 도시불교로 나오면서 불교의 중흥과 발전을 시도하였다. 그리하여 무엇보다도 중흥과 발전을 담보할 수 있는 조직체의 설립이 급선무였다.

1902년 구한국 정부의 주도로 전국 사찰 및 승려들을 통할할 기관의 성격인 조직체로서 寺社管理署가 등장하였지만 1904년경에 소멸되었다. 이 관리서가 등장하여 중앙의 대법산(元興寺), 각도 수사찰을 중법산으로 지정하였지만 실질적인 면에서 미흡하였다. 곧 완전한 의미의 교단으로서의 역할은 부재하였다고 보인다.

본격적인 교단설립의 노력은 이후 1905년 을사조약 체결 이후 국권 상실지경에 처했던 1908년 전국 사찰대표들이 주도한 이른바 圓宗에서 찾을 수 있다. 그러나 이 원종은 원종종무원의 창립, 조직체계 정비 등을 마치고 당시 정부 및 일제에 인가 신청을 하였으나 성사되지 못하였다. 당시 원종을 주도하던 승려들은 그 인가를 위해 당시 유력자인 친일파, 일본불교에 의지 협조하였으나 끝내 성사시키지 못하였다. 또한 원종이 체

이 비구중심으로 운영되어 왔음은 교단 활성화의 미흡과 불교자주화의 한계로도 작용하였다고 보인다.

결한 조동종맹약에 반발하여 일어난 臨濟宗運動(1911~12) 주도자들도 독자적인 종단 지향 노력을 하였지만 일제의 탄압으로 중도퇴진하고 말았다.

이처럼 일제가 원종 및 임제종을 인가하지 않은 것은 일제가 직접 불교계를 장악·통치하려는 정책에서 나온 것이다. 일제는 寺刹令과 寺法을 제정·시행하였기에 한국불교계의 독자적이며, 자주적인 교단의 등장을 근원적으로 배척하였다. 따라서 이 시기의 교단설립 노력은 자연 일제에 저항, 항거하는 성격을 띠게 된다. 다만 일제는 사찰령 체제를 근간으로 하면서 불교의 중흥과 발전을 도모한다는 차원에서 강학과 포교를 위한 전국 사찰의 연합체의 성격을 띤 조직체는 유도·인가하였다. 이는 1912년의 30本山住持會議所와 1915년 연합제규에 의한 30本山聯合事務所이었다. 요컨대 3·1 운동 이전에는 실질적인 의미의 교단은 존재하지 않았다.

교단설립을 지향하려는 노력은 3·1 운동 이후 본격화되었다. 민족의식에 계발되고, 사찰령 체제의 모순을 직시한 승려, 불교청년들에 의해서 그 움직임이 구체화되었다. 이는 30본산으로 분열된 정황을 통일하고, 불교발전을 지향하며, 불교의 운영을 자주적으로 추진하려는 의식에서 시작되었다. 이에 불교계 統一運動의 성격을 갖게 되었다. 그 결과로 대두된 기관이 통일기관을 지향하던 總務院(1922)이다.

이 총무원은 당시 10여 본산이 동참하였지만 일제는 인정하지 않았다. 당시 일제 및 보수적인 주지들도 연합제규 및 연합사무소를 고집할 처지가 아니었기에 불교사업을 추진하는 새로운 기관을 만들었으니 그것이 바로 재단법인 敎務院이다. 이로써 총무원은 일제가 후원하는 교무원과 일정한 대립을 견지하였다. 총무원과 교무원의 차별은 일제 불교정책의 수용 여부에 달려 있었다. 그러나 1924년경, 일제의 압력과 총무원 자체내의 한계로 인해 총무원이 교무원에 합류되었다.

새로운 교단설립 노력은 1929년 1월의 朝鮮佛敎禪敎兩宗 僧侶大會에서 가시화되었다. 불교계의 조직과 규율을 제정할 목적에서 나온 그 승려대회에서는 宗憲과 宗法, 宗會와 敎務院이[3] 등장하였다. 이는 불교계 통일운동의 취지에서 나온 것이었고 그 의식, 추진, 성과 등이 전반적으로 자주적이었다. 그리하여 1930년대 초반은 일시적으로 이 승려대회에서 정한 구도가 실행에 옮겨졌다. 그러나 1934년경에 이르러 식민통치 구도와 친일적인 승려들의 비협조 및 방해로 인해 자주적인 종헌은 소멸되었다.

불교계는 교단 부재를 고민하다, 1935년부터 또다시 교단설립운동을 추진하였다. 總本山 建設運動이다. 1937년부터 본격화된 그 운동은 마침내 1941년 태고사법 제정을 통하여 曹溪宗과 總本山太古寺가 등장하였다. 이는 태고사가 전국의 사찰과 승려를 통할할 수 있는 법적인 근거를 갖추었음을 의미한다. 그러나 여기에는 일제의 교묘한 불교정책, 즉 군국주의 체제의 강화를 위한 종교계 연락기관 정비의 의도가 있었던 것이다. 일제의 일정한 후원이 개재되었다.

이처럼 일제하에서는 교단의 설립이 주요 관건이었음을 알 수 있다. 그러나 8·15 해방 이후는 국가가 독립된 현실이었기에 기본적으로 교단의 설립과 그 인정에 대한 의미는 크게 퇴색되었으며, 주로 교단 내부의 갈등·대립·분규 구도에서 나타난다. 교단·종단의 분열 및 분립시에 正統性과 適法의 시각에서 어느 단체·계열을 인정해 줄 것인가의 문제로 변질되었다.

8·15 해방 공간에서는 집행부인 朝鮮佛敎總務院과 그 총무원이 추진하는 불교혁신에 불만을 갖고 있었던 朝鮮佛敎總本院의 대립 구도가 있었다. 현재 그에 관한 구체적인 자료가 미진하지만 혁신 노선을 지향한 총본원이 소멸한 것은 당시 미군정하의 우익중심 정책과 무관하다고 볼 수는 없다.

정통성의 시각에서 종단 인정의 문제가 노골적으로 대두된 것은 주지하는 바와 같이 이른바 불교 '淨化'이다. 1954~1970년에 전개된 불교정화(법난, 분규)는 요컨대 한국불교의 전통과 정통성의 시각에서 그와 유관한 승려들의 교단 주도권을 인정하겠다는 성격이 지배적이었다. 전통적인

---

3) 여기에서 나온 교무원은 종무를 집행하는 행정기관이다. 그 이전부터 있었던 재단법인 교무원은 31본산의 주도 및 협조하에 불교사업을 전담하는 사업체였다. 이를 분명히 구분해야 한다.

한국불교의 계율을 지키며 신행 활동을 하는 승려의 단체만을 교단으로 인정하겠다는 의사 표시였던 것이다. 물론 대처승은 교단 주도권에서 배제, 축출될 대상으로 정리되었다. 명분상으로는 식민지불교의 극복과 타락·속화된 불교의 정화 등을 내세웠지만 실질적인 측면에서는 대처승의 문제가 최우선적인 본질이었고 실제로 그 문제의 중심으로 사태는 전개되었다. 그 결과는 이승만 대통령의 수차례 '유시'로 대변된 당시 공권력의 후원 아래 비구승이 주도하는 교단이 성립되었다. 1955년 8월의 전국승려대회에서 비구승 중심의 종헌이 결정되고 전국 사찰이 공권력 후원하에 비구승에게 접수되었다. 또한 5·16 이후 통합종단의 출범에서도 그 원칙은 지속되었다.

1970년 5월, 태고종의 독립 이후에는 주로 교단 내부의 분규로 인한 종단 인정의 문제가 대두되었다. 그러나 종단 자체의 인정보다는 종단 대표권을 둘러싼 문제로 축소, 변질되었다.[4] 1970년대 중반부터 1980년초 이전의 종단 내분은 종정중심제하에서 종단의 주도권과 대표를 어느 일방이[5] 갖느냐의 문제였다.[6] 이전보다는 공권력의 개입은 미약하였지만 사법부가 그 인정 여부의 전면에 등장하였다. 그러나 사법부의 판단은 공권력의 불교교단에 대한 직접적인 정책에서 비롯된 것이 아니었음을 유의해야 한다. 종단 내부의 모순은 종단의 정통성과 적법성을 시비케 하였다. 결과적으로는 사법부의 판단에 의해서 종단의 정체성이 좌지우지되었던 것이다.

1980년 10·27 법난도 일면으로는 당시 신군부 체제에 비판적인 신집행부에 대한 경원이 작용하였다. 이는 곧 공권력에 의한 종단 체제 불인정과 무관하지 않다. 당시 신집행부는 자율적인 정화를 선언하고, 공권력에 대하여 단순히 협조해 온 기존 관행을 부정하려는 의식을 노출하였다.

---

4) 이는 불교재산관리법에 의거하여 그 불교재산을 총괄 관리하는 대표권자의 등록과 승인을 공권력이 담당할 수 있었던 것에서 나온 것이다.

5) 그는 일반적으로 조계사파, 개운사파로 지칭되었다.

6) 그 갈등은 종정중심제를 고수하려는 기존 집행부와 총무원장 중심제를 지향하려는 반종권파(종회 기반)와의 대립을 의미한다. 그 와중에서 양측이 내세운 종단의 대표권자를 인정해 달라는 수많은 소송, 진정 등이 연출되었다.

그리고 그 법난의 빌미를 제공하였다는 신군부에 전달된 수많은 투서는 단지 그에 활용되었을 뿐이다.

그런데 종단의 인정에 대한 문제가 더욱 노골적으로 불교계에 파급된 것은 1994년의 종단개혁 당시이다. 94년 사태는 다양한 접근과 분석을 기해야, 그 본질을 이해할 수 있지만 그 문제 중의 하나가 종단 내부 문제에 공권력의 개입이다. 당시 공권력은 장기 집권하였던 기존 집행부체제를 우호적인 입장에서 보호, 인정하려 하였다. 당시 수많은 불교도들이 분노하였던 것은 공권력의 개입도 문제지만 부정, 부패, 권력과 유착, 종헌을 무시하였다고 이해되는 기존 집행부에 대한 우호적인 자세라고 보인다. 양심과 불교적인 가치를 상실한 체제를 수호하려는 의도에 대한 경계심이 폭발되었다는 정황도 고려되어야 한다.

이처럼 해방 이후의 교단 인정의 문제는 공권력의 개입과 종단 내부의 모순이 결합된 양태로 전개되었다. 따라서 이를 단순히 공권력의 '탄압'으로만 해석하는 것은 바른 이해라고 볼 수는 없다.

2) 교단운영

이제부터는 교단설립과 인정에 나타난 구도와 그 내용하에서 교단운영의 측면을 살펴보고 근대와 현대로 나누어 그 내용을 요약하겠다. 교단운영의 자주화는 불교가 지향하는 가치와 사상에 의해 교단이 추구하는 제반 사업, 활동이 가능하였는가의 문제이다. 그리고 그 자주적인 운영과 이를 억압·차단하는 대상의 성격은 무엇이었는가에 대한 해명을 포함한다. 그러나 교단 구성원이 추구하였던 모든 것을 다룰 수는 없고 주로 중앙의 교단 집행부의 관련에 초점을 맞출 수밖에 없다.

근대, 즉 일제하에서는 교단의 부재 상황이 대부분이었다. 물론 1941년에는 조계종이 등장하였지만 그 기간은 불과 5년여였다. 1910년 국망(경술국치) 이전에는 종단 및 유관단체가 실질적으로 전무하였기에 그 당시의 운영은 거의 방치 상태나 다름이 아니었다. 일제에 의해 식민통치가 시작되면서 사찰령과 사법이 등장하였고, 그것이 교단의 핵심 기능과 역할을 대부분 담당하였다. 30본산연합사무소와 재단법인 교무원이 있었지만 주로 제한된 사업만 전담하였다. 교단운영의 핵심인 재산권과 인사권은 사찰령에서 규정하였으며, 여타의 사업도 대부분 일제가 관장한 행정편의주의 체제하에 긴박되었다. 단지 포교, 교육 등의 사업만 연합사무소와 교무원이 각 본산의 협조하에 처리되었다. 1922~3년, 청년승려와 불교청년들이 사찰령 철폐를 주장하며 2,284명의 서명을 받아 이를 총독부에 제출한 것은 특기할 사실이지만 이것 말고는 사찰령을 철폐, 부정하려는 조직적인 움직임은 찾아볼 수 없다.

1929년에 제정된 자주적인 종헌도 그 내용상에는 인사권과 재산권 처리의 문제가 매우 미흡하고 애매하였다. 그렇기 때문에 당시 일제는 그 종헌실행의 구도를 예의주시하면서 사찰령 체제에 도전하지 못하게 하였다. 당시 불교계 내부에서 그 종헌을 일제에 인가받으려는 종헌인가설이 등장하고, 친일 주지들이 종헌은 고려치 않고 사찰령에서 정한 일제의 기준과 눈치에만 유의한 것도 그 사정을 말해 준다.

1941년에 등장한 조계종 체제는 상당 부분 인사권과 재산권을 행사하였다. 그러나 종단의 운영과 지향이 중일전쟁, 태평양전쟁을 효율적으로 수행하기 위한 군국주의 체제에 의한 현실이었기에 실질적인 자주 교단이 실행된 것은 아니었다. 이에 조계종단은 일제에게 국방헌금 및 비행기 헌납, 창씨 개명, 군수물자 제공 등 전쟁 수행에 일정 부분 협조하지 않을 수 없었다.

이 같은 일제하에서 일부 수좌들이 그 체제를 벗어나려는 의도에서 독자적인 공간인 선학원을 창건하였다. 선학원의 노선과 추구하는 바가 매우 뜻 깊은 것이었지만 실로 매우 미약한 것이었다. 이에 동참한 수좌는 전성기에도 250여 명이었다. 그리고 1926년경에는 경제적 타격으로 문을 닫기도 하였다. 1931년에 재기하고, 1934년에 재단법인 조선불교선리참구원으로 조직체 변경, 조선불교선종 종헌 제정, 유교법회 개최 등 기념비적인 사실이 이어졌지만 그 실질적인 운영은 매우 미흡하였다. 그리고 선학원도 군국주의에 일정 부분 협조(헌금, 창씨개명, 전쟁물자 제공 등)하였다.

이러한 정황이었기에 1926년 백용성이 승려의 대처식육을 금지해 달라는 요청을 일제당국에 제출하였다. 교단이 존재하고 그 교단의 운영이 자주적이었다면 백용성은 식민지 당국에 결코 요구하지 않았을 것이다. 그러나 백용성의 건의에 동참한 승려는 불과 126명이었고, 1926년 10월부터는 대처자도 주지에 취임할 수 있도록 사법 개정을 한 주체는 한국불교계였다. 물론 그 개정에는 일제의 조종이 작용하였다.

이 같은 몇 가지 사례를 들추어보았지만, 일제하의 교단운영은 어느 의미에서는 성립되지도 못하였다. 1930년대 초반 종헌체제로 성립한 교단과 1940년대의 조계종단의 경우도 자주적인 교단운영이라는 면에서는 매우 미흡한 것이었다. 이처럼 일제하의 교단자주화가 미흡한 것은 강압적인 사찰령 체제와 그에 기생하였던 본산 주지층의 이해관계가 결합되어 노정된 나약한 자주의식에서 비롯된 것이다.

해방 이후의 현대에서는 교단운영 문제로 인해 공권력과 갈등·대립한 것은 주로 불교발전의 장애를 제거하기 위한 성향이 주종을 이루고 있다. 그 내용 중 가장 중요하였으며, 현재까지도 지속되고 있는 것은 불교의 재산 관리 문제이다. 이는 불교계의 재산이기에 그에 관한 제반 권리권은 불교계가 소유하는 것은 당연하다. 그러나 불교재산은 토지 및 산림뿐만 아니라 문화재도 상당수 있고, 사찰 자체가 국가의 재산 혹은 문화재라는 인식이 공권력 및 일반 사회에 보편화되어 사찰 관리는 불교계만의 관할로 둘 수 없다는 인식이 노정되었다.[7]

불교재산 처리에 관한 공권력의 주도권은 일제의 사찰령 존속과 유관하다. 이 사찰령은 해방이 되었음에도 불구하고 미군정 및 자유당 정권 때도 존속되었다. 사찰령의 공식적인 퇴진은 1962년 1월 20일 구법령 정리에 의한 특별조치법 제3조에 의하여 가능하였다. 이후 그 기능을 대신한 것은 1962년 8월 22일에 제정된 佛教財産管理法이다.[8] 이로써 불교재

---

7) 그에 관한 정부와 조계종단의 첨예한 대응은 〈自律性 侵害 「代案」마련 -文公部 「寺刹공동관리방안」파문-〉《大韓佛教》 1973년 1월 28일의 내용에 단적으로 나오고 있다.

산 관리권과 그 관리인의 등록·인정은 공권력이 담당하게 되었으며,[9] 불교계를 장악, 인정할 수 있는 빌미를 갖게 되었다.

불교계는 불교재산관리법 철폐를 강력히 주장하였지만 결과적으로는 이행되지 않았다. 그러나 불교정화 때에는 비구·대처의 갈등이 사찰의 점거, 진입 등으로 전개되자 그에 대한 인식은 나올 수 없었다. 오히려 공권력의 도움으로 사찰 접수가 가능했으므로 비구측에서는 불교재산관리법 철폐를 주장하지도 않고, 공권력에 의한 사찰재산 보호를 환영하였다. 당시 불교계의 불교정화는 분규로 치달았기에 완전한 의미의 재산 관리를 할 여력도 없었다.

1986년 9월 8일 해인사 승려대회에서 그 문제점이 제기되고 불교계 현안이 되었다. 이후 불교재산관리법은 傳統寺刹保存法으로 변경되었지만[10] 이에 대한 정부와 불교계와의 이질적인 입장은 현재까지 지속되는 것으로 보아야 한다. 이 문제와 유사한 것은 국립공원과 그 해당 사찰을 위요한 관리권 및 수입금 분배 문제이다.[11] 또한 최근에는 사찰 수행여건의 파괴 문제도 등장하고 있다.

---

8) 그 법은 전문 102조와 부칙으로 구성되었으며, 각령 939호이다.

9) 당시 대처측은 이 법을 강력히 반발했지만, 비구측은 긍정적으로 수용하였다. 이는 그 법으로 인해 대처·비구측은 기존 사찰의 관리 및 소유권을 배제·인정받았기 때문이다. 비구측 조계종단의 그 입장은 1963년 6월의 제4회 임시중앙종회 결의문에서 단적으로 살필 수 있다. 그 건의문은 당시 문교부 장관이 대처승 종단을 인정한다는 발언으로 문제가 야기되자 그에 대한 비구측 입장을 당국에 알린 내용이다. 그 건의문의 일부 내용에는, "국가 재건과 혁명 과업의 완수에 주야 분투하시는 각하에게 충심으로 감사의 뜻을 표하는 바입니다. 대한불교조계종은 혁명정부의 적절 과감한 시책의 종용으로서 통일종단을 이룩하게 되었고, 이 기반을 더욱 공고히 하기 위하여 불교재산관리법을 공포 시행한 결과, 1962년 11월까지 이미 전국 사찰 중 87%에 해당하는 사찰이 등록을 필하였으며 잔여 사찰도 계속 등록을 완료코자 노력하고 있음은 국가 및 불교계를 위하여 크게 경하하여 마지 않는 바입니다." 《제1대 중앙종회 회의록》(대한불교 조계종 중앙종회, 1999) p.179 참조.

10) 그 개정법은 1988년 10월 23일 국회를 통과하였다.

11) 그와 유사한 대상은 공원법, 문화재보호법, 농지법 등 다양하다.

불교계 재산 문제에 관한 또 다른 대상은 農地改革의 문제이다. 이 문제는 지금껏 구체적인 이해를 가질 수 없을 정도의 연구가 없었기 때문에 단언할 수는 없지만, 여기에도 불교재산 위축과 관련된 공권력과의 대응이 제기된다. 현재 이 문제가 불교계에서 관심을 갖는 면은 농지개혁으로 받은 자금(지가증권 등)이 정화과정에서 대부분 상실되었다는 정도이다. 그러나 해방공간시 교단이 이에 대해 어떠한 입장을 가졌는가, 그리고 그 전개과정 및 결과에 관한 불교계의 인식은 전무한 실정이다.[12] 요컨대 농지개혁의 문제도 교단운영의 문제에 직접 연관되는 것이다.

다음으로 고려할 주제는 공권력으로부터 疏外·排斥되었다고 여긴 불교계의 현실인식 문제가 있다. 이는 불교의 위상을 회복·강화하려는 의식과 그에 걸맞은 대우를 정부로부터 받아야 한다는 강박관념이었음도 지적할 수 있다. 그리고 기독교에 대한 피해의식도 작용하였는데 부처님 오신날의 공휴일 지정, 호국불교 개념 수정, 10·27 법난, 다양한 훼불 사건이 있다.

기독교의 예수탄신일이 크리스마스로 명명되고 공휴일로 지정된 것은 공권력이 친기독교정책을 수행한 결과로 불교계는 인식하였다. 해방공간, 자유당정권 당시에도 사월 초파일을 공휴일로 지정하려는 노력은 있었지만 성사되지는 못하였다. 통합종단 이후에도 전 불교계 차원에서 서명운동 전개 등 다각적인 운동을 추진하였지만 역시 성공하지 못하였다. 결국 용태영 변호사의 행정소송이 시작된 1973년부터 재기되어, 1975년에 가서야 성사되었다.

교단운영과 관련해서 주목할 점은 護國佛敎의 문제이다. 사실 이 개념은 그간 불교계 내외에서 자연스럽게 수용되어 온 측면이 적지 않다. 특히 1950~1970년대의 불교계에서 더욱 왕성하게 개진되었다. 이 개념은 당시 정치적인 흐름과 유관한 것이었지만, 불교교단 차원에서는 불교정화를 성사시켜 준 이승만, 박정희 정권의 反共政策에 일정한 협조한 결과이

---

12) 이는 그를 추진한 자유당 정권의 후원에 의해서 불교정화가 가능하였고, 그 결과로 종단 주도권을 차지한 비구측의 애매한 입장에서 나온 것으로 보인다.

기도 하다.[13] 이로써 불교계는 늘 여당 및 집권자에 우호적인 입장을 구현하였음을 배제할 수 없다.[14]

이 같은 호국불교에 대한 개념이 비판받기 시작한 것은 1980년 10·27 법난 전후이다. 법난 이전에 이미 휴암은 〈한국불교의 새얼굴〉(가제본, 1979.4)에서 호국불교의 문제점을 적나라하게 지적하였다. 1980년초 지난한 분규를 극복하고 등장한 집행부(송월주)체제가 종단 노선을 정립하였는데[15] 그 성격은 기존 호국불교 비판의 흐름과 무관한 것은 아니었다.[16] 그러나 이를 호국불교의 완전한 극복이라고 보기에는 한계가 있다.[17]

이 같은 정황에서 일어난 '10·27 法難'은 당시 공권력의 정당성 확보를 위한 희생양을 불교에서 찾은 것으로, 곧 불교에 대한 탄압이자 폭거였다. 자체 정화를 기하고 있던[18] 불교계 구성원은 이 사건으로 당시 공권력에 대한 분노를 품게 되었다. 이것을 달리 표현하자면 기존 호국불교에 대한 비판과 각성을 대중화한 것으로 볼 수 있다. 이 인식은 이후 1986년

---

13) 예컨대 호국승군단 조직, 새마을 운동 동참, 북한 규탄대회 개최, 반공 웅변대회 개최, 유신헌법지지, 조찬기도회, 반공궐기대회 등 그 내용은 매우 다양하였다.

14) 〈佛敎人 본연의 자세 가져야 -慶山 총무원장 "一部 스님 改憲청원 宗團과 무관"-〉《대한불교》 1974년 1월 13일의 보도 내용은 당시 그 사정을 단적으로 말해 준다. 이는 유신헌법에 반대하던 일부 승려들이 반유신체제 인사와 공동으로 개헌을 청원하는 서명 운동은 종단과 전혀 무관함을 개진하면서, '호국불교'의 전통을 내외에 과시해야 함을 역설한 담화문을 발표한 것을 말한다.

15) 〈宗團 自主 自律的으로 추진〉《대한불교》 1980.8.3.

16) 당시 송월주는 총무원장 취임 기자회견에서 민족의 증언자, 민중의 향도역을 하겠다고 그 포부를 개진하였다. 그리고 종단 분규에 외부의 간섭이 있었으나 앞으로는 종단을 자주적이고 자율적으로 운영해 나가겠다고 밝히고 불교를 자율적으로 운영하기 위해서는 불교재산관리법, 공원법 등의 개정이 선행되어야 한다고 주장하였다. 그리고 당시 신군부는 종교계 지도자들에게 신군부의 지지 성명을 요구하였지만 송월주는 이를 거부하였다고 한다.

17) 〈護國安保 국민화합 기원 대법회〉〈民主福祉 正義社會구현 淨土 건설〉《대한불교》 1980.8.17, 9.28.

18) 〈佛敎界, 自體 淨化 직입칙수〉〈宗團 지율淨化추진 방안 발표〉《대한불교》 1980.8.31, 10.26. 당시 정화 5대 방침은 축재금지, 불청정행위 금지, 폭언폭력 행위 금지, 사치행위 금지, 상호비방 금지 등이다.

의 海印寺 僧侶大會에서 확연하게, 그리고 사회를 향해 분명하게 목소리를 낼 정도로 심화되었다. 물론 당시 종단이 이 승려대회의 결의 등을 실천에 옮겼는가 하는 문제는 별도로 이해되어야 하지만[19] 그 문제를 공개적으로 공론화하였음은 매우 중요한 사건이다. 그리고 그 저변에는 1976년 이후 가시화된 민중불교론의 가세도 빼놓을 수는 없을 것이다.

10·27 법난에 관한 명예회복 및 진상규명은 청문회 조사를 거쳐, 1989년 12월 30일 당시 강영훈 국무총리가 공개사과 하는 것으로 일단락되었다. 그러나 법난 처리에 관한 당시 종단의 대응의식을 불교자주화의 입론에서 보면 납득하기는 어렵다.[20] 한편 그 사태 이후 법난의 요인에 관련된 불교계의 인식은 법난의 원인을 불교계의 부패로 보려는 일단의 흐름이 있었다. 요컨대 법난 발발의 본질은 신군부에 빌미를 준 불교계의 제반 모순으로 이해하였다.[21] 그리고 종단 지도부의 정권과의 유착이 불교자주화에 최대 걸림돌이라는 인식도 그와 유관한 것이다.[22] 이후에도 종단의

---

19) 1986년 11월 17~18일에 개최된 제87회 정기중앙종회에서 불교재산관리법의 개정과 폐지를 묻는 표결이 있었다. 당시 그 결과는 45:8로 개정하는 방향을 선택하였다. 이는 이전 해인사 승려대회의 정신을 계승하였다고는 말할 수 없다. 즉 불교재산을 스스로 지킬 수 없다는 현실을 인정한 것으로 볼 수 있는 단서이다.

20) 〈진상철저 규명, 불교중흥 차원의 보상을〉《불교신문》1989.1.18. 그는 법난의 후속 처리와 불교 중흥(불교방송국 설립 및 중앙승가대 인가, 불교 관계법 수정 보완 등)을 보상 차원에서 교환한 것을 말한다. 이것도 불교자주화의 측면에서 보면 나약한 현실인식이라는 비판을 면하기는 어렵다는 것이다.

21) 대표적인 주장은 휴암이 소책자로 배포한 〈승가의 양심과 불교탄압의 문제〉(1989.10)이다. 당시 휴암은 신군부 불교 탄압의 빌미를 준 것은 첫째, 당시 승려들의 이권다툼에 따른 투서가 청와대에 1천여 통이나 접수된 것 둘째, 장기간의 분쟁으로 불교는 문제 있는 집단이라는 국민의식이 팽배한 점을 거론하였다. 그는 이를 법난을 자초한 요인으로 제시하였다.
   그러나 이에 대해서는 반론도 만만치 않았다. 1990년 2월 6일의 《법보신문》에 기고한 之鳴의 〈對外的 護法과 對內的 自省은 구별해야〉와 1990년 1월 31일의 《불교신문》에 기고한 法田의 〈법난 內因說 근시안적 주장〉은 그 반박의 글이다. 이에 대하여 휴암은 〈反省은 깊이 할수록 좋다〉《법보신문》(1990. 3. 5)에 그의 주장을 또다시 개진하였다.

권력과의 유착은 보편화된[23] 견해이므로 재론할 여지가 없다.

그러나 그 흐름의 저변에는 기독교의 우호정책에 대한 소외·피해의식이 있었음을 배제하기는 곤란한 것이다. 불교계의 그 흐름이 보다 조직적으로, 종단의 중심 이념으로 전이되면서 종단의 생산적인 논의와 실행으로 옮겨지지 못한 것은 불교계의 현실인식이 그에 미치지 못했기 때문이다. 즉 불교의 투철한 사상성이 정비되지 못한 결과였다. 그러나 여기에서 나온 의식과 과제가 이후 종단개혁의 밑거름이 된 것은 고려해야 한다.

지금껏 몇 사례를 추출하여 살펴본 바에 의하면, 현대의 교단운영에 있어서 자주적인 운영을 지향하려는 문제는 주로 교단운영의 자율성 추구와 불교 위상 회복을 위한 문제가 주종을 이루었다고 제시하겠다. 그러나 그 자주화 추구는 불교계 내부의 한계, 모순, 권력 지향의 속성, 분규 등으로 소기의 성과를 거두었다고 보기에는 무리가 따른다.

3. 교단자주화의 한계와 문제점

20세기 불교교단(종단) 자주화의 내용과 그 성과를 一瞥하면, 대체로 미약하고 한계가 적지 않았다. 이 같은 전제하에서 그 한계를 유발한 요인과 문제점을 제시하고자 한다. 여기에서 문제점이란 현재까지 지속되고 있으며, 그것을 현 종단의 모순으로 볼 수 있는 대상이라고 할 수 있다.

1) 자주화의 한계

교단자주화의 한계는 20세기 불교사의 부정적인 측면을 말한다. 그리고 현 불교계가 안고 있는 유산인 것이다. 이제 몇 부류로 대별하여 제시하겠다.

---

22) 〈현교단 상황 제2법난 위기감, 총무원 정권 밀착이 자주화 최대 걸림돌 - 10·27 법난과 불교자주화에 대한 분석-〉《법보신문》 1992.11.2.
23) 그는 종단 중진 승려들이 정권유착(호헌 지지)과 대통령선거 때 특정 후보를 지지한 사실에서 단적으로 드러난다. 〈불교는 권력의 도구가 될수 없다〉 월간 《말》지 1987년 12월호.

첫째, 교단의 설립 및 운영에 대한 경험이 매우 미약하다는 것이다. 이는 일제하에서의 냉정한 의미의 교단 부재 그리고 일천한 운영에서 나온 것이다. 그리고 그 미약한 전통도 해방공간에서 정상적으로 이행되었다고 보기도 어렵다. 더욱이 17년 간 전개된 불교정화를 추진하면서 그 미약한 전통도 완전 부정되었다. 1970∼90년대에는 이 같은 나약한 교단 전통을 고민하고 대안을 모색할 겨를도 없이 종정중심제, 총무원장 중심제 논란과 갈등의 구도에서 나타난 바와 같이 종권 주도권 다툼으로 진지한 모색을 하지도 못했다.

둘째, 일제의 가혹한 식민통치, 그리고 이승만정권(자유당)과 박정희 정권(공화당)의 성격, 즉 독재정권하에서 불교교단의 위상과 자주성은 위축되었다. 이는 일제, 자유당과 공화당 정권이 비정상적으로 강력했기 때문에 그 통치와 정권하에서 불교교단의 제반 활동도 정상적으로 추진될 수 없는 현실적 여건에 처해 있었다. 요컨대 식민통치와 독재정권하에서의 교단은 파행을 걸을 수밖에 없는 여건이었으며, 자주적인 활동이 구속을 당했던 것이다.

셋째, 불교의 발전과 중흥을 기한다는 목적에서 추진된 교단자주화를 이끈 이념은 불교개혁론이었지만, 불교계 현실의 접목은 성사되지 못하였다. 산중불교에서 도시불교로, 혹은 불교대중화를 강력히 주장하였지만 그 논리와 이념이 얼마나 교단 내부에서 실천되었는가에 대해서는 의구심이 적지 않다는 것이다. 불교근대화, 불교현대화가 다양하게 주장되었지만 구체적으로 무엇이 반영되었고 그 결과는 어떠하였는가를 고려하면 개혁론에 대한 회의가 적지 않다.

넷째, 불교자주화를 추구함에 있어서는 그 교단 구성원들의 단합, 통일이 전제되어야 함은 당연하지만 20세기 교단 집행부의 행적과 노선을 보면 그 반대 경우가 대부분이었다. 이 같은 결과가 노정된 것은 교단운영에 대한 견해 차별성, 전통 수호와 개혁론의 부조화가 개재되었음에서 기인된 것이다. 교단 구성원의 한 축이었던 신도들을 배제하여 운동의 역량을 스스로 취약하게 한 것도 이 구도와 유관한 것이다.[24] 그러나 무엇보다 가장 문제시되었던 것은 승려들의 명리 추구였다. 민족과 불교를 배반한 행태가 속출하였음은 그 실례이다. 민족, 불교, 교단을 우선시 하지 않고 개인, 사찰, 문중, 문도를 앞세운 행동은 항상 교단자주화를 부정하는 방향으로 귀결되었다.

다섯째, 교단의 자주화 추구가 불교의 사상 및 가치와 조화되면서 추진되었다고 보기에는 주저되는 바가 많다. 즉 불교자주화의 이념이 정비되지 못하였다는 것이다. 자주화를 추구하는 교단의 이념과 목표, 그리고 이를 집행하는 책임자들의 의식이 불교적인 가치에 의해 주도되었다고 동의할 수 있는가에 대해서는 회의감이 매우 강하다는 것이다. 명분상으로는 불교가 내세워졌지만, 그 실행과 결과에서는 반불교적인, 일반 속세에서도 비판받는 행태가 노출되었다.

2) 문제점

교단자주화를 추구하면서 나타난 문제점은 보다 현재적인 관점에서 접근할 수 있다. 이 문제점도 물론 위의 한계와 직·간접적으로 연계되어 있음은 자명하다. 다만 현재에도 진행되고 있기에 보다 그 내용과 성격을 쉽게 이해할 수 있다.

첫째, 교단자주화 추구에 있어서 그 교단이라는 개념과 이를 실제 현실에 적용함에 있어서 서구적, 속세적인 가치가 지배하고 있다. 삼권분립, 민주주의, 다수결 등은 그 단적인 예증이다. 이는 곧 제도 개혁을 통해 교단자주화를 기하려는 성격이 지배적이라는 것을 말해 준다. 이러한 입장에 서게 되면, 유구한 불교의 역사와 전통을 내세우는 한국불교에서 가질 수 있는 전통은 무엇인가를 고민해 보아야 한다. 그리고 그 교단(종단)의 제반 의사결정을 주도하는 승려들의 가치관이 승려의 계율에 조화되고 어긋난 것은 없는지도 반성해 보아야 할 것이다.[25] 교단자주화만 추구하고,

---

24) 교단의 구성을 사부대중으로 표방하였지만, 그 실세에 있어서는 대부분 승려 위주로 운영되었다. 즉 승단 중심의 사고를 말하는 것이다.

25) 일제하 교단혁신을 강력히 주장하고 간혹 민족운동 대열에도 참여하였던 청년

성사되면 반불교적인 이념이 횡행하고 계율이 파괴되어도 무방한 것인지 자못 궁금하다. 목적 달성을 위해서는 수단을 가리지 않아도 무방하다는 치졸한 의식이 고착화된 것도 이 구도와 무관할 수는 없다.

둘째, 교단설립과 운영은 공간적으로 중앙에서 전개되었으며, 결과적으로는 정치 지향의 측면을 강화시켰다. 교단자주화의 상대가 공권력 및 위정자였기에 자연 교단의 제반 사업은 중앙정치 의존도를 높였다. 이에 불교계에서는 정치승, 권승, 권력 지향이라는 수식어가 뒤따라 다녔다. 그리고 교단의 문제를 해결하기 위하여 공권력 및 위정자와 접촉, 협조, 유대관계 강화 등이 부수적으로 나오게 되었다.

셋째, 중앙집권적인 정치와 대응을 하고 중앙 교단 중심의 운영에 치우친 결과, 개별 사찰에 대한 관심의 소홀·경시 등 불교의 토착 기반의 상실을 가져왔다. 그리고 도회지에서 실행하는 대중화에만 치중하였기에 불교전통이 담겨 있는 전통 고찰 등 개별 사찰의 중요성을 간과하였다. 불교는 사상과 이념이기 이전에 종교적인 속성이 우선하므로 그 종교적인 활동을 구현하는 개별 공간에 대한 중요성을 간과하였다고 이해된다.

다섯째, 교단자주화 추구에서 파생할 수 있는 주도권 및 부산물·잉여(보직, 이권)를 얻기 위한 갈등이 심화되었다. 요컨대 분규, 내분, 분란, 갈등 등이 지속적으로 연출되었음은 바로 그 사정을 말해 준다.

여섯째, 자주화를 추구하는 교단 중심부의 일부 인물들은 그 행적에 있어서 도덕적 타락, 권력 추구, 이권 개입 등의 구도에 함몰된 성향을 띠게 되었다. 이는 행정승, 사판승의 독주라는 현상을 말하는 것이다. 또한 불교의 존립, 발전, 중흥을 담보할 수 있다고 여긴 교단(종단) 건설과 운영에만 유의한 결과 불교 본래의 수행정신, 청정한 도덕, 무소유 및 근검 절약, 화합 등과 멀어진 사실을 의미한다. 그리고 중생을 제도한다는 하화중생의 명분을 저버린 결과를 야기하였다. 아울러 이러한 제반 정황은 불교

승려들은 그 단적인 실례이다. 그들은 외국 유학을 다녀온 후는 대부분 결혼, 즉 파계를 하였다. 그들은 불교대중화의 구도하에서 불교발전과 중흥을 성취하였지만 불교전통수호에 대한 공헌은 매우 미약하였다.

자주화를 실행할 수 있는 정신적 체질이 불교계에 있었는가 하는 의구심을 유발케 하였다.

4. 결 어

이상으로 20세기 한국불교교단의 흐름을 '자주화'의 시각에서 요약·정리하였다. 20세기 불교사의 내용과 변화상을 단적으로 파악할 수 있는 시각을 교단으로 설정하고, 그 교단의 자주화 문제의 내용과 성격, 그리고 나아가서는 그 한계와 문제점을 대별하여 보았다.

교단자주화는 교단의 설립 및 운영을 자주적으로 추진하려는 의식 및 활동이다. 그 내용으로는 설립 및 운영이 교단 구성원의 가치 및 자율에 의해서 성취될 수 있는가의 문제로 좁혀진다. 이 경우 연관된 대상 주제는 국가권력이었으며, 자주화를 추진하는 주체인 승려가 연계된다. 그 국가권력은 일제하에서는 일제 식민지 당국이며, 해방 이후는 공권력으로 설정하였다.

교단자주화에 있어서 교단설립은 일제하에서는 일제의 사찰령 체제로 인해 그 설립 자체가 부정되었다. 다만 1929년의 승려대회에서 제정한 종헌 체제와 1941년에 등장한 조계종 체제는 일정 부분 교단의 외형을 띠었지만 그 내용에 있어서는 한계가 적지 않았다. 8·15 해방 이후는 교단설립은 문제시되지 않고 주로 교단의 주도권 및 대표자의 인정에 관한 문제가 전면에 등장하였다. 불교정화의 추진 때, 1970년대 후반 종단 대표를 둘러싼 분규 등이 그 예이다.

교단운영은 일제하의 경우 사찰령이 운영의 요체였다. 인사권, 재산권을 포함한 제반 행정체제를 장악한 일제에 의해 구속을 당하였다. 해방 이후는 주로 운영의 자율화, 교단의 기반인 재산권의 보호 및 불교 활동을 저해, 억압, 탄압하였던 각종 법령, 시책 등이 교단자주화의 대상이었다. 예컨대 부처님 오신날 공휴일 지정, 불교재산관리법 등 불교 관련법 철폐와 보완, 10·27 법난 명예회복 보상 등이 그 실례이다.

그러나 20세기 교단자주화를 전체적으로 조망하면 적지 않은 한계와 문제점이 드러난다. 100여 년 간 교단자주화는 견고하지 못했다는 것을 말해 주는 것이다. 또한 미흡한 교단자주화에서 드러난 여러 문제는 현재까지도 불교계의 모순으로 작용하고 있다. 이러한 한계와 문제점은 더욱 다각적인 측면의 접근, 분석을 통해 그 본질과 성격을 해명할 필요성이 더욱 요청된다. 이는 20세기 한국불교사의 본질을 해명하는 작업인 동시에 21세기를 지향하는 불교계가 이정표를 수립할 밑거름으로 활용될 수 있기 때문이다.

제 5 부

정화공간의 불교

불교 '淨化'의 성찰과 재인식

1. 서 언

20세기 한국불교사의 중심에 있는 불교 '淨化'는[1] 근대불교의 유산이자, 현대불교의 진원지로 볼 수 있다. 요컨대 불교정화는 일제 植民地 佛敎의 잔재를 극복하려는 몸부림이면서 동시에 현대불교의 중심체인 曹溪宗團의 再建을 담보한 역사적인 사건이다.[2]

그런데 이같이 중요한 역사적·불교사적 의미를 담고 있었던 불교정화는 지금껏 그 중요성에도 불구하고 객관적·학문적인 접근 자체가 거의 없었다. 객관적인 정리는 고사하고 그 관련 자료를 정리하려는 노력도 찾을 수 없었다. 정화에 대한 이러한 토양은 정화사에 대한 몰이해의 다름이 아니다. 곧 정화의 시말, 개요, 성격 등에 대한 기본적인 이해의 부재를 말한다.

---

1) 본 고찰에서는 불교정화의 개념을 일단 '정화'로 표현하였다. 아직 정화사에 대한 정리, 분석, 성격 등에 대한 최소한의 검토마저도 부재한 상황이기에 관행적으로 지칭되는 정화라는 표현을 그대로 사용한다. 그런데 이 정화는 그 결과로 피해를 입었던 태고종측에서는 법난으로, 당시 언론에서는 분규라고도 하였다.

2) 불교정화는 1954년 5월 당시 이승만 대통령의 불교정화 유시, 즉 "대처승은 사찰 밖으로 나가라"는 발언으로 촉발된 1954~1970년의 당시 불교계의 주요 활동을 지칭한다. 그러나 협의의 의미로는 조계종단 내외에서 대처승을 불교 계율과 한국불교의 전통에서 어긋난 것으로 인식하고 그 대처승을 사찰에서 축출, 혹은 승려의 자격 불인정을 기했던 일련의 사실·사건·산물 등을 총칭한다.

한편 이 정화의 접근 자체를 기피한 요인은 여러 측면에서 찾을 수 있다. 우선 관련 학자가 전무하다는 것이다. 다음으로는 불교계의 歷史意識의 박약을 지적하지 않을 수 없다. 그리고 曹溪宗과 太古宗이 대응하고 있는 민감한 현실에서 야기될 수 있는 이해관계 또한 배제할 수 없다. 그러나 최근 근·현대불교사에 관심을 갖고 있는 학자,[3] 단체들이[4] 등장하면서 정화를 정면으로 인식하려는 움직임이 싹트고 있다.[5] 이러한 변화는 곧 정화사도 학문적인 잣대로 연구될 시기가 임박하였음을 말해 준다.

한편 정화사가 객관적·학문적인 차원에서 조속히 연구되어야 함은 한국 근·현대불교사의 복원이라는 측면에서 설득력을 갖는다. 또한 정화사에 대한 관심은 불교계 모순의 본질을 이해하려는 측면에서도 그 대상이 될 수 있다. 요컨대 1998, 1999년의 종단사태와 1970년 이후 불교계의 제반 갈등, 분규, 비상종단, 종단개혁 등의 원인을 불교정화에서 찾으려는 의식을 말한다. 달리 말하자면 조계종단의 모순, 불교계의 한계, 불교의 낙후성 등을 고뇌하는 현실인식에서 정화사는 피할 수 없는 절대절명의 대상과 주제가 되는 것이다.

따라서 이 같은 정화사 접근에는 보다 감정이 여과된, 객관적인 사실 중심의 이해, 냉철한 비판의식이 수반되어야 한다.

지금까지의 정화에 대한 이해에는 극단적인 찬양과 비판이 공존·병립하였다. 특히 조계종단에서는 종단 이념을 수립한 근원이었다는 '신화'적인 성격을 갖고 있다. 그러나 지금은 21세기를 눈앞에 두고 불교의 미래

---

3) 김광식은 《韓國近現代佛教資料全集》(1996, 민족사)을 기획하면서, 정화 관련 자료를 수집·정리하여 《佛教淨化紛爭資料》(권 68)를 간행케 하였다.
4) 선우도량 한국불교근현대사연구회에서 《新聞으로 본 韓國佛教近現代史》(1995, 1999)를 전 4권으로 발간하고, 정화 관련자에 대한 증언을 청취하고 있음은 대표적인 사례이다. 그리고 석림동문회에서 펴낸 《한국불교현대사》(1997, 시공사), 한국불교승단정화사편찬위원회에서 발간한 《韓國佛教僧團淨化史》(1996)도 손꼽을 수 있다.
5) 김광식의 논문 〈조지훈·이청담의 불교계 '분규' 논쟁〉《한국민족운동사연구》 22(1999)이 정화에 관련된 최초의 학술적인 글이라는 측면에서 그 실상을 알 수 있다.

를 염려하는 의식이 자생적으로 움트고 있다. 더욱이 종단 내의 갈등이 일시적으로는 분권 사태에까지 이르러 사회적인 문제로도 비화되었으며, 불교의 명예를 추락시킨 98년 사태를 철저히 반성해야 한다는 불교계 내외의 준엄한 채찍질이 있음을 유의해야 할 것이다.

이에 본 고찰에서 1954~1970년에 전개된 불교정화를 성찰하기 위한 전제에서 정화의 배경, 시말과 개요 등을 요약·정리하고자 한다. 아울러 정화의 모순과 문제점을 제시함으로써 이를 미래 불교의 노선·대안 검토시의 유의점으로 제시하고자 한다. 그리고 정화사를 거시적, 계기적인 관점에서 분석하여 불교정화의 역사성을 모색하고자 한다.

2. 淨化의 背景

1954년 5월에 가시화되어 태고종이 창종된 1970년 5월까지, 무려 17년간 진행된 불교정화는 조계종 재건의 기초를 제공하였지만 수많은 모순과 후유증을 잉태시켰다. 그러나 개항(1876), 승려의 도성출입금지 해제(1895), 경술국치라는 國亡(1910)과 사찰령 제정·시행(1911), 3·1 운동에 동참(1919), 선학원 창건(1921), 태고사와 조계종의 등장(1941), 8·15 해방(1945)이라는 근대불교의 큰 흐름을 조망할 경우 역사적인 필연의 산물로 볼 수 있다.

근대불교의 대세는 불교발전과 중흥이었다. 이를 위해 기존 산간불교에서 도회지로 나오는 都市佛敎, 大衆佛敎, 民衆佛敎의 기치를 내세웠다. 그러나 이를 추진함에 있어서 선진적인 일본불교를 모방·답습하려는 행태와 의식이 광범위하게 파급되었으며 자연적으로 친일불교의 속성이 노정되었다. 그런데 여기에는 한국을 식민지로 경영하였던 일본제국주의의 교묘한 불교정책이 도사리고 있었다. 일제의 불교정책은 한국의 불교를 식민지 구도에 순응시키고 독립운동에 나설 수 없는 정신적인 체질을 구사하는 것이었다. 이 같은 정황은 한국불교가 전통적인 불교를 이탈하여 일본불교화가 가속화되는 노선으로 가고 있었음을 말하는 것이다. 요컨대 불교발전과 친일불교가 양립된 이중적인 모순의 구도에 처하여 있었다.

그러나 불교계 일각에서는 이 같은 구도를 깨뜨리기 위하여 불교의 자주화, 민족운동 가담 등을 통한 불교전통을 고수하려는 움직임도 치열하게 추진되었다. 그 대표적인 움직임이 寺刹令 撤廢運動, 禪學院의 창건, 1929년의 승려대회에서 宗憲·宗法의 수립, 總本山 建設運動 등이다. 이 같은 전통불교 수호 노력은 당시가 가혹한 일제치하였기에 지난한 형극의 길이었음은 두말 할 나위가 없다. 그럼에도 불구하고 이 움직임이 해방되던 그날까지 지속되어 현대 한국불교의 이념적 토대가 되었다.

한편 일본불교 모방과 식민지불교정책이라는 구도에서 나온 부산물의 요체를 한 마디로 말하면 승려의 '帶妻食肉'이다. 이는 일본불교의 대명사로 또한 한국 전통불교의 파탄자로 지칭되었다. 그리하여 일제하에서 이 대처식육을 극복하려는 자생적인 움직임이 불교계에서 부단히 나타났거니와, 이를 전통불교 수호와 민족운동의 범주에 포함시킬 수 있는 것이다. 그러나 일제하 불교계 구성원들이 이 대처식육을 대부분 수용하였다는 데에 역사의 아이러니가 생겼다. 그들은 일제의 불교정책에 순응, 타협, 훼절하였던 친일적인 승려들이 주류를 이루고 있었다. 불교계 내부에서는 불교의 자주화와 민족운동에 가담한 인사들이 대처식육을 불교의 대중화를 기하기 위한 불가피한 조처로 인식한 경우도 있었으니, 당시 불교계 모순과 고민이 바로 여기에 있었다.

일제말기 송만공은 수행하는 청정 수좌가 300여 명에 불과하다고 지적하였다.[6] 당시 승려 6,500여 명이라는 저간의 통계에 유의한다면 대처식육이라는 초점을 통해 본 불교전통의 상실은 엄청난 것이었다. 그런데 대처식육을 무비판적으로 수용하였던 다수의 승려들은 결과적으로 사찰 재산을 자신의 식솔생활 해결책으로 활용하였으며 자신의 생활 방편, 기득권 유지 등을 도모하기 위해 자연적으로 식민지 권력에 의지하고 탐닉하였다.

이제부터는 일제하 불교계의 흐름을 갖고 불교정화의 배경으로 볼 수 있는 사례들을 요약하겠다. 이를 통하여 정화의 당위성, 필연성 등과 함께

---

6) 〈宋滿空 禪師와 一問一答〉《朝鮮佛教》 105호, 1934.12.

정화의 이념적 기초를 추출할 수 있을 것이다. 그 요약은 일제시대와 해방공간으로 크게 나눌 수 있다.

첫째, 한국불교의 종지를 수호한 임제종운동의 정신이 있다. 임제종운동은 1910년 10월 친일파 승려로 유명한 이회광이 일본불교의 한 종파인 조동종과 맺은 이른바 조동종맹약을 분쇄하기 위한 대응운동이다. 조동종 조약은 한국불교의 전통을 망각하고 한국불교를 일본 조동종에 예속시킨 처사였다. 당시 전라도·경상도 일대의 사찰들은 한용운, 박한영, 진진응, 김종래 등이 주도한 그 분쇄운동에 동참하였다. 그 후 이 운동은 독자적인 법규 제정, 포교당 설립을 통한 그 운동의 대중화를 기하였다. 대표적으로 서울 사간동에 1912년 5월에 건립된 조선임제종중앙포교당이 있다. 이 포교당은 그후 일제의 탄압으로 조선선종중앙포교당, 범어사포교당으로 개명된 후 그 전통이 선학원으로 계승된다. 임제종운동은 한국불교 전통 수호를 위한 노력이었으며 그 운동의 주도세력은 南黨으로 지칭되었다.

둘째, 선학원의 창건 정신이다. 불교전통의 수호와 발전이라는 측면에서 불교발전을 기하려는 일단의 승려들이 창건한 선학원은 1921년에 창건되었다.[7] 선학원은 "교단의 傳統을 死守하며, 그 腐敗의 淨化를 모의하는 根據處"로 삼았다는 당시 수좌들의 현실인식에서 그 성격을 알 수 있다. 창건된 선학원에서는 당시 수좌들의 조직체인 禪友共濟會가 결성되었다. 그 공제회의 조직과 부서가 만들어졌으며, 전국 선원이 지부로 가입하고 선학원에 그 사무소가 위치하였다. 당시 수좌 상당수(365명)가 이 공제회에 가입하였는바, 여기에서 당시 수좌들의 전통불교 수호 의식이 나타난다.

셋째, 승려독립선언서에 나타난 자주불교 정신이 있다. 1919년 11월 15일 중국 상해에서 배포된 이 선언서는 대한승려연합회 대표인 오성월, 김구하, 김경산 등 12명의 중견 승려 가명으로 제작되었다. 3·1 운동에 적극 동참한 불교계의 민족정신의 지속적인 구현에서 나온 이 선언서는 프랑스 파리까지 배포되고, 국내에도 비밀리에 반입된 당시 불교계의 항일

---

7) 金光植, 〈日帝下 禪學院의 운영과 성격〉《한국독립운동사연구》8, 1994.

독립정신의 정수이다. 이 선언서는 불교계가 일본의 통치를 배격하고 대한민국의 독립을 주장하면서, 불교계가 독립운동에 참가한 당위성을 웅변하고 있다. 그 내용에,

> 我 佛敎도 그 毒手의 犧牲이 되어 强制의 日本化와 苛酷한 法令의 束縛下에 二千年來 韓土의 國家의 保護로 누리던 自由를 失하고 未幾에 特有한 我 歷代 祖師의 遺風이 湮滅하야 榮光잇든 大韓佛敎는 絶滅의 慘境에 陷하려 하도다. 이에 我等은 起 하엿노라 大韓의 國民으로서 大韓國家의 自由와 獨立을 完成하기 위하야 二千年 榮光스러운 歷史를 가진 大韓佛敎를 日本化와 絶滅에 救하기 爲하야 我 七千의 大韓僧尼는 結束하고 起하엿노니

라[8] 하면서 일제와의 血戰을 선언하였다. 이 중 '불교의 일본화와 절멸'에서 구하겠다는 의지 표명은 불교의 자주화와 전통불교 수호를 단적으로 말하는 것이라 하겠다.

넷째, 백용성의 대처식육 금지 요청 건백서 제출에 나타난 정신이 있다.[9] 1925년 후반부터 일부 본산에서 대처자도 본산 주지에 취임할 수 있는 사법개정을 총독부에 신청하였다. 그러나 이는 일부 본산의 반대로 여의치 않았으나 1926년에도 그 노력은 지속되었다. 1926년 5월과 9월, 백용성은 그와 뜻을 같이하는 승려 127명의 서명을 받아 대처식육 금지를 요청하는 건백서를 2차례나 일제당국에 제출하였다. 그 건백서의 내용은 대처식육을 한국불교 모순과 퇴보의 요체로 제시하고 불교발전을 위해 대처식육을 금지할 것을 주장하였으며, 그 대안으로 무처·유처 승려의 구별과 무처 전용 사찰의 할애를 요구하였다. 그러나 이 건백서는 전혀 수용되지 않고 일제는 오히려 그 사법 개정을 독려하였다.[10] 1926년 10월 이후부터 주지 취임 자격에 대처자의 제한이 공식적으로 해제되었음을 의미

---

8) 〈불교선언서〉《獨立新聞》(상해판) 1920.3.1.

9) 金光植, 〈1926년 불교계의 帶妻食肉論과 白龍城의 建白書〉《한국독립운동사연구》 11, 1997.

10) 〈寺刹住持의 選擧資格 改正〉《매일신보》 1926.11.26, 사설 〈朝鮮寺法의 改正〉 1926.11.27.

하는 것이다. 이 건백서에 나타난 정신은 곧 불교전통의 회복을 통한 불교의 자주화였다.

다섯째, 선학원이 재단법인 선리참구원으로 전환됨을 계기로 수좌들이 주도한, 조선불교선종의 창종에 개재된 불교전통 수호정신이 있었다. 1934년 12월에 가시화되어 1935년 1월에 제정·공포된 조선불교선종의 종헌은 당시 수좌들의 현실인식, 즉 전통불교 수호와 일제 식민지불교에 대한 저항정신이 파악된다.[11] 당시 수좌들은 "다수 僧徒들이 肉食飮酒하며 邪淫娶妻를 恣行하면서 '중도 사람이다'라는 口號를 앞세우고 莫行莫食하며 破戒 雜行으로 大乘佛教의 修道像이며 傳法行인양 宣傳함으로서 우리 教團의 嚴正淸淨하든 傳統은 드디어 무너지기 始作"[12]하였다고 이해하였다. 나아가서 그들은 환속한 무리들에 의하여 사찰이 가정화·요정화되었고, 사찰의 재산도 환속자들의 생활에 낭비되었다고 개탄하였다.

이에 그 수좌들은 자기들이 '朝鮮正統의 修道僧'이라고 자부하면서 '傳統死守와 教團復興'을 꾀하는 종헌을 제정·공포하였음을 신언하였던 것이다. 이는 한국불교의 전통이 선에 있음을 밝히고, 수좌들 독자적으로 종단을 만들었음을 말해 준다.

여섯째, 선학원 관련 수좌들의 주도한 高僧 遺教法會에는 청정승풍의 회복과 전통 계율을 수호하려는 의식이 있다. 1941년 2월에 개최된 이 법회는 운수납자 30여 명 즉 송만공, 장석상, 하동산, 이청담, 정금오, 박한영, 이운허, 윤고암 등이 참가한 가운데 개최되었다.[13] 당시 그 법회에서는 梵網經·遺教經 설법과 慈悲懺의 공개가 있었다. 그리고 법회 종료 후에는 기념사업으로 習定均慧하는 비구승만의 梵行團을 조직하여 禪學과 戒律의 宗旨를 선양하는 노력을 기울였다.[14] 선학원 계열 수좌들의 그 정신은 1942년 근대선의 중흥조로 일컫는 송경허의 문집, 《경허집》을 발간하

---

11) 김광식, 〈朝鮮佛教禪宗宗憲과 首座의 現實認識〉《建大史學》9, 1997.

12) 〈조선불교선종 종헌〉《한국근현대불교자료전집》권 65.

13) 〈佛門 新體制 發足 高僧修養法會〉《매일신보》1941.3.5, 〈高僧大德을 招致 佛教最高高僧法會 −中央禪學院서 精進〉《慶北佛教》46호, 1941.5.

14) 〈교계소식〉「범행단 조직」《佛教時報》69호, 1941.4.

는 것으로 지속되었다. '우리 功勞者의 表彰은 우리 손으로'라는 주제하에 진행된 그 작업에는 송만공, 방한암, 장석상, 하동산, 이효봉, 김경봉, 한용운 등의 40여 명의 수좌가 발기인으로 참여하였다. 가혹한 일제말기이며, 불교전통이 피폐된 시기에 진행된 그 발간도 불교전통 수호와 무관한 것은 아니었다.

당시 일제는 이 같은 전통수호에 매진하였던 수좌들의 선학원 활동을 군국주의 체제의 유지와 내선일체 수립을 위해 선학원 통제를 집중 검토하였다. 일제는 선학원을 법령상 사찰도 아니므로 존재 이유가 없다고 단정하면서 '암적'인 존재로 인식하였다.[15] 일제에게는 암적인 존재지만 역설적으로 한국불교의 입장에서는 생명과 같은 존재였다.

일제하에서도 한국불교는 불교의 전통을 수호하기 위한 노력을 줄기차게 지속하였다. 바로 그 움직임의 저변에 흘렀던 의식을 불교정화의 밑거름으로 볼 수 있다. 8·15 해방 이후에도 그러한 노력은 지속되었다.

첫째, 8·15 해방 직후 불교계의 교단혁신안에는 비구중심의 교단을 건설하려는 움직임이 광범위하게 있었다.[16] 교단혁신의 움직임은 해방 직후의 교단내부와 불교혁신단체로 대별할 수 있다. 그러나 이들 간에는 불교혁신의 대상과 내용을 둘러싸고 팽팽하게 대립하였다. 그 대립의 저변에 있었던 것의 하나가 敎徒制로 지칭된 대처승의 신분 변동 문제이다.

당시 교단 집행부의 대부분은 대처승이었고, 그들은 한용운의 불교대중화 노선을 추구하였던 인물들이었기에 대처승의 존재를 인정하였다. 그러나 혁신단체는 교단을 청정 비구 중심의 교단으로 만들려는 강력한 의지

---

15) 《매일신보》 1942.8.6 〈佛敎서도 內鮮一體로 宗敎報國에 新機軸〉.
16) 해방공간의 불교계 동향은 아래의 필자 논문이 참고된다.
　　金光植, 〈8·15解放과 佛敎界의 動向〉 《불교사연구》 창간호, 1996.
　　______, 〈佛敎革新總聯盟의 결성과 이념〉 《정덕기박사화갑기념논총》 1996.
　　______, 〈全國佛敎徒總聯盟의 결성과 불교계 동향〉 《목정배박사화갑기념논총》 1997.
　　______, 〈해방 직후 제주불교계의 동향〉 《한국독립운동사연구》 12, 1998.

를 갖고 있었다. 혁신단체는 대처승은 비구승단을 옹호하는 신분으로 변화시켜야 한다는 의지를 갖고 있었는데, 대처승을 신도로 하려는 움직임과 종단의 종무원, 포교사, 교사 등으로 하려는 움직임이었다. 또한 대처승은 일제 식민지불교의 잔재라는 의식이 강하게 깔려 있었다.

당시 교단 집행부는 혁신단체의 주장을 일축하며 그들의 주장을 이북불교의 모방으로 간주하거나 배후세력을 의심하고 있었다. 이러한 이질적인 대응으로 인해 양측의 입장은 조율되기 어려웠다. 그 대립은 마침내 혁신단체가 1946년 12월 1일 독자적인 혁신을 추진하기 위한 佛敎革新總聯盟을[17] 결성하면서 더욱 가속화되었고, 1947년 5월 태고사에서의 전국불교도대회를 거치면서 완전 결별되어 혁신단체는 朝鮮佛敎總本院(원장, 장석상)을 수립하였다.

당시 수좌들은 선원에 대한 지원과 선리참구원의 위상 확립을 교단에 요청하였지만 수용되지 않자 혁신단체의 움직임에 동참하였다. 그러나 교단 집행부는 혁신단체 구성원들을 좌익분자로 경찰에 신고하는 등 혁신단체의 주장을 수용할 입장과 의식이 전혀 없었다. 비구 중심의 교단을 재건하려는 혁신단체의 노력은 1947년 중반부터 점차 위축되었으며 존립할 수 없는 사회적인 여건으로 불교계에서 사라졌다.

둘째, 일단의 비구들에 의하여 주도된 봉암사 '결사'에서 불교전통을 회복하려는 의식이 있었다.[18] 1947~1949년, 봉암사에서 "부처님 법대로 살자"는 주제하에 진행된 그 결사는 근본 불교와 한국 전통불교를 지향하려는 의식의 발로에서 나온 것이다. 이성철, 이청담, 김자운, 최월산, 김혜암 등 20여 명의 수좌들의 생활은 그 자체가 교단 부흥의 의지와 무관한 것이 아니었다. 그들은 결사의 개요를 '共住規約'으로 정하였으니 거기에는 부처의 계법과 조사들의 가르침을 勤修力行하여 究竟成佛의 원만한 速成을 기약함, 부처의 戒法과 불조의 敎則 이외의 사견은 절대 배제, 자급자

---

17) 그 혁신단체는 선리참구원, 조선불교혁신회, 혁명불교도연맹, 선우부인회, 새님 이북승려회, 불교여성총동맹, 불교청년당 등 7개 단체이다.
18) 〈1947년 봉암사결사〉《修多羅》 10집, 1995.

족과 탁발의 원칙, 신도들의 布施는 단연 청산, 오조가사와 장삼의 항상 착용, 매일 2시간 이상의 노동, 청규나 대소승의 율법에 기준 등은 불교전통의 회복이었음은 분명하다.

이 봉암사 결사의 정신이 이후 불교정화의 이념적인 산실이자 기초였다고 볼 수 있다. 더욱이 봉암사 결사에 직·간접으로 관여된 승려들이 정화불사의 주역이었고, 조계종단의 종정과 총무원장 등을 역임하였다는 점에서 자명하다고 하겠다. 이 봉암사 결사는 조계종단 내에서 하나의 '신화'가 되었음도 유의할 내용이다.

셋째, 대처승 중심의 교단에서 수좌 전용 사찰 할애 요구에 나타난 수좌들의 현실 타개의 정신을 지적할 수 있다. 1952년 이대의는 당시 교단의 수좌에 대한 배척과 그로 인한 불교전통의 상실을 개탄하며 이를 당시 교정이었던 송만암에게 그 문제점을 건의하였다. 송만암은 긍정적으로 납득하고 통도사, 불국사에서 그 이행에 대한 문제를 집중 토의하여 18개[19] 사찰을 수좌 전용 사찰로 지정하였다. 그러나 그 지정 사찰의 양도는 정화 직전까지 이행되지 못하였다. 대처승 교단의 처사에 분노하였던 수좌들의 울분과 의식이 정화가 발발된 초창기 기민한 대응의 기반이 되었다.

이처럼 정화가 가시화되기 이전의 해방공간에서도 청정 비구 중심의 교단 재건과 불교의 전통을 회복하려는 노력이 있었다. 이러한 노력과 의식이 정화 추진의 촉매제가 되었다. 따라서 우리는 위에서 살펴본 일제하의 전통수호와 민족불교를 지향하였던 행적들의 기반에 해방공간에서의 움직임이 덧붙여진 상황을 파악할 수 있었다. 비록 그 정화를 촉발시킨 것이 당시 이승만 대통령의 '유시'였지만 제반 정황은 불교계 내부에서 자생적으로 등장할 기운이 성장하고 있었던 것이다.

---

19) 그 대상은 48개 사찰이라는 설도 있다. 〈人心佛心, 세상에 한마디 -長老院 大義스님-〉《대한불교》 497호(1973.3.18) 참조. 또한 《대한불교》 584호(1975.1.5)의 특집 기사인 〈韓國佛教淨化20年 어제와 오늘의 진단〉의 「佛教史에 새 里程 -淨化始末-」에도 48개 사찰로 서술하고 있다. 그러나 이는 통도사, 불국사에서는 18사찰이었으나, 1954년 5월 이승만 유시 직후 종단 주도층에 의해 비구측에게 제공될 대상 사찰이 48(혹은 50)사찰이었던 점과 혼동된 내용으로 보인다.

그러므로 이승만의 유시가 나온 즉시 수좌들은 기민하게 대응할 수 있었다. 또한 수좌들의 의식과 움직임은 당시의 언론과 불교신도들의 지지를 얻어낼 수 있었다고 이해된다. 요컨대 정화의 촉발은 이승만 유시라는 불교계 외부에서 나온 것이었으나, 이승만의 유시가 없었어도 자체의 정화는 가능할 정도로 분위기는 성숙하였다.[20]

3. 淨化의 始末과 槪要

1) 정화 방향의 검토 · 수립

1954년 5월 20일, 이승만 대통령은 불교정화에 대한 제1차 담화를 내렸다. 내용은 대처승은 사찰에서 물러나라는 것과 사찰의 토지를 반환하라는 요지이다. 그런데 이승만의 1차 담화로 인한 파급은 즉각적인 것은 아니었다. 다만 선학원 수좌들은 '종단을 바로잡자'는 뜻이 움트던 정황이었다. 당시 선학원의 수좌들은 이대의 제의에서 가시화된 수좌 전용 사찰의 양도에 더 큰 관심이 있었다. 이대의의 주장은 1954년 6월 20일 태고사에서 개최된 제13회 정기 중앙교무회(종회)에서 구체적으로 논의되었다. 종단을 주도하였던 대처승들은 이승만 유시의 파장을 예의 주시한 것으로 이해된다. 왜냐하면 그 교무회에서 승단을 修道僧團과 敎化僧團으로 구분하였기 때문이다. 물론 이 결정에는 당시 교정이었던 송만암의 의지가 개입되었을 것이다. 대처승들이 그 같은 결정을 내린 저변에는 변화된 현실에 기민하게 대응한 의식이 개재되었다고 본다.

그런데 그 교무회에서는 수좌 전용 사찰 문제도 논의되었지만 결론은 나지 않았고 三寶사찰의 양도와 수좌 전용 48사찰의[21] 양도 등도 검토되었지만 완전 결론은 이르지 못하였다.[22] 이러한 정황을 파악한 선학원 수

---

20) 그러나 그 정화의 성격과 대상은 추측 및 단정할 성격은 아니다.

21) 48사찰 문제는 그 근거가 확실치 않다. 일설에서는 18사찰이라는 주장도 제기되고 있다. 《불교근세백년》(중앙신서, 1980), p.238 참조.

좌들은 기존 종단과의 타협을 통한 성과는 기대하기 어렵다고 보고, 보다
본격적인 정화를 추진하기에 이른다. 6월 24일, 佛敎淨化推進發起會를[23]
개최하여 위원장에 정금오, 부위원장에 김적음을 선출하였다. 6월 25일에
는 재경 비구승을 소집하여 敎團 淨化運動推進準備委員會를 구성하고
그 위원장에 정금오를 선출하였다. 선학원 수좌들은 이효봉·하동산·이청
담 등을 정화 추진의 중심부로 이끌어 내면서 보다 본격적인 운동을 추진
하였다. 그 결과 7월초에는 전국 수좌의 안거 실태를 조사하고,[24] 곧 이어
서 선학원에서 개최될 전국비구승대표자대회의 참가 공문을 발송하였다.

　1954년 8월 24~25일, 全國比丘僧代表者大會가 선학원에서 개최되었
다.[25] 수좌 대표 65명이 참가한 그 대회는 정화를 본격 가동한 최초의 대
회였다. 그 대회는 하동산의 개회사, 이승만 담화의 낭독을[26] 거쳐 제반
사항을 결의하였다. 이는 敎團整理,[27] 僧尼 敎養, 宗憲制定 등이다. 종헌
은 종헌제정위원 9인(이효봉, 하동산, 정금오, 이청담, 박인곡, 이성철, 이석호,
김향곡, 윤월하)을 정하고 그들이 종헌 작업을 하도록 하였다. 그리고 참가
수좌들을 정화의 추진위원 즉 실행분과위원, 교섭분과위원, 재정분과위원

---

22) 그런데 그 종회에서 결정된 확실한 내용은 자료 관계상 파악하기 어렵다. 그러
　　나 〈佛敎界의 분규 문제 全貌〉《동아일보》1955년 1월 26일자에는 비구승에게
　　각 도 사찰 50개소를 할애하고, 삼보사찰(통도, 해인, 송광)을 비구승의 수도장으
　　로 양보하는 것을 결정하였다고 한다.
23) 어느 기록에는 이를 불교교단정화대책위원회로 전하고 있다.
24) 〈선학원이사장 김적음의 전국수좌 실태조사 보고의뢰 공문〉《불교정화분쟁자
　　료》p.778.
25) 〈全國比丘僧代表者大會錄〉《불교정화분쟁자료》(《근현대불교자료전집》권68).
26) 수좌들의 당시 유시에 대한 인식의 일단을 엿볼 수 있다. 대회에서는 유시에
　　대한 감사문과 건의서가 작성되었다. 이는 정금오와 이청담을 통하여 공보처장
　　에게 전달하였다.
27) － 比丘와 比丘尼가 同居한 것은 正法에 最大의 罪惡이니, 違反時는 敎團에서
　　　逐出할 것.
　　－ 僧籍簿를 새로이 作成할 것.
　　－ 家庭整理者는 早速한 期日內로 整理할 것.
　　－ 師僧이 退俗(帶妻)한 首座는 師僧을 更定할 것.

으로 나누고 이 실무추진위원을 총괄 감독할 정화대책위원 15명도[28] 선발하였다. 또한 대회에서는 수좌들의 정화에 대한 방침을 천명한 宣誓文이[29] 작성되었다.

그 후 선학원의 정화 대책위원들은 종헌제정작업에 박차를 가하여 9월 16일에는 종헌의 謄寫까지 완료하였으며, 9월 20일 전국비구승대회 소집 공고를 냈다. 9월 28~29일, 全國比丘僧大會가 선학원에서 개최되었는데, 146명(비구 116, 비구니 30)의 수좌가 참가하였다. 이 대회에서 특기할 것은 당시 교정인 송만암이 참가하였다는 점이다. 이는 수좌들의 정화를 당시 교단 책임자도 동의하였다는 것을 의미한다.[30]

이 비구승대회에서는 종회의원 50명을 선출하고, 그간 준비해 온 종헌을 통과시켰다. 이 종헌에서 비구승은 승려로 인정하고 대처승은 護法衆으로 처리하여 승려에서 제외시켰는데 이는 가장 중요한 결정이었다. 또한 정화를 위한 순교단도 결성되었다.[31] 9월 30일에는 제1회 임시종회를 개최하여 종단의 임원진을[32] 선정하였다.

선학원측의 불교정화가 본격화되자 당시 교단인 총무원측도 이에 대응을 하기 시작하였다. 우선 9월 29일 태고사에서 중앙교무회를 개최하여 종권 인도문제를 논의하였으니, 종권과 사찰을 비구측에게 인도할 내용과 승려의 자격 문제였다. 그 결과 10월에 접어들면서 비구·대처 양측의 대

---

28) 그 대상은 다음과 같다.
이효봉, 하동산, 정금오, 박금봉, 박인곡, 김적음. 김자운, 김보경, 김향곡, 문일조, 이성철(불참), 김홍경, 신보문, 이석호, 이청담 등이다.
29) 이 선서문은 9월 3, 4일 조선일보에 게재되었다.
30) 당시 대회에는 송만암과 기존 교단의 총무원장인 박성하도 참석하였다. 송만암도 그 대회에서는 정화의 추진을 동의하였다.
31) 〈韓國佛教淨化鬪爭大綱〉,《불교정화분쟁자료》 p.268.
32) 다음과 같다.
종정 송만암, 부종정 하동산, 도총섭 이청담, 아사리 정금오, 부아사리 김자운, 총무부장 윤월하, 교무부장 박인곡, 재무부장 이법홍이다. 그런데 이 임원진은 11월 3일의 제2회 임시 종회에서 변동되었다. 그는 종정인 송만암이 중두에 참석하지 않은 것에 기인한다. 그 결과 종정에 하동산, 부종정에 정금오, 아사리에 김자운, 재무부장에 김서운이 피선되었다.

표가 회담을 가졌으나 순조롭지 못하였다. 승려의 내용 중 대처승을 호법
대중으로 할 것인가, 아니면 사판승으로 할 것인가로 대별되는 문제였다.
그 즈음 종정인 송만암은 정화원칙은 찬성하나 방법론은 반대한다는 성명
서를 발표하였다. 그러나 그 이면에는 기존 종조 보우국사를 비구측이 보
조국사로 전환시킨 것에 대한 강한 이의가 개재된 것이다.

이러한 대응 속에 김한천이 주도한 서울신도회와 현오거사가 이끄는
한국불교거사림에서는 비구측의 정화를 지지한다는 성명서를 발표하였다.
그런데 이 대응에 본격적인 불을 지핀 것은 대처측 총무원의 박성하가 10
월 12일자로 신문에 게재한 〈全國佛敎徒에 告함〉이라는 성명서이다. 그
간의 대처측의 입장을 재천명한 것이다. 선학원의 비구측은 그에 대응하
는 입장을 전국비구승대회와 불교교단정화추진위원회의 공동명의의 〈성
명서〉를 신문지상에 발표하였다. 이러한 성명서는 곧 양측의 입장이 더
이상 조율되지 못하였음을 말해 준다.

11월 3일, 비구측은 제2회 종회를 개최하여 임원진을 새롭게 정비하였
다.[33] 이는 종회가 구성된 지 2개월이 지났으나 비구측에 협조하지 않은
일부 승려들을 제외시킨 것을 의미한다. 11월 4일, 이승만의 제2차 정화
담화가 내려졌다. '왜식 종교관을 버리라'는 요지로 이전보다 더욱 구체적
인 내용이었다. 이 담화에 접한 비구측은 긴급회의를 갖고 태고사를 접수
하여 더욱 본격적인 정화를 추진할 것을 결의하였다.

이제까지의 정화는 선학원을 근거처로 한 정화를 추진하기 위한 방향
과 노선을 수립한 단계였다. 이는 정화의 1단계로 볼 수 있다.

2) 정화추진

1954년 11월 5일, 선학원의 비구 80여 명은 태고사를 진입 점거하였다.
이로써 정화는 선학원 단계에서 한국불교의 교단을 상징하고 있는 태고사
에서의 정화가 본격화되었음을 의미한다. 그 직후 비구측은 태고사에서

---

33) 특기할 것은 그 당시 종정이 송만암에서 하동산으로 바뀌었으며, 비구니 10명
  이 종회의원으로 추가되었다.

조계사 간판과 불교조계종 중앙총무원이라는 간판을 부착하였다. 이 간판 부착은 태고사를 중심으로 한 정화단계의 진입을 말해 준다.

비구측은 대처승들에게 종권 인수를 요청하며 불교정화강연회의 개최, 정화의 당위성을 신문지상에 성명서로 게재하면서 정화의 정당성을 홍보하였다. 그러나 대처측은 조계사 간판을 제거하고 이전 태고사 간판을 새로이 부착하였는데 이로부터 양측의 간판 부착 사건이 지속되었다. 그리고 대처측은 11월 20~24일 임시 중앙종회를 개최하여 비구측이 지적한 정화 문제에 대처하고자 하였다.

당시 대처측 총무원에서 결의한 내용은 종권을 비구승들에게 양도하고 대처승들은 자진 환속할 것을 결의하였다. 그러나 종권 인수를 할 대상의 비구승은 선학원측 비구가 아니라 태고문손 계열의 비구승이었다. 이로써 새로운 집행부가 등장하였다.[34] 또한 대처측은 비상대책위원회를 조직하여 사태에 대비하였다.

이 같은 대처측의 조처는 비구측의 즉각 반발을 일으켜 태고사에서 집단 난투극이 일어났다. 임석진 총무원장은 전국 사찰에 공문을 보내, 사찰 및 승풍의 정화운동을 지시하였는데 그 요지는 주지를 독신승으로 교체하라는 것이었다. 이러한 가운데 12월 7일에는 비구·대처 양측의 핵심 승려의 회견이 있었다. 그러나 양측의 주장이 팽팽히 맞서 타협은 나오지 않았다.[35]

비구측은 12월 7일부터 全國比丘僧尼大會를 개최하여 정화 추진의 방침을 재결의하는 등 정화 결의를 더욱 강화하였다. 당시 대회에 참가한 승려는 440여 명(비구 221명, 비구니 221명)이었는데, 13일에는 참가 승려들

---

34) 그 집행부는 다음과 같다.
　　총무원장 : 임석진, 총무부장 : 정봉모, 교무부장 : 김상호, 재무부장 : 김상호,
　　감찰원장 : 국묵담, 부감찰원장 : 박성권
35) 대처측 주장 : 비구측 종헌을 폐기하고 태고문손이 되어 비구승단을 조직할 것,
　　　　대처승은 교화승인을 강조.
　　비구측 주장 : 대처하였으면 환속하여 신도(호법중)로 불법을 외호할 것, 승권행사는 비구가 자처할 테니 간섭하지 말 것.

이 경무대까지 정화를 주장하는 시위 행렬을 하였다. 그 유명한 눈 내리는 날의 거리 행진이 바로 이 날이다.

그런데 이 같은 비구와 대처의 행동은 점차 사회 문제로 비화되었다. 행정부뿐만 아니라 국회에서도 불교정화를 위요한 제반 사건이 문제가 되었다. 정화는 불교계 차원에서 사회차원으로 옮겨가고 있었다. 이에 정부에서도 정화를 해결하려는 대안을 내놓으면서 양측 대표의 회담을 추진하기도 하였다. 당시 비구측은 정부에서 제안한 타협안을[36] 일축하면서 기존

---

36) 1954년 12월 22일, 정부에서 제시한 안은 다음과 같다. 이 안은 정부의 최초 중재안이었기에 유의할 내용이다.

   1. 종조문제는 불문에 붙인다.
   2. 종헌은 개정하되 개정시에는 총무원 간부 전원과 동수의 선학원 간부가 합의 개정한다.
      개정된 종헌은 현 중앙종회의 통과를 얻어 종정이 발표한다.
   3. 총무원은 새로 선출된 대의원이 재선한다.
   4. 대처승의 자격은 교화승으로 한다.
   5. 수행승은 비구, 비구니 또는 이혼 후 10년 이상된 자로서 일상지계, 참선, 염불, 간경 또는 持呪 중 어느 하나나 또는 둘 이상을 정진하되 총림을 수호거주하고 祖令을 전제하여 승풍을 규정한다. 교화승은 전항 계율 중 十禁戒를 엄수하는 자로서 참선이나 염불이나 간경 또는 지주를 하되 포교교육 및 사회 사업 등으로써 대중불교를 실시하며 일체의 서무 및 경리 사무를 전담할 수 있다.
   6. 주지가 될 수 있는 자는 수행승으로서 대찰은 45세 이상의 대덕 이상으로 하고 중소 사찰은 35세 이상의 중덕 이상으로 한다.
   7. 비구 및 교화승의 자격은 양측에서 선출한 원로 비구 각 3명으로 구성된 위원회로 하여금 심사한다.
   8. 비구로 범법행위를 하거나 또는 하였던 자는 승적에서 제외한다. 사전에 자수하는 자는 정상에 따라 면제 또는 일정한 기간 수도한 후 복권한다.
   9. 교화승은 사찰정화를 위하여 그 가족은 경외로 철거시키고 단신으로 사내에서 수행하며 사무를 집행한다. 사찰정화상 필요하다고 인정된 경내의 사가는 철거하되 사우로 사용할 수 있는 것은 사찰에서 매수한다. 단 비구로서 완전히 관리할 수 있는 인원이 보완될 때까지 당분간 교화승도 총림규칙에 의해서 단신으로 사내에서 수행한다.
   10. 비구, 비구니의 자격 기준은 아래와 같다.
      비구 : 만 20세 이상, 완전 수지불범한 계율자(165禁戒, 3취정계, 250계)

입장을 더욱 강화하였다. 그 후 정부는 비구·대처 양측의 이에 대한 의견을 접수하면서 다시 조정안을 내놓았다.

비구측은 정부가 주도하는 중재안에 대응하기 위한 대책을 거듭하여 12월 25일 정화추진 대책안을 작성하고 이를 당시 비구측에 가담한 승려의 동의를[37] 얻어 정부에 제출하였다. 그 대책안은 본격적인 정화 추진단계에서의 비구측의 의도와 현실인식을 파악할 수 있기에 그 전모를 소개하고자 한다.

1. 대처승의 수중에서 생긴 승단(독신승) 및 종헌은 인정하지 않는다.
2. 불교조계종 종단 사무 일체는 즉시로 불교정화를 추진하여 온 정통 비구승단에게 인계하여야 한다.
3. 종조문제는 공정을 기하기 위하여 전국적으로 권위 있는 사학가들의 고증을 듣기로 하고 당분간 문제 삼지 않는다.
4. 종헌은 한국불교정화를 추진하여 온 정통 비구승대회에서 제정 통과 선포한 조계종 헌장으로 한다.
5. 중앙종무원 간부 및 지방 종무원 간부는 전기 조계종 헌장에 의한 종회의원이 선출한 바대로 한다.
6. 퇴속한 대처승은 호법대중의 규정으로서 포섭한다.
7. 비구, 비구니는 재가 具足戒를 수지하는 수도와 교화의 의무를 다하는 자라야 한다. 호법대중은 재가 五戒를 수지하고 승단의 위촉에 의하여 포교사, 전도사 및 사찰총섭 대행과 삼직 등을 할 수 있다. 단, 위촉받은 호법대중은 비구승단과 동일한 청규를 준행하여야 한다.
8. 총섭이 될 수 있는 자는 비구·비구니로서 대찰은 40세 이상으로서 10하안거 이상과 대교를 졸업한 자나 또는 그와 동등 자격자로서 하고 중소 사

비구니 : 만20세 이상, 완전수지불범한 계율자(165금계, 3취정계, 500계)
　◆ 자격상실 조건(공통) : 이상 戒律중 一戒라도 범할 時.
11. 종회의원 정수는 50명으로 한다.
　　전항의 의원은 수행승과 교화승과의 동수로 하되 각 도 단위로 한다. 종회의원의 자격은 법계 중덕 이상자로 한다.
12. 양측은 일체의 집단행동을 금한다. 집단행동이라 함은 시위, 대회, 위협 등 2인 이상의 행동을 말함.

37) 그에 서명한 인원은 비구승 366명, 비구니 441명이었다고 한다.

찰은 25세 이상으로 하되 5하안거 이상과 사교를 졸업한 자나 또는 그와 동등한 자격자로서 한다.

9. 전국 비구·비구니 대회에 미참한 비구·비구니 자격 심사는 조계종종회에서 추천한 10하안거 이상의 학덕을 겸비한 비구 15인 이상으로 구성된 위원회에서 한다.

10. 비구·비구니와 호법대중이 범계할 시에는 율장에 의하여 처분한다.

11. 호법 대중은 그 가족을 사찰경외로 이동하고 경내의 사가는 철거하되 사우로 사영할 수 있는 것은 사가라 할지라도 그대로 두고 소유권 등기여부를 막론하고 寺有 재산으로 한다.

12. 비구·비구니 자격 기준은 율장에 의준한다.

13. 대통령 각하의 유시를 봉체한 교단정화의 목적을 달성할 때까지 전국 비구·비구니는 총궐기 행동을 계속한다.

비구측이 이러한 정화안을 내놓았지만 연말이라는 상황으로 인해 더 이상의 진전은 없었다. 1955년 1월에 접어들면서 종단은 진공상태로 전락되었다. 비구·대처 양측의 일진일퇴하는 태고사 점거가 계속되었다. 마침내 정부로서도 보다 새로운 중재안을 내놓을 수밖에 없었다. 그러한 고심의 결과가 바로 佛敎淨化收拾對策委員會이다. 이 안은 1월 26일 문교부와 내무부가 공동으로 작성한 안이다. 이에 이 안에 의거 양측의 대표 각 5인으로[38] 구성된 대책위원회가 열렸다.

1955년 2월 4일, 문교부장관실에서 개최된 대책위원회에서 정화가 추진된 이래 가장 가시적인 성과를 만들어 냈다. 이른바 승려의 자격 8대원칙이다. 그는 다음과 같다.

1. 獨身 2. 削髮染衣 3. 修道 4. 20세 이상 5. 不酒草肉 6. 不犯四婆羅夷(不殺生, 不偸盜, 不邪淫, 不妄語) 7. 非不具者 8. 3년 이상 僧團生活 해온 자

이 원칙은 거의 비구측의 주장이 대부분 수용된 결과였다.[39] 이후 비구

---

38) 그 대표는 비구측 : 이효봉, 박인곡, 이청담, 윤월하, 손경산
　　대처측 : 권상로, 이화응, 임석진, 송정암, 김상호
39) 당시 대처측이 제시한 안은 다음과 같다.
　　1. 比丘의 정의 : 만 20세 이상으로 250계를 지킨 자.

측은 승려자격 원칙에 의거한 승니 조사를 하고 조속한 전국승려대회의 개최 준비를[40] 시작하였다. 그러나 대처측은 승려자격 원칙에는 합의하고도 대처승은 교화승이라는 이전 주장을 새롭게 들고 나왔다. 이에 비구측은 문교부·내무부장관에게 8대원칙에 해당하는 승려의 실제조사를 의뢰하였다. 그런데 당시 정부측 방안은 교파나 교리문제는 제쳐 두고 오직 사찰 경내의 '일본색'이 농후한 대처승을 사찰 밖으로 축출시키는 데에 있었다. 이는 이승만의 유시와 직결된 것이었다. 또 8대원칙에 입각한 승려를 조사하고[41] 그 전제에서 8대원칙에 해당된 승려들을 사찰의 주지에 임명케 함이 주목적이었다. [42]

이러한 정부의 방침은 1955년 5월 18일, 문교·내무장관 명의로 발표된 사찰정화대책 실시요령에 나와 있다.[43]

- 1955년 6월 30일까지 승려 8원칙의 자격을 가진 자로 사찰 주지 및 사찰 수호 책임자를 신출할 것.
- 대처승은 위 기간 내에 사찰에서 퇴거할 것.
- 1955년 6월 30일까지 새로 선출된 사찰 주지 및 주요 간부 명단을 문교·내무부에 각 2통씩 제출하여 주지 인가증을 얻을 것.

정부의 방침은 승려자격 기준을 통해 외형적으로는 대처승을 제거할 수 있는 방법을 찾을 수 있다고 보고, 승려 8원칙의 기준에 선 승려가 사찰 관리를 하면 된다는 논리였다.[44] 여기에는 비구·대처측에서 잔류된 승려들의 합의로 정화를 추진하라는 의도가 깔려 있는 것이다.

---

2. 菩薩의 정의 : 연령 또는 신분에 관계 없이 58계를 지킨 자.
3. 僧의 정의 : 삭발하고 가사를 입고 출가한 威儀를 갖춘 자, 몸은 비록 世務를 경영할지라도 마음으로 불법을 생각하는 자.
40)〈韓國佛教淨化促進方法〉《불교정화분쟁자료》 pp.419～420.
41) 그 결과는 1,189명이다.
42)〈노텃치 方針〉《동아일보》 1955.1.30.
43)〈混亂時엔 行政措處 佛教紛糾에 當局斷案〉《경향신문》 1955.5.19.
44) 정부의 이 방침 이후, 지방사찰에서는 대처승이 기득권을 갖기 위한 이혼 소송이 하나의 풍조를 이루었다.

그러나 비구측은 보다 확실한 정화를 기하기 위해서는 전국승려대회의 개최를 통하여 정화방침과 그에 입각한 종헌을 수립하려 하였다. 즉 정부와 비구측의 의도가 일치되지 않았다. 또한 정부의 의도는 승려대회를 하려면 대처측과 합의해서 하라는 복선도 있었던 것이다. 이에 정부는 승려대회의 개최를 인정하지 않았다. 더욱이 대처측은 정부에 기존 대처승을 교화승으로 인정해 달라고 요구하였다.

이처럼 비구, 대처, 정부의 입장이 각각 상이했기 때문에 더 이상의 진척은 있을 수 없었다. 이러한 가운데 비구측의 태고사에서의 단식농성, 대처측의 단식 승려 습격 등이 지속되었다. 마침내 문제는 국회로 비화되었다. 일부 국회의원은 종교문제에 정부의 개입 이유를 추궁하기도 하였다. 국회에서는 정부가 종교분쟁에 개입하지 말 것과 국회에서도 이 문제를 논의하지 말자는 결의를 하였다.

당시 정부의 방침과 고민은 헌법에 저촉되지 않는 범위 내에서 어떻게 하면 사찰의 주지를 독신승으로 유도할 수 있으며, 대처승들을 사찰 밖으로 내보내는가 하는 데 있었다. 그러나 이는 대처측의 반발이 예상되기에 난감한 현실이었다. 또한 그 의도를 노골적으로 표명하거나, 공권력을 가동하면 국회로부터 비구측에 유리한 행정이라는 질타를 받을 것은 분명하였다.

결국 문교부는 비구·대처 양측의 공식 대표 각 5인을[45] 위원으로 하는 寺刹淨化對策委員會를 성립시켰다. 당시 문교부의 의도는 이 대책위원회에서 그 분규의 모든 문제를 해결할 것을 주문하고 이것이 여의치 않을 경우에는 사찰령을 적용시키겠다는 최종 입장을 통보하였다.[46] 이러한 정부의 입장이 통보되자 그간 이 위원회에 회의적이던 대처측도 적극 동참하였다. 7월 13~16일, 1~4차 위원회에서 주로 논의된 초점은 종회의원

---

45) 그 대표는 다음과 같다.

　　비구측 : 정금오, 이효봉, 이청담, 윤월하, 최원허

· 　대처측 : 이화응, 김상호, 박대륜, 국묵담, 원보산

46) 〈當局方針에 順應, 대처승 5명의 代表 選出〉《조선일보》 1955.7.3.

선출을 위한 전국승려대회 개최의 승인 여부였다. 대처측에서는 5월 18일 정부에서 시달한 주지선거가 급선무이니 주지선거가 종료된 후 제반 문제를 풀어 가자는[47] 입장이었지만, 비구측은 이는 지엽적인 문제이니 종회의원을 선출하고 그들로 하여금 종헌을 제정하는 것이 순리라고 맞섰다.

위원회는 7월 15일 제3차 회의에서 종회의원 선출 안건의 투표를 실시하여 5∶3으로 가결되었음을 선포하였다.[48] 7월 19일, 비구측은 사찰정화대책위원회 의장 이청담의 이름으로 전국승려대회를 소집한다고 공고하였다. 그러나 대처측은 그 투표 결정 자체를 부정하며, 인정하지 않았다.[49] 이렇듯이 대처측이 반발하자 문교부도 그 결의에 의한 승려대회의 개최를 수용하지 않았다.[50]

이러한 우여곡절 속에 역사적인 전국승려대회가 8월 1∼5일 태고사에서 개최되었다. 이 대회는 종회의원의 선출, 종헌의 수정·공포 등을 목적으로 하였지만 그 이면에는 대처측의 논리와 입장을 완전 제거하려는 의도가 있었다.

요컨대 비구측은 승려대회를 강행하였던 것이다. 비구측 승려 800여 명이[51] 참가한 가운데 승려대회는 개최되었으니, 8월 1일의 대회는 당국의

---

47) 당시 대처측 주장은 종회의원 선출 건은 사찰정화대책위원회의 범주를 벗어난 것으로 이해하고, 이를 비구측 주장에 대응하는 논리로 활용하였다. 그러나 비구측은 위원회에서 모든 문제를 자주적으로 풀 수 있다는 입장이었다. 대처측은 종회의원 선출을 하려면 문교부가 사찰대책위원회를 성립토록 지시한 공문을 수정해야 한다고 주장하였다.

48) 박대륜은 투표 직전 회의장을 벗어났기에 투표를 하지 않았다. 그리고 이화응, 원보산, 국묵담은 투표가 진행되는 도중 투표장을 이탈하였지만 당시 의장인 이청담에 의해서 이탈은 기권으로 간주한다고 선언되었다. 대처측 위원인 김상호는 병고로 참석하지 않았다.

49) 〈禪學院側寺刹淨化對策委員의 無理를 聲討함〉《동아일보》9975호.

50) 〈帶妻側 離婚을 獎勵, 僧侶大會는 完全 決裂〉《조선일보》1955.7.23.

51) 그 인원은 비구 250명, 비구니 423명이라는 통계가 있다. 〈僧侶大會를 强行〉《조선일보》1955.8.3. 그러나 968명이라는 기록도 있다. 〈한국불교정화운동의 기원과 경위 및 현황〉《불교정화분쟁자료》p.101. 조선일보는 8월 13일에 가서는 813명이라고 보도하였다.

반대로 인해 우선 대회의 예비회합으로 하였다. 그러나 비구측은 승려대회를 강행하여 종회의원 선출, 종헌 수정·통과, 기존 종단 간부 해임 및 신임 간부를 선출하였다.[52] 한편 당시 정부에서는 이 대회를 반대하여 대회 도중에 경찰로 하여금 대회를 중단시키기도 하였다. 그런데 대회 도중에 비구측 입장을 강조하는 이승만의 정화 담화가 내려지자 정부의 방침은 다시금 전환하였다. 승려대회를 인정하는 방향으로 선회한 것이다.

그러나 명분이 필요하였으니, 그 명분은 사찰정화대책위원회에서 승려대회의 개최 안건을 통과시키는 것이었다. 정부와 비구측의 협조로 이루어진[53] 그 5차 위원회는 8월 11일 체신청 3층에 있었던 중앙교육연구원 회의실에서 개최되었다.[54] 그 회의의 목적은 현재 개최중인 승려대회 개최에 대한 찬성 여부를 확인하는 것이었다. 대처측이 회의 개최의 타당성의 문제를 제기하고 강한 반발을 하였지만 끝내 투표를 실시하여 7:1로 대회를 승인하는 것으로 결론을 맺었다.[55] 이에 문교부도 이 결론을

---

52) 그 대상은 다음과 같다. 종정 : 하동산, 총무원장 : 이청담, 총무부장 : 고경덕, 교무부장 : 김상호, 재무부장 : 박기종, 감찰원장 : 정금오, 부감찰원장 : 김서운.

53) 〈佛敎界 紛爭 解決에 曙光, 文敎部서 某種 合意〉《평화신문》 1955.8.9.

54) 그런데 이 대책위원회가 개최되기 이전 이승만의 문교부장관과 내무부장관의 강한 질책이 있었다. "조속히 해결을 못 지을바에는 물러가라"는 요지였는데, 이에 충격을 받은 문교부와 내무부는 비구측 이청담을 불러 위원회에서의 재확인 절차를 요청하였다. 이청담은 이를 거절하였지만 결국 정부 당국의 간곡한 요청에 응하였다.

　　그런데 정부와 비구측이 위원회 개최 이전에 합의한 방향은 다음과 같다. 문교부 주최로 10인대책위원을 초청하여 재석 과반수의 합의를 보도록 노력하고, 합법적으로 집회계를 제출하여 정식 회의를 개최하고 먼저 합의에서 가결된 안건을 민활하게 통과시키자는 것이다. 한편 문교부에서 그 같은 방침에 자신을 한 것은 회의 개최 이전에 원보산과 이화응은 대처측의 위원이었지만 비구측의 입장에 동조한다는 확신에서 나온 것이다.

55) 대처측 참가자 4명 중 김상호는 퇴장하였고, 박대륜은 반대, 이화응과 원보산은 찬성하였다. 〈불교정화대책회의록〉《불교정화분쟁자료》 pp.668~676.

　　그러나 대처측 위원이었던 이화응은 자신이 찬성한 것은 당시 이선근 문교부장관이 8월 12일 "대책위원회를 하는 것이 可하다고 하는 분은 거수하고 반대하는 분은 그저 있으라고 함에 나는 대책위원회는 양측이 합의하여 합법적으로

인정하고 승려대회를 합법적인 것으로 승인하였다.[56] 요컨대 5차 사찰정화대책위원회에서 승려대회 개최의 타당성을 재확인한 후, 8월 12일에 개최될 승려대회에서 행할 제반 안건을 검토·결정하였다. 그 내용은 다음과 같다.[57]

- 송만암 종정을 수반으로 하는 총무원 및 산하기관의 일체 인사 해임의 건
- 중앙 종회의원 선거의 건
- 종헌개정·선포의 건
- 종정 추대의 건
- 중앙간부 선거의 건
- 각 도 종무원 간부 및 각사 주지 선거의 건
- 종단 사무 인수의 건

8월 12일, 태고사에서의 전국승려대회에서는 위에서 결정된 안건에 의해 종헌을 제정하였으며 종회의원, 주지선출, 총무원 간부를 선출하였다.[58] 이 같은 승려대회의 결의는 비구측의 입장과 논리가 주효한 상태로 결정되었음을 말해 준다. 이로써 불교정화는 선학원 단계에서 태고사 단계로 완전 진입하였다. 태고사 단계라 함은 중앙불교계의 상징인 태고사를 비구측이 명분과 합법성에 의해 인수하였음을 대변하는 것이다.[59]

요컨대 합법성에 기초한 종헌이 선포되고, 여기에서 나온 조계종단이 출범하였다. 이는 전국 사찰의 소유와 관리의 권한이 비구측의 정화의 구

행하는 것은 찬성하나 비합법적인 회의는 찬성할 수 없다고 하였다"고 하면서 자신은 결코 찬성한 것이 아니라고 주장하였다. 이 내용은 〈李文敎長官의 無理와 元寶山의 變節的 非行을 天下에 聲明함〉《불교정화분쟁자료》 pp.516~517 참조.

56) 〈佛敎界 分爭 終幕 全國僧侶大會를 合法으로 認定〉《동아일보》 1955.8.13.
57) 〈韓國佛敎僧團淨化鬪爭大綱〉《정화사》 pp.587~588.
58) 총무원 간부는 새롭게 선정되었다.
　　종정 : 설석우, 총무원장 : 이청담, 총무부장 · 김시순, 교무부장 : 신소천
　　재무부장 : 박기종, 감찰원장 : 정금오, 부감찰원장 : 김지효.
59) 〈比丘僧側 全國寺刹 掌握 總務院의 新幹部 選出〉《경향신문》 1955.8.14.

도에 들어온 것을 의미한다.

3) 불교계 파급

선학원에서 시작된 불교정화는 태고사에서의 전국승려대회를 거쳐 전 불교계로 파급되었다. 물론 이 승려대회 이전에도 당시 정부에 의해 각 사찰의 대처승들은 퇴각해야 함이 천명되었지만 보다 확실한 명분은 미약하였다. 그러나 1955년 8월 12일의 전국승려대회를 통한 종헌이 불교계 내외에서 인정받았기에 전 불교계에서 대처승의 퇴진은 대세로 수용되었다.

비구측은 그 종헌에 의거하여 주요 사찰을 점차 접수해 나갔다. 봉은사, 개운사를 필두로 하여 삼보사찰이 비구측으로 인수·인계되었다. 그러나 각 사찰을 관리하고 있었던 대처승들의 반발이 적지 않아 그 인수는 간단하지 않았다. 대처승들은 인수를 저지하기 위해 속세의 법에 이의 제기, 소송을 불사하였다. 이로부터 전국 사찰에서는 사찰 소유 및 관리권을 둘러싸고 재판이 시작되었다.

당시 대처측의 반발은 각 사찰뿐만 아니라 그 승려대회와 종헌을 부정하는 보다 근원적인 저항으로 나왔다. 대처측이 서울지방법원에 낸 '사찰정화대책위원회 결의 무효 및 확인' 소송이다. 이는 승려대회와 종헌을 등장케 한 모태였던 대책위원회의 결의 자체가 타당하지 못하다는 인식에서 나온 것이다.

당시 비구측을 곤혹케 한 것은 위의 소송뿐만 아니라 대처측이 관리하고 있었던 불교계의 각종 재단, 회사, 학교 등의 인수·인계의 거부였다. 대처측은 대처승 퇴진은 사찰만 해당되는 것이지, 불교계의 사업체까지 해당되는 것은 아니라는 입장을 견지하였다. 더욱이 비구측의 어려움은 전국의 수많은 사찰의 주지에 파견할 수 있는 승려의 절대 부족이었다. 따라서 비구측은 불가피하게 일부 사찰은 기존 대처승을 주지로 인정할 수밖에 없었다. [60]

---

60) 〈佛敎淨化에 또 難關, 指導級 貧困과 財政難〉《동아일보》 1955.11.21. 이 내용

그런데 불교정화 추진에 암초로 떠오른 것은 대처측이 제소한 소송에서 대처측의 승리였다. 1956년 6월 15일 당시 서울 지방법원은 '종헌 등결의 무효확인에 관한 판결'에서 비구측의 종헌은 무효라고 선고하였다.[61] 그 직후인 7월 27일, 대처측은 서울지방법원에서의 태고사 명도 가처분 결정에서도 승소하였다. 이런 영향에 의해 일시적으로 태고사와 전국 주요사찰은 또다시 대처측의 관리하에 놓이게 된다.[62]

비구측은 이를 인정하지 않고 고등법원에 항소하였다. 그해 8월 16일 서울 지방법원에서는 조계사 가처분령을 취소하여[63] 대처측의 태고사 점거는 이루어지지 못하였다. 여기에는 법원에서 대처측의 승소로 나왔지만 당시 문교부에서는 비구측을 지원하였던 사정이 크게 작용하였다.

비구·대처측의 정통성을 놓고 진행된 대립은 1957년 9월 17일, 서울 고등법원에서의 판결, 즉 비구측의 승소로 결정되었다. 고등법원은 '종헌 등 무효에 관한 판결'에서 원판결 중 피고(이효봉) 등 패소의 부분을 취소한다고 판시하였다.[64] 이로써 승려대회와 종헌에 관한 정낭성은 다시 법을 통하여 입증되었다. 그러나 대처측은 이에 불복하고 대법원에 상소하였다. 비구측은 제8회 중앙종회를 개최하여 불교정화 30년계획을 수립하는 등 정화의 타당성과 그 대책 수립에 부심하기도 하였다.[65] 이러한 가운데 비구측은 체제정비를 단행하였다. 그 결과 종정에 이효봉, 총무원장에 정금오가 선출되었다.

이처럼 비구측이 명분에서 법의 보호를 받았으며, 대부분의 사찰도 비

에 의하면 당시 비구측이 인수한 사찰은 324개였는데 그 중 53개 사찰에는 기존 대처승 주지를 임명하였다고 한다. 그 잔여 사찰 272개 사찰에서 비구승을 임명한 것은 126개에 불과하다.

61) 〈佛敎紛爭은 依然熾烈, 雙方固執으로 妥協難望〉《조선일보》 1956.7.23.
62) 〈帶妻僧宗務을 開始, 比丘側은 地方僧尼 上京指示〉《조선일보》 1956.7.31.
63) 〈佛敎紛爭 또 反戰 曹溪寺의 假處分令取消〉《동아일보》 1956.8.16.
64) 〈"正統派는 比丘側" 서울高等法源서 佛敎紛爭에 判決〉《조선일보》 1957.9.19.
65) 〈帶妻僧의 肅淸等 比丘側서 30년 計劃 文敎部側년 反響別無〉《경향신문》 1957.9.24. 그 30년 계획의 개요는 교단정화, 승단정화, 사찰정화, 국가정화, 세계평화를 기본 구도로 하였다.

구측으로 인도되었지만 그 내용상으로는 적지 않은 문제점이 있었다. 우선 전국적으로 사찰의 소유권을 둘러싼 갈등의 후유증으로 인한 소송이 70여 건이나 진행되었으며, 불교정화의 기치를 내걸었던 정화사업도 가시적인 것은 전혀 없었다. 외형적인 것은 사찰 쟁탈전만 보일 뿐이었다. 더욱이 각 사찰의 재산이 사찰 분쟁의 자금으로 유입, 전용된 것은 불교정화의 근본을 뒤흔든 문제였다. 그리하여 신문지상에 대처승과 그 권속들이 사찰에서 물러갔을 뿐 비구측이 내세운 불교 부흥사업은 단 한 가지도 이루지 못하고, 신도도 증가하지 않았으며, 사찰은 유원지화되어 간다고 비판하였다.[66] 이 사정은 아래의 글에서 단적으로 나오고 있다.

> 정화분쟁 동안에 대처비구 양측이 탕진해 버린 방대한 불교재산은 현재 고갈상태에 있다. 불교재산이라고 하여 당국의 확실한 통계가 없어 예거하기는 어렵지만 상당수의 기업체와 불교재단으로 구성된 학원 유지단체 그리고 막대한 농지와 임야 등등인데 모모한 기업체는 분쟁을 전후해서 대처승들에 의하여 이미 파산지경이 되어 버렸고 학원유지재단은 각각 독립되다시피 되었는가 하면 임야는 도벌, 남벌 등살에 벌거숭이가 되고 보니 남은 것이라고는 농지뿐인데 여기에서 수입되는 얼마간의 소작료(그나마도 분배농지 반환으로 얼마간 받게 된 것)는 7,342명이나 되는 교역자(사찰에 종사하는 사람)들 먹이기에 바쁘고 1,244개소나 되는 사찰 유지비 지출에도 모자랄 정도인 현실에 팔만대장경의 번역이나 총림의 부활, 포교소의 증설 같은 계책은 물어 무엇하랴? 할 실정이다. 한때는 득의양양했던 비구승들도 승리의 기쁨을 거품과 같이 날려보내고 지금은 암중모색의 고배를 들이키고 있는 것이다.[67]

물론 비구측에서도 정화의 완수를 위해 사찰 재산을 활용할 수밖에 없었다는 입장은 견지하였지만 그 결과는 심각한 것이었다.[68] 이는 곧 정화의 본질이 왜곡되어 가는 단서로 볼 수 있는 것이기도 하다.

---

66) 〈比丘僧側에 宗權이 넘어간 이후의 佛敎 果然 淨化 復興되고 잇나?〉《동아일보》 1958.7.17.

67) 〈서로 팔아치우는 財源枯渴 寺刹은 遊園地化 勝利의 기쁨보다 앞서는 困境〉《동아일보》 1958.7.17.

68) 〈訴訟費만 수천만환 宗權 爭奪로 浪費되는 佛敎 財産〉《동아일보》 1959. 7.12.

　그런데 불교정화 추진에 또 하나의 큰 사건이 있었으니, 정화를 후원하던 이승만 대통령의 下野였다. 4·19 혁명으로 인한 이승만의 퇴진은 비구·대처 양측에 큰 자극과 파문을 야기하였다. 우선 대처측은 불교정화로 인한 사찰에서의 퇴진 등이 이승만의 정치적 후원에서 일어난 것으로 보고 대세를 반전시키려고 하였다.[69] 대처측은 변화된 정치적인 상황에 힘입어 '비구승은 물러가라'는 플래카드를 들고 시위를 하였으며, 전국 주요 사찰을 점거하기도 하였다.[70]

　비구측은 이러한 정세하에서 제16회 중앙종회를 개최하여 비상대책위원회를 구성하는 등 사태 추이를 예의 주시하게 되었다. 당시 그 종회에서 결정한 주요 내용은 종회를 상하 양원으로 하되 상원은 출가대중, 하원은 재가대중으로 구성하고, 중앙집권제에서 각 지방 首寺에 종무행정권과 인사권 이양 등이다.[71] 그리고 비상대책위원회의 인선을[72] 마치고 집행부도[73] 교체하였다.

　한편 대처측은 1960년 7월 15일, 국성우·박대륜 등이 서울 지방법원에 종정 및 총무원장, 3부장, 조계사 주지의 직무 집행정지 및 조계사 출입금지를 요청하는 가처분 신청을 하였다. 그러나 이 신청은 8월 17일 서울 지방법원에서 각하되었다.

　1960년 11월 19일, 비구측은 700여 명의 승려가 참가한 가운데 조계사에서 제2차 전국승려대회를 개최하였다.[74] 당시 비구측은 불교정화의 의지를 천명하면서 11월 24일로 예정된 대법원에서의 판결이 대처측에 유리하게 나올 경우 순교하겠다는 결의를 다졌다. 비구측은 승려와 신도들이

---

69)〈帶妻僧들 暴力行使 二日 현재 數個處에서 寺刹 奪還〉《조선일보》1960.5.3.
70)〈政變 契機로 佛敎界 싸움 再燃 帶妻僧들이 反擊 寺刹 運營權 내노라고 暴行까지〉《동아일보》1960.5.3.
71)〈上下兩院 法規制定公布〉《대한불교》7호, 1960.7.5.
72) 그 위원으로는 위원장에 이효봉, 부위원장에 정금오·최원허·이청담, 총무부장에 양외득, 재무부장에 강석주, 선전부장에 신소천이다.
73) 집행부 총무원장은 김서운, 총무부장 문정영, 교무부장 채동일, 재무부장 민도광, 종회의장 윤월하, 감찰원장 김자운이다.
74)〈主導權 못 주겠다 曹溪宗僧侶大會서 결의〉《동아일보》1960.11.20.

합세하여 '불법에 대처승 없다'는 플래카드를 들고 서울 시내의 시가 행진
도 하였다.[75]

그런데 1960년 11월 24일 대법원은 대처측이 상소한 소송, '종헌 등 결
의 무효 대한 판결'을 통해 원판결(비구측 승소)을 파기하고 서울 고등법원
에 환송한다고 판시하였다. 이는 고등법원의 재판시 피고의 당사자 자격
을 오인하여 본안 심리도 하지 않고 訴 却下함으로써 대법원은 自判할
자료가 없다는 요지에서 나온 것이다.[76] 그런데 이 판결은 비구·대처 어
느 측의 일방적인 승소를 결정지은 것은 아니었다. 그러나 비구측은 대법
원에서 완전 승리를 기대하였으나, 이처럼 원상 회복으로 돌려진 상태로
판결이 나자 이에 큰 불만을 가졌던 것이다. 이에 비구측 승려와 신도
400여 명이 대법원에 몰려온 이른바 대법원 난입 사건이 일어났다.[77] 그
난입을 촉진한 것은 비구측 소장 승려 6명이 대법원 내에서 시도한 割腹
기도 事件이다.[78]

당시 그 사건은 불교계 및 사회에 큰 파문을 일으켰으며 정화사의 단면
을 극단적으로 말해 주었다. 대법원 난입으로 비구측 승려 133명에게 영
장이 발부되었으며,[79] 구속 기소된 승려는 24명이었다. 그러나 이 사건이
있은 이후에도 조계종단은 변동 없이 비구측 중심으로 관리되었다. 일단
불교정화는 지속되고 유효하였던 것이다.

4) 통합종단의 성립

1960년대 정화사의 이정표를 갖는 통합종단은 불교정화의 완성이자, 태
고종 등장의 계기로도 작용하였다. 따라서 통합종단은 정화의 양면을 갖

---

75) 〈比丘僧 데모〉《동아일보》 1960.11.22.
76) 〈大法院서 高法으로 還送 帶妻僧側의 「淨化委決議無效確認」 抗訴〉《경향신
　　문》 1960.11.24, 〈대책위원으로 선임된 대처승과 비구승이 결의한 전국승려대회
　　결의 무효확인 소송의 당사자〉《불교판례집》p.711. 1996, 조계종총무원.
77) 〈比丘僧 大法院 廳舍에 闖入〉《동아일보》 1960.11.25.
78) 〈佛敎紛爭 割腹 騷動〉《조선일보》 1960.11.25.
79) 〈133명에 拘束令狀 比丘僧亂動사건 198명은 석방〉《경향신문》 1960. 11.26.

고 있었다. 통합종단의 직접적인 계기는 5·16 군사쿠데타이다. 5·16을 통하여 정권을 잡은 군부세력, 즉 국가재건최고회의장인 박정희는 불교정화로 야기된 분규를 수습하겠다는 적극적인 의지를 표명하였다.

그 즈음 대법원은 전남 종무원 간부 확인 소송과 화엄사·선암사·천은사·대홍사의 주지확인 소송에서 대처측의 승소를 확인한 고등법원의 판결을 확정지었다. 이는 비구측의 패소를 의미하는 것으로 정화에 또 다른 변수를 예고하는 것이었다. 이로 인하여 비구측은 단순히 이전의 기득권을 계속 강조할 입장이 아니었다. 달리 말하자면 군사정부의 분규 해결의 구도에 동참할 수밖에 없다는 요인으로 작용하였다.

대법원은 전국 법원에 현재 계류중인 모든 불교분규에 관련된 소송 70여 건을 일체 중지하라고 지시하였다.[80] 이는 국가재건최고회의 요청에 따른 것으로 곧 군사정부의 방침이 나올 것을 예고하는 것이다. 문교부가 비구·대처 양측에 제시한 그 방침은 다음과 같다. 비구·대처 양측의 대표 각 5인과 사회 대표 3인으로 佛敎再建委員會를 구성하고, 이 위원회가 구성된 1개월 이내에 불교재건비상종회를 조직하여 모든 분쟁을 수습하고 단일종단을 만들며, 법원에 계류중인 모든 소송은 취하한다는 것이다.[81]

정부가 제시한 이 방안은 1962년 1월 18일 비구·대처 양측이 동의·합의함으로써 효력을 보게 되었다.[82] 1월 22일, 비구·대처측의 대표 각 5인은[83] 역사적 제1차 불교재건위원회를 개최하였다. 당시 그 위원회에는 비구·대처측을 대표하는 양측 종정(이효봉, 국성우)이 참석하여 다음과 같이 선서문을 낭독하였다.

---

80) 〈佛敎紛爭 裁判 中止를 指示〉《동아일보》 1961.10.22.
81) 이 안은 1961년 12월 8일 국무회의에서 불교분쟁 수습방안을 의결한 내용, 불교재건위원회 조례와 사찰정화방침에서 나온 것이다.
82) 〈帶妻 比丘 첫 會合〉《경향신문》 1962.1.18. 그런데 양측은 문교부에서 제시한 사회 대표 3인을 문교부 대표 1인으로 수정하였나.
83) 비구측 : 이청담, 박추담, 최원허, 손경산, 이행원
     대처측 : 안홍덕, 이남채, 박승용, 황성기, 조용명

국가와 민족에 끼친 불교 분규와 해독을 불식하고 대자대비의 불법의 정신에 입각한, 화동단합의 정신에 입각한 대한불교를 재건하기 위하여 우리는 다음 조례에 의한 불교재건위원회를 구성하여 참신하고도 통일된 종단을 설립하기 위한 모든 준비와 절차를 갖출 것이며 이에 전적으로 호응 추종할 것을 선서함.[84]

그런데 이 선서문은 비상종단의 설립 정신을 표방하는 것이지만, 일면에서는 그간 불교정화의 문제점을 비구·대처 양측이 모두 인정한 것이기도 하다. 1차 위원회에서는 불교재건위원회의 전문 9조의 조례와 전문 15조와 부칙으로 된 운영세칙을[85] 통과시키고, 의장단을 선출하였다. 비구·대처의 대표가 공식적인 회합에서 대좌한 것은 실로 8년 만의 일이었다. 그러므로 이 회합은 정화사의 측면에서는 매우 중요한 의미를 갖고 있다. 그 후 이 재건위원회는 2·3·4차 회의를 진행하여 불교재건공약 6조를 발표하고, 운영계획서 통과, 재건 비상종회 회칙 통과, 비상종회의원 선출 등 주요한 활동을 하였다.

1962년 2월 12일 불교재건비상종회가 개원되었다. 비구·대처의 대표 각 15인으로 구성된[86] 그 비상종회는 2월 20일에는 종헌의 골격을 완성하였고 종헌의 대부분이 합의되었다. 그러나 가장 민감한 승려의 자격 문제에서는 이의가 생겼다. 이는 능히 예상된 것이었다. 비구측은 정식 출가한 대상만을 승려로 보았지만, 대처측은 대처승을 교화승으로 보아야 한다는 기존 입장을 되풀이하였다.

그 후 승려의 자격은 다음과 같이 종헌에 반영되었다.[87]

- 본 종단은 승려(비구니)와 신도로 구성한다.
- 승려는 구족계와 보살계를 수지하고 수도 또는 교화에 전력하는 출가 독신

---

84) 〈불교재건위원회 회의기록〉《불교정화분쟁자료》 p.301.

85) 위의 자료, pp.285~293.

86) 비구측 : 이청담, 박추담, 손경산, 이행원, 문정영, 채동일, 이능가, 최월산,
　　　　　오녹원, 윤월하, 박문성, 김서운, 김지효, 김일타, 박범룡

　　대처측 : 권한경, 조용명, 변봉암, 유동산, 윤금송, 송정암, 이월하, 최다천,
　　　　　안덕암, 이남허, 박서봉, 이용봉, 윤기봉, 이와운, 황경봉

87) 〈宗團構成案 채택〉《조선일보》 1962.3.1.

자라야 한다. 단 대처승의 기득권은 인정하고 다음 각 항의 해당자는 정상
적인 승려로 인정한다.

- 사실상 사찰에 거주하며 수도와 교화에 전력하는 자
- 가족부양의 책임을 가지지 아니한 자
- 범속인과 같은 일상 생활을 아니한 자

여기에서 문제시된 것은 대처승의 기득권을 인정한다는 것이다. 이 추
상적인 내용을 어떻게 이해할 것인가에 종단의 방향이 달려 있었다. 마침
내 비구·대처 양측은 그 해석을 문교부의 판단에 맡긴다고 합의하여 파
국을 겨우 막았다. 이에 전문 19장 116조로 구성된 종헌이 2월 28일 재건
비상종회를 통과하였다.[88]

그러나 그 불씨는 계속 유효하였다. 기득권이라는 내용 해석이 바로 그
것이다. 당시 문교부는 대처승이었던 인물이 정상적인 승려로 활동하면
승려로 인정하되, 이 경우 해당인물이 기존에 누린 기득권(직책, 법계)을
인정한다는 것이다. 반면 정상적인 승려활동을 못하면 준승려로서 포교사
및 주지서리에 등용될 수는 있지만 정식 승려로서의 권한(선거권, 피선거
권)은 없는 것으로 윤곽을 잡아가고 있었다.[89] 그 종헌은 3월 6일 비구측
종회의원만 참석한 가운데 선포되었다. 대처측은 종헌의 통과 자체를 부
정하며 새로운 대응을 견지하였다. 종헌은 제정·선포되었지만 대처측의
반발로 그 효력은 의문시되었다.

이때 문교부는 30명으로 구성된 재건비상종회를 해산하고 비구·대처
양측 각 5명과 사회대표 5명 합계 15인의 종회를[90] 새로이 구성하였다. 이
는 문교부가 비구·대처를 동수로 함에서 파생된 의사 정족수의 문제점

---

88) 그 통과는 만장일치가 아니라 투표에 의한 것이다. 찬성 반대가 15:14이고 1표
는 기권이다.

89) 〈出家·獨身者 등에만 認定 文敎部, 帶妻僧 僧權을 制限〉《동아일보》 1962.3.6,
박추담, 〈法孫엔 帶妻 있을 수 없다 -資格制限은 當然한 일-〉《대한불교》 25
호, 1962.4.1.

90) 비 구 측 : 이청담, 박추담, 윤일히, 이혜인, 이능가
대 처 측 : 이남채, 윤기원, 윤종근, 황성기, 이재복
사회인사 : 최문환, 김기석, 이상은, 윤태림, 박종홍

을 극복하고 정부의 의지를 적극 반영하려는 의도이다.[91]

3월 22일, 새롭게 구성한 종회가 개최되어 이미 반포된 종헌의 일부 수정을[92] 거쳐 재차 통과되었다. 대처측은 종회에 불참하였으며 종헌 통과에 반발하고 법에 호소할 태세를 갖추었다. 그러나 당시 문교부 및 재건국민회의는 이를 좌시하지 않고 자율적인 분규 해소를 거듭 강조하였다.[93] 자율적인 해결이 이루어지지 않을 때는 강제적인 법을 동원하겠다는 통첩이었다. 이러한 정부의 의지 앞에 대처측은 그 종헌을 인정할 수밖에 없었다고 이해된다. 3월 25일, 수정된 종헌이 재차 확정·공포되었다.[94]

이후에는 공포된 종헌에 의거하여 종정추대 조례, 총무원법, 종무원법 등이 제정되었다. 4월 1일, 비구·대처측의 불교재건비상종회의원 전원이 참석한 가운데 종정과 총무원장의 선출이 있었다. 종정에는 이효봉(비구), 총무원장에는 임석진(대처)이 선출되었다.[95] 그러나 이 결과를 놓고 이번에는 비구측의 일시적인 반발이 있었다.[96] 그는 종단의 실질적인 책임자에 대처측 인사가 포진한 것은 그간 불교정화를 위한 투쟁이 '사문화'되는 것이라는 판단에서였다.

그러나 비구측은 입장을 전환하여, 4월 6일 재건비상종회에 참여하였다. 이 종회에서는 종단 간부진을 추가 선출하였다.[97] 이같이 수많은 우여곡절을 겪고 통합종단은 1962년 4월 11일 역사적인 출범을 하였다. 4월 13일, 새로운 종헌에 의거한 종단 집행부가 이전 종단의 집행부로부터 종단의 사무를 인계하였다. 그런데 종단을 인계한 대상이 비구측이 아니고

---

91) 〈非常宗會를 改編 佛敎紛糾收拾위한 最終方案〉《동아일보》1962.3.22.
92) 그 수정은 사찰에 독신 상주하는 자를 '단신' 상주하는자로 변경한 것이다.
93) 〈早速한 妥協 促求 朴議長 佛敎紛糾에 거듭 强調〉《조선일보》1962.3.25.
94) 〈佛敎再建 새 宗憲을 公布〉《조선일보》1962.3.26.
95) 사회 대표 5명이 캐스팅 보드를 가진 결과였다. 종정은 이효봉과 국성우의 표결이 9:6이고, 총무원장에는 임석진과 손경산의 표결이 9:6으로 나왔다.
96) 〈終着驛 없는 苦海 佛敎紛爭10年史〉《경향신문》1962.4.3.
97) 감찰원장 : 박문성, 감찰원부원장 : 안홍덕, 총무부장 : 윤월하, 사회부장 : 이남채, 교무부장 : 문정영, 재무부장 : 박기종

대처측의 종정인 국성우였다.[98] 이는 비구측이 명분과 이념에서는 타당한 평가를 받았지만, 행정적인 절차에서는 문제점이 있었음을 배제할 수 없다. 그 후 종단은 문교부에 정식 등록되었으며, 실무진을 인선하는[99] 등 교단 정상화에 매진하였다.

통합종단이 출범한 지 불과 4개월이 지난 8월초, 종회의원 구성 비율에서 야기된 대처측의 강한 반발이 있었다. 문제시된 승려자격의 고비를 넘어 종헌이 제정·공포되었고, 종단의 법적·행정적인 틀이 갖추어 졌다. 이제 그간의 과도적인 총괄 기능을 대행한 재건 비상종회를 해체하고 새로운 체제에 걸맞은 종회를 구성해야만 되었다. 이에 8월 3일에는 불교재건비상종회를 비구·대처측 각 5명과 사회대표 5인에 문교부 문예국장 1인의 16인 종회로 재개편하였다.

이 개편된 종회가 8월 20일 문교부회의실에서 개최되었다. 그 결론은 종회의원의 결정이었다. 종회의원 총수 50명 중에서 비구 대처측에 배당된 인원 비율이 32명 : 18명으로 결정되었다.[100] 이는 문교부의 수습 방침에서 나온 것이다.[101] 대처측은 이 결과에 즉각 반발하고 그 결정은 무효라고 주장하였으며, 8월 25일 중앙종회의 개원식에 의원 18명은 불참하였다. 뒤이어 대처측 출신으로 통합종단의 간부로 근무하였던 인물들의 퇴진이 있었고, 9월 20일 대처측은 임석진의 이름으로 통합 이전의 상태를 주장하는 환원 성명서를 발표하였다.[102]

그런데 그 즈음 불교계의 또 하나의 큰 변화가 있었으니 이른바 불교재산관리법의 등장이다. 1962년 8월 22일 각령 939호로 제정 공포되었는데, 전문 102조로 구성되었다. 요컨대 문교부는 이 법령에 의거 통합종단은 승인하고 대처측의 대응은 인정하지 않았다.

대처측은 속세의 법에 의거한 법적 투쟁으로 나갔다. 그해 10월 4일 ‘종

---

98) 〈大韓佛敎曹溪宗 宗團 事務引繼引受書〉《대한불교》 97호, 1965.6.20.
99) 〈佛敎派爭에 끝장 各部局長令命으로 宗團 正常化〉《경향신문》 1962.7.5.
100) 〈佛敎再建非常宗會 宗會議員50명 選出〉《동아일보》 1962.8.21.
101) 〈佛敎紛爭 다시 불붙을 氣勢 中央宗會選擧 싸고 對立〉《조선일보》 1962.8.24.
102) 〈八年만의 佛敎團合 다시 危機에〉《동아일보》 1962.9.21.

헌 무효확인 및 종정 부인 확인' 소송을 서울 지방법원에 제소하였으며,[103] 서울 서대문 충정로 2가에 '대한불교조계종 총무원'이라는 독자적인 간판을 내걸었다. 이에 서울시는 1962년 12월 22일 대처측 총무원에게 해체 명령을 내리기도 하였다.[104]

비구·대처 양측은 상호 타협할 여지가 없었으므로 불교분규는 재연되어 전국 각 사찰에서의 사찰 소유·관리권을 둘러싼 갈등과 소송으로 나타났다. 한편 비구측은 통합종단의 구성을 정당한 것으로 보고 대처측을 포섭하는 화동책으로 나갔다.[105] 그리고 1963년 5월에는 전국승려대표자대회를 개최하여 통합종단의 종헌을 고수하기로 결의하였다.

정부에서는 대처측의 반발이 거세고 전국적인 분규가 재연되자 일시적으로는 대처측의 승단을 인정하는 것도 검토하였다.[106] 그러나 이를 파악한 비구측의 반발이 강해지자 번복하였던 일도 있었다. 이러한 가운데 전 불교계에서의 비구·대처간의 갈등은 유혈 사태, 자살 소동, 집단 패싸움 등으로 다양하게 전개되어 불교정화의 본질을 점점 이탈하고 있었다.

그런데 대처측이 제소한 소송의 결과도 그 분쟁을 더욱 부채질하였다. 1965년 6월 11일 서울 민사지법은 대처측이 낸 소송의 판결에서 대처승의 승소를 결정하였다.[107] 그러나 이 판결은 불과 3개월 후인 9월 7일 서울 고등법원에서 비구측의 승소로 전환되었다.[108] 1, 2심에서의 판결의 요지는 1962년 3~4월의 불교재건비상종회 구성의 적법성 여부와 그에서 나온 종헌과 종정이 정당한가였다.[109] 대처측이 이에 불복하여 이 재판은

---

103) 〈法廷으로 번진 佛敎 紛爭〉《조선일보》 1962.10.5.
104) 〈"信新敎自由의 基本權 侵害" 帶妻側서 當局 解散令 拒否〉《동아일보》 1962.12.24.
105) 〈統合宗團構成 한 돐〉《대한불교》 38호, 1963.5.1.
106) 〈帶妻僧 超非常事態宣言 中央宗會 全議員도 48時間 斷食〉《조선일보》 1963.7.27. 당시 정부의 대처승단 승인 조건은 당대에 국한된 대처승의 승권, 일체 소송의 취하, 미등록 사암에 관한 등록 등이다.
107) 〈대처승 勝訴 宗憲決議 무효소송〉《경향신문》 1965.6.11.
108) 〈比丘僧側서 勝訴 佛敎紛爭 抗訴審 "再建非常宗會는 適法"〉《동아일보》 1966.9.8.

대법원에서 계속 심리하였지만, 그 결과는 비구측의 승소로 결론이 났다. 1969년 10월 23일 대법원은 대처측이 낸 소송의 상고를 이유 없다고 기각하였다.[110]

태고종이 정식 등록된 1970년 이전에도 비구측은 불교계의 대동단합을 위해서 수차례 통합 의지를 제시하였다. 그러나 결과적으로는 완전 통합은 없었지만 이른바 和同派라는 대처측 일부 인사가 조계종단에 편입되었다. 1965년 3월경부터 화동 단합의 노력이 가시화되기 시작하였다.[111] 1966년 8월 13일 제13회 임시중앙종회에서 통합종단을 이탈한 승려들을 위한 문호를 개방하여 종회의원 정원 50명 중 대처측을 위해 13석을 공석으로 남겨 놓았다.[112]

또한 1967년 2월 6일, 비구·대처측 중견 승려 40여 명이 조계종 발전을 위한 간담회를 갖고 통합종단 종헌을 재확인하는 협정에 서명하였다.[113] 이는 불교화동근대화 추진위원회 통합운동으로 지칭되었다.

그러나 비구측의 손경산과 대처측의 신종원이 주도한 이 화동 노력은 대처측에서 그 모임에 관여한 대처측 인사를 이탈자로 규정하였기에 소기의 성과를 내지는 못하였다.[114] 이 같은 화동 노력이 진행된 그 직후인 그 해 2월 27일 대처측은 전국대의원 대회를 열고 오히려 종단 분리를 선언하였다.[115] 당시 그들은 종단 분종에 장애가 되고 있는 불교재산관리법을

---

109) 그 초점은 기존 30인 재건비상종회를 15명(사회대표 5인 포함)으로 감축·전환시킨 것의 정당성과 그 종회에 문교부 문예국장이 참석한 것이다. 그러나 비구측과 2심에서는 그 전환은 대처측도 합의한 것이므로 정당하다고 주장하였다.

110) 〈“現 조계宗憲 有效” 大法 帶妻側의 改定無效訴 기각〉《동아일보》 1969.10.24.

111) 〈統合宗團離脫人士 歸依, 和同團合〉《대한불교》 84호, 1965.3.31.

112) 〈佛敎 近代化 宣言 그 序幕 배우고〉《조선일보》 1966.8.18.

113) 〈10년만의 和解 比丘僧·帶妻僧 파벌의식 버리고 佛敎界 統合의 문턱에〉《경향신문》 1967.2.8. 그 요지는 통합종단의 종헌이 유일한 합법적인 종단이다, 중앙종회의원 비율을 비구·대처 각기 29 : 21로 한다, 종단 소유 본사를 비구와 대처 비율을 15 : 8로 한다는 것이다.

114) 〈比丘·帶妻 악수 그 裏面 10년만의 和同이라지만 紛糾의 불씨는 아직 남아〉《조선일보》 1967.2.9.

115) 〈또 붙은 佛敎紛爭 帶妻 一部서 分宗을 宣言〉《동아일보》 1967.2.27.

철폐하라고 정부에 주장하였다.

이러한 화동 노력은 1969년 11월 18일 전후 다시 이루어졌다. 비구·대처의 분규 15년을 일소하고 대동단합으로 불교 중흥을 모색하려는 그 모임은 10월 23일 대법원 판결이 비구측 승소로 나온 직후에 시작되었다. 비구·대처 양측의 중견 승려들이 참여한 그 노력은 통합종단의 종헌을 인정한다는 전제하에서 진행되었다.[116] 당시 대한불교 사장이었던 이한상의 중재에 의한 비구·대처의 지도자인 이청담과 박대륜의 정상회담으로도 진행되었다. 1969년 12월 10일 이청담과 박대륜은 대한불교사장실에서 만나 理判(비구, 수행승)과 事判(대처)을 상호 인정한다는 전제에서 종회 구성도 이판은 상원으로 사판은 하원으로 한다는 논의까지 하였다.[117]

그러나 수차례의 화동 노력도 끝내 성공하지는 못하였다. 대처측은 1970년 4월 16일 전국대의원대회에서 한국불교태고종으로 독자노선을 선언하였다. 이어서 5월 8일 태고종의 불교단체 등록을 문교부에 접수시켰고, 정부는 이를 공식 인정하였다. 태고종의 독자노선의 선택과 정부의 공인은 불교정화라는 대단원을 공식적으로 마감한 것을 의미하였다. 이로써 1954년부터 무려 17여 년 간 이끌어 오던 불교정화는 숱한 사연과 비화, 그리고 큰 후유증을 안고 마침표를 찍었다.

4. 정화의 문제점과 그 극복

불교정화는 식민지 시대의 유산인 불교계 모순을 바로 잡으려는 의식에서 출발하였지만 진행과정에서의 문제점 그리고 그 후유증으로 인한 모순을 현대불교계에 제공하였다. 이에 필자는 정화의 긍정성과 타당성도 적지 않았으며 그 필연성도 인정은 한다. 그러나 본 장에서는 불교정화의 긍정적인 측면보다는 부정적인 측면을 집중 부각시키고자 한다. 이는 정

---

116) 〈大同團合으로 佛敎中興 摸索〉《대한불교》 1969.11.23.
　　　〈比丘·帶妻통합 움직임 15년만에 紛糾 가실 曹溪宗〉《경향신문》 1969.11.19.
117) 〈靑潭·大輪 兩大宗師 頂相會談〉《대한불교》 1969.12.4.

화 모순의 극복이 21세기 한국불교의 발전 방향을 검토할 때의 참고사항으로 활용되었으면 하는 바람에서 나온 것이다. 이러한 고찰은 정화사의 정리, 분석 등이 어느 정도 완료된 후 아니면, 진행되면서 시도하는 것이 타당하겠으나 현재 이 분야에 관련된 불교계 내외의 제반 실정을 유의한다면 시의적절하지 못하다.

다만 이러한 접근을 불교발전을 위한 자기 반성이라는 측면에서 이해하면 가능할 것이다. 미래를 멀리, 제대로 보기 위해서는 보려고 하는 이상으로 과거를 통한 자기 회고, 반성, 정리 등의 점검은 필수 불가결한 것이다. 이는 역사의식으로도 요약할 수 있는 관점이다. 또한 불교계의 정신사 기반을 공고히 하는 것이다.

우선 그간 승가 내부와 불교계에서 적지 않게 제시되었고, 추정과 정황으로 이해되었던 불교정화의 모순과 문제점을 먼저 살펴보겠다.

첫째, 불교의 자주화에 부정적인 영향을 끼쳤다. 정화를 야기한 식민지시대의 불교운영의 모순은 '일제'로 지칭되는 국가권력이었다. 일제는 불교를 식민지 행정체제로 편입시키고 민족운동의 대열 가입을 차단하기 위한 목적에서 불교정책을 수립·실천하였다. 그로 인해 불교계는 자주·자립의 의지가 퇴색되었으며 관권 지향주의가 팽배하였다. 그러나 불교정화는 그 계기의 제공이라든가 중요한 결정에서는 반드시 공권력의 개입과 판정이 작용하였다. 더욱이 그 공권력 개입은 비구측 승려들의 요청에서 말미암은 것도 적지 않다. 물론 여기에는 이승만의 정화 유시 배경의 본질 등의 분석이 선행되어야 한다. 불교계가 이승만의 교묘한 정치 논리에 희생된 면도 있을 것이다.

그 빈도의 차이가 있지만 비구·대처 양측은 모두 불교자주화에 역행하였다. 이는 모순된 명분과 행동이다. 요컨대 자율적인 정화정신이 박약하였다. 종교의 명분과 논리, 그리고 실천 양태는 속세의 기준을 뛰어 넘어야 하거늘 오히려 그에 미치지 못하는 경우가 비일비재하였다. 이 모순은 정화가 종료된 이후 불교계의 각종 분규 때에도 지속적으로 노출되있다. 종단의 존립, 종권의 유지와 지속, 종권의 교체 등에도 여지없이 불교

계의 자율정신이 희박하였다. 결국 결정적인 판단의 잣대는 속세의 법이
었다. 불교정화의 계기, 진행, 결론 등 일련의 과정이 불교 자체의 의식,
노력, 역량에서 해결되는 것이 정상이지만 모든 것은 그 반대였다. 따라서
불교정화의 대의명분은 타당하였지만 출발과 종결에서 정화의 정신이 구
현되지 못하였다.

정화 이후 불교계 개선·요망 사항의 단골이었던 불교재산관리법이 등
장한 것도 이러한 사정과 무관하지 않다. 1970년대의 종단 내의 분규가
속세의 법을 이용할 수밖에 없었던 것도, 1980~90년대 불교운동과 종단
개혁의 기치였던 불교의 자주화가 왜 그렇게 지난하였는가도, 분규와 갈
등시에 단골메뉴로 등장하고 있는 속세의 법에 의지함도 바로 불교자주화
의 결핍에서 비롯되었다. 자주성과 주체성이 부재하였을 경우 나타난 속
성과 결과는 명약관화한 것이다. 즉 식민성, 반민주성, 의타성이다.

둘째, 불교정화 추진의 본질에는 불교가 갖고 있는 정신과 가치관이 희
박하였다. 불교정화가 지향하고 있는 불교의 근본정신과 계율 지향주의는
결과적으로 본말을 전도한 양태가 있었음을 배제할 수 없다. 불교의 정신
과 가치관에 의하여 추진되지 않고 반불교적인 속성이 여지없이 노출되었
다. 단적으로 말해 사찰의 소유와 관리권을 둘러싼 분쟁으로 변질되었다.
1962년 통합종단의 종헌 선서문에서도 "종단운영에 대한 견해차로써 8년
간에 걸친 분규가 계속"되었다고[118] 천명한 바에서 알 수 있다. 정화의 이
념이 종단운영에 대한 견해차로 전락되었다.

더욱이 사찰을 점유하려고 야기된 수많은 대립, 갈등 등에서 가혹하고
치열한 폭력행사가 동원되었는데 이를 불가피한 처사로 인정하고 방관하
였다. 물론 여기에는 불법을 방치한 대처측의 완강한 반대와 양측이 상호
인정하고 국가에서도 동의한 기준을 무시한 대처측의 행태가 수반되었지
만 그 결과는 수긍하기 어렵다. 이러한 행태는 당연한 것으로, 어쩔 수 없
는 것으로, 불가피한 것으로 수용되었다. 그리하여 그 정신과 행태는 불교
계의 관습으로 굳어졌던 것이다. 이후 불교계의 수많은 분규에는 폭력적

---

118) 《선우도량》 제6호, p.261. 1994.5.

행태를 마땅한 것으로 활용하였다. 달리 말하자면 수단과 방법을 가리지 않고 이기기만 하면 된다는 풍조가 불교계 구석구석에 파급되었다. 이는 세간에서 불교계의 대립하면 곧 폭력사태를 연상시키는 단정으로 이어졌다. 종교단체 내부의 문제는 그 종교가 갖고 있는 의식과 행태를 통하여 해결되는 것이 상식이지만 불교계에서는 찾을 수 없었다. 오히려 불교적인 가치관은 하나의 대의 명분으로만 작용하고 그 본질과 진행에서는 반불교적이며 전근대적인 가치관이 굳건히 자리잡았다.

셋째, 불교정화가 진행되면서 나타난 승려의 증대화는 승려의 질, 승려의 출가와 교육 등에서 많은 문제점을 야기하였다. 불교정화 초창기에 청정 비구수좌는 불과 전국적으로 200~300여 명에 불과하였다. 여기에 비구니가 별도로 400여 명이었다. 그리고 1955년 당시 승려의 자격 8대 기준으로 조사된 숫자는 1,189명인데, 여기에는 대처측의 일부 승려도 포함되었다. 1959년 비구측의 승려는 1,500여 명에 달하는 것으로 언론에 보도되었다.[119] 그런데 1962년의 경우에는 비구승이 5,000여 명이었다고 세간에 알려졌다.[120] 1963년 《대한불교》의 '敎界靑書'에 전하는 승려 숫자는 5,427명으로 전하고 있다.[121] 1964년 《대한불교》의 '敎界靑書'에는[122] 비구 8,690명 비구니 3,209명 합계 11,899명으로 전하고 있다. 이는 통합종단이 성립된 직후의 통계이다. 이는 통합종단이 비구측 중심으로 굳어지고 전국 사찰이 비구측 관리로 확실하게 넘어오면서 승려의 숫자가 더욱 증대되었음을 말해 준다.

이 같은 비구측 승려의 조속한 증가는 대처측의 인사가 합류한 면도 있고 정상적인 승려의 출가도 포함되었을 것이다. 그러나 비정상적인 방법,

---

119) 〈比丘·帶妻僧 다툼이 판가리 되던 날〉《조선일보》 1959.8.13.
120) 〈帶妻僧側 僧侶資格 포기 出家修行하면 僧侶資格 認定 比丘 修行僧 帶妻는 敎化師로〉《경향신문》 1962.2.5.
121) 〈1963년 敎界靑書〉《대한불교》 45호, 1963.12.1. 그런데 이 숫자의 득도 수계자에는 비구 75명, 비구니 20명, 사미 70명, 사미니 55명, 계 231명으로 전하고 있다.
122) 〈1964년 敎界靑書〉《대한불교》 72호, 1964.12. 27. 이 내용에서는 승려 수가 지난해에 비해 상당히 증가하였다고 서술하였다.

방편에 의한 출가가 적지 않았다. 더욱이 이 경우 정화, 분규, 대립이 진행되던 그 시기에 정상적으로 승려의 출가에 관련된 교육이 있었다고 보기는 어렵다. 지금껏 이를 부적격자의 불교계 유입이라고 지칭하였다. 당시 법정은 그 정황을 《대한불교》에 기고한 〈부처님 前上書〉에서 통렬히 비판하였다.[123]

승려의 증대는 우선 승려의 자질, 승려 교육의 부재를 초래하였다.[124] 또한 이 문제는 대처측과의 대립이 격화되면서 사찰 소유 및 관리에 대한 갈등과정에서 빚어진 폭력사태와도 관련이 있다. 사찰 수호를 위해서는 불가피하게 많은 승려가 필요하였다. 그런데 더욱 문제시된 것은 졸속으로 출가한 그 승려들이 과연 불교적인 가치관과 정신으로 승려생활을 하였는가이다. 또한 불교계에서 끊임없이 논란이 되고 있는 '은처승'의 문제도 승려의 증대에서 파생된 것으로 볼 수 있다. 요컨대 불교와 승려라는 대의명분과 그 명분이 갖고 있는 표상의 본질에서 문제점이 나타났다.

또한 문중·문도의 부정적인 영향과도 무관할 수 없다. 건전하고 생산적인 불교계 풍토 조성의 근원으로 문중·문도가 거론되지 않고 그 반대 요인의 제공처로 지적되어 왔다. 여기에서 이 문제를 축소하여 그 원인을 교육의 부재라고 보더라도 승려의 교육 즉 발심, 행자교육, 기본교육, 전문교육 등 교육체계가 확립된 것은 불과 최근의 일이다. 현재 이 체계가 효율적으로 이행되었고 정착되었다고 보기는 어렵다.

1957년 조계종단 내에서 불교정화 30년 계획을 수립하면서 정화의 단계를 교단정화(대처승 숙청), 승단정화, 사찰정화, 국가정화, 세계평화라는 단계와 구도를 정한[125] 것도 위의 문제를 인정한 것이다. 정화의 주역인 이청담이 1969년 종단 자체 정화와 불교 현대화를 주장한 '조계종 유신재건안'이 수용되지 않자 종단 탈퇴라는 성명을 한 것도 불교정화가 실질적

---

123) 〈부처님前上書〉《대한불교》 61호, 1964.10.11. 법정은 그를 '急造僧'으로 표현하고 그들이 사원을 장악하는 경우가 많았다고 지적하였다.

124) 〈宗團에 새 敎育制度 確立〉《대한불교》 36호(1963.3.1)에서 승려의 재교육이 요청된다고 보도한 것도 이 문제를 알려 주는 것이다.

125) 〈帶妻僧側의 肅淸 等 比丘側서 30년 計劃〉《경향신문》 1957.9.24.

으로 실패하였다는 자괴감에서 비롯된 것이다.[126] 이청담의 종단 탈퇴 성명 이면에는 이미 정화가 갖고 있는 순수한 이념이 퇴색하였음을 반영해 준다.[127] 그리고 종단 내의 이질적인 분화가 있음을 엿보게 해 준다.[128]

넷째, 불교정화는 선수행을 하는 수좌들의 주도에 의하여 진행되었고, 결과적으로 선 중심·우선의 불교교리, 사상체계를 확립하였다. 한편 선 중심의 전통은 내세웠으나 그의 체계 수립이나 대중화에는 많은 문제점을 야기하였다. 그리고 선 이외의 여타의 수행 및 신앙체계와도 조화를 이루었다고 할 수는 없다. 정화 이전이나 그 이후에도 한국불교계에 보편화된 신앙·사상의 체계를 선으로만 설명할 수는 없는 실정이었다. 요컨대 다양한 교리, 신앙, 사상체계가 적지 않았다. 교학, 염불, 밀교, 정토, 미륵 등이 바로 그것이다. 그리하여 선 이외의 수행은 교단의 중심에서 배제되거나 소외되었다.

더욱이 선, 그 중에서도 간화선 중심의 교리와 사상체계를 내세우기만 했지 정비하고 가다듬는 데에는 뚜렷한 성과를 내지 못했다. 종단의 승려·신도·일반 사회에서 납득되고 이해될 수 있는 틀, 구도, 내용이 부재하였다. 정화 초창기에 졸속으로 종조교체설이 등장하여 불교계 내분과 수좌 진용의 혼선을 초래한 것도 선 전통의 미약한 기반을 말하는 것이다.

---

126) 〈突然한 訣別 48년 조계종 脫退한 李靑潭 스님〉《동아일보》 1969.8.13. 당시 이청담은 "머리를 깎았다고 모두 중은 아니다", "飮酒食肉의 무리가 들끓는 썩은 못"이라고 당시 종단을 강력히 비판하였다. 법주사 주지였던 최월산은 "사찰재산이나 주지직에 연연하지 말고 面壁觀心으로 자아 발견에 힘쓰자"고 주장하면서 비구승니와 신남신녀가 渾然一體가 되는 사부대중의 종회를 상향식으로 조직할 것을 제의하였다. 〈전국 比丘僧 대회 來 1일 소집〉《조선일보》 1969.8.23.

127) 《대한불교》 1969.8.17, 사설에서는 이를 무사안일주의, 문중파벌주의, 화동의 미명 아래 고개를 쳐드는 정화역행의 경향, 현대사회에 무관심은 종단이 가장 경계해야 할 적으로 지적하였다.

128) 당시 언론에서는 그를 선학원파(수덕사), 종단 대처파(화동파), 종단비구파(통도사)로 대별하여 보도하였다. 또한 이청담의 종단 복귀 이면은 이념을 위한 것이 아니라, 종단 주도권 싸움으로 단정하였다. 〈主導權싸움 術敎의 獨舞臺 佛敎분규 전말〉《경향신문》 1969.9.3.

한편, 비판적인 입장에서 보면 한국 현대의 사찰과 승려의 존립을 가능케 한 것은 간화선과 무관한 것이었다. 최근에 접어들면서 간화선의 문제점과 병폐가 불교계 내외에서 거론되는 것도 실제는 이러한 사정과 유관한 것으로 보여진다.

이러한 문제는 이미 정화가 진행되던 그 시기부터도 문제시되었다. 정화에 앞장섰던 정금오는 통합종단이 성립된 직후 《대한불교》에[129] 기고한 〈韓國佛敎淨化의 正眼〉에서 간화선의 병폐를 지적하였다. 정금오는 전국 사찰 대부분이 주지승, 사무승, 무사안일승들이 점거하였다고 보면서 공부에 힘을 기울이는 선원은 불과 몇 개라고 하였다. 나아가서 총무원을 비롯하여 전국의 승려는 참선하는 것을 잃어 버렸다고 질타하였다. 또 이 문제점을 해소하기 위하여 종회의원, 총무원에 호소·부탁하였으나 일체의 움직임도 없었다고 회고하였다. 마침내 그는 "부처님의 혜명을 가리는 마구니 종자가 승복을 입고 횡행"한다고 소감을 피력하였다. 결론적으로 그는 "정화는 부끄럽기 짝이 없는 일이 되어 가고 있다"고 하였다. 이처럼 정화를 추진한 주역의 당시 불교 풍토에 대한 지적과 개탄은 통합종단의 출발부터 선수행의 문제점을 자인한 것이다.

다섯째, 불법 파계와 정화 추진의 장애물로 인식된 대처승과의 결별의 강조는 포교사, 법사, 신도에 대한 무관심과 방관을 초래하였다. 정화추진시 비구측이 겪었던 대처승의 위상, 신분 문제 등의 큰 곤욕이 포교사·법사에 대한 경계심으로 이어진 것이 아닌가 한다. 요컨대 승려의 위상에 문제를 야기할 수 있는 대상으로 받아들인 것이다. 그러나 복잡다난하고 사회 변화의 속도가 가속화되는 현대사회에서 승려가 모든 일을 감당할 수는 없다. 모든 일에 만능적인 승려가 있을 수도 없고, 그런 방향으로 가서도 안 됨은 자명하다. 곧 종단의 유기적인 분화, 조화, 업무분담이 요청된다는 것이다.

따라서 현대사회에서 불교계는 불교의 대중화 및 포교가 가장 중요하

---

129) 〈韓國佛敎淨化의 正眼〉《대한불교》 51호, 1964.7.19, 《金烏集》 pp.96~99. 1964, 선학원.

고, 그를 전문적으로 담당할 대상이 필요하다. 여기에서 재가의 포교사·법사의 양성, 교육, 훈련의 문제가 나오는 것이다. 또한 종단과 각 사찰의 실무에 동참·활용하는 종무원도 역시 중요한 대상이다. 이들의 활동은 불교계 모든 구석구석에 미치고 있다. 요컨대 불교계 종사자를 종단의 주요 구성분자로 인식해야 한다는 것이다.

이 같은 사정은 종단이 승단 중심에서 탈피해야 함을 말한다. 이청담이 종단 탈퇴의 명분으로 삼은 〈대한불교조계종 유신재건안〉에는 신도 대표로 종회의 하원을 삼았고, 대처측과 마지막 대화였던 박대륜과의 회담에서도 대처승을 사판(신도)으로 인정하려고 하였던 그의 고뇌는 재삼 음미할 수 있다.

결국 종단과 불교계의 구성은 4부대중임을 인정하고 있지만 그 실제의 운영, 내용에 있어서는 승단의 성격이 지배적이라는 것이다. 이처럼 종단이 승단의 주도로만 가면 불교의 미래는 그만큼 낙후되는 것이다. 포교사, 신도들의 종단 운영에 동참할 수 있는 제도적인 장치가 부재한 문제를 지적한 것이다.

그 밖에도 정화 불사의 문제점으로는 불교재산의 탕진과 망실도 지적된다. 또한 계율의 청정을 최우선으로 내세운 것이 정화인데, 정작 정화가 종료된 1970년 이후 종단 내의 계율 불감증은 납득하기 어려운 지경으로 전락되었다.

지금부터는 불교정화의 문제점을 극복할 방향을 제시하고자 한다. 이는 불교정화의 모순 극복 차원에서 나온 것이기에 제한성과 한계성이 있다.

첫째, 불교계 구성원의 의식의 대전환을 요망한다. 20세기 한국불교사의 100년을 조망하면 어느 한 때라도 정상적인 불교발전과 중흥이 있었다고 수긍할 수 없을 정도로 불교계는 지난한 여정을 걸어왔다. 조선후기 정치·사회·문화적인 압박과 침체를 벗어나기 시작한 근대기부터 이제까지의 불교는 형극의 길을 헤쳐왔다.

불교의 외형적인 발전은 괄목할 정도로 성장하였으나 그에 걸맞은 내적인 성장은 빈약한 형편이다. 오히려 치열한 수행정신은 퇴보하였다고 평가하는 경우도 있다. 20세기 100년 간 불교계는 변화, 발전, 중흥, 개선, 개혁의 기치를 내세우고 부단한 노력을 기울였으나 과연 노력한 만큼의 성과가 나왔는지는 의아스럽다.

21세기에 접어든 이 시점에서 불교계 구성원은 보다 근원적인 의식의 대전환을 기해야 할 것이다. 의식의 질적인 전환 없이는 새로운 도전, 문명, 변화가 시시각각으로 밀려오는 흐름에 능동적으로 대처할 수 없다. 보다 새로운, 불교적인 가치관, 보편 타당한 이념을 창출하여 불교가 나아갈 방향을 정비해야 한다. 1998년과 1999년의 조계종 사태 이후 조계종 종단에서 내놓은 초발심운동과 조계사 성역화 사업은 과연 이러한 고뇌에서 나온 것으로 볼 수 있는 것인가?

그 새로운 개념은 불교의 자기 정체성 확립을 위한 고민에서 나와야 할 것이다. 그리고 거기에는 투철한 자기 반성이 수반된 역사의식도 함께 해야 한다. 물론 승단의 수행풍토 조성, 사회의식과 문명관의 재점검 등이 뒤따름은 당연하다. 이러한 의식의 소산이 불교계 각 분야에서 자생적으로 용솟음칠 수 있어야 할 것이다.

20세기를 지배하였던 이념인 '개혁'은 진부하다. 또한 그 개념은 신도, 일반사회에서 수용될 여건도 미약하다고 보여진다. 왜냐하면 지난 세월 동안 개혁의 명분에 따라다녔던 名利 추구라는 어두운 그림자의 잔영이 남아 있기 때문이다.

그럼에도 불구하고 이러한 의식의 대전환이 보편화되고 그 물결이 도도히 흘러가면 그 새로운 '개념'은 자연스럽게 추출될 것이다. 21세기 한국불교의 새로운 여정은 불교적인 의식의 대전환이 어떻게 전개될 것인가의 내용, 그리고 그 전환이 한국과 인류가 나아가야 할 방향과의 부합 여부에 달려 있는 것이다.

둘째, 현대불교사를 움직인 주역·주체 구도였던 문중·문도의 신가풍을 만들자는 제안을 하고자 한다. 문중·문도의 고유적인 의미는 자연스러운 것이며 생산적인 측면도 없지 않다. 그러나 현대불교사, 특히 정화 이후 제반 갈등, 대립, 분규 등 일련의 사태 저변에 깔려 있는 현실은 문중·문도의 이해관계를 간과할 수 없다. 요컨대 문중·문도의 부정적인 측면이 지배적이었다. 이러한 부정적인 요인이 바로 현대불교사의 내면임을 인정해야 한다. 따라서 불교계의 문중싸움은 불교의 가장 큰 문제라고 지적되었음은 상식화된 견해이다.

그러나 불교계 승단의 현실을 충분히 고려하면 문중·문도라는 준제도적인 현실을 완전 배제할 수는 없다. 배제한다고 하여 배제될 성질도 아니다. 이는 20세기 후반 한국불교계 고유의 특성일 것이다. 흔히 佛家에서 부처의 ‘一佛弟子’라고는 말하지만 실질적인 현실의 무대에서는 거리가 먼 이야기일 뿐이다.

따라서 문중·문도를 인정하는 차원에서 문제를 풀어 가야 한다고 여겨진다. 그리고 이는 ‘結者解之’ 차원의 성격도 가미된 것이다. 그간 문중·문도가 많은 문제점을 제공하였지만, 이제 21세기라는 전환기에 즈음해서는 문중·문도가 그 변화의 중심에 서야 한다. 문중·문도를 제쳐 두고 불교계 발전, 변화, 새로운 시도를 한다는 것은 획기적인 결과를 얻을 수 없다. 각기 문중·문도가 내세울 수 있는 이념의 창출이라든가, 아니면 이상적인 사찰운영, 생산적인 농공업 경영, 불교발전을 위한 연구소 운영 등 그 대상과 주제는 적지 않다. 이제 여러 갈래의 문중·문도들이 선의의 경쟁을 통한 21세기를 이끌어 갈 수 있는 토양을 가꾸기를 기대한다.

셋째, 한국불교의 나아갈 이상과 방향을 온전히 담을 수 있는 승려교육의 체계화를 수립할 것을 제안한다. 승려의 교육은 아무리 강조해도 지나치지 않는다. 지금껏 한국불교의 발전과 미래는 교육에 달려 있다고 지적한 수많은 인물들이 있었다. 그리고 종단 차원에서도 교육불사는 늘 종단 사업의 가장 중요한 대상이었다.[130]

그러나 그 산물과 성과는 어떠한가? 그 원인과 내용은 일일이 설명을

---

130) 《대한불교》 73호(1964.1.3)에 기고된 日陀의 〈徒弟養成의 方向摸索〉은 정화의 기본 방향이 송료된 식후의 교육의 문제점을 잘 제시하고 있다 《대한불교》 96 호(1965.6.13)에 기고된 高光德의 〈徒弟養成의 基本方向〉에서도 당시 교계의 교육문제에 대한 인식의 일단을 엿볼 수 있다.

요하지는 않지만 한국인의 정신, 문화, 사상의 주역이었던 불교의 위상을 고려해 보면 실로 형언키 어려운 실정이다. 교육의 제도, 내용, 수준, 위상 등 그에 관련된 제반 실상을 논한다면 한국불교의 앞날을 어느 누가 희망으로 말할 수 있겠는가. 교육의 기본 체계를 수립한 것도 불과 최근의 일이었음을 주목해야 한다.

지금까지의 좌절과 실패를 거울 삼고, 한국불교의 실정에 적합하고, 미래 불교의 이상을 담을 수 있는 그런 교육체계와 내용이 있는 교육을 일구어 내야 한다. 교육은 미래를 담보하는 것이지만 그 미래는 결코 미래로 완결되는 것이 아니라 시간이 흐르면 현재이고 과거인 것이다. 따라서 교육은 불교의 현주소인 것이다.

5. 결 어

이상으로 근·현대불교사에 중요한 의미를 갖고 있는 불교정화에 대한 개요, 시말, 문제점을 살펴보았다. 동시에 그 문제점을 극복할 수 있는 대안도 제시하였다. 이제 맺음말은 이를 요약하는 것으로 대하고자 한다.

식민지불교의 유산이자, 현대불교의 진원지인 불교정화는 1955~70년에 일어난 일련의 과정을 총칭한다. 그리고 정화는 식민지불교의 유산이라는 점에서 단적으로 나타나듯이 근대불교에서 잉태되었다. 이는 불교정화를 그 자체로서 이해할 것이 아니라 보다 거시적인 안목에서 바라보려는 의식으로서 임제종운동에 나타난 종지 수호정신, 선학원의 창건정신, 승려독립선언서에 나타난 일본불교의 극복정신, 백용성의 대처식육 금지건백서에 담긴 전통불교 수호정신, 선학원 수좌들이 주도한 조선불교선종의 창종 정신, 고승유교법회에 담겨 있는 승풍과 계율 회복정신 등을 정화의 배경으로 제시할 수 있다.

식민지 시대에 일제의 불교정책 그리고 불교의 중흥과 발전을 기하기 위해 나타난 일본불교 모방에서 야기된 대처식육으로 요약·대변되는 전통의 상실은 그 자체가 불교의 파탄을 의미한다. 이 같은 불교계의 상황은 불교 자체의 정화 필요성이 제기될 수밖에 없는 당위성을 갖는다.

8·15 해방 이후에는 자체의 고민과 노력으로 그 극복 및 정화에 나서는 역사적 사명을 담보하였다. 해방공간에서 불교계의 교단혁신 노력에 나타난 혁신단체들의 교도제는 그 단적인 실례이다. 청정 수좌를 교단의 중심으로 삼으려는 일련의 제안과 노력은 당시 교단 집권층의 반대로 교단 분화로도 나아갔지만 교단의 자기 정화인 것이다. 그 후 봉암사 결사에 나타난 불교정신의 회복 노력과 이대의의 청정 수좌 전용 사찰의 할애 요구도 크게는 식민지불교의 잔재를 극복하려는 자기 정화이다.

반면 그 같은 의식과 노력들이 즉각적인 성과를 얻지 못하였지만 그러한 움직임이 불교정화의 이념적인 토대를 제공해 주었다. 정화의 시발과 촉진은 불교계 밖에서 가시화되었다. 정화의 탄력성과 추진성이 기민할 수 있었으며 이 기민함으로 인해 불교 내부의 의식과 힘에 의해서도 가능할 정도로 분위기는 성숙하였다. 그러나 결과적으로 이승만 대통령의 담화에 의해 촉발된 역사의 아이러니를 담보하였으며 여기에서 정화의 모순이 시작되었다.

1954년 5월 이승만의 담화에서 시작된 불교정화는 1970년 5월 이른바 대처측의 독자노선, 즉 태고종 등록으로 일단락되었다. 그런데 그 17년 간 정화를 둘러싸고 전개된 비구·대처측의 치열한 갈등, 대립, 투쟁은 그 문제가 간단치 않음을 말해 준다. 달리 말하자면 정화의 추진이 어려운 만큼 식민지불교의 모순이 심화되었음을 이야기해 주는 것이다.

이 같은 불교정화는 그 개요, 성격 등에 의해서 대략 4단계로 구분할 수 있다. 제1단계는 정화 방향의 검토·수립 단계로서 주로 이승만 담화 직후부터 선학원에서 정화의 기본 방향을 정하였던 시기를 말한다. 이승만 담화 직후 선학원에서 정화추진발기회, 정화운동추진준비위원회를 만들며 전국 수좌 대표가 모여 정화의 틀을 정한 시기였다. 여기에서는 대처측과 일정한 대응은 있었지만 아직 노골화된 대립은 구체화되지 않았다.

다음 2단계는 본격적으로 정화를 추진한 단계이다. 1954년 11월 5일,

선학원의 수좌들이 태고사를 진입하여 점거한 시점부터 1955년 8월 12일 태고사에서 전국승려대회가 개최된 시점까지를 말한다. 여기에서는 선학원에서 검토하고 준비한 정화의 원칙을 실행에 옮겼던 것이다. 수좌들의 태고사 입주로서 불교정화가 한국불교 총본산이자 상징인 태고사로 이전하였음을 의미한다.

그리하여 이 당시부터 대처측과 갈등 대립이 분명해지고, 정화가 불교계의 중심에서 문제시되었다. 또한 문제가 점차 사회의 문제로 비화되었다. 그 결과 문교부로 대변되는 국가권력이 개입·중재하는 가운데 승려자격이 공적으로 결정되고, 우여곡절을 거친 전국승려대회가 합법성을 띤 가운데 개최되었다. 승려자격과 승려대회가 합법성을 띤 것은 정화가 보다 분명한 노선과 방향을 갖고 추진할 수 있음을 의미한다.

3단계는 전국승려대회에서 정한 종헌 및 여타 결정에 의하여 전 불교계를 정화하는 단계로 진입한 단계를 말한다. 승려대회에서 결의된 내용에 의거하여 불교정화는 불교계 전체로 파급되었다. 이제 전국 사찰에서 대처승들을 공식으로 배제할 수 있는 권한을 담보한 것이다. 그러나 역설적으로 대처측의 반발을 가져왔다. 대처측은 즉각 속세의 법에 의지하여 승려대회의 성립 자체를 부정하는 소송을 제기하였다. 비구·대처측간에 전개된 법을 통한 대립은 상호간에 승소와 패소를 거듭하다 비구측의 대법원 난입 사건이 일어나기도 했으며, 이 와중에 4·19 혁명이 일어나 변화된 정세를 통하여 대처측의 위세가 증대되기도 하였다.

4단계는 통합종단의 성립과 그 이후의 일련의 행적이 일어난 단계를 의미한다. 즉 1962년 4월, 통합종단이 성립된 시점부터 대처측의 반발, 속세의 법을 통한 독자노선 추구, 태고종 등록의 시점까지를 지칭한다. 여기에서는 5·16 발발로 야기된 비구·대처측의 대화 가동과 결실이 있었다. 그러나 종회의원 구성에 불만을 가진 대처측의 반발과 지리한 송사가 지속되었다. 한편으로는 비구·대처의 단합을 위한 화동 노력도 이 단계에서 구체적으로 나타났다.

불교정화는 일견 그 역사적인 타당성과 한국불교의 전통 수립 회복에서는 긍정적인 의미를 갖고 있지만 적지 않은 문제점도 일으켰다. 이러한 점은 이후 현대불교사의 모순으로 작용하였다.

이는 불교자주화에 부정적인 영향, 정화 추진에 반불교적인 가치관 노출, 급격히 증대된 승려로 말미암은 승려의 자격 및 교육의 문제점 노출, 수좌 중심의 정화로 불교신앙과 사상체계에서 선 우선의 경향 대두, 대처승 배제의 구도에서 포교사·법사·신도의 경원시 풍조 등을 지적할 수 있다.

이 같은 문제점을 수긍하면 그 극복의 방향도 자명해지는 것이다. 그 극복의 대안의 기본은 불교계 구성원의 의식의 대전환, 문중·문도의 신 가풍 추진운동, 미래를 내다보는 승려교육에 중점을 두었다. 이를 실천하면 정화의 후유증과 불교 본연의 정체성 확립에 일조를 할 수 있다는 방향에서 해결방안을 제시해 보았다.

거듭 강조하건대 근·현대불교사의 중심에 있는 불교정화에 학문적인 접근을 통해 객관적인, 불교사적인 위상과 성격을 부여해 줄 시기가 다가왔다. 이를 통해 근·현대불교사의 복원, 21세기 불교의 미래를 담보할 수 있는 자기 성찰의 토대를 점검할 수 있다.

全國比丘僧代表者大會의 始末

1. 서 언

한국 현대불교사에 큰 영향을 끼친 '佛敎淨化'는 그 중요성에도 불구하고 개요와 성격 등에 대한 정리와 이해는 지금껏 학문의 대상 영역에서 제외되었다. 물론 불교계의 과거를 돌아볼 수 없을 정도의 긴박한 현실에서 기인하는 것이지만, 보다 근원적인 요인은 불교계의 빈약한 역사의식이다. 불교정화의 과정과 산물에서 야기된 제반 문제는 긍정과 부정 등 다양한 입장이 개진될 수 있는 것이지만 현재는 가장 기본적인 사실의 정리조차도 요원한 실정이다.

이에 불교정화에 대한 1차적인 과제는 그에 관련된 자료수집, 정리, 분석 등이 선행되어야 한다.[1] 2차적으로는 불교정화의 원인, 인과 관계, 개요, 부산물, 성격 등이 천착되어야 할 것이다.[2]

---

1) 이러한 측면을 유의할 경우, 한국불교승단정화사편찬위원회에서 펴낸 《韓國佛敎僧團淨化史》(1996)는 매우 귀중한 자료집이다. 그리고 선우도량에서 발간한 《新聞으로 본 韓國佛敎近現代史》(전 4권 ; 1995, 1999)는 불교정화의 2차 자료인 당시 신문을 망라하였기에 당시 동향의 이해에 큰 도움을 준다. 그 밖에 민족사에서 발간한 〈佛敎淨化紛爭資料〉《韓國近現代佛敎資料全集》 권68(1995)도 불교정화에 관련된 1, 2차 자료를 수집·망라한 자료집이므로 사료 가치가 높다.
2) 필자는 불교정화의 연구에 대한 단서로 삼기 위한 목적에서 〈조지훈·이청담의 불교계 '紛糾' 논쟁〉《한국민족운동사연구》 22(1999)이라는 고찰을 발표한 바가 있다.

이러한 기본 취지에서 출발한 본 고찰은 불교정화가 가시화된 직후 비구측 최초의 대회인 全國比丘僧代表者大會의 제반 개요를 살펴보려고 한다. 이 대회는 1954년 8월 24~25일 禪學院에서 개최되었는데, 전국의 수좌를 대표할 수 있는 비구승 60여 명이 참가하였다. 이 대회는 1954년 5월 20일 당시 이승만 대통령의 사찰정화에 대한 제1차 담화에 의하여 촉발되었지만, 그 연원은 이승만의 담화 이전에서부터 찾을 수 있다. 곧 불교정화의 발발 원인을 이승만의 담화에서 찾아온 지금까지의 인식의 수정을 기대할 수 있는 측면이다.

당시 대회에서는 교단 정리, 승려 교육, 종헌제정의 문제를 집중 검토하는 등 불교정화의 기본 방향을 정하였다. 이 같은 비구승의 제반 결정은 이승만 담화 이전에 있었던 교단 자체의 정화를 지속·극복하기 위한 행동이었다. 즉 해방공간 불교혁신의 중심 과제였던 비구승단 옹호와 불교정화가 가시화되기 직전 비구승에게 일부 사찰이 할애되어야 한다는 움직임의 흐름이 바로 그것이다. 특히 비구승 주도의 교단운영을 담보하는 종헌을 제정하겠다는 방향을 정한 것은 이를 예증하는 것이며, 그 이전의 움직임보다 더욱 구체적인 실행 계획을 수립하였음을 의미하는 것이다. 이 대회 이후 비구승들은 대회에서 결정한 제반 내용을 실행에 옮기면서 불교정화에 더욱 박차를 가하였다.

이 대회의 진행 및 결과에서 주목할 것은 이 대회가 불교정화가 시작되었던 최초의 대회였기 때문에 당시 비구승들의 현실인식을 단적으로 찾을 수 있다는 것이다. 주지하는 바와 같이 17년 간 진행된 불교정화시에는 수많은 우여곡절을 겪었고, 그 전개과정에서도 지난한 사건이 노정되면서 불교 '정화'에 대한 개념과 인식도 다양하였다. 1962년 통합종단 이후에는 불교정화라기보다는 사찰 점유 및 쟁탈을 위한 성격이 확연하게 드러났다. 요컨대 정화의 개념과 인식도 유동적이었던 현실에서 이 대회의 의미는 더욱 살아나는 것이다.

이러한 제반 전제하에서 필자는 본 고찰을 불교정화를 본격 연구하기 위한 출발점으로 삼고자 한다. 우선 대회가 개최되기 이전의 배경, 즉 교단 자체 정비의 움직임을 살펴보겠다. 그 후 이 대회의 제반 개요를 정리하여 이를 불교정화시의 비구측 동향과 인식의 준거로 활용하겠다. 선학제현의 질정을 바라는 바이다.

2. 대회의 배경

1954년에 시작되어 이른바 대처측의 태고종이 1970년에 문교부에 등록되기까지 전개된 불교정화의 배경은 遠因과 近因으로 대별할 수 있다. 그 중 遠因은 일제하 식민지불교이고, 近因은 해방공간의 교단개혁과 농지개혁 이후 교단 내에서의 수좌 전용 사찰의 할애 요구로 다시 구분된다. 식민지불교와 해방공간의 제반 동향은 앞에서 이미 정리하였으므로 주로 농지개혁 이후의 문제를 중점적으로 정리하겠다.

1949년 6월 21일에 공포된 농지개혁법은 불교계에 큰 영향을 미쳤으며, 그로 인하여 사찰 재산의 상당 부분이 위축되었다. 따라서 농지개혁과 불교와의 상관 관계는 별도로 천착할 대상으로 파악된다. 다만 여기에서는 그 농지개혁과 불교정화의 관련된 측면을 부각시키는 것으로 제한하고자 한다.

농지개혁으로 사찰 재산의 주종을 이루고 있던 토지의 상당부분은 그 토지를 경작하고 있었던 소작인에게 이전·제공되었다. 이로써 사찰 재산의 축소를 가져왔을 뿐만 아니라 사찰 공동체 구성원들의 정상적인 생활에 부정적인 요소로 작용하였다. 더욱이 6·25 전쟁으로 인한 사회 전체의 혼란과 저급의 경제수준은 불교계에도 부정적인 측면을 더욱 강화시켰을 것이다. 그런데 사찰 재산의 위축은 선수행을 하고 있던 승려, 즉 수좌들에게는 근원적인 문제점으로 다가왔다. 그 이전인 식민지 시대와 해방공간에서 교단 및 사찰의 관리를 독점하였던 대처승들에 핍박을 받았던 수좌들은 변화된 현실하에서 가중된 핍박을 받았다. 달리 말하자면 사찰 경제의 위축은 선방의 위축·閉鎖를 야기하였으며 나아가서 그는 수좌들의 생존을 위협하는 문제였다.

이러한 현실에서 수좌들은 이제 그 문제를 해결하겠다는 의식이 잠재
하였다. 당시 이 의식을 구체적으로 제기한 승려가 있었으니 그는 선학원
의 승려 李大義였다. 1952년 봄, 이대의는 이를 시정하기 위하여 당시 교
정인 宋蔓庵에게 그 문제를 구체적으로 제기하였다.[3]

> 때에 獨身僧들은 修道場의 再建을 꾀하여 오던 中, 李大義스님은 名僧古刹이
> 帶妻僧의 營生巢窟이 되어 獨身僧의 修道場조차 없는 것을 慨歎하고 宗正 宋蔓
> 庵스님을 찾아서 修道僧團의 재건을 陳情하자 宗正 스님은 四部衆에게 諭示를
> 내리기를 「山中의 有數한 寺刹을 가리어 獨身僧의 修道場을 만들어야 하겠다」
> 는 要旨였다.[4]

이대의는 명승고찰이 대처승의 수중에 들어가고, 독신승들은 수도장조
차 없는 현실을 개선하기 위해 송만암에게 修道僧團의 再建을 진정하였
다는 것이다. 이대의는 송만암에게 그의 뜻을 전할 때에 장문의 진정서를
작성·활용하였다.[5] 그 진정서의 요지에 대하여 이대의는 "다만 몇 개의
사찰이라도 좋으니 수도하기에 적당한 사찰을 골라 우리 수좌들에게 할애
해 달라"는 것이라고 회고하였다.[6] 이에 대하여 송만암은 유시를 내려 '有

---

3) 李鍾益, 〈한국불교 風雨半世紀〉 6, 《주간종교》 1979.8.1. 그런데 이대의가 송만
   암에게 건의한 시점에 대한 이설도 있다. 요컨대 1953년설이 바로 그것이다. 이
   는 그 건의를 한 당사자도 간혹 1953년으로 주장한 것도 있다. 그러나 이대의
   의 건의에서 촉발된 비구 전용 사찰의 할애의 실행을 요청한 정금오의 발언 시
   점을 고려하면 1952년으로 볼 수밖에 없다.
4) 〈佛敎史에 새 里程 -淨化始末-〉《대한불교》 1975.1.5.
5) 〈人心佛心 …. 세상에 한 마디, 長老院 李大義스님〉《대한불교》 1973.3.18. 현재
   그 진정서의 원문 및 구체적인 내용은 자세히 알 수 없다. 한편, 《大義大宗師全
   集》(대승회, 1978), pp.88~89에서는 그 사정을 다음과 같이 전하고 있다.
   즉 "일정시대에 승려의 대처식육을 공허하였으므로 국내의 명승고찰이 모두 속
   화되고 대처자의 영생굴택이 되었으니 오늘에 이르러서는 명승 대찰 몇 곳이라
   도 독신 승려가 모여서 수도장을 설립하고 참된 수도인을 길러내어 전통적인
   수노승난을 새건하는 짓이 우리 불교의 최고 책임지인 종정스님이 근본 사명이
   며 우리 사부대중의 절실한 요망이외다."라 하였다.
6) 위의 《대한불교》 1973.3.18.

數한 寺刹'을 독신승의 수도장을 만들겠다는 의지를 표시하였다는 것이다. 그런데 현재 이 송만암의 유시의 내용을 구체적으로 전하는 문헌 기록은 찾기 어렵다.[7] 그리고 이대의가 말하는 '몇 개의 사찰'과 송만암이 언급한 '유수한 사찰'이 어느 사찰을 대상으로 한 것인지는 정확하지 않다.

이 같은 건의와 유시는 당시 교단에서 정식 논의 단계로 진전되어 갔으니, 그 문제가 논의된 것은 1952년 11월 통도사에서 개최된 제11회 정기 중앙교무회의였다. 이 교무회의는 통상 서울의 태고사에서 개최되는 것이 관례였으나 6·25의 후유증으로 통도사에서 개최되었다. 이 통도사 교무회의와 관련된 문헌 기록이 없어 그 개요와 여기에서 살피고 있는 독신승 사찰 할애에 관련된 내용은 정확하게 알 수 없다. 다만 제반 증언과 2차 자료들을 종합하면, 그 개요는 다음과 같다.

그 교무회의에서는 이대의와 송만암의 의견이 반영되었다. 그리고 한발 더 나아가 송만암은 기존 종단의 사업이 주로 사찰 경영과 유지에 머물렀다고 비판하고 교리연구의 필요성을 강조하였다.[8] 송만암은 그의 주장을 뒷받침하는 제도적인 대안까지 내놓았거니와 이는 理判과 事判의 직제의 활용이었다. 이판은 수행승 혹은 선승·수좌인 독신승을 지칭하며, 사판은 교화승을 지칭하지만 당시는 주로 대처승을 지목하였다고 이해된다. 그리고 송만암은 사찰관리의 책임은 주로 독신승이 맡아야 한다고 하면서, 당시 주지를 맡고 있는 대처승인 주지는 기득권은 인정하되 당대에 한할 것을 강조하였다.

그 회의에서는 교정인 송만암의 주장을 긍정적으로 수용하고, 그 구체적인 이행방법과 법적인 뒷받침은 별도로 검토하여 실행한다는 원칙만 수립하였다고 보인다. 이에 대하여 송만암은 그의 입장을 다음과 같이 피력하였다.

---

7) 《大義大宗師全集》 p.89에서는 만암의 지시를 "현 사찰의 대부분이 재가승이 점유하여 속세 생활과 다름없는 영생장이 되어서, 참으로 수도하려는 출가승이 집단하여 수행할 장소가 없으니 전국 사찰 중에서 산중의 유수한 사원을 가리어서 독신 수도승이 집거하도록 하라."고 전한다.
8) 《불교근세백년》 pp.237~240.

戒命의 存續이니, 倭寇가 侵入한 이래 우리 佛教의 正法安藏中 戒命이 被奪되어 同 法身이 半身不隨가 되었던 것을 다행히 去年 大會에서 諸德의 勇斷으로 法體의 圓滿을 얻게된 것은 실로 이 나라에 佛日의 再揮라 이르지 아니할 수 없습니다.[9]

이 글에서 "去年大會에서 諸德의 勇斷으로 法體의 圓滿을 얻게 되었다."는 것은 송만암 유시의 반영을 의미한다. 그리고 송만암은 자신의 제안이 수용된 것을 '戒命의 存續'로 인식하였던 것이다. 1953년 4월, 불국사에서는 통도사 교무회의에서 제기된 송만암 교정의 제안을 이행할 수 있는 문제를 검토한 법규위원회가 개최되었다.[10] 그 위원회의 제반 내용도 자세히 알 수는 없다. 다만 수좌 전용 사찰 할애와 관련해서는 동화사·내원사·직지사·보문사·신륵사 등 18개 사찰을 이판 사찰로 정하였다고 한다.[11] 이러한 결정에 대하여 당시 그 법규위원회에 참여한 李曉峰과 全觀應은 큰 기대를 가졌다고 한다.[12]

그러나 일부 수좌들은 그 결정에 대하여 강한 반발심을 갖기에 이른다. 사찰이 크고 재산이 많은 것은 대처승들이 그대로 관리하고, 독신승에게 할애한다는 대상 사찰은 유지하기 어려운 사찰이라는 것이다. 그리하여

---

9) 〈諭示〉《蔓庵文集》 p.222, 1999. 백양사 고불총림.
10) 위의 〈人心佛心〉.
11) 위의 《불교근세백년》. 그런데 이 18사찰과 관련하여 위의 《대한불교》 관련 기록에서는 48사찰이라고 전하고 있다. 현재로서는 18사찰과 48사찰 중에서 당시 1차 기록이 부재한 상황이기에 단정하여 말하기는 어렵다. 필자는 《불교근세백년》의 설을 따르기로 하였다. 그는 48 혹은 50사찰은 1954년 6월 20일 제13회 정기 중앙교무회의 전후에서 나온 것으로 이해하였다. 그리고 《불교근세백년》을 집필한 박경훈은 당시 수좌들이 할애를 요청한 사찰은 불과 3사찰이라고 강조하면서 그 같은 정황에서 48사찰이 나올 수는 없다고 주장하였다. 한편 《韓國佛教僧團淨化史》의 p.24에서도 당시 종단에서 독신 수좌들에게 18개 사원을 수행도량으로 돌려주기로 자체 결의하였다고 언급하였다. 추측컨대, 이는 1953년에는 18사찰만 비구측에게 제공하기로 하였으나, 1954년 이승만 대통령의 유시가 발표되자 위기감을 느낀 대처측의 고육지책에서 48~50사찰이 나온 것으로 보인다.
12) 위의 《불교근세백년》.

이 즈음부터 일부 비구승들은 교단을 주도하는 대처승의 제도를 변화시킬 개혁을 고민하였다.[13] 반면 또 다른 비구승은 그 18사찰을 할애받는 것에 큰 기대를 걸고 있었던 것도 사실이다.

이제 그 18사찰만 인계받고, 그 곳에서 수행을 하는 것도 상당한 변화이자 비구들로서는 수행의 거점을 마련한다는 측면에서 의미 있는 조치였다. 그런데 이러한 결정을 한 종단의 주도자들이었던 대처승측에서는 그 이행을 조속히 하지 않고 있었다.[14] 당시 선학원에 주석하였던 鄭金烏는 1953년 5월 당시 태고사의 주지회의 초청법문에 참석하여 게송으로[15] 타락한 사판승을 경계하였다고 하는바, 이는 은연중 그 사찰의 할애 약속을 촉구한 것이라고 하겠다. 한편 선학원에 머무르던 수좌인 문정영·이대월은 그 주지회의에 가서, 사찰 할애 약속을 재차 강조하였다. 그러나 그들은 그 회의장에서 축출당하고, 그 회의에서는 약속의 이행에 대한 가시적인 결론이 전혀 나오지 않았다.[16]

이처럼 통도사·불국사에서의 결정이 정상적으로 이행되지 않자, 송만암은 1953년 仲秋경 재차 그의 입장을 개진하였다. 요약하면, 이전 통도사 교무회의의 결정을 환기시키면서 그 결정으로 '법체가 원만'하였음을 언급하였다. 그리고 송만암은 이판승(비구)과 사판승(대처, 교화승)의 공

---

13) 그들은 이대의, 채벽암, 강석주, 김대월, 김형준 등이다.

14) 그는 비구측에 제공하기로 한 사찰의 주지가 강력히 반발하였음은 쉽게 판단할 수 있는 것이다.

15) 그 게송은 다음과 같다.
전생에 지은 일을 알려면 / 금생에 받는 과보를 볼 것이며 /
내생에 받을 일을 알려면 / 금생에 짓는 일이 바로 그것이다.

16) 〈一九五四年 禪學院代表 鄭金烏師 等이 十八個 寺刹을 修道場으로 引渡할 것을 敎務院側에 要求〉《한국불교승단정화사》 p.24에는 그 사정을 다음과 같이 전하고 있다. "中央敎務院側에서는 祖國光復의 時勢에 눌리고 禪學院을 據點으로 하는 修行僧들의 要求에 屈伏하는 듯, 十八個 寺院을 獨身 首座들의 修行 道場으로 돌려주기로 自體 決議하였다. 그러나 禪學院 祖室 鄭金烏大禪師 等 禪學院 代表들이 敎務院을 訪問하고 十八個 寺刹의 引渡를 要求하자 敎務院側은 이를 拒否했다."

존원칙과 수좌전용 사찰의 할애를 교단운영에 새로운 면목으로 전제하면서도 교단운영의 주체는 '大住持 長老級'이라고 부연하였다. 대주지 장로급의 협조하에 교단을 일신할 수 있는 계기로 보았던 것이다.[17] 1953년 11월에 개최된 12회 정기중앙교무회의 당시 송만암의 유시에서도 역시 계명의 존속을 강조하면서 1953년 교무회의에서의 '결정'을 거듭 언급하였다. 교정이던 송만암이 이러한 유시를 거듭 내린 것은 당시까지 통도사·불국사의 결정이 순조롭게 이행되지 않았음을 말하는 것이고, 곧 그 이행이 간단치 않았음을 역설적으로 말해 주는 것이다.

한편 기존 교단 집행부 및 기득권적인 주지들의 제반 조처를 확인한 비구승들은 이제 선학원에서 교단을 정화해야 하겠다는 의지를 불태우기에 이른다. 이에 대한 이대의의 회고는 다음과 같다.

> 이리하여 자못 幻滅을 느낀 比丘側에서는 곧 각처로 편지들을 띄웠다. 東山·曉峰·靑潭 等 당대의 지도자들을 규합, 어떻게 해서든지 일을 꼭 관철시켜 보고자 함에서였다.[18]

마침내 1953년 가을, 선학원에서 전국의 수좌가 모임을 갖고 교단 정비 및 대처승 축출 등에 대하여 광범위한 논의를 하였다.[19] 그러나 그 모임에서는 뚜렷한 방향과 대책을 수립하지는 못하였다. 이는 교단을 장악하고 있는 대처승들의 현실적인 위력뿐만 아니라 정화와 반정화로 구분될 때의 승려 숫자를 비구승 200여 명과 대처승 7,000여 명으로 이해함에서 나온 현실적인 열세·대응의식에 대한 판단이었다. 당시 그 모임을 주도한 승려는 이효봉, 정금오, 하동산이었으며 이청담은 중도에 합류하였다고 한

---

17) 〈새로운 面目〉《曼庵文集》pp.219~220.
18) 위의 〈人心佛心〉.
19) 당시 선학원에 올라온 수좌의 숫자는 정확히 파악하지 못했다. 단, 박경훈은 《근세불교백년》에서 200여 명이었으며, 그 모임을 1차 수좌대회라고 지칭하였다. 그러나 당시 전국의 청정 비구승을 보통 200~300여 명이라 하였던 저간의 사정을 고려하면 박경훈의 주장은 선학원에 올라온 대상의 숫자라기보다는 일반적인 비구의 숫자를 말하는 것으로 보인다.

다. 그해 동안거의 결제일이 다가오자 선학원에 있었던 수좌들은 전국으로 흩어지게 되었다. 따라서 교단을 자체적으로 정화하겠다는 비구승들의 구체적인 행동은 별도의 기회를 기다릴 수밖에 되었다.

1954년 5월, 이승만의 담화로 다시 교단정화를 기하겠다는 비구측의 움직임이 본격화되기 이전은 '소강'[20] 혹은 '별다른 진전을 보지 못한' 것이었다고[21] 말할 수도 있다. 그러나 외형적으로는 그러하였지만, 비구승들의 울분·분노·좌절 등으로 어우러진 심리는 어떠한 계기만 오면 一觸卽發할 수 있는 상황이었다고 보고자 한다. 이 같은 정황은 이제껏 불교정화를 단순히 이승만의 담화라는 외부적인 요인만 지나치게 강조한 인식의 전환을 기할 수 있다.

3. 대회 경과와 개요

1) 대회 직전 동향

교단이 자체적으로 정화하겠다는 노력은 소기의 성과를 맺지 못하였지만 비구승 자체적으로 이를 문제로 제기하였음은 일정한 의미를 갖는다. 당시 비구승들이 제기한 문제는 선 전통의 회복을 통한 교단정비였는데, 비구승 전용의 사찰 할애로 구체화되었다. 이는 불교교리 및 한국 전통불법을 계승한 부류는 비구승들이라는 인식에서 비롯된 것이다. 요컨대 비구승들이 기존 사찰에서 정상적으로 수행을 하는 것을 교단정비의 첩경으로 인식하였다. 그런데 최소한의 요구가 교단 내부에서 수용되지 않았다.

이제 비구승들은 보다 근원적인 문제 해결을 검토하기 시작하였다. 곧 대처승과의 일대 대결을 의미하는 것이다. 이에 그들은 1953년 가을경 우선 선학원에서 모임을 갖고 문제 해결을 위한 사항들을 검토하였다. 그러나 동안거에 즈음하여 전국으로 흩어진 비구승들은 또 다른 기회를 기다

---

20) 〈韓國佛敎淨化 20年 어제와 오늘〉《대한불교》 1975.1.5 이종익의 발언 참조.
21) 위의 〈佛敎史에 새 程標 -淨化始末-〉.

리며 절치부심 때만 기다렸다고 이해된다.

이러한 차제에 1954년 5월 20일 당시 이승만 대통령의 사찰정화에 관련된 제1차 '담화'가 있었다. 대처승들은 사찰 밖으로 나가라는 이승만의 담화는 절치부심하며 때만 기다리고 있었던 비구승들에게는 절호의 기회로 받아들이기에 충분하였다.

한편 이승만의 담화에 접한 대처측은 사태가 심상치 않음을 간파하고 1954년 6월 20일의 제13회 정기 중앙교무회의에서 그 대응조처를 하였다.[22] 통도사·불국사에서 결정한 내용과 송만암 교정의 유시를 구체적으로 실행하는 것이었는데,[23] 종헌의 개정으로 귀결되었다. 주요 내용을 보면 기존 대한불교를 稱宗하여 曹溪宗으로, 교헌을 종헌으로 개정하면서 이판승과 사판승의 이원적인 제도의 도입이다.[24] 그리고 비구승과 논란이 되었던 비구승 전용 사찰 할애의 문제도 결정하였다. 요컨대 18개 사찰 할애의 문제였는데 그 교무회에서는 오히려 비구승 전용 사찰을 48개로 결정하였다.[25] 이렇듯이 18개 사찰에서 48개 사찰로 변경된 이유는 무엇인가? 이는 단언할 수는 없지만 변화된 현실에서도 교권을 유지하려는 대처

---

22) 이 교무회의 이전 대한불교 중앙총무원 법규위원회는 불국사에서 회의를 개최하여 개정될 종헌의 초안을 심의하였다. 〈獨身, 一般僧侶間 對立 敎憲改正을 둘러싸고〉《동아일보》 1954.6.17.

23) 그런데 송만암은 그 중앙교무회의 개최에 즈음하여 宣示를 내렸는데, 그 내용에는 교헌 개정안의 내용이 포함되었다. 그 내용의 요지는 교헌 개정안의 통과, 중앙기관의 재정확립, 敎風淨化, 四部의 團結이다.《蔓庵文集》 pp.224~226.

24) 〈曹溪宗 宗憲〉《정화분쟁자료》 pp.130~145참조. 이 종헌은 6월 20일 개정과 동시에 제정 통과를 시켰다. 승단의 이원화와 관련해서는 四部衆 조항에서 "修行團과 敎化團의 二種으로 한다"고 하였다.

25) 48 사찰이 아니라 50사찰이었으며, 그 이외에도 삼보사찰(해인사, 통도사 송광사)을 비구승의 수도장으로 양보하였다는 신문 보도기사도 있다. 현재로서는 어떤 기록이 정확한 지는 알 수 없다. 〈佛敎界의 분규 문제 全貌〉《동아일보》 1955.1.26 참조. 당시 회의에서는 대처승의 처자를 사찰 밖으로 옮기기로 하였다고 한다. 〈波狀의 僧房悲曲〉《경향신문》 1955.8.17 참조. 다만 정화으로 보아 48사찰이 맞지만 그를 50여 개 사찰이라고 하다, 막연히 50사찰로 지칭된 것이 아닌가 한다.

측의 곤혹스러운 자구책으로 보여진다.

그러면 이승만의 담화가 발표된 직후부터 그 교무회의 전후까지의 비구승의 움직임을 살펴보자. 비구승들은 이승만의 담화를 불교정화의 기회로 활용하려고 기민한 노력을 기울였다.[26] 현재 이에 대해서는 직접적인 자료가 거의 없고 당시 그에 관련된 당사자도 생존하지 않으므로 그 정황을 파악하기는 대단히 어렵다. 따라서 활용할 수 있는 자료를 총동원하여 당시 정황의 재구성을 시도하겠다.

가장 먼저 이승만의 담화에 기민한 대응을 한 인물은 선학원 승려였던 李大義였다. 그는 해방공간시에도 교단혁신단체의 일원이었던 朝鮮佛敎革新會의[27] 지도위원이었기에 불교정화에 대한 관심이 남달랐었다고 보인다.[28] 이대의는 이승만 담화에 접하자 이전 조선불교혁신회를 주도하였던 이종익과 불교정화에 대한 기본 방향을 상의하면서 공동 대처할 것을 합의하였다. 이대의와 이종익은 그후 선학원의 승려 文靜影·金龍潭·姜昔珠와 재가불자인 李在烈 등을 만나 동의를 얻었다.[29]

그 이후 선학원의 비구승들은[30] 교무회의에서 나올 대처측의 결정에 모

---

26) 이종익이 불교정화운동을 정리한 바에 의하면, 이대의는 이승만의 담화가 있자 이법운(이종익), 이재열, 문정영, 강석주, 채벽암을 만나 정화운동을 발기하였다고 한다. 당시 이법운은 이대의에게 정화의 원칙에는 찬성하나 대처승들의 승권을 박탈하여 내쫓는 것은 불가능하다는 의견을 피력하였다고 한다. 〈한국불교 風雨半世紀〉 6 《주간종교》 1979.8.1.

27) 조선불교혁신회에 대한 전모와 성격은 졸고, 〈8·15 해방과 佛敎界의 動向〉 《佛敎史硏究》 創刊號, pp.151~156(1996)의 내용을 참고할 것.

28) 이종익, 〈불교계의 혁신·재가운동〉 《법륜》 1989.8.

29) 이종익은 당시 정황을 "5~6명의 동지가 생기자 본인과 불화거사(이재열 ; 필자 주)는 그전에 조계종명을 써 왔지만 종조, 종지, 종통이 제대로 되지 않았으니 그런 근본문제부터 바로 잡자는 주장을 하였다"고 회고하였다. 위의 《법륜》과 같음.

30) 민도광은 당시 선학원에 있던 승려로는 鄭金烏, 金寂音, 李大義, 金永泉, 蔡東日, 宋常根, 蘇九山, 金照明, 金智營, 河智善, 奇乳潭 등이었다고 회고하였다. 《韓國佛敎僧團淨化史》 pp.38~39(1995, 민도광 ; 이하 정화사라 약칭함). 민도광은 기유담이 중앙선학원의 원장이었다고 회고하였는데, 이는 확인하기는 어렵다.

든 촉각을 기울였으며 그들 중 일부는 그 교무회의를 참관하였다. 당시 그 참관인의[31] 일원이었던 민도광의 회고에서 당시 사정을 파악할 수 있다.

傍聽해 나가는 中 三寶寺刹을 首座님들에게 割與하여 工夫하도록 하자는 論議가 되다가 否決되고 來日로 넘기는 議事 進行을 듣고 우리들은 退場하여 禪學院으로 돌아갔다. 그 翌日인 二十一日 또 傍聽하였더니 會議가 進行中이었다. 이제 傍聽했던 우리 一行은 모두 참석했다. 會議進行中 어제 論議했던 三寶寺刹에 관한 案件은 翻意되어 桐華寺·直旨寺 等等의 貧寒한 寺刹 四十八個 寺를 首座들에게 割與한다는 論議를 듣고 있던 중[32]

이 회고에서 가장 주목되는 내용은 수좌들에게 할여한다는 대상 사찰로 거론된 三寶寺刹과 삼보사찰의 안건이 번의되어 48개 사찰을 할여한다는 논의이다. 또 여기에서 먼저 살필 문제는 이 삼보사찰의 문제가 언제 처음으로 논의의 대상이 되었는가 하는 것이다. 요컨대 이전 이대의의 건의와 통도사·불국사에서의 논란에서도 포함되고 검토된 것이었는가 하는 것이다. 그러나 이에 대해서는 확실한 자료적인 뒷받침이 없다.[33] 그리고 어떤 연유로 삼보사찰 안건이 번의되어 48사찰로 전환된 것일까? 이 사항도 추측하건대 역사성 있는 삼보사찰은 대처측의 관할 범위에 두고, 이승만 담화라는 현실을 고려하여 더욱 많은 사찰을 양보하였다는 명분을 축적하기 위한 것으로 볼 수 있다.

당시 그 교무회의에 참관하였던 선학원 비구승들은 회의가 위와 같이 전개되자 방청석에서 그 조처에 대하여 강력히 항의하다 중도에 퇴장하였다.

선학원의 비구승들은 이 교무회의 직후부터 보다 구체적인 불교정화를 추진하기 위한 활동을 가동시켰다. 1954년 6월 21일, 불교정화를 추진하기 위한 조직체를 선학원에서 발족시켰다. 이 사정은 아래의 기록에 나온다.

---

31) 참관인은 승려로서 소구산, 이대의, 김조명, 송상근, 채동일, 민도광, 김지영, 하지선 등이며 居士로는 金漢千, 玄悟이다.

32) 《정화사》 p.39.

33) 이와 관련하여 정금오의 시자였던 박경훈은 당시 비구승이 요구한 사찰이 3개 사찰이었다고 필자에게 회고하였다.

六月 二十日 太古寺에서 帶妻僧 敎務院 議員會에서 宗憲이 通過됨을 보고 韓國 佛敎 淨化必要性을 感하야 同年 六月 二十一日 安國洞 禪學院에서 佛敎淨化運動을 發起함 發起委員長 鄭金烏 副委員長 金寂音 外 委員 什數名[34]

선학원은 불교정화운동을 발기하기 위한 조직체를 만들었으며, 그 대표는 정금오와 김적음이었고 동참자는 '什數名', 즉 수십여 명이었다는[35] 것이다. 여기에서 유의할 것은 그 발기의 명분을 교무회에서의 종헌 통과에서 찾았다는 것이다. 그런데 개정된 내용에서 가장 중요한 것은 종단 구성원을 이판승과 사판승으로 이원화한 점이다. 이는 이전보다 비구승의 권한을 대폭 증대시킨 것이었지만 일면으로는 대처승의 기득권을 존립시키려는 의지가 깔려 있었다.

그러나 당시 비구승은 종헌개정에 만족하지 않았으며, 오히려 불만을 가졌다는 것이 문제의 초점이다. 이는 비구승들이 교무회의가 종료된 즉시 정화운동을 발기한 것은 그 종헌에서 규정한 내용에 대한 강한 부정이었음을 단적으로 말한다. 즉 비구승들은 대처승 축출의 의도를 갖고 있었던 터에 대처승의 존속을 종헌에 명문화시킨 것이 강한 반발의 요인으로 작용하였을 것이다. 달리 말하자면 비구승은 종단에서 대처승의 부정이라는 방향이 이미 확고하였던 것으로 볼 수 있다. 또한 종헌의 부정을 통한 불교정화의 가시화는 비구승 전용의 48사찰 인수 차원을 벗어난 것이다.

이렇듯이 불교정화운동을 발기한 비구승들은 곧 실행 조직체를 결성하였는데, 1954년 6월 24일에 출범한 佛敎敎團淨化對策委員會였다. 그 사정을 구체적으로 전하는 아래의 글을 살펴보겠다.

---

34) 〈比丘僧團發足略史〉《韓國近現代佛敎資料全集 68, 佛敎淨化紛爭資料》p.421.
    (1996, 민족사 : 이하 정화분쟁자료라 약칭함)
35) 이 '什數名'을 수십 명으로 보고자 한다. 그러나 이를 십여 명으로도 볼 수 있지만, 이종익이 위의 《법륜》에서 '선학원에 모인 스님 수십 명'이라고 표현한 것에 의하여 수십여 명으로 보았다.

　全國 比丘僧은 帶妻僧들로부터 言必稱 빨갱이 謀略으로 無慘한 犧牲을 當해 오는 터이므로 '서리'를 맞고 再起할 機會만 期待리던 中에 四二八七年 五月 二日 李大統領의 諭示로서 帶妻僧은 寺刹로부터 退去하고 韓國 固有의 僧風을 獨身僧이 맡아 보라는 要旨를 發表하자 此에 呼應해서 四二八七年 六月 二十四日 서울 安國洞 禪學院에서 元老 比丘僧 多數 參席하여 佛敎敎團淨化對策委員會를 構成하다.[36]

이 위원회에 참가한 원로 비구승의 구체적인 인명은 현재 확인하지 못하였다.[37] 그러나 정화운동을 발기한 직후 즉시 佛敎敎團淨化對策委員會를 결성하였다는 것은 비구승의 기민한 대응의식, 그리고 정화를 기하려는 적극적인 자세가 파악된다. 한편 이 자료에서 유의할 것은 불교정화의 태동을 분명히 이승만 대통령의 담화에 호응하였다는 점을 밝힌 것이다. 이제 우리는 여기에서 정화의 계기가 종헌의 개정과 이승만의 담화임을 찾을 수 있다.

　교단정화대책위원회를 결성한 이후 비구승들은 정화의 방향을 수립·검토하였다. 그 결과 비구승들은 승려대회를 개최하고, 그 대회에서 정화의 구체적인 방향과 실천 방안을 강구하는 노선을 채택하기에 이른다. 그 사정은 선학원에서 그 움직임을 직접 목격하고 그 일에 참여한 민도광의 회고에 잘 나와 있다.

　이로부터 우리 首座들은 全國 比丘僧·尼 大會를 召集하여 그 席上에서 公決하고 相對方 中央 總務院과 對話하여 宗團을 바로 잡고 傳統 佛敎를 세워 佛祖의 慧命을 이어 나아가자는 데 異口同聲으로 協力合心하여, 全國 比丘僧·尼들에게 急遽 通文을 돌리고 首座들이 직접 往訪도 하여 이 뜻을 전한바, 全國 僧·尼들이

---

36) 〈韓國佛敎淨化鬪爭大綱〉《정화분쟁자료》p.269. 인용 내용 중에서 이승만의 담화 일자를 54년 5월 2일로 전하는데 이는 5월 20일의 오기로 보인다.

37) 《정화사》pp.24~25에서는 그를 정금오 주재하에 개최된 僧團淨化擴大對策會議로 표현하였다. 그리고 그 회의에서 정화대책위원회를 구성되었으며 참가한 인물은 80어 명의 수행비구승 대표였다고 하였으나, 이는 1954년 8월 24~5일의 승려대표자대회의 내용을 말한다. 요컨대 6월 24일의 불교교단정화대책위원회와 8월 24~5일의 정화추진대책위원회는 전연 별개이다.

속속 禪學院으로 雲集되어 그 數가 近於百名이었다.[38]

즉 '전국비구승니대회'를 개최하고 그 대회에서 결의한 내용을 갖고 기존 종단인 총무원과 대화로써 문제를 풀어가자는 것이다.[39] 문제를 풀어가는 방향은 전통불교 수립을 통한 종단의 재건이었다. 이 방향을 전국의 비구승 계열의 僧尼에게 전달하기 시작하였다. 이러한 제반 노력이 전국비구승대표자대회의 개최배경이다.

비구승측은 1954년 7월 3일부로 전국 수좌 실태를 요청하는 공문을 각 선원에 발송하였다.[40] 8월 1일에는 전국 수좌 대표자대회를 개최한다는 내용을 역시 전국 선원에 통지하였다.[41]

2) 대회의 개최

1954년 8월 24일 오전 9시부터 8월 25일 오후 5시까지, 대회는 연 2일간 선학원에서 개최되었다.[42] 대회는 鳴鐘이 있은 후 개회선언, 삼귀의례, 국기 배례, 순국선렬에 대한 묵념이 이어졌다. 이어서 河東山의 개회사가 있었다. 하동산은 개회사에서 교단은 四部衆으로 건립되었음을 천명하면서 본 대회의 개최 취지는 교단의 정리라는 전제를 개진하였다. 그는 교단은 '賓主', 즉 대처승과 비구승의 '顚倒'가 있어 이를 바로 잡는 것이 교

---

38) 《정화사》 p.40.

39) 승려대회를 통해 정화의 방향을 풀어 가려는 의식은 1929년 조선불교선교양종 승려대회에서 제정한 종헌과 거기에서 비롯된 중앙교무원의 선례에 대한 인식에서 나온 것이다. 이는 《정화사》 p.24의 관련 내용 참조. 1929년 승려대회의 개요 및 성격은 졸고, 〈朝鮮佛敎禪敎兩宗 僧侶大會의 개최와 성격〉《한국근현대사연구》(1995) 3을 참고할 것.

40) 위의 〈比丘僧團發足略史〉. 이 공문이 정화 당시에 선학원이 발송한 공문 제1호이다.

41) 위와 같음. 그런데 이 통지시에도 공문을 활용하였는지, 아니면 인편만을 활용하였는지 단언키 어렵다. 두 방법을 모두 썼을 가능성이 높다. 그 공문은 대회 준비위원인 이효봉, 하동산, 김적음의 인명으로 발송되었다.

42) 〈全國比丘僧代表者大會錄〉《정화분쟁자료》 pp.341~357(이하 대회록으로 약칭함).

단 정리이며 '大統領 指示'에 의해서 寺利의 淨化가 언급된 것은 불교계로서는 부끄러운 일이지만, 이승만에 대해서는 감사의 마음을 피력하였다. 한편 하동산은 대회가 개최되기 이전의 동향을 다음과 같이 이해하였다.

> 過去 몇 번이나 各 地方에서 僧侶會合이 있었다 하나, 우리 比丘僧의 意思와 佛法 大意에는 正反對되는 일을 하고 있는데 아즉까지 한 번도 會合이 없었으니 어찌 今般 이러한 比丘僧大會가 없으리요. 그 顚倒된 敎團을 바로 잡아 우으로 佛祖의 累를 씨서 버리고, 아래로 后來의게 깨끗한 血脈을 傳하여 佛祖의 慧命을 이여서[43]

그간 지방의 승려 회합은 비구승과 불법의 의사에 정반대의 결과를 초래하였지만 비구승의 대회는 전혀 없었다고 보았다. 여기에서 말하는 지방 회합은 통도사·불국사에서 있었던 문제의 모임을 말하는 것으로 보인다. 이처럼 하동산이 통도사·불국사회의를 비판적으로 언급한 것은 실질적인 결실이 없었던 것, 그리고 대처승이 비구승의 문제를 주관하고 있다는 현실을 개탄한 것에서 나온 것으로 생각된다. 이에 대회에서는 그 전도된 교단을 정립시키는 것이 근본 목적임을 강력하게 제시하였던 것이다.

그 직후 내빈으로 참석한 李佛化(이재열)가 불교정화를 기할 수 있는 천재일우의 기회라는 요지의 축사를 하였다. 이어서 전형위원 5인을 호선하여 의장을 선출하였다. 전형위원은 文一照, 蔡東日, 崔月山, 鄭金烏, 尹月下였으며 이들은 선학원 비구였던 奇乳潭을 의장에 선출하였다. 의장은 인사말을 통하여 교단정화의 '時節因緣은 이미 圓熟'하였다고 언급하면서 본 대회에서 소기의 성과를 맺고 승단의 재건을 기할 수 있도록 하자고 주장하였다. 의장인 기유담은 書記와 査察을[44] 선정하였으며,[45] 피선된 서기인 閔道光은 대회 참가자를 點名하였다. 그 결과 참가자는 61명으로 파악되었다.[46]

---

43) 위의 자료, p.343.
44) 사찰에 피선된 인물은 金知榮, 金智曉, 洪法이다.
45) 이는 의장인 기유담이 제의였는데, 이는 김지효의 동의와 이법웅의 재청으로 가결되었다.

그 다음에는 대회의 사찰인 李法弘이 이승만의 담화를 낭독하였다. 그 담화는 문교부장관과 중앙총무원장에게 전달되었다고 한다. 담화 낭독 직후 이승만 대통령에게 감사문을 올리자는 金智榮의 제안이 만장일치로 가결되었다. 이에 그 감사문 작성위원을 구두로 호선하여 위촉하자는 金智曉의 제안이 역시 만장일치로 가결되었으며, 작성위원 3인이 선출되었다.[47]

그 후에는 구체적인 문제를 토의하였다. 그 첫번째 대상 주제는 敎團整理의 건이었다. 먼저 이 주제는 본 대회의 가장 중요한 주제임을 환기시키면서 충분히 토의할 것을 요망한 의장의 발언이 있었다. 이에 대하여 文一照는 일제하 이래 비합법적인 승단의 출현을 당시 교단 混亂의 근본

---

46) 대회 참가자의 대상 승려는 다음과 같다. 승려 이름과 그 소속 사찰은 회의록에 있는 것을 그대로 옮겼는데, 이는 속성이 파악된 대상도 있지만 그렇지 못한 경우도 있기 때문이다.

金烏(水原 八達庵), 麟谷(陜川 海印寺), 慈雲(梁山 通度寺), 乳潭(서울 禪學院), 法雄(聞慶 鳳岩寺), 大徽(金海 尋龜庵), 本空(서울 三聖庵), 梵龍(禮山 定慧寺), 春成(楊州 望月寺), 香峰(江陵 白雲寺), 秋潭(서울 寂照庵), 大義(서울 禪學院), 重玄(서울 三聖庵), 晴昊(서울 大覺寺), 會岩(서울 大覺寺), 東軒(釜山 金井寺), 一照(烏山 聖住寺), 月下(梁山 通度寺), 鞭光(楊州 望月寺), 法弘(釜山 金水寺), 淳浩(固城 文殊庵), 金寂音(서울 禪學院), 大興(羅州 多寶寺), 知興(東來 梵魚寺), 洪法(釜山 仙岩寺), 月山(寧月 法興寺), 香谷(釜山 仙岩寺), 九山(統營 未來寺), 智榮(大邱 觀音寺), 大悟(楊州 望月寺), 韶簫(서울 禪學院), 道光(서울 禪學院), 惠庵(서울 禪學院), 圓光(大邱 圓覺寺), 守本(부산 仙岩寺), 智曉(多寶寺), 智圓(南原 實相寺), 梵香(水原 八達寺), 靈山(陜川 海印寺), 瀞影(서울 禪學院), 法眞(서울 禪學院), 月庵(서울 大覺寺), 昔珠(서울 太古寺), 殊慧(潭陽 普光寺), 聖葉(楊州 望月寺), 福來(公州 新元寺), 慧喆(高陽 僧伽寺), 明守(東來 梵魚寺), 法宗(陜川 海印寺), 慧源(?), 東日(서울 禪學院), 晴空(서울 禪學院), 龍峰(陜川 海印寺), 圓明(陜川 海印寺), 雲水(論山 連山面) 性慧(普光寺), 五雲(五台山 上院寺), 慧眞(晉州 蓮花寺), 德遠(서울 太古寺), 雲海(晉州 叢林禪院), 京保(서울 安養庵)

지금껏 대회에 참가한 승려는 64~65명으로 전해져 왔는데, 이 연유는 알 수 없다. 위의 〈비구승단발족사〉에서는 참가자를 65명으로 서술하였다. 혹시 축사를 한 이재열과 같이 그 대회에 참석한 재가 거사들을 포함하여 64~5명으로 지칭하였을 가능성도 있다.

47) 그 대상자는 김향봉, 이효봉, 이순호이다.

요인으로 전제하면서, 이제부터는 비구승단이 교단을 주도해야 한다고 그 방향을 언급하였다. 그리고 토의된 논란의 초점은 기존 총무원과의 타협을 개진한 온건 노선과 타협은 절대불가하다는 입장에서 비구승 주도의 교단을 재건하자는 강경노선으로 이원화되었다. 이 중 전자의 입장을 밝힌 비구는 이법홍이다. 그 의견은 다음과 같다.

> 總務院에서는 우리 修道僧과 安協하야 寺務機關까지라도 移讓하여줄 用意가 있다 하니 事前에 安協하여 보고 또 敎務大會에서 決定된 修道僧 寺刹을 引受하면 叢林 或은 修行道場을 만들고 次次 成就해 보는 것이 조흘 것임니다.[48]

이 의견은 기존 총무원과 타협하자는 요지인데, 교무대회에서 비구승 전용 사찰로 지정한 사찰을 인수하여 총림, 수행도량으로 만들면서 소기의 목적을 성취하자는 점진적인 노선을 제시한 것이다.

그러나 이 의견은 이른바 강경노선에 의해 큰 힘을 발휘하지 못하였다. 강경노선을 선도한 비구는 의장인 기유담이다. 그의 발언은 다음과 같다.

> 그것도 좋으나 修行僧團 또는 敎化僧團이라고 말하나 到底히 有妻한 者는 敎化僧團도 될 수 없습니다. 但 敎化團은 될 수 있읍니다.[49]

이는 기존 총무원이 1954년 6월 20일의 교무대회에서 교단을 수행승단과 교화승단으로 이원화시킨 요지의 종헌제정을 근본적으로 부정·배척하는 입장의 개진인 것이다. 여기에서 명백히 나타난 것은 대처자는 절대로 승려로 인정할 수 없다는 것이다. 이 같은 입장에 동의한 하동산은 '賓主'가 전도된 것을 바로 잡아야 한다는 비유적인 표현으로 의장의 의견에 동조하였다. 그 직후 의견을 개진한 문정영의 주장은 그 당시 비구들의 심정을 단적으로 전해 주고 있다.

> 우리는 이미 過去로부터 安協的으로 거러 오지 안엇습니까. 敎務大會에서도

---

48) 〈대회록〉 p.347. 李法弘의 〈桑門歷程〉《불교계》(1967. 7) 2 참조.
49) 위와 같음.

三寶寺刹이나 五個 寺刹을 叢林으로 만들자고 했스나 그 中 한 寺刹도 讓步하지 않는데 中央機關 移讓 云云은 絶對로 믿을 수 없습니다.[50]

비구측은 이전부터 종단 주도측과 타협을 하였으나 그 결과는 결코 만족스러운 것이 아니었다는 것이다. 이에 비구측에게 제공키로 결정하였던 사찰 중에서 1개 사찰도 이양되지 않았음을 그 실례로 들었다. 따라서 종단을 주도한 대처측이 언급한 것으로 보이는 중앙기관의 이양은 절대 신뢰할 수 없다는 것이다.

이 같은 강경한 입장에 대하여 온건한 타협 노선을 주장한 이법홍은 이전 통도사와 불국사회의 때 수좌대표가 참석하지 않았음을 그 원인으로 이해하였다. 이법홍은 이런 이유는 차치하고 합법적으로 하자는 입장을 강조하였다. 그러나 그의 온건 노선은 비구승들의 총무원 집행부에 대한 불신으로 수용되지 못하였다.[51]

이같이 교단정리에 대한 의견이 온건노선과 강경노선으로 팽팽하게 맞서자, 불교정화 추진의 핵심인물이었던 이순호가 이를 정리하였다. 이순호(이청담)의 입장은 비구승은 집도 절도 없고, 또 있을 필요도 없지만 비구승단이 마땅히 출현해야 할 사회적 당위성을 우선 강조하였다. 그리고 비구승이 자각한 전제하에서 비구승이 시급히 시행해야 할 '自肅 條件'을 다음과 같이 개진하였다.

- 比丘, 比丘尼가 同居한 것은 正法에 最大의 罪惡이니 違反時는 敎團에서 逐出할 것.
- 家庭 未整理者는 早速한 期日內로 整理할 것(離婚 永別).
- 僧籍簿를 새로 作成할 것.
- 師僧이 退俗(帶妻)한 首座는 師僧을 更定할 것.[52]

이는 이청담이 구상한 정화의 기본 방향을 요약·대변해 주는 것이다.

---

50) 위와 같음.
51) 이법웅은 그 온건 노선에 대하여 '또 한 번 속을 것'이라는 입장으로 이해하였다.
52) 위의 자료, p.348.

비구와 비구니 동거 금지, 대처자의 가정과 단절, 승적부 작성, 사승의 更定은 당시 불교계의 문제점을 은연중 말해 준다.

이 같은 이청담의 의견에 대해 하동산은 三學을 닦고, 自覺覺他로 정진하여 교단을 정리하자고 화답하였다. 그 직후 이동헌은 교단정리에 대한 요지를 일반에게 알려 줄 수 있는 선서문을 공표하자고 제안하였다. 이 안은 만장일치로 채택되었다. 그 안이 채택된 직후 대처승과는 절대 동거할 수 없다,[53] 교단정리는 일심단결하여 적극적으로 실천에 옮겨야 한다는 의견이[54] 개진되기도 하였다.

그런데 교단정리에 대한 선서문은 이대의가 사전에 선서문과 유사한 성명서를 '抄案'해 왔기에 이를 검토하여 채택하는 것이 논의되었다. 이에 그 성명서를 낭독한 결과 참가 대중들은 그 성명서를 선서문으로 수용하기로 만장일치로 결정하였다. 그 선서문은 당시 비구수좌들의 현실인식과 정화의 방향을 가늠할 내용이 담겨 있다고 이해된다. 그 전문을 소개하겠다.

世界는 이제 混亂의 極에 이르러 바야흐로 그 歸結處를 志向하고 擧世的 轉身을 試圖하고 있다. 群像이 參差하고 往還이 無常한 顯界의 幻戱는 忽然 有生한 太初부터 이미 宿命을 內包하였던 것이다.

元來 寂靜無爲한 大道의 實妙는 古今을 貫하여 住移가 없으매 混亂이 混亂이 안니며 無常이 無常이 아니라 圓融한 大調和에 增減이 있슬가보냐. 그러나 一段 나타나면 幻實은 姑捨하고 差別이 整然하여 整然은 整然이요 混亂은 混亂이라. 混亂에 시달린 者가 整頓을 希願함은 法華輪轉하는 理法의 常軌다. 그럼으로 理法은 不變이나 現象은 流轉하여 暫留을 不許하고 榮枯興替가 無常하나니 여기가 人生의 功績이 隱現하는 道場이다.

往昔에 世尊께서 이 法을 깨치시고 如實히 修行햇고 法侶가 이 法을 遵守하여 敎勢가 隆盛터니 曠劫邇來形端 없는 곳에 形端을 幻出식혀 거기에 迷執하는 習性에 끄달리는 人生은 不知不識間에 이 法을 忘却하고 見賊爲子의 忘認을 犯하였던 것이다.

그러나 理法은 不滅하고 聖訓은 歷歷하여 如實修行 等의 慧命이 繼承되고 設使 風馳雲捲에 隱現은 그 度가 있었을지언정 嚴然히 法脉은 그 存在가 뚜렷

---

53) 이 주장을 제기한 승려는 文一照이다.
54) 이 주장은 李大義가 하였다.

하여 法界海藏을 莊嚴하고 있었다. 우리 民族도 聖人을 여읜지 時代가 遙隔하고 文化는 迷執에 눌린지 오래되어 밖으로는 外敵의 鐵蹄에 蹂躪되고 안으로는 美風良俗이 그 傳統을 잃게 되매 人生本願에 움지기어 眞理를 探求하려는 者가 있다해도 或者는 迷信에 彷徨하고 虛假에 沈惑하여 蒸沙作飯의 愚蒙을 깨지 못하고 있으니 엇지 慟嘆할 바가 아니리요. 이제 우리 民族은 邦家光復의 十年을 맞이했고 世界人類는 歷代 思潮의 總決算을 마감하는 氣運이 漲溢하는 現今을 맞이한 우리 法侶는 時節 因緣이 바야흐로 佛日再輝하고 法海가 更淸되도록 圓熟함을 覺悟하고 深山幽谷에서 三學에 把定하던 境界에 선 廣度衆生의 二利의 本願을 實踐할 放行의 境界로 下山을 企圖하여 안으로는 우리 敎團淨化運動으로 民族의 燈台가 됨과 同時에 밖으로는 混亂의 極에서 彷徨하는 世界 人類에 警鐸이 될 것을 中外에 聲明한다.

우리는 先聖의 遺訓을 如實奉行하여 人類의 疑心을 打破하고 實證을 보일 것이며 虛威妄執한 大衆의 標月指가 되여 誓願을 實現식힐 것을 宣言하는 바이다.

檀紀 四二八七年 八月 二十五日

全國比丘僧代表者大會 一同[55]

이 선언문을 채택한 비구승들은 성명서 발표방법은 각 언론계를 통해서 공포하되, 수정할 필요성이 있다는 판단하에 그 실행은 추진위원에게 위임하였다.[56]

그 다음으로 논의한 내용은 僧尼 敎養의 건이다. 이 내용에 대하여 의장인 기유담은 교단을 좌우할 문제라고 강조하며 충분히 토의해달라는 발언을 하였다. 이에 대해서는 다양한 의견이 제기되었다. 완전한 선원·강원·총림이 설치되어야 한다, 佛祖의 말씀대로 실행하면 완전한 교양이 된다, 현재의 교단은 賓主가 顚倒된 현상이니 이 문제를 시정해야 된다,

---

55) 위의 자료, pp.356~357. 이 선언서가 25일로 기재된 것은 24일에 이를 채택하기로 결정하였지만 그 검토를 마친 25일에 정식 채택한 것에서 나온 것이다.

56) 이 안은 이순호가 제안하였는데, 여기에서 말하는 추진위원의 대상은 전하지 않는다. 이 선언서는 〈全國佛敎徒에게 드리는 宣言文〉이라는 제목으로 《조선일보》 1954년 9월 3, 5, 6일에 게재되어 있다. 조선일보의 선언문과 대회에서 결정된 선언문을 필자가 대조한 결과 문장은 수정한 것이 전혀 없고, 다만 문법적으로 약간의 수정을 한 것으로 보인다.

三界導師가 될 수 있는 發心法과 見性成佛하는 법을 배워야 한다, 비구니 교양을 위해 10년 간 득도시키지 말아야 한다, 불교는 견성성불의 방법과 완전한 팔만대장경이 있지만 대처승이 교단을 장악한 현실에서의 교양 문제는 비구승단이 교단을 영도할 때 개선될 것이라는 것이 그것이다.

이에 대해서는 다음과 같은 토의가 있었다. 강원과 선원의 구분을 확실히 해야 한다, 강원과 선원을 混雜시키면 곤란하고 오히려 강원과 선원의 손실이 있을 것이다, 비구와 비구니는 그 分限에 의하여 我相을 버려야 한다, 각지에 불교 중·고등·대학을 설립하여 전문적으로 승려를 양성해야 한다, 불조의 근본교리에 의거한 究竟法을 전통으로 삼을 것을 강조하면서 外學에 의존해서는 안 된다는 의견 등이 속출하였다.

이 같은 내용이 제기되는 가운데 승려 교양에 대비한 구체적인 방안이 대두되었다. 그 구체적 방안이라 함은 비구승 문일조가 제시한 聖住寺에 佛敎專門宗立大學의 설립이다.[57] 그러나 하동산은 이 계획이 중요한 문제지만 당면한 문제부터 토의하는 것이 타당하고 그 문제는 이후 종헌제정 시에 구체적으로 토의하자는 대안을 제시하였다. 이순호는 완전한 인재양성은 완전한 교육기관과 교수진이 있어야 가능하다는 입장을 개진하면서, 萬年大計를 세우고 대처하자는 입장을 피력하였다. 이 같은 토의로써 대회의 첫날은 종료되었다.

1954년 8월 25일 오전 9시, 대회가 續會되었다. 대중 전원이 운집하였기에 대회를 속회한다는 의장의 발언이 먼저 있었다. 2일째 대회에서 우선적으로 논의한 사항은 宗憲制定의 건이다. 종헌제정은 전형위원 7인을 호선하고, 그 위원에 의해서 선출된 제헌위원으로 하여금 구체적인 작업을 하자는 이법웅의 제안이 있었다. 이 안은 만장일치로 채택되어 전형위원으로 선출된 7인[58] 尹月下, 蘇九山, 李淳浩, 大興, 李大義 金香谷, 崔月山이 李曉峰, 河東山, 鄭金烏, 李淳浩, 朴麟谷, 李性徹,[59] 李石虎, 金香谷,

---

57) 그 대학은 청정 비구를 양성하는 것을 기본으로 하였으며, 포교사도 수좌만을 고려한 계획이었다.

58) 위의 자료, p.352.

尹月下를 종헌제정을 위한 제헌위원 9인으로 선출하고, 다음의 의안으로 넘어갔다. 그 의안은 推進委員 選出의 건이었다. 추진위원은 불교정화를 구체적으로 추진하기 위한 실무위원을 말한다. 이 안에 대해서는 우선 추진위원 선출의 문제가 제기되었다. 추진위원을 선출하기 위한 전형위원 7인을 구두호선하고, 선출된 전형위원이 추진위원 15인을 선출하자는 이법웅의 의견이 있었다. 이 안에 대하여 참가 대중은 만장일치로 가결하였다. 그런데 그 직후 이법홍은 "推進委員이라고 하면 그 推進은 무엇을 意味한 것인가"에 대한 설명을 요구하였다. 이에 대하여 의장은 "今般 大會의 趣旨를 안다면 理解될 것"이라고 답변하였다. 이같이 추진위원 성격에 대한 논란은 잠시 지속되었지만,[60] 곧 위원 선출로 넘어갔다. 전형위원은 채동일, 대흥, 문일조, 윤월하, 최월산, 박범룡, 이법웅이 선출되었다. 이 7인의 선출에 의하여 추진위원 15인이 선출되었다. 그런데 그 추진위원은 담당 업무를 구분하여 실행·교섭·재정분과위원으로 구분되었다. 그 세부내용을 보면 다음과 같다.[61]

　　실행분과위원 : 李淳浩, 金智曉, 林圓光, 閔晴昊, 李東軒
　　교섭분과위원 : 金寂音, 李大義, 申簫韶, 朴秋潭, 尹月下
　　재정분과위원 : 奇乳潭, 朴本空, 重玄, 蘇九山, 金香谷

추진위원을 선출한 후에는 추진위원이 진행하는 제반 일에 만전을 도모하기 위한 자문 및 감독기관의 성격을 갖는 對策委員會를 구성하자는 윤월하의 제안이 있었다. 이 제안도 만장일치로 가결되어, 전형위원 7인이 호선으로 선출되었다. 호선된 선출위원인 이순호, 이동헌, 신소소, 이법웅, 최월산, 채동일, 이법홍 등이 선출한 대책위원 15명은 다음과 같다.[62]

---

59) 이성철은 대회에 참석하지 않았으나, 위원으로 선출되었다.
60) 이법홍은 추가 발언에서 추진의 내용이 교단 재건인가, 아니면 승니교양인가를 확실히 정하자는 입장을 개진하였다. 이에 대하여 이법웅은 교단 재건이면 그 내에 일체 문제가 다 포함된 것이니 재건추진으로 이해한다는 발언을 하였다. 이에 이법홍은 수긍한다는 발언을 하였다.
61) 위의 자료, p.353.

李曉峰, 河東山, 鄭金烏, 朴錦峰, 朴麟谷, 金寂音, 金慈雲, 金寶鏡, 金香谷, 文一照, 李性徹, 金弘經, 申普門, 李石虎, 李淳浩

　대책위원회의 인선을 마친 대회는 마지막 안건인 기타사항의 토론으로 들어갔다. 기타사항 중 제일 먼저 토의 대상으로 제기된 내용은 선학원에 대한 현황, 특히 6·25 이후의 경과이다. 이는 하동산의 요청이었는데 선학원 이사장인 김적음이 답변하였다. 김적음은 6·25 이전 범어사에서 '不法暗賣'에 대한 문제가[63] 현재 재판중에 있음을 언급하였다. 이러한 선학원의 소송 문제가 제기되자 이대의는 선학원 문제를 문교부장관에 진정서를 제출하여 해결하는 방안을 제안하였다.[64] 이에 대하여 참가대중은 역시 만장일치로 가결하였다.

　대체적인 토의 사항이 종료될 즈음 당시 방청석에 있었던 비구니와 청신녀의 의견 개진이 있었다. 비구니의 의견은 8월 24일에 나왔던 내용, 즉 비구니는 10년 간 득도를 시키지 말자는 의견에 대한 이견이었다. 그 이견의 요체는 비구니는 불교발전에 도움이 되었다는 것, 비구니 출가 제한은 불법에 어긋난다는 것, 남녀 구별을 타파하는 시대에서 사부대중이 단결하여 불법의 부흥을 기하는 것이 마땅하다는 주장이다. 이 전제에서 비구니도 '半月半月'[65]에 戒를 설해 주어야 한다고 건의하였다.[66] 청신녀의

---

62) 위의 자료, p.354.

63) 그 내용은 6·25 이전인 범어사에서 불법으로 덕성학원에 매도한 것을 발견하고 변호사를 통한 소송을 의뢰한 상태를 말한다. 그러나 6·25가 발발하여 김적음은 마곡사로 피난을 하였고, 이후 부산으로 가서 형사고소를 제기한 정황이었다.
　선학원은 1934년 12월부터는 재단법인 조선불교선리참구원으로 재출발하였다. 따라서 해방공간시의 등록 명칭은 선리참구원이었는데, 1953년 4월 14일부로 법인 명의를 선학원으로 전환시켰다. 그리고 선학원의 소유권을 완전 회복한 것은 1956년 4월경이다.

64) 그리고 당시 이대의는 대전 心光寺 문제도 조속히 처리하자는 의사를 언급하였다. 그런데 자료 부족으로 그 문제의 내용은 알 수 없다. 심광사는 일세시대에는 선학원의 분원이었으므로 심광사 관리 및 소유권 문제인 것으로 추정된다.

65) 半月半月의 정확한 내용은 단정하기 어렵다.

발언은 의견 개진이라기 보다는 건의였다. 이는 理와 事를 分別치 말고 일체중생을 차별 없이 지도해 달라는 요청이었다.

이 같은 비구니와 청신녀의 발언이 종료된 후 이순호는 교단정리에 대한 의견을 다시 정리하자는 발언을 하였다. 8월 24일인 대회 첫째날에 결의한 '自肅條件'은 당면한 교단 재건불사에 있어서 '緊急淨化'를 요하는 것이므로 이 대회에서 실천하자는 결의를 하는 동시에 추진위원에 피선된 '스님'들에게 최후까지 노력 정진하자는 부탁을 하였다. 이 같은 이순호의 의견에 참가대중은 만장일치로 가결하였다. 그런데 그 자숙조건은 실천의 '決議件'으로 변동되면서 약간의 문구 수정이 있었다. 그 내용은 다음과 같다.[67]

- 比丘와 比丘尼는 同居하지 말고 一切 去來를 말 것, 違反時는 除籍할 것.
- 僧籍을 새로이 할 것.
- 師僧 退俗시는 다시 平師할 것.
- 家庭 整理가 未了한 분은 速히 整理할 것.

대회는 이상의 결의안을 철저히 실행에 옮기기로 하고 이틀에 걸쳐 진행된 대회는 종료되었다.

대회가 종료된 그 이튿날인 8월 26일 대회에서 선출된 추진위원 및 대책위원 전원이 연석회의를 갖고 대회에서 결정하였던 부서 조직을 종결하였다. 그리고 이날 《조선일보》에는 대회의 개요 및 성격을 알린 보도기사가 게재되었다.[68] 8월 27일에는 지방에서 올라온 일부 수좌들이 각 사찰로

---

66) 그런데 이에 대한 비구승들의 반응은 전하지 않고 있다.

67) 위의 자료, p.355.

68) 《조선일보》의 보도기사 제목은 '帶妻僧을 反對 比丘僧大會'였고, 그 내용은 다음과 같다.

《어지러운 세파와 타협함으로써 비굴한 물질적 향락에 빠져 있는 부패한 처대승(妻帶僧)을 배격하고 옛날 그대로의 순수한 불교정신으로 돌아가자》는 기치 아래 전국 독신 수도승(修道僧)들은 二十四일 하오 二시 서울 안국동에 있는 대한불교 선리참구원(大韓佛教 禪理參究院)에서 전국 비구승대표자대회(全國 比丘僧代表者大會)를 개최하였다. 이날 열린 동 대회는 지난 五월 二十일자 이대통령으로부터 현재 많은 중들이 처를 거느리고 있으니 이러한 중들은 물러나도록 하라는 요지의 사찰정화에

돌아갔다. 8월 28일, 정금오와 이순호는 정부의 공보처장을 방문하여 불교 정화에 대한 담화를 발표한 것에 대한 감사문과 건의서를[69] 이승만 대통령에게 전달해 달라는 요청을 하였다. 8월 29일부터는 대회에서 결의된 사항이 각 추진위원에 의해서 구체적으로 진행되기 시작하였다. 9월 1일, 추진위원회에서 교단 정리의 정당성을 일반 사회에 알리기 위한 목적으로 선서문을 발표하자는 토의를 하였다. 그 결과 9월 3일에는 《조선일보》 2면의 지상에 그 선서문이 게재되었다.[70] 이 같은 선서문의 신문지상의 게재는 대회에서 결의한 내용이 공개됨을 의미하는 것일 뿐만 아니라, 비구측의 불교정화가 본격화됨을 말하는 것이다. 이제까지는 비구승 자체 내에 머물렀지만 이제부터는 대처측 그리고 나아가서는 일반 사회에도 불교정화의 추진을 공개하였다는 의미를 갖는 것이다.

4. 결 어

이상으로 1954년 8월 24~25일에 개최된 전국비구승대표자대회의 시말을 정리하여 보았다. 이 대회는 불교정화가 가시화 된 직후 비구측의 최초 모임이었기에 불교정화사에서는 기념비적인 대회였다. 그러나 지금껏 이 대회에 관한 최소한의 개요도 파악하지 못한 상황이었기 때문에 정화 추진 및 비구측 승려의 현실인식 파악에 적지 않은 문제점을 야기하였다. 이에 필자는 바로 그 같은 의문을 해소하기 위하여 그 대회에 관한 개요

관한 특별 담화를 계기로 하여 근 四十년 동안 전국 三十여 개의 대본산(大本山)을 관리하고 있는 처대승들을 물러나가도록 하고 독신 수도승들이 이에 대신하려는 취지에서 이번 대회를 열었다고 한다.

동 대회는 앞으로 三일 간 계속될 것이라 하며 전국에서 참석한 대표자는 약 六十여 명을 헤아리고 있다.

69) 이 감사문은 대회에서 작성하기로 한 그 감사문인 것으로 보인다. 현재 이 감사문의 원본은 확인되지 않고 있다. 건의서의 개요 및 내용노 선혀 알 수 없나.

70) 9월 3일 게재 당시의 제목은 〈宣誓文〉이었는데, 9월 5·6일에는 〈全國 佛敎徒에게 드리는 宣誓文〉이라는 제목으로 변경되었다.

를 정리하였다.

이 대회는 이승만 대통령의 불교정화의 담화가 표명된 직후 비구측이 주도한 정식 모임이다. 그러나 그 대회는 당시 조계종단 자체 내의 정비가 미진함에서 나온 내적 모순과 이승만 담화 직후 선학원에서 교단정화를 추진하기 위한 교단정화발기모임의 계기에서 출발한 것이다.

즉 1952~3년 종단 내에서 비구승 전용의 사찰 할애를 문제시하고 해결해야 한다는 내부의 목소리가 있었다. 이는 이대의 건의서로 촉발된 당시 교정인 송만암의 지시였다. 송만암은 비구승 전용 사찰 할애를 수용하면서 나아가서는 비구승과 대처승의 공존을 실행할 수 있는 방안을 강구토록 하였다. 이에 통도사와 불국사에서 그 이행에 대한 문제를 논의하였지만 가시적인 성과는 나오지 않았다. 당시 삼보사찰, 18사찰의 할애는 바로 그 예이다. 비구승들은 그 미이행에 대하여 강한 불만을 갖기에 이른다.

이러한 현실에서 이승만 대통령의 제1차 담화(1954.5.20)는 비구측의 그간의 불만, 소외, 울분 등에 불을 지필 수 있기에 충분하였다. 비구측 승려는 선학원에 모여 우선 불교정화운동을 추진할 조직체인 佛敎敎團淨化對策委員會를 결성하였다. 그 후 교단정화를 추진하려는 일단의 비구들은 이를 전국의 수좌들에게 알리면서 구체적으로 불교정화를 추진하기 위한 대회를 소집하였으니 그것이 바로 全國比丘僧代表者大會이다.

한편 기존 종단을 주도하였던 대처승은 이승만의 담화가 발표되자 큰 위기감을 갖고 자체 정비에 주력하였다. 그간 논란이 되었던 비구승 전용 사찰 할애와 종헌의 개정을 실행하고자 하였다. 즉, 비구승에게 48사찰을 할애한다는 방침과 송만암이 강조한 비구·대처승의 공존을 담보할 종헌의 수정이다. 당시 그 수정으로 종헌에서 규정하고 있는 승려는 수행승과 교화승으로 이원화되었다.

마침내 1954년 8월 24~25일, 선학원에서 교단정화를 기하려는 비구들이 집합한 가운데 전국비구승대표자대회가 개최되었다. 60여 명의 비구가 참가한 가운데 대회는 정상적으로 진행되었다. 당시 그 대회에서는 교단정화의 방향과 노선을 구체적으로 정하였다. 그 토론에서 일시 타협노선과 강경노선이 대응하였지만 강경노선으로 그 방향을 확고히 하였다. 여기에서 강경노선이라 함은 대처승을 교단에서 배제시킴을 의미한다. 그리고 대회에서는 교단정화를 추진하기 위한 조직체도 정비하여, 추진위원 및 대책위원도 인선하였다. 특히 주목할 것은 비구 중심의 종헌을 제정하기 위한 종헌제정위원을 정한 것이다. 이는 이 대회에 참가한 비구들의 인식이 대처승 배제라는 방침을 확연하게 수립하였음을 의미하는 것이다. 그리고 대회에서는 교단정화에 대한 입장을 알리는 선서문도 확정하였다.

이같이 교단정화를 추진하려는 방향, 노선, 조직체 정비, 선서문 작성 등 구체적인 실행을 마친 후 대회는 종료되었다. 대회 종료 직후 일부 비구들은 각 지방의 연고 사찰로 내려갔지만 대회를 주도한, 혹은 정화운동의 중심 비구들은 즉시 구체적인 행동으로 들어갔다. 이로써 불교정화를 위한 발걸음은 시작되었다.

寺刹淨化對策委員會의 개요와 성격

1. 서 언

1954년 5월 20일, 이승만 대통령의 이른바 불교 '정화'에 대한 제1차 담화는 불교계 내부의 갈등과 대립을 야기하였다. 그 갈등과 대립은 이후 기존 교단 집행부였던 '대처측'과 불교정화를 기하려는 '비구측'간의 치열한 투쟁으로 전개되었다. 이 같은 불교계의 내분은 불교교리 및 사상, 그리고 상식과 대화로 해결할 수 없을 정도의 모순으로 심화되었다.

요컨대 불교정화는 기존 불교계 내부의 모순과 혼란을 정비하려는 차원에서 가시화되었지만 오히려 그 전개 과정은 기존 문제점을 해소하지도 못하고, 불교의 위상을 추락시키는 결과를 낳았다. 즉, 불교정화는 불교계 내부의 문제에서 이탈하여 점차 사회적인 문제로 옮겨 갔던 것이다. 따라서 당시 정부는 불교정화를 방치할 수 없는 여건에 처하게 되었다.

본 고찰에서 살펴볼 寺刹淨化對策委員會는 정부가 주도하여 비구·대처측을[1] 타협시켜 불교의 분규를 해소하려는 목적에서 대두되었다. 그러나 그 타협의 방향은 당시 정부의 입장이 개재된 바탕에서 수립되었다. 1955년 7월 13～16일과 8월 11일에 개최된 사찰정화대책위원회의 결과에 의해서 1955년 8월 12～13일의 전국승려대회가 공인되었음을 유의해야

---

1) 필자는 본 고찰에서 기존 총무원 집행부를 '대처측'으로, 선학원 계열을 '비구측'으로 편의상 구분하여 서술할 것이다. 이는 관행상, 그리고 당시에도 일반화된 용어를 그대로 활용하는 입장에서 나온 것임을 밝혀둔다.

한다. 주지하는 바와 같이 그 승려대회는 비구측이 주도하였으며, 대회에서는 비구측의 입장이 반영된 종헌이 제정·공포되었다. 그리하여 그 종헌에 의거한 종단 지도부가 선출되었다. 그리고 마침내 그 승려대회 이후에는 전국 사찰을 비구측이 '접수'하기 시작하였다. 물론 승려대회, 종헌, 사찰 접수 등은 당시 공권력이 동의한 것이다. 이러한 정황은 곧 불교정화의 일단락이었다고 볼 수도 있다. 따라서 1954년 8월 12~13일의 승려대회의 배경과 역사적인 의의를 이해하기 위해서도 사찰정화대책위원회의 개요의 정리는 필수불가결한 것이다.

본 고찰에서는 사찰정화대책위원회의 개최 배경, 개최 경과 그리고 1954년 8월 12~13일의 승려대회와의 상관 관계를 분석, 정리하고자 한다. 이로써 우리는 불교정화에 대한 보다 구체적인 이해에 도달함과 동시에 당시 공권력의 불교정화에 대한 인식을 살필 수 있다.

2. 대책위원회의 개최 배경

1954년 5월 20일, 이승만 대통령의 불교정화의 담화는 비구측과 대처측의 치열한 대립을 가져왔다. 비구측은 이승만의 담화를 불교정화의 절호의 기회로 여기었지만, 대처측은 기존의 기득권을 유지하면서 변화된 현실에 대처하려 했다.

비구측은 1954년 8월 24~25일의 전국비구승대표자대회, 9월 28~29일의 전국비구승대회, 12월 7~13일의 전국비구승니대회 등을 개최하여 비구측 중심의 교단 재건을 기했다. 이에 반해 대처측은 종헌수정을 통한 교화승과 수행승의 공존, 비구승에게 48사찰의 양도, 종권과 사찰을 태고문손의 비구승에게 인계 등을 개진하고 일부는 실천에 옮기고 있었다. 그러나 이 같은 비구, 대처측의 행보는 상호간에 타협될 여지없이 진행된 것이었다. 비구·대처 상호간의 불화의 초점은 대처승을 인정할 것인가의 여부에 달려 있었다. 비구측은 대처승은 승려가 아니기에 護法衆으로 처리하겠다는 의지를 구체화시켰고, 대처측은 자신들의 기존 입지를 변화시킬 수 없었기에 敎化僧이라는 명분을 내세웠다.

비구·대처간의 타협은 성립되지 않고 오히려 태고사 점거를 둘러싼 폭력사태가 발생하였다. 이렇게 사태가 불교계 내부에서 일반 사회로 비화되자, 불교정화의 문제는 국회 내에서도 논란이 드세졌다. 때문에 당시 정부로서도 수수방관만은 할 수 없는 형편이었다. 이에 정부도 그 대책안을 내놓았으나 그 방안에 대해 비구·대처 양측이 간단히 응하지도 않았다.

불교정화는 1955년 1월에 접어들면서도 뚜렷한 방안과 대책을 갖지 못하자 마침내 정부는 보다 구체적이고 현실적인 방안을 내놓았다. 그것이 佛敎淨化對策委員會이다.[2] 비구·대처 양측의 대표 10명이[3] 참여한 위원회의 진행이 순조롭지는 않았지만, 그 위원회에서는 2월 4일 비구·대처 양측의 대표가 참여한 가운데 승려자격을 합의한 가시적인 성과를 이루었다.[4] 이는 승려자격을 8대 원칙에서 정하고, 그 원칙에 선 이외의 승려는 사찰 밖으로 축출함을 의미하는 것으로 불교의 분규를 일단락 지을 수[5] 있는 것이었다고 평할 수 있다.

이후 비구측과 정부는 이 승려자격에 의거 전국의 모든 승려들을 조사하고 그 적격자에게 주지 자격 부여 등 불교정화의 기본틀을 마련하려 하였다. 그러나 대처측은 승려자격의 내용에는 합의를 하였지만 교화승 문제를 새롭게 들고 나오면서 그 이행에 가담하지 않았다.[6] 문교부는 동년

---

2) 〈收拾對策委 構成 막다른 골목에 선 佛敎界〉《동아일보》 1955.1.28.

3) 비구측 : 李曉峰, 朴仁岩, 李靑潭, 尹月下, 孫慶山

   대처측 : 權相老, 林錫珍, 李華應, 金祥鎬, 宋秉泳(淨岩)

4) 〈難題는 財團歸屬 우선 僧侶資格에만 합의〉《동아일보》 1955.2.6.

5) 〈佛敎界 紛糾 一段落 四日 八個 原則 合意〉《경향신문》 1955.2.6.

6) 〈佛敎界紛糾硬化 帶妻僧派서 主導權 固執〉《동아일보》 1955.2.15. 당시 대처측이 비구측에 보낸 서한에는 그 내용의 요체가 잘 전하고 있다.

   1. 비구승은 다 선학원으로 돌아가서 순리로 추진할 것

   2. 기성 종헌에서 대처승은 교화승으로 규정되었으니 인증할 것

   3. 비구승은 태고문손으로 귀의참회하면 등용할 것

   4. 보조국사를 종조로 추대하는 것은 취소할 것 등이다. 이상은 《한국불교승단정화사》 p.295(1996, 한국불교승단정화사 편찬위원회) 참조.

2월 내무부에 8대 원칙에 해당되는 승려의 조사를 의뢰하였다. 그 결과 3월 10일에는 8대 원칙 해당 승려는 1,189명이라고 발표하였다.[7] 이제 문제는 그 승려들이 당시의 논란되는 내용을 직접 해결하면 되었다.

이에 비구측은 8대 원칙에 적격한 승려가 참가하는 승려대회를 추진하려 했으나 정부는 대처측과의 합의가 이행되지 않은 상태에서의 승려대회는 곤란하다는 입장을 보였다. 요컨대 그 승려대회의 개최 여부 및 승인에 대한 논란이 지속되었다. 이러한 우여곡절에도 비구측은 동년 4월 30일에 가서는 승려대회를 5월 16일에 개최키로 결정하였다.[8] 그러나 당시 정부가 이 승려대회를 인정하지 않아 비구측은 이에 반발하여 단식을 감행하기도 하였다. 대처측이 그 승려대회를 극력 반대하였기에 비구·대처 양측의 합의를 통한 사태 해결을 기하던 정부는 대회를 허가할 수 없었던 것이다. 이에 비구측은 대회를 연기할 수밖에 없었다.

당시 정부는 당시까지의 불교분규를 해결할 방안을 강구하여 그 결론을 통보하였다. 그 통보는 동년 5월 9일자로 문교·내무부장관 명의로 되었으며, 제목은 〈대한불교정화에 관한 건〉이다.[9] 그 통보 공문은[10] 본 고찰의 중심 주제에 해당되는 것이며 정화사 이해에 중요한 단서이기에 전문과 그 요지를 소개하고자 한다. 우선 그 공문의 冒頭를 보면 다음과 같다.

이 대통령 각하께서는 일제시대 이래 묵과되어온 불교계의 여러 가지 폐단을 깨끗이 씻고 한국불교의 전통을 찾어 교단과 사찰을 정화하라시는 뜻으로 여러 차례 담화와 유시를 발표하였으나 귀 총무원과 그 산하 기관에 있어서는 종파간의 싸움만을 거듭할 뿐 이 일이 원만히 이루어지지 아니함으로 정부에서는 부득

---

7) 〈韓國 佛敎 淨化의 鬪爭 經緯書〉《불교정화분쟁자료》(《한국근현대불교자료전집》 권 68) p.84.
8) 《승단정화사》 p.366. 1996, 한국불교승단정화편찬위원회.
9) 《불교정화분쟁자료》 pp.737~739.
10) 이 공문은 연새 '내관불교 조계종 춘무원장 귀하'(대처측)로 되어 있는 공문을 등사한 사본이다. 한편 이 공문이 비구측의 선학원에도 전달되었는지는 확인치 못하였다. 그런데 그 공문이 발송된 것은 5월 10일이다.

이 지난 二월 四일 귀 불교 대표자 열 분을 불러 별항과 같은 불교정화의 방안을 결정한바 있음. 이에 그 방안에 의지하여 속히 각 사찰의 정화를 꾀하고저 다음과 같은 지시를 대통령 각하의 재결을 얻어 전달하는 바이니 그 실시에 소홀함이 없기를 요망하는 바임.

이 도입부에는 정부가 이 공문을 작성하고 보낸 이유를 설명하고 있다. 이승만 대통령의 정화의 뜻이 이행되지 않고 있음을 지적하고, 더욱 구체적인 정화의 방안을 제시할 수밖에 없는 사정을 밝히고 있다. 다음으로는 불교정화의 기본 방안을 요약하고 있는바, 그 내용을 제시하겠다.

一. 중앙총무원은 전국 각 사찰에 통첩하여 다음 자격에 의한 사찰 주지 선거를 시행케 할 것.
  1. 사찰을 수호(혹은 사찰 경내에 거주)할 수 있는 주지 및 승려자격
    (가) 독신자(獨身僧) (나) 삭발염의한 자(削髮染衣한 者) (다) 비불구자(非不具者) (라) 三인 이상의 승려 단체생활을 하는 자(三人以上의 僧侶 團體生活을 하는 者) (마) 수도자(四婆羅夷戒를 犯하지 않는 者) (바) 불주육초자(不酒肉草者) (사) 二五세 이상인 자(일반 승려의 연령은 차한에 부재함)
  2. 선거실시 기간
    檀紀 四二八八年 六월 三十일 까지
  3. 주지 이외의 사찰을 수호하는 책임자도 전항의 자격자 중에서 선임함을 원칙으로 함.
二. 전항 기간 내에 처자를 거느린 자는 남김없이 사찰 경내에서 퇴거할 것.
三. 총무원은 새로 선출된 각 사찰 주지 및 중요 간부의 명단을 작성하여 금년도 七월 三十一일까지 문교부 및 내무부에 각 二통씩 제출하여 주지 인허를 얻을 것.

여기에서는 정화 추진의 대강을 제시하였다. 주지 및 승려의 자격, 선거실시 기간, 선거 종료 후 대처자는 사찰에서 퇴거, 선출된 주지와 간부 명단의 제출과 인허 등이다. 이 같은 전제와 원칙을 제시한 연후에는 '寺刹淨化策 實施要領'을 구체적으로 제시하였다. 그 전체의 내용을 보면 다음과 같다.

一. 금반 대통령 각하의 재가를 얻은 사찰정화책을 실시하기 위하여 단기 四 二八八년 五월 十八일 오전 十시에 문교부에서 문교, 내무 양부 합동으로 총무원측 대표 원로 비구 약간명과 선학원측 대표 원로 비구 약간명을 참석케 하여 사찰정화책에 대한 연석회의를 개최키로 한다.

二. 사찰정화책을 총무원장에게 지시함과 동시에 선학원측에도 그 취지 내용을 주지시켜 쌍방 적극 협조 추진하도록 종용한다.

三. 本件 淨化策이 示達된 以后에는 分列되여 있는 敎團의 統合 整備를 期함에 있어서 如何한 不法 集團行動도 容認할 수 없으며 萬若 二人以上 集團 行動이 있을 境遇에는 徹底히 依法措置한다.

四. 총무원은 전국 독신승을 총망라하여 어디까지나 공명정대한 입장에서 전국 사찰정화를 기하여야 한다.

五. 총무원은 전국 원로 비구(十人 內外)로서 사찰정화대책위원회를 구성하고 사찰정화에 대한 모든 事案은 該 委員會의 審議를 거쳐 施行하여야 한다.

六. 獨身 僧侶 資格(住持 包含)도 前項의 寺刹化對策 委員會에서 審査한다.

七. 寺刹 住持에 對하여서는 그 寺刹內의 獨身 僧尼로 하여금 이를 선거케 한 후 총무원에 보고케 하고 총무원은 寺刹淨化對策委員會를 通하여 住持資格 具備 與否를 審査하되 官의 認可를 받아야 한다.
   其 寺刹에 住持의 適任者가 없을 경우에는 그 사찰 내의 獨身僧尼는 他 寺刹에 있는 獨身僧尼中에서 住持를 推戴할 수 있다. 同一人을 數個 寺刹에서 住持로 推戴하였을 時는 總務院은 寺刹淨化對策委員會의 審議를 거쳐서 適宜 配定한다. 前項에 依하여 適任者가 없을 時에는 寺刹淨化對策委員會의 審議를 거쳐서 總務院에서 住持를 任命한다. 寺刹數보다 寺刹을 守護할 獨身僧侶가 不足할 時에는 그 寺刹에 緣故있는 信徒나 俗人中에서 適任者를 선정하여 독신승려가 보충될 때까지 寺刹를 管理케 한다.

八. 前項의 住持 任命은 늦어도 來 六月 末日까지는 完了하여야 하며 帶妻僧 및 그 家族은 全部 右 其間內에 寺刹 外로 退去케 한다.

九. 寺刹淨化對策委員會의 構成 또는 寺刹淨化對策委員會의 決議에 있어서 意見 對立으로 決定을 보지 못할 때에는 主務 長官이 이를 裁定한다.[11]

이 사찰정화책 실시요령은 당시 정부가 추진하려는 정화추진 방법에 대한 구체적인 내용 그 자체이다. 이 내용의 골자는 앞서 제시한 기본 방

---

11) 그리고 10조가 있다고 하는데, 그 내용은 "대책위원회의 모든 의결 사항은 총무원에 이송하여 이를 실천케 할 것"이라고 한다.

안을 자세히 설명한 것이다. 이 정화책은 요컨대 2월 4일의 승려자격에 의거하면서, 당시 문제시되었던 모든 문제를 비구·대처 양측의 원로승려가 참가하는 사찰정화대책위원회에서 해결하도록 하는 방안인 것이다. 따라서 이제는 이 정화책과 사찰정화대책위원회의 개최와 관련된 모임, 즉 5월 18일의 사찰정화책 연석회의를 갖는 것이 급선무였다.[12] 그 연석회의는 5월 18일 문교부 회의실에서 개최되었는데[13] 비구·대처측 대표와[14] 문교부장관, 문교부 문화국장, 내무부 치안국장 등이 참가하였다. 회의의 결론은 당초 정부의 구상을 실행하는 것으로 구체화되었다. 그리고 회의에서 결정된 것은 추후 구성될 사찰정화대책위원회의 구성을 양측의 대표 5인으로 구성하고, 의사 결정에 있어서 다수결을 채택하며 가부동수일 경우에는 문교부장관이 결정권을 갖는 내용도 포함되었다. 또한 그 위원회에 참가할 위원의 선출 등 위원회의 구성은 즉시[15] 이행하기로 하였다. 그리고 당시 정부의 조처에 협조하지 않으면 단호한 ‘행정조치’를 하겠다는 정부의 입장 통보도 있었다.[16]

이 연석회의 이후 비구·대처 양측은 그 후속 조처를 해야만 했다. 비구측은 5월 20일 대책위원을 선출하여, 5월 21일에 그 명단을 문교부에 제출하였다.[17] 이에 반해 대처측은 문교부를 방문하여 기존 입장을 주장하면서,[18] 대책위원 선정과 대책위원회의 의제까지 거부하였다.[19] 이 같은 이

---

12) 당시 문교부는 이와 관련하여 5월 17일자로 총무원과 선학원에 공문(문화 제965호, ‘회의소집에 관한 일’)을 보내 5월 18일 오전 10시에 문교부 장관실에 원로 비구 5명을 참석하게 해 달라는 요청을 하였다. 《승단정화사》 p.602.

13) 〈淨化對策委員會를 構成 全寺刹住持選擧 六月末까지 實施 合意 終結되려는가〉《동아일보》1955.5.19.

14) 그 대표는 다음과 같다.

비구측 : 李靑潭, 尹月下, 鄭金烏, 金大越, 孫慶山

대처측 : 林錫珍, 安興德, 李華應

15) 즉시는 그 당시 ‘今週 內’이다.

16) 〈混亂時엔 行政措置 佛敎紛糾에 當局斷案〉《경향신문》1955.5.19.

17) 《승단정화사》pp.382~383.

18) 〈紛糾解決에 또 暗雲 -總務院서 對委派遣을 拒否-〉《자유신문》1955.5.25.

질적인 노선은 사월 초파일 행사도 각기 거행하는 사태로 전개되었다.[20]

　그런데 동년 6월 8~9일경, 비구측은 또다시 조계사에서 불교정화를 기하겠다는 무언 단식기도에 들어갔으며 대처측은 개운사에서 종회를 개최하여 그들의 입장을 정리하였다. 그 개운사 종회에서는 비구승들이 그 집회 자체를 문제시하여 양측의 충돌이 일어나기도 하였다.[21] 개운사 종회에 참석한 대처측 승려들은 6월 9일 議案審査委員會를 개최하여 5월 9일자로 정부에서 통보한 사찰정화책에 이의를 제기하는 '보고서'를[22] 작성하였다. 그 요지는 정부의 그 정화책은 사찰정화 및 보존의 범위를 벗어나 정교분리의 정신에 배치되는 것으로 단정한 것이다. 그리고 사찰정화는 자율적으로 사찰정화 실시 요강을 수정하여 실시하겠다는 뜻을 개진하였다. 이 내용은 정부의 방침에 순응하면서도 일부 내용은 정면으로 이의를 제기하는 것이기에 그 전문을 소개하겠다.

- 住持의 選出方法은 在籍 僧尼 十人 以上 寺刹은 當該 寺 在籍僧尼(修行僧과 敎化僧)로 하여금 이를 選擧케 하고 其他 寺刹은 이를 宗正이 任命하기로 한다. 但 住持資格을 具備한 修行僧이 없을 時는 當分間 敎化僧中에서 適任者를 選定하기로 한다.
- 前記 寺刹 住持의 選出은 三個月 以內에 完了하는 同時 總務院은 住持 名單을 文敎部에 報告하여야 한다.
- 寺刹淨化 및 寺刹 守護의 完璧을 期하기 爲하여 寺刹 境內에서 帶妻生活을 一切 嚴禁하며 境內에서 帶妻生活을 하던 者는 六月 三十日까지 家族을 退去케 한다.
- 寺刹淨化 및 守護의 目的 達成을 爲하여 太古門孫인 修行僧團과 敎化僧團의 元老로서 寺刹淨化對策委員會(假稱)을 構成하고 右의 任務에 徹底를 期하도록 한다.
- 宗憲改正案 及 寺刹淨化實施案

---

19)《승단정화사》p.384.《선원》15호(1992.12)의 p.18에 전하는 〈사찰정화실시 요령 수정에 대한 요망〉 내용참조.
20) 〈紀念行使노 두派토 －佛敎界의 갈등은 언제 종식 〉《서울신문》 1955.5.29.
21) 「兩派 또 血戰」《서울신문》 1955.6.8.
22) 〈議案審査委員會報告書〉《불교정화분쟁자료》 pp.401~402.

此는 前記 寺刹淨化實踐要綱에 包含되여 있음으로 別途審議를 省略한다.

대처측의 이 안은 당초 정부의 안에서 출발한 것이지만 승려의 자격을[23] 수행승과 교화승으로 나누었다는 것에서 대처측의 입장이 명백하게 나와 있다. 이는 1954년 6월 20일의 종헌개정시에 반영된 것을 계승한다는 의미이다. 교화승, 즉 대처승의 존속을 의미하는 것이다. 또 유의할 대목은 사찰정화대책위원회에 참여할 원로의 대상을 太古門孫으로 규정하였다는 점이다. 이는 태고국사의 계승의식을 말하는 것으로 기본적으로는 정부의 정화책을 따르고 있지만 교화승의 존속을 통하여 대처측의 존립을 계속 유지하려는 의지가 반영되어 있다고 이해된다. 그리고 정부의 안이 대책위원회의 위상과 권한을 강화시킨 것이라면, 대처측의 안은 상대적으로 종정의 권한을 존중한 것이다. 이 안은 대처측 중앙종회 의장인 최갑환에 의해 문교부에 전달되었다고 한다.

이 같은 정황하에서 돌발적인 사건이 일어났다. 그 사건은 대처측에 의한 비구승의 습격이다. 대처측이 조계사에서 단식 기도를 수행하였던 비구승들을 6월 10일 새벽에 습격한 일대 폭력사태를 말한다.[24] 이 폭력사태는 그간 정부가 주도하려는 정화대책안이 일시적으로 중단되는 사태를 야기하였고 나아가서는 불교의 분규 문제가 국회로 비화되는[25] 결정적인 계기를 만들었다. 국회에서의 논란은 "앞으로 국회에서는 분규 문제를 일체 논의치 말고, 정부에서도 종교 문제에 대하여 간섭하려는 태도를 지양하고 금번 분규에 대해서는 형사상 문제와 재산상 손실에만 의법조치하라"는 내용으로 결의되어 이의 실천을 정부에 촉구하는 선에서 정리되었다.[26]

---

23) 그런데 이 같은 대처측의 입장에서 승려자격을 명쾌히 밝힌 내용에는 승려자격을 다음과 같이 제시하였다. 그는 독신자, 삭발염의자, 비불구자, 수도자(사바라이계 수지자), 불주육식자 등이다. 그런데 이 내용은 사찰정화실시요강에 전하고 있다.

24) 〈새벽의 曹溪寺에 流血〉《동아일보》 1955.6.11.

25) 〈國會서 佛敎紛爭에 質疑 違憲이니 偏派니 辛辣한 論戰〉《조선일보》 1955.6.16.

26) 〈宗敎 不干涉 決議 佛敎紛爭에 論議않기로 落着〉《조선일보》 1955.6.17.
　　〈佛敎紛爭 干涉不可〉《서울신문》 1955.6.17.

분규가 이러한 지경으로 비화되었지만 당시 이승만 대통령은 그의 불교정화의 의지를 다시금 강조하고 나섰다.[27] 그 요지는 대처승의 퇴거였다. 이러한 이승만의 발언은 문교·내무부가 국회에서 결의한 내용대로 불교 분규에 완전 방관할 수 없음을 말하는 것이다. 정부는 문교·내무·법무부의 당국자가 합석한 가운데 사찰정화의 구체적인 방법을 토의하였다.[28] 헌법에 저촉되지 않는 범위 내에서 사찰의 주지를 독신승으로 교체하는 것과 대처승들을 사찰 밖으로 내보낼 방법을 논의하였다. 또 일제하의 사찰령과 그 시행세칙이 당시 헌법과 저촉되는지의 여부를 검토하기도 하였는데 당초 정부가 사찰정화의 시한으로 정한 6월 30일까지 주지를 독신승으로 교체시키려한 의도가 좌절된 것과 함께 이승만 대통령의 의지를 구현하려는 것에서 나온 것이다.

그 결과 6월 29일에 정부의 방침을 최종 확정하였다.[29] 정부의 방침은 이의를 제기하였던 대처측이 정부의 방침을 수용하지 않으면 사찰령에 기본을 둔 행정 처분을 취하겠다는 것이다. 이 같은 강력한 정부의 방침을 확인한 대처측은 마침내 정부 안을 받아들일 수밖에 없었다.[30] 그 결과 비구·대처 양측으로부터 사찰정화대책위원회에 참석할 각 대표가 선정되었다.[31]

그러나 대책위원회가 개최되기 이전까지 약간의 문제가 계속하여 나타났다. 우선 비구측은 대처측 대표로 나올 김상호가 비구계를 받지 않은 무자격자라고 하였으며, 대처측은 대책위원회에 참가할 문교부장관 이외에 국회의 문교분과위원장도 참석하게 하자는 새로운 주장을 들고 나왔다.[32] 또한 대책위원회의의 개최일자도 7월 7일이었으나, 대처측의 대표가

---

27) 〈帶妻僧 물러가라, 李 대통령 佛敎紛爭에 再次 談話〉《조선일보》1955.6.17.
28) 〈寺刹令의 違憲 適否與否 法務部에 委囑〉《조선일보》1955.6.30.
29) 〈不應하면 行政處分 帶妻僧의 寺刹退去 곧 最終 通告視〉《동아일보》1955.7.1.
30) 〈當局方針에 順應 帶妻僧 5명의 代表 選出〉《조선일보》1955.7.3.
31) 그 대표 명단은 다음과 같다.
　　비구측 : 정금오, 이효봉, 이청담, 윤월하, 손경산
　　대처측 : 김상호, 정봉모, 이화응, 국묵담, 박대륜

지방에 있는 연유로 2~3일 지체되기도 하였다.[33] 그러나 7월 9일의 회의도 지연되어 마침내 7월 13일에 역사적인 사찰정화대책위원회가 개최되었는데, 그 위원회에는 당초 지정된 위원의 변동이 있었다.[34]

3. 대책위원회의 개최

1) 제1차 위원회

사찰정화대책위원회[35]의 제1차 회의는 숱한 난관을 극복하고 1955년 7월 13일 오후 2시, 문교부 차관실에서 개최되었다. 당시 그 회의에 참석한 대상은 비구・대처측 대표 10명의 위원(비구측: 李曉峰, 李靑潭, 鄭金烏, 崔圓虛,[36] 尹月下 대처측: 朴大輪, 金祥鎬, 鞠默潭, 李華應, 元寶山), 이선근 문교부장관, 문교부 문화국장, 내무부 치안국장 등이[37] 참여하였다. 1차 회의는

---

32) 〈國會 文敎委員長 參席 提案 帶妻僧側〉《동아일보》 1955.7.5.
33) 〈寺刹淨化會合 二, 三日 遲延〉《조선일보》 1955.7.11.
34) 비구측은 이효봉, 이청담, 하동산, 정금오, 윤월하였으며 대처측은 박대륜, 이화응, 국묵담, 원보산, 김상호였다. 당초 비구측은 김대월과 손경산이 포함되었으나, 그 후 위원이 교체되어 윤월하가 추가되고 김대월은 제외되었다. 그 이후 당시 문교부에서 손경산과 윤월하는 나이가 '연소'하니 제외해 달라는 요구가 있었다. 이에 비구측에서는 그 대안으로 최원허와 박인곡을 후보로 선출까지 해 놓았다. 그러나 대회가 임박하여 대처측의 위원이 최종적으로 확정된 후 대처측도 1인만 교체하였기에 비구측도 손경산 대신에 하동산만을 교체하였다. 한편 대처측은 당초 위원 중 김상호와 정봉모가 사의를 표하였지만 김상호는 위원에 잔류하고 정봉모 대신에 원보산이 교체되었다. 그러나 막상 위원회가 개최되자 하동산 대신에 최원허가 참가하였다.
35) 위원회의 자료 활용은 《불교정화분쟁자료》《한국근현대불교자료전집》68, pp.358~400에 있는 〈한국불교사찰정화대책위원회 회의록〉을 활용하여 서술하며, 또한 《승단정화사》pp.605~676에 전하는 〈사찰정화대책위원회의사록〉도 비교하여 활용하겠다. 이에 특별한 경우가 아니면 별도의 각주 근거는 제시하지 않겠다.
36) 최원허는 위원회 개최 직전에 선출한 하동산 대신 포함되었다. 그런데 하동산이 제외된 연유는 알 수 없다.
37) 기타 참석자로는 기록을 담당한 金瑞雲(비구측)과 陸壽永(대처측)이 있었다. 그

주로 위원회의 기본원칙 등을 정하였으며 진행은 개회, 문교부 장관의 인사, 치안국장의 인사, 문화국장의 인사, 회의 운영원칙의 제시와 토의, 폐회 순서로 진행되었다.

위원회의 개회 선언은 문교부 문화국장이 담당하였다. 다음으로는 이선근 문교부장관의 인사가 있었다. 이 내용은 당시 정부의 정화추진에 대한 의지 및 위원회 성격을 파악할 수 있는 단서가 된다.

佛教의 淨化를 둘러싸고 教團內에 不祥事가 생겼다는 것은 遺憾千萬입니다.

李大統領 閣下의 諭示 및 文教 行政當局의 方針은 오로지 佛教 教團淨化에 있습니다. 現下 教團內에서 다른 곳에 消耗하는 힘을 참말 淨化에 쓰신다면 淨化는 벌써 解決되었을 것입니다. 問題 解決의 要諦는 오직 具體的인 方法 問題에만 있는데, 大義에 있어서는 共通되나 다만 枝葉에 나아가 合致되지 안는 点을 早速히 是正해야 하겠습니다.

一方에서는 代表를 보내였는데 오랫동안 다른 一方에서는 보내지 않다가 이번에 이럭저럭 代表를 보내주신데 對해서는 大端히 고맙습니다.

大原則에 異議가 없으시다면 早速히 解決하여 주시오. 더욱이 國家 元首가 무엇을 要求하는지를 冷徹히 判斷하여 주시기를 衷心으로 바랍니다.

이 자리에 모이신 十名 代表는 五月 十八日字 寺刹淨化策 指示에 있는 原則에 基하여 寺刹 淨化, 僧侶 資格 및 住持 任命에 限하여서만 論議하고 다른 深奧한 教理 問題에는 行政府에서 干涉치 아니 하오니 自律的으로 對策委員會에서 討議 實施하기 바라며 금후 難關이 生起다면 行政府로서 嚴重히 調定하겠으나 單獨的으로 決定치는 않을 것입니다.

會議 原則과 順序를 定하시어 眞摯하게 論議하여 주십시요.

本官은 教理 教派에 關하여서는 一切 干涉치 않겠습니다. 그러나 寺刹境內의 醉雜과 亂雜한 行動을 한다면 此를 默認할 수 없으며 또한 佛教의 財産 및 文化財(國寶)는 더욱 疎忽히 할 수 없습니다.

俗人의 身分으로 高僧님들 앞에서 失禮되는 말씀이 있었는지 모르겠읍니다마는 널리 寬容하여 주시기 바랍니다.

要컨대 偉大한 佛陀의 聖訓에 卽하여 佛弟子의 精神을 살리어 참으로 全國民이 瞻仰할 수 있는 雰圍氣 가운데서 좋은 成果를 거두어 주시기 바랍니다.

리고 문교부의 문화보존과장, 국회의 表良文, 경무대 경찰서의 金振奭, 서울시 담당국의 池仙明, 종로 경찰서의 徐忠錫, 각 신문사 기자 5명 등이 있었다.

이선근 문교부장관의 인사는 우선 교단정화가 지지부진한 것에 대한 유감의 표시, 5월 18일의 사찰정화책의 지시에 의거한 대책위원회의 진행 원칙의 확인, 토의내용은 사찰정화 그리고 승려자격 및 주지 임명으로 제한, 정부는 교리·교파의 문제에 불간섭 등이 언급되었다. 이는 단순하고 의례적인 인사라기보다는 사찰대책위원회의 운영에 대한 기본 구도를 제시하는 것이었다.

다음으로는 내무부 치안국장의 인사가 있었다. 그 내용은 불교계가 자주적으로 일을 처리하되 사찰보호에 유의해 달라는 요지였다. 그 후 문교부 문화국장의 인사가 지속되었다. 문화국장은 위원회에서 토의될 내용으로 주지임명의 방법, 독신승려 명단에 대한 승적 정리로 제한되어야 한다고 언급하면서 회의진행은 참가대표들이 자율적으로 처리하되, 합의하지 못할 경우에는 정부가 개입하겠다는 방향을 제시하였다.

이후에는 회의 운영 원칙안에 대한 토의가 진행되었다. 문교부 문화국장이 준비한 원칙안을 우선 낭독하였다. 그 대강의 내용은 다음과 같다.

1. 위원회 장소 — 대표들이 선택한 장소로 결정함.
2. 회의방법 — 원탁회의로 함.
3. 회의참석 범위 — 양측 대표와 관계관 이외는 참석을 금지함.
4. 토의사항 — 5월 18일자 시달문 중심으로 할 것.
5. 의장 선출방법 — 대표의 결의에 의함.
6. 안건 결의 — 의안은 과반수로 결정함, 무기명 투표로 함.
7. 회의진행 결의 — 회의록에 의원이 서명 날인함.
8. 회의진행 일시 — 대표들의 결의에 의함.

이러한 안이 낭독되자, 참가한 양측 대표로부터 별다른 이의 없이 아래와 같이 결정하였다.

1. 위원회 장소
   태고사 법당으로 결정.
2. 회의방식
   원안대로 원탁회의로 결정함.

3. 회의참석 범위

원안대로 양측 대표와 관계관 이외는 참석을 금지키로 함.

4. 토의사항

원안대로 5월 18일자 지시문을 중심으로 하여 토의함.

5. 의장선출 방법

대처측의 김상호가 의장은 양측 최고령자로부터 격일 윤번제로 집행할 것이며 의장도 투표권을 가지게 하자는 동의에 국묵담의 재청이 있었음.

이에 대해 비구측 이청담은 양측에서 각 1명을 선거하되 회의진행 능률이 있는 자로서 격일 윤번제로 하자는 開議에 윤월하의 재청이 있었음으로 거수 투표한 결과 재석 10명 중 可가 6명으로 嘉納되어, 김상호와 이청담이 당선되었음.

6. 안건의 결의

　　- 회의 성립 조건은 정족수는 7명으로.
　　- 안건의 의결은 무기명 투표로.
　　- 의안 결정은 출석위원의 과반수로 의결.

7. 회의진행 결의

의사록에는 필히 위원 전원이 서명 날인하기로.

8. 회의진행 일시

매일 오후 2시부터 시작하기로(단 일요일은 휴회).

9. 의장 유고시 의사진행 방법

당일 의장이 유고시의 추진 방법에 대하여 이청담은 당일 순번인 의장이 유고시는 2인으로 구성된 의장중 재석의장이 대리로 진행하자는 동의에 전원 찬성.[38]

이상과 같은 내용을 결정하고 문교부 문화국장의 폐회 선언으로 제1차 위원회는 종료되었다. 당시 시각은 7월 13일 오후 4시였다. 이처럼 제1차 위원회는 구체적인 토의로 나아가기 위한 위원회 운영에 대한 문제를 집중 토론하고, 그 개요를 결정하였다.

2) 제2차 위원회

---

38) 이 결정에 대하여 회의록에는, "臨席中인 治安局 徐文化部長의 再次 强請으로 因하야 動議는 嘉納 決定되다"로 기재되어 있다.

제2차 위원회는 1955년 7월 14일 오후 2시 40분 태고사 법당에서 개최되었다. 2차 위원회에 참석한 대상 인물은 대책위원 10명 전원,[39] 기록 담당,[40] 입회관,[41] 임석 경찰관,[42] 기자[43] 등이다. 회의는 개회, 명종, 삼귀의례, 순국선열에 대한 默禱, 개회사, 의장선거, 입회관 축사, 기록 낭독, 토의안 상정, 의사 진행 순으로 진행되었다.

개회에 이어 金源哲의[44] 鳴鐘이 있었다. 다음으로는 비구측 승려인 蘇九山의 선창으로 삼귀의례를 거행하였다. 순국선열에 대한 默禱가 있었으며, 임시의장인 김상호가 화합되는 분위기 속에서 회의진행을 하자는 요지의 개회사를 하였다. 그리고 즉시 의장선거를 하였다. 의장은 윤월하가 임시의장이었던 김상호를 추천하자, 이효봉의 재청이 이어져 참가 위원 전체의 찬성으로 김상호가 2차 위원회의 의장으로 결정되었다. 그 후 입회관의 축사가 예정되어 있었으나, 의장인 김상호가 1차 위원회에서 문교·내무부의 축사가 있었기에 생략하자는 제청에 의해 다음 순서로 넘어 갔다. 기록 낭독은 비구·대처 쌍방의 기록이 통일되지 못해 완벽한 기록은 다음 날 정리하기로 하고 금일은 양측의 기록을 낭독하는 것으로 하였다. 김서운과 육수영은 비구측과 대처측의 기록을 각기 낭독하였다.

이제부터는 위원회의 중요 과제인 토의안 상정의 내용을 살펴보겠다. 이 내용은 현재 전하는 회의록을 재구성하여 그 요지를 제시하는 방법을 활용하고자 한다.

토의사항에 들어가서 처음으로 제기된 것은 비구측의 이청담이 제안한 종회의원 선거 안건이었다.[45] 이 안이 제안되자 김상호 의장은 이 처리에

---

39) 참가한 위원 10명은 1차 위원회에 참가한 위원 전원이 그대로 나왔다.
40) 기록담당은 1차 위원회에서부터 활동한 김서운과 육수영이다.
41) 입회한 정부 대표는 문교부의 문화국장, 문화보존과장, 사무관, 주사 등이다.
42) 경찰은 치안국의 형사 1명, 종로경찰서의 경찰 3명이다.
43) 기자는 동아일보 외 2개사에서 참석하였다.
44) 김원철은 현재로서는 누구인지는 알 수 없다.
45) 이청담이 제안한 종회의원 선거의 건에 관련된 제안서 전문은 다음과 같다.

檀紀 四二八八年 七月 十四日 提案者 李靑潭 韓國佛敎淨化對策委員會 第二次會議

대한 의견을 참가위원에게 질문하였다. 이에 대하여 비구측 위원이었던 윤월하는 대처승으로 구성된 기존 종회의원은 이미 해소된 것으로 보아야 하기에 당연히 종회의원이 선거되어야 한다는 입장으로 이청담의 의견에 동조하였다. 그러자 대처측 위원이었던 국묵담은 5월 18일자의 정부의 사찰정화 시달문의 실시 요령 전체를 낭독하고, 주지 선거건이 급선무라는 의견을 개진하였다.

그러나 이청담은 국묵담의 주장을 지엽적인 문제로 지적하면서 종회의원 선거를 근본 문제로 하였다. 이는 종회의원 선거를 먼저 치른 후, 여타의 문제는 선거 이후에 처리하자는 입장이었다. 윤월하는 이청담의 주장에 또다시 재청을 하였다. 이에 비구측 위원이었던 최원허는 과거의 모든 것은 논하지 말고 단지 이승만 대통령의 '유시'를 받들어 원만한 회의를 진행시켜야 한다는 취지하에서 종회의원 선거를 실시하자는 동의에 三請을 하였다. 그렇지만 대처측은 이 의견을 수용하지를 않았다. 대처측 위원

議長 貴下 '宗會議員選擧의 件'
本件 今般 佛敎淨化에 對한 第一案으로 宗會議員 選擧案을 左記와 如히 正式 提案하오니 愼重 討議하시와 可決하여 주심을 仰望하나이다.

一. 案 件
　宗會議員 選擧의 件
二. 理 由
　佛敎淨化를 根本的으로 成功시키기 爲하여서는 宗會議員을 먼저 選擧하여야 한다는 것임이다.
　佛敎正法에 依하여 帶妻僧은 完全 물러가고 佛敎法統을 이어온 全國僧侶團이 佛敎 淨化에 沒身하는 此際라 案件인 宗會委員會의 機能은 代表機關인 總務院 幹部를 選擧하고 國家의 憲章이 有함과 如한 韓國佛敎 宗憲을 修正하는 韓國佛敎最高議決機關으로 存在하고 있음. 이 重且大한 使命과 機能을 가진 宗會委員이 過去 帶妻僧으로 全員 構成되었든바 今般 佛敎淨化 原則에 따라 帶妻僧 全員이 이미 물너가고 현재 全員이 缺員中에 있는 宗會議員을 選定하고 다음 順序로 모든 枝葉的인 諸問題를 解決하자는 것임.
三. 選擧方法
　全國僧侶大會를 召集하여 其 會議에서 選定함.
　全國僧侶數 比例로 三十名中 一人式 名單 統計表에 依하여 選定하되 佛敎 淨化에 獻身하고 佛敎正法에 따라 모든 實行力이 具備한 僧侶 三十歲年令 以上으로 함.

이었던 이화응은 앞서 국묵담의 의견과 같이 정부의 정화실시 요령을 재차 낭독한 연후 주지 선거를 먼저하고, 그 외 문제는 사무적 성격이므로 총무원과 대책위원 10명이 집행할 수 있다는 입장을 개진하였다.

이처럼 비구·대처 양측의 입장과 논리는 상이하였다. 종회는 교단의 정통성을 상징하는 기관이었는바, 비구측의 입장인 종회의원 선거를 하자는 것은 곧 기존 교단의 질서를 전면 부정하고 새로운 질서에 의한 교단을 재건하겠다는 것이다. 따라서 종회의원을 선출할 수 있는 승려대회를 개최해야 한다는 논리인 것이다. 비구측의 이 논리는 이승만의 담화 발표 직후 취한 제반 노선을 보면 충분히 이해될 수 있는 대목이다. 이에 반해서 대처측의 입장은 당시 정부가 제시한 사찰정화 실시 요령을 그대로 수용한 전제에서 나온 것이다. 요컨대 그 실시요령에서 제시한 방안만 실행에 옮기자는 것이다. 이는 현실 직시의 입장으로 기존의 총무원을 인정하겠다는 입장은 당연한 결론이었다. 비구·대처의 차이는 교단현실의 부정과 인정의 차별성이다.

이러한 분위기가 그 위원회에 흐르고 있던 본질이었다. 그리하여 김상호 의장은 대처측인 이화응이 제기한 기존 총무원의 개입 문제에 대한 응대에서 이승만의 제5차 담화의 구절을 낭독하고 "일제시대 대처승이 제정한 종회가 무너졌느냐"고 의문을 표시하며 재검토를 제안하였다. 이는 대처승이 주도한 일제하 종회도 무너지지 않았다는 것으로 기득권적인 기존 종회 및 총무원 부정에 대한 은유적인 반박인 것이다.

이렇게 기존 총무원과 종회에 대한 논란이 일어나자, 윤월하는 이에 대하여 다음과 같은 의견을 제시하였다. 총무원이라는 기관은 인정하지만, 대처승이 선정한 간부만은 인정할 수 없으며 종회의원은 정화 원칙에 의하여 실격한 것이라고 개진하였다. 윤월하의 이 의견은 즉각 조계종과 종조 문제에 대한 논란을 야기시켰다. 대처측 박대륜은 문제시하고 있는 종회는 어느 宗을 의미하는가와 그 경우의 宗祖는 누구인가를 질문하였다. 이에 대하여 윤월하와 이청담은 그 종은 曹溪宗이며 종조에 대해서는 '다太古門孫'이라고 응대하였다. 논란의 방향이 종회의원 선거에서 종조문제로 전개되어 가자, 대처측 이화응은 주지를 먼저 선거한 다음 그 주지를 소집하여 전국주지대회를 개최하고 종회를 구성하자는 현실론을 강조하였다. 이에 대하여 윤월하는 종회의원 선거건은 이미 재청, 삼청까지 있었으므로 이 안건을 처리할 것을 주장하고 나섰다.

윤월하의 주장은 이미 국묵담에 의하여 제동이 걸려 더 이상 진행시킬 수가 없었다. 그리고 주지 선거를 주장한 대처측에서는 국묵담에 의해 지방에서 이혼 수속을 한 대처승도 독신승으로 간주하자는 의견을 제기하였다. 이는 승려자격 8대 원칙이 합의된 이후 대처승들이 승려자격을 유지하기 위하여 이혼 수속을 하는 것이 당시 풍조였는데,[46] 국묵담의 주장은 법적으로 독신승이 된 과거의 대처승도 주지가 될 수 있는 자격을 부여해야 한다는 것이다.

국묵담의 주장은 비구측의 즉각적인 반발을 가져왔다. 비구측의 최원허는 화합의 원칙에는 찬성하나 지금 이혼한 대처승에게 즉시 승려의 자격을 부여하는 것은 곤란하다고 하였다. 이청담은 이혼한 대처승 문제는 재출가를 할 수 있는 길을 열어 주되, 부처님의 법에 의하여 처리하자는 의견을 내놓았다. 그러자 윤월하는 이청담의 의견을 받아서, 과거의 모든 주장은 다 버리고 우리 대책위원은 부처님 법에 의하여 모든 문제를 원만히 해결하자는 보완 의견을 개진하였다.

이처럼 문제는 종회의원 선거 안건에서 기존 종회와 총무원, 종지 종통, 이혼 대처승 처리 등으로 비화되어 가고 있었다. 또한 국묵담은 주지 선거를 재차 주장하였으며, 윤월하는 이청담이 제안한 종회의원 선거건을 가부표결로 처리할 것을 거듭 주장하였다. 이에 대하여 김상호 의장은 표결하여도 결정은 안 될 것이라며 표결을 거부하였다. 그러자 정금오는 회의 진행이 탈선되니 회의법에 의거한 회의진행을 요망하는 발언을 하였다. 당초 종회의원 선출에 대한 안건을 내놓았던 이청담은 대통령 '유시'에 명

---

46) 〈帶妻僧 167명이 離婚 -7천어 명 중에 이천여 명이 目標-〉《연합신문》 1955.7.28, 〈離婚僧團을 구성 -帶妻僧들 새로운 戰術-〉《서울신문》 1955.7.24, 〈50여 명이 또 離婚 -僧侶繼續키로 한 帶妻僧 動態.〉《동아일보》 1955.7.30.

시된 바와 같은 '왜색승'과 그들이 만든 종헌도 고쳐야 한다면서, 진공상태에 있는 종회의원도 속히 구성해야 한다며 종회의원 선거의 안건을 가결하자고 독촉하였다. 그러나 대처측 이화응은 기존 대처측에서 제안한 주지를 선출한 후 주지대회에서 종회의원을 선거할 것을 주장하고 나섰다.

그런데 여기에서 논란이 되고 있는 것은 현실의 기득권과 조건을 인정할 것인가 아니면 부정할 것인가의 문제였다. 대처측은 기존 종단의 집행부이고 각 사찰의 주도권을 갖고 있었기 때문에, 주지 선거를 통한 현안 타결을 시도하였다. 그러나 비구측은 기존의 교단현실을 배제하고 새롭게 정한 승려자격 8대 원칙에 입각한 승려 중심으로 종회를 구성하여 그 종회에서 종단 개편 및 재건을 기하려는 입장이었다. 더 문제가 되는 것은 기존 대처승 중에서 이혼하여 법적으로는 독신인 승려들을 양측이 인정하는 승려로 인정할 것인가의 여부도 그 대립을 더욱 심화시켰다고 보인다. 이혼한 승려를 인정하고, 주지선거를 하면 과거 대처승 출신의 승려들이 주지가 될 정황은 매우 높았다고 보는 것은 당연한 것이다. 그렇기 때문에 비구측은 적극 반대하였던 것이다.

이러한 문제가 그 대화에 개재되었기에 양측의 대화나 논리는 결코 타협될 성격은 아니었다고 이해된다. 다만 비구측이 주장하는 것이 정부에서 제시한 정화책 실시 요령의 범위 내의 사항이라고 볼 수 있는 것인가의 판단 문제가 남게 된다.

쉽게 타협이 이루어지지 않자, 대처측 위원인 국묵담은 벌써 4시가 넘었으니 폐회하자는 주장을 제기하였다. 그러자 이청담은 토의안건을 속히 가부 표결하고 폐회하자는 의견을 개진하였다. 비구측의 원로였던 이효봉은 부패된 교단을 1일이라도 빨리 성공시키기 위하여 시간이 늦더라도 토의된 안건을 표결하고 폐회하자는 의견을 제출하였다. 윤월하는 이효봉의 주장에서 한발 더 나아가 긴급동의를 요청하면서, 의장의 회의진행이 너무 독재적이라는 지적까지도 하였다.

의장인 김상호는 표결하여도 대립될 것으로 예측하면서, 더 연구를 하고 당국과도 의논하기로 하고 후일로 미루자는 의견을 내놓았다. 그러자 비구측 위원인 최원허는 대립이 될지 안 될지는 모르니 표결진행을 요청하였으며, 윤월하는 또다시 폐회에 동의할 수는 있으나 회의진행에 불만을 노출하면서 차후는 회의법에 의거하여 진행하자는 발언을 하였다.

회의진행 자체가 논란이 되자, 임석하였던 경찰관인 金泰弘 주임은 문교부 당국자의 의견을 들어보자는 의견을 제출하였다. 이에 문교부 사무관은 회의진행은 可否를 통해 진행하는 것이 원만하다는 전제하에 금일 표결할 것인가, 아니면 명일 표결할 것인가를 놓고 표결 처리하는 방안을 제시하였다. 또한 김태홍 경찰관도 원만한 회의진행을 위해서는 회의의 '전진'을 희망한다고 하였다.

이렇듯이 회의 지속을 요구하는 목소리가 높아지자 의장인 김상호는 회의진행 자체에 대하여 표결을 실시하였다. 그 결과는 금일 표결에 5명, 금일 표결이 불가하다에 4명이 나왔지만 의장인 김상호는 불가에 자기의 1표를 행사하였다. 그 직후 명일에 표결하자는 의견이 4명, 명일에 표결은 불가하다는 의견이 5명이 나왔지만 역시 김상호는 전자인 명일 표결에 자기의 표를 행사하였다. 이로써 두 방안 모두 5 : 5로 귀결되었기에 어떤 방안도 결정된 것은 없었다. 회의는 자연 종료될 분위기였다.

윤월하는 표결 처리가 거수결로 진행되었지만 이는 당국의 지시에 의한 것이고, 1차 위원회에서 결정된 즉 무기명 투표에 위반된다는 의견을 개진하면서 무기명 투표에 의한 재투표를 강조하였다. 하지만 수용되지 않았다. 이에 김상호 의장은 명일 다시 계속하기로 하고 폐회선언을 하였는데, 당시는 오후 5시 55분이었다.

3) 제3차 위원회

제3차 사찰정화대책위원회는 1955년 7월 15일 오후 3시, 태고사 법당에서 개최되었다. 참가자는 대책위원 9명,[47] 기록자,[48] 입회관,[49] 임석 경찰

---

47) 불참자 1명은 대처측의 김상호 위원이다.
48) 기록자는 김서운, 육수영 외에 보좌로 文種이 가세하였다.
49) 문교부 주사이다.

관,[50] 기자[51] 등이다.

회의는 3차 위원회 의장인 이청담의 개회선언으로 시작되었다. 이청담이 의장이 된 것은 회의 규칙인 의장의 윤번제에서 나왔다. 그 직후 역시 이청담 의장의 간단한 개회사가 있었다. 이어서 이효봉의 회의진행을 공정하게 해달라는 요청이 제기되었으며, 국묵담은 회의록 낭독을 요청하였다. 이에 이청담 의장은 1차, 2차 회의록을 다 낭독할 것인가 아니면 2차 회의록만 낭독할 것인가에 대하여 질문을 하였다. 기록을 담당하였던 육수영은 발언하기를, 1차 회의록은 양측 기록자가 다 합의하고 2차 회의에서 낭독하였기에, 相違없는 1차 회의록은 생략하고 2차 회의록만 낭독하는 것이 좋겠다고 하였다. 이 의견을 갖고 이청담 의장은 참가 위원들에게 질문하니, 위원 전체가 육수영의 의견에 찬성하였다. 이에 이청담은 서기부에[52] 지시하여 2차 회의록을 낭독하게 하고, 육수영은 2차 회의록을 낭독하였다. 회의록 낭독이 종료된 후 이청담 의장은 회의록에 착오가 있으면 지적해 달라고 요청하였으나, 위원 전원이 이의 없다고 하였기에 작성된 회의록은 통과되었다.

그 후에는 대처측의 위원 국묵담의 또 다른 의견 개진이 있었다. 정부의 사찰정화대책위원회 운영에 관한 공문 내용에 관한 것이었다. 요컨대 그 공문 10조에는[53] "대책위원회의 모든 의결사항은 총무원에 이송하여 이를 실천케 할 것"으로 되어 있다는 것인바, 2차 회의에서 논란이 된 종회의원 선거건은 당국이 지시한 운영 10조에 이탈된 것으로 보여진다는 것이다. 이에 국묵담은 당국의 지시공문 내의 범위의 것만 토의하든가, 아니면 그 공문을 수정한 연후에 종회의원 선거에 관련된 사항을 표결해야 한다는 것이었다.

---

50) 서울시 경무국의 池仙明 외 3명이다.
51) 기자는 평화신문사의 崔德模와 소속 불명의 鄭元燮이다.
52) 서기부는 기록을 담당한 인물들을 지칭하는 것 같다.
53) 필자가 제시한 그 공문에는 9조까지만 나와 있다. 이는 필자가 활용한 사료는 《불교정화분쟁자료》에 있는 것이기에 불완전한 것으로 이해된다. 즉 10조가 누락된 상태이다.

이러한 의견에 대하여 비구측 위원인 윤월하는 국묵담이 총무원의 권한과 문교부 지시문을 거론한 것은 승려대회 소집과 종회의원 선거를 막으려는 의도로 '틀린 일'이라고 단정하였다. 그리고 제2차 회의에서 결정하기를 제3차 회의에서 가부를 표결하기로 하였음에도 불구하고 총무원만을 위주로 언급하는 것은 적절하지 않다고 주장하였다. 나아가서 그는 대책위원은 불교정화를 위한 입장에서 행동해야 함을 역설하고, 당국은 무리한 간섭을 할 수 없다고 주장하였으며, 위원회에서 결정한 '절대적인 안'은 당국에서도 보호하여 줄 것이고 '자주적'으로 해결할 수 있다는 입장을 표명하였다. 이러한 방향이 이승만 대통령의 '유시'의 뜻이요, 문교부 당국의 지시문의 뜻이라는 해석도 덧붙였다. 그리하여 그는 다른 토의를 중지하고 오직 종회의원 선거를 위한 승려대회에 관한 可否 表決을 실시하자고 강력 주장하였다.

그러나 대처측의 박대륜은 총무원에서 선출한 대책위원으로서, 참석한 대표 5인은 총무원을 부정한다면 퇴장하겠다는 의사를 표시하였다. 이에 이청담은 퇴장을 만류하였다. 또한 그 즉시 대처측의 국묵담은 윤월하의 발언은 너무 과격한 개인 '인신공격'이기에 참회할 것을 요구하였다.

회의진행이 원만히 진행되지 못하자, 의장인 이청담은 피차간 회의진행은 원만하게 합의하여 진행할 것이라는 원칙을 상기시키면서 사적 감정이나 인신 공격은 피하자고 제안하였다. 그리고 그는 당시 처한 상황을 다음과 같이 개진하였다.

方今 朴大輪師로부터 總務院을 不認定한다 云云하시나 우리는 總務院은 認定하나 總務院幹部는 認定치 않는 것입니다. 對策委員 構成에 있어서 根本은 總務院側 五名과 禪學院側五名으로 된 것도 事實입니다. 그러나 禪學院이나 總務院이나 다 一方的인 機關으로 存在하고 있는 것이요 全國 宗團을 代表하는 機能은 갖지 못한 것입니다. 그리고 佛敎淨化 原則에 依하여 帶妻僧의 機關인 總務院은 其實 法規上으로 보아 그 機關만 存在한다고 볼 수 있으나 그 幹部에 限하여는 帶妻僧이 물너갈 때 같이 退却한 것임으로 總務院은 現在 眞空狀態에 있다. 우리 十人對策委員會는 모든 問題를 自由로히 討議 決定할 수 있는 唯一한 會 인바 總務院이나 禪學院이나 彼此間 서로 主張할 것이 아니라 佛敎淨化

를 어더케 하면 健全한 宗團을 復舊하느냐가 問題일 것입니다. 그러타면 모든 案件을 派爭으로 主張할 것이 아니라 公正하게 討議하고 會議法에 依한 可否를 決定하는 것이 原則일 것입니다. 會議法을 無視하는 固執은 派爭的인 行動박게 되지 안습니다. 會議 進行은 무엇이든 小數意見을 따르는 것이 않입니다. 多數意見을 따르는 것입니다. 多數決은 即 오른 것을 決定하여 주는 것입니다.

이 발언과 동시에 이청담은 의장으로서 이제부터는 일체 다른 의견을 받지 않겠다고 하면서, 전국승려대회 소집을 통한 종회의원 선거를 하자는 안건에 대한 표결에 들어가겠다고 선언하였다.

이에 비구측의 최원허와 윤월하는 표결에 동의를 표시하였지만, 국묵담은 표결을 반대하면서 윤월하의 참회를 거듭 주장하였다. 그러자 이청담 의장은 오해라는 것을 설명하고, 윤월하는 공정한 회의진행을 위한 발언이었지 사적인 감정은 없기에 참회할 일도 없다고 하였다. 이처럼 양측의 주장이 팽팽한 가운데 비구측의 정금오는 2차 회의에서 결정하지 못한 종회의원 선거의 안건을 표결할 것을 주장하였고, 대처측의 박대륜은 표결은 그만두고 주지선거 문제를 토의할 것을 주장하였다.

이 같은 상황에 처한 이청담 의장은 1건, 1건式의 의사 진행원칙에 의하여 표결할 것을 주장하였다. 그러나 박대륜은 다음과 같이 총무원을 부정하는 현실하에서의 표결을 반대하였다.

> 總務院을 當局도 認定하고 그렇게 存在하고 있는 合法機關이 아니냐, 만일 總務院의 幹部를 認定치 않으면 總務院側으로 나온 對策委員會 代表는 하늘에서 떨어졌느냐

그러나 이청담은 다른 말은 중지하고 표결할 것을 거듭 주장하였지만, 박대륜은 거듭 총무원에 대한 설명을 하였다. 표결을 강조한 이청담 의장의 발언에 이어 박대륜은 종회의원 선거를 위한 會에 대한 설명을 요구하였다. 이에 이청담은 종회의원 선거를 위한 전국승려대회임을 확인하였다.

그 이후에도 국묵담은 토의를 몇 날이고 몇 달이고 계속하여 납득된 후에 표결할 것을 주장하였지만 이청담 의장은 다른 의견은 일체 접수치 않

겠다고 발언하였다. 이효봉과 윤월하는 거듭 표결 주장을 언급하였다. 국묵담은 4시가 넘었으니 산회하자고 하였으며, 윤월하는 대처측 위원인 김상호의 결석 이유를 질문하였다. 이에 국묵담은 이미 의장에게 구두로 전달하였다고 하면서 病故라고 하였다.

마침내 이청담 의장은 표결을 선언하였다. 그러자 박대륜은 몸도 괴롭고 시간이 늦어 퇴장하겠다는 발언을 하였으며, 원보산도 퇴장하려고 하자 정금오가 만류하여 퇴장하지는 않았다. 또한 국묵담은 당국 지시문부터 고치고 대회를 소집하자면서, 당국이 동의하면 언제나 좋다는 의견을 개진하였다. 그러자 윤월하는 대처승이 만든 총무원 간부의 옹호는 대책위원회 운영방법 지시 공문 10조항 중 제4조항에 배치된다고 발언하였다. 윤월하 발언이 종료되자 박대륜은 퇴장하였다.

이에 이청담은 동의, 재청, 삼청까지 된 의안에 대하여 표결을 선언하고, 표결 순서를 설명하였으며, 장내 査察인 소구산으로 하여금 투표 용지를 배부하게 하였다. 그리고 그는 지금 이 시간부터 퇴장하면 회의법에 의거하여 기권이라는 언명을 하면서 퇴장하지 말 것을 요청하였다. 또한 윤월하는 그 즉시 문교부의 사찰정화대책위원회 운영에 관한 공문을[54] 낭독·설명하고, 금일의 표결 안건이 공문 내용에 하등 탈선되지 않는다는 의견을 개진하였다. 그 연후 이청담 의장은 투표방법을 설명하였다.

그러나 투표방법 설명 직후 대처측의 위원 이화응, 국묵담, 원보산과 대처측의 서기인 육수영은 無言退場하였다.[55] 이에 이청담은 개표에 관하여 당시 입회한 정부 당국자와 신문 기자 등에게 입회할 것을 요청하고, 표결 결과를 참가 대중에게 공표하였다. 그 결과는 종회의원을 선거하기 위한 전국승려대회 소집의 무기명 투표에 찬동 5표, 기권 3표로[56] 판단하고

---

54) 그런데 필자가 인용한 사료에는 윤월하가 활용한 문건을 '文敎部 第二案對策委員會 運營에 관한 件'이라고 되어 있다. 여기에서 第二案이라고 한 공문의 성격을 필자로서는 단정하기는 어렵다.

55) 이 이후의 징황은 필자가 주로 활용한 《불교정화분쟁자료》에 있는 회의록에는 누락되었고, 《승단정화사》에 있는 회의록에는 전하고 있다.

56) 대처측 위원의 투표 용지는 백지였으므로 이를 기권으로 인정하였다.

절대 다수로 통과되었다고 선언하였다.

이 결과를 놓고 최원허는 대회 소집안이 가결되었다고 보고 대회 일자, 장소, 대회 소집자 명의를 결정할 것을 요청하였다. 이효봉은 장소는 태고사 법당으로 제안하고, 윤월하는 소집 일자 등 모든 준비는 이청담에게 일임하자는 제청을 하자 전 위원들의 찬성으로 통과되었다. 그러나 이효봉이 소집 명의를 질문하니, 정금오는 대책위원 명의로 하자는 의견을 내놓았다. 이 문제도 역시 위원 전원의 찬성으로 결정하였다. 이러한 과정을 거친 후 3차 위원회는 폐회되었으니 그때 시각은 오후 5시 10분이었다.

회의진행에 있어 대처측 3명은 표결진행 도중에 표결에 응하지 않고 퇴장하였기에, 비구측에서는 그를 기권으로 보고 승려대회의 진행을 가속화하려 하였다. 그 사정과 관련해서는 아래의 내용이 참조된다.

> 그런데 十五일 하오 三시부터 전기 조계사에서 열린 동 대책위원회에서는 五명의 비구측 대표와 四명의 대처측 대표들이 토의한 결과 五대 三(대처측 一명 퇴장 三명 기권)으로 전국승려대회를 소집하여 새로운 종회회원을 선출하기로 표결지었다고 하며 동 승려대회는 오는 八월 一日부터 동 五일까지 五일간 전기 조계사에서 내무부에서 작성한 독신승 명단에 기재되어 있는 승려들이 모여 개최될 것이라고 한다.[57]

이처럼 외형적으로는 승려대회 개최는 합법성을 띤 것으로 보이지만, 대처측은 반대의 성격을 띤 기권이 아니므로 5:3 표결 자체가 불법이라는 의견을 갖고 있었다.[58] 요컨대 그 표결 자체를 근본적으로 거부하였다. 이와 같이 제3차 위원회는 종료되었지만 그 결과를 놓고 비구·대처 양측의 해석이 판이하여 추후의 행보는 예단하기 어려운 것이었다.

4) 제4차 위원회

제4차 위원회는 1955년 7월 16일 오후 2시 50분, 태고사 법당에서 개최

---

57) 〈佛敎淨化委會 第三次는 流會〉《조선일보》 1955.7.17.
58) 〈帶妻僧側은 大會에 不應 佛敎淨化難關〉《조선일보》 1955.7.22.
  〈退場과 表決에 不應 -總務院側, 全國大會 召集問題에-〉《자유신문》 1955.7.17.

되었다. 그러나 이 위원회는 정족수 미달로 개회 자체가 불가능하였다. 그는 대처측 위원들이 제3차 위원회의 투표 표결을 거부한 바에서 이미 예견된 것이었다. 유회된 이 위원회에 참석한 대상은 비구측 대책위원 5명, 입회관,[59] 임석 경찰관,[60] 기자[61] 등이 참석은 하였다.

회의는 이청담 위원장이 유회 내용을 다음과 같이 보고하고 곧 바로 유회되었다.

> 今日 下午 二時半 不參 委員으로부터 今日 議長으로 臨席할 金祥鎬委員의 病故로 會議를 延期하자는 要請 公文이 있었음으로 其에 對한 答 公文을 別紙 如히 發送하고 面答 또는 委員出席을 기다렸으나 參席치 못한다는 口頭 傳達이 있음으로 至今 時間도 임이 下午 四時가 되었으니 今日 會議는 부득이 流會입니다.

요컨대 대처측의 회의 참석 거부로 인해 유회되었다는 보고였다. 김상호 의장이 불참한다는 공문에 대하여 비구측에서도 회신 공문을 보냈다는데, 현재 그 공문은 전하지 않는다. 그러나 그 요지를 전하는 기록에 의하면,[62] 그는 김상호가 병고라면 잔여 위원 4명이라도 참여하여 전일(3차 위원회)의 의장이 의장대리로 진행하겠다는 통보였다.[63] 그러나 대처측 위원은 1명도 참석하지 않았던 것이다.

그런데 다음 위원회가 열릴 예정인 7월 18일의 회의도 개최되지 못하였다. 회의가 개최될 오후 2시 회의에 참가할 위원들인 비구·대처측의 대표자들이 문교부에 내방하여 각기의 주장을 개진하였다. 비구측은 대처측의 불참으로 위원회가 결렬되었기에 3차 회의에서 5:3으로[64] 결정된

---

59) 문교부의 하주사이다.
60) 치안국의 徐班長 외 2명이다.
61) 평화신문사 기자이다.
62) 《승단정화사》 p.493.
63) 그런데 비구측이 이청담을 의장대리로 하겠다는 것은 1차 회의에서 의장 유고시는 타 의장이 대리진행한다는 점을 언급한 것이다. 그러나 대처측은 이 공문의 회신에서 문교부 첫회의에서 의장 유고시 타의장이 진행한다는 결의는 없었다고 하면서 회의에는 끝내 참석하지 않았다.
64) 그런데 당시 《동아일보》 1955년 7월 17일자의 보도기사 〈僧侶大會 召集〉에서

전국승려대회를 대책위원회 명의로 소집하겠다는 것을 통보하였으며, 대처측은 비구측 대표자들이 당국 지시에 반하는 결의를 하였기에 앞으로는 회의에 참가하지 않겠다고 통고하였다.[65]

이후 비구측은 즉시 전국승려대회 개최 준비 체제로 전환하였다. 사찰정화대책위원회의 결의에 근거한 승려대회에서 불교정화의 모든 문제를 마무리하겠다는 의사 표시였다. 이에 7월 19일에는 사찰정화대책위원회 의장(이청담) 명의로 전국승려대회 소집을 공고하였다.[66] 나아가서 승려대회에서 논의할 사항인 종헌 수정 문제, 종회의원 선출 문제 등을 점검하였다. 이에 반하여 대처측은 7월 17일에 이미 위원회의 불참 성명서를 배포하였다.[67] 한편 비구측은 7월 19일에도 혹시나 하는 심정으로 회합을 준비하고 기다렸으나[68] 대처측은 모두 참가하지 않았다. 대처측은 7월 25일자 《동아일보》에 그들의 입장과 논리를 개진한 성명서를[69] 광고로 게재하였다.

그런데 비구측이 추진하고 있는 전국승려대회의 관건은 당시 정부가 그 대회를 인정하느냐의 여부였다. 당시 문교부와 내무부는 이 문제를 둘러싸고 그 해석과 판정에 골몰하였다. 정부는 일시적으로 비구측의 논리에 동의하는 입장을 표출하였으나, 퇴장한 것을 기권으로 볼 것인가의 문제, 대처측의 강력한 반발 등을 고려하여 승려대회 개최를 불허하였다.[70] 이에 정부로서는 또 다른 조치를 취하지 않으면 안 되었다.

그러나 전국승려대회를 추진한 비구측은 예정대로 대회를 강행하였다.

는 그 결정을 5 : 4로 가결되었다고 보도하였다. 이는 먼저 퇴장한 박대륜과 표결 직전에 퇴장한 대처측의 퇴장을 모두 기권으로 본 이해였다.

65) 〈다시 決裂 狀態에 佛敎淨化對策委 連日 流會〉《조선일보》 1955.7.19.
66) 이는 8월 1~5일, 태고사 법당이었다. 그 공고는 등기로 289매가 발송되었고, 《평화신문》 1955.7.22일자에도 광고로 게재되었다. 또한 《조선일보》 1955.7.26 일자의 광고에도 게재되었다.
67) 그런데 그 내용에는 주지선거를 전제로 한 회의 이외에는 참석하지 않겠다는 조건이 있었다.
68) 《승단정화사》 p.497.
69) 그 제목은 '禪學院側 寺刹淨化對策委員의 無理를 聲討함'이다.
70) 〈帶妻側 離婚을 獎勵 僧侶大會는 完全 決裂〉《조선일보》 1955.7.23.

당초 8월 1일부터 시작할 예정이었으나 당국과의 타협으로 인해 8월 1일의 대회는 대회 예비 모임으로 하고, 8월 2일부터는 본격적인 대회를 진행하였다. 그런데 대회를 진행하자 당국은 대회 진행을 방해하는 등 첫날은 정상적인 회의진행을 하지 못하였다.[71] 그러나 8월 3일부터는 예정대로 대회를 강행하였고, 당국도 비구측의 반발을 고려하여 더 이상의 저지는 하지 않았다. 대회에서는 종헌 수정, 종회의원 선출, 628명 주지의 임명, 신집행부의 선출 등을 기하였다.[72]

한편 당국은 8월 3일에는 전국 주요 사찰 60여 개를 선정하여 그 절반인 30개소의 사찰을 비구측에 양도하며, 대책위원회를 개최하여 문제 해결을 시도하는 방안을 수립하고 이를 양측에 통보하였다.[73] 그러나 이 타협안은 비구측에 의해 거절당하였다.[74] 그런데 8월 4일 이승만 대통령은 또다시 불교 담화를 내렸다. 그 요지는 대처승 축출의 당위성과 대처승의 정부 방침 수용의 촉구를 의미하는 것이다.[75] 이승만의 담화는 문교부 등 당국으로서도 또 다른 조치를 검토할 수밖에 없는 현실을 말하는 것이다. 더욱이 이승만은 8월 5일 문교·내무부 장관을 불러 불교 문제를 조속히 해결하라는 강경한 의사 표시까지 하였다.

한편 비구측은 이승만 대통령의 담화에 지지를 표시하고, 승려대회의 결의를 공인하라고 정부 당국에 강력히 주장하였다.[76] 문교·내무부 당국은 숙의를 하여, 기존 방침인 승려대회 부인의 입장에서 긍정의 방침으로 선회하는 입장 정리를 하였다.

---

71) 〈豫定대로 强行된 僧侶大會〉《자유신문》 1955.8.3.
　　〈全國僧侶大會에 騷動劇〉《동아일보》 1955.8.3.
72) 〈集會許可없이 會議를 續行 僧侶大會, 第二日엔 任員改選〉《조선일보》 1955.8.4.
　　〈宗憲改正案 公布〉《동아일보》 1955.8.4.
73) 〈倭色僧侶는 물러가라 李大統領 佛敎問題에 言明〉《동아일보》 1955.8.5.
74) 〈比丘僧側 寺刹分割案 拒否〉《연합신문》 195.8.6.
75) 〈李大統領이 解明 比丘僧支持 理由〉《경향신문》 1955.8.5.
76) 〈大會決議 認定하라 -比丘僧들 當局에 强請-〉《서울신문》 1955.8.7.

5) 제5차 위원회

8월 4일 이승만의 불교정화 유시, 그리고 그에 근거한 정부당국의 입장 정리 등은 제5차 사찰정화대책위원회 개최의 요건으로 작용하였다. 이 5차 위원회의 성격은 기본적으로 이전 3차 위원회에서 표결한 내용을 합법화시키는 것이다. 그 표결이 합법화되어야만 비구측이 주도한 승려대회가 공인받음을 의미하는 것이며 불교의 분규는 해소되는 것이다.

5차 위원회는 대책위원 9명이[77] 참가한 가운데 8월 11일 체신청의 3층 회의실에서 개최되었다. 당시 입회, 배석한 인물들은 전하는 기록이 애매하여 정확하지 않다. 다만 문교·내무부의 관련자가 입회하였다고 한다. 문교부 장관은 참석하여 회의를 일부 주재하였다. 이 위원회의 개최 전후 사정을 전하는 당시의 보도기사를 살펴보겠다.

> 그 후 문교 내무 양당국에서는 종전의 태도를 180도로 전환하여 지난달 십五일 「불교정화수습대책위원회」에서 五대三이라는 투표 결과를 「합법적으로 시인」하는 공작을 추진, 재작 십一일 「중앙교육연구회」 회의실에서 문교장관이 주장하는 「불교정화대책원원회」를 소집하고 동회의 석상(8명 회합) 대회 소집에 대한 표결을 재실시한 바 七대 一이라는 결과를 얻게 된 것이다.[78]

이 보도기사에서 유의할 점은 5차 위원회의 개최 주도를 당시 정부가 적극 주도하였다는 것이다. 그런데 이 위원회가 개최되기 이전 대처측은 회의 참가 자체를 극력 거부하였는데 어떠한 연고로 참여하였는가에 대한 의문점이 제기된다. 그 사정은 위 보도기사에서 '공작을 추진'이라고 표현한 것에서 저간의 사정이 파악된다. 그러면 그 공작의 내용은 무엇이었을까?

당시 정부는 승려대회에 관한 입장 변화를 기할 명분이 필요하였을 것이다. 그리고 대책위원회를 대시 개최하여 이전 표결을 적법하게 통과시킬 수 있다는 확신이 있어야 했다. 한편 대처측의 위원이었던 원보산은 비구측을 내방하여 비구측에 협조하겠다는 의사 표시를 하였다.[79] 원보산

---

77) 불참자는 대처측의 국묵담이다.
78) 〈佛敎界 紛爭終幕 全國僧侶大會으로 合法으로 認定〉《동아일보》 1955.8.13.

이외의 또 1명의 대처측 위원도 비구측에 협조할 기세를 판단한[80] 정부는
위원회를 개최할 명분만 찾으면 되었다. 이러한 사정을 짐작케 해 주는
아래의 기록을 보면 그 정황을 이해할 수 있다.

> 長官室에서 다시 局長室로 會席을 移動한 후 局長의 言及을 보면 眞實한 表
> 情으로 淨化를 贊成하고 또 早速히 解決하는 同時에 文敎部·內務部·法務部
> 體面도 세우고 스님네 佛事도 잘 되도록 하는 妙案이 있다고 하였다. 그 案은
> 1. 文敎部 主催로 十人對策委員을 招請하여 眞摯한 會議로 胸襟을 열어놓고
>   大會를 贊成하여 在席 過半數 合意를 보도록 努力하고,
> 2. 合法的으로 集會屆을 제출하여 正式 會議를 開催하여 먼저 合意에서 可決
>   된 案件을 敏活하게 通過 程度로 하자는데 積極性을 띠우는 表情이 眞情
>   이었다. 그리하여 歡喜한 顔色으로 贊成하고 歸寺하였다.[81]

이 내용에는 당시 정부가 유의한 명분, 즉 체면의 실상이 잘 나와 있다.
정부는 대책위원회를 다시 개최하고, 그 회의에서 적법성을 띤 표결이 나
와야 한다는 입장을 가졌다. 승려대회도 정식 집회신청을 통한 합법성을
갖고 이전 승려대회에서 결의된 내용을 재통과시키면 공인한다는 입장을
개진하였다. 이러한 방안은 정부와 비구측이 모두 만족할 수 있는 묘안임
이 분명하였다.[82]

---

79) 이에 대하여 《승단정화사》(p.540)는 "오늘(8월 8일) 上午 10시경에 元寶山師가
    來寺하여 말하기를 去般 對委會席에서 投票 當時 同伴이 다 退場함으로 立場이
    困難해서 棄權으로 認識하면서 不得已 無言退場하였음으로 오늘 이 자리에 나
    와서 謝過하며 그때 棄權을 確認한다는 確認書를 써서 大衆앞에 제시하여"라
    하였다. 그런데 원보산은 7월 17일에도 비구측을 방문하여 비구측에 협조하겠
    다는 의사 표시를 하였다. 《승단정화사》 p.494 참조.
80) 《승단정화사》 p.540. 당시에는 그 인물이 누구인지는 공개하지 않았다. 이로써
    보면 당시 정부의 '공작'은 상당히 주도면밀하게 진행되었을 것으로 보인다.
81) 《승단정화사》 p.543. 그런데 이 기록에는 원보산 외 추가로 포섭할 대처측 위
    원에 대한 노력을 정부에서 주도하였는지, 아니면 비구측에서 하였는지를 말해
    주는 단서가 있다. 즉 당시 문교부 장관은 비구측 간부(이청담, 손경산)에게 "1인
    만 더 포섭하라고 하였다"는 것이다.
82) 이러한 정부의 노선 결정은 《평화신문》 1955년 8월 9일에 〈佛敎界紛爭 解決에
    曙光, 文敎部서 某種 合意〉로 보도되었다.

그러면 문교부가 대처측 위원을 어떻게 소집하였을까? 이에 대해서는 위원회 종료 후 대처측이 그 위원회가 불법이었음을 개진한 성명서에서 그 편린을 찾아볼 수 있다.

> 이렇던 文教部 長官은 本月十一日 午後에는 態度가 突發하여 我側 寺刹淨化 對策委員 朴大輪, 李華應, 金祥鎬(元寶山은 七月 二十日에 委員을 辭退하였다) 三師를 車에 태워다가 太古寺가 아닌 某處에 모아 놓고…… 十人對策委員會를 개최하는데 對하여 擧手할 사람은 擧手하라고 하였다 한다. 이날 이 자리의 會合 內容은 委員 李華應 師의 증언한 바와 같이 非民主的임은 勿論 참으로 言語道斷인 것이었다.[83]

요컨대 문교부에서 대처측 위원을 의도적으로 '車에 태우는' 방법을[84] 활용하였다. 어쨌든 간에 문교부의 주선으로 모인 비구측 대표 5명과 대처측 대표 4명은 원 회의 장소인 태고사 법당이 아닌 체신청 3층에 있었던 중앙교육연구회 회의실에 모였다. 그러면 7 : 1이라는 표결은 어떻게 나왔는가? 비구측 위원 5명과 사전에 비구측을 지지하겠다는 대처측 원보산은 종회의원 선거를 위한 전국승려대회의 개최를 지지하는 방안에 찬성을 하였다.[85] 대처측의 박대륜은 적극 반대하였으며, 김상호는 문교부장관의 주도를 비판하면서 자진 퇴속한다고 선언하여 문교부장관은 그를 퇴장으로 받아들였다. 그리고 문제시된 것은 잔여 인물인 이화응이었다.

일반적으로 비구측 자료[86] 및 신문 보도에서는 이화응도 찬성을 한 것으로 보고 그 결정을 7 : 1로 이해하였다. 그러나 이화응 자신의 입장을 개진한 성명서에서는 자기는 문교부장관이 8월 12일 오전 9시부터 '10인대

---

83) 〈聲明書〉《불교정화분쟁자료》 pp. 514~515. 이 성명서는 불교조계종총무원장인 임석진의 이름으로 나왔다.

84) 그 구체적인 방법에 대한 것은 이화응의 성명서인 〈李文教部長官의 無理와 元寶山의 變節的 非行을 聲明함〉에 잘 나와 있다.《불교정화분쟁자료》 pp.516~517.

85) 이화응의 회고 성명서에 의하면 원보산은 분명히 거수 표결에서 찬성하였다고 한다.

86) 예컨대 《승단정화사》 p.544에서는 이화응을 찬성한 것으로 기재하였다.

책위원회를 하는 것'에 대한[87] 찬반을 묻는 거수 표결에 대하여, "나는 對策委員會만은 兩側이 合意하여 合法的으로 行하는 것은 贊成하나 非合法的 會議는 贊成할 수 없다고 하였는데"라고[88] 당시의 정황을 언급하였다. 추측컨대 이러한 이화응의 처신에 대하여 거수 표결에 응하지 않은 것을 묵인·동조로 여길 수 있는 여지는 있다.[89] 그러나 후술한 비구측의 자료(회의록)에는 이화응은 분명히 찬동의 입장을 개진한 것으로 나온다. 그리하여 대처측 위원인 원보산과 이화응이 찬성하여 7 : 1의 표결로 결정한 것이다.

그러면 이제부터 당시에도 논란이 되었으며, 후일 비구·대처간의 정통성 문제로 재판 과정에서도 첨예한 초점이 된 5차 위원회의 진행 과정을 세밀히 재구성하겠다.[90]

---

87) 그런데 이화응의 이 성명서 내용은 신빙성에 문제가 있다. 승려대회 개최 여부에 대해서 질문하는 것이 상식인데, 또다시 8월 12일의 대책위원회의 개최 여부에 관한 가부 표결을 할 이유가 없는 것이다. 이는 이화응이 거짓증언을 한 단서로도 볼 수 있지만 단정하기 어렵다. 그러나 회의 이전에 정부에서 또 1명의 대처측 인사가 협조·귀순할 것 같다고 한 기록을 유의하면 이화응의 언행은 애매한 점이 있는 것은 분명하다.
   만일 이화응의 증언이 사실이라면 이청담과 이선근 문교부장관이 언행에 문제점이 있다는 것인데, 이 또한 단정할 형편은 아니다. 현재로서는 이화응의 행적과 발언의 일관성 등이 문제가 더 있는 것으로 보고자 하지만 최종 결론은 유보하겠다.
88) 위의 이화응 성명서.
89) 현재 이에 관한 정확한 자료가 부재하여 그 사정을 단정적으로 말하기는 어렵다.
90) 그런데 이 5차 위원회의 회의록은 약간의 문제점이 제기된다. 필자가 1~4차회의록은 《불교정화분쟁자료》에 전하는 것을 이용하였지만 여기에는 5차 회의록이 전하지 않는다. 이 회의록은 비구측이 4차 위원회를 마치고 그 결과를 정부에 알린 보고서 형태이며, 등사(가리방) 영인이기에 신뢰할 수 있다. 그러나 《승단정화사》의 회의록은 추정컨대 그 등사본을 저본으로 하여 활자 인쇄한 것이다. 문제가 되고 있는 5차 회의록은 《승단정화사》에 2종이 전하고 있다. 그런데 1종 문건의 제복은 5차 회의록으로 기재되지 않고 佛敎淨化對策委員會議錄으로 되어 있다. 그 1종(정화사, pp.634~643)에는 회의가 8월 10일 오후 3시, 문교부 별관에서 거행한 것으로 서술되었다. 그리고 그 2종(정화사, pp.668~676)의 제목

회의는 8월 11일 오후 3시, 체신청 별관에서 개최되었다. 참가자는 대책위원 9명,[91] 임석 관리,[92] 기록[93] 등이다.

회의 초기의 사회와 주도는 문교부 문화국장이 담당하였다. 문화국장이 우선 회의 개최 경과와 성격을 간략히 개진하였다. 그 후 대처측의 김상호는 금번 회의 소집이 이청담의 단독 공문으로 되어 있는 것에 대한 문제점을 제시하였다. 이에 대하여 국장은 쌍방의 대표가 다 비구승들이니 충분히 의사 타협을 하면 좋겠다고 하자, 비구측의 최원허는 그간 회의를 위해 통지를 하여도 불가한 사정을 개진하였다. 그러자 박대륜은 사찰정화를 하고, 주지 선거를 하면 되는데 왜 승려대회를 하느냐며 의문을 제기하였다. 이에 대하여 윤월하는 금일 회합은 이청담이 윤번 의장으로서 소집하였으니 이 자리에서 충분히 토의하자고 하였다.

그 즈음에 임석하였던 치안국의 반장은 임석관의 자격으로서 이전의 위원회가 원만치 못한 상태로 해결되지 않았기에 위원회가 개최하였다고 보고, 불교정화를 논의하여 그 결과를 가부로서 결정하면 되지 않겠냐는 뜻을 개진하였다. 그러나 김상호는 이 회의와 같은 불규칙적 회의는 진행할 수 없다는 의견을 제시하였다. 사회를 본 문화국장은 회의가 개최된

은 佛敎淨化對策會議錄으로 되어 있으며, 8월 11일 오후 3시 체신청 별관에서 거행한 것으로 보인다. 이 2종의 자료는 등사본이 아니고, 활자본이다.

필자는 이 2종의 자료 중 어느 것을 채택하여 5차 위원회를 재구성할까하고 적지 않은 고민을 하였다. 결국 8월 11일로 기재된 것을 선정했는데 8월 11일에 5차 위원회가 개최되었기 때문이다. 다만 그 2종 자료를 비교 검토해본 결과 진행 및 개요는 큰 차이가 없는데 1종은 회의 초창기 내용이 자세하다. 따라서 이를 해명하려면 당시 문교부가 회의를 주도하면서 위원들을 초치하였을 때, 맨 먼저는 우선 문교부 문화국장실로 초치한 이후 체신청으로 위원들을 이동시킨 정황을 고려하면 그 문제 해결의 단서를 찾을 수 있지만 더 이상의 추론은 불가능하다.

91) 불참자는 대처측의 국묵담이다.

92) 문교부 문화국장, 金東日 과장, 河주사이고 치안국의 徐 文化班長, 종로 경찰서의 김태홍 주임과 徐형사 등이다.

93) 비구측의 김서운이 참가하고, 대처측은 불참하였다.

것은 양측이 회의를 원하였던 것에서 나온 것이라고 하면서, 공적인 입장
에서 불교정화문제만 논의하면 되고 모두 비구승인 위원들의 협의를 요망
하였다. 그러나 김상호는 선학원측만 정통비구승이라고 내세우는 현실이
기에 더 말할 필요가 없다고 주장하였다. 이러한 주장에 대하여 이청담은
김상호에게 과격하게 나오지 말고 냉정할 것을 부탁하였다.

 그 후 대처측의 이화응은 선학원측과 총무원측이 협조하여 정화를 기
하자는 의견을 비구측의 이효봉과 나누었음을 상기시켰다. 문화국장은 대
처측이 비구측의 주장으로만 회의를 진행한다는 오해가 없기를 부탁하고,
불교정화를 조속히 기하려는 문교부의 입장에서는 쌍방이 협조하여 주길
다시 요망하였다. 이청담은 금일의 회의는 자신이 의장으로서 소집하였음
을 말하였지만, 김상호는 총무원이 현실적으로 존재하고 있기에 비구측
(선학원)의 승려들에게 총무원의 간부에 포함시키고 주지도 제공할 용의
가 있다는 것을 첨언하였다.

 김상호의 이 주장은 기존 총무원을 인정하라는 뜻이었다. 이는 비구측
이 총무원을 부정하여 승려대회 개최를 강조한 것에 대한 대응의식의 발
로였다. 그러나 이청담은 김상호의 주장을 근본적으로 반박하였거니와,
그 요지는 비구측이 전국승려대회를 개최한 것은 전국에서 모인 승려들이
종단의 문제를 해결하자는 바에서 나왔음을 지적하고 이 회의는 그 전국
승려대회의 개최의 타당성에 대한 가부만 결정하면 된다는 것을 강조하였
다. 문화국장은 이청담이 회의를 소집하는 공문을 발송하였으니, 회의법
에 의거하여 의안을 걸고 회의를 진행하는 것이 타당하다고 주장하였다.

 이러한 논란이 있을 즈음 이선근 문교부장관이 입장하였다. 이에 문화
국장은 그간의 경과를 문교부장관에게 보고하였다. 그 즉시 문교부장관은
발언하기를 불교분규가 속히 해결되지 못한 것의 유감, 대처승의 퇴각 이
후 선학원측과 간동측간의 원만 해결을 기하기 위한 대책위원회가 정상
진행되지 못한 것에 대한 생각, 전국승려대회 개최를 위한 1천여 명의 승
려의 농성 사태를 해결할 현실, 그리고 최종적으로 정부가 제시한 불교정
화안에 대한 찬반의 표결을 해 줄 것 등을 간곡히 개진하였다.

그러나 문교부장관의 주장에 대하여 김상호는 즉각 반론에 나섰다. 그 요지는 총무원측은 그간 이청담, 이효봉과 정화를 기하기 위한 대화도 하였고 선학원측의 요구대로 승려(독신승) 명단의 제시와 대처승의 이혼 등을 하였지만 결과는 쌍방 결렬만 되었음을 언급하면서 회의를 계속할 체면도 없고 민주국가에서 있을 수 없는 일이라는 논리를 강하게 말하였다. 이에 대하여 문교부장관은 비상시기에 비상의 방법을 취할 수밖에 없고, 조계사 법당에 모인 1천여 명의 승려들을 보아 회의진행을 할 것을 요망하였다.

문교부장관의 발언이 끝나자마자, 김상호는 퇴장과 환속을 선언하면서 자신을 승려로 대하지 말 것을 부탁하였다. 이에 박대륜은 7월 15일에는 자기가 먼저 퇴장하였다고 개진하였다. 그런데 그 직후 대처측 위원인 이화응은 "퇴장한 것은 정화의식에 불타서 그리했고 합법적으로 합시다."라는 발언을 하였다. 이청담은 자신이 의장임을 밝히고 회의를 정식으로 개회할 것을 선언하면서 원만한 불교정화를 기할 것을 요망하였다. 윤월하는 즉시 찬성을 표하며, 정식 개회할 것을 독촉하였다.

이청담은 의장석에 앉아 정식으로 개회를 선언한 직후, 불교정화를 끝내기 위해 전국승려대회를 개최함이 어떠한가에 대하여 위원들에게 질문하였다. 이때 김상호는 퇴장하였다. 최원허는 의장의 개회선언에 동의하였으며, 이화응은 "지금 장관께서도 화합하여 하라 하시니 雙方이 잘 和合하여야 합니다."로[94] 발언하였다. 이청담 의장은 회의를 진행하여 우선 지난번 회의에서 종회의원을 선거하기 위한 전국승려대회 소집건에 대한 토의하고, 투표할 때에 일부는 퇴장하여 5:3으로 가결된 안의 처리에 대하여 위원들에게 질문하였다.

박대륜은 자신은 그 안에 반대하였음을 지적하였고, 이화응은 총무원측에서는 사찰의 주지선거를 치른 연후 주지대회를 개최하자는 주장을 하였음을 상기시켰다. 이에 대하여 이청담 의장은 "지금부터라도 전국승려대

---

94) 문제가 되었던 여타의 5차 회의록(1종)에는 이화응의 발언을 "長官께서도 빨리 하라고 하시니 서로 잘 和合합시다."라고 전한다.

회를 개최하는 것"에 대하여 반대인가에 대한 질문을 하였다. 이 질문에 대하여 박대륜은 '반대합니다', 이화응·정금오·이효봉·윤월하는 '반대 아닙니다'로,[95] 최원허·원보산은 '대회 열기 찬성합니다'로 발언하였다. 이청담 의장은 '나도 대회 열기 찬성합니다'로 발언하면서, 대책위원 9명 중에 1인은 환속하고 7대1로서 대회를 개최하기로 결정하였다고 선언하 였다. 문교부장관은 승려대회의 개최가 가결되었기에 행정부로서도 증명 한다는 발언을 하였다.

이에 이청담 의장은 지금 전국의 승려가 다 서울에 모였으니 내일(12 일) 전국승려대회를 개최함에[96] 대한 의견을 묻자, 윤월하는 12일 오전 9 시부터 대회의 개최에 동의하였으며, 이효봉·정금오·최원허의 재청으 로 통과하였다. 마침내 이청담 의장은 12일 오전 9시의 승려대회의 개최 가 가결되었다고 언급하고 폐회를 선언하니 당시 시각은 오후 6시 30분이 었다.

1955년 8월 12~13일, 조계사에서 전국승려대회가 개최되었다. 이 대회 에서는 기존 총무원 및 산하기관장의 일체 해임, 종회의원 선거, 종헌개정 선포, 종단 사무 인계, 신 집행부 선출, 주지선거 등이 이행되었다.[97] 이로 써 불교정화의 1단계는 마무리되었다. 그러나 이 승려대회를 기점으로 종 단 주도권 및 사찰에서 물러난 대처측은 그 구도에 강력 반발하였기에 이 는 또 다른 불교 분규의 연출을 의미하는 것이다. 주지하는 바와 같이 본 고찰에서 살펴본 사찰정화대책위원회의 내용, 특히 제5차 위원회의 표결 내용과 그 표결에서 가시화 된 전국승려대회 결의 사항은 이후 비구·대 처간의 치열한 논쟁, 나아가서는 법원으로 비화된 비구·대처간 정통성 다툼의 요체였던 것이다.[98]

---

95) 다른 자료에는 이화응과 원보산은 '대회하기를 찬성합니다'로, 정금오는 '찬성 합니다'로 나와 있다.

96) 비구측은 당시 오후 4시에 승려대회의 集會 申請屆를 당국에 제출하였다고 한다.

97) 〈一年민에 佛敎紛糾 解消 比丘僧側 勝利 12일 合法的인 僧侶大會를 開催〉〈比 丘僧側 全國寺刹掌握 總務院의 新幹部 選出〉《경향신문》 1955.8.13, 8.14. 〈佛 敎紛爭終熄段階에 宗正에 比丘側 薛石友씨를 推戴〉《조선일보》 1955.8.13.

4. 결 어

이상으로 불교정화의 전개에 중요한 대상 주제이면서, 비구·대처간의 갈등과 대립에 큰 영향을 끼친 寺刹淨化對策委員會의 개요와 경과 그리고 그 내용을 살펴보았다.

이승만의 담화로 야기된 불교계 분규는 기존 총무원의 대처측과 그에 대응된 선학원의 비구측간의 치열한 대립 구도로 나타났다. 그러나 그 대립구도는 불교정화라는 명분과 현실적인 기득권과의 첨예한 갈등을 수반하였다. 이에 그 담화 이후 각측은 이를 자신의 입지로 활용하려는 속성을 가졌기에 상호간의 대화와 타협은 성사되지 못하였다.

이에 그 갈등은 점차 불교계 내부 문제에서 사회 문제로 비화되었다. 당시 정부는 이를 좌시할 수만은 없었으며 더욱이 분규 과정에 지속적으로 나온 이승만의 담화는 공권력의 개입을 유발케 하였다. 요컨대 정부가 그 분규에 적극 개입하여 비구·대처간의 갈등을 종식시켜야 할 지난한 과제에 직면하였던 것이다.

이때 나온 것이 1955년 1월경의 佛敎淨化收拾對策委員會이다. 그 결과 2월 4일에는 양측이 동의한 승려자격 8大 原則을 수립할 수 있었다.

이후 분규 해결은 8대 원칙에 입각한 승려 중심으로 문제를 풀어가면 되었다. 즉 그 원칙에 어긋난 승려는 사찰 밖으로 구축되고 그 원칙에 적격자인 승려들에게 사찰 내에서 활동할 수 있는 여건을 제공하면 되었다.

---

98) 그 관련 내용은 다음과 같다.
　　〈比丘僧側 抗訴 僧侶大會 無效 判定에〉《동아일보》 1956.6.22.
　　〈帶妻僧 宗務를 開始 比丘側은 地方僧尼 上京指示〉《조선일보》 1956.7.31.
　　〈이번엔, 比丘側이 勝訴 曹溪寺를 에워싸고 兩派 紛爭〉《조선일보》 1956.8.15.
　　〈正統派는 比丘側 서울高等法院서 佛敎紛爭에 判決〉《조선일보》 1957.9.19.
　　〈大法院서 高法으로 還送 帶妻僧側의 「淨化委決議無效確認」 抗訴〉《경향신문》 1960.11.24.
　　〈대책위원으로 선임된 대처승과 비구승이 결의한 전국승려대회 결의 무효 확인 소송의 정당한 당사자〉《불교판례집》 p.711의 문건, 1996, 조계종 기획실.

그러나 대처측의 반발이 제기되었는바, 기존 대처승을 교화승으로 인정해 달라는 것이었다. 한편 비구측은 정부에서 인정한 승려 1,189명이 참가하는 전국승려대회의 개최를 통해 문제 해결을 시도하게 되었다. 이는 승려 자격을 가진 대상 승려가 모여 불교의 현안을 직접 해결·조정하겠다는 의사 표시였다.

그러나 당시 정부로서는 비구·대처 양측의 합의하에 승려대회가 열려야 한다는 입장을 갖고 있었다. 따라서 승려대회를 인정할 수 없었다. 이에 비구측은 승려대회를 강행하면서, 정부의 반대에 완강히 저항하였다. 이러한 가운데 정부는 분규를 해소하기 위한 적극적인 대책을 모색하여 5월 9일에는 문교·내무장관 명의의 '寺刹淨化策'을 수립하였다. 이는 이승만 대통령의 재가도 받은 것이었기에 당시 공권력의 의지가 반영된 것이었다. 여기에서 나온 요지는 비구승 중심의 교단 재건으로 보여지는데, 그 추진 방안은 비구·대처 양측의 원로 비구들이 참여한 寺刹淨化對策委員會에서 분규 관련 모든 문제를 처리하는 것이었다.

5월 18일에는 사찰정화책 추진을 위한 문교부 주도의 사찰정화 연석회의가 개최되었다. 그러나 6월 9일, 대처측의 사찰정화책에 대한 이의와 조계사 비구승의 습격 등은 그 추진의 암초로 작용하였다. 점점 문제는 국회 내의 논란으로 비화되는 가운데, 이승만은 자신이 구상하고 있는 불교 정화의 의지를 다시 표명하였다. 이에 당시 정부는 더욱 확실한 정화책을 강구해야 했다. 그 강구책은 일제하의 사찰령과 당시 헌법이 지향한 정교 분리 원칙과의 검토, 그리고 그 검토하의 행정처분을 통한 근원적인 분규의 해소였다. 이 방향은 비구·대처 양측에 통고되었으며, 비구·대처 양측은 공권력의 문제 해결 구도에 합류하지 않을 수 없었다.

새 대책은 5월 9일에 결정한 사찰정화책의 재이행이었으며, 구체적으로는 사찰정화대책위원회의 가동이었다. 이로써 대두된 사찰정화대책위원회 제1차 위원회는 1955년 7월 13일 비구·대처측의 대표 10명이 참가한 가운데 개최되었다. 1차 위원회에서는 주로 위원회 운영 방침을 정하였다. 7월 14일의 2차 위원회에서는 비구측의 이청담이 제안한 종회의원 선거를 위한 전국승려대회 개최의 건이 상정되었다. 그러나 그 안을 찬성하는 비구측과 그 안을 반대하는 대처측의 팽팽한 대립으로 인하여 가시적인 결론을 내지 못하였다. 7월 15일의 3차 위원회에서는 2차 위원회에서 논란이 되었던 종회의원 선거의 건에 대한 비구·대처 양측의 치열한 대립이 진행되었다. 여기에서는 종지 종통, 기존 총무원의 인정, 이혼한 대처승의 인정 여부 등이 제기되면서 그 논란은 더욱 치열하게 나타났다. 마침내 3차 위원회에서는 그 종회의원 선거건에 대한 찬반을 묻는 표결을 하였다. 그러나 그에 반대하던 대처측 위원의 퇴장으로 그 표결은 5 : 3으로 가결 처리되었다.

비구측은 그 표결 결과에 의하여 전국승려대회의 개최를 의도·준비하였다. 그러나 대처측은 그 표결 자체가 불법이라고 반발하였으며, 정부도 그를 공인할 입장이 아니었다. 그리고 7월 16일에 개최될 제4차 위원회는 유회되었다. 그러한 가운데 비구측이 주도하는 승려대회가 예정대로 8월 1~4일에 개최되었으며, 이 혼란을 타개할 또 다른 중재안이 정부에 의하여 만들어지기도 하였다. 또한 이승만은 그의 불교정화에 대한 평소의 지론을 다시 발표하였다. 이에 정부는 또다시 이승만의 의지를 수용하는 방향에서 그 분규를 해소시킬 방안의 착수에 골몰하였다.

그 방안은 곧 비구승 중심의 교단 재건과 대처승의 축출이었다. 정부는 사찰정화대책위원회를 다시 개최하여 적법성을 갖춘 표결 처리를 기하고, 그 전제하에서 승려대회 개최의 합법성을 획득하는 방안을 강구하고 실행하였다. 그리하여 8월 11일 체신청 회의실에서 제5차 위원회가 개최되었다. 그 위원회에서는 이전에 논란을 벌인 종회의원 선거의 건이 다시 토의되었다. 대처측의 반발과 비판하에 강행된 표결은 7대1의 가결이었다. 이 표결에서는 대처측의 위원 2명이 찬성을 한 것으로 나타났다. 그러나 찬성한 위원으로 알려진 이화응은 자신은 결코 찬성하지 않았다고 성명서를 발표하여 이 문제가 대처측 반발의 불씨가 되었다. 그러나 당시 그 위원회를 주도하고 입회한 정부는 이를 인정하지 않았다.

마침내 이 같은 사찰정화대책위원회의 결의에 의하여 8월 12~13일 조계사에서 전국승려대회가 개최되었으며 그 대회에서 결정된 내용을 정부가 공인하였음은 물론이다. 그 대회에서는 기존 집행부의 부정, 종회의원의 선거, 새로운 종헌의 제정·공포, 신 집행부의 선출, 전국 주요 사찰의 주지 선출 등이 이루어졌다.

그리하여 그 승려대회를 통한 제반 결정과 이행으로 불교정화는 일단락되었다. 그러나 이에 반대한 대처측은 그 사찰정화대책위원회의 표결과 승려대회의 결정 등을 전면 부정하면서 그 문제를 법정에서 해결하려고 서울 지방법원에 소송을 제기하였다. 이에 외형적으로 불교정화의 불은 진화되었지만, 불교의 분규는 또 다른 문제를 잉태하며 새로운 단계로 전개되었다. 불교계 내부의 다툼에서 벗어나 법원에서의 갈등, 사찰의 접수와 탈취 그리고 점거와 재탈환 등이 서서히 구체적으로 연출될 수밖에 없는 지경으로 나아가게 되었다.

佛敎再建委員會의 개요와 성격

1. 서 언

　제1공화국 당시 8차례나 등장한 이승만 대통령의 불교 '정화' 담화는 불교계가 비구·대처측으로 양분되며 치열한 갈등을 연출한 결정적인 계기로 작용하였다. 그리하여 이승만 대통령과 그에 촉발된 비구측이 의도한 불교정화는 정상적으로 이행되지 못하고 불교계 분규로 전락하였다. 이에 교단 및 사찰의 주도권과 점유권을 둘러싼 그 대립은 불교계 내외에 큰 문제를 야기하며 급기야는 사법부의 잣대에 의지하는 지경으로 나아갔다. 그리고 1960년 4월 19일의 4·19 혁명은 이제껏 비구측을 성원하였던 이승만의 퇴진을 가져왔기에 일시적으로 대처측의 재기를 도모하였다.

　계속된 혼란 속에서 1960년 5월 16일의 5·16 군부쿠데타는 또 다른 변화를 가져왔다. 국가재건최고위원회로 상징되는 군부세력은 당시 불교계의 분규를 사회 안정의 차원에서 해결을 기하고자 하였다. 그것이 이른바 佛敎再建委員會이다.

　1962년 1월 22~31일, 제4차 위원회까지 개최된 이 불교재건위원회는 군사정부가 당시 불교계 분규를 해소하기 위한 목적에서 구체화되었다. 1961년 8월부터 검토되었던 이 위원회는 갖은 곡절에도 불구하고 비구·대처 양측의 대표가 참여하여 정상적으로 진행되었으며, 그 결과 새로운 종헌과 종단을 성립시켰던 再建非常宗會의 등장을 가져왔다. 그리고 재건비상종회에서 宗憲의 제정 작업을 거쳐 마침내 1962년 4월 11일 이른바 統合宗團이 출범하였다.

그러나 그 후 대처측의 종회의원 구성 비율의 불만에서 촉발된 반발과 이탈로 통합종단 운영의 정상화는 기하지 못하였지만 불교재건위원회의 활동은 일정한 의미를 갖고 있었다. 이는 통합종단과 불교정화의 외형적 틀을 마련하였다는 것이다. 역설적으로는 현재의 조계종과 태고종 분립의 요인도 찾을 수 있는 주제라 하겠다.

불교재건위원회는 재건공약과 재건비상종회의 회칙을 제정하였기에 곧 통합종단의 산실이었던 것이다. 이에 이 위원회의 검토와 분석은 이 시기 불교계 움직임을 이해하는 데 있어 필수적인 주제라 아니할 수 없다. 따라서 이상과 같은 입론하에서 불교재건위원회의 개최 배경과 내용 등의 개요를 정리하고 이를 통하여 불교 '정화'의 본질 및 성격 이해에 또 하나의 단서를 제공하고자 한다.

2. 개최 배경

5·16 군부쿠데타가 발발하자 비구측은 6월 11일 제18회 임시종회를 개최하여 급변하게 다가오는 종단의 문제를 논의하였다. 그러나 그 당시는 5·16으로 인한 파급을 크게 주목하면서도 교단의 주도권을 지속하여 주도하려는 의식이 지배적이었다. 다만 변화된 현실하에서 종단은 '혁명과업'에 협조하는 동시에 기존의 '불교정화'를 완수하는 것을 최선으로 여기었다.[1] 나아가서는 5·16 '군사혁명'과 '불교혁명'은 그 지향하는 바가 동일하다는 현실인식에서,[2] 정화 촉진을 위한 건의서를 혁명정부에 제출하려는[3] 움직임을 보이는 등 현실 유지에 유의하였다.

---

1) 그런데 당시 그 종회에서 언급된 문교부장관의 지시 사항에 대한 문제가 있었다고 하는데, 그에 관한 구체적인 내용은 알 수 없다. 〈第十八回臨時宗會 開催〉《대한불교》 1961년 7일호.

2) 〈軍事革命과 佛敎革命〉《대한불교》 사설, 1961년 7월호.

3) 〈第十八回臨時宗會會議 開催〉《대한불교》 1961년 7월호.

5·16 군부쿠데타 이후, 군부세력의 불교계 분규에 대한 공식적인 대응 방안은 1961년 8월 29일자로 문교부에서 총무원에 보낸 공문서로 구체화되었다. 그러나 필자는 그 공문의 원본은 확인하지 못했기 때문에 그 편린을 전하는 것에서[4] 재구성하겠다.

그 요지는 문교부에서 宗敎團體審議會를 설치하고 불교계 분규는 佛敎再建委員會를 구성하여 해결하겠다는 취지이다. 그리고 그 재건위원회의 위원은 비구·대처 양측뿐만 아니라, 문교부가 지정하는 사회인사도 참여하도록 하였다. 또한 문교부는 문교부가 추진하는 구도와 방법에 대해서 동의한다는 종정의 각서를 요구하였다. 그런데 문교부의 이 구도는 당시 군사정부가 추진한 종교 및 사회단체 등록과 맞물려서 나온 것이다. 요컨대 종단의 단체 등록은 사회단체의 통합과 양성화를 기한다는 명분에서 나온 것으로 문교부의 구도에 합류치 않으면 종교단체로 등록해 주지 않겠다는 것이다. 따라서 비구·대처측은 그 같은 문교부의 의도를 배척할 수 없었다.

비구측과 대처측은 모두 단체 등록을 신청하였다. 그러나 문교부로서는 양측의 단체를 함께 등록해 줄 수 없다. 오히려 그 기회를 불교계의 분규를 해결할 절호의 기회로 활용하였을 것이다. 문교부는 비구·대처측을 하나의 종교단체로 통합시킬 방안을 수립하고 그를 통보하였던 것이다.

그런데 이 같은 방식은 기본적으로 대처승의 존재 자체를 인정하는 것이었다. 대처측은 자연 그 방안에 찬동하는 입장을 견지하였지만, 비구측은 당시의 종단의 주도권을 갖고 있었기에 이에 호응치 않았다.

그러나 비구측은 단체등록과 맞물려 나온 비구·대처간의 분규를 해소하려는 문교부의 구도를 무조건 외면할 수는 없었다. 비구측은 1961년 9월 16일 제19회 임시종회를 개최하여 그 대응 방안을 강구하였다. 당시 비구측의 종회에서 결정한 그 관련 내용은 다음과 같다.

- 覺書는 提出하지 않기로 하고 請願書 및 歎願書 一切 書類를 具備하여 最

---

4) 〈文敎當局에 올바른 認識을 바라노라〉《대한불교》사설, 1961년 10월호.

高會議議長 및 文敎部 長官에게 提出하고 一週日 內로 面會 手續하도록
하고
 － 請願書 및 歎願書 內容과 提出 方法은 推進委員 三人 以上을 議長이 口頭
選出하여 行政府와 協議 推進하기로 一任하고
 － 推進委員은 靑潭스님, 昔珠스님, 月下스님, 大義스님 四名으로 選定되었다.[5]

이 내용의 요체는 문교부의 구도에 즉시 응하지 않는 것이다. 오히려
국가재건최고회의의장과 문교부장관을 만나 청원서 및 탄원서를 제출하
기 위한 추진위원을 선정하였다. 그러나 이것은 간단한 문제가 아니었다.

그러면 여기에서 당시 문교부가 제시한 분규 해결의 구체적인 방안을
살펴볼 필요가 있다. 비구측이 대응한 의견서에는 문교부 해결방안 8개항
이[6] 나오고 있는데, 우선 그 내용을 제시하겠다.

1. 紛糾中에 있는 雙方의 敎權은 그 어느 一方도 韓國佛敎 全體를 代表하는
   機關이라고 認定하지 않는다.
2. 單一宗의 傳統을 지닌 韓國佛敎는 分裂되어서는 안 된다.
3. 韓國佛敎를 代表하는 宗團은 雙方의 代表로서 構成된 新宗會가 新宗憲을
   通過함으로써만 成立된다.
4. 佛敎의 紛糾는 衆和合의 佛敎 本然 姿態에 還元하고 宗敎의 自由 原則에
   依據하여 自律的으로 收拾되어야 한다.
5. 佛敎의 紛糾는 腐敗 舊惡 一掃와 再建 團合을 眼目으로 하는 革命精神에
   立脚하여 淨化와 統合을 同時에 成就하여야 한다.
6. 韓國佛敎는 大衆佛敎로서 그 宗團은 出家 在家의 菩薩로서 構成한다. 但,
   僧侶는 出家修行을 原則으로 하고 寺刹境內에서의 世俗的 生活을 하지 못
   한다.
7. 僧侶의 資格과 身分에 對해서는 새로 構成되는 宗團이 新宗憲의 規定한바
   僧侶資格 節次에 의하여 審査 發給한다.
8. 佛敎의 宗團紛糾로 인하여 雙方이 消盡한 寺刹 財産 및 負債에 關해서는
   새로 構成된 宗會에 共同淸算委員會를 設置하여 處理한다. 但, 이 共同淸
   算의 限界는 確實한 證憑이 있는 訴訟關契費用과 寺刹維持費 等의 經費
   로서 同委員會가 承認할 수 있는 것에 限한다.[7]

---

5) 〈第十九回臨時宗會開催〉《대한불교》 1961년 10월호.
6) 어느 기록에는 7개항으로도 나오는데, 필자는 현재 이를 단정할 수는 없다.

이러한 문교부의 방안에 대하여 비구측은 8개항의 각 내용을 구체적으로 비판하여, 그를 비구승단의 意見書로 정리하였다. 그 비판의 입장을 요약하면 다음과 같다.

비구측은 당시 불교계 내의 비구·대처간의 문제를 '분규'로 보려는 인식을 단호히 부정하고 '정화'로 인식해야 한다는 입장을 갖고 있었다. 다음으로 정화는 식민지불교정책을 극복하려는 것으로 보아야 한다는 것이다. 이 같은 전제하에 불교정화는 군사혁명 과업 중의 하나라는 현실인식을 하였다.

나아가서 비구측은 문교부안인 8항의 근본에는 불교정화 이념을 위배하는 흐름이 있다고 단언하였다. 따라서 문교부가 제시한 조항을 절대 용납할 수 없다는 입장을 견지하였다. 이에 구체적인 실례로 거론한 것은 승려의 자격 문제였다. 즉 출가하여 대처하지 않는 것을 僧으로 지칭하는데 문교부는 僧이 아닌 사람을[8] 僧으로 용인한다고 이해하면서 강한 반발을 하였다. 또한 화동이나 타협은 불교교리에 근거할 때 가능하고 그 경우에만 응하겠다는 입장을 개진하였다. 만약 이 같은 원칙이 지켜지지 않으면, 이는 불교정화를 말살하려는 것이므로 절대 용납되어서는 안 된다고 천명하였다.[9]

의견서는 10월 12일 조계종 총무원장 孫慶山의 이름으로 《대한불교》에 게재되었다. 9월 16일의 임시종회로부터 근 1개월 후에 나온 비구측의 입장 개진인 것이다. 이러한 비구측의 반발로 인해 문교부가 구상한 구도는 즉시 이행될 수 없었다. 또한 비구측은 11월 28~9일에 개최된 제20회 임시종회에서도 기존 입장을 견지하였다. 그 종회에서는 현안이 되고 있는 종단문제에 대하여 佛敎淨化推進委員會를 구성하여[10] 정화와 관련된

---

7) 〈文敎部統合案에 對한 比丘僧團 意見書〉《대한불교》1961년 11월호.
8) 비구측은 대처측을 '帶妻 信徒'로 지칭하였다.
9) 위의 《대한불교》11월호와 같음.
10) 그 위원의 명단은 다음과 같다.
    박벽안, 박법룡, 윤월하 손경산, 오녹원, 이행원, 박추담, 채동일, 이대휘,
    김자운, 류석암, 전관응, 문정영, 김법리.

일체의 문제를 처리하도록 하였다. 더욱이 비구측은 박정희 국가재건최고
회의 의장인 박정희에게 보내는 탄원서를 통해 기존 입장을 강력히 주장
하였다.[11]

한편 문교부는 비구측의 비협조로 돌파구를 찾지 못하였다. 그러나 새
로운 전환점을 찾아야 했을 것이다. 그 조짐은 10월초부터 구체화된 것으
로 보인다. 국가재건최고회의가 대법원에 불교분규와 관련된 소송진행의
중지 요청에서 알 수 있다.[12] 이는 당시 권력의 핵심부인 최고회의 내에서
분규와 관련한 정책 방향을 검토하였음을 예증하는 단서로 볼 수 있다.
더욱이 박정희 개건회의장은 11월 9일과 12월 9일 담화를 발표하여 불교
계 반성을 촉구하고 본연의 자세로 돌아갈 것을 촉구하였다. 이 담화로
인해 문교부는 그 문제 타결에 더욱 집중할 필요성을 절감하였으니, 이른
바 佛敎再建委員會의 條例이다. 이 조례는 1961년 12월 8일 국무회의를
통과하여, 12월 19일에는 비구·대처 양측에 제시하였다. 그 조례의 주요
골자는 다음과 같다.

- 양파에서 각 5명씩과 문교부가 임명하는 3명의 위원 도합 13명의 위원으로
  구성되는 불교재건위원회를 구성하여 불교재건공약과 성명서를 발표하고
- 재건 종단 구성 후 즉시로 법원에 계쟁중인 소송 사건을 일체 취하하며
- 동회 구성 후 1개월 이내에 불교재건비상총회를 구성하여 일체의 분규를
  해결토록 하고
- 양파를 대표하는 위원의 자격은 4288년 분규 발생 전에 승적을 갖고 있던
  자 중에서 현재까지 물의의 대상자 및 양파의 간부로 활동하지 않는 자, 정
  치에 관여치 않는 자, 축첩을 하지 않는 자로 할 것[13]

문교부는 위의 내용을 핵심으로 한 불교재건위원회의 조례를 제시하고,
그에 동의한다는 각서와 재건위원의 명단을 12월 25일까지 제출하도록

---

11) 이 탄원서는 《대한불교》 1962년 1월호에 게재되어 있다. 그런데 필자는 현재
    이 탄원서의 전달 유무에 대하여는 단언할 근거 사료를 갖고 있지 않다.
12) 〈佛敎紛爭 裁判 中止를 指示〉 《동아일보》 1961.10.22.
13) 〈條件附 贊成覺書 써주기로〉 《동아일보》 1962.1.10.

요구하였다. 대처측은 문교부안에 찬동한다는 각서를 보내면서,[14] 일부 내용에 관한 수정안을 함께 제출하였으며,[15] 비구측은 그 각서를 전하지 않고 오히려 비구측의 수정안을 문교부에 제출하였다.[16] 그런데 그 수정안을 낸 비구측의 불만은 대처승을 승려로 인정할 수 없다는 주장을 문교부가 무시하고, 불교재건위원회의 위원 자격 규정에 있어 분규 주동 인물을 제거한다는 내용에서 비롯되었다.[17] 이에 비구측은 재가신도와 출가승려를 엄격히 구분하며, 양파를 대표하는 위원은 출가독신자가 되어야 한다는 요지로 그 수정안을 제출하였던 것이다.

비구측의 수정안 제출은 사실상 문교부 안을 거부한 것이나 다름없었다. 그러나 비구측도 군부세력이 추구하는 분규해소의 구도에 어느 정도는 동참하지는 않을 수는 없었을 것이다. 그런 입장의 변화가 나타난 것은 1962년 1월 9일에 개최된 제7회 정기종회이다. 그 종회에서는 현안이 되고 있는 불교재건위원회 조례에 관한 문제를 4시간 동안 찬반양론을 두고 토론한 결과, 동의한 각서를 일부 수정하자는 문정영의 안이 가결되었다. 동시에 그 재건위원회에 참가할 위원은 비구승단의 주장을 관철할 수 있는 위원 10명을 선출하기로[18] 결정하였다.[19]

---

14) 당시 대처측의 재건위원회에 대한 입장은 당시 대처측 종정이던 鞠聲祐의 聲明書에서 찾아볼 수 있다. 그 내용을 보면, "一九六一年 十月 以降 舊惡을 一掃하는 一環으로 佛教紛爭을 終熄시키고 和同團合으로 佛教를 再建하라는 朴正熙 議長의 屢次에 亘한 談話에 뒷이어 文教 當局으로부터 紛爭 調停方案이 闡明되었을 때에 我等 佛教徒는 非常한 關心과 期待를 가져 왔으며 本人 또한 革命政府의 施策인 以上 이번에는 我宗團을 좀먹어 온 舊惡이 一掃되고 眞正한 和同으로 佛教再建의 기틀이 마련될 것을 期待하고 再建委員을 任命 派送하였던 것이다."라 하였다. 그런데 이 성명서는 대처측이 통합종단을 이탈한 이후에 나온 것이다. 《불교정화분쟁자료》 p.680.

15) 〈끝장없는 佛教紛爭〉《조선일보》 1962.1.10. 그 수정안의 요지는 재건위원은 대처자, 장발자, 俗服者 등을 위원으로 선출하지 말 것과 문교부측이 단독으로 위촉하는 위원 3명을 두지 않는 것이다.

16) 〈佛教紛爭 調停難關에 比丘側, 文教部案 反對〉《동아일보》 1961.12.29.

17) 위와 같음.

18) 그 종회에서는 그 위원 선정과 관련하여 7인의 전형위원에게 일임하는 것으로

그러면 그 일부 수정의 내용은 무엇이었나? 이는 "불교교리와 교법에 의거한 전통성과 적법성을 인정한다."는 전제조건이었다. 그리고 문교부에서 추천하는 위원 3인도 불교의 교리와 교법에 적용되는 인사가 되어야 함을 조건으로 내세웠다.[20]

그 '불교의 전통성과 적법성'에 대한 해석은, 대처자를 승려로 인정하지 않고 재가신도와 출가승려를 엄정 구분한다는 것이다. 그런데 비구측은 그 이튿날인 1월 10일에 가서는 이전 결의를 번복하여 전폭적인 찬동 각서를 문교부에 제출하였다. 이와 관련하여 비구측 손경산 총무원장은 당국으로부터 대처승은 승려로 인정하지 않을 것이라는 확약을 받았다고 언급하였다.[21]

당시 박정희 최고회의 의장은 1월 13일 불교계 분규 해소와 관련하여 다시 담화를 발표하였다. 그 요지는 분규의 수습을 자율적으로 기하라는 촉구와 함께 만약 자율적인 해결과 정부가 제시한 수습책이 이행되지 않는다면 결코 묵과하지 않겠다는 최후 통첩이었다.[22] 비상시기에 공권력 최고 책임자의 이 같은 통첩은 비구·대처 양측이 결코 가볍게 여길 것만이 아니었다. 더욱이 불교재건위원회의 출범을 주도하였던 문교부는 양측이 문교부의 구도에 들어오자 이제는 당초의 수습안을 고집하지 않는 유연성을 보였다. 또한 비구·대처 양측도 문교부의 구도를 이탈할 의사는 없었다.

이 같은 유화적인 분위기에서 1월 18일, 비구·대처 양측은 문교부에서 그 재건위원회의 개최와 관련된 예비회담 성격의 첫 회합을 가졌다. 그 회합에 참가한 양측 대표 각 5인은 이제까지 주장하던 기존 조건을 완전

결정하였다.

19) 〈第七回定期宗會開催〉《대한불교》 1962년 2월호.
20) 〈宗正覺書 條件附내기로 比丘僧, 文敎部요구에〉《경향신문》 1962.1.10.
21) 〈比丘側 當局案에 贊同, 帶妻僧은 僧侶取扱 않을 確約받고〉《동아일보》 1962.1.11.
22) 〈收拾策따르도록 朴議長 警告 談話〉《조선일보》 1962.1.13.

철회하고, 양측 대표 각 5인과 문교부 대표 1인으로 구성한다는 불교재건위원회의 조례를 확정하여[23] 불교분쟁에 관한 모든 것을 이 위원회에서 협의하기로 결정하였다.

마침내 1월 22일 오후 2시, 중앙공보관에서 불교재건위원회의 結成式이 개최되었다.[24] 양측 대표 각 5명과[25] 문교부장관 등이 참가한 그 결성식은 큰 무리없이 진행되었다. 그 경과를 요약하면 다음과 같다.[26]

---

23) 변경된 불교재건위원회 조례는 다음과 같다(《경향신문》 1962.1.18, 「帶妻 比丘 첫 회합」 참조). 그런데 당초 문교부가 제정한 조례의 전문을 확인하지 못하였으므로 일부 수정된 조항과 그 내용은 단정할 수 없다.

一. 本會는 佛敎再建委員會라 稱한다.

二, 本會는 大韓佛敎曹溪宗 宗團의 再建을 目的으로 한다.

三. 本會의 委員 構成은 下記 要綱에서 依한다.

　　1. 委員은 十名으로 하되 兩側 代表 各 五名으로 한다.

　　2. 兩側을 代表하는 委員의 資格은 僧臘 二十歲 以上 또는 十夏 以上 安居를 成就한 者 및 大敎科 또는 專門學校 以上 卒業한 者로서 下記 各項에 該當하지 않는 者라야 한다.

　　　가) 紛糾 發生 以後 現在에 이르기까지 物議의 對象者

　　　나) 政治에 關與하여 腐敗와 不正에 加擔한 者

　　　다) 破廉恥罪로 刑을 받은 자

四, 本會의 發足과 同時에 佛敎再建 公約의 聲明書를 發表하고 再建 宗團 構成後 卽時로 法院에 係爭中인 訴訟 事件은 一切取下한다.

五, 本會에 下記 常任 委員會를 둘 수 있다.

　　1. 總務 2. 敎務 3. 財務 4. 法規 5. 審査

六, 本會는 發足 後 一個月 以內에 佛敎再建非常宗會를 構成하여야 한다.

　　非常 宗會의 모든 準備 事務는 本會가 全擔한다.

七, 本會의 事務所는 서울特別市에 둔다.

　　本會에서 認定하는 寺務職員, 庸人 若干人을 둘 수 있다.

八, 本會의 運營經費는 大韓佛敎曹溪宗團이 負擔하되 그 모든 事務上 責任은 새로 選出되는 總務院長에게 이를 引繼한다.

九, 本會의 運營細則은 本會가 別途로 이를 定한다.

24) 당시 이 모임을 불교재건위원회라고 지칭한 언론도 있었고, 혹은 불교재건위원회 예비회담으로 지칭한 언론도 있었다. 그러나 당시 그 회의록에는 불교재건위원회 결성식으로 전한다.

25) 그 참가자는 재건위원회의 대표로 발표된 인물이다.

　　문교부 문화사회과장의 개식 선언에 이어 삼귀의례와 국민의례를 거행
하였다. 이어서 문교부 사무관의 5·16 혁명공약 낭독이 있었다. 그 후
문교부 문예국장이 양측의 재건위원 명단을 발표하였다. 그 대상자는 다
음과 같다.

　　　비구측(조계사측) : 崔圓虛, 李靑潭, 朴秋潭, 孫慶山, 李行願
　　　대처측(법륜사측) : 趙龍溟, 安興德, 李南采, 朴承龍, 黃晟起

　　다음으로 양측 종정의 선서가 있었는데 비구측은 河東山이, 대처측은
鞠聲祐를 대신하여 朴大輪이 대독하였다. 사실 이 선서는 불교재건위원
회의 공식 출범을 선언하는 의미이기에 그 의미는 매우 깊다. 이제 그 전
문을 살펴보자.

　　　國家와 民族에 끼친 佛敎 紛糾의 害毒을 拂拭하고 大慈大悲의 佛法의 精神
　　에 立脚한 和同 團合의 大韓佛敎를 再建하기 爲하여 우리는 다음 條例에 依한
　　佛敎再建委員會를 構成하여 斬新하고도 統一된 宗團을 設立하기 爲한 모든 準
　　備와 節次를 갖출 것이며 이에 全的으로 呼應追從할 것을 宣誓함.

　　그런데 여기에서 주목할 것은 비구·대처 양측의 종정의 이름으로 선
서된 내용에서 그간의 갈등을 '佛敎紛糾'로 규정하였다는 것이다. 그리고
불교재건위원회를 통하여 교단을 재건하겠다는 방향에 완전 동의하였다.
　　이 선서가 종료된 후, 참석한 문교부장관은 격려사를 하였다. 그 요지
는 일반 사회는 단합하여 국가 재건에 여념이 있는 차제에 '불교계의 분
규'는 있을 수 없으므로 최선을 다하여 불교발전과 국가 사회에 공헌해
달라는 부탁이다. 그 직후 문교부 사회과장의 폐식 선언이 있고, 참가 위
원의 사홍서원 奉唱과 동시에 양측 위원의 악수로써 그 회합은 종료되었
다. 당시 시각은 오후 2시 25분이었다. 이로써 숱한 난관을 극복하고 불교
재건위원회가 가동될 수 있는 터전이 마련되었다.

---

26) 이하 결성식 내용은 《불교정화분쟁자료》(《근현대불교자료전집》 68, 1996) pp.297~
　　301의 〈불교재건위원회결성식기록〉을 참조하였음.

3. 재건위원회의 개최[27]

1) 1차 위원회

제1차 불교재건위원회는 비구·대처 양측의 대표 10명이 참가한 가운데 1962년 1월 22일 오후 2시 중앙공보관에서 개최되었다. 그 진행의 개요를 순서대로 정리하겠다.

개회는 임시 사회를 본 문교부 사회교육과장의 선언으로 시작되었다. 이어서 의원 點名이 있었는데, 양측의 위원 전원이 참석하였음이 확인되었다. 임시 사회가 임시의장 선출에 대한 제안을 내놓자, 이청담은 임시의장은 참가위원 중 최고령자로 추대할 것을 동의하였다. 이에 대하여 전 위원이 찬성하여 최원허가 추대되었다. 그러나 최원허는 '耳聾'으로 인하여 의사진행이 어렵다고 사절하자, 이청담은 다시 그 다음 연장자로 하자고 하였다. 이 제안에 참가위원은 전원 찬성하여 박추담을 임시의장으로 추대하였다.

박추담은 임시의장으로 그 위원회를 진행하였다. 우선적으로 검토한 것은 불교재건위원회의 運營細則의 심의이다. 의장은 참가위원 전체에게 그 세칙의 초안 유인물을 배부한 연후 세칙 낭독을 1독회로 하고, 逐條審議로써 2·3독회 하여 그 일부 조항을 수정하여 통과하였다.[28] 다음으로는

---

27) 불교재건위원회의 1~4차위원회의 내용은《불교정화분쟁자료》의 pp.332~339의 회의록을 정리한 것임. 특별한 경우가 아니면 별도의 인용을 하지 않을 것임.
28) 당시 통과된 그 운영 세칙의 전문은 다음과 같다.
　　第一條 本會는 議長團을 두되 委員中에서 二人을 推戴한다.
　　第二條 前條의 當選者가 決定되었을 때는 臨時議長은 卽刻 當選者의 承諾書를 받고 當選者에게 司會를 引繼하여야 한다.
　　第三條 議長은 佛敎再建委員會를 召集하고 會務를 統轄하며 委員會의 議長이 된다.
　　第四條 처음 召集되는 本委員會에서는 臨時議長을 두되 最高 年令者로 하고 議長이 選出될 때까지 會議를 進行시킨다.
　　第五條 本委員會 委員은 名譽職으로 한다.
　　第六條 本委員會는 다음 事項을 討議 決定한다.

1. 佛敎再建委員會 條例 및 同 細則 改定에 關한 事項
2. 佛敎再建 公約 作成 및 同 發表에 關한 事項
3. 法院에 係爭中인 訴訟事件 取下 節次에 關한 事項
4. 佛敎再建 非常宗會 構成에 關한 事項
5. 新宗憲 制定에 關한 事項
6. 其他 佛敎 再建에 必要한 事項

第七條　委員會는 在籍委員 三分之 以上의 出席으로 開會하고 出席委員 過半數 以上으로 議決한다. 但 可否同數일 때는 二次 表決을 하고 二次表決에서도 贊否 同數일 경우에는 贊否 兩側 代表의 抽籤으로써 이를 議決한다. 議長도 表決權을 가진다.

第八條　佛敎再建委員會의 本會에 上程될 議案의 資料 蒐集 및 起草議案을 專門部別로 審査하기 위하여 總務 法規의 二個 常任委員會를 둔다.

第九條　總務委員會는 委員長 一人 委員 五人으로써 組織한다. 但 構成 人員은 兩宗團 代表의 同一한 比率이라야 한다.

第十條　法規委員會는 委員長 一人 委員 三人으로써 組織한다. 但 構成 人員은 兩宗團이 同一 比率이라야 한다.

第十一條　各 常任委員會 委員은 本人의 希望을 參酌하여 議長團이 選出한다.

第十二條　各 常任委員會의 運營은 佛敎再建委員會 運營 細則에 準한다.

第十三條　各 常任委員會의 任務는 다음과 같다.

1. 總務
   佛敎再建委員會의 人事, 庶務 및 他 常任委員會에 屬하지 않는 全般的인 事項
   佛敎再建委員會의 敎導에 關한 事項
   佛敎再建委員會의 豫算, 決算, 會計에 關한 事項
2. 法規
   本會에 上程될 法案의 起草에 關한 事項
   佛敎再建委員會의 運營面의 審査 分析 및 秩序 維持에 關한 事項

第十四條　佛敎再建委員會에 事務職員 二人, 庸人 二人을 두며 議長團이 委囑한다.
　　　　　事務職員은 議長의 命을 받아 庶務를 擔當한다.

第十五條　事務職員 및 庸人의 報酬에 對하여 別途로 이를 定한다.

附 則
第一條　本會의 細則은 公布한 날로부터 施行한다.
第二條　本會는 非常宗會가 構成되고 新宗團이 構成될 때까지 存續한다.
第三條　本會가 解散할 時는 運營 經費 및 其他 事務 一切를 新宗團에게 引繼한다.

통과된 운영세칙에 의거 의장선출에 들어갔다. 박추담 임시의장은 운영세칙 제1조에 의한 의장선출 방법을 문의하니, 조용명은 의장은 2인을 두되 그 선출방법은 양측(비구, 대처)이 각 1인을 선출하여 회의에 보고하게 하여 확정하고, 회의진행은 양측 윤번제로 하자는 동의를 하였다. 이 동의를 전체 위원의 찬동으로 받아들이고, 의장을 선발하니 비구측은 이청담, 대처측은 조용명이 선출되었다.[29] 이에 선출된 의장 2인은 의장 승인서에 서명날인하였다.

회의는 지속하여 각 분과위원장을 선출하고 소속 위원을 각 분과에 배치하는 것을 토의하였다. 이에 관한 방법은 비구·대처 양측이 각기 자기측에서 위원을 선출하고 위원장은 양측에서 각 1인을 선출하자는 합의로 결정하였다. 그 결과는 다음과 같다.

총무상임위원회 위원장 : 이남채
위 원 : 최원허, 박추담, 이행원, 조용명, 황성기
법규상임위원회 위원장 : 손경산
위 원 : 이청담, 안홍덕, 박승용

기타사항으로 운영세칙 14조에 의거한 사무직원 및 庸人을 선출하였다. 양측에서 서기 1인, 용인 1인씩 선정하자는 합의가 되어, 그 대상자를 선출하였다.[30] 다음으로는 재건위원회의 추후 일정을 결정하였다. 이 일정은 전 위원의 합의에 의해 다음과 같이 결정하였다. 의장은 이청담, 일시는 1월 25일 오전 10시, 장소는 문교부 영사실이다. 폐회 직전에 사홍서원은 결성식시의 봉행으로 대신하고 의장이 폐회를 선언하니 당시 시각은 오후 3시 35분이었다.

---

29) 회의록에는 비구측은 조계사측으로, 대처측은 법륜사측으로 기재되어 있다.
30) 그 결과는 다음과 같다.
　　서기 : 李能嘉 張相烈, 용인 : 崔聖容 崔太永

2) 제2차 위원회

불교재건위원회 제2차 위원회는 1962년 1월 25일 오전 10시, 문교부 영화시사실에서 개최되었다. 2차 위원회도 비구·대처 양측의 대표 10명이 참가하였다. 2차 위원회의 개요도 그 진행 순서에 의거 구체적으로 살펴보겠다.

2차 위원회는 이청담 의장의 개회 선언으로 시작되었다. 참가위원이 삼귀의례를 거행하고, 이어서 1차 회의록 낭독이 있었다.[31] 이청담 의장은 회의록 낭독에 대한 이의를 질문하자, 조용명은 그 회의록 중 삼귀의례와 사홍서원이 누락되었음을 지적하고 그를 보완할 것을 요청하였다. 또한 이남채는 회의록은 전반적으로 이의가 없지만 자구 수정할 부분이 있으나 그는 의장단에 일임하여 수정하자는 동의를 하였다. 이에 대하여 박승용이 재청을 하였고 의장은 위원에게 이의 없음을 확인하여 통과하였다.

다음으로는 재건공약의 심의에 들어갔다. 의장은 재건공약은 초안에 의거하여 그를 법규분과위원이 낭독하고 逐條審議하는 방법을 제시하였다. 이 안이 참가위원에게 받아들여져, 법규위원인 손경산이 그 공약의 초안을 낭독하였다. 그 후 축조심의에 들어가 의장이 우선 전문을 낭독하였다. 이에 박추담은 화합이라는 문귀에 대한 의견을 개진하기를, 內的으로는 삼보와 국가에 대한 참회를 의미하며 外的으로는 부처님과 국가사회간에 약속을 충실히 지킬 것을 의미한다는 점을 명백히 할 필요를 강조하였다. 박추담의 의견에 대하여 조용명은 긍정을 하였다. 의장은 다른 이의가 없음을 확인한 연후 전문은 원안대로 통과함을 선언하였다.

그 후 제1조의 심의에 들어갔다. 의장이 1조를 낭독하고, 이행원은 1조 내용 중 전통과 교리에 충실한다는 표현에 대한 질문을 하였다. 이는 전통과 교리에 대한 개념을 정확히 밝혀두자는 것인바, 그 한계가 분명해야 후환이 없을 것이라는 의견을 개진하였다. 그러자 대처측의 안홍덕은 1월 24일의 공약 초안 자업시에 그에 대한 해석을 '覺書'로 밝혔다고 언급하

---

31) 회의록 낭독은 서기 장상렬이 담당하였다.

면서[32] 재차 논의할 필요가 없음을 주장하였다. 역시 대처측 위원이던 박승용은 안홍덕의 의견에 동조하면서 비공식회의에서 합의하고 각서까지 쓴 것을 다시 언급하는 것에 대한 '底意'를 의문시하였다. 그러나 이를 문제시한 이행원은 비공식 회의에서 합의를 본 것을 정식 회의에서도 논의하여 기록에 남겨둠으로써 효력이 있을 것이라며 다른 의도는 없다고 언급하였다. 이남채는 이행원의 의견을 수용하여 교리와 전통에 대한 개념을 고구려 소수림왕 2년에 수입된 이후의 전통을 말한다고 동의하였다.

그러나 당초 이 제안을 한 이행원은 이남채의 동의안에 찬동하면서도 이는 막연하므로 보다 구체적으로 표현하기를 추가 발언하였는데, 大小乘을 합한 교리와 사부대중으로 조직된 교단의 전통을 말한다는 내용의 보완이었다. 이 같은 의견에 대하여 의장이 위원들에게 그 관련 발언을 주목할 것을 요청하자, 이남채는 이행원의 첨가 발언을 수용하겠다고 언급하였다.[33] 의장은 이남채 의견에 대하여 이의 없음을 확인한 연후, 공약 초안이 낭독과 축조심의를 거쳐 무수정 통과되었음을 선언하였다. 참가위원 전체는 기립하여 합장하였고, 이남채는 통과된 그 공약을 낭독하였다.

그러면 이와 같은 과정을 거친 불교재건위원회 공약 전문을 소개하겠다. 이 공약은 2차위원회의 가장 중요한 성과이면서 동시에 불교정화에 대한 인식의 기준이 될 수 있다는 점에서 매우 중요하다.

韓國佛敎 曹溪宗은 그 間 兩派로 分裂되어 八年間이나 繼續하여 오던 一切의 是非를 止揚하고 오직 和合의 精神으로서 相互團合하여 佛敎 本然의 姿態로 돌아가서 淸新한 宗團을 再建할 것을 三寶前에 嚴肅히 誓願하고 다음과 같이 滿天下에 公約한다.

一. 우리들은 韓國佛敎의 傳統과 敎理에 忠實한 僧團의 淨化를 爲主로 한 佛

---

32) 안홍덕은 법규심의위원이었으므로 그 공약의 초안 작업을 하였을 것이다.

33) 〈佛敎再建委員會 條例 및 再建公約宣布〉《대한불교》1962년 2월호에는 그 '각서'가 전하고 있다. 그는 "한국불교의 교리와 전통이라 함은 불교가 고구려 소수림왕 2년에 수입된 이후의 전통을 말한다."고 기재되었다. 그리고 注로써, "교리는 대소승을 겸한 교리를 말하고 전통이라 함은 사부대중으로 조직된 교단의 전통을 말한다는 명백한 해석을 제2차 회의록에 남겼다."는 내용이다.

教의 隆盛을 達成할 수 있도록 再建한다.

二. 우리들은 佛陀의 根本精神을 받들어 宗團의 紀綱을 바로잡고 時代的 要
    求에 適應하는 大衆佛教를 實踐함으로써 國家 再建事業에 積極 參與한다.

三. 우리들은 往昔의 民族文化에 끼친 佛教의 燦爛한 業績을 거울 삼아 民族
    文化 創造에 寄與할 수 있는 徒弟養成, 布教 및 譯經事業을 爲하여 總力
    을 傾注한다.

四. 우리들은 寺刹守護와 財産管理 및 傳來의 文化財 保存과 아울러 教團 財
    政運營의 徹底를 期한다.

五. 우리들은 韓國佛教의 教勢를 擴張하며 世界佛教와 紐帶를 強化하고 國際
    文化 交流의 實을 거두어 人類福祉 向上에 이바지한다.

六. 우리들은 宗團再建의 課業을 早速히 成就하기 爲하여 一個月 以內에 非
    常宗會를 構成한 다음 宗政機構가 組織됨과 同時에 本委員會는 解散한다.

一九六二年 一月 二十五日
佛教再建委員會

이상과 같은 공약을 통과시킨 다음 위원회는 운영계획서 심의에 들어갔
다. 이청담 의장은 운영계획서 심의에 들어감을 언급하고, 총무분과위원장
에게 그 개요를 말해 줄 것을 요청하였다. 이에 총무분과위원장이었던 이
남채는 그 계획서를 유인물로 배포하고 그 내용을 설명하였다. 이청담 의
장은 이남채가 설명한 내용에 대한 의견을 위원에게 질문하였으나, 위원
들은 이의 없다고 발언하여 만장일치로 통과되었다.[34]

그 후에는 기타사항의 토의에 들어갔다. 의장은 2차 위원회에 불교신도
의 헌화가 있었다는 언급을 하였다. 의장은 기타 사항에 대한 토의를 할
것을 요청하였으나 위원 일동은 없다고 발언하였다. 이에 이청담은 계획
서와 같이 2차 위원회가 열린 동일한 장소에서 3차 위원회를 1월 27일 오
전 10시에 개최할 것을 고지하고 폐회를 선언하였다. 당시 시각은 오전
11시 35분이었으며 참가자 일동은 사홍서원을 하였다.

---

34) 그런데 현재 그 계획서는 전하지 않는다. 당시 그 사정을 보도한 《동아일보》
    (1962.1.25, 「佛教 再建公約發表」)에는 그 내용을, 27일 3차 위원회에서 비상종회
    조례작성, 2월 12일 총무원장을 선출하고 새 종헌을 제정하기 위하여 비상종회
    를 소집한다는 것으로 요약하였다.

3) 제3차 위원회

제3차 위원회는 1962년 1월 29일 오전 10시 30분 중앙공보관에서 개최되었다. 위원 10명이 참가한 가운데 회의는 삼귀의례 직후, 조용명 의장의 개회 선언으로 시작되었다. 우선 2차 회의록을 낭독하자,[35] 위원 전원이 이의가 없다고 하여 통과하였다.

그 후 3차 위원회 결정 사항 중 가장 중요한 불교재건비상종회 會則을 심의하였다. 조용명 의장은 이에 대한 심의방법을 위원에게 문의하자, 이청담은 3독회를 하여 심의 통과하자는 동의를 하였다. 이에 전 위원의 찬성으로 그 안이 통과되었으며, 손경산 법규위원장은 그 전문을 낭독하였다. 낭독 후 이남채가 大體 討論을 거쳐 축조심의로 넘겨 표결하자는 동의를 하자 이에 대하여 이행원은 재청을 하고, 전 위원은 이를 받아들였다.

종회 회칙의 내용 검토에 들어가서 논란이 된 것은 그 회칙의 제5조, 즉 종회의원의 자격과 그 선출 문제였다. 이 조항에 대하여 이행원은 특수한 예를 고려하여 다음 예비회담에서 논의하자고 하였고,[36] 이 동의를 전 위원이 일동 찬성한 다음 그 전문 22조(부칙포함) 회칙의 전문을 수정하여 통과하였다.[37] 그런데 이를 보도한 《동아일보》에서는 그 회칙 중 비

---

35) 낭독은 서기 이능가를 대신하여 金慧淨이 대독하였다. 이 대독 연유는 알 수 없다.

36) 그런데 이행원이 주장한 '특수한 예'의 내용이 애매하다. 종회의원 자격에 대한 논란인지 아니면 별도의 뜻을 말하는지 단언할 수 없다.

37) 당시 통과된 불교재건비상종회칙의 전문은 다음과 같다.
- 第一章 總則
  第一條 本會는 佛敎再建非常宗會라 稱한다.
  第二條 本會는 佛敎再建 公約에 立脚한 新宗憲의 制定 및 中央 宗團의 構成과 兩宗團의 未決된 事項을 整理함을 目的으로 한다.
  第三條 本會의 事務所는 서울特別市 鍾路區 壽松洞 四十四番地에 둔다.
- 第二章 組織
  第四條 本會의 議員은 三十名으로 하되 兩側 各 十五名의 比率로 한다.
  第五條 本會의 議員은 左記 事項에 準하여 佛敎再建委員會에서 選出한다.
  　　가. 僧臘十五歲 以上으로서 安居十夏 以上인 者 또는 大敎科나 佛敎專門學校 以上 卒業한 者와 同等 以上의 學力을 가진 者.

나. 破廉恥罪 以上의 刑을 받지 않고 思想이 穩健한 者.
다. 淨化 理念이 徹底한 者.

• 第三章 任務

第六條 本會는 韓國佛敎 宗團의 最高 決議 機關으로서 左記 事項을 議決한다.

가. 會則의 制定 및 修正.
나. 大韓佛敎曹溪宗 宗憲, 宗法의 制定.
다. 新 宗團의 構成.
라. 大韓佛敎曹溪宗의 紀綱確立.
마. 其他 佛敎再建에 關한 一切 事項.

• 第四章 機構

第七條 本會에는 다음의 機構를 둔다.

가. 議長團 議長 一人 副議長 一人.
나. 事務局 局長 一人 幹事 若干人.
다. 常任分科委員會(總務, 敎化, 財政, 法規, 審査) 委員長 各 一人, 副委員長 各 一人, 委員 各 若干人 各 分科委員會에 專門委員 若干人 幹事 若干人.

第八條 議長은 本委員會를 代表하고 副議長은 議長을 補佐하며 議長 有故 時엔 副議長이 그 職務를 代行한다.

第九條 事務局長은 議長의 命을 받아 事務一切를 管掌하고 幹事는 事務局 長의 指示로 所管 事務를 擔當한다.

第十條 常任分科委員長은 所屬 分科를 代表하여 會務 一切를 掌理한다. 各 分科의 專門委員은 諮問에 應한다.

第十一條 本會는 在籍議員 三分之二 以上으로 開會하고 出席議員 過半數 以上으로 議決한다.

第十二條 本會의 議長團은 本會議에서 無記名投票로써 出席議員 三分之二 以上의 贊成으로 選出한다.

第十三條 事務局長은 議長團의 指命으로 本會의 認准을 얻어야 한다. 事務 幹事는 事務局長의 提請으로 議長이 이를 任命한다.

第十四條 各分科委員長은 本會議에서 無記名投票로 出席議員 過半數의 贊 成으로 하고 各分科委員은 議員의 希望을 參酌하여 議長團에서 이를 配定한다. 各 分科 專門委員은 所屬 分科의 指命으로 議長 이 이를 委囑한다.

• 第五章 事務分掌

第十五條 本會의 事務局 및 各 分科委員會의 事務分掌은 다음과 같다.

가. 事務局엔 議事記錄, 文書整理, 經理 및 會議에 關한 事項.
나. 總務分科委員會는 企劃, 運營 및 各 分科에 屬하지 않는 事項.
다. 敎化分科委員會는 布敎, 譯經, 出版, 法要, 儀式, 資格考試, 僧規, 社會 事業, 模範叢林 設立 維持, 宗立學校 設立維持, 私設寺庵 整備, 佛敎

상종회의원의 자격문제가 비구측이 양보하여 비구·대처·독신·이혼 등
의 차별과 제한을 두지 않기로 합의되었음을 중점 보도하였다.[38]

　기타사항으로 '석가모니불'이라는 영화 제작과 관련하여 다음 비상종회
에서 정식 안건으로 상정하여 처리하자는 의결을 하였다.[39] 이후 참가자
전원이 사홍서원 봉행을 하고 의장이 폐회를 선언하였다. 당시 시각은 1
시 50분이었다.

　　　　藝術文化 觀光事業 等에 關한 事項.
　　라. 財務分科委員會는 寺有財産保存, 企業體 運營, 兩宗團의 債權, 債務의
　　　　整理 等에 關한 事項.
　　마. 法規分科委員會는 宗憲, 宗法의 制定 및 改正, 條例制定, 宗團法規解
　　　　說에 關한 事項.
　　바. 審査分科委員會는 事務監督, 議員 및 僧尼 資格審査, 情報調査에 關한 事項
　• 第六章 會計
　　第十六條 本會의 經費는 本宗團에서 이를 負擔한다.
　　第十七條 本會의 豫算 및 決算은 本會의 議決로 한다. 但 議員手當 및 職員
　　　　報酬 規程은 別途로 이를 定한다.
　• 第七章 附則
　　第十八條 本會則은 宗憲, 宗法과 同等한 效力을 갖는다
　　第十九條 本會의 運營細則은 別途로 이를 定한다.
　　第二十條 本會의 效力이 發生하는 同時 本會則에 抵觸되는 旣定 法規 一切
　　　　는 그 效力이 中止된다. 、
　　第二十一條 非常宗會는 再建課業을 修行하여 宗會가 構成될때까지 存續한
　　　　다. 但 四個月內에 新宗會가 構成되어야 한다.
　　第二十二條 本 會則은 一九六二年 二月 一日부터 그 效力이 發生한다.
38) 〈非常宗會議員 兩派서 15명씩〉《동아일보》 1962.1.28.
39) 석가모니 영화는 동화사와 관련 맺으면서 한국영화사에서 제작되고, 이청담의
　　감수 및 총무원 후원으로 제작되었다. 그러나 그 내용이 종교 본지에 어긋나고
　　흥미 본위의 영화이기에 상영 제재 조치를 취해야 한다는 논란이 있었다. 그런
　　데 통합종단의 제5회 중앙종회가 열린 1963년 11월 19일 이 영화와 관련하여,
　　행정부(총무원)에 위임하여 석가모니 영화는 물론이고 기타 불교 영화도 함부로
　　제작하지 못하도록 결의하였다. 그 후 1964년 1월 26일의 제6회 임시중앙종회
　　에서도 이와 관련하여 석가모니 영화의 상영 제재조치를 취해 달라는 건의가
　　있어, 이 영화에 대한 조계종의 태도를 명백히 밝힐 것과 불비한 장면을 보완
　　해 줄 것을 이청담과 총무원에 위임하기로 결의하였다. 이상의 사실은 《제1대
　　중앙종회회의록》(1999, 중앙종회) p.212, 236 참조.

4) 제4차 위원회

제4차 위원회는 1962년 1월 31일 오전 11시, 문교부 문예국장실에서 개최되었다. 이 회의에도 양측의 위원 10명 전원이 참가하였다. 먼저 의장인 이청담이 개회를 선언하고 이어서 삼귀의례를 봉행하였다. 구체적인 토론에 들어가기 이전 우선 3차 회의록을 낭독하였던 바, 이에 대한 이의가 없어 회의록 낭독은 통과되었다.

그 후 4차 위원회의 주된 내용이던 재건비상종회의원 선출 작업에 들어 갔다. 이남채는 이미 법규위원회에서 그 명단을 합의하여 작성하였음을 지적하면서, 그 명단에 의해서 심의하자는 의견을 제출하였다. 손경산 법규분과위원장은 양측의 명단을 낭독하였고 의장은 그 명단에 의해 심의해 줄 것을 요청하였다. 가장 먼저 문제를 제기한 위원은 이행원이다. 그는 대처측의 의원으로 추천된 尹基元이 刑을 받았다는 사실이 있음을 제기하면서 윤기원은 신원증명서를 제출하여 차기 불교재건위원회에서 재심의할 것을 동의하였다. 이 주장에 대하여 대처측 위원인 이남채는 재청을 하였다.

그러나 박승용은 윤기원뿐만 아니라 비상종회의원은 취임 승낙과 동시에 이력서를 제출하도록 하고 불교재건비상종회 회칙 제5조에 의거하여 심의할 것을 동의측안(이행원 동의)에 첨가할 것을 주장하였다. 회칙 5조는 비상종회의원 자격 조항이다. 이러한 박승용의 주장에 대하여 이행원과 이남채는 이를 수락하여 만장일치로 통과하였다.

마침내 이청담 의장은 불교재건비상종회의원 30명이 선출되었음을 선언하였다. 그 당시 선출된 명단을 제시하면 다음과 같다.[40]

조계사측(비구)
李青潭 朴秋潭 孫慶山 李行願 文濤影 蔡東日 李能嘉 崔月山
吳綠園 尹月下 朴汶星 金瑞雲 朴梵龍 金日陀 金智曉

---

40) 그 회의록에는 본명, 법명, 생년월일, 승랍, 안거, 법계, 학력, 경력, 현직, 재적사 등이 자세하게 전한다. 이 중 해당 승려의 법명을 제시하였다.

법륜사측(대처)
權漢鏡 趙龍溟 邊峰庵 劉東山 尹錦松 宋靜岩 李月河 崔茶泉
安德庵 李南虛 朴瑞峰 李龍峰 尹寄峰 李臥雲 黃呆峰

　기타 사항의 토의에 들어가서는 이행원이 비상종회의원의 유고시를 대
비하여 6명의 보궐위원을 선출하되 비상종회의원 자격에 준하여 선출하
자는 동의를 하였다. 이에 대해서 참가위원은 찬성하여 그 보결위원을 선
출하였다. 그 대상 명단은 다음과 같다.[41]

　　조계사측(비구) : 金大越 楊聽雨 李道雨
　　법륜사측(대처) : 李藝松 朴石峰 李大郁

　비상종회의 의원과 그 보궐의원을 선출하고 회의는 종료되었다. 이에
이청담 의장은 폐회를 선언하였으니 당시 시각은 오전 12시 10분이었다.
이제 비구·대처 양측은 4차례의 위원회를 개최하면서 자율적으로 수립
한 원칙과 기준에 의해서 불교재건비상종회를 운영할 수 있는 토대를 마
련한 것이다.

4. 결 어

　이상으로 1962년 통합종단의 중요한 기반을 제공하였던 불교재건위원
회의 개요를 살펴보았다.
　1954년 이래 8년 간 진행된 비구·대처간의 분규는 그를 촉발시킨 이
승만 대통령과 비구측의 목표와 당위성에도 불구하고 숱한 사건, 사고, 후
유증을 남긴 채 4·19 혁명과 5·16 군사쿠데타를 맞이하였다. 그리하여
4·19 이후에는 일시적으로 비구측의 위축과 대처측의 재기가 있었지만
5·16의 발발로 인하여 그 변화 또한 무의미한 것이었다. 그런데 당시 정

---

41) 이 보궐위원에 대한 신상도 그 회의록에 종회의원으로 선출된 대상과 같이 자
　　세히 전한다. 그리고 李大旭은 법명이 전하지 않아 본명을 제시하였다.

권을 차지한 군부는 불교계 분규를 사회 안정의 차원에서 해소하려는 의도를 갖고 있었다. 이에 그 대안과 방안으로 등장한 것이 사회단체 등록이다. 즉 비구·대처의 통합을 전제로 종교단체의 등록을 받아 주겠다는 것이다.

당시 문교부의 의도와 구도는 현실을 인정한 전제에서 나온 것이었다. 그 현실인정이라 함은 곧 사회적인 문제와 분규를 일으키고 있는 당사자인 대처측을 인정하는 것이다. 이 배경하에서 나온 것이 1961년 8월 29일 문교부에서 비구·대처 양측에 보낸 공문이다. 이에 대해 대처측은 그를 수용하였지만 비구측은 받아들이기를 거부했다. 비구측의 입장은 이제껏의 불교정화를 부정한다는 현실인식에서 나온 것이다. 때문에 문교부의 구도를 수용한다는 종정의 동의각서를 제출하지 않았다. 오히려 청원서 및 탄원서를 제출하겠다는 의사 표시를 하면서 기존의 불교정화를 조속히 완료한다는 입장을 개진하였다.

그러나 박정희 재건최고회의장의 분규해소를 촉구하는 담화로 상징되는 군부의 통첩은 비구·대처 양측 모두 무조건 거부할 여지는 희박하였으며, 비구측도 그 구도를 수용할 수밖에 없었다. 이 같은 군부의 해결방안과 구도에서 가시화된 것이 불교재건위원회이다.

1961년 12월 9일, 정부는 국무회의에서 불교재건위원회의 조례를 통과시키고 비구·대처 양측에 그를 수용하라는 최후 통첩을 하였다. 그런데 이 조례는 당초의 구도를 유지하면서도 비구측의 반발을 고려하여 적지 않은 유연성을 내포한 것이었다. 그 요지는 비구·대처 및 사회인사가 참여하는 재건위원회의 구성, 재건 종단 구성 후 법원에 계류중인 일체의 소송 사건 취하, 불교재건비상종회를 구성하여 일체의 분규 해소, 재건위원의 자격 등이다.

마침내 비구·대처 양측은 그간의 반발과 이견을 극복하고 1962년 1월에는 문교부의 구도에 합류하였다. 때문에 이 불교재건위원회의 가동은 곧 공권력이 제시한 구도의 이행을 의미하는 것이다. 그러므로 이 재건위원회의 성격도 제1공화국 당시 이승만의 불교정화 담화에서 나온 사찰정화대책위원회의 성격과 크게 다를 수는 없는 것이다. 요컨대 자율적인 불교정화와 자주적인 종단의 재건을 담보하기에는 그 출발부터 태생적인 한계를 내포하였다.

1962년 1월 18일 불교재건위원회의 개최를 위한 예비회담이 개최되었으며, 1월 22일에는 불교재건위원회의 결성식을 갖기에 이른다. 그 결성식에서 비구·대처 양측은 재건위원 10명의 명단을 확정하고 재건위원회의 운영의 틀인 조례를 결정하였다. 이후 비구·대처 양측은 1~4차 위원회를 개최하여 불교재건위원회의 운영세칙, 재건공약, 재건비상종회의 회칙을 제정하였으며 재건비상종회의원 30명을 선출하였다. 이로써 불교재건위원회는 그간의 분규를 해소하고 통합종단이 출범할 수 있는 기반을 조성하였다.

이처럼 불교재건위원회는 5·16 군부쿠데타의 발발을 계기로 인하여 등장하였으며, 1962년 4월 통합종단의 출범을 담보하였다. 그러나 그 출발부터 공권력이 제시한 구도에서 출발하여 자주와 자율이라는 측면에서는 한계를 노정하였다. 그럼에도 불구하고 재건위원회는 비교적 정상적으로 운영되었으며, 재건비상종회가 출범할 수 있는 기반을 마련하였다는 데에서 일정한 역사적인 의의를 갖고 있다. 요컨대 불교재건위원회 자체의 진행 및 운영에 있어서는 비구·대처 양측이 동의하였기에 협의적인 의미에서 재건위원회의 위상, 결의 내용 등에 대한 문제점이 거의 없었다는 것을 주목할 수 있다.

조지훈·이청담의 불교계 '紛糾' 논쟁

1. 서 언

1954년 5월 20일, 당시 이승만 대통령의 제1차 불교의 '정화' 담화가 발표될 때부터 1970년 5월 8일, 한국불교 太古宗이 문교부로부터 종단으로 인정받기까지 한국불교는 이른바 비구·대처간의 치열한 분규[1]를 겪었다. 이 17년 간의 분규로 인하여 불교는 여러 방면에서 큰 상처를 입었으며, 사회적인 위상에 결정적인 타격을 받기도 하였다.

이 분규는 불교계 내부의 문제로 볼 수도 있지만, 한국인의 사상·문화·정신에 끼쳐온 불교의 영향력을 고려할 경우 단순히 불교의 문제로 제한할 바는 아니라 하겠다. 요컨대 불교계는 이 분규로 인하여 민족불교로서의 위상에 결정적인 손실을 입었을 뿐만 아니라 불교의 수행정신이 상실되었다는 비판을 감수해야만 했다. 그런데 지금껏 이 문제는 현실적인 이해관계 등으로 인하여 그 개요는 말할 것도 없고, 기본적인 이해와 분석을 기하려는 최소한의 노력조차도 없었다.

그 분규의 외형적인 원인은 일제하의 植民地佛敎의 유습인 승려의 대

---

1) 분규란 표현은 조지훈과 이청담간에 전개된 논쟁에서 분규라 표현되었던 연유에서 일단 분규로 하였다. 1954~70년에 전개된 비구·대처간의 갈등과 대립은 그간 비구측(조계종)에서는 淨化로, 대저측(태고종)에서는 法難으로 사용해 있다. 필자는 아직 이에 대한 명확한 이해의 수립, 개념의 정립 등이 되어 있지 않다. 이 문제는 그와 관련된 자료수집, 분석, 연구 등을 거쳐야 가능할 것으로 보인다.

처이다.[2] 일제하에 보편화되었던 대처는 일제의 불교정책에서 기인하였다고 볼 수 있지만, 일면으로는 불교의 大衆化를 기하려는 일단의 승려들은 이를 불교대중화의 첩경으로 인식한 경우도 적지 않았다. 그리하여 승려의 대처를 일제의 불교정책에서 유래되었으며 그로 인하여 한국불교 전통이 말살되었다고 보았던 비구측과 불교대중화를 위해서는 불가피한 조처로 이해한 대처측의 논리와 현실적인 이해관계가 대립하였다. 8·15 해방 직후 식민지불교의 극복과 불교혁신의 움직임에서도[3] 그 문제는 敎徒制로 지칭되면서 논란이 적지 않았지만 자율적인 해결은 기하지 못하였다.

한편 장기간의 분규는 불교 내부의 수행정신의 퇴보와 부적격자의 불교계 유입 등을 초래하여 불교가 과연 종교가 지향하는 기본 속성을 갖고 있는가 하는 의구심까지 받게 되었다. 또한 국가권력이 개입되었으며, 분규의 본질에는 승려의 名利 추구가 개재되었다는 지적도 제기되었다. 더욱이 그 이후의 불교계는 문중간의 갈등, 종권 갈등 등을 지속적으로 연출하면서 사회적인 우려를 낳았다. 이에 그 분규의 정리는 시급을 요하는 것으로 볼 수 있다. 그러나 현실적인 이해관계라는 난관으로 인해 학문적인 접근 자체가 지난한 것이 오늘의 형편이다.

이에 그 분규를 이해하기 위한 디딤돌로서 분규의 와중에서 전개된 趙芝薰과 李靑潭의 분규 논쟁을 정리하고자 한다. 이 논쟁은 1963년 8~9월, 《동아일보》의 지상을 통하여 각 2회씩 의견이 개진되어 총 4회의 지상논쟁이 전개되었다.

---

2) 鄭珖鎬, 〈韓國 近代佛敎의 '帶妻食肉'〉《한국학연구》 3, 1991.
　　金光植, 〈1926년 불교계의 帶妻食肉論과 白龍城의 建白書〉《한국독립운동사연구》 11, 1997.
3) 8·15 해방 공간의 불교계 활동은 아래의 졸고가 참고된다.
　　金光植, 〈8·15解放과 佛敎界의 動向〉《불교사연구》 창간호, 1996.
　　────, 〈佛敎革新總聯盟의 결성과 이념〉《정덕기박사화갑기념논총》 1996.
　　────, 〈全國佛敎徒總聯盟의 결성과 불교계의 동향〉《목정배박사화갑기념논총》 1997.
　　────, 〈해방 직후 제주불교계의 동향〉《한국독립운동사연구》 12, 1998.

주지하는 바와 같이 조지훈은 시인으로 널리 알려졌지만 그는 일제하 불교계가 경영하였던 혜화전문의 국문과 출신이었으며, 졸업 후에는 월정사 강원의 외과 강사를 역임하였다. 이 논쟁을 전개할 당시에는 宗敎團體審議會 委員이었다. 더욱이 그는 지조론의 집필, 혹은 타협하지 않는 생활을 통하여 일반 사회에서는 올곧은 지사로 널리 알려진 인물이다.

한편 옥천사 출신 승려였던 이청담은 당시 曹溪宗 中央宗會議長이었는데, 그는 비구측을 대표할 수 있는 그 분규의 핵심 당사자였다. 그리고 일제하에서도 불교개혁을 위한 활동의 일선에 있었다. 즉, 강원교육을 통한 불교개혁을 주장한 1928년의 朝鮮佛敎學人大會의 핵심 주도자였으며,[4] 한국 전통선 부흥을 통한 항일불교의 기치를 세우며 등장한 禪學院의 후신인 朝鮮佛敎禪理參究院(1934.12)의 이사였고,[5] 한국불교의 전통선맥을 구현하기 위해 1941년에 개최된 高僧遺敎法會에 참가하였다.[6] 또한 그는 이승만의 정화담화에서 촉발된 분규가 시작되자 비구측을 제일선에서 진두지휘한 인물이었다. 이 같은 그의 이력은 당시 비구측 조계종단을 대표하는 승려로 보는 것이 타당하다고 하겠다. 즉 그의 주장은 당시 비구측 승려들의 논리를 대변하고 있다.

따라서 조지훈과 이청담의 성향에 비추어 볼 때, 그들의 분규 논쟁은 우리의 관심을 끌고 있다. 이청담은 비구측의 입장과 논리를, 조지훈은 비구·대처측의 입장과 논리를 극복하여 불교의 사회적인 위상을 강조한 일반 사회의 시각을 대변한 것이다. 조지훈과 이청담이 갖고 있는 성향으로 인하여 그들이 전개한 논쟁에서 당시 비구·대처간에 전개된 분규의 본질과 그 성격을 찾아볼 수 있다.

이에 우리는 이 논쟁의 경과와 개요, 그리고 그 성격을 통하여 당시 불교계 분규의 전모에 이를 수 있는 실마리를 찾을 수 있다. 또한 필자는 이 고찰로써 현대 한국불교의 모순과 질곡의 원인으로 작용하고 있는 비구·

---

4) 金光植, 〈朝鮮佛敎學人大會硏究〉《한국독립운동사연구》 10, 1996.
5) 金光植, 〈朝鮮佛敎禪宗宗憲과 首座의 現實認識〉《建大史學》 9, 1997.
6) 金光植, 〈日帝下 禪學院의 運營과 性格〉《한국독립운동사연구》 8, 1994.

대처간의 갈등인 1954~1970년 불교계 분규 이해의 본격적인 정리로 나
아갈 단서로 활용하고자 한다. 선학제현의 질정을 바란다.

2. 논쟁의 시말과 개요

조지훈과 이청담이 《동아일보》의 지상에서 전개한 불교계 분규의 논쟁
은 조지훈이 《동아일보》 1963년 8월 12일에 〈韓國佛敎를 살리는 길〉을
기고하면서 시작되었다. 그 논쟁은 조지훈의 글에 대하여 이청담이 대응하
는 형식으로 전개되었는데, 그 개요를 정리하면 다음과 같다.

> 8. 12 : 조지훈, 〈韓國佛敎를 살리는 길(上) - 主로 宗團紛糾 解決에 대하여 -〉
> 8. 13 : 조지훈, 〈韓國佛敎를 살리는 길(下) - 主로 宗團紛糾 解決策에 대하여 -〉
> 8. 20 : 이청담, 〈하나의 誤解(上) - 趙芝薰氏의 『韓國佛敎를 살리는 길』을 읽고 -〉
> 8. 21 : 이청담, 〈하나의 誤解(下) - 趙芝薰氏의 『韓國佛敎를 살리는 길』을 읽고 -〉
> 8. 30 : 조지훈, 〈獨善心의 墻壁(上) - 李靑潭師의 所論을 읽고 -〉
> 8. 31 : 조지훈, 〈獨善心의 墻壁(下) - 李靑潭師의 所論을 읽고 -〉
> 9. 20 : 이청담, 〈有問有答(上) - 趙芝薰氏의 두번째 글을 읽고 -〉
> 9. 21 : 이청담, 〈有問有答(下) - 趙芝薰氏의 두번째 글을 읽고 -〉

조지훈이 이 논쟁의 발단이 된 글을 《동아일보》에 기고한 1963년 8월
은 비구·대처간의 갈등·대립이 10여 년 간 전개되던 시기였다. 조지훈
이 그 글을 기고한 배경을 이해함에서는 그 시기 분규의 개요를 살펴볼
필요성이 있다.

1961년 5·16 군사쿠데타로 집권에 성공한 군부는 국가재건최고회의를
결성한 이후 사회 모순의 해소 차원에서 불교계 분규의 정리를 강력히 추
진하였다. 이에 그 분규에 대하여 국가권력의 주무 부서인 문교부가 그
중재에 적극 개입하여 1962년 1~3월의 불교재건위원회·불교재건비상종
회의 구성과 운용, 새로운 종헌 선포를 거쳐 1962년 4월초 종정에 이효봉,
총무원장에 임석진을 선출하는 등 비구·대처승의 통합종단이 구성되었

다. 이러한 과정을 거쳐 마침내 통합종단 大韓佛敎曹溪宗이 1962년 4월 14일 문교부에 정식으로 등록하기에 이른다.

그러나 그 종회의 의원 비율(비구 32, 대처 18) 문제로 인하여 통합종단이 출범한지 불과 5개월 후인 동년 9월경에 이르러서는 총무원장 임석진이 통합 이전의 상태로 환원한다는 선언을 하였으며, 대처승측의 간부 전원이 사퇴하였다. 이후 대처측은 법원에 ‘종헌 무효 및 이효봉 비종정 확인’ 청구소송의 제기, 한국불교조계종 총무원이라는 새로운 종단을 조직하는 등 별도의 움직임을 보였다. 반면 비구측은 전국승려대표자대회를 개최하여 기존의 통합종단의 종헌원칙을 고수키로 결의하는 등 타협의 여지를 제공하지 않았다.

이러한 비구·대처간의 갈등이 재연되는 가운데 문교부는 분쟁의 수습을 위한 대안을[7] 작성하고 비구·대처측에 그 각서의 서명을 요구하였지만 대처측은 이를 거절하였다. 당시 그 상황은 비구·대처간의 독자적인 노선으로 가고 있었기에 타협의 여지는 보이지 않고, 국가권력의 대행인 문교부가 제시하였던 중재안도 효력을 상실한 때였다. 이러한 차제에 조지훈은 한국불교를 살려야 하겠다는 심정에서 그의 주장을 지상에 기고한 것으로 이해된다. 이제부터는 그 논쟁이 전개되었던 글의 순서대로 그 요지를 소개하면서 그 논쟁의 초점을 제시하겠다.

1) 趙芝薰, 〈韓國佛敎를 살리는 길〉 1963. 8. 12, 13

우선 조지훈이 최초로 기고한 글, 즉 1963년 8월 12일의 〈韓國佛敎를 살리는 길〉(上)부터 살펴보겠다. 조지훈은 그 글의 서두에서 우선 불교계 분규가 사회적 물의를 야기하고 불교의 威儀를 실추시켰다고 전제하면서, 종교 자체의 여력으로 그 문제를 풀기는 어렵다고 진단하였다. 그는 당시

---

7) 그 요건의 대안은 다음과 같다. 첫째, 1963년 5월 16일 한으로 미등록 사찰을 대상으로 종정 국성우 명의의 등록을 받아들인다. 둘째, 현재 계류중인 모든 소송은 취소해야 한다. 셋째, 승려의 자격은 독신상주로 하되, 기득권만은 인정한다.《조선일보》 1963.7.27, 보도기사 참조.

비구·대처간의 대응을 다음과 같이 판단하였다.

佛敎의 淨化원칙에 있어서는 소위 比丘僧측의 주장이 여론의 동정을 받는 게 사실이요, 宗團의 통합원칙에 있어서는 소위 帶妻僧측의 주장이 여론의 지지를 받는 것도 사실이다. 雙方이 모두 淨化와 統合을 내세우면서도 그것은 自家의 영도권 아래서만 성취한다는 我執과 獨善으로 차 있어서 氷炭不相容이 되고 만 것이다.

요컨대, 비구·대처 쌍방이 정화와 통합을 내세우지만 모두 아집과 독선에서 나왔다는 것이다. 그러하기에 서로 화합할 수 없다는 것이다. 이 같은 대립적인 인식하에서 전개된 양측의 협상은 결렬되었고, 정부당국의 조정도 일방을 두둔하는 편파적 과오를 가져왔기에 통합의 결실을 거두지 못한 것으로 조지훈은 보았다.

현실을 타개할 대안은 종단의 분립, 개별 종단 승인이라는 것이다. 그러나 그 분립은 한국불교 전체의 미약함과 멸망을 자초하는 결과가 예상되므로 조지훈은 분규 핵심인물 당사자들의 양보와 주무 당국인 문교부의 공정하고 성의 있는 최후의 조정을 요청하였다. 그리고 불교분규에 대한 이해에 있어 유의·경계할 측면을 제시하였는데, 불교교리 및 불교사에 대한 무지에서 나온 논설과 정책, 自家의 기호에 의한 판단 등이다. 한편 그는 불교계의 분규에 대한 기본 이해를 다음과 같이 제시하였다.

佛敎界의 분규는 지나치게 세속화한 佛敎의 淨化문제로 발단되었고, 그 淨化의 先決문제로서 僧侶의 자격문제로 분열되었고, 그것이 그대로 암초가 되어 있다. 미리 말해두거니와 筆者는 比丘僧側의 佛敎淨化 요구를 원칙적으로 지지한다. 그러나 이미 一세기 가까운 僧侶帶妻 許容을 부정하고 이를 단순한 信徒로 간주하려는 그 獨善의 주장을 찬성하지 않는다. 마찬가지로 帶妻僧側의 佛敎의 대중화·현대화란 시대적 요청을 지지한다. 그러나 세속화 一路의 내리막길을 달릴 뿐 敎化者 威儀를 상실하고 帶妻蓄髮로 俗人과 다를바 없는 생활을 하여 社會의 指彈을 받은 그 前轍에 대한 飜然의 覺醒이 없는 그 卑俗한 惰性을 찬성할 수는 없는 것이다.

　　분규의 초점은 승려의 자격문제였으며, 비구·대처측의 주장은 논리
적인 타당성을 갖고 있지만 독선과 아집으로 나타난 현실적인 처신을 인
정할 수 없다는 것이다. 그는 불교정화, 불교의 대중화를 모두 중요한 것
으로 수긍하면서도 이상과 현실의 균형을 기하지 못하는 양측의 논리에
가혹한 비판을 가하였다. 그리고 그 분규가 나온 것을 한말부터 8·15 해
방 이전의 불교계에서 조선후기 이래의 불교의 낙후를 혁신하기 위한 대
안으로 제기된 시민·대중불교의 기치가 승려의 帶妻運動으로 고착한 데
에서 찾았다. 요컨대 독신생활에서 오는 타락을 극복하기 위한 대안으로
승려의 대처가 부각되었던 것을 말하는 것이다. 그는 승려의 대처가 일본
불교의 영향이라는 주장에 대하여 불교유신과 정교분리를 위한 한용운의
대처 주장, 《삼국유사》에 나오는 沙門 光德의 실례를 거론하면서 승려의
대처가 문제가 아니라 行義와 學德이 근본 문제라는 주장으로 이의를 제
기하였다. 또 조선불교의 타락은 승려대처운동으로 극복하였지만, 그 산
물로 불교는 지나치게 世俗化하였다고 보았다. 그리하여 당시 불교의 타
락은[8] 결과적으로 대처승들의 책임을 묻지 않을 수 없다는 것이 그의 입
장이다.

　　따라서 현단계의 佛敎정화는 帶妻僧의 지나친 세속의 견제와 蘇生으로써만 實
을 거둘 수 있다는 주장의 타당성을 승인해야 한다는 결론에 이르게 된다.

　　그러므로 조지훈의 첫번째 주장은 대처승의 지나친 세속의 견제를 통
한 승려로서의 소생이다. 그러나 현실적으로 대처승의 완전 배제는 종단
을 파괴의 지경으로 만들었으며, 수행을 전업으로 하면서 종단을 운영할
능력이 없는 비구승들에게도 문제점이 있다는 것이다. 즉, 비구측은 종단
운영 능력의 부재, 승려로서의 경력의 미약, 학문적 조예의 미천 등으로
인해 세력의 유지를 위해서 정화의 대상이 되는 승려들을 오히려 그 세력
에 끌어들이 舊態舊惡을 범하였던 모순에 빠졌다고 보았던 것이다. 이에

---

8) 그 실례로 거론한 것은 사찰 경내의 帶妻俗生活, 도시 사찰의 유흥장화, 독신수
　행승의 괄시 등이다.

그는 분규 해결에 대한 두번째 주장을 다음과 같이 개진하였다.

　따라서 현단계의 불교 宗團의 운영은 比丘僧들을 본연의 修行에 전력하도록 優待하여 돌려보냄으로써 實을 거둘 수 있다는 주장이 順理하다는 것이다.

　조지훈은 불교분규의 해결방안을 淨化와 統合을 동시에 성취하는 대전제에서 찾았다. 요컨대 비구·대처승을 분리시키지 않으면서도, 승려의 질 향상과 세속화 방지 등을 통하여 불교정화를 기하는 대강의 원칙을 수립하였다.

　이러한 원칙하에서 조지훈은 분규해결의 구체적인 방안을 佛敎淨化 원칙과 佛敎宗團 통합의 원칙으로 대별하여 제시하였다.

1. 獨身·帶妻를 막론하고 현재 僧籍에 있는 자의 승려로서의 기득권을 인정한다.(比丘僧, 帶妻僧의 호칭을 철폐하고 獨身僧을 修行僧, 帶妻僧을 敎化僧이라 부른다. 僧侶 재교육과 法階 재조정을 곧 실시하고 獨身 修行과 學德 敎化 優待의 원칙을 확립한다.)
2. 일체의 僧職者는 寺刹 경내에서 帶妻세속생활하는 것을 승인하지 않는다.(단 寺庵으로 승격하지 않은 포교당의 布敎師와 宗立 학교의 교직원에 한하여 예외를 둘 수 있다.)
3. 국가의 徵召 또는 사회 기관에 종사하는 승려의 休籍제도를 둔다.(休籍은 기한부로 하고 승인을 받아 연장할 수 있으되 休籍이유가 소멸된지 一개년이 지나면 자동적으로 還俗이 된다. 휴적 기간 중에는 宗團의 선거권과 피선거권이 정지된다. 十년 이상 연속 休籍은 還俗으로 간주하고 還俗者는 一차에 한하여 復籍을 허용한다.)
4. 일체의 승려는 최소한도의 僧貌로서 削髮을 해야 한다.(但, 休籍 기간 중의 蓄髮만을 허용한다.)

　위 1항은 현실을 인정하되, 비구승과 대처승이라는 호칭을 철폐하자는 것이다. 그 대안으로 독신의 비구승은 修行僧으로 대처승은 敎化僧으로 대체시키자는 것이다. 제2항은 사찰 경내에서의 승려의 대처생활을 인정하지 말자는 제안이다. 대처승 혹은 교화승의 생활은 사찰 밖에서 행해야 한다는 것의 강조이다. 제3항은 승려 休籍의 제도를 활용하자는 새로운 제안이다. 제4항은 승려로서의 경건한 모습을 유지해야 한다는 입장에서

削髮의 강조이다.

조지훈은 이상과 같은 정화의 원칙을 바탕으로 불교종단 통합원칙을 다음과 같이 제시하였다.

> 單一宗團 아래 修行僧團과 敎化僧團의 두 僧團을 둔다. 승려별 등록을 실시하여 자유로 一僧團 소속을 선택하게 한다.(但 修行僧團의 소속 자격은 獨身僧으로 한다. 敎化僧團은 獨身・帶妻를 不問한다. 이 등록에 의한 僧團別 僧籍을 통합정리한다.)

이 같은 내용은 기존 비구・대처측의 현실적인 여건을 인정한 조처로서 결과적으로는 2개의 승단을 인정하자는 것이다. 이는 외형적으로는 단일 종단이되, 그 실제에 있어서는 승려의 출자・소속만을 2개로 구분시킨 고육지책으로 보여진다. 이 같은 연후 그는 종단의 구도를 다음과 같이 제시하였다.

우선 宗正은 독신승이며 법랍 50년 이상인 上座院의 의원 중에서 호선추대하되, 임기는 5년으로 정하였다.[9] 그리고 宗正院은 종정의 비서실로 정하였다.[10]

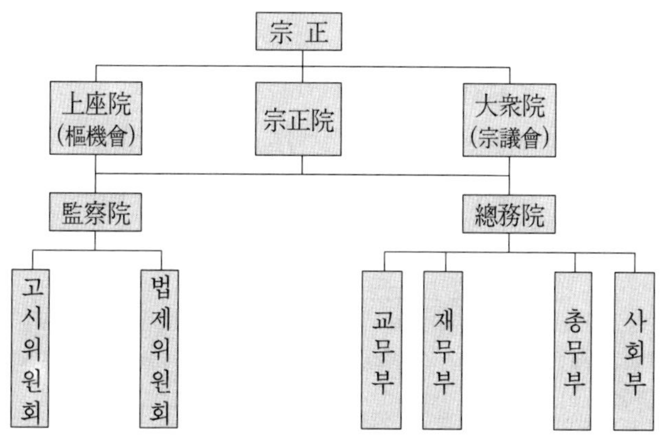

---

9) 종정의 궐위시는 1개월 이내에 보선하되, 종정의 임기도 5년으로 정하였다.
10) 그 구성원은 상좌원 부의장, 대중원 부의장, 감찰원장, 총무원장, 비서 1명으로 정하였다.

上座院은 그가 새로이 제안한 신설 기관이다. 그 내용은 양측의 獨身僧 중에서 선발하되[11] 수행승단 8명, 교화승단 7명으로 정하였다. 임기는 전원 終身으로 두었으며 권한은 종정선출권, 宗議 재심의에 대한 종정의 자문, 大衆院 결의에 대한 이의 및 還付權을 두는[12] 것으로 하였다. 그리고 임기 3년의 正·副議를 각 1명 두는 것으로 정하였다. 이러한 상좌원의 개요에서 대중원에 대한 上院의 위상을 파악할 수 있다.

大衆院은 宗會를 말한다. 이전의 종회는 선출 과정이 번잡하고 인원도 많아 운영의 문제점이 많았으므로 간략히 구성하도록 하였다. 정원은 30명으로 하되, 수행승단에서 10명, 교화승단에서 10명, 신도단에서 10명을 선출하도록 하였다.[13] 선발된 대중원의 의원 임기는 3년으로 정하고, 승랍 30년 이상의 의원 중에서 正·副議長을 각 1명씩 두는 것으로 정하였다.

總務院은 종무 행정기관이다. 총무원장은 승랍 30년 이상의 승려 중에서 선발하고, 각 部의 아래에는 실무의 局을 두도록 하였다. 이 총무원의 구성 인원은 15명 이내로 정하고, 그 선발은 대중원에서 하도록 하였다.

監察院은 종무의 감찰을 수행하는 기관이다. 그 내용을 보면 정원은 10명인바, 승랍 30년 이상의 승려에서 正·副院長 각 1명과 승랍 20년 이상의 승려에서 그 위원을 선발하도록 정하였다. 감찰원의 위원 임기는 4년이고, 선발은 대중원에서 하도록 하였다. 또한 감찰원은 대중원이 休會中일 경우 대중원의 권한을 행사할 수 있도록 정하였다.[14]

조지훈은 이상과 같은 종단의 구도와 그 실행에 대한 지침을 정하면서도 현실적인 여건을 고려하여 그 구체적인 구성 방법에 대해서는 양측이

---

11) 그 기존 대상 자격은 법랍 40이상, 법계는 大禪師와 大敎師 이상으로 정하였다.
12) 환부된 이의가 대중원에서 부결될 때에는 대중원과의 공개 회의에서 의결하도록 하였다.
13) 그 대상 승려는 승랍 10년 이상이어야 하며, 신도단의 10명은 교화승단에서 7명을 추천하고 수행승단에서는 3명을 추천하는 것으로 정하였다.
14) 그러나 그 운용에 있어서는 엄격한 제한을 기하도록 하였다. 즉 종헌개정, 대중원의 正副원장 및 총무원장 선거권은 부여하지 않았다. 그리고 그 대행의 권한을 행사할 때에는 그 책임을 지도록 하였다.

협약하여 그를 成文化해야 한다고 지적하였다.[15] 그 내용은 종단 책임자의 선거에 대한 양측의 승단의 分限과 그에 따른 직위의 선출 및 구성비율의 문제이다.

한편 조지훈은 이러한 종단에서 개최되는 모든 회의는 재적 2/3 이상으로 개정해야 한다고 지적하였다. 아울러 승려자격, 정화원칙, 종단 기구 및 그 구성비율, 직위 배정은 합의되는 대로 종헌에 반영하는 성문화 작업을 하여 함부로 개정하지 못하게 해야 한다고 지적하였다.

그리고 최종적으로 그의 의견 개진은 분규에 대한 원인과 경과를 분석 검토한 연후에 내린 해결책이었음을 밝힌 후에, 분규의 당사자인 양측이 이 방안을 검토, 수락, 조정, 합석 토의한다면 정부 당국도 적극적으로 추진할 것을 강조하였다. 조지훈은 양측이 분종으로 가기 이전의 최후의 방법으로서 淨化와 統合을 함께 성취하는 첩경으로 그의 대안을 고려해 달라는 충정을 제시하였다.

2) **李靑潭, 〈하나의 誤解〉** 1963. 8. 20, 21

이청담은 조지훈의 글을 읽고, 1주일 후 즉시 그의 입장을 개진하였다. 이청담은 조지훈이 분규 해결에 대한 관심을 가진 것에 대하여 사의를 표하면서도, 그의 주장은 私見이라고 이해하였다. 민주사회에서는 누구나 의견을 자유스럽게 발표할 수 있는 권리가 있지만, 그에 대한 논평은 적절치 않다고 보았다. 또한 조지훈의 議題가 〈韓國佛敎를 살리는 길〉이었고, 그 내용에 불교에 대한 誤解가 있다고 여기면서 현혹됨을 없애기 위

---

15) 그 대강의 원칙을 다음과 같이 제시하였다.

　1. 종정이 선출된 파에서는 상좌원과 대중원의 의장을 타파에 양보한다. 상좌원과 대중원의 부의장은 의장과 다른 파에서 선출하는 것을 원칙으로 한다.
　2. 감찰원장은 수행승단에서 총무원장은 교화승단에서 선출하는 것을 원칙으로 한다.
　3. 감찰원은 수행승단에서 선출하는 것을 원칙으로 하되 수행승단 7, 교화승단 3의 비율로 구성할 수 있다. 총무원장은 교화승단에서 선출하는 것을 원칙으로 하되 교화부장 一職을 수행승단에 배정할 수 있다.

한 지적의 차원에서 그의 입장 개진임을 강조하였다.

이청담은 일반 집단체에서 분열이 일어났을 때에는 양보와 통합으로 문제를 해결하는 것이 상식이지만, 종교단체의 경우에는 그 주장의 정당성이 문제 해결의 관건임을 지적하였다. 그 문제의 해결에는 正邪를 구분하는 길이 유일하다고 다음과 같이 강조하였다.

> 진리를 위한 불교의 淨化운동과 같은 破邪顯正의 法戰에 한해서는 어느 편의 주장이 정당하냐가 문제지, 상식이거나 다수결이 문제가 아니다. 이러한 경우에 있어서 해결의 방도는 正邪를 揀擇把持하는 길 이외에는 타협이란 있을 수 없다. 원래 진리는 타협으로 인하여 다수결로 성립되는 것이 아니다. 초시공적 원칙이기 때문이다.

이 같은 이청담의 입론은 그 분규를 '法戰'으로 인식한 바에서 극명하게 드러나듯, 타협이나 상식의 입장은 아니었다. 따라서 조지훈이 접근했던 것과는 판이한 것이었고 조지훈의 입론 전체가 부정될 것은 명약관화한 것이었다. 그는 조지훈의 주장을 邪見과 我執으로 표현하였다.

이청담의 이러한 입장은 곧 조지훈의 주장을 받아들이기 어렵다는 것을 말한다. 그는 조지훈이 비구·대처 양측의 주장은 우열이 없고 교리적 전거가 있어, 시비를 가릴 수 없다는 것을 이해해야 한다고 피력한 논리를 조지훈이 "불교를 잘 알지 못한다는 점을 고백"한 것으로 인식하였다. 나아가서 "불교를 信修奉行해 보지 않은 자는 불교를 논의할 능력이 있을 수 없다"고 까지 피력하였다. 또한 조지훈의 불교교리와 불교사에 대하여 무지한 처지에서 나온 논설과 정책의 문제점과 피해를 지적한 것에 대하여도 조지훈 자신의 自責에 해당된다고 하였으며, 조지훈이 비구측의 정화 요구와 대처측의 불교의 대중화가 모두 원칙과 타당성이 있다고 한 점에 대해서는 원칙이 변할 수 없다는 입장으로 응대하였다.

> 원칙이면 원칙이었지, 그 원칙이 一세기나 變則으로 행세했다고 해서 원칙이 변할 수는 없다. 倭政 半세기 동안에 變節者도 많이 생겼고, 親日派도 많이 생겼다고 해서 우리의 민족정기를 고취하는 것이 독선이라고 할 수 있을까. 또 불교

의 대중화거나 현대화라는 것은 제도상 방법론이지 불교의 원칙을 고쳐 僧을 俗化 시킨다든지, 교리를 변질시킬 수는 없는 노릇 아니겠는가.

요컨대 이청담은 원칙을 강력 고수하는 입장을 천명하였다. 그는 일제 시대에 행해진 승려의 대처를 ‘變則’으로 보면서, 100여 년 간 행해진 대처와 잔존하고 있는 대처승을 부정시했던 그의 견해를 ‘독선’이라고 평한 조지훈의 견해에 대응하였던 것이다. 그리고 불교의 대중화・현대화는 제도상의 방법론으로 보고, 대처측과 조지훈의 불교의 대중화를 원칙에서 벗어난 것으로 인식하였다.

그리고 그는 조지훈의 지적 자체를 수용하지 않는 자세를 견지하였다.

그러므로 修行해 보지도 않고 체득하지 못한 者는 겉으로 보아 관념유희와도 같고 정신통일로 환각세계를 창조하는 따위로 오인하기가 쉽다. 그러나 진심으로 修行해 온 者는 言說의 敎거나 哲理를 체계화 하는거나 이러한 生死心의 論理 구성이 아닌 것을 발견하면서부터 비로소 불교의 入門에 들어서게 되는 것임을 알아야 된다.

한국불교를 살리기 전에 그 자신부터 살리는 길을 찾아야 할 것임을 주장하였다. 이 같은 지적은 조지훈이 실례로 들고 지적한 불교의 제반 사실이 몰이해된 것임을 말하는 것이다.

그러므로 조지훈이 승려 대처의 실례로 거론한《삼국유사》‘廣德・嚴莊條’의[16] 이야기 자체는 성립될 수 없다고 보았으며 조지훈의 자세를 古文까지 歪曲考證하고, 사건을 합리화하는 獨善으로 보았다. 이렇듯이 조지훈의 견해를 부정하였던 이청담은 조지훈 같은 신분의 부류들에게 시비를 조장하지 말고, 묵묵히 수행에 매진하는 길밖에 다른 길이 없음을 자각해야 한다고 그의 본뜻을 개진하였다.

---

16) 문제가 되고 있는《삼국유사》5권 感通 7의 세번째 내용인 광덕조의 관련 그 원분은 다음과 같나. 文武王代 有沙門廣德嚴莊 二人 友善 日夜約曰 先歸安養者 須告之 德 隱居芬皇西里 蒲鞋爲業挾妻子而居. 이 내용과 관련된 것은 洪起三,〈「光德 嚴莊」說話연구〉《伽山學報》2호 참조.

그는 조지훈이 비구·대처측이 각기 자가의 領導權에 집착하여 대립하고 있다는 비판에 대하여도 강력하게 일축하였다. 즉 승단의 영도권은 단연코 승려에게 있는 것이지 결코 聖者의 지위에 올라간 속인에게도 있을 수 없다는 입장을 피력하였다. 이 사례에서도 조지훈이 僧俗의 구별도 못한다고 평하면서, 그러한 조지훈이 종단의 정화와 통합에 논평을 가한다는 자체가 성립될 수 없다고 질책을 거두지 않았다. 조지훈이 사용한 대처승이라는 말 자체가 불교에 대한 무식의 폭로라 하였다. 이러한 입장에서 그는 한국불교의 종단 재산은 단연코 승단의 부속물이지, 속인의 소유는 결코 아니라는 것도 지적하였다. 여기에서 말하는 속인은 곧 대처승을 말하는 것이다. 그리고 그는 대처측보다는 비구측의 논리가 타당하다는 우월성을 다음과 같이 강조하였다.

> 누구나 僧行을 준수하는 法侶면 領導權을 향유할 수 있는 것이다. 의무인 僧行은 포기하고 권리만 주장다는 것은 어느 편이 고집이며 어느 편이 독선인가 말이다. 妻子에 애착함과 求法者의 爲法忘軀의 境涯가 어떻다는 것을 체험 대결하지 못한 속인으로서는 논의할 境界가 아님을 명언해 둔다.

이청담은 조지훈의 의견 개진을 전혀 수용할 입장이 없었으며, 논평할 자격도 없다고 강력하게 개진하면서 의무인 僧行은 이행하지 않고 권리만 주장하는 대처측은 독선에 찬 부류라는 주장도 동시에 하였다. 이청담은 확실한 입장에 서 있었기에 조지훈이 내놓은 정화와 통합의 대안은 논평조차도 하지 않았다.

3) 조지훈, 〈獨善心의 墻壁〉 1963. 8. 30, 31

조지훈은 자신의 견해를 철저히 부정하며 공박한 이청담의 견해에 대한 글을 읽고, 그의 견해를 재차 개진하였다. 그러나 그 두번째 글에서는 그의 기본 입장을 재론하기보다는 그의 견해에 대한 이청담의 몰이해 및 이청담 입론의 문제점을 지적하는 차원에서 전개하였다.

그는 당초 〈韓國佛敎를 살리는 길〉을 기고하면서 쌍방의 불만의 예상,

그리고 그 내용을 추측하였다고 하면서 그 예상대로 비구측의 대표격인 이청담의 반응이 나온 것으로 이해하였다고 하였다. 그는 이를 '서글픔'으로 표현하였는데, 그의 주장이 이청담에 의해서 일고의 가치도 없는 것으로 거부되었기 때문이라고 하였다. 이에 대한 조지훈은 입장은 아래의 글에서 단적으로 찾을 수 있다.

> 필자는 統合의 論理를 분규 해결의 입지로 삼았기 때문에 어느 일방에 偏椅하지 않는 兩是兩非論을 택하지 않을 수 없었거니와 氏는 破邪顯正이란 이름의 我執을 방패로 삼아 철두철미 和同의 길을 거부하고 있다. 그렇기 때문에 氏는 분규 해결의 一方案으로 제기된 拙論을 誤解와 脫線과 僭越로만 돌리고 하등의 성의 있는 비판을 加하지 않았을 뿐만 아니라 필자 所論中에서 自家의 주장에 배치되는 점만 꼬집어서 공박함으로써 독자의 共感을 우려하고 사회여론에 대한 自家의 불리한 점을 엄폐하려는 정치적 의도에만 부심하였음을 섭섭하게 생각한다.

이러한 조지훈의 대응은 이청담의 의견 개진이 '감정적인 흥분'에 사로잡힌 것으로 인식한 것에서 출발한 것이다. 이에 이청담의 논리에 개재된 근본 태도의 소신에 대한 질문으로 시작되었다. 조지훈은 이러한 대응에 대해 자신의 논리도 나름대로 근거를 갖고 있다는 소신을 피력하였다.

이 전제에서 조지훈이 가장 큰 문제로 삼은 것은 이청담이 제기한, 즉 정화운동과 같은 파사현정의 法戰에는 양보나 타협이 성립되지 않고 오직 원칙만이 있을 뿐이라는 입장이었다. 조지훈은 이청담의 그 입장이 '論理의 端緖요, 그 근본골자'라고 하였다. 그러나 이에 대하여 조지훈은 일반 단체의 분열시의 대안책은 양보와 타협이 당연하게 인정되는 데에도 불구하고, 왜 종교단체에서는 그것이 수용되지 않는지에 대하여 강한 이의를 제기하였다. 그리고 같은 이념으로 뭉친 종교 집단 내의 관용과 양보는 오히려 당연하고 더욱 쉬울 것이라는 상식을 인정하지 않는 것에 대하여 啞然하지 않을 수 없다고 하였다. 그리하여 그러한 몰상식의 입장에서 수행을 한다면 그는 '空念佛'이 될 것이라는 자조를 제기하였다.

나아가서 조지훈은 불교분규의 본질이 利害關係와 전혀 무관치 않았음을 제기하였다. 비구·대처 쌍방간의 집착, 갈등은 교리가 아니라 사찰과 재산이라는 것이다. 곧 法戰은 표방이고, 알맹이는 財産戰이라는 것이다. 이에 이청담 스스로 '종단의 재산은 승단의 부속물'이라고 강조한 것을 그를 예증하는 것으로 보았으며, 이청담이 불교 내부의 분쟁을 外道에 대한 法戰으로 선언하는 저의를 여기에서 비롯된 것으로 파악하였다. 불교는 여타 종교보다 자비의 종교라고 지칭되는데, 그 반대로 관용과 타협은 애초부터 찾을 수 없다면 그는 결과적으로 불교 자체가 민중으로부터 떠나가려는 것을 반영하는 것이라는 것이다.

조지훈이 제기한 또 다른 문제는 아집과 선입견이다. 이청담은 윤리의 원칙을 고칠 수 없다면서 兄과 弟는 兄과 弟일 뿐이라고 지적하였지만, 조지훈은 그 형제가 같은 佛子요, 曹溪宗의 法孫으로 보았다. 이러한 상이한 인식은 큰 차이를 갖는 것이다. 그리고 이청담이 '理陰陽順四時'를 활용하여 人事와 生活에 나타난 조화를 강조하였지만 오히려 이청담의 논조가 격돌과 부조화를 내세우고 있다고 보았다. 그러므로 조지훈은 이 같은 모순을 이청담에게 돌아가야 할 '自戒'의 말로 주장하였다.

이청담과 조지훈이 전개하는 논점은 곧 是非에 대한 의견을 我執과 先入見으로 보고자 하는 팽팽한 대응이었다. 조지훈은 그 자신도 아집이 있음을 인정하면서도 이청담과 전개하고 있는 논쟁에서 문제시되는 아집과 선입견은 그가 논쟁하기 이전에 이미 비구·대처간에서 있었던 것임을 지적하였다. 그리고 조지훈은 이청담의 아집과 선입견의 실례를 그와 전개된 논쟁에서 제시하였거니와 그 개요는 다음과 같다.

즉, 그는 그가 처음의 기고문에서 밝힌 불교분쟁에 대한 국외자의 논설과 정부당국의 정책의 유의점을 제시하였는바, 이는 불교의 무지하에서 자행된 것을 우려하면서 그에 대한 경계를 강조한 것이었다고 주장하였다. 그럼에도 불구하고 이청담은 이 우려와 경계를 자신이 불교를 모른다고 고백한 것으로 인식하였다고 보았다. 그리고 불교교리와 불교사에 대한 지식도 없이 지레짐작으로 논단하지 말라는 이청담의 충고를 그에 대한 질책으로 보면서 동시에 그의 글에 그러한 지레짐작이 있다면 어떤 글이 그러한지를 밝히지 않았다는 것이다. 이청담이 그에게 제시한 한국불교를 살리기 전에 자신을 살리는 길을 찾으라는 것에 대하여는, 환희의 法門으로 일단 수용하였다. 그러나 조지훈은 그 말은 승려들에게도 해당되는 것임을 지적하면서, 불교의 정신과 광명을 희구하는 사람들에게 '네 살 길은 네가 찾아라'고 말하는 것을 중생에 대한 방치로 보았다.

　이러한 그의 이질적인 인식은 수행의 개념과 《삼국유사》의 실례에서도 지속되었다. 이청담은 이전에 기고한 글에서 수행을 설명하면서 心如墻壁과 可以入道가 수행의 극치로 보았는데, 조지훈은 이에 대하여 死灰枯木과 같이 活氣가 부족해서는 교화가 어렵다고 보았다. 더구나 불교의 분규는 사회 문제가 되었는데도 불구하고 그 문제에 대한 지적과 논의를 거부하는 이청담의 자세를 독선으로 보면서 心如墻壁에도 적용된 것이 아닌가 하는 의구심까지 나타내었다. 그리고 《삼국유사》 광덕조의 내용에 대한 비판에 대하여 그 자신은 고승 일연이 저술한 내용 그대로 소개한 것인데 이를 古文의 왜곡고증이라고 주장함은 '誣告'라고 강변하였다. 그는 이청담에게 그 내용에 불만이 있으면 저자인 일연을 공격할 일이지, 왜곡하고 악선전하는 것은 점잖지 못하다고 그의 심정을 피력하였다.

　이처럼 조지훈은 이청담이 그에게 가한 대응과 반박의 주요 요지에 대하여 그 의견을 피력한 후, 그의 기본 입장을 재삼 강조하였다.

> 　필자는 그런 고의의 閑事를 농할 閑人이 아니다. 필자는 승려가 아니요, 帶妻者보다는 獨身修行의 碩德을 더 欽慕하는 者이다. 僧侶帶妻가 창피하든지 마땅히 그래야 한다고 생각하든지 간에 그것은 승려들의 論爭事이지만 이미 현실로 있었고 있는 사실 그 자체를 엄폐할 수는 없으니 쌍방이 허심탄회하게 前非를 뉘우쳐 정화하고 합심하여 신도를 指歸하고 사회의 기대에 副應해 주기를 바라는 者이다.

그는 자신이 독신수행의 승려를 흠모하는 사람임을 재인식시키면서, 승려의 대처는 비구·대처 쌍방간의 논쟁사이지만 이미 그 자체는 현실의 문제이기에 쌍방이 마음을 합쳐 사회의 기대에 부응하기를 요청하였다. 그러나 당시의 불교 형편은 속세의 법을 통하여 시비를 가리고, 관의 견제를 받고, 사회의 인사들에게 충고를 듣고 있는 저간의 사정이었으니 불교가 자초한 부끄러움을 이청담도 수긍해야 한다고 지적하였다. 그리고 그는 최종적으로 통합이든 분종이든 간에 하루 바삐 분쟁이 종식되어야 한다고 강조 하였다.

4) 이청담, 〈有問有答〉 1963. 9. 20, 21

이청담의 본 논쟁의 대응은 이전 조지훈의 글, 〈獨善心의 墻壁〉이 나온 후 거의 20여 일 만에 나온 것이다. 이청담의 두번째 반박문인 〈有問有答〉은 이전의 글보다 더욱 그 논쟁의 강도가 깊었다. 이청담은 이 글의 서두에서 그 사정과 관련하여, 이전 조지훈의 글은 종단을 위한 호법정신의 所事로 여기었으나, 두번째 글은 '그 筆鋒을 山僧에게 돌려 시비를 걸어 오고 있다'고 여기었다는 데에서 단적으로 나온다. 요컨대 애교심의 호의에서 이제는 흑백을 가리려는 시비로 변했다. 아래에서 이청담이 이 논쟁을 대하는 기본 입장을 살펴볼 수 있다.

> 도대체 氏는 어떠한 동기로서 「韓國佛敎를 살리는 길」이라는 글을 草하여 공개하게 되었는지 그 의도와 목적을 알 수 없다. 근 十年 간이나 끌어오다가 이제야 그 종식을 보게 되어 統合宗團이 성장해 가는 此際에 統合宗團에서 請託하지도 아니한 제의를 新聞紙上에 公開하여 曰可曰否 한다는 것은 아무래도 뒤늦은 느낌을 준다.

이청담은 조지훈의 논쟁의 본질에 대해서도 대부분 이의가 있었지만, 우선 그 논쟁의 불을 지피게 된 〈韓國佛敎를 살리는 길〉을 기고하게 된 배경에 의아심을 가졌다. 더욱이 위의 글에서 이청담은 그 논쟁이 제기되었던 그 시점의 불교분규의 상황을 분규가 종식되었으며, 통합종단이 성장해 가고 있다는 현실인식을 하였다는 점을 파악할 수 있다. 조지훈은 그 당시를 분종의 갈림길에 처한 중요한 시점으로 본 데 반하여 이청담은 1962년 4월에 성립된 통합종단의 발전 단계로 보았거니와 이는 양 당사자가 당시 분규를 바라보는 시각이 판연함을 말해 준다. 또 조지훈의 기고 자체에 대하여 종교 집단에 대한 '시비'를 삼가는 것이 좋았을 것이라는 의

견도 개진하였다.

이청담은 그 의견의 개진도 종단의 기관지에 발표를 할 수 있는 것이고, 종단의 결의 기관에 제의할 수 있다고 보았다. 이러한 조지훈의 행태에 대해 역설적으로 승려가 詩壇의 문제로 제의하거나 아니면 조지훈의 詩作에 대하여 왈가왈부하는 것을 받아들일 수 있는 것인가를 되묻기도 하였다. 따라서 조지훈의 불교계 분규에 대한 의견 개진과 승려의 詩壇에 대한 의견 개진 등은 명분과 영역을 뒤흔드는 혼란의 발단으로 보았다.

이청담은 조지훈의 의견 중에서 잘못 인용한 문구를 해명하고, 산승 본연의 자리로 돌아가겠다는 취지에서 그의 의견을 조목조목 제시하였다. 그가 맨 먼저 문제시 한 것은 僧의 정의와 僧伽의 구성 원칙이다. 이청담은 승단은 비구와 비구니의 단체의 총칭으로 보면서, 광의의 승가 구성 범위로 비구와 비구니, 재가신도와의 화합 집단을 통칭하여 僧伽耶라고 지칭한다고 전제하였다. 그는 조지훈이 후자의 승가야만을 제한하여 이해한 것으로 보았다. 즉 조지훈은 재가신도까지 포함한 승가를 유의하였으며, 이청담은 출가자와 재가자간에는 엄격한 구별이 있다는 것을 은연중 강조하였다.

이러한 입장에 서 있었기에 이청담은 조지훈의 종교분쟁의 해결도 관용과 양보에 의한 타협으로 해결하지 않는 것에 실망하였다는 것을, '엉뚱한 결론'을 내린 것으로 일축하였다. 이에 이청담은 당시의 분규를

현금까지 있었던 宗團의 분규는 僧規 僧風에 對한 同道의 이념이 아니었던 것을 氏는 잠깐 망각하고 결론을 지은 듯하다.

라고 하면서 조지훈은 그를 망각하여 결론을 내렸을 것으로 주장하였다. 또한 그는 중생교화를 사명으로 하는 불교종단은 세간에 내려오지만 세속과 동화하거나 타협은 하지 않는다고 단언하였으며, 부타의 교법을 어길 때에는 엄벌을 내리며 참회를 할 경우에만 관용을 베풀고 이념의 양보나 타협은 절대 불가함을 거듭 강조하였다. 여기에서 조지훈과 이청담의 이질적인 인식의 본질이 더욱 확연히 드러난 셈이다.

조지훈이 종단의 분규를 재산싸움이라고 규정한 것에 대해서도 단연 부정하였다. 그 전제로 이청담은 종단의 재산은 사원을 수호하는 청정법려와 승단에 속한 것인데 그 삼보정재를 수호하기 위한 투쟁을 재산권 투쟁이라고 판정하는 것은 절대 불가함을 피력하였다. 조지훈이 '心如墻壁'이라야 '可以入道'라는 법문을 '枯木元灰'의 무정물로 본 것에 대하여도 선의 개념을 이해하지 못한 처사로 보았던 것이다. 《삼국유사》 광덕조에 대한 논란도 광덕이란 승려가 퇴속하여 속세에 은거하여 처자를 거느리고 속인생활을 하였다는 내용으로 이해하였다. 요컨대 광덕의 대처생활의 유지를 대처승려들의 고증 자료로 합리화함은 語不成說로 보았다.

이 같은 개별적인 내용에 대한 반박 이후 이청담은 그의 분규에 대한 최종 입장을 다음과 같이 피력하였다.

> 최후로 말할 것은 오늘 우리 宗團은 통합이 되어 발전 성장해 가고 있다. 부처님 당시에도 調達 같은 이가 있었고 예수에게도 「가롬·유다」가 있었으며 孔子 당시에도 盜跖이와 같은 者들이 있었다.
> 석가나 예수나 공자 같은 성현들이 무자비했고 독선적이고 관용을 몰라서 그들과 타협하지 아니한 것은 아니다. 眞理와 非眞理의 사이에 어찌 타협이란 말이 있을 수 있는가.

여기에서 당시 상황을 분규가 일단락되어 종단이 통합되었다고 보는 이청담의 인식이 노출되었다. 당시 대처측은 그 통합종단에 이의를 제기하고 별도의 노선을 경주하고 있었지만 이청담은 이를 크게 개의치 않은 것이다. 또한 진리와 비진리 사이에는 절대 타협이 없음을 재삼 강조하였다. 그리하여 그는 조지훈에게 사의를 표할 것이[17] 있지만, 조지훈의 의견 개진은 종단에서 청탁하지도 않은 '無風起浪'으로 개념지었다.

이청담은 거듭 분규는 종식되었다는 인식을 피력하였다. 그리고 불교의 나아갈 방향을 다음과 같이 제시하였다.

---

17) 그는 조지훈이 분쟁이 종식되어 불교발전이 있기를 기원한 것, 그리고 대처자보다는 독신수행의 碩德을 더 홍앙한다고 밝힌 점이라고 이청담은 지적하였다.

이제 十年을 끌어오던 佛敎淨化의 첫단계는 끝났다. 佛陀의 敎理와 전통을 망각하여 현실의 모든 문제를 타개할 통합종단은 이룩되었다. 이제 남은 것은 오직 현대인의 師表가 될 수 있는 徒弟養成과 우리말 옮김의 譯經事業과 現代的 敎化의 布敎事業에 우리 出家와 在家의 四部大衆은 모든 힘을 합하여 나아갈 뿐이다.

요컨대 이청담은 그가 추진하였던 '불교정화'의 1단계는 완성하였다는 인식을 하였다. 그는 그 시기를 통합종단의 정상적인 출범으로 보았다. 그리하여 불교계가 추진할 방향은 도제양성, 역경사업, 포교사업을 제시하는 것으로 그 논쟁의 결론을 맺었다.

3. 논쟁의 성격

이제부터는 지금까지 살펴본 조지훈과 이청담의 불교분규의 논쟁의 개요에 나타난 성격을 정리하고자 한다. 이로써 그 논쟁의 본질과 조지훈·이청담이 갖고 있었던 입장과 그 지향점 등에 대한 특성을 밝힐 수 있으리라 본다. 먼저 논쟁을 지핀 조지훈의 개요부터 정리하고자 한다.

첫째, 당시 상황을 분규의 진행으로 인식하였다. 1962년 통합종단이 출범하였지만, 불과 6개월이 채 못가서 대처측의 이의제기 등으로 인해 독자적인 노선을 경주하였고 사회의 우려가 일어나는 것으로 보았다.

둘째, 분규는 불교계 스스로 해결할 수 없는 지경으로 전락된 것으로 이해하였다. 그 이유는 양측이 자기의 원칙과 기준을 갖고 분규를 야기하였으며, 역시 동일한 방법으로 그 문제의 해결에 임하였다고 보았다.

셋째, 분규 미해결의 책임은 불교교리와 불교사에 무지한 상태에서 분규 조정과 통합을 시도한 불교계 밖의 인사들에도 적지 않다고 주장하였다. 이는 곧 정부 당국자와 그 조정의 역할을 담당하였던 인사들에 대한 책임론을 제기한 것이다.

넷째, 분규의 원인을 지나친 불교의 세속화로 보면서, 한말부터 지속된 승려의 대처운동이 이를 가속화시킨 것으로 이해하였다.

다섯째, 당시 불교발전의 방향은 대처승의 지나친 세속의 견제와 소생,

그리고 비구승들을 본연의 수행에 전력하도록 우대하는 것에서 찾았다.

여섯째, 분규 해결의 방법은 불교의 정화와 통합을 동시에 성취하여 비구·대처 양측이 공생할 수 있는 대안에서 찾았다.

일곱째, 분규 해결의 방안을 정화와 통합에서 찾았기에 종단의 구성과 운영에서도 그 원칙을 유지하기 위한 고육지책으로 수행승단과 교화승단이라는 이원적인 구도를 설정하였다. 이러한 이원적인 내적 기조는 조지훈이 제시한 승단 운영의 전 분야까지 미칠 수 있는 것이었다.

반면 이에 대응되었던 이청담의 주장에 나타난 특성을 살펴보겠다.

첫째, 당시 불교계 상황을 분규로 인식하지 않았다. 1962년 통합종단의 출범으로 정화의 1단계는 완성된 것으로 보았다. 물론 대처측이 반발하고 별도의 노선을 가고 있음을 분명하게 알고 있었지만, 그 움직임에 큰 의미를 부여하지 않았다.

둘째, 분규의 당사자였던 대처측을 불교의 교리 및 원칙에서 인정될 수 있는 승려로 인정하지 않았다. 따라서 분규로 인해 전개되고 있는 비구·대처간의 갈등을 破邪顯正으로 해결해야 한다는 입장에 서게 됨은 당연한 논리였다.

셋째, 승단의 구성 및 운영에 대한 주된 책임은 승려에게 있다는 것을 강조하였다. 이처럼 그가 승려 중심의 승단 구성에 중요성을 부여한 것은 결국 재가불자의 차별성을 설정한 것을 말한다.

넷째, 개화기·일제하·해방공간을 거치면서 보편화되었던 승려의 대처는 절대 인정할 수 없는 역사적 산물로 보았다. 그러므로 대처승이라는 어원 자체를 부정시하였다. 그가 비구측의 대표자로서 그 자신을 '淨化運動에 全生涯를 바친 하나의 使徒'라는 자평은 적절한 표현이라고 하겠다.

다섯째, 불교정화의 1단계는 완성되고, 통합종단이 완성·발전되어 가는 도중에 있다는 인식에서 그가 염두에 두었던 2단계 정화는 도제양성, 역경사업, 포교사업이었다.

조지훈과 이청담의 주장과 그에 담겨진 성격을 살피면서 대략 드러났지만 그들의 입론과 해결방안은 사뭇 달랐다. 조지훈은 사회 지성의 입장과 분규 해소를 갈망하는 입장에서 일단 분규를 끝냈으면 하는 사회적인 차원의 접근이었다. 그러나 이청담은 그 분규의 당사자인 승려였고 통합종단이 출범한 시점에서 통합종단의 당위성을 강조하고 통합을 성사시킨 비구측의 논리를 강조하는 입장이었다.[18] 따라서 이들의 입지와 당시 불교계를 바라보는 기본 입장은 확연하게 달랐던 것이다. 그 논쟁의 해결은 조화되거나 타협될 성질은 전혀 아니었다.

다만 우리는 이 같은 논쟁의 개요와 그 성격을 살펴봄으로써 당시 그 분규에 깔려 있었던 배경과 문제 그리고 비구·대처간의 갈등의 초점을 이해할 수 있다. 그리고 그 분규에 대한 당시 사회에서 분규를 바라보는 인식의 단면을 점검할 수 있는 것이다.

조지훈과 이청담의 분규에 대한 논쟁에서 1954~1970년에 벌어진 불교계 분규, 태고종 등장 등 불교계의 정황을 보다 본질적으로 바라볼 수 있는 단서를 얻을 수 있다.

4. 결 어

지금까지 1963년 8~9월《동아일보》지상을 통하여 전개된 조지훈과 이청담의 불교계 분규에 대한 논쟁의 개요와 성격을 정리하여 보았다. 이제 그 내용을 요약하는 것을 맺음말에 대하고자 한다.

---

18) 그런데 이청담의 발언에는 아이러니라고 할 수 있는 사실이 있다. 즉 비구·대처의 갈등이 지속되고 세속의 법을 통한 정당성 확보 노력이 진행되던 때인 1969년 12월 10일 비구측 대표 이청담과 대처측 대표인 박대륜이 분규 해소를 위한 대화를 가졌다. 당시 그들의 대화 요체는 승려를 이판승과 사판승으로 구분·인정하여 분쟁을 종식시키는 방안을 토의하였다. 또한 수도한 승려인 이판승의 상원과 관리·행정하는 사판승의 하원으로 종회를 구성하겠다는 파격적인 논의였다. 이 같은 방안은 본 고찰에서 살펴본 조지훈의 의견과 유사한 것이다. 이를 어떻게 이해하여야 하는가? 이러한 짐은 보디 디양한 검토차에서 접근해야겠지만 우리가 유의할 사항임은 분명하다고 하겠다. 〈靑潭·大輪 兩大宗師頂相會談〉《대한불교》1969.12.14.

1962년 4월 출범한 통합종단은 대처측의 이의 제기와 이탈로 인하여 1963년경에 이르러서는 그 위상을 지킬 수 없었다. 이는 곧 비구·대처간의 분규가 더욱 심화되었음을 말하는 것이다. 이에 그 분규는 사회의 문제로 또다시 대두되었다. 조지훈의 분규에 대한 의견 개진은 바로 이러한 즈음에 출현했다.

조지훈의 기고 목적은 그가 《동아일보》 1963년 8월 12일자에 기고한 최초의 글의 제목인 '한국불교를 살리는 길'과, 그 부제를 '종단분규 해결'이라고 한 바에서 극명하게 나타난다. 그는 당시 사회문제가 되었던 불교 분규의 해결을 통하여 한국불교를 살려야 하겠다는 의식이 있었던 것이다. 그는 이 같은 목적에서 당시 분규는 이미 불교계 자체가 스스로 해결할 수 없는 지경으로 전락되었다고 보면서 비구·대처측의 양보와 문제 해결에 관여된 문교부의 성의 있는 조정으로 풀어야 한다고 보았다.

그런데 그 분규 이면에는 비구·대처측의 아집과 독선이 깔려 있고, 그 초점에는 승려의 자격 문제가 자리잡고 있었으며, 비구·대처 양측의 해결방안에는 모두 한계가 있다고 보았다. 더욱이 비구·대처 양측에는 문제의 해결뿐만 아니라 성직자로서도 일정한 한계를 갖고 있었다고 이해하였다. 이에 분규의 해소책을 기본적으로 '정화'와 '통합'이라는 구도에서 찾고자 하였다. 곧 비구·대처승의 공생과 존립을 말하는 것이다.

이에 대한 이청담의 주장은 즉각적인 반론으로 제기되었다. 그는 조지훈의 불교를 위한 충정에 대해서는 감사의 뜻을 표하면서도 전반적인 그의 입론은 완전 부정하였다. 그는 당시 분규를 '法戰'으로 인식하면서 대처측의 논리는 전혀 인정할 수 없는 변칙이기에 그를 수용한 바탕에서 나온 조지훈의 견해를 아집으로 보았다. 나아가서 불교는 승단 중심의 단체임을 거듭 천명하였다. 또한 종교집단 내의 문제 해결은 正邪를 구분하는 길이 첩경이지, 타협과 양보는 적절치 않다고 지적하였다.

이 같은 이청담의 주장은 조지훈의 의견을 일고할 것도 없다는 단호함이었다. 이에 조지훈은 그의 의견을 거듭 주장하면서 이청담의 입론을 반박하는 글을 다시 기고하였다. 그는 그의 주장을 전혀 고려하지 않는 것에 대한 아쉬움을 '서글픔'으로 표현하면서 이청담의 주장을 감정적인 흥분으로 보았다. 그리고 이청담의 주장이 아집과 선입견에서 나온 것으로 보고, 나아가서는 분규의 저변에는 불교의 재산을 둘러싼 갈등이 개재되었음을 언급하였다. 그리고 승려의 대처문제가 단지 일제시대에만 국한된 것이 아니고 《삼국유사》 광덕조에도 나오는 것과 같이 시대의 문제가 아니라 수행의 본질과 유관한 것임을 강조하였다. 또한 그는 불교계의 분규로 사회에서 우려를 하고 있으며, 자신도 그 우려의 일단으로서 의견 개진을 한 것이라고 하였다. 즉 자신의 의견을 고려하지 않으려면 우선 분규를 스스로 해소하라는 주장을 하였다.

이에 대한 이청담은 주장은 한발 더 나아가 조지훈의 주장을 '山僧에게 시비를 거는' 것으로 단정하였다. 그는 조지훈이 기고한 배경을 의문으로 나타내면서 승단의 구성문제로 답하였다. 승단은 기본적으로 비구·비구니 중심이기에 재가자가 승단의 본질까지 언급한 자체에 문제가 있다고 보았다. 그리고 조지훈이 언급한 사찰재산의 문제는 승단 수호를 위한 차원에서는 당연한 것이라고 강변하였다. 더욱이 그는 그 당시를 통합종단이 완성된 단계로 보면서 이제는 불교발전을 위한 길로 나가야 할 때임을 강조하였다.

조지훈과 이청담의 이 같은 논쟁은 각 2회씩 총 4회로 종료되었다. 그러나 이 논쟁은 논쟁 당사자가 처한 입장, 당시 불교계에 대한 이해의 인식, 문제 해결 방법에 대한 상이성 등이 이질적이기에 애당초 상호 조화될 수 있는 것은 아니었다. 또한 논쟁 그 자체로 분규의 해결이 양보와 타협이라는 정상적인 방법으로 해결될 성질이 전혀 아니었음을 새삼 파악할 수 있다. 그러나 이 논쟁의 경과와 내용을 살펴봄으로써 당시 불교분규에 대한 본질 이해에 한발 나아갈 수 있는 징검다리를 얻은 셈이다. 여기에서 이 분규 논쟁에 나타난 양상의 본질을 더욱 구체적으로 살펴보고 그에 관련된 정황과 함께 분규 당사자들의 사상, 현실인식 등을 종합적으로 살필 필요성이 더욱 요청된다. 이러한 접근을 통하여 분규의 본질이 더욱 확연하게 드러날 것이다.

三寶學會의 《韓國佛敎最近百年史》 편찬 始末

1. 서 언

한국 근·현대불교사는 8·15 해방 이후 50여 년 간, 학계 및 불교계의 무관심과 방치로 인하여 황무지와 같은 지경이었다.[1] 최근 그 분야의 관련 연구가 점차 활성화되는 추세에 있지만[2] 객관적인 이해는 아직도 만족할 수 없는 형편이라 하겠다. 이러한 상황은 우선 불교계 자체내의 빈약한 역사의식과 관련 학자의 절대 부족에서 기인한다.

이러한 현실에서도 1987년 민족사에서 영인·발간한[3] 《韓國近世佛敎

---

1) 해방 50년 간의 연구 성과는 이 분야 연구 성과물을 묶어 간행한 《近代佛敎史論》(1988, 민족사)과 姜昔珠·朴敬勛의 공저로 간행된 《佛敎近世百年》(1980, 중앙일보)에 지나지 않는다.

2) 최근 근·현대불교사의 연구는 자료영인과 관련 연구서의 간행 등 점차 다각화되는 추세에 있다. 그 주요 내용은 다음과 같다.

임혜봉, 《친일불교론》 1993, 민족사.

鄭珖鎬, 《近代韓日佛敎關係史研究》 1994, 인하대학교출판부.

金光植, 《韓國近代佛敎史研究》 1996, 민족사.

━━━━ , 《韓國 近代佛敎의 現實認識》 1998, 민족사.

金敬執, 《한국근대불교사》 1998, 경서원.

선우도량 한국불교근현대사연구회, 《新聞으로 본 韓國佛敎近現代史》 1, 2. 1995, 1999.

《韓國近現代佛敎資料全集》(전 69권) 1996, 민족사.

《講院總覽》《禪院總覽》 1997, 2000 대한불교조계종교육원.

百年史》는 그간 근·현대불교사의 연구에 있어서 하나의 지름길을 제공해 주었다. 이 백년사는 근·현대불교사를 '자료중심의 편년식'으로 편찬한 것이지만 그 시기의 불교사를 최초로 정리했다는 데에 큰 의미가 있다. 이 책의 개요와 성격, 그리고 그 편찬의 주체 및 과정에 대한 이해는 필수불가결한 것이었지만 그 전모에 대한 내용은 구체적으로 알 수가 없었다. 지금까지의 개요는 三寶學會의 주관, 徐京洙·鄭珖鎬의 편찬 작업의 참여였으며, 백년사의 원제는 《韓國佛敎最近百年史》였다는 이해만 가능하였다.

근·현대불교사 연구에 관심을 갖고 있000는 필자는 백년사를 활용하여 그 시기 불교사의 개요를 파악하면서, 이 백년사에 대한 개요 및 성격에 대한 관심을 갖기에 이르렀다. 그러나 그에 관련된 문헌 기록이 전하지도 않고, 당시의 상황을 증언할 수 있는 관련자들의 타계 및 생존자와의 인연 부재 등으로 인하여 그에 대한 관심은 의문점으로 남아 있었다.

그런데 최근 근·현대불교의 자료수집 및 영인 작업에 큰 관심을 가지면서 그 백년사 편찬의 시말을 본격적으로 정리할 필요성을 절감하였다. 그 계기의 촉매제로 작용한 요인은 백년사 편찬의 과정을 보도한 《대한불교》의 영인·보급이다.[4] 이에 필자는 《대한불교》의 분석을 통하여, 편찬과정의 개요를 파악할 수 있었다. 또한 그 편찬작업에 직접·간접적으로 관여하였던 대상 인물들의 증언을 청취하여[5] 당시 그 전후사정의 전모를 파악하였다.

이 백년사 편찬은 삼보학회의 주관으로 1965년에 시작되어 1969년까지 진행되었으며, 당시 불교교단인 조계종의 일정한 개입도 있었다. 그 개입

---

3) 민족사 사장인 윤재승은 당시 불교신문사에 근무했던 홍사성의 출간 권유에 의해 1987년 5월경 출판하였다고 회고하였다. 그 출판은 목정배 교수(동국대)가 보관하고 있던 백년사 1차 성과물(1865~1930년)을 저본으로 한 것이다.
4) 불교신문사와 민족사가 1998년 6월에 공동 간행한 《대한불교》는 전 9권으로 1960년의 창간 때부터 1980년까지의 선량을 포힘한 깃이다.
5) 필자가 증언을 청취한 대상인물은 박성배, 정광호, 박경훈, 안진오, 양범수, 송금엽, 목정배, 박선영, 홍사성 등이다.

이 결과적으로 편찬 시말의 요인으로 작용하였다. 이는 곧 당시 불교교단의 현실인식이 백년사 편찬의 배경이었음을 말해 준다. 당시 불교계는 1950년대 초반부터 가시화된 이른바 비구·대처간의 갈등을 거친 후, 1962년에는 통합종단이 출범하였다. 통합종단 내에서는 이전의 그 갈등을 '淨化'로 인식하고 있었지만, 일부 승려 및 학자들은 그를 '法亂'으로 인식하는 경우도 있었다.

바로 이러한 대응적이고 이질적인 인식하에서 그 갈등을 정화로 인식하려는 주체들이 정화를 역사적으로 규명하려는 일단의 움직임이 있었다. 1965년 5월부터 시작된 백년사 편찬의 기획이 그것이다. 그러나 그 편찬 내용에 일제하 일부 승려의 '親日' 행태가 포함되자, 관련 승려의 제자로부터 이의가 제기되었다. 즉 당시 불교계 내의 이의 및 논란을 겪으면서 그 편찬작업은 중단되고 말았던 것이다. 여기에서 당시 불교계의 역사의식의 일단을 엿볼 수 있다. 그러므로 우리는 백년사 편찬의 시말을 정리함으로써 당시 교단 및 불교인들의 현실의식을 살펴볼 수도 있다.

그러나 그에 관련된 문헌자료의 부족과 관련자들의 증언의 미진함으로 인해 서술에는 적지 않은 한계가 있으므로 이러한 측면은 후일의 보완을 기약하고자 한다.

2. 편찬 배경과 편찬부 발족

《韓國佛敎最近百年史》(이하 백년사라 약칭함)의 편찬사업이 불교계에 공개된 시점은 1965년 12월 중순이다. 그 계기는 1965년 12월 12일자의 《대한불교》에 〈韓國佛敎最近百年史 編纂部 新設 - 本社 姉妹機關으로 敎界協助 緊要 -〉라는 社告의 게재였다.[6] 이 사고에는 백년사 편찬의 주체, 배경, 목적, 계획 등이 자세히 전하고 있다. 우선 그 내용을 소개하면서 그 전후과정을 살펴보겠다.

---

6) 《대한불교》 122호, 1965.12.12.

佛敎界 및 學界의 오랜 宿願의 하나이던 近代 韓國佛敎 史料의 總整理 編纂을 위해 「韓國佛敎最近代史編纂部」가 三寶學會 산하에 本社 자매기관으로 設立을 보아 새로이 출발하였다.

근대불교의 사료 총정리, 편찬을 위한 실무기관인 '韓國佛敎最近代史編纂部'(이하 편찬부라 약칭함)가 三寶學會 산하에 설립되었는바, 그 편찬부는 대한불교사의 자매기관으로 출발하였다. 따라서 편찬의 주체는 삼보학회, 편찬의 실무는 편찬부였음을 알 수 있다. 삼보학회가 백년사 편찬사업을 하게 된 연유에 대해서는 다음의 내용에서 알 수 있다.

本社 자매기관으로 막대한 예산을 들여 편찬부가 설립된 것은 民族精神 文化의 根幹을 이루어 오다 싶이한 佛敎가 最近代에 와서 史料整理는 물론 一貫된 體系를 確立하지 못한데 있다. 특히 最近 韓國佛敎에 있어서는 역사적 서술이 되어 있지 않기 때문에 史料의 수집 整理와 그 體系化가 切實히 要請되고 있다.

최근대불교의 사료 정리의 미흡과 일관된 체계의 미확립으로 인한 역사적 서술의 부재 극복이 그 동기였다는 것이다. 이에 역사적 서술을 기하기 위한 사료 수집과 수집 자료의 체계화가 요청된다는 현실인식이 편찬부 발족의 배경이라 하겠다.

그런데 당초 편찬부를 발기할 당시에는 100년사가 아니라 60년사를 기획하였다. 이 사정을 아래의 글에서 알아보자.

同 編纂部가 發起를 본 것은 지난 五月 二十三日 「韓國佛敎最近代六十年史編纂委員會」로 발족하려 했던 것인데 學界의 여론이 좀더 범위를 크게 잡아 「百年史」로 함이 좋다고 하여 七月에 백년사 편찬부로 개칭하여 일에 착수하였다.

1965년 5월 23일의 발기시에는 60년사 편찬위원회로 발족하였지만, 이에 대한 학계의 여론을 청취하는 과정에서 100년사로 전환되고 그 편찬부도 자연 백년사 편찬부로 개칭하였다는 것이다. 그런데 당초 60년사 편찬위원회를 발족시킨 주체들은 6월 16일에는 편찬 계획을 작성하고, 6월 26

일에는 위에서 서술한 학계의 자문을 받았는바[7] 그 자문위원은 강석주,
김두헌, 김상기, 이선근, 박종홍, 조명기, 박종홍, 황산덕 등이다.[8] 이들은
불교계 및 학계의 원로들이었다. 당시 편찬의 주체들은 전문가들의 자문
에 의거 백년사로 전환한 즉시 7월 1일부터 편찬을 위한 예비 작업에 착
수하였다. 편찬의 대상 범위를 편의상 1865~1967년으로 정하였다.[9]

그러면 백년사 편찬사업의 주도 인물은 누구였는가? 편찬의 주체는 대
외적으로 삼보학회였음을 위에서 살펴보았다. 그 편찬사업을 발기한 인물
은 徐景洙, 朴性焙, 安晉吾이다.[10] 그러면 이들이 어떤 연유로 삼보학회의
주관으로 시행한 백년사 편찬사업의 발기를 하였는가? 이러한 점을 해명
하기 위해서는 우선 삼보학회의 성격과 함께 삼보학회가 편찬사업을 주관
한 연유 등을 살펴보아야 할 것이다.

삼보학회는 1965년 9월경에 창립되어 1970년대 초반까지 불교계의 학
술·수도·홍보·육영 등 불교를 발전시키려는 사업을 총괄하였던 불교
문화단체로서, 설립자 겸 회장은 李漢相이다. 이 학회에서 주관하여 후원
하였던 사업은 대한불교신문사, 삼보장학회, 한국대학생불교연합회 등이
다.[11] 이 학회는 당시 불교계의 중추적인 사업을 주관하고 후원하던 단체
였다. 삼보학회 설립자 겸 회장으로 재직하였던 이한상은 풍전산업주식회

---

7) 그런데 일부 기록에는 발기인들이 처음 회합을 가진 일자를 5월 20일로, 학계
　　전문가의 자문을 받은 일자도 6월 20일이라고 전하기도 한다.〈三寶學會가 편
　　찬하고 있는 佛敎百年史는 어떻게 되어 가고 있나〉《대한불교》208호(1967.8.6)
　　참조.
8) 위의 社告 내용.
9) 그 하한 시점을 1967년으로 설정한 것은 1967년 6월까지 편찬을 위한 자료수
　　집 기간으로 잡은 것에서 연유한 것으로 볼 수 있다.
10)〈三寶學會가 편찬하고 있는 佛敎百年史는 어떻게 되어 가고 있나〉《대한불
　　교》208호, 1967.8.6. 그 발기인의 성격은 다음과 같다.
　　서경수 : 당시 동국대 강사(인도철학), 현재 작고.
　　박성배 : 당시 동국대 교수(인도철학), 현재 뉴욕주립대 교수.
　　안진오 : 당시 동국대 박사과정(동양철학), 현재 전남대 명예교수.
11)〈每月끝 일요일 三寶의 날〉《대한불교》142호(1966.5.1) 내용 및《佛敎大年
　　鑑》p.830(1969, 佛敎タイムス社)의 관련 내용 참조.

사와 대한전척공사의 사장이었다. 德山居士로 불리던 그는 독실한 불교신자로서 한국불교 문화의 창달을 위하여 큰 헌신을 하였다.

이한상이 당시 조계종의 기관지였던 《대한불교》를 인수·경영한 시점은 1964년 6월 10일이다. 1960년 1월에 창간된 대한불교는 월간 대판 2면을 간행하였으나, 이한상이 인수·경영한 50호부터는 주간으로 전환시키는 등 대대적인 혁신을[12] 기하였다.[13] 이한상이 《대한불교》를 인수·경영한 것은 그가 불교계의 중심부에 진입하였음과 동시에 백년사 편찬의 주관을 맡을 수 있는 계기가 되었다고 하겠다.

이한상의 삼보학회가 백년사 편찬의 사업을 주관한 계기와 관련하여, 당시 《대한불교》의 편집국장이었던 박경훈은 다음과 같은 증언을 하였다.

　　이한상 거사하고 대한불교 신문을 만든 몇 년 동안 '비구승들의 불교정화는 법난이다'하는 일종의 항의, 부정이 대처쪽에서 제기가 되었습니다. 그래서 우리들은 정화라고 하는 것이 시대적으로 어쩔 수 없이 제기될 수밖에 없었다는 당위성을 밝히는 일을 해야 하겠다고 생각했습니다. 그렇게 하려면 적어도 개화기 이후의 한국불교를 역사적으로 조명하는 일을 하고 그래서 비구승들에 의해 정화가 제기되지 않을 수 없었던 당위성을 부각시켜야 하겠다고 생각했습니다. 그래서 《한국불교최근백년사》라는 자료집을 만들기로 했습니다.[14]

'불교정화'에 대하여 대처측에서 '법난'이라고 주장하는 항의와 부정이 있었으며, 그를 극복하기 위한 방편으로서 '정화'는 제기될 수밖에 없었다는 당위성을 역사적으로 조명하기 위한 의도가 백년사 편찬으로 귀결되었다는 것이다. 이러한 증언은 이한상이 《대한불교》를 인수한 직후, 박경훈이 바로 그 《대한불교》의 편집국장으로 근무하였던 점과 그 편찬사업을 지켜보았던 인물이라는 점에서 수긍할 수 있는 대목이다. 이 증언은 대한불교사 내에서 정화의 당위성을 역사적으로 조명하자는 논의가 있었다는

---

12) 새로이 취임한 간부진으로는 주필에 유엽, 편집국장에 박경훈이다.

13) 〈본지 창간 여덟 돌〉《대한불교》 281호, 1969.1.1.

14) 〈한국불교정화관련 인사 증언 채록(2) -법보신문 박경훈주필-〉《선우도량》 12호, pp.217~218. 1998.2.

것인데, 이 논의의 시점은 박경훈이 그 신문사의 편집국장으로 근무하기 시작하였던 1964년 6월 10일 이후로 볼 수 있다.

편찬사업을 발기한 3인 중의 1인인 박성배는 편찬사업을 이한상에게 제안한 당사자는 본인이었다고 증언하였다. 박성배는 그가 그 사업을 제안한 것은 일제하, 해방공간 그리고 비구·대처간의 갈등을 겪으면서 관련 자료가 소실되어 가는 것을 안타깝게 여긴 것에서 출발하였다고 회고하였다. 이러한 박성배의 주장을 신뢰한다면 박성배의 제안이 어떠한 과정을 거쳐 삼보학회 산하의 편찬부 발족까지 이르렀는가 하는 점이 대단히 궁금하다.

이러한 전후사정과 관련하여 박경훈이 필자와의 대담에서 그 이면을 다음과 같이 증언한 것을 참고할 수 있다.[15] 요컨대 당시 조계종 종단의 간부[16] 및 《대한불교》의 발행인과 주필을 역임하였던 李行願은[17] 이한상이 대한불교사를 인수하기 이전에 대한불교사의 발행 겸 인쇄인으로도 근무하였던 孫慶山에게 대처측의 법난이라는 이의를[18] 극복하기 위한 역사적 규명 작업을 하자는 제안을 하였다고 한다. 이 내용은 필자와 이행원과의 면담 증언에서도 확인되었다. 이행원은 필자에게 '정화불사'를 중심으로 하는 근세불교사의 조명에 대한 제안을 손경산에게 하였으며, 이한상에게는 제안하지 않았다고 하였다.[19] 이행원과 손경산의 그 당시 행적을 유의

---

15) 필자와 1998년 9월 4일 면담 증언.
16) 당시 이행원은 조계종 총무원의 교무부장이었다.
17) 이행원은 현재 화계사의 조실로 있으면서 국제적인 선포교 분야에서 큰 활약을 하고 있는 崇山 스님이다.
18) 당시 대처측은 비구측과 합의하여 분규를 종식시키기 위해 1962년 4월 11일, 통합종단인 대한불교조계종을 발족시켰다. 그러나 이후 불교 재건 중앙종회의 원의 구성 문제 등으로 인하여 그 종단을 탈퇴하고 독자적인 노선으로 갔다. 정화가 법난이라는 시각은 대처측의 일반적인 시각이지만, 재가에서는 정두석과 조명기가 그 입장을 대변하였다고 박경훈은 증언하였다.
19) 1999년 2월 25일 필자와의 증언(한국선학연구원). 그는 손경산에게 그 사업을 제의한 배경을 정화사 등을 정리해 놓지 않으면 후손들에게 면목이 없을 것이라는 판단이었다고 증언하였다.

하면 그들은 이른바 비구·대처의 갈등의 와중에서 비구측의 대표 및 중
견으로서 활약한 인물이었다.[20] 그러므로 그들은 상호 신뢰할 수 있는 여
지가 있었으며, 대한불교사를 경영하였던 공통성에서도 더욱 그러하였다.
  그러면 어떤 연유로 이행원과 손경산이 논의한 역사적 규명 작업이 이
한상이 주도하는 삼보학회 산하 대한불교사의 자매기관인 편집부에서 주
관되었을까? 이 점에 대해서는 이한상이 대한불교사를 인수·경영하도록
권유한 인물이 이행원이었다고 언급한 박경훈의 증언에 관심을 가질 수
있다. 박경훈의 이 증언은 이행원과 이한상이 불교계 중심부에서 일하면
서 상호 신뢰할 수 있는 관계였던 것을 말해 준다.[21] 그리하여 이한상이
대한불교를 인수한 이후 자연스럽게 정화의 역사적 규명 작업을 논의할

---

20) 비구·대처간의 타협의 산물로서 등장한 1962년 4월 11일의 통합종단 대한불
   교 조계종을 탄생시킨 모체는 佛敎再建委員會이다. 이 위원회는 비구측(조계사
   측) 5명과 대처측(법련사측) 5명의 대표로 구성되었는데, 손경산과 이행원은 비
   구측 대표였다. 그리고 그들은 그 위원회에서 결의한 재건 비상종회의 비구측
   대표의 의원이었다. 이상의 내용은 〈佛敎再建委員會會議記錄〉《佛敎淨化紛爭
   資料》pp.282~339(《한국근현대불교자료전집》68, 민족사) 참조.
   당시 손경산(유점사)은 49세였으며, 이행원(수덕사)은 38세였기에 이행원이 손경
   산에게 제언하였다는 것은 타당할 것이다. 손경산은 비구·대처의 갈등시 1954
   년 초창기부터 일선에서 활약한 비구측의 중견인물로서 1961년에는 대한불교
   조계종의 총무원장을 지냈고, 통합종단 체제라 불리우는 1962년 이후에도 교무
   부장, 총무부장, 총무원장을 지낸 비구측의 대표성을 띤 승려였다. 한편 그들은
   1965년 3월에 발족한 大韓佛敎曹溪宗和同委員會의 和同委員이었다. 〈和同約定
   書〉《대한불교》84호(1965.3.21) 참조.
21) 당시 이행원은 達磨會, 즉 禪을 이념으로 直旨人心 見性成佛하고 완전무후한
   인격을 구현한다는 이념으로 華溪寺(서울 성북구)를 거점으로 불교 신앙·수련생
   활을 하던 신행 단체의 지도법사였다. 이한상은 이 달마회 회원이었기에 이행원
   과 친근한 관계였을 것으로 보인다. 또한 이한상은 1968년 8월 29일에는 달마회
   의 회장으로 취임하였다. 달마회에 대해서는 〈法會巡禮 -達磨會篇-〉《대한불
   교》100호(1965.7.11), 〈창립10주년 맞은 신도단체 達磨會〉282호(1969.1.12) 참조.
   한편 이행원과 이한상은 1965년 5월 5일 佛敎宗立學園聯合會의 창립 총회에서
   각기 부회장으로 선출되었는바, 이 점도 그들의 친근성을 엿볼 수 있는 측면이
   다. 〈佛敎宗立學園聯合會創立〉《대한불교》91호, 1965.5.9.

수 있는 계기와 여건에 대한 개연성을 추론할 수 있다.[22] 여기에서 손경산이 이한상에게 그 규명 작업에 대한 제안을 하였을 가능성이 추론된다. 더욱이 이한상이 그와 친근한 박성배로부터 근·현대불교의 자료수집에 대한 제언을 받았던[23] 것을 감안하면 그 편찬사업에 대한 검토는 긍정적일 수 있는 여지가 있다고 하겠다.

이에 신문사 내에서 그 문제가 논의되었을 것으로 보인다. 박경훈의 증언에 의하면 매주 월요일의 편집회의시에는 교단의 담당 부장이 참석하였으며, 역사적 규명 문제가 토의되어 박경훈 본인도 그 규명 작업을 구체적으로 찬성·제안하였다고 한다.

곧 편찬부의 설립까지는 당시 비구측 조계종단의 현실인식이 개재되었음을 말해 준다.[24] 박경훈은 그 종단의 총무원 회의에서도 논의가 있었으며, 편집부 설립 즈음의 종회의 기타 안건에서도 그 사업에 대한 논의와 함께 자료 지원에 대한 협의가 있었다고 회고하였다. 이러한 증언을 뒷받침해 주는 문헌 기록이 있어 이를 소개하겠다. 1965년 11월 25일 대한불교신문사에서 종회의원에게 제공한 '機關紙 育成을 위한 建議書'[25]가 그

---

22) 한편 손경산은 이한상이 《대한불교》를 인수한 이후부터 편찬부가 발족한 그 즈음 이후에도 《대한불교》의 인쇄인이었다. 이는 그가 종단을 대표하여 그 직임을 맡은 것이다. 이러한 사실은 이한상과 손경산도 상호 신뢰의 관계가 있었으며, 백년사 편찬의 사업을 자연스럽게 상의할 수 있는 처지였다는 것을 알게 해 준다. 손경산의 본명은 孫喜璡이었는데, 그 신문의 인쇄인은 손희진이었다. 이상의 내용은 〈가시밭 길 五年 七個月 -警告處分, 休刊 等 혈로 뚫고-〉《대한불교》 100호(1965.7.11) 참조.

23) 한편, 이행원은 박성배 교수가 이한상에게 제의한 사정은 아는 바 없다고 필자에게 증언하였다.

24) 이와 관련하여 승려는 아니었지만 재가 신도들이 1961년 9월 30일 국가재건최고회의 기획위원회위원장에게 보낸 〈佛敎紛爭 解決에 관한 陳情書〉에 '數百年來의 法統紛爭을 根本的으로 解決할 수 있는 史料와 宗風을 提示하고, 그것을 科學的으로 處理한 後 採擇할 것'이라는 내용이 있음을 유의할 수 있다. 또한 그 신도에는 후술하겠만 백년사 편찬의 1차 성과물을 감수할 당시의 위원이었던 李在烈, 李鍾益이 포함되어 있는 것이 흥미롭다. 《佛敎淨化紛爭資料》 p.675 (《한국근현대불교자료전집》 68).

관련 내용이다. 이 건의서는 종단의 기관지인 대한불교를 발전시켜 달라
는 입장에서 나온 구체적인 건의사항이다. '各 本山 駐在 特派員 委囑의
件' 내에 다음과 같은 구절이 있다.

各 本寺의 沿革은 《佛敎近世百年史》의 編纂에 重要한 參考資料가 됨.

이 내용은 대한불교사의 특파원인 각 본사의 교무국장에게 본사의 연
혁을 백년사 편찬의 참고자료로 활용할 것을 알려 주고, 그 자료에 대한
협조 요청을 종회에서 처리해 달라는 것이다.
불교신문사의 요청은 그해 11월 25~28일에 개최되었던 조계종 제11차
정기중앙종회에서 논의되었다. 그 종회에서는 종단 기관지인 불교신문사
의 육성책과[26] 《近世佛敎百年史》 편찬을 위한 사업에 적극 협조하는 것
을 결의하였다. 그 내용을 전하는 보도기사를 보면 당시의 결정 내용을
알 수 있다.

大韓佛敎新聞社 姉妹機關인 《近世佛敎百年史》 편찬위원회의 事業에 적극
협조키로 하는 한편 특히 各種 資料 수집 등에 있어서는 후원을 아끼지 않기로
했다.[27]

요컨대 백년사 편찬부의 사업을 적극 협조하고, 특히 자료수집의 활동
에도 후원하기로 하였다는 것이다. 이로써 백년사 편찬사업은 종단 차원
에서 협조하고 후원하는 사업으로 출발하였음을 알 수 있다.
지금껏, 백년사 편찬사업의 배경에 당시 조계종 종단 내 승려들의 참여
가능성과 함께 종단의 일정한 논의, 그리고 후원 및 협조 등에 대한 가능

---

25) 《佛敎淨化紛爭資料》 pp.568~570.
26) 당시 조계종단에서는 1965년 12월 15일의 宗務會議의 의결을 거친 機關紙令(宗
    會 제14호)을, 1965년 12월 16일 종헌 27조에 의하여 공포하였다. 〈公告文〉《대
    한불교》 124호(1965.12.26) 참고.
27) 〈새해豫算 1千4百12萬원 通過 -11次定期中央宗會서-〉《대한불교》 120호
    1965.12.5.

성을 살펴보았다. 여기서 조계종단의 일정한 개입이 있었음을 확인할 수
있었다. 또 우리는 백년사 편찬 작업이 이한상이 주도하는 삼보학회의 사
업으로 출발한 것에 대한 의문점도 해소할 수 있었다. 정화의 당위성을
역사적으로 규명하려는 작업은 종단과 긴밀한 관계를 갖고 있는 이한상에
게 의뢰되었으며, 이는 이한상이 주관하고 있는 대한불교사 내에서 진행
하도록 가시화되었을 것이다. 이에 이한상은 그의 사회사업을 주관하고
있는 삼보학회 산하에 그 편찬사업을 수행하는 편찬부를 독립시킴과 동시
에 편찬부는 대한불교사의 자매기관으로 위상을 설정한 것으로 이해할 수
있다.[28]

　이제부터는 그 편찬사업을 발기한 인물들과 이한상과의 관계를 살펴보
자. 어떤 연유로 그들이 그 편찬사업의 발기인으로 참여하였는가의 문제
해명이다. 그 발기인은 위에서 소개한 바와 같이 서경수, 박성배, 안진오
3인이다. 박성배는 당초 이 사업을 자신이 이한상에게 제안하였으며, 발기
인 중 이한상과 제일 친근한 관계였다고 회고하였다. 그리하여 그는 서경
수, 안진오와의 협의를 거쳐 '의기투합'으로 참여하였다고 한다.

　서경수와 박성배는 이한상의 삼보학회가 후원하고 있는 한국대학생불
교연합회의 강사로 활동하고 있었다.[29] 이는 곧 그들이 이한상과 친근한
관계였음을 말해 준다. 안진오는 그 당시 동국대 대학원의 박사과정에 재
학하고 있었다. 그는 박성배와 同鄕이었으며,[30] 전남대 철학과에서 함께
수학한 인연으로 동국대 교수였던 박성배와 친근하게 지냈다고 한다. 이
에 그는 박성배의 제의를 받아들였다고 회고하였다.

　이러한 배경에서 박성배, 서경수, 안진오는 발기인으로서 그 편찬사업
의 제일선에 서게 되었다. 이들은 편찬위원회 발기, 편찬 계획의 작성, 관
련 전문가 자문, 편찬을 위한 예비작업의 착수 등 백년사 편찬을 위한 일

---

28) 편찬부 출범시의 사무실은 대한불교사가 있었던 서울 종로구 공평동 5-1의
　　112호실이었다. 이에 신문사 사무실의 일부를 구분하여, 편찬부 사무실로 활용
　　하였다고 한다.
29) 〈公告〉(한국대학생불교연합회 제4차하기수련대회) 《대한불교》 100호, 1965.7.11 참조.
30) 그들의 고향은 전남 보성이다.

련의 과정을 수행하였다.

그런데 이들 중 박성배와 서경수는 대학의 전임교수 및 시간강사였고, 또한 안진오 역시 박사과정에 재학중이었기 때문에 그 편찬사업에 전념할 수 없었다. 자연 실무를 전담할 인력이 부족하게 되어 그 전담 실무를 책임질 인물을 선발하였는데 그는 鄭珖鎬이다. 그는 서울대학교 사학과를 졸업한 후, 고려대 아세아문제연구소의 연구조교를 하던 중 김상기의 추천에 의하여 그 편찬부의 간사로 그해 9월경부터 근무하게 된다. 정광호의 보강은 곧 편찬 기초작업의 가속화 및 편찬부의 정식 출범을 의미하는 것으로 볼 수 있다.[31]

이렇듯이 실무진을 보강한 편찬부는 기초 작업을 가속화하여 그해 10월말경에는 편찬기획안[32]의 작성을 마쳤다. 기획안을 작성한 편찬부는 그 사업의 대강을 정비하여[33] 그해 12월 12일에는 불교계에 그 사업의 개요를 공개하였다. 그 개요를 살펴보면 다음과 같다.[34]

편찬의 대상 시기는 1865년부터 1967년으로 정하였다. 1865년을 시점으로 잡은 것은 그 편찬을 발기한 시점으로부터 100년 전이었다는 점에서, 끝을 1967년으로 잡은 것은 실제 편찬의 자료수집 및 간행의 종료를 1967년으로 설정한 데에서 기인한 것으로 보인다. 그리고 추진일정은 1967년 6월까지는 자료수집, 동년 7월부터는 편찬 기간으로, 동년 12월말경에는 책으로 출판하는 것으로 계획하였다. 편찬을 위한 자료수집은 동년 12월부터 연구조교[35]를 전국에 파견하여 史的 資料와 생존 고승들의 口述에

---

31) 위의 《佛敎大年鑑》 p.830의 '佛敎百年史編纂部'에서는 그 사업이 시작된 일자를 1965년 9월로 서술하였다.

32) 안진오에 의하면 그 기획안은 연표식으로 서술하였으며, 대략 100여 페이지에 달하였는데 '가리방'으로 작성된 것으로 회고하였다.

33) 〈65年度 主要日誌〉《대한불교》 124호(1965.12.26)에는 '한국불교근대백년사편찬부 신설'을 11월 26일로 보고 있다. 이는 11월 26일에 편찬에 관련된 제반 준비가 완료되었음을 말하는 것이다.

34) 그 개요는 위의 편찬부 신설 관련 〈社告〉 참고.

35) 그해 11월초, 연구조교로 채용된 인물은 양범수이다. 그는 당시 대한불교사 기자였던 목정배 동국대 교수의 추천으로 1967년 2월까지 근무하다 월간지 《법

의한 史料 등을 수집하는 것으로[36] 기획하였다. 그리고 편찬부의 업무는 근대화의 격동기였던 100년 간의 불교사료를 수집, 정리하고 그 내용을 서술하여 출판하는 것으로 설정하였다. 그러나 이와 같은 편찬사업의 개요와 추진 계획은 여러 사정에 의하여 적지 않은 변동을 가져왔다.

3. 편찬사업

1) 자료수집

편찬사업은 편찬부의 발족과 동시에 시작한 기획안의 작성 완료 후부터 본격 추진되었다. 맨 처음으로 시작한 것은 자료수집이었다. 간사와 연구조교, 그리고 학부생이 가세된 자료수집 팀은 3팀으로 구성되어[37] 경상남·북도의 지방 자료수집을 1965년 겨울방학을 이용, 50여 일 간 시행하였다.[38] 그 개요는 다음과 같다.[39]

류》사로 전직하였다.
36) 사료수집의 대상과 내용은 다음과 같이 대별하였다.
- 근대 고승들의 행장, 생애와 실화
- 옛 가람의 주변에 얽힌 설화, 신앙의 영험에 의한 이적 비화, 사지·탑비·부도·공덕 비·중수비 및 이에 대한 일체의 기록
- 작고 고승들의 어록, 문집 등
- 현존 승려들의 생애와 수도경력, 업적, 저술
37) 당초 계획으로는 간사, 연구조교 등의 9명을 3개 반으로 나누어 시행할 예정이었으나, 실제로는 6명의 3반으로 구성하였다. 일부 기록에는 박성배도 참여한 것으로 전하지만, 박성배는 지방 자료수집에 참여하지 않았다.
38) 자료수집 시행 이전, 당시 조계종 종단에서는 탐방 사찰에 자료수집의 협조를 요청하는 공문을 사전에 보냈다(정광호 증언). 그리고 자료수집을 떠날 때, 자료수집 요원임을 인정하는 증서를 발급하였다고 한다(양범수 증언).
39) 〈近代史의 資料를 찾아서〉〈現代史의 資料를 찾아〉《대한불교》133호(1966.2.27), 134호(1966.3.6), 135호(1966.3.13). 자료수집에 참여한 배종규와 양범수는 당시 학부 철학과·불교학과 1학년생이었다. 그리고 안진오와 동행한 인물은 서경수 교수가 데리고 온 불교학과 학부생이었는데 姓이 安이라는 것밖에 확인하지 못

정광호·배종규：범어사, 성주사, 용화사, 안정사, 통도사, 운문사, 표충사, 불
　　　　　　국사, 기림사, 천곡사
안진오：해인사·동화사·직지사 지구
서경수·양범수：도리사, 남장사, 김룡사, 부석사, 희방사, 보경사 상주·영
　　　　　　주·점촌·예천 포교당[40]

　위와 같은 경상남북도의 자료수집 활동을 수행한 편찬부는 수집한 일
제시대 문서, 문집, 현판, 비문, 고승 행장, 기담, 사찰창건 모연문 등의 자
료를 정리, 분류, 평가하여 카드화하는 작업을 하였다.[41] 편찬부는 1966년
5월 12일 백년사편찬부 지도위원회를 개최하여 자료수집의 방향과 내용
을 듣고,[42] 보다 효율적인 자료수집의 지침을 점검키도 하였다.

　편찬부는 위와 같이 제1차 자료수집의 시행과 지도위원회의 자문을 거
친 이후인 1966년 여름, 1개월 간의 제2차 지방 자료수집을 단행하였다. 그
대상 지역은 충청남도와 전라남북도이다. 그 개요는 다음과 같다.[43]

　정광호·양범수 ; 수덕사, 정혜사, 개심사, 마곡사, 내소사, 금산사

　했다.
40) 이 지역 자료수집을 담당한 양범수는 봉화에서 간첩으로 오인받아 신고를 받고
　　출동한 경찰에게 지서에 끌려갔다고 필자에게 증언하였다. 그러나 동행한 서경
　　수 교수의 교수증을 제시하고 풀려났으며, 서경수 교수가 당시 베스트 셀러인
　　수필집,《세속의 길 열반의 길》의 저자임을 알고 오히려 환대 받았다고 한다.
41) 〈12日에 指導委員會 開催〉《대한불교》143호(1966.5.8). 당시 탐방한 사찰은 70
　　여 사찰이었다고 한다.
42) 당시 그 지도위원회에 참석한 이선근은 특히 개화기에 영향을 미친 승려 이동
　　인, 탁정식의 자료 발굴을 강조하였다.
43) 서경수 교수는 안진오와 같이 출발했지만, 송광사에서의 대학생수련대회 참석
　　으로 인해 자료수집 활동은 하지 않았다. 안진오의 활동에 도움을 준 인물로
　　표기된 전남대 'J'교수는 당시 전남대 철학과 교수였던 정종구이다. 또한 안진
　　오의 고행 후배인 조규상도 그 활동에 참여하였다.
　　안진오팀의 사료수집 내용은《대한불교》161호(1966.9.11), 162호(1966.9.18), 164
　　호(1966.10.2), 165호(1966.10.9)의 〈佛敎最近代史 資料를 찾아서〉 참조. 정광호팀
　　의 내용은 정광호, 양범수 증언에서 파악한 것임.

서경수·안진오 ; 백양사, 용화사, 송광사, 화엄사, 대흥사, 선암사, 쌍계사

1, 2차의 자료수집 활동을 하면서도 편찬부는 개별적인 수집활동도 병행하였다. 편찬부의 기획안에 의거 자료가 있는 각처의 지역에 대학원생 및 학부생들을 수시로 보내 필사시키는 등 다양한 노력을 하였다고 한다.[44]

이러한 자료수집 활동으로 편찬부는 상당한 사료 수집의 실적을 거두었다고 볼 수 있지만, 현재로서는 그 실적의 개요와 내용에 대해서는 파악하기 어렵다. 자료수집은 편찬부가 당초 의도한 바와 같이 백년사 편찬을 정상적으로 추진할 수 있을 정도의 만족스러운 성과는 아니었다. 더욱이 기록을 소홀히 하였던 승려사회의 일반적 경향은 체계적인 자료를 남기지도 않았으며, 잔존하였던 자료들도 여러 사정에 의해서 유실되었다.

이러한 자료수집의 문제점은 무엇보다도 근·현대사의 질곡하에서 불교사 자료가 散失된 것에서 기인한 것이며, 당시 그 수집활동에 참여한 당사자들이 분석한 바에서도 단적으로 나타난다.[45]

1. 8·15 解放 直後의 混亂期에 미처 整理도 못한 채 消滅된 것.
2. 6·25 事變의 戰亂期에 山中寺刹이 거의 軍作戰地였기 때문에 한동안 寺刹을 守護하는 僧侶가 없는 無防備 狀態였다는 것.
3. 淨化佛事의 比丘 帶妻 분쟁기에 한 寺刹을 가운데 두고 兩側이 一進一退하는 동안 歷史的 資料에 無關心하였던 僧侶나 關係 人事들이 그 史料들을 소홀히 處理하였다는 것.
4. 寺刹을 떠나서 寺刹 附近 民家에 散在하고 있는 資料와 寺刹에 그대로 남아 있던 資料들이 쓸모 없는 파지나 휴지처럼 다루어졌다는 것.

---

44) 박경훈의 증언. 특히 이운허는 기획안을 검토, 분석하면서 자료에 대한 정보를 제공하는 등 큰 협조를 하였다고 한다. 위의 《대한불교》 208호 참조, 한편 양범수는 당시 대한불교사 주필이었던 유엽도 협조를 하였다고 회고하였다.
45) 〈現代史의 資料를 찾아〉《대한불교》 135호, 1966.3.13. 이러한 사정은 위의 《대한불교》 208호(1967.8.6)에서 다음과 같이 분석한 것과 같은 내용이다.
　1. 일제 때 승려들의 기강 해이에서 오는 일실 2. 일제 끝 무렵 전시체제 아래에서의 손실 3. 해방 직후의 혼란기 4. 6·25로 인한 피해 5. 정화파동으로 인한 인계 인수의 불확실

    위의 요인들에 의해서 불교사료는 거의 산실되었다는 것이다. 또한 자료수집 과정에서 백년사 편찬사업을 이해하고 적극적인 협조를 해 준 경우도 있었지만, 간혹 비구종단의 사업으로 인식하여 비협조 및 외면하는 행태도 있었다고 한다. 따라서 이러한 형편에 의한 자료수집의 미진은 결과적으로 당초 기획한 편찬사업의 암초로 등장하였다고 보인다.

    당초의 기획안에서는 자료수집 기간의 종료를 1967년 6월로 설정하였다. 그러나 여러 가지 사정 등으로 인하여 자연 그 기간은 연장될 수밖에 없었을 것이다. 이 사정을 짐작케 해 주는 1966년 6월 2일의《동아일보》보도기사에는 ‘내년말까지 수집을 끝내고 68년 말 출간될 동 韓國佛教 近代史’라는 내용이 전한다.[46] 여기에서 자료수집의 종료 시점이 1967년 말로, 출간의 시점은 1968년 말로 변동되었음을 알 수 있다. 자료수집은 기존보다 6개월 후로, 출간은 1년 후로 미뤄졌다. 요컨대 1966년 중반에 이미 자료수집 및 편찬의 계획이 조정되었다는 것이다.

    이러한 사정은 1967년 8월초의《대한불교》가 백년사 편찬사업을 보도한 기사에서도 여실히 전하고 있다.[47] 여기에서는 자료수집의 계획이 1967년 3월 31일까지로 정하였으며, 동년 9월 30일까지는 자료수집의 편찬을 완료할 예정이었다고 전하면서 자료수집의 어려움 등으로 인해 일의 진척이 늦어지고 있다고 소개하였다.

    편찬부에서는 자료수집의 문제를 타개하기 위하여 동년 7월 중순의《대한불교》지에 백년사 편찬의 의의를 개진하면서, 그 편찬에 필요한 자료수집에 대한 협조를 불교계에 호소하였다.[48] 그 내용을 보면 당시 자료수집의 현황과 함께 편찬부 실무자들의 다급한 사정을 찾아볼 수 있다.

---

46) 〈韓國佛教 近代史「三寶學會」기획〉《동아일보》1966.6.2,.
47) 〈三寶學會가 편찬하고 있는 佛教百年史는 어떻게 되어 가고 있나〉《대한불교》208호, 1967.8.
48) 〈韓國佛教最近 百年史 편찬의 意義 -각계 각층의 시급한 협조를 호소하며-〉《대한불교》205호, 1967.7.16. 이 기고문은 206호와 209호에도 게재되었다. 당시 삼보학회 백년사 편찬부의 사무실은 서울 중구 명동 2가 10번지(德山빌딩)로 이전되었다.

우선 그 내용을 요약하겠다. 백년사 편찬의 당위성을 한국불교의 이정표와 나아갈 방향의 모색을 위한 것에서 찾으면서 그 탐구는 자연 과거의 역사적 토대에서 검토되어야 한다는 것이다. 그런데 해방공간, 6·25, 정화분규 등의 일련의 혼란에서 자료가 산실이 되었다는 인식하에, 그 편찬 사업은 삼보학회의 전유의 단독 사업이 아님을 강조하면서 그 사업은 거종단적 차원에서 진행되어야 함을 제시하였다. 그 연후에 각계각층의 협조를 다음과 같이 요청하였다.

> 따라서 여기서는 온갖 개인적 감정도 초월되어야 하며 혹 宗團內에 약간의 不調和가 있다 하더라도 그것 때문에 협조가 잘 이루어지지 않는다면 그처럼 슬픈 일은 없을 것이다. 요컨대 이 일을 어느 편에서 누가 하고 있느냐는 문제는 따질 성질의 것이 아니다. 한국의 佛子라면 누구나 동참해야 할 의무와 책임이 있는 까닭이다.[49]

이러한 협조를 촉구하면서 다음과 같은 자료의 대상을 제공해 줄 것을 요청하였다.

> 1. 최근 100년 이래 현재까지의 佛敎관계 出版物을 비롯한 각종 文書(예컨대 각 本山寺誌, 本山과 總督府와의 往復文書, 혹은 舊韓國시대 이래의 각종 統計 자료 기타 文件 등)
> 2. 작고한 高僧의 行狀
> 3. 佛敎界에서 행한 각종 聲明書 혹은 法院의 判決文(특히 解放이후의 것)
> 4. 寺刹 주변의 각종 시설에 얽혀 있는 이야기(최근 100년 이내의 것으로)
> 5. 기타 『이런 일만은 百年史에 수록되었으면 좋겠다는』는 사건 혹은 이야기[50]

이러한 대상 자료는 백년사 편찬에 필요한 자료라고 볼 수 있는 것인데, 이 자료들을 제공해 달라고 요청하였음은 결국 그러한 자료가 매우 부족하였다는 것을 말한다. 그런데 이러한 호소와 요청이 어느 정도 효과를 보아, 자료가 수집되었는지는 알 수 없다. 이 문제는 편찬부에서 자료

---

49) 위와 같음.
50) 위와 같음.

수집의 기간으로 설정한 이후에도 지속적으로 제기될 수 있는 사항이었을 것으로 보인다.

한편 편찬부에서는 자료수집을 통하여 축적된 근대불교사의 내용을 정리하면서, 그 주요 자료들을 요약하여 〈佛敎最近代史資料〉라는 제목으로 《대한불교》에 연재하였다. 1966년 3월 20일의 136호부터 1967년 1월 1일의 177호까지 총 27회로 지속된 그 연재물은[51] 삼보학회 불교사편찬부의 제공으로 기고되었으며, 정광호와 안진오가 그 서술을 담당하였다. 그리고 편찬부의 간사였던 정광호는 〈僧團最近代史 回顧〉(上,下)를 역시 《대한불교》에 기고하였으며,[52] 서경수는 〈現代高僧列傳〉을 1966년 3월 20일부터 1966년 12월 25일까지 총 32회로《대한불교》에 연재하였다.[53] 정광호는 1967년 3월 19일부터 1969년 2월 2일까지 《대한불교》에 〈百年史落穗〉라는 제목으로 수집된 자료와 자료수집 과정에서 나타난 흥미 있는 요소들을 정리하여 연재하였다. 또한 정광호는 《대한불교》 200호 기념 특집으로[54] 〈日帝아래 우리불교 – 佛敎最近世 100년의 흐름 -〉이라는 주제의 내용을 12회에 걸쳐 기고하였다.

편찬부, 정광호, 서경수의 이러한 연재 기고물은 자료수집으로 축적된 근대불교사의 내용을 일반인에게 알려 주었을 뿐만 아니라, 편찬부의 사업을 홍보하는 데에 도움을 주었던 것으로 볼 수 있다.

2) 편찬 실무작업과 감수

편찬의 실무작업은 자료수집을 진행하면서 병행한 것으로 이해된다. 물

---

51) 그 연재의 제목은 다음과 같다.

親日佛敎・皇道佛敎, 李朝後期의 受難, 紙役 및 雜役 革罷, 海印寺事件, 僧尼入城禁止解禁 始末, 日本佛敎에 對한 好感, 曹洞宗과의 聯合試圖, 韓末의 佛敎 狀況, 日帝下 韓國佛敎近世變遷, 朝鮮總督府 寺刹令과 韓國僧團의 動向, 佛敎改革運動과 寺刹令 廢止運動.

52) 그 내용은 《대한불교》 1966년 12월 18일, 25일에 기고되있다.

53) 그 고승은 혜월, 허주・영산, 수월, 환옹이다.

54) 그 내용은 《대한불교》 211호(1967.8.27)부터 222호(1967.11.12)에 게재되었다.

론 자료수집의 초창기에는 할 수 없었겠지만, 미진하나마 자료를 축적하는 대로 편찬을 위한 기본 작업은 수행하였을 것이다.

편찬의 실무 작업을 구체적으로 살펴보기 이전에 사전 검토할 문제가 있는바, 이는 백년사의 대상인 '100년'의 기간이다. 1965년 12월 12일,《대한불교》의 사고에 게재된 내용에는 1865~1967년으로 나와 있다. 이는 상식적으로는 납득하기 어렵다 하겠다. 일면으로는 편찬의 종료 시점을 1967년으로 설정하였던 사정에서 나온 것으로는 볼 수 있다. 그런데 1967년 8월초,《대한불교》에서 백년사 편찬사업의 동향을 전하는 기사 내용에는[55] '편의상 1865~1965년'까지로 편찬 범위를 제한하였다고 서술하였다. 그 서술의 내용에는 1965년 6월 전문가를 초청하여, '그 사업에 대한 의견을 청취한 뒤'라고 그 전환 시점을 언급하였다. 그럼에도 불구하고 의견 청취 후인 12월 12일의 사고에는 편찬 범위를 1967년까지라고 분명히 전하고 있다. 왜 이러한 현상이 나타난 것일까? 지금으로서는 이 문제를 명쾌히 해명하기는 어려운 실정이다.

다음으로 검토할 것은 편찬방법의 문제이다. 이 문제도 위의 100년의 문제와 혼재되어 있는바, 이 사항도 1965년 12월의 사고에는 분명히 '一世期間의 佛敎 史料를 수집, 정리, 서술하여 출판해낼 것인데'라고 기재되었다. 그런데 1967년 8월초의《대한불교》보도에는 '편찬방법은 자료 중심의 編年式으로 엮는다고 나와 있다. 곧 백년사를 서술하려는 기존 방침이 자료 중심의 편년식으로 전환되었음을 말해 준다. 왜 이러한 전환이 있었을까? 당시 그 편찬부에서 근무하였던 정광호와 안진오는 자료수집을 수행하는 도중에 '일의 성격과 서술의 어려움' 등으로 인하여 자료집 편찬 중심으로 전환된 것이라고 회고하였다. 이와 관련하여 양범수는 편찬부 구성원들의 생활과 자금 지원의 난점 등이 결합된 복합적인 요인으로[56] 회고하였다. 요컨대 자료수집의 미진함, 편찬부 구성원의 문제 그리

---

55) 위의《대한불교》208호 내용 참조.
56) 그 요인 중 생활상의 문제는 서경수는 시간강사, 양범수는 학부 재학중, 박성배
   는 대학교수로 재직중이었기 때문에 각자 자기 본연의 일을 소홀히 할 수 없는

고 불교사 서술의 난점 등을 그 요인으로 볼 수 있다.

그러면 그 전환이 된 시점은 언제로 볼 수 있을까? 이 시점을 이해함에서는 안진오와 양범수의 근무 기간을 유의할 수 있다. 안진오와 양범수는 1967년 2월까지 근무하였는바,[57] 요컨대 안진오와 양범수가 그러한 정황을 알았다는 것은 그들의 근무기간에 그 전환이 있었다는 것이다.[58] 그 시점이 1966년 후반경이라는 추측을 할 수 있다. 그렇다면 그 편찬 실무의 일이 본격적으로 가시화된 시점은 언제였을까? 이와 관련해서는 1967년 3월 12일, 편찬부 조교모집의 광고를 유의할 수 있다.[59] 구체적인 편찬업무를 진행하기 위한 인력 보강 차원에서[60] 조교를 모집하였다. 그 광고에 의하면 조교의 직무는 '韓國佛敎最近代史史料集 편찬사업을 돕는 일'이라고 전하고 있다.[61] 편찬사업을 돕는 일이라 함은 곧 편찬사업이 구체적으로 가시화되었음을 알려 준다.

당시 선발된 조교는 3명이었는데 그들은 朴仁圭, 宋錦燁, 金淑子이다.[62]

처지였다는 것이다. 이에 편찬부의 일에 전념할 수 있는 인물은 정광호밖에 없었다는 사정을 말하는 것이다. 또한 이한상이 편찬부 사업에 지원하는 재정의 빈약함과 일의 난이성 등이 가미된 것으로 기억하였다. 이와 관련하여 정광호는 당시 편찬부 구성원들의 회의를 거쳐 편찬부장이던 서경수가 이한상에 보고, 상의한 것으로 회고하였다.

57) 안진오는 1967년 3월부터 그의 학부 모교인 전남대 철학과의 시간강사로 근무하기 위해 광주로 내려갔다. 양범수도 당시 대한불교사의 편집국장이던 박경훈이 1967년 3월 6일 사직하고 법륜사로 가게 되자, 편찬부를 사직하고 법륜사로 전직하였다. 안진오, 양범수의 증언.

58) 이와 관련하여 양범수는 그의 근무기간 중 카드작업과 동시에 일부의 프린트본 작업이 병행되었다고 회고하였다.

59) 〈編纂部助敎 모집〉《대한불교》187호, 1967.3.12.

60) 조교 선발에는 편찬부에 근무하던 양범수와 안진오가 1967년 2월경에 사직한 점도 작용한 것 같다. 당시 상주 근무자는 정광호 1인이었으므로 실질적인 편찬 업무 추진에 장애가 있었던 점도 고려할 수 있다.

61) 그 광고는 지원 자격을 4년제 대학 졸업자 이상으로(남녀불문), 제출서류는 자필이력서 1통, 최종학교 솔업증서 1통, 추천서 1통이다. 그리고 제출처는 삼보학회, 전형은 필답고사(한문, 논문)와 면접이며, 고사장소와 일정은 삼보학회 사무실과 3월 16일이다.

이들의 임무는 광고에서 제시된 바와 같이 편찬사업을 돕는 것이었는데, 함께 근무하였으며 편찬의 실무 간사였던 정광호는 자료 정리·분류 그리고 자료의 書寫 등이라고 회고하였다.

그런데 편찬부에서는 조교 선발을 하기 1년 전인 1966년 5월 12일에 편찬부의 지도위원회를 개최하여 편찬의 방향과 제반 문제점을 점검, 논의하였다.[63] 이에 우리는 이 지도위원회에서 위에서 살펴본 편찬 방침의 전환이 논의되었는가에 대한 의문을 가질 수 있다. 그러면 그 지도위원회의 개요를 살펴보자.

이 지도위원회는 제1차 자료수집의 완료, 분석, 정리가 종료된 시점인 1966년 4월말에 기획된 것인데 이 위원회에서 수집한 자료의 정리 방법, 편찬방법과 시기 등을 논의할 목적으로 개최되었다.[64] 당초 그 위원으로 선정된 대상 인물은 다음과 같다.

불 교 계 : 이청담 손경산 윤월하 이운허 김법룡 김포광 강석주
불교학자 : 조명기 김동화 우정상
사 학 자 : 이선근 김상기
철 학 자 : 박종홍 김두헌 박성배
삼보학회 : 이한상 서경수

이상 17명의 위원들은 편찬사업을 발기할 즈음에 자문을 해 주었던 인사와 편찬부의 주체, 그리고 편찬사업을 이한상에게 제의하였다는 손경산을 위시하여 당시 비구측의 조계종단의 주요 인사들과[65] 관련 학자들이

---

62) 선발된 조교의 출신과 인적사항은 박인규 : 동국대 불교학과 졸업, 송금엽 : 동국대 불교학과 졸, 동국대 석사과정 재학, 김숙자 : 고려대 국문과 졸이라고 한다. (정광호, 송금엽 증언) 이들은 《대한불교》 282호(1969.1.12)의 근하신년란에 삼보학회 백년사편찬부의 소속으로 정광호와 함께 나오는 것을 보면, 그들은 1969년까지는 근무한 것으로 볼 수 있다. 한편 송금엽은 최근 필자에게 그를 포함한 3인은 1969년 봄에 퇴직하였다고 회고하였다.

63) 〈12日에 指導委員會 開催〉《대한불교》 143호, 1966.5.8.

64) 위와 같음.

65) 이청담은 주지하는 바와 같이 비구측에서 '정화'를 선도하던 대표적인 인물이었

망라된 당시 대표적인 인사들이다.

그런데 5월 12일, 대한불교사 내의 삼보학회 회의실에서 개최된 그 위원회에서는 21명의 위원들이 참가하였다.[66] 당시 참가한 위원의 명단은 다음과 같은데, 일부 위원이 새로이 추가되었음을 알 수 있다.

> 불교계: 손경산 이행원 강석주 이운허 김포광 김법룡 이청담 윤월하 김태흡
>   임석진 안홍덕
> 사   학: 이선근 김상기
> 철   학: 박종홍 김두헌 박성배
> 불   교: 조명기 우정상 김동화 이종익 황산덕

이 위원 중 새로운 위원으로 참가한 대상은 이행원, 김태흡, 임석진, 안홍덕, 이종익, 황산덕 등 6명이다. 그리고 당초 위원이었던 삼보학회 소속의 이한상과 서경수는 위원에는 포함시키지 않았다. 이처럼 변동된 위원을 보면, 다음과 같은 사항에 주목할 수 있다. 우선 편찬사업을 손경산에게 제의하였다는 이행원과 비구측 원로인 김태흡, 그리고 대처측이라 불렸던 법륜사 계열의 임석진과 안홍덕이 포함되었다. 이 중 이행원과 김태흡이 추가된 것은 납득할 수 있지만, 임석진과 한홍덕의 추가는 납득하기 어렵다. 그들이 참가한 배경은 1965년 이후 비구·대처측의 '和同'을 기하려는 일련의 움직임에서 그 요인을 찾아 볼 수 있다. 어쨌든 간에 그들은 대처측을 대표할 수 있는[67] 중견 승려였다. 이로써 백년사 편찬사업은 당시 비구·대처의 주요 인사들이 참여함으로써 불교계 교단 차원의 위상을 더욱 갖게 되었다.

으며, 김범룡과 손경산은 통합종단의 2, 3대 총무원장을 역임하였다. 윤월하도 '정화' 초창기부터 비구측의 중심 인물이었으며 1962년 통합종단의 총무부장을 역임하기도 하였다.

66) 〈佛敎近代史 編纂의 基礎的 整理〉《대한불교》145호, 1966.5.22.

67) 임석진은 1962년 통합종단의 출범시 총무원장을 역임하였다. 안홍덕은 대처측의 대표로 여러 회의에 참여하였으며 특히 봉합종난의 산실이있던 불교재건위원회 및 불교재건 비상종회의 대처측 위원으로 참가한 후 출범한 통합종단의 감찰원 부원장이었다.

당시 그 회의는 편찬사업의 활동을 보고하고 추후의 작업 지침을 설정하기 위한 모임이었다. 편찬부의 경과와 활동 내용은 편찬부의 부장인 서경수가 그 개요를 설명하였으며, 자료수집 및 편찬에서 강조되어야 할 점[68] 등을 논의하였다. 즉, 편찬에 따른 제반 문제를 토의하였는바, 각 위원들은 사료 정리와 백년사 편찬은 한국 근대화의 사상적 기초가 되는 작업이라고 그 의의를 개진하였다. 그러나 그 회의에서 편찬방법과 출판 시기와 관련된 구체적인 내용은 전하지 않는다. 요컨대 서술식의 편찬이 자료집 중심의 편찬으로 전환된 문제는 확인되지 않고 있다. 추측컨대 그 문제는 거론되지 않은 것으로 보인다. 왜냐하면 그 회의 당시는 자료수집도 완료되지 않은 사업의 초기였으므로 편찬방법을 논의하기에는 적절하지 않았을 것이다.

이제부터는 당시 편찬 업무를 추진함에 있어 주된 관심사의 내용을 살펴보겠다. 이는 작업의 기준이자, 주요 내용의 요체일 수도 있다. 그 기준은 지도위원회에서 지적한 내용을 중심으로 선정되었을 것이다. 당시 편찬부에서 작업의 내용으로 제시한 것은 다음의 16항목이다.[69]

1. 근세 朝鮮후기의 승단에 대한 천대와 주구 형태
2. 願堂, 契 그 밖의 승단의 자체 방위를 위한 각종 움직임
3. 日本 승려에 의한 자극과 동태
4. 소위 韓日합방을 전후한 승려의 지위 향상과 친일적 경향
5. 민족운동과 승단
6. 일제의 식민지 통치하의 사찰재산의 증감
7. 일제의 식민지 통치와 승단의 분열
8. 일제의 대륙침략과 일부 승려의 친일적 망동

---

68) 그 회의에서 논의된 주요 내용은 다음과 같다.
조선후기 승단에 대한 정부의 천대와 주구형태, 조선후기의 불교 사원경제의 근간(원당, 계), 일제하 일부 승려의 친일 경향의 역사적 원인(도성출입 금지 해제, 승려의 지위 향상을 통한 일제의 불교정책에 현혹), 유학 승려의 조국광복운동, 학교·포교당 설립을 통한 근대화 노력, 역경사업의 저조(불교대중화의 미흡), 개화기에 영향을 미친 승려(이동인, 탁정식)의 자료 발굴.
69) 위의 《대한불교》 208호.

  9. 민족 해방과 보수 혁신 사이의 대립
 10. 6·25 동란과 승단의 피해
 11. 소위 韓·日합방 당시 李晦光 일파의 친일적 반동행위를 규탄한 종통
     수호운동
 12. 31본산 주지 전횡 시대의 청년승려를 중심한 교단의 혁신 정화운동
 13. 禪學院을 중심한 정화운동
 14. 해방 뒤 海印寺 伽倻叢林 설치를 계기로 한 청정수좌들의 규합
 15. 1954년 李承晩 대통령의 사찰정화 유시로 시작된 정화운동
 16. 도제 양성, 교육, 포교, 역경 상황의 변천과정

수집된 자료에서 위와 같은 중점 내용을 발췌, 정리, 분류하여 편년식으로 배열하는 것이 백년사 편찬의 업무인 것이다. 그러면 그 중점 내용을 어떠한 구체적인 기준에 의하여 배열하였을까? 이른바 분류 기준의 내용이다. 1967~8년경의 기준은 다음과 같았다.[70] 이는 구체적인 편찬 업무를 하였을 당시에 제시되었고, 실제적으로 작업한 기준이다.

  1. 僧團年代 2. 僧團本山 3. 法式年代 4. 法式本山 5. 社會參與 6. 禪房年代 7. 禪房本山 8. 敎育年代 9. 敎育本山 10. 布敎本山 11. 譯經 12. 社會事業 13. 僧尼 14. 各團年代 15. 各本山 16. 寺庵年代 17. 寺庵本山 18. 佛像塔年代 19. 佛像塔本山 20. 經濟年代 21. 經濟本山 22. 各種法律 23. 政公 24. 日本佛敎 25. 其他

이 기준은 1967년 3월경부터 가시화된 편찬작업의 지침으로 보이는데, 위의 기준을 보도한 시점이 1968년 3월이라는 것을 고려하면 근 1년여 동안 작업한 산물로 이해된다. 그리하여 1968년 3월에는 위의 기준으로 작업한 양을 '5천여 매에 달하는 사료집'이라고 표현하였다. 여기에서는 그 백년사를 사료집, 항목별 편년체, 편년체 사료집 등의 개념적인 표현을 쓴 것에서 서술식이 아니었다는 것이 확연히 나타났다.

5천여 매 분량의 원고를 탈고한 편찬부는 동년 4월부터 假製本을 만들 목적으로 '프린트' 작업에 착수하였다.[71] 그 작업이 완료된 것은 5월 말경

---

70) 〈刻苦속에 다듬어진 三寶學會의 結晶 -곧 햇빛 볼 《韓國佛敎最近百年史》-〉
    《대한불교》 240호, 1968.3.24.

이다. 이러한 가제본은 전문가 및 불교계의 자문과 검증을 거치려는 의도에서 나온 것이다. 그런데 이 5천여 매에 달하였다는 그 원고는 당초 기획한 100년 기간의 불교사를 망라한 것은 아니다. 1865년부터 1930년까지 한정한 것이다. 이는 그 당시까지 모든 작업이 완료되지 않아서, 자문과 검증을 위하여 제1차의 작업 분량에 대한 가제본이었다. 그런데 현존하고 있는 그 프린트본의 내용에 의하면[72] 위에서 살펴본 25항목의 분류 기준이 약간 변동되었다. 그 프린트본의 冒頭에 나오는 凡例의 분류표 및 목차에는 그를 다음과 같이 나누었다.

1. 僧團 2. 法式 3. 社會 參與 4. 禪房 5. 敎育 6. 布敎 7. 譯經 8. 社會事業 9. 僧尼 10. 各種 團體 11. 寺庵 12. 塔碑·佛像 13. 經濟 14. 各種 法令 15. 政府 公文 16. 日本佛敎 17. 其他 18. 附錄

이러한 기준을 위에서 제시한 25항목의 분류 내용과 비교하면 그 개요를 파악할 수 있다. 25항목에서 없었던 부록이 첨가되었으며, 유사한 내용이었지만 대별한 것을 통합한 것이 주목된다. 또한 각 항목의 개념이 더욱 요약되었다. 그 프린트본에서는 위의 분류표가 목차로 제시되었지만 각 항목별의 구체적인 내용에서는 이전의 분류 기준을 그대로 유지하였음이 확인된다.[73] 다만 그 표현 중 年代가 編年으로 바뀌었다. 한편 그 프린트본의 목차에는 전하지 않지만 그 프린트본의 말미에는 11페이지 분량의 '增補'가 있다. 이는 프린트를 할 당시에는 내용에 포함할 수 없었으나, 프린트 작업의 종료시에 새로이 추가한 것으로 보여진다.

---

71) 〈編纂事業은 괴롭다 -韓國佛敎百年史 편찬에 대한 감상-, 정광호〉《대한불교》251호, 1968.6.9.

72) 민족사에서 영인·출판본 第一卷의 범례 참조. 동국대 목정배 교수가 보관하고 있는 그 원본에 의하면 그 제본은 4冊이었으며, 제목은 《韓國佛敎最近百年史》 편자는 '三寶學會'로 기재되어 있다.

73) 또한 각 세부 주제의 페이지가 새로운 주제가 시작될 때마다 새롭게 페이지가 부여되었음을 확인할 수 있다. 이는 프린트본을 하였을 당시의 그것을 그대로 유지하되 冒頭의 분류표와 목차에서만 통합, 조정한 것이었기 때문이다.

그리고 그 冒頭의 범례는 백년사 편찬의 기본적인 사항이 드러난다. 다음을 보자.

- 本書는 1865~1965년까지 百年間에 해당하는 佛敎史料中, 제1차적으로 1865~1930년까지를 수록한 것이다.(단 韓國佛敎現代史와 관련이 깊다고 생각되는 부분은 1865년 이전 것도 수록한 것이 있다)
- 本書는 編年體로 記述하였다.
- 年代가 명백하지 않은 것은 〈李朝佛敎〉·〈合邦前後〉……와 같이 表示하였다.
- 本書는 편의상 別表(분류표 참조)와 같이 分類한 다음, 그 안에서 각각 編年體로 記述하되, 특히 各 本山에 해당하는 기사는 이를 별도로 摘出하여 아래와 같은 순서(舊30本山)로 配列하였다.
- 모든 資料는 原則的으로 原文 그대로 轉載하였다.

이와 같은 기본원칙하에서 작성, 배열되고 프린트된 것을 가제본하였거니와 그 수량은 100여 부였다고 한다. 이에 그 가제본을 1968년 7월에 불교계에 배포하였다. 그 대상은 불교계 기관, 주요 사찰, 감수위원들이다.[74]

그 후 편찬부는 그 배포한 가제본을 기준으로 하여 백년사 제1차 감수회를 《대한불교》 사장실에서 개최하였으니 1969년 1월 18일이다.[75] 정광호 간사의 사회로 진행된 그 감수회에 참여한 각계 대표는 다음과 같다.[76]

이한상(삼보학회장) 김동화(전 동국대 대학원장) 이운허(역경원장) 이청담(장로원장) 김대은(화운사 강사) 이남채(법륜사) 변설호(법륜사) 김운학(총무원 교무국장) 이재열(불교사학가) 이종익(건국대 교수) 이재창(동국대 교수) 김영태(동국대 교수) 서경수(동국대 교수) 박성배(동국대 교수)

그 감수회는 위의 인물 14명과 인명을 알 수 없는 3명을 포함, 17명이 참가하였다고 한다. 진행은 먼저 편찬부의 사업을 담당한 삼보학회의 회

---

74) 정광호 증언.
75) 〈불교 百年史 편찬 감수회 -凡佛敎事業으로 各界 代表 삼누-〉《내한불교》 185호, 1969.2.2.
76) 위와 같음.

장 자격으로 이한상의 인사가 있은 연후, 구체적인 내용에 대한 논의를 하였다.

그 내용은 책이름, 편차, 추가의 범위, 정정 사항 등이었다. 그 결과 책이름은 가명이었던 《한국불교최근백년사》를 그대로 정하였으며, 편차에서는 편찬부에서 제시한 6분류를 조정하는 것으로 결정하였다고 한다. 그런데 이는 그 사정을 파악하기가 어렵다. 6분류라 함은 승단, 법식, 포교, 경제, 사회참여, 역경을 말하는 것으로 되어 있는바, 이는 앞서 살펴본 프린트본과는 약간 차이가 있는 것이다. 왜 이러한 문제가 제기되었는지 단언키 어렵다. 그 작업시 제시된 기준, 프린트본의 기준에는 대략 16~18주제가 나열되었는데 감수회에서 6부문의 분류라고 전하고 있는 것이다. 대표적인 분류만 《대한불교》의 보도기사에 나온 것인지, 아니면 그 16~18주제를 감수회의 때에는 요약하여 6주제로 대별한 것인지 판단하기 어렵다. 감수회의에서는 그 주제 중 역경부문을 교리, 저술, 역경으로 세분키로 하였다.

다음 추가의 범위에 대해서는 고증이 확실한 자료라면 최대한 수록할 것을 원칙으로 정하였다. 이에 그 감수회에서는 여러 가지 보충 자료가 참가한 감수위원들에 의해 제공되었다. 그 실례로 이운허는 3·1 운동 당시 한용운 활동의 상반된 의견이 수록되었음을 지적하면서 그 고증과 통일을 제안하였다.[77] 한편 그 감수회에 참여한 박성배는 출판시기, 친일문제의 이의 신청에 대한 대응 등의 논의도 있었다고 회고하였지만 여타 논의의 전모는 파악하기 어렵다.

그런데 여기에서 유의할 측면은 그 감수위원들의 성향이다. 현재 파악된 14명의 성향을 분석해 보면 대략 4부류로 나눌 수 있다. 첫째, 이운허·이청담·김운학·김대은 등 당시 비구측의 조계종 계열이 있다. 둘

---

77) 그 내용은 한용운이 3·1 운동의 최초 발안자요, 손병희를 설득하였다는 설(《한용운연구》 근거)과 이를 반박한 조지훈의 설(《한국민족운동사》 근거)을 동시에 수록한 것을 지적하면서 확실한 고증을 하여 한 가지로 통일할 것을 제안한 것이다.

째, 이남채·변설호 등 당시 이른바 대처측 계열의 인사들이 있다. 셋째, 이재열·이종익·이재창·김영태·김동화 등 학자계열이 있었다. 넷째, 이한상·서경수·박성배 등 편찬부 주체들이 있었다.

감수위원 분석에서 우리는 다음과 같은 사항을 찾아볼 수 있다. 우선 당시 비구측의 종단 상층부의 승려들이 참여하였다는 점에서 백년사 편찬 사업은 당시 조계종단의 현실의식이 개재되었음을 재삼 확인할 수 있다. 이는 편찬부를 주도하는 삼보학회의 회장인 이한상이 조계종단의 기관지 성격을 띠고 있는《대한불교》의 사장이었다는 점, 그리고 이한상이 비구측 승려들과 친근하였다는 점을 상기하면 이 점은 오히려 당연하다.

다음으로는 대처측 승려들이 참여하였다는 것이다. 1965년 5월에 개최된 편찬지도위원회의 때에도 대처측의 임석진과 안홍덕이 참여한 것을 고려하면 당연한 참가라고 볼 수도 있다. 그러나 1차 감수회 직전의 대처측의 동향을 고려하면 그리 단순한 것은 아니다. 당시 대처측은 1962년 4월 14일에 출범한 통합종단이 그해 8월 15일에 공포한 종헌이 불법·무효라며 법원에 그 문제 해소를 제기하였으며, 동년 8월 25일에 결성된 재건비상종회의 의석 비율에 불만을 갖고 대처측 간부가 총사퇴하면서 재투쟁을 천명하는 등 독자적인 종단 구성을 위한 행보에 들어갔다.[78] 1966년 9월, 1967년 2월에는 각기 '불교화동근대화추진위원회'의 결성과 통합종단 종헌 '재확인의 서명' 등이 있었지만, 1968년 11월에는 급기야 통합종단의 '백지화'와 '분종'을 선언하기에 이른다.[79] 대처측의 이러한 움직임의 배경을 고려하면 대처측의 입장에서 활동하였던 이남채와 변설호가 그 감수회에 참여한 것은 주목할 만하다.[80] 그러나 현재로서는 그들이 참여한 배경

---

78) 〈통합종단〉《한국불교현대사》pp.40~44. 1997, 시공사.

79) 위와 같음.

80) 이남채(유점사)는 비구·대처 분쟁 때 대처측의 대표로 활동한 인물이다. 그는 1962년 통합종단을 탄생시킨 불교재건위원회의 위원, 불교재건비상종회의 의원이었으며 통합종난의 사외부상으로 취임하였다. 위의 〈佛敎再建委員會 會議記錄〉과 〈大韓佛敎曹溪宗 宗團 事務引繼引受書〉《대한불교》97호(1965.6.20) 참조. 1966년의 지도위원회에 참가했던 임석진은 1968년 5월 13일 입적하여, 감수회에

과 당시 발언한 세부 내용을 확인하기가 어려워 그 사정을 이해하기에는 난점이 있다.

한편 1차 감수회를 마친 편찬부에서는 1930년대까지의 1차 작업에 대한 감수에서 토의해야 할 사항이 너무 많았다고 자평하면서, 다시 한 번 감수회의를 하기로 하였다. 그러면서 동시에 이 기회에 일반 대중들에게 광범위한 견해를 수집, 참작하기 위한 광고를 대한불교지에 삼보학회 회장 이한상의 이름으로 게재하였다.[81] 편찬부는 백년사에 관한 어떠한 견해와 형식을 막론하고 모두 수용할 태세가 있다고 공표하였다. 당시 추가의 견해로 듣고자 하는 내용은 다음과 같다.[82]

1. 冊題에 관한 문제
2. 분류, 편차에 관한 문제
3. 冊 체제(자료 수록 방식)
4. 添·削 범위
5. 정정 사항
6. 기타

이러한 사항은 편찬의 근본적인 문제까지 야기할 수 있는 문제들이었다. 이후 편찬부에서는 1차 작업한 성과물을 정리, 보완하였을 것으로 보인다. 현재로서는 어느 정도의 의견이 접수되었으며, 그 조치를 어떻게 하였는가는 알 수 없다. 그러나 현전하는 프린트본을 참고하면 근본적인 전환은 발생하지 않은 것으로 보인다.

편찬부는 이와 같은 1차 작업에만 전념하지는 않았을 것이다. 물론 1차 작업의 보완도 유의하였겠지만 2차 작업, 즉 1930~1965년의 대상 시기의 정리뿐만 아니라 이를 원고화하는 문제가 선결문제였을 것이다. 이에 그러한 성과물이 약 5천여 매로 정리되었다.[83] 그 원고가 완료된 시점은 1969년

는 참석할 수 없었다. 〈기산 林錫珍대종사 入寂〉《대한불교》 248호(1968.5.19)

81) 〈「韓國佛敎最近百年史」 -감수문제에 관한 추가의 말씀-〉《대한불교》 184호, 1969.1.26.

82) 위와 같음.

10월말 이전으로 추측된다.[84] 왜냐하면 그해 11월 11일, 2차 성과물에 대한 감수회인 백년사 편찬 제2차 감수회가 대한불교사 사장실에서 개최되었기 때문이다. 그리고 이 2차 감수회에서는 1차 감수회에서 행한 프린트본 제공에 의한 방법은 하지 않고 원고지 제본 형태로 하였다고 한다.[85]

당시 그 2차 감수회에 참석한 감수위원의 전체 인원 수는 전하지 않고 있지만, 그 중 현재 파악된 대상은 다음과 같다.[86]

이운허 김동화 이남채 이재열 서경수

당시 그 감수회는 정광호 간사의 사회로 진행되었다. 편찬부에서는 참석한 감수위원들에게 다음과 같은 사항을 개진하였다.[87] 즉 백년사 편찬의 필요성과 취지를 설명하였으며, 편찬에 있어서 신앙의 문제와 후세의 역사의 자료를 전해 주어야 할 측면 등을 고려하여 감수해 달라는 요청을 하였다.

감수회에서 논의된 주요 내용[88]을 보면, 첫째는 용어의 사용 문제이다.

---

83) 이 2차 성과물은 이제껏 일반 대중들에게 그 내용이 전혀 전해지지 않았다. 현재 그 2차 원고는 당시 편찬부의 간사였던 정광호(인하대 사학과 교수)가 1970년 이래 현재까지 보관하고 있다. 필자도 이 사실을 본고를 준비하면서 처음으로 파악하였다.

84) 그 2차 작업의 윤곽이 대략 완료된 것은 편찬부 조교 3인이 퇴직한 시점과 연관하여 고려할 수 있다. 그들이 1969년 봄 전후에 사직하였다면 그 전후에 기본 작업은 거의 종료되었을 것으로 보인다. 작업이 완료되고 이제는 원고의 수정 보완, 감수, 출판만 하면 되는 상황이므로 그 조교들이 퇴진한 것으로 볼 수 있다.

85) 그런데 그 원고는 사전에 배포하지 않고, 감수회 당일에 제공하였다. 그러나 이운허에게는 사전에 배포하여 적지 않은 수정 보완에 대한 지침을 받았는데, 당시 이운허는 그의 의견을 원고에 기재하기도 하였다고 한다(정광호 증언).

86) 〈불교 百年史편찬 감수 -凡佛敎史로 佛敎歷史정비-〉《대한불교》 326호, 1969.11.16.

87) 위의 《대한불교》 326호 내용 참조. 이 발언은 이한성이 했는지 아니면 정광호가 했는지는 보도되지 않았다. 그러나 당시의 감수회에는 이한상은 참여하지 않은 것으로 정광호는 기억하였다.

수집된 자료 이외에 편집자가 쓰는 용어 중 편집자 자신의 견해라든가 감
정적인 제목은 수정하되, 자료에서 인용 수록한 자료 내용은 그대로 살리
기로 하였다. 둘째는 비구 중심의 자료수집에 대한 문제점 지적이다. 정화
분규 이후의 자료수집이 비구 중심으로 된 경향이 있다는 판단하에 대처
측에서 제공하는 자료를 더 보충하기로 하였다. 비구·대처의 양측 자료
는 그대로 전부 수록하는 동시에 자료수집은 공정하게 하도록 하였다. 그
실례로 당시 신문 보도기사 활용의 문제점을 지적하였다. 《동아일보》와
《대한불교》의 기사는 비구측에 치우친 기사로 보이므로 여타 신문이나
자료를 참고하여 보다 객관적인 입장에서 자료를 수록하기로 하였다. 셋
째는 '정화'의 기원에 대한 언급이 있었다. 1954년 5월 20일 당시 이승만
대통령의 '정화유시' 이전에 통도사와 불국사에서 개최된 '高僧會'의 내용
을[89] 보충하기로 정하였다. 넷째는 조계종 이외의 불교의 각 종파의 내력
과 사건 등을 같이 수록하기로 정하였다.

　이상과 같은 제2차 감수회의 개요에 나타난 유의점을 살펴보겠다. 첫번
째로는 1차 감수회 때에는 프린트본을 만들고 사전에 배포하였지만, 2차
감수회시에는 원고 상태로 감수를 한 것에 의구심이 있다. 이는 2차 작업
에 대한 일정의 촉박함을 말하는 것인지 아니면, 사전에 배포한 것에 대
한 우려에서 나온 것인지 단정하기 어렵다. 두번째로는 그 감수위원의 참
여자가 1차 당시보다 적었다는 것이다. 1차에는 17명이나 참가하였지만, 2

---

88) 위의 《대한불교》 326호 내용.
89) 통도사 및 불국사에서 개최된 고승회라 함은 선학원 승려였던 李大義가 1952년
　　봄 당시 교정인 宋蔓庵에게 사찰정화의 당위성과 함께 일부 사찰을 수도하는
　　수좌에게 할애하여 달라는 진정서를 낸 이후에 개최된 모임을 말한다. 이에 송
　　만암은 유시를 내렸으며, 그 결과로 1952년 11월 통도사에서 회의를 개최하였
　　으나 결론을 내리지 못하고, 1953년 4월 불국사에서 개최된 회의에서는 18개
　　사찰을 수좌들에게 할애하기로 하였다. 그러나 당시 종단측에서 할애한다는 18
　　개 사찰이 형편없는 대상 사찰만 포함시켰다고 수좌측이 반발하였다. 이 전후
　　사정이 이른바 비구·대처간 분규의 시발이었다. 〈人心佛心, 세상에 한마디 －
　　長老院 大義스님-〉《대한불교》 497호(1973.3.18)와 〈佛敎史에 새 里程- 淨化始
　　末-〉同 신문 584호(1975.1.5) 내용 참조.

차에는 파악된 인원이 불과 5명에 지나지 않는 것도 납득하기 어렵다.[90] 이 문제와 관련하여 편찬사업의 책임자였던 이한상의 참가 여부가 보도기사에 나오지 않는다. 그리고 1차에 참여한 감수위원이 참여하지 않은 것도 의문이다.[91] 세번째로는 1930~1965년의 대상 시기인 2차 성과물이기도 하지만, 비구·대처의 문제가 나온 것이 주목된다. 편찬부와 삼보학회가 주로 비구측의 관여 인물이 주도한 탓도 있지만 결과적으로 비구 중심의 자료수집과 편찬이 이루어졌음을 알 수 있다. 비구·대처간의 균형적인 수집과 배열이 있었다면 그러한 이의 제기는 없었을 것이다. 그런데 의아스러운 것은 1935~1945년 기간에 불교계에 집중적으로 노출되었던 친일의 문제들이 전혀 언급되지 않았다는 것이다.

한편 편찬부에서는 이러한 2차 감수회를 마치고 당시《대한불교》지에 또다시 자료 보충 수집에 대한 공고를 삼보학회 편찬부 간사 정광호의 이름으로 기고하였다.[92] 백년사 편찬이 선배, 동학, 제현의 협조로 인하여 거의 완성 단계에 이르렀다고 평가하면서도, 아직도 미진한 측면이 있다는 판단을 개진하였다. 그러나 세월 없이 시간을 끌 수 없는 사정을 언급하면서, 최종적인 협조를 요청하였으며 백년사의 사실 자체에 대하여 교정되어야 할 부분에 대한 의견을 받는다는 것이었다. 그 의견의 개진과 중대한 사실이 누락된 것도 편찬부로 연락을 하거나, 아니면 직접 와서 열람해도 좋다는 방법을 제시하였다.

거의 말미에 달한 백년사 편찬사업은 이제 편찬부에서는 자문위원 및 일반 대중들의 지적을 수정, 보완하면 되었다. 4년 넘게 진행되어 온 그

---

90) 그 중, 박성배는 1969년 3월경에 미국으로 유학을 떠난 사정으로 참여하지 않았다고 하였다(박성배 증언).〈본사 논설위원 박성배교수 向美〉《대한불교》292호, 1969.3.23 참조.

91) 이남채는 당시까지도 대처측에서 활동하였지만, 그의 노선은 비교적 비구측과 유화적인 입장에 서 있었던 연유로 2차 감수회에도 참여한 것으로 보인다.《대한불교》383호(1970.1.1)에 게재된〈노약난세에 블어선 한국불교〉구세하의 도론 때 행한 이남채의 발언이 참조된다.

92)〈佛教百年史 자료수집 보충 수집 公告〉《대한불교》327호, 1969.11.30.

사업은 출판하기 직전의 상황을 맞이하게 된다.

4. 편찬사업의 중단과 그 추이

근 4년 6개월 간 진행되었던 백년사 편찬사업은 결국 정식 출판에 이르지 못하였다. 출판 직전에 중단되었던 것인데, 이제부터는 그 중단된 전후 사정을 추적하여 살펴보고자 한다.

지금껏 그 편찬사업이 중단된 사정 및 추이에 대해서는 문헌적으로 전하는 것이 없다. 다만 그 관련 인사들에 의하여 전해진 구전 및 증언에 의하여 이해되었을 뿐이었다. 당시 그 편찬사업을 보도하였던 《대한불교》도 그 사정에 대해서는 1970년초 이래 전혀 보도하지 않았다. 그 사업을 주관한 삼보학회의 회장인 이한상이 사장으로 있는 《대한불교》에서 일체 소개하지 않았다는 것은 매우 의아스럽다. 더욱이 편찬부는 대한불교사의 자매기관으로 위상을 가졌다는 점에서도 역시 그러하다.

당시 그 편찬사업의 초창기부터 1·2차 성과물 작업의 주무자였으며, 1·2차 감수회의 사회자였던 정광호는 1970년 7월 18일 이후에는 《대한불교》의 기획위원 겸 편집기자로 근무하였다.[93] 이는 정광호가 그 편찬사업을 관여하지 않고 이제는 대한불교사에 취직하였음을 말해 준다. 정광호는 당시 편찬부 사업을 정리하고, 이한상과의 협의하에 대한불교사로 전직하였다고 회고하였다. 그렇다면, 편찬부의 사업은 1970년 7월 초순에 중단되었음을 알 수 있다. 2차 감수회를 거친 이후 정광호는 원고의 수정 보완 및 자문 그리고 출판을 위한 제반 준비를 하였다.[94] 그런데 1970년 7

---

93) 〈本社辭令〉《대한불교》 362호, 1970.7.26.
94) 필자는 정광호가 보관하고 있는 당시 그 원고의 일부를 열람할 수 있었다. 그 원고는 수정, 가필, 첨삭 등이 되어 있으며 출판을 위한 글자 포인트의 기재가 되어 있다. 그리고 그 일부 원고철의 겉표지에는 당시 수정 및 자문을 실시한 표식이 기재되어 있다. 그는 2차 성과물인 禪房(二)에는 '日陀스님 補充畢', 經濟(五)에는 '李載昌敎授 校訂畢'이라는 것을 확인하였다. 그런데 필자가 이재창

월 초순에 편찬사업을 총괄하였던 이한상이 그 백년사 편찬의 일은 "그만 하였으면 되었다"고 언급하며 대한불교사로 전직하도록 조처를 취하였다고 한다.[95]

그러면 그 중단의 원인은 무엇이었을까? 그 사정이 매우 궁금하다. 근 5년여 동안 갖은 어려움을 무릅쓰고, 적지 않은 재정을 투입하여 거의 마지막 단계에 와 있었던 편찬사업이 출판 직전에 중단되었기 때문에 궁금증이 더하다. 정상적으로 진행되었다면, 정광호가 전직한 그 즈음에는 백년사의 정식 출판이 완료되었을 것이다.

백년사 편찬의 중단 원인은 대략 다음과 같은 사정으로 파악할 수 있다. 요컨대 백년사 편찬 내용에 포함된 승려의 친일문제가 그 중단의 요인으로 작용하였다고 한다. 그 관련 승려는 통도사 출신인 金九河로 전해지고 있다. 당시 편찬부 및 이한상과 지근한 처지에 있었던 박경훈은 최근 다음과 같은 증언을 하였다.

> 일이 어디서 불거졌냐 하면, 통도사 구하스님과 관계된 기사가 있었는데 그 기사를 보면 스님이 친일을 한 것으로 나와 있었습니다. 그러니까 월하스님이 이한상 사장에게 이야기하기를, 이렇게 구하스님을 친일파로 만드는 문서를 왜 만드느냐 하셨다는 겁니다. 구하스님이 어느 정도로 말씀을 하셨는지는 직접 들은 이야기는 아니어서 잘은 모르겠습니다만 내가 이한상 씨에게 들은 이야기는 월하스님에게 여러 가지로 꾸중을 들었다, 내가 돈을 들여서 불사를 한다고 하면서 스님들에게 욕을 먹고 일을 할 필요가 있냐, 하지 않겠다고 하였습니다. 그래서 그 일이 묻혀 버린 것입니다.[96]

그 친일 관련 승려는 통도사 출신의 金九河였으며,[97] 그 이의를 제기한

교수를 만나(1999.1) 당시 그 사정을 확인해 보았으나, 그는 당시 사정을 기억하지 못하였다.

95) 정광호 증언.

96) 위의 《선우도량》 p.218.

97) 김구하(1872 1965)는 일제하 불교계에서 큰 활동은 했던 승려였다. 그는 명진학교 교장, 원종 종무원의 인사부장, 중앙학림 학장, 30본산연합사무소 위원장, 통도사 주지, 상해임정의 군자금 지원, 승려독립선언서 서명자, 총본산건설 고

승려는 김구하의 제자였던 尹月下였다.[98] 김구하의 친일문제가 언급된 것
은 그 1·2차 성과물의 어떤 내용인지는 단정하기 어렵지만, 2차 성과물
에 그 내용이 있었을 것으로 보인다.[99] 또한 현재로서는 그 이의가 언제,
어디에서 있었는지도 전혀 알 수 없다. 윤월하가 제기한 김구하의 친일문
제와 관련해서는 박경훈의 증언을 주목할 수 있다. 통도사 원로 승려인
김구하는 승려독립선언서에 서명하고 상해임정에 군자금을 제공한 것으로
알려졌다. 그런데 통도사에서 일본군에 비행기를 헌납한 것이다. 이에 대하
여 윤월하는 그 헌납은 강요당한 결과로 보아야 한다고 하였다.[100]

한편 위와 같은 증언을 하였던 박경훈은 필자와의 면담에서, 金九河에
대한 반발과 이견 등이 제기되었으며 윤월하는 이한상에게 강력한 항의를
하였다고 그 관련 구전을 회고하였다. 또한 그 편찬부에서 근무하다, 전남

문, 조선불교조계종 고문, 통도사 불교전문강원 원장 등으로 활약하였다.
98) 윤월하는 1940년 통도사에서 김구하에게 菩薩·比丘戒를 받았으며, 1942년에도
   김구하에 의해 建幢하였다. 그는 1955년 조계종 중앙종회의원, 1956년 총무원
   총무부장, 1956년 통도사 주지, 1958년 조계종 감찰원장, 1960년 중앙종회의장
   등을 역임하는 등 당시 조계종의 핵심적인 중견 승려였다.
99) 필자가 확인한 1차 성과물에는 그런 사정을 인식할 수 없었다. 그 2차 성과물(5
   천여 매)은 현재 정광호가 보관하는 관계로 그 전체를 열람하기도 어려운 상태
   이다. 만약 1차 성과물에 그 내용이 있었다면 감수회 즉시 문제가 제기되고 2
   차의 성과물 진행 및 감수회의 개최도 어려웠을 텐데 2차의 제반 작업이 진행
   되었다는 것에서 문제시된 사항은 2차의 성과물에 포함되었을 것이다. 그리고
   일제하 불교계의 '친일'의 성격으로 논란되는 문제는 주로 1935~1945년에 해당
   되므로 이러한 대상의 시기의 내용이 포함된 것은 2차 성과물이라 할 수 있다.
100) 위의 《선우도량》 p.219. 이에 대해서 박경훈은 3·1 운동 직후 독립군에게 군
   자금을 전달한 전력이 있는 김구하를 일본 경찰이 감시를 하여 못 살게 굴었을
   것을 상정하였다. 그리고 일제는 이를 빌미로 김구하에게 비행기 헌납을 강요
   하였을 것으로 보고, 김구하의 비행기 헌납 관여는 그러한 상황의 산물로 보면
   서, 그 시대에는 자발적으로 친일한 사람이 희소하였을 것으로 이해하였다.
   일제하 당시 조계종단의 재무부장 겸 통도사 주지였던 박원찬의 주도 아래 통
   도사는 독자적으로 비행기 1대를 일제에 헌납하였다. 또한 경남 각 사찰의 승
   려와 신도가 연합하여 추가로 비행기 1대를 헌납하였다. 임혜봉, 《친일불교
   론》(1993, 민족사) 하권, pp.337~339 참조.

대 철학과 강사로 내려갔던 안진오는 언제쯤이었는지는 기억할 수 없지만, 서경수로부터 김구하 관련 친일의 문제로 인해 백년사 편찬이 중단된 사정을 전해 들었다고 한다. 그리고 그 편찬부의 간사였던 정광호는 대한불교사에 근무할 즈음, 필자에게 종단에서 출판을 반대한다는 이야기를 들었다고 회고하였다.

이처럼 편찬부의 사업은 김구하의 친일 관련 문제로 인해, 출판[101] 직전에 중단되었다. 김구하의 친일 관련성은 최근 임혜봉에 의해 그 내용이 지면으로 검토된 바[102] 있지만, 아직 객관적인 검증 및 합의까지는 이르지 못한 상황이다.

박경훈의 회고에 의하면[103] 당시 윤월하의 이의는 왜 문제를 야기하며 평지분파를 일으키냐는 것이었으며, 이한상은 자기는 불교발전을 위해 돈을 써가면서 한 일이었는데 오히려 반발을 사게 되어 그 일은 흐지부지되었다는 것이다. 이에 그 백년사 편찬을 위한 원고는 이한상이 금고에 보관하였다는 것이다.

백년사 편찬·간행의 중단의 사정에서 우리는 다음과 같은 내용을 유의할 수 있다. 첫째, 조계종단 중견 승려의 강력한 이의 제기가 결과적으로 백년사 편찬·간행을 중단시킨 결정적인 요인으로 작용하였다. 둘째, 백년사 편찬부의 운용 및 작업 방침 등이 이한상 개인에게 의존되었다. 그 편찬부의 재정이라든가 사업의 수행 등이 이한상 개인에 의존되었기에 난제가 등장하였을 때, 이를 해소할 대책과 기구 등이 부재하였다는 한계를 노정한 것이다. 셋째, 당시 불교계의 역사의식은 일제하 친일문제의 논란을 극복할 수 있을 정도에는 이르지 못하였다. 그 논란은 문중 중심의 이해관계를 반영하는 것이었지만, 나아가서는 당시 비구 승려들이 자칭

---

101) 박경훈은 동국대 재단 감사시절의 이한상이 동국대 역경원에 근무하던 그에게, 그 백년사 출판을 위한 계획을 밝히며 활판 인쇄에 필요한 예산을 검토해달라고 부탁하여 그 예산서를 작성해 수었다고 회고하였다.
102) 임혜봉, 〈친일불교의 절정·대동아전쟁기〉《친일불교론》(하권) pp.325~450.
103) 필자와 박경훈의 면담 증언.

‘정화’라는 명분에서 추진한 불교개혁의 이론적 기반이 될 수 있는 지성의 나약성을 반영하였던 것이다.[104]

그리하여 백년사 편찬은 그 간행 직전에 중단되고 말았다. 이에 그 편찬부의 간사였던 정광호는 1970년 7월 18일부터 대한불교사의 기획위원 겸 기자로 근무처를 옮겼다. 한편 이한상이 《대한불교》를 인수할 때 편집국장으로 근무했던 박경훈은 1967년 3월경 대한불교사를 떠났지만, 1972년 3월 27일에는 재입사하여 주간으로 근무하였다.[105] 당시 박경훈은 그 사업이 중단된 것에 대한 아쉬움으로 신문 연재를 의도하였다. 그 사정은 다음과 같다.

> 그러다 내가 두번째로 신문을 맡았을 때에 프린트본을 100권 만들어 돌려서 아무 소득이 없었기 때문에 정광호 씨를 신문사 조사부장을 맡기고 그것을 정리해서 신문에 연재를 시켰습니다. 못다한 백년사 사료집을 마저 만들게 하기 위해서였습니다. 그러던 중 정광호 선생이 일을 하시다가 학위를 받아서 대학으로 가버렸습니다. 그 일이 완전히 중단이 되어 버린 것이죠.[106]

박경훈이 재근무한 1972년 4월 2일에는 정광호도 기획조사부장의 발령을 받고,[107] 박경훈의 회고대로 《대한불교》에 백년사 내용의 일부를 연재하였다. 1972년 5월 14일부터 동년 9월 17일까지 총 11회로 연재된 〈禪學院 半世紀〉였다. 그러나 정광호가 1973년 5월 31일 신문사를 떠나게 됨으로[108] 인해 박경훈이 의도하였던 계획도 중단되고 말았다.

---

104) 김구하의 친일문제의 노출에 대한 이의는 당시 비구·대처간의 분규 주도권을 잡은 비구측의 현실인식이 반영되었던 것으로 보인다. 요컨대 비구측은 대처측을 비판하는 논거를 대처는 일제 잔재라는 명분에서 찾았는데, 곧 ‘왜색불교’이기에 청산해야 할 대상으로 본 것이다. 그런데 비구측에 친일로 이해될 수 있는 행적이 있다면, 대처측과 대응하고 있는 비구측의 취약한 명분으로 작용할 소지가 있는 것이다.
105) 〈本社辭令〉《대한불교》 448호, 1972.4.2.
106) 위의 《선우도량》 pp.218~219.
107) 위의 《대한불교》 448호.
108) 정광호는 박경훈의 표현대로 바로 대학으로 간 것이 아니라, 사직한 직후에는

그리고 백년사 편찬을 주도하던 이한상은 회사경영의 부진[109] 및 당시 정치권력과의 갈등[110]으로 인하여, 1972년 1월 28일 미국으로 이주하였다. 그는 미국에 거주하면서 귀국하지 않아 그가 사장으로 있던 대한불교사의 경영권은 동년 4월초에는 조계종단으로 귀속되었다.[111] 이한상은 미국에 체류하면서 캘리포니아의 三寶寺 낙성을 주도하는[112] 등 불교와 인연 있는 활동을 지속하였다. 한편 그는 도미 이후 백년사 편찬이 중단된 것에 대한 아쉬움을 갖고, 미국에서 백년사를 간행할 목적으로 백년사 원고를 보관하였던 정광호에게 그 원고를 미국으로 보낼 것을 요청하였다고 한다. 그 결과 원고 일부가 미국으로 갔지만,[113] 미국에서의 출판은 성사되지 않았다.

한편 박경훈의 기획과 정광호의 작업에 의하여 《대한불교》에 백년사 내용의 일부가 연재되던 그 즈음인 1972년 7월 10일 조계종 총무원에서 1954～1971년의 '近代佛教淨化史' 편찬사업을 의결한[114] 것은 매우 흥미롭고, 한편으로는 역사의 아이러니라 할 수 있는 일이다. 이전 1965년부터 시작되어 근 5년 동안 진행된 백년사 편찬사업이 중단된 후에 새로운 역사 정리의 작업을 의도한 것이다. 여기에서는 백년사 편찬에 나타난 역사

우종사라는 출판사의 편집국장을 하였다.
109) 목정배・박선영 교수에 의하면 그 즈음 이한상은 팔당댐・종합청사 공사의 후유증으로 회사 경영에 어려움을 겪었다고 회고하였다.
110) 이한상이 미국으로 갑자기 이주한 것은 불교신도회 회장이었던 이후락과의 불편한 관계가 작용한 것으로 보는 것이 지배적이다.(박경훈, 목정배, 박선영 증언)
111) 대한불교의 사장은 이한상에서 당시 종단 총무원장인 강석주로 변경되었다. 이 내용은 〈本紙 經營權 總務院으로 移讓 -昔珠스님 社長就任-〉《대한불교》 448호(1972.4.2) 참조. 그러나 이한상은 448호에 발행 겸 인쇄인으로 나왔고, 463호(1972.7.9)에는 이한상이 회장으로 나오며, 466호(1972.8.6)부터는 이한상의 이름이 완전 삭제되었다.
112) 〈캘리포니아州의 三寶寺 회향〉《대한불교》 493호, 1973.2.18.
113) 당시 편지로 그 요청을 받았던 정광호는 미국에서 정상적으로 출판될까 하는 의아심으로 원고 일무만 보냈다고 필자에게 회고하였다. 그리하여 백년사 편찬 1, 2차 성과물인 1만여 매에 달하는 원고는 현재까지 정광호가 보관해 왔다.
114) 〈淨化史 편찬 -宗務會議 의결-〉《대한불교》 464호, 1972.7.23.

의식은 찾아볼 수 없으며, 오히려 축소·변질된 현실의식이 개재되었다.

5. 결 어

이상으로 삼보학회가 1965~1969년에 수행하였던 《한국불교최근백년사》 편찬의 발기, 기획, 자료수집, 편찬작업 및 감수, 사업의 중단 등에 이르는 과정과 그 개요를 살펴보았다.

백년사 편찬의 발의는 1965년에 가시화되었다. 그런데 그 시기는 1962년 통합종단으로 출발한 종단이 대처측의 이탈로 통합종단에 대한 위상이 불안한 시기였다. 당시는 대처측의 반발로 통합종단의 위상이 문제시되었기에 비구측의 조계종단 내에서는 '정화'에 대한 논리를 더욱 굳건히 해야 하겠다는 의식이 자연스럽게 대두되었는바, 그것이 바로 백년사 편찬 발기의 배경이 되었다. 백년사 발기 인물은 조계종단의 핵심인물이었던 이행원·손경산과 그 외곽에 있었던 박성배 교수이다. 이에 그 작업은 그들과 친근하였으며 조계종단 기관지 《대한불교》를 운영하고 있던 이한상이 담당하게 되었다. 그리고 편찬의 실무를 수행할 편찬부가 《대한불교》의 자매기관으로 등장하였다.

1965년 5월 23일의 발기 모임, 전문가의 자문, 편찬기획안 수립 등을 거친 후 그 편찬부가 공식적으로 불교계에 등장한 것은 동년 12월 중순이다. 당시 그 편찬의 실무를 주도하고 담당한 인물은 박성배, 서경수, 안진오, 정광호이다. 실질적인 업무는 주로 서경수와 정광호가 수행하였고, 후에 서경수가 대학교수로 가자 정광호가 끝까지 그 업무를 수행하였다. 편찬부에는 연구조교라는 명목하에 당시 학부생들이 그 사업을 뒷바라지하고 있었다.

이렇듯이 진용을 갖춘 편찬부가 처음으로 한 일은 자료수집이다. 1, 2차로 나누어 진행한 자료수집은 1965년 겨울방학과 1966년 여름방학을 이용하여 전국에 걸쳐서 집중적으로 이루어졌다. 그 이외에도 개별적인 자료수집도 병행되었음은 물론이다. 그러나 자료수집은 근·현대사의 질곡과 불교계의 비구·대처간의 갈등으로 요약되는 분규 등으로 인한 자료산실이 상당하였기 때문에 큰 성과를 보지 못했다. 그럼에도 불구하고 편찬부가 전국에서 수집한 자료는 매우 다양하였으며, 근대불교사를 새롭게 밝혀줄 자료가 적지 않았다. 당시 조계종단에서는 이 편찬사업을 그 출발부터 일정하게 후원하고 있었다. 종회에서는 자료수집의 후원을 안건으로 채택하였고, 자료수집 때에는 각 사찰에 협조공문을 발송해 주기도 하였다. 하지만 실제에서는 미진한 측면이 적지 않았는데 그 주된 요인은 불교계 분규의 후유증이었다.

편찬부는 이 같은 자료수집을 시작하면서 동시에 편찬실무를 진행시키고 있었다. 자료의 내용을 정리하고 이를 일정한 주제에 분류시키는 것이다. 그런데 이 같은 작업을 추진하면서 새로운 변수가 생겼으니 편찬방법에 대한 문제였다. 미진한 자료수집, 열악한 인력, 미흡한 지원, 제한된 작업 일정 등을 고려한 가운데 편찬부 출발시에 정하였던 방향, 즉 근대불교 100년사의 서술에서 자료집 편찬으로의 전환이다. 당시에는 이를 '자료중심의 편년식'으로 표현하였다. 이 같은 방침을 정한 편찬부는 조교 3명을 보강하면서 그 실무에 박차를 가하였다.

그리고 편찬부는 그 작업을 진행하면서 각계의 전문가로부터 자문을 받기도 하였다. 자문위원회를 통하여 편찬 16항목을 정하였으며, 자료수집의 지침을 받기도 하였다. 1968년 3월에는 5천여 매에 달하는 가제본 원고를 완성하였다. 편찬부는 이 원고를 '가리방'으로 작성·제본하고 각 기관 및 전문가에 배포하여 자문을 받았다. 그런데 그 5천여 매의 작업은 1차 작업 분량이었으며, 그 대상 시기는 1965∼1930년까지이다. 그리고 이 자문에 의거, 1969년 1월에는 감수회를 개최하여 그 보완을 하기도 하였다. 그 감수회에서는 항목 조정과 미진한 자료수집의 방향에 대한 논의가 있었다. 그 연후에도 편찬부는 《대한불교》에 광고를 통하여 1차 작업 성과물에 대한 의견 개진을 널리 구하였다.

편찬부는 이 1차 작업을 진행하면서 동시에 2차 작업, 즉 1930년 이후의 대상 시기의 작업을 지속하였다. 그러한 작업의 결과로서 1969년 10월 경에는 2차 작업도 가시적인 성과를 내었다. 1969년 11월에는 이 2차 작업 성과물을 갖고 감수회를 다시 개최하였다. 그런데 그 감수회에서는 1차 작업 때처럼 '가리방' 작업을 하지 않았고 저본 원고를 그대로 갖고 하였다. 그 감수회가 종료된 후 편찬부는 《대한불교》에 또다시 의견 개진에 대한 광고를 하였다. 이제 작업은 거의 막바지 단계에 달하였거니와, 곧 편찬의 최종 단계인 인쇄만 남겨 놓았던 것이다.

그런데 편찬작업이 중단되는 문제가 발생하였다. 이는 일제하 승려 친일문제 논란이었다. 통도사 출신 승려로서 일제하 불교계에서 큰 활약을 하였던 김구하의 제자인 윤월하가 백년사 내용 중에서 김구하 친일행적에 대한 시비를 하였다. 김구하가 일제말기 통도사에 주석할 당시 일제에게 제공한 비행기는 불행한 시절의 불가피한 것으로 보아야 한다는 것이다. 당시 대한불교사의 사장이었으며 편찬부를 책임지고 있는 이한상은 윤월하에게 강한 질책을 받았고, 불교의 발전을 위해서 적지 않은 자금을 투입한 사업을 중진 승려가 납득하지 못하는 지경에 처하자 큰 실망을 하고 그 사업을 중단케 하였다.

여기에서 우리는 당시 조계종단 승려들의 역사인식과 함께 친일행적에 대한 인식의 단면을 파악할 수 있다. 이는 곧 문중중심의 이해관계를 반영하는 것이다. 그리하여 근대불교 100년사 편찬사업은 그 출발과 중단, 즉 시말에는 당시 조계종단의 현실인식이 강하게 반영되었음을 알 수 있다. 이를 달리 말하면 정화를 추진한 비구측 승려들의 정신적인 기반이 친일의 극복이었는데, 오히려 그들이 친일의 정신사에서 자유스러울 수가 없었다는 반증이라고 하겠다. 대처측과 치열한 대결과 논쟁을 전개하는 그 시점에서 정화를 추진한 핵심 승려의 이 같은 인식은 곧 일제 식민지 불교의 극복이라는 점에서 불리한 측면을 사전에 제거하려는 심성이 깔려 있었다고 이해하고자 한다.

또 편찬사업의 중단은 이를 중단시킨 한 승려에 머무르는 것이 아니고 당시 조계종단, 나아가서 불교계 전체의 나약한 역사의식의 한계를 단적

으로 보여 주는 것이다. 그러므로 이 같은 역사의식을 내재한 승려들이
식민지불교 극복이라는 명분을 내세울 때의 역사와 전통에 대한 의식은
충분히 이해하고도 남음이 있다. 따라서 이를 보다 확대 해석해 보면 비
구·대처간의 분규가 종료된 1970년대 조계종단 내에서 명리를 추구하는
갈등이 더욱 심화되는 것은 당연한 것인지도 모른다. 문중·문도 중심의
명리 추구는 불교계의 분규를 더욱 조장하였으며, 결과적으로 불교의 위
상을 나약하게 하였다.

參 考 文 獻

資 料

《朝鮮佛敎月報》《海東佛報》《佛敎振興會月報》《朝鮮佛敎界》《朝鮮佛敎叢報》《惟心》《佛敎》《新佛敎》《禪苑》《金剛杵》《金剛山》《佛敎時報》《慶北佛敎》《鏡虛集》《一光》《佛日》《弘法友》《平凡》《룸비니》《韓國近世佛敎百年史》《漢岩集》《鏡峰大禪師日記》《南泉禪師文集》《滿空法語》《財團法人 禪學院略史》《韓龍雲 全集》《龍城大宗師全集》《曹溪宗史》《東亞日報》《朝鮮日報》《매일신보》《대한불교》《鷲山寶林》《晦明全集》《退耕堂全書》《皇城新聞》《大韓每日新報》《統監部統計年譜》《朝鮮總督府 統計年譜》《朝鮮佛敎大會記要》《禪友共濟會 會錄 및 日記》《國權恢復運動判決文集》《白性郁博士文集》《朝鮮國布敎日誌》《耘虛禪師語文集》《曉峰法語集》《三笑窟日誌》《三笑窟消息》《新生》《鹿苑》《韓國近現代佛敎資料全集》《蔓庵文集》《韶天禪師文集》《慧明和尙回想錄》《大義大宗師全集》《漢巖一鉢錄》《韓國佛敎最近百年史編年》

《聲準和尙牧牛錄》《東山大宗師文集》《大輪大宗師法語集》《綺山文集》《月山禪師法語集》《默潭大宗師文集》《九山禪風》《瑞雲禪師法語集》《金烏集》《雲峰·香谷禪師法語集》《불교계》《민중불교》《삼보회창립35년약사》

《제1·2대중앙종회회의록》《한국현대불교운동사》《전국불교운동연합백서》《한국불교승단 정화사》《불교신문》《법보신문》《현대불교》《대중불교》《선우도량》《화두와 실천》《법륜》《불교운동》《靑年佛敎徒白書》

單 行 本

姜敦求,《韓國 近代宗敎와 民族主義》1992, 集文堂.

강동진,《日帝의 韓國侵略政策史》1980, 한길사.

姜昔珠·朴敬勛,《近世佛敎百年》1980, 中央日報社.

姜渭祚,《日帝 統治下 韓國의 宗敎와 政治》1982, 대한기독교성서회.

高橋亨,《李朝佛敎》1929, 보문관.

高　銀,《韓龍雲評傳》1975, 民音社.

金敬執,《한국 근대불교사》1998, 경서원.

金光植,《韓國近代佛敎史硏究》1996, 民族社.

______ ,《韓國近代佛敎의 現實認識》1998, 民族社.

______ ,《용성》1999, 민족사.

______ ,《우리가 살아온 한국불교 100년》2000, 민족사.

金素眞,《韓國獨立宣言書硏究》국학자료원, 1998.

김승태 편역,《일제강점기 종교정책사 자료집－기독교편, 1910～1945》
　　　　1996, 한국기독교역사연구소.

金煐泰,《韓國佛敎史槪說》1988, 경서원.

김용덕,《효봉선사》1992, 동아일보사.

김일엽,《청춘을 불사르고》1976, 범우사.

김정휴,《백척간두에서 무슨 절망이 있으랴》1991, 명상.

김진태,《달을 듣는 강물》1996, 해냄.

김호성,《방한암선사》1995, 민족사.

김춘명,《放下着하라》1999, 一柱門.

도　법,《화엄의 길, 생명의 길》1999, 선우도량.

동　봉,《평상심이 도라 이르지 말라－용성큰스님 어록－》1993, 불광
　　　　출판부.

박걸순,《한용운의 생애와 독립투쟁》1992, 한국독립운동사연구소.

박노준·인권환,《韓龍雲硏究》1960, 동문관.

朴雪山,《뚜껑없는 朝鮮 역사책》1994, 三藏.

박희승, 《이제, 승려의 입성을 허함이 어떨는지요》 1999, 들녘.

법　성, 《물러섬과 나아감》 1991, 한길사.

법성 外, 《민중불교 탐구》 1989, 민족사.

서경수, 《불교철학의 한국적 전개》 1990, 불광출판부.

선원빈, 《한국근대불교의 山脈 17인 큰스님》 1992, 法寶新聞社.

신복룡, 《대동단실기》 1982, 양영각.

安秉直 編, 《韓龍雲》 1986, 한길사.

六　樂, 《버린후엔 어느곳을 향하는가》 1987, 적선사출판부.

윤이흠, 《일제의 한국 민족종교 말살책》 1997, 고려한림원.

윤선효, 《자비보살의 길》 1990, 불교영상.

원　택 엮음, 《우리 시대의 부처 성철 큰스님》 1985, 장경각.

여익구, 《민중불교입문》 1985, 풀빛.

━━━, 《민중불교철학》 1988, 민족사.

李能和, 《朝鮮佛敎通史》 1982, 보련각.

이성철, 《한국불교의 법맥》 1976, 장경각.

이봉춘, 《불교의 역사》 1998, 민족사.

李英茂, 《韓國의 佛敎思想》 1987, 민족문화사.

李　政 編, 《韓國佛敎人名辭典》 1993, 불교시대사.

李鍾殷 外, 《李能和硏究》 1994, 集文堂.

이혜성 편저, 《혼자 걷는 이 길을 ―이청담 큰스님 법어집―》 1994, 상아.

이홍우, 《경허선사》 1996, 민족사.

任重彬, 《韓龍雲 一代記》 1974, 正音社.

임혜봉, 《친일불교론》 1993, 민족사.

━━━, 《불교사 100장면》 1994, 가람기획.

━━━, 《종정열전 1, 2》 1999, 가람기획.

전보삼 편저, 《푸른 산빛을 깨치고》 1992, 민족사.

鄭珖鎬, 《近代韓日佛敎關係史硏究》 1994, 仁何大學校出版部.

韓普光, 《龍城禪師硏究》 1981, 甘露堂.

한중광, 《경허》 1999, 한길사.

韓晳曦, 《日本の朝鮮支配と宗敎政策》 1988, 未來社.

韓鍾萬 編, 《現代 韓國의 佛敎思想》 1980, 한길사.

洪以燮, 《韓國精神史序說》 1975, 延世大出版部.

休　庵, 《한국불교의 새얼굴》 1987, 대원정사.

東國大七十年史 刊行委, 《東大七十年史》 1976, 東國大學校出版部.

동국대석림동문회, 《한국불교현대사》 1997, 시공사.

萬海思想硏究會 編, 《韓龍雲思想硏究》 1981, 민족사.

──────────── , 《韓龍雲의 3·1 獨立精神硏究》 1994, 민족사.

佛敎史學硏究所 編, 《韓國 現代佛敎史 日誌》 1995, 중앙승가대학.

佛敎史學會 編, 《近代韓國佛敎史論》 1988, 민족사.

불교신문사 編, 《韓國佛敎史의 再照明》 1994, 불교시대사.

──────────── , 《한국불교인물사상사》 1990, 민족사.

불교전기문화연구소 編, 《현대고승인물평전》 1994, 佛敎映像.

佛學硏究所 編, 《講院總覽》 1997, 대한불교조계종 교육원.

──────────── , 《禪院總覽》 2000, 대한불교조계종 교육원.

한국불교근현대사연구회, 《新聞으로 본 韓國佛敎近現代史》 1995·1999, 善友道場出版部.

吉田久一, 《日本近代佛敎社會史硏究》 上·下, 1991, 川島書店.

──────── , 《日本近代佛敎史硏究》 1991, 川島書店.

瀧澤 誠, 《武田範之とその時代》 1986, 三嶺書房.

大西 修, 《戰時敎學と淨土眞宗》 1995, 社會評論社.

北川弘三, 《淨土宗韓國開敎誌》 1961, 淨土宗傳道會.

小島 勝·木場明志, 《アジアの開敎と敎育》 1992, 法藏館.

小室裕允, 《近代佛敎史硏究》 1987, 同朋舍.

松根 鷹 編, 《妹尾義郎と新興佛敎靑年同盟》 1975, 三一書房.

信樂峻麿, 《近代眞宗敎團史硏究》 1987, 法藏館.

赤松俊秀·笠原一南 編, 《眞宗史槪說》 1963, 平樂寺書店.

赤澤史朗, 《近代日本の思想動員と宗教統制》 1985, 校倉書房.

中濃敎篤, 《天皇制國家と植民地傳道》 1976, 國書刊行會.

──── , 《近代日本の宗敎と政治》 1968, アポロン社.

──── 編, 《戰時下の佛敎》(講座 日本近代と佛敎 6) 1979, 國書刊行會.

中村進吾, 《朝鮮施政發達史》 1936, 朝鮮總督府.

川上善兵衛, 《武田範之傳》 1989, 日本經濟評論社.

靑柳南冥, 《朝鮮宗敎史》 1911, 朝鮮硏究會.

土屋詮敎, 《明治佛敎史》 1939, 三省堂.

──── , 《大正佛敎史》 1940, 三省堂.

戶頃重基·丸山照雄 編, 《天皇制と日本宗敎》 1980, 傳統と現代社.

大谷派本願寺 朝鮮開敎監督部 編, 《朝鮮開敎五十年誌》 1927.

論　文

姜敎求, 〈美軍政의 宗敎政策〉 《宗敎學硏究》 12, 1993.

강영한, 〈일본불교의 조선침투과정과 한국의 불교개혁운동〉 《종교 연구》 12, 1996.

강인철, 〈해방 후 불교와 국가 : 1945~1960〉 《사회와 역사》 57, 2000.

광　덕, 〈용성선사와 새불교운동〉 《실천불교》 3, 1985.

高翊晉, 〈鏡虛堂 惺牛의 兜率易生論과 그 時代的 意義〉 《韓國彌勒思想硏究》 1987.

金光植, 〈日帝下 禪學院의 運營과 性格〉 《한국독립운동사연구》 8, 1994.

──── , 〈朝鮮佛敎靑年會의 史的 考察〉 《韓國佛敎學》 19, 1994.

──── , 〈日帝下 佛敎界의 總本山 建設運動과 曹溪宗〉 《한국민족운동사연구》 10, 1994.

──── , 〈朝鮮佛敎禪敎兩宗 僧侶大會의 개최와 성격〉 《한국근현대사연구》 3, 1995.

──── , 〈李英宰의 生涯와「朝鮮佛敎革新論」〉 《한국독립운동사연구》 9, 1995.

______, 〈朝鮮佛敎靑年總同盟과 卍黨〉《韓國學報》80, 1995.

______, 〈1910年代 佛敎界의 進化論 受容과 寺刹令〉《吳世昌敎授華甲紀念 韓國近現代史論叢》1995.

______, 〈1910年代 佛敎界의 曹洞宗盟約과 臨濟宗運動〉《한국민족운동사연구》12, 1995.

______, 〈1930년대 佛敎界의 宗憲실행문제〉《韓國近代佛敎史硏究》1996.

______, 〈8·15 解放과 佛敎界의 動向〉《佛敎史硏究》창간호, 1996.

______, 〈佛敎革新總聯盟의 結成과 理念〉《重山鄭德基博士華甲紀念 韓國史學論叢 韓國史의 理解》1996.

______, 〈朝鮮佛敎學人大會 硏究〉《한국독립운동사연구》10, 1996.

______, 〈全國佛敎徒總聯盟의 결성과 불교계 동향〉《彌天睦楨培博士華甲記念論叢 未來佛敎의 向方》1997.

______, 〈二九五八會考〉《于松趙東杰敎授停年紀念論叢 韓國民族運動史硏究》1997.

______, 〈1920년대 在日佛敎留學生 團體 연구〉《竹堂李炫熙敎授華甲紀念 韓國史學論叢》1997.

______, 〈朝鮮佛敎女子靑年會의 창립과 변천〉《한국근현대사연구》7, 1997.

______, 〈朝鮮佛敎禪宗 宗憲과 首座의 現實認識〉《建大史學》9, 1997

______, 〈1926년 불교계의 帶妻食肉論과 白龍城의 建白書〉《한국독립운동사연구》11, 1997.

______, 〈1930~1940년대 在日 佛敎留學生 團體 연구〉《韓國近代佛敎의 現實認識》1998.

______, 〈일제하 佛敎界의 普成高普 經營〉《한국민족운동사연구》19, 1998.

______, 〈해방 직후 제주불교계의 동향〉《한국독립운동사연구》12, 1998.

______, 〈白龍城의 獨立運動〉《대각사상》창간호, 1998.

______, 〈1930년대 강원제도 개선 문제〉《승가교육》2, 1998.

______, 〈근대 불교개혁론의 배경과 성격〉《종교교육학연구》7, 1998.

______, 〈소설 「寺下村」에 나타난 1930年代 佛敎像〉《김정학박사송수기념논총》1999.

______, 〈일제하 金山寺의 寺格〉《金山寺開山 1400주년기념 학술 회의

발표집, 金山寺의 歷史와 人物》 1999.

______, 〈조지훈·이청담의 불교계 ‘紛糾’ 논쟁〉《한국민족운동사연구》 22, 1999.

______, 〈三寶學會의《韓國佛敎最近百年史》 편찬 始末〉《인하사학》 7, 1999.

______, 〈白龍城의 禪農佛敎〉《대각사상》 2, 1999.

______, 〈불교 ‘정화’의 성찰과 재인식〉《제8차 금오문도수련회자료집》 1999.

______, 〈교단개혁운동의 명암〉《불교평론》 창간호, 1999.

______, 〈20세기 불교교단의 ‘자주화’ 문제〉《법회와 설법》 46, 1999.

______, 〈조종현·허영호의 불교교육제도 인식과 대안〉《충북사학》 11· 12, 2000.

______, 〈1930년대 불교계의 反宗敎運動 인식〉《한국학 리뷰》 3, 2000.

______, 〈全國比丘僧代表者大會의 始末〉《근현대불교의 재조명》 2000.

______, 〈김법린과 피압박민족대회〉《불교평론》 2, 2000.

______, 〈寺刹淨化對策委員會의 개요와 성격〉《근현대불교의 재조명》 2000.

______, 〈佛敎再建委員會의 개요와 성격〉《근현대불교의 재조명》 2000.

______, 〈8·15 해방과 부안불교승려대회〉《한국민족운동사연구》 25, 2000.

______, 〈일제시대 불교계 통일운동과 조계사〉《조계사의 역사와 문화 세미나 발표문》 2000.

金敬執, 〈李英宰의 佛敎革新思想 硏究〉《韓國佛敎學》 20, 1995.

______, 〈鏡虛의 定慧結社와 그 思想的 意義〉《韓國佛敎學》 21, 1996.

______, 〈鏡虛의 戒律觀 硏究〉《彌天睦楨培博士華甲記念論叢 未來佛敎 의 向方》 1997.

______, 〈鏡虛의 彌勒思想 硏究〉《大蓮李永子博士華甲紀念論叢 天台思 想과 東洋文化》 1997.

______, 〈鏡虛의 禪敎觀 硏究〉《한국사상사학》 9, 1997.

______, 〈都城出入禁止의 解除와 그 推移〉《한국불교학》 23, 1998.

______, 〈近代 講院의 歷史와 敎育過程〉《월운스님 고희기념 불교학 논총》 1998.

──── , 〈近代佛敎의 研究 現況과 課題〉《한국종교사연구》 7, 1999.

──── , 〈近代 元興寺의 創建과 現行細則에 대한 研究〉《九山論集》 3, 1999.

──── , 〈勸相老의 改革論 研究〉《한국불교학》 25, 1999.

김권정, 〈1920~1930년대 기독교인들의 사회주의 인식〉《한국기독교와 역사》 5, 1996.

김남수, 〈50년대 불교분규 발생의 정치적 의미 분석〉《대불련》 3, 1997.

──── , 〈일제시대 불교계의 사회주의 운동〉《선우도량》 13, 1998.

김도형, 〈한말 계몽운동의 정치론 연구〉《한국사연구》 54, 1986.

金相鉉, 〈萬海의 獨立思想〉《韓國學》 28, 1983.

──── , 〈韓龍雲과 公約三章〉《東國史學》 19 · 20, 1986.

──── , 〈3 · 1 運動에서의 韓龍雲의 役割〉《李箕永博士古稀紀念論叢 佛敎와 歷史》 1991.

金淳碩, 〈開港期 日本 佛敎宗派들의 韓國 浸透〉《한국독립운동사연구》 8, 1994.

──── , 〈朝鮮佛敎團研究〉《한국독립운동사연구》 9, 1995.

──── , 〈1930년대 전반기 在朝鮮 일본 불교계의 동향〉《한국독립운동사연구》 12, 1998.

──── , 〈일제의 종교정책〉《승가교육》 2, 1998.

──── , 〈1920년대 초반 조선총독부의 불교정책〉《한국독립운동사연구》 13, 1999.

金義煥, 〈朝鮮開化黨の幕後の指導者劉大致の活躍と最後〉《朝鮮學報》 98, 1981.

김용환, 〈용성선사의 대각교운동에 관한 연구〉《종교연구》 12, 1996

김정배, 〈단재 신채호의 사론과 불교〉《단재 신채호와 민족사관》 1980.

김지견, 〈鏡虛禪師散考〉《禪武學術論集》 5, 1995.

──── , 〈鏡虛禪師 再考〉《덕숭선학》 창간호, 1999.

金昌洙, 〈韓國近代佛敎의 改革運動〉《曉城趙明基博士追慕 佛敎史學論文集》 1988.

______ , 〈日帝下 佛教界의 抗日民族運動〉《伽山李智冠스님華甲紀念 韓國佛教文化思想史》下, 1992.

______ , 〈한국 및 인도의 독립운동과 그 역사적 성격〉《만해학보》3, 1998.

______ , 〈韓國獨立運動史에서의 佛教界의 位相〉《대각사상》 창간호, 1998.

金昌淑, 〈석전 박한영의 《戒學約詮》과 역사적 성격〉《한국사연구》 107, 1999.

金春南, 〈梁啓超를 통한 韓龍雲의 西歐思想 受容〉《玄巖申國柱博士華甲紀念 韓國學論叢》 1985.

金煐泰, 〈卍海의 새불교운동〉《석림》13, 1979.

______ , 〈近代佛教의 宗統 宗脈〉《崇山朴吉眞博士古稀紀念 韓國宗教思想史》 1984.

______ , 〈佛教革新論 序說〉《창작과 비평》1976년 여름호.

______ , 〈경허의 불교사적 위치〉《덕숭선학》창간호, 1999.

김호성, 〈결사의 근대적 전개양상〉《普照思想》8, 1995.

______ , 〈조선불교유신론의 의례관〉《불교학보》36, 1999.

南都泳, 〈近代佛教의 教育活動〉《崇山朴吉眞博士古稀紀念 韓國近代宗教思想史》 1984.

______ , 〈舊韓末의 明進學校〉《歷史學報》90, 1981.

南和淑, 〈1920年代 女性運動에서의 協同戰線論과 槿友會〉《韓國史論》25, 1991.

魯權用, 〈朴漢永의 佛教思想과 維新運動〉《崇山朴吉眞博士古稀紀念 韓國宗教思想史》 1984.

______ , 〈近世開化期 佛教의 改革理念〉《韓國宗教史研究》5, 1997.

도면회, 〈일제의 침략정책(1905~1919년)에 대한 연구성과와 과제〉《한국사론》25, 1995.

覓 丁, 〈일본불교의 역사적 성격과 갈등〉《한국불교의 현실과 전망》 1986.

睦楨培, 〈韓龍雲의 平和思想〉《佛教學報》15, 1978.

______ , 〈김동화의 불교철학 탐구〉《해방50년의 한국철학》1996.

＿＿＿, 〈박한영과 현대불교운동론〉《실천불교》3, 1985.

朴杰淳, 〈三·一獨立宣言書 公約三章 起草者를 둘러싼 論議〉《한국독립운동사 연구》8, 1994.

박경훈, 〈근대불교의 僧職제도〉《僧伽敎育》3, 2000.

박범훈, 〈創作 讚佛歌의 역사적 고찰 -용성선사를 중심으로-〉《목정배박사화갑기념논총》1997.

박명수, 〈한말 민족주의자들의 종교 이해〉《한국기독교와 역사》5, 1995.

박성진, 〈1920년대 전반기 사회진화론의 변형과 민족개조론〉《한국민족운동사연구》17, 1997.

박승길, 〈일제무단통치시대의 종교정책과 그 영향〉《현대한국의 종교와 사회》1992.

박찬승, 〈한말 일제시기 사회진화론의 성격과 영향〉《역사비평》32, 1996.

박희승, 〈불교정화운동 연구〉《불교평론》3, 2000.

房慶逸, 〈역사적 맥락에서 본 일제하 불교〉《東國思想》20, 1987.

배금자, 〈종단분규, 어떻게 볼 것인가〉《불교운동》3, 1991.

배재민, 〈불교정화운동의 현재적 조명〉《불교와 한국사회》3, 1989.

徐景洙, 〈日帝의　佛敎政策－寺刹令을　中心으로－〉《佛敎學報》25, 1982.

＿＿＿, 〈開化思想家와　佛敎〉《崇山朴吉眞博士華甲紀念　韓國佛敎思想史》1975.

＿＿＿, 〈韓龍雲의 政敎分離論에 對하여〉《불교학보》22, 1985

＿＿＿, 〈韓國佛敎百年史〉《省谷論叢》4, 1973.

송현주, 〈現代 韓國佛敎 禮佛의 性格에 관한 硏究〉《서울대 박사학위논문》1998.

＿＿＿, 〈근대 한국불교 개혁운동에서 의례의 문제〉《종교와 문화》6, 2000.

宋連玉, 〈一九二十年代朝鮮女性運動とその思想〉《近代朝鮮社會と思想》1981.

申淳鐵, 〈開港 이후 日本宗敎의 國內活動과 그에 대한 反應〉《圓光史

學》3, 1984.

______, 〈일본의 식민지 종교정책과 불법연구회의 대응〉《圓佛敎思想》17·18, 1994.

愼鏞廈, 〈舊韓末 韓國 民族主義와 社會進化論〉《人文科學硏究》창간호, 1995.

阿部洋, 〈「解放」前 韓國における日本留學〉《韓》5-12, 1976.

安啓賢, 〈三·一運動과 佛敎界〉《三·一運動 50周年紀念論文集》1969.

安秉直, 〈朝鮮佛敎維新論의 分析 -그 社會思想史的 측면을 중심으로-〉《創作과 批評》14-1호, 1976.

안후상, 〈戊午年 濟州 法井寺 항일항쟁 연구〉《宗敎學硏究》15, 1996.

梁銀容, 〈近代 佛敎改革運動〉《韓國思想史大系》권 6, 1994.

______, 〈李能和의 學問과 佛敎思想〉《崇山朴吉眞博士古稀紀念 韓國近代宗敎思想史》1984.

______, 〈權相老 佛敎改革思想의 硏究〉《震山韓基斗博士華甲紀念 韓國宗敎思想史의 再照明》1993.

柳炳德, 〈日帝時代의 佛敎〉《朴吉眞博士華甲紀念 韓國佛敎思想史》1975.

尹永海, 〈근대 한국불교의 역사와 과제〉《석림》26, 1993.

여익구, 〈중생해방을 위한 민중불교운동〉《승가》3, 1986.

______, 〈민중불교의 새로운 지평을 열며〉《승가》7, 1990.

이경순, 〈일제시대 불교유학생의 동향〉《승가교육》2, 1998.

李光麟, 〈開化僧 李東仁〉《創作과 批評》가을호, 1970.

______, 〈舊韓末 進化論의 受容과 그 影響〉《世林學術論叢》1, 1977.

______, 〈숨은 開化思想家 劉大致〉《開化黨硏究》1973.

李 萬, 〈근대불교의 주체적 전개〉《佛敎學報》24, 1987.

李逢春, 〈근대 佛敎改革論의 이념과 실제〉《석림》26, 1993.

______, 〈근세 天台宗의 전개와 동향〉《天台學硏究》창간호, 1998.

李相哲, 〈韓龍雲의 사회사상〉《韓國學報》30·31, 1983.

李善榮, 〈韓龍雲의 大乘的 歷史認識〉《世界의 文學》여름호, 1982.

李性陀,〈鏡虛時代의　禪과　結社〉《震山韓基斗博士華甲紀念　韓國宗敎思想의　再照明》1993.

―――,〈鏡虛禪師의　禪世界〉《한국불교학》22, 1997.

李松熙,〈韓末　愛國啓蒙思想과　社會進化論〉《釜山女大史學》2, 1984.

이승희,〈미군정기　좌익여성운동　연구〉《80년대　한국인문사회과학의　현단계와　전망》1988, 역사비평사.

李洋純,〈韓龍雲의　社會思想에　關한　一考察〉《梨大史苑》17, 1980.

李永觀,〈日帝의　佛敎政策과　韓國佛敎〉《석림》26, 1993.

李英茂,〈韓國佛敎思想史에　있어서의　韓龍雲의　位置－朝鮮佛敎維新論을　중심으로－〉《人文科學　硏究》14, 1982.

李永子,〈近代　居士佛敎思想〉《崇山朴吉眞博士古稀紀念　韓國宗敎思想史》1984.

―――,〈白龍城硏究序說〉《불교사상》6, 1974.

李在軒,〈근대　한국　불교학의　성립과　종교　인식〉《한국학대학원　박사학위논문》1999.

―――,〈근대　한국　불교개혁　패러다임의　성격과　한계〉《종교연구》17, 1999.

이준식,〈일제침략기　기독교　지식인의　대외인식과　반기독교　운동〉《역사와　현실》10, 1993.

이철교,〈한국도서관의　아버지　박봉석　선생〉《불교와　문화》10호, 1999.

李炫熙,〈日帝의　文化侵略政策과　그　實際〉《韓國史學》8, 1986.

임혜봉,〈불교계의　친일인맥〉《역사비평》22호, 1993.

―――,〈일제시대　불교　법난사〉《僧伽》12, 1995.

―――,〈해인사를　오염시킨　친일승려　변설호〉《일제잔재　19가지》1994.

―――,〈불교계의　일제잔재〉《일제잔재　19가지》1994.

―――,〈최범술－열렬한　민족주의자였던　기승-〉《선우도량》13, 1998.

인권환,〈만해학의　성립과　전개〉《현대시의　반성과　만해문학의　국제적　인식》1999.

임도문,〈白龍城　祖師의　思想〉《대각사상》창간호, 1998.

일 문, 〈80년대 민중불교운동에 대한 고찰〉《석림》24, 1990.

장석만, 〈한·중·일 삼국의 정교분리담론〉《역사와 현실》4, 1990.

全寶三, 〈韓龍雲의 3·1 독립정신에 관한 일고찰〉《伽山李智冠스님華甲紀念論叢韓國佛敎文化思想史》下, 1992.

______, 〈한용운 화엄사상의 一考察〉《萬海學報》창간호, 1992.

______, 〈開化期 僧侶의 現實救濟와 內省·維新的 傾向〉《國民倫理硏究》36, 1997.

鄭珖鎬, 〈日帝의 宗敎政策과 植民地佛敎〉《한국사학》3, 1980.

______, 〈'明治'佛敎의 Nationalism과 韓國侵略〉《인문과학논문집》14, 1988.

______, 〈日本 침략시기 佛敎界의 민족의식〉《尹炳錫敎授華甲紀念 韓國近代史論叢》1990.

______, 〈韓國近代佛敎의 '帶妻食肉'〉《한국학연구》3, 1991.

______, 〈日本 侵略 初期의 韓國佛敎〉《伽山李智冠스님華甲紀念 韓國佛敎文化史想史》下, 1992.

______, 〈日帝 侵略時期의 法難 狀況〉《석림》28, 1994.

______, 〈開化期의 혁신운동과 佛敎（Ⅰ）〉《인하사학》5, 1997.

鄭性本, 〈滿空禪師의 生涯와 禪思想 硏究〉《한국불교학》22, 1997.

鄭舜日, 〈韓龍雲의 佛敎思想〉《崇山朴吉眞博士古稀紀念 韓國宗敎思想史》1984.

鄭英熹, 〈韓末 宗敎界의 敎育活動에 관한 硏究〉《實學思想硏究》5·6, 1995.

______, 〈韓末 日本佛敎의 浸透過程〉《竹堂李炫熙敎授華甲紀念 韓國史學論叢》1997.

鄭英喜·金炯睦, 〈韓末佛敎界의 親日化過程에 관한 硏究〉《民族文化硏究論叢》2, 1995.

조종현, 〈불교인으로서의 만해〉《나라사랑》2, 1971.

조원경, 〈8·15직후의 불교적 과제와 불교혁신세력활동〉《불교와 한국

사회》2, 1988.

정혜정, 〈일제하 승가교육의 근대화론〉《승가교육》2, 1988.

존 요르겐센, 〈한국불교의 역사쓰기〉《佛敎硏究》14, 1997.

주진오, 〈독립협회의 사회사상과 사회진화론〉《손보기교수정년기념 한국
　　　사학논총》1988.

蔡尙植, 〈한말, 일제시기 梵魚寺의 사회운동〉《韓國文化硏究》4, 1991.

崔柄憲, 〈日帝佛敎　浸透와 ‘朝鮮佛敎維新論’〉《震山韓基斗博士華甲紀
　　　念 韓國宗敎思想의 再照明》1993.

──── , 〈日帝佛敎의　浸透와　植民地佛敎의　性格〉《韓國思想史學》7,
　　　1995.

──── , 〈근대 선종의 부흥과 경허의 역사적 위치〉《덕숭선학》창간호,
　　　1999.

한중광, 〈경허의 선사상〉《백련불교논집》5·6, 1996.

韓亘熙, 〈1935~37년 日帝의 ‘心田開發’ 정책과 그 성격〉《韓國史論》
　　　35, 1996.

韓啓傳, 〈만해 한용운과 건봉사 문하생들에 대하여〉《萬海學報》창간호,
　　　1992.

──── , 〈만해사상 형성 배경 고찰〉《현대 시의 반성과 만해문학의 국
　　　제적 인식》1999.

韓基斗, 〈近代 韓國佛敎의 실학적 傾向〉《韓國宗敎》2, 1975

──── , 〈近代韓國의　禪思想〉《崇山朴吉眞博士古稀紀念　韓國宗敎思想
　　　史》1984.

韓普光, 〈龍城禪師의　修行方法論〉《伽山李智冠스님華甲紀念　韓國佛敎
　　　文化史想史》下, 1992.

──── , 〈龍城禪師의　譯經事業이 갖는 歷史的 意義〉《석림》26, 1993.

──── , 〈最近世의　万日念佛結社〉《佛敎學報》34, 1997.

──── , 〈龍城스님의　前半期　生涯〉《대각사상》창간호, 1998.

──── , 〈용성스님의 중반기의 생애〉《대각사상》2호, 1999.

韓鍾萬, 〈白龍城의　大覺敎　思想〉《崇山朴吉眞博士古稀紀念　韓國宗敎

思想史》1984.

_____, 〈佛敎維新思想〉《崇山朴吉眞博士華甲紀念　韓國佛敎思想史》
　　　1975.

홍윤식, 〈《조선불교유신론》의 근대적의미〉《김창수화갑기념논총》1992.

_____, 〈大覺敎運動의 歷史的 位置〉《대각사상》창간호, 1998.

蔡印幻, 〈近代佛敎講院의 履歷制度〉《숭산 박길진 박사 고희기념 한국
　　　근대종교사상사》1984.

허우성, 〈만해의 불교이해〉《萬海學報》창간호, 1992.

_____, 〈만해와 성철을 넘어서〉《萬海學報》2호, 1995.

홍이섭, 〈한용운과 불교사상〉《문학과지성》14호, 1973.

洪一植, 〈3·1 獨立宣言書硏究〉《한국독립운동사연구》2, 1989.

高橋勝, 〈明治期にける朝鮮開敎と宗敎政策〉《佛敎史硏究》24, 1988.

菱木政晴, 〈東西本願寺敎團の植民地布敎〉《岩波講座　近代日本と植民
　　　地 4 : 統合と支配の論理》1993.

遠藤一, 〈淨土眞宗本願寺派朝鮮開敎への發端〉《龍谷大佛敎文化硏究
　　　所紀要》27, 1989.

野世英水, 〈戰時下眞宗者の從軍布敎〉《龍谷大學大學阮硏究紀要　人文
　　　科學》12, 1991.

_____, 〈戰時下の眞宗者軍隊慰問〉《眞宗と靖國》 1991, 龍谷大靖國
　　　問題學習會 편.

로버트 버즈웰, 〈국가 시대 이전의 한국불교〉《21세기 문명과 불교》
　　　1996.

寶印·日眞, 〈日帝時代의 佛敎政策과 韓國佛敎敎團〉《修多羅》열번째,
　　　1995.

圓頓·東日, 〈日帝下 佛敎界의 親日에 관하여〉《修多羅》열번째, 1995.

回顧錄 및 其他

金觀鎬, 〈三·一운동과 卍海선생〉《불교》3호(1970.8).

金法麟, 〈韓國佛敎의 抗日鬪爭記−曹溪寺는 이렇게 創建됐다−〉《대한불교》 1963. 8. 1.

───, 〈동래읍 기미만세사건〉《대한불교》 1964. 9. 6.

───, 〈三一運動과 佛敎〉《新生》창간호, 1946. 3.

───, 〈佛敎사상으로 항일 앞장〉《어둠을 밝힌 사람들》 1983, 부산일보사.

金尙昊, 〈3·1운동에서 8·15 광복까지〉《대한불교》54호, 1964. 8. 23.

김월운, 〈내가 모셨던 耘虛스님 −스님의 독립운동을 중심으로−〉《奉恩》30.

閔東宣, 〈왜정말기의 해인사 사건〉《대한불교》58호, 1964. 9. 20.

───, 〈한용운 선생회상기〉《불교계》22호, 1969.5.30.

朴暎熙, 〈조선민중은 노예의 삶을 거부했다〉《불교신문》1989. 3. 1.

徐景洙, 〈韓國佛敎靑年運動史槪觀〉《대한불교》137호, 1966. 3. 27.

李龍祚, 〈내가 아는 卍字黨 事件〉《대한불교》55호, 1964. 8. 30.

───, 〈卍海先生의 回憶〉《불교》4호, 1970.9.

이종익, 〈한국불교 風雨半世紀〉《週刊宗敎》1979.6.27~10.3.

崔凡述, 〈청춘은 아름다워라〉《국제신문》1월 25일~4월 5일 ; 내고장 명사들의 人生備忘錄, 연재물.

───, 〈己未運動과 獨立宣言書〉《新生》창간호, 1946. 3.

崔貞熙, 〈佛敎雜誌 70年〉《대한불교》806호, 1979. 10. 21.

불교신문, 〈3·1절 맞아 찾아본 독립유공자 龍溟 스님〉293호, 1987.3.4.

───, 〈승려주도로 이루어진 제주 첫 抗日擧事〉1473호, 1994. 3. 2.

───, 〈신륵사 독립운동의 주역 영봉스님〉1519호, 1995.2.28.

───, 〈만해스님 항일투쟁기록 발견〉1545호, 1995. 9. 12.

───, 〈호남지역 항일운동 신원시〉1663호, 1998.3.3.

───, 〈임시정부요인 대각사 감사 인사차방문〉1664호, 1998.3.10.

법보신문, 〈봉선사 조실 雲鏡 대종사〉 249호, 1993.9.20.

______, 〈독립유공자 된 봉률스님 생애 재조명〉 383호, 1996.8.21.

______, 〈3·1절 80돌 새롭게 밝혀진 상이암 스님들의 의병활동〉 502
    호, 1999.3.2.

현대불교, 〈해방직후 한글보급운동 백양사 앞장섰다〉 193호, 1998.10.7.

법　류, 〈불교근대화를 위한 심포지움〉 1968년 6월호.

______, 〈광복절에 생각한다〉 1973년 8월호 특별기획 대담.

______, 〈3·1 운동과 불교〉 1978년 3월호 특집.

______, 〈일제통치와 8·15 해방〉 1979년 8월호 특집좌담.

______, 〈해방전후의 한국불교〉 1989년 8월호 특집.

대　원, 〈한국의 시대상황과 민중불교운동〉 1988년 3월호.

봉　은, 〈8·15와 불교〉 1987년 7·8월호 특집.

불　광, 〈6·25 동란과 불교〉 1980년 6월호.

대한불교, 〈韓國佛敎淨化 20年, 어제와 오늘의 診斷〉 584호, 1975.1.5.

불교신문, 〈해방정국과 佛敎革新〉 1995.8.15.

修多羅, 〈성철스님 법문을 통해 본 1947년 봉암사 결사〉 10호, 1995.

abstract

Study about Modern History of Buddhism in Korea

Kim Kwang-shik

The modern and the contemporary ages have generally been classified with the August 15th Liberation of Korea from Japanese colonial rule as the boarder line. The content and characteristics of history of Buddhism have also been classified and understood under such context. However, modern and contemporary Buddhism can be regarded from the same viewpoint within the framework of 20th Century Buddhism. This is due to the fact in order to overcome the limits presented by Buddhism practiced within the mountains during the latter Chosun Dynasty, the religious order concentrated their construction plans and operational efforts to making Buddhism more accessible to the mass. Of course detailed process do contain certain differences. For modern Buddhism, independent development of the religion itself was repressed under the Japanese colonial rule. However after liberation, contemporary Buddhism was relieved of such restrictions and was able to pursue its development under more flexible conditions. Nevertheless, contemporary Buddhism was significantly influenced by the heritage and remnants of Buddhism of the colonial times, and as such, it is difficult to deny the fact that there exist similarities in its characteristics and aims.

Buddhist reform, education, Buddhism and Japanese Imperialism and such which are the particular themes of this book, are subjects, consistent with modern and contemporary history of Buddhism. They are important themes that influenced contemporary Buddhism. Furthermore, the problems faced by the religious order in the 20th Century and purgation of Buddhism, which are included in this book, are central objects for understanding modern Buddhism. However, despite their importance, overall exploration of the subject such as collecting and analyzing materials, organizing theory, extracting characteristics has been neglected making this field a wasteland of research until now. It has been a general understanding that purgation and strife of Buddhism have been the basis of contradiction within the present Buddhism, but in reality efforts for organizing such beliefs have been nearly non-existent. Under such circumstances, subjects included in this book will aid the reader to gain a better insight into this field. It is the hope of the writer that such themes will be studied in more diverse aspects and that more in-depth understanding of their theory and characteristics will be realized in the near future. It is also hoped that this book will make a contribution, however small it may be, to establishing history and tradition of Korean Buddhism and that it will act as one of the catalyst for promoting better understanding and research of modern Buddhism.

索 引

【ㄱ】

梵行　95

梵行團　387

《法界》234

法規委員會　267, 307, 435, 517

법난　352, 366, 551

법주사　227

법흥사　147

변설호　571

보문사　435

寶石寺　119, 149, 286

普成高普　254, 258, 310

普成高普 經營權　271

보성고보 校友會　257

普通教育　323

本山　142

本山運動　127

奉先寺　45, 116

봉선사 강원 강우회　82

봉암사　389

봉암사 결사　389, 390

奉恩寺　116, 404

분규　500

분쟁　414

《佛教》60, 80, 180, 173, 318

불교 현대화　354

佛教講學院　330

불교개혁　29, 354

불교개혁론　374

불교계 통일운동　346

佛教教團淨化對策委員會　442, 443

불교교육제도　292, 324

불교근대화　374

《불교대전》163

불교대중화　79, 163, 350, 351, 374

佛教同盟會　162

佛教紛糾　461, 503, 507, 535

불교사회주의　45

《佛教時報》147, 238

불교여성총동맹　349

佛教研究院　299, 317, 330

불교유신예비회　343

불교의 대중화　36

불교자주화　348, 374, 417

불교재건비상종회　410

佛教再建委員會　409, 500

佛教再建委員會 條例　503, 504, 506

佛教再建委員會의 運營細則　508

佛教財産管理法　368, 413, 418

佛教專門宗立大學　451

佛教專門學校　262, 330

불교정화　352, 375, 407, 416, 418, 441, 460, 462

불교정화기념관　414

佛教淨化對策委員會　460

佛教淨化收拾對策委員會　398

불교정화의 유시　459

佛教淨化推進發起會　392

佛教淨化推進委員會　502

佛教振興會　135

불교청년당　218, 349

佛教青年運動　303

佛教總會　136, 344

불교학생동맹　349

불교혁명　499

불교혁신총연맹　389, 351

불교현대화　374

著者略歷　金光植

건국대 대학원 수료(문학박사).

현재 대각사상연구원 연구부장.

저서로 《고려무인정권과　불교계》《한국근대불교사연구》
《한국근대불교의 현실인식》《용성》《우리가 살아온 한국
불교 백년》 등이 있다.

근현대불교의 재조명

2000년 10월 10일 초판 인쇄
2000년 10월 20일 초판 발행

ⓒ 저　　자　金光植
발 행 자　尹載昇
발 행 처　民族社

등록 제1-149. 1980. 5. 9.
서울 종로구 청진동 208-1
전화 (02)732-2403～4, 722-7679
팩스 (02)739-7565

값 25,000원　　　　ISBN　89-7009-051-7　　93220

BIN TRAVERLER FORM

Cut By: Jahandri Arcanis **Qty** 15 **Date** 07-28-26

Scanned By: **Qty** **Date**

Scanned Batch ID's

**Notes / Exceptions